KB173348

일제 강점기 조선의 최장수 종합잡지 『朝鮮及滿洲』

조선과 만주 총목차 · 인명색인

編著 | 임성모

京城 日韓書房 發行

朝鮮

제1부

해제편

京城 日韓書房 發行

第壹卷第六號

월간 『조선과 만주』(朝鮮及滿洲) 해제

I

『조선과 만주』(朝鮮及滿洲)는 그 전신인 『조선』(朝鮮)까지 포함해서 무려 34년간이나 발행된 식민지 조선의 최장수 종합잡지이다. 1908년 3월 창간된 『조선』은 1912년 1월(통권 47호)부터 잡지명을 『조선과 만주』로 개제(改題)하여 1941년 1월(통권 398호)까지 발간되었다. 호수는 처음에 권-호 체재였다가 1910년 3월호(25호)부터 통권 체재로 바뀌었다. 분량은 권당 평균 100쪽 전후, 가격은 『조선』 창간 당시에 20전, 1909년부터 25전, 1941년 폐간 때에는 60전이었다. 『조선』에 대해서는 이미 박양신 씨의 해제가 나와 있어[1] 여기서도 참고하였다.

『조선과 만주』(The Chosen and Manshu)는 매월 1일 간행된 월간 종합지로서, 『태양』(太陽)이나 『일본과 일본인』(日本及日本人) 등 당시 일본 본토의 대표적 종합잡지를 의식하여 만들어졌고 외부의 평판 역시 그러했다. 예컨대 창간 당시에 조선일일신문(朝鮮日日新聞)은 박문관(博文館)의 『태양』처럼 권두에 사진을 실었다고 평했고, 조선타임스는 잡지의 체재가 『일본과 일본인』 같다고 평하기도 했다.[2]

본지는 원래 월간지지만 1912년 6월(통권 52호)~12월(통권 65호)처럼 한시적으로 월 2회(1일, 15일) 발행된 적도 있었다. 종래 하층 일반인보다 상공인·지식인 등을 독자로 상정한 '딱딱한 기사' 위주였던 것을 통속적인 '부드러운 기사'의 '15일호' 간행에 의해 일반인까지 구독할 수 있게 한다는 취지였다.[3] 통속판을 표방한 '15일호'는 종래대로 국판 판형을 취한 '1

---

1) 단국대 동양학연구소 편, 『개화기 재한조선인 잡지자료집: 조선1』, 동 연구소, 2004년.
2) 「本誌『朝鮮』に對する批評」, 『朝鮮』 제1권 2호, 1908년 4월.

일호'와 달리 국배판으로 판형을 키우는 등 차별화를 꾀했다. 그러나 내용 상으로 '통속적'인 기사 편성에 성공하지 못했을 뿐더러, 실제로는 권당 25 전이던 것을 2권 40전(권당 20전)으로 가격만 올린 꼴이 되자 결국 독자들의 호응을 얻지 못하고 월 1회 간행 체제로 복귀한 것 같다.

『조선과 만주』의 표지는 그때그때 바뀌었지만, 원래 조선을 상징하는 닭과 만주를 상징하는 용이 일본의 상징인 태양 속에서 마주서 있는 도안이었다. 종래『조선』의 표지는 떠오르는 해와 회를 치는 닭의 도안으로 시작되었는데, 한국병합 이후 만주로의 팽창이 현실적으로 전망되는 가운데 잡지명과 표지 도안을 바꾼 것이다. 통권 73호(1913년 8월)부터는 한반도와 그 뒤에서 햇살을 비추는 태양으로 도안이 바뀌는데, 조선을 중국대륙 침탈의 교두보로 자리매김하는 의지가 엿보인다. 실제로『조선과 만주』로 잡지명을 바꾼 데에는 대륙팽창의 제국주의적 지향성이 크게 작용했다. 이는 개제 배경에 대한 다음 설명을 통해서 잘 드러난다.

"조선은 이제 일본제국의 일부가 되었으나 만주는 여전히 청국 영역이다. 그러나 만주 일대는 일청·일러 양대전에서 수만 명의 우리 장졸(將卒)을 희생하며 쟁탈했던 땅이다. 지금은 그 대가로 남만주 일대에서의 경영·개척의 실권이 우리 손으로 돌아와 남만주 철도회사나 관동도독부(關東都督府)가 신일본 건설에 매진하고 있어서 정치·경제상으로 만주와 조선은 이미 경계가 무너졌다. 이제 압록강 대철교가 준공되고 안봉선(安奉線)이 개축(改築)되어 교통상으로도 조선과 만주의 경계는 철거되었다. 나아가 이번 청국혁명란(신해혁명)의 결과는 만주에서 우리 실력의 부식을 시급하게 재촉하지 않을 수 없다."[4]

청일·러일전쟁 당시 수만 '영령'(英靈)에 의해 획득한 만주가 일본의

---

3) 「本誌は月二回發行とせり」, 통권 52호.
4) 「本誌の改題」, 『朝鮮』통권 46호, 1911년 12월.

'실력'을 부식할 식민지로 확보되어야 마땅하다는 의지가 분명히 엿보인다. 특히 러일전쟁 당시 일본이 군사용으로 긴급 부설했던 안동(安東)—봉천(奉天)간 경편(輕便)철도가 1911년 표준궤도로 확장되어 조선철도와 연결된 것이 큰 전기였다. 편집자는 전부터 안봉선이 개축되면 "만주는 조선반도와 함께 우리 일본제국의 경영으로 귀일할 것"이라고 지적한 바 있었다.[5]

『조선과 만주』의 구성을 보면, 권두에 유명인물의 초상이나 경승지 풍경 등의 사진을 수록하고, 본문은 주장, 시사평론, 논설, 인물품평, 잡찬(雜纂), 문예, 실업자료, 주요기사(통감부·총독부의 공문 등), 조선문답, 만주(만몽)문답, 시사일지 등의 순서로 난을 편성했으며 때때로 이슈가 생기면 시의적절하게 특집을 꾸리는 기동력도 발휘했다. 후기로 가도 이러한 체재는 지속되지만, 1915년부터 '조선·만몽문답' 대신 '선만사업계(또는 재계)'(이후 '조선의 사업계'와 '만주의 사업계'로 분화됨)가 등장하면서 일본인 재계의 관심에 부응하는 구성을 강화해 나갔다.

II

『조선과 만주』의 편집·경영·주필을 삼위일체로 담당했던 인물은 샤쿠오 슌죠(釋尾春芿, 1875~?)였다.[6] 샤쿠오는 교쿠보(旭邦)나 도호(東邦)라는 호를 사용했으며 본지에도 매호에 걸쳐 '旭邦生', '東邦生', '東邦山人' 등의 필명으로 각종 논설을 집필하고 있다. 샤쿠오에 관해서는 최혜주 씨의 상세한 연구가 있으므로[7] 이들 성과를 참조하면서 본 잡지와 관련된 대목을 짚어보기로 한다.

---

5) 旭邦, 「安奉線と朝鮮」, 『朝鮮』 제3권 6호, 1909년 8월.
6) 釋尾의 발음에는 '도키오'도 있으나 그와도 절친했던 조선문제 저널리스트 아오야기 쓰나타로(靑柳綱太郎, 1877-1932) 등 동시대인의 호칭에 따른다. 이 점을 일러주신 최혜주 선생께 감사드린다.
7) 「한말 일제하 샤쿠오(釋尾旭邦)의 내한활동과 조선인식」, 『한국민족운동사연구』 43, 2005년 등.

샤쿠오는 1908년 일한서방(日韓書房) 사주인 모리야마 요시오(森山美夫)가 저널리스트 기쿠치 겐죠(菊池謙讓)를 주간으로『조선』을 창간했을 때 편집장을 맡았다. 모리야마가 1909년 3월에 일한서방의 사업을 확장한다는 이유로 그에게 경영을 맡기면서부터 샤쿠오는『조선』의 경영과 편집을 전담하게 된다. 이 과정에서『조선』의 발행처는 제3권 제2호(1909년 4월)부터 일한서방에서 조선잡지사(朝鮮雜誌社)로 변경되어『조선과 만주』로 이어지게 되었다.

1909년의 발행처 및 잡지명 변경은 지국 확충 및 판매망 확대와 연동하며 진행되는데, 우선 정보수신자에 대한『조선과 만주』의 기본입장을 확인해둘 필요가 있다. 조선잡지사는 1910년 도쿄(東京)지국을 설치하고 현지에 촉탁기자 난바 히데오(難波英夫)를 기용해 기사를 실을 만큼 '본토' 독자를 고려했다. 판매망을 보더라도 도쿄에 6개, 경성에 4개의 판매소를 두어 본토에 비중을 두었다. 물론 판매소 전체의 분포는 조선 19개소(경성, 용산, 영등포, 인천, 개성, 평양, 신의주, 진남포, 원산, 수원, 대전, 대구, 마산, 부산, 목포, 군산 등), 일본 15개소(도쿄, 오사카[大阪], 교토[京都], 고베[神戸], 시모노세키[下關], 하카다[博多], 구루메[久留米], 구마모토[熊本] 등)로 조선쪽이 많지만, 조선 거주 일본인의 여론 형성과 함께 본토 일본인의 관심 촉구가 본지의 주요목표 중 하나였음을 알 수 있다.

샤쿠오는 1911년 10월 만주 시찰을 다녀온 직후 잡지명을『조선과 만주』로 바꾸기로 하면서 다롄(大連)에 조선잡지사 만주지사를 개설했다. 그는 자신이 남북 만주 일대를 시찰한 결과, 앞서 살펴본 바와 같이 "만주 경영과 지나(支那) 연구가 급선무임을 절실히 느낀 바 있어" 만주지사를 설치한다고 명시했다.[8] 1910년 도쿄지국이 개설되고 1911년에 안동현(安東縣)지국, 평양지국, 부산지국에 이어 만주지사(1917년부터 다롄지국

---

8) 앞의 글,「本誌の改題」

으로 명칭 변경)가 설치됨으로써 조선 전국 및 만주 지역으로 판로가 확장되었다. 1912년 청진지국, 1917년 오사카 및 고베지국, 1918년 펑티엔(奉天)지국 등으로 이후 지국의 확충은 계속되었다. 『조선과 만주』는 1918년 1월(통권 127호)부터 조선과 만주사(朝鮮及滿洲社) 발행으로 바뀌게 되는데, 이는 단지 잡지와 잡지사의 명칭을 일치시키기 위해서였다.

지국과 판매망의 확장은 발행부수의 확대로 이어지게 마련이다. 통감부 통계에 따르면 1909년의 발행부수는 총 24,000부였는데, 이 가운데 경성이 7,000부, 기타 조선 내 지역 합계가 8,600부, 일본이 7,200부, 타이완 840부, 중국 360부 씩을 점했다.[9] 여기서도 조선 거주 일본인이 주요독자층이지만 일본 본토 뿐 아니라 타이완 등지까지 포괄했음을 알 수 있다. 정확한 통계는 없으나 안동현 지국 및 만주지사의 설치 이후 만주 현지에서의 발행부수가 신장되었을 것임은 충분히 짐작이 된다.

샤쿠오 슌죠는 『조선과 만주』의 이러한 지국 확대, 발행부수 신장을 주도한 장본인이었다. 샤쿠오는 통감부·총독부를 비판한[10] 면모 때문에 보통 '장사적(壯士的) 인물'로 평가받는데, 이는 조선 거주 일본인 중 유력 실업가의 후원을 받으며 총독부 권력에 협력적이었던 잡지 『조선의 실업』(朝鮮之實業: 1908년부터 滿韓之實業)과 『조선과 만주』 사이의 논조 차이로 나타나기도 했다. 소위 '비판자'로서의 이러한 면모는 조선총독부의 언론통제의 일환인 발매금지 내지 부분삭제 조치에 반영되기도 했다.[11] 그

---

9) 『韓國統監府統計年報』 1910년판, 240-241쪽: 木村健二, 「在朝日本人ジャーナリズムの活動」, 『在朝日本人の社會史』, 未來社, 1989년, 156쪽에서 재인용.

10) 이 점은 초기의 논설에 다음과 같이 피력되어 있다. "본지는 한인에 대해서는 우리 보호권의 진정한 의의를 설파하고, 세계에 대해서는 한국에 대한 정책을 변호하며 통감부를 변호하는 것을 불사한다. 그러나 우리 정부와 통감부에 대해서는 힘써 고언(苦言)과 비평의 지위를 취할 것이다." 「第二卷の一號に題す」, 『朝鮮』 제2권 1호, 1908년 9월.

11) 1910년 8월의 통권 제30호에 대한 발매금지를 시발점으로 해서 수차례의 발금과 부분삭제 조치가 있었다. 1937년 2월(통권 제351호)에는 2·26사건 이후 군부의 동향을 비판했다고 해서 시평 부분이 8면 삭제되기도 했다. 삭제 발간은 발매금지를 피하기 위한 타협책이었다. 釋尾東邦, 「時論:

러나 한석정도 지적했듯이 재조일본인 사회는 기본적으로 식민행정기구에 대해 종속적인 관계에 있었기 때문에 그 '자율성' 또한 매우 제한적이었음을 놓쳐서는 안 될 것이다.[12)]

III

샤쿠오 슌죠는 오카야마(岡山)현 출신으로 1897년 도요(東洋)대학(1906)의 전신인 데쓰갓칸(哲學館)을 졸업했다. 데쓰갓칸은 불교철학자 이노우에 엔료(井上圓了, 1858~1919)가 「교육칙어」의 이념을 구현할 교육자와 종교인을 양성하기 위해 설립한 3년제 학교다. 잡지 『일본인』(日本人)의 창간에도 관여한 국가주의자 이노우에게 사상적 감화를 받은 샤쿠오는 졸업 후 조선과 중국에 관심을 갖고 교토에서 신문업에 종사하다가 1900년 부산의 일본어학교 개성학교(현 부산상고), 대구 달성학교 등지에서 잠시 교편을 잡았다.

1903년 이후 대구에서 일본 불교 포교활동을 하던 샤쿠오는 경성으로 올라가 경성민단(民團)에서 학교 설립 준비, 민단 역사의 기록과 같은 활동을 했다. 경성민단 관련 자료를 모은 『경성발달사』(京城發達史)의 편찬을 담당하기도 했던 그는 1908년 경성민단을 물러나 본 잡지의 편집장을 맡기에 이른다. 샤쿠오는 편집장을 맡으면서 조선 통치상의 참고와 조선 연구상의 자료를 제공하고 정치·경제·종교·문학 중 어느 한쪽에 편중되지 않겠다는 편집방침을 내걸었다. 그리고 본인 스스로 주장, 논설, 시사평론, 잡찬, 방문록, 여행기 등을 넘나들며 매호 빠짐없이 활발한 논진을 폈다. 통감부·총독부 관리, 동아동문회(東亞同文會), 동양협회, 조선협회 인사

言論壓迫は善くない」,『朝鮮及滿洲』통권 352호, 1937년 3월.
12) 한석정, 「만주 지향과 종속성: 1930-40년대 부산 일본거류민의 세계」,『한국민족운동사연구』48, 2006년.

등 다방면에 걸친 그의 네트워크가 이를 가능하게 했다.

샤쿠오는『조선과 만주』의 정기간행 이외에도 조선잡지사(조선과 만주사)를 통한 조선 고서(古書) 간행사업 등을 정력적으로 추진했다. 그는 1908년 조선연구회를 결성해 발표회 개최 등 조선 연구를 조직화하는 한편, 1909년 조선고서간행회를 만들어 1916년까지『조선군서대계』(朝鮮群書大系)를 펴냈다. 특히 후자는 샤쿠오가 편집 겸 발행자를 맡은 최대규모의 복간사업으로서, 삼국사기부터 흠정만주원류고(欽定滿洲源流考)까지 주로 조선 시기의 고서 82책이 망라되었다. 샤쿠오는『조선군서대계』가 완결되자마자 조선과 만주의 지리, 역사, 인문, 산업 등에 관한 전문서적을 『조선과 만주 총서』로 간행하기 시작했는데, 이 중 1918년에 간행된 지지(地誌)들은『조선·만몽 지지총서』(전3권)로 복각되어 있다.[13]

1920년 경성일일신문사의 사장을 잠시 역임하기도 했던 샤쿠오는 1924년 봄 편집업무에서 일시 손을 떼고 1년 가량 도쿄로 건너가서 우에노(上野)도서관 등을 드나들며 한국병합 관련 사료를 모아『조선병합사』를 집필했다. 그는 일본국민이 거국일치의 자세로 조선 경영에 매진해야만 일본의 장래가 보장될 것임을 호소하기 위해 천 페이지가 넘는 이 대저를 저술했다고 밝히고 있다. 그는 이 책에 조선과 만주사 사장 겸 도요대학 강사라는 직함을 내걸고 '조선최근사'(朝鮮最近史)를 부제로 달았다. 샤쿠오는 총독부의 조선사 편찬작업을 거론하면서 "관아의 발행물이 비교적 정확하고 상세한 점은 낫지만 이면의 진상을 기탄 없이 다루기 힘든" 점을 지적하여 관찬역사서가 아닌 민간역사서로 '진상 규명'의 장점을 강조하고 있다.[14] 그는 이 책의 후속작업으로서 '조선의 문화사', 즉 '조선의 학술, 사상, 문학, 예술, 종교' 등을 서술하여 '조선의 민족성과 조선인의 문화 양상'

---

13) 広瀬順晧 解説, クレス出版, 2000년.
14) 「本書の後ちに書す」,『朝鮮併合史』, 朝鮮及滿洲社, 1926년.

을 밝히는 작업을 상정하고 있지만 그 구체적 성과는 확인할 수 없다.

1935년 조선과 만주사 편찬으로『조선·만주 안내』15)를 교열·발간하는 등 조선과 만주에 관한 정보를 제공하는 데에도 계속 앞장섰던 샤쿠오는 1941년 1월에 노령을 표면적인 이유로 해서『조선과 만주』를 폐간하게 된다. 그러나 실제로는 종이 부족 등 물자통제와 언론통폐합의 여파인 것으로 판단된다. 폐간사에서 샤쿠오는 본지와 비교할 만한 잡지로서『실업의 일본』(實業之日本: 1897~현재, 1964년부터 實業の日本으로 개제)이 있을 뿐이라고 주장한다. 당시 일본에 지령 35년 이상의 잡지는 열 종 이상 있지만 "창간호부터 지금까지 주재자가 변하지 않은" 것은 마스다 기이치(增田義一, 1869~1949)의『실업의 일본』뿐이라고 자부심을 표명했던 것이다. 특히 '조선의 문화개척'에 기여하고 '선만(鮮滿)개척과 대륙진출의 급선봉'이라는 역할을 수행한 '문장보국'(文章報國)이었다고 자평하고 있다.16) 이로써 34년에 이르는『조선과 만주』의 시대는 막을 내렸다.

IV

폐간사에서 샤쿠오 슌죠가 자평한 바와 같이『조선과 만주』는 식민지기 조선 거주 일본인 사회가 '선만개척과 대륙진출의 급선봉'이라는 정체성을 형성하며 일본제국주의의 대륙침략을 뒷받침했던 대표적 민간언론이었다. 기존 연구에서도 지적되고 있듯이, 당시의 조선사회에 대한 본지의 기본인식은 '종주국민'으로서의 제국의식이었다. 식민지 조선인을 열등한 민족으로 바라보는 인종주의적 시각에 입각해서 조선 거주자를 포함한 일본인 일반에게 '종주국민'으로서의 문명화의 사명을 강조하는 논조가 수록 논설들의 주선율을 이루고 있다고 할 수 있다. 또 하나 특징적인 것은 조선 거주

---

15) 이 책은 경인문화사의 한국지리풍속지총서 233~234로 복간되어 있다.
16) 「本誌廢刊の辭」,『朝鮮及滿洲』통권 398호.

일본인 사회의 이익을 대변하는 입장에서 총독부의 정책을 비판하는 등, 때로는 지배당사자들보다 훨씬 더 제국주의적인 강경론을 주장했다는 점이다. 샤쿠오가 강조한 '민간'언론으로서의 위치가 그것을 가능하게 했는지도 모른다. 물론 여기에는 편집·경영·주필을 도맡은 샤쿠오 개인의 정치적 성향이 본지의 논조에 반영될 수밖에 없다는 점도 감안해야 할 것이다.

34년간에 걸친 『조선과 만주』의 논조나 집필진의 변모 등에 대해서는 앞으로 좀더 심도 깊은 연구가 필요하다. 여기서는 일단 본지의 내용보다는 형식, 그리고 편집자의 활동에 초점을 맞추어 개관하는 데 그쳤지만, 본지의 다양한 코너들, 즉 주장, 시사평론, 논설, 인물품평, 잡찬, 문예, 실업자료 등을 통해 정치·경제·사회·문화 전반에 걸친 식민지 시기 일본인의 제국의식이 검토되어야 할 것이다. 이 총목차와 색인이 그 작업에 작은 디딤돌이 되었으면 하는 바람이다.

*   *   *

총목차 및 인명색인을 작성하는 데에는 많은 분들의 도움을 받았다. 우선 총목차의 작성은 안준범 군의 작업에 전적으로 의존했다. 방대한 작업을 묵묵히 해낸 안군에게 진심으로 감사드린다. 이를 토대로 한 교열작업에서도 윤정환, 정신혁, 홍수경 등의 도움을 받았다. 이상 연세대학교 사학과 대학원 석사 과정생들의 헌신적인 협조가 없었다면 이 목차·색인집은 나오지 못했을 것이다.

아울러 마지막의 인명색인 작성 작업은 도서출판 어문학사의 정지영, 허선주 씨의 손을 빌렸다. 이 자리를 빌어 감사의 말씀을 드린다. 물론 목차와 색인에 대한 최종적 손질은 내 몫이었기 때문에 곳곳에 남아있을지 모를 오류들에 대한 책임 또한 나의 것임을 밝혀둔다.

연세대학교 사학과 교수 임성모

THE CHOSEN AND MANSHU

朝鮮及滿洲

十月號

第2부
총목차편

第七拾五號

朝鮮 第1号 1908年 3月

韓國現內閣各大臣

時事評論 ……………………………… 1–7

韓國暴徒問題に就て▶石塚英藏(韓國統監
　府參與官) ……………………… 7–12

京城電車問題に就て▶松井茂(韓國警保局
　長) ………………………………… 12–14

裏朝鮮と表朝鮮▶菊池長風 ………… 14–16

韓人開發の方法に就て▶曾禰荒助(副統監)
　………………………………………… 17–18

韓國教育の現狀▶俵孫一郎(韓國學部次官)
　………………………………………… 18–20

第二十世紀初頭に於ける列強植民地の現
　況と其の盛衰の原因▶井上雅二(宮內府
　書記官) ………………………… 20–23

韓國の貨幣に就て▶木村雄次(第一銀行京
　城支店營業部長) ………………… 23

韓國金融機關問題▶山下南海(朝鮮タイム
　ス主筆) …………………………… 24–26

大韓協會の本領▶鄭雲復(帝國新聞社長) …
　………………………………………… 27–28

統監としての伊藤公を論ず▶釋尾旭邦 ……
　………………………………………… 29–31

李完用の前生涯▶長風生 …………… 31–33

京城地文私考▶巨智部忠承(理學博士) ……
　………………………………………… 33–35

雜誌『朝鮮』の解▶中井錦城(咸鏡北道書記
　官) ………………………………… 35–36

高麗の花▶點貝生 …………………… 36–39

朝鮮大學の沿革▶上邨正己 ………… 39–41

僧の東仁と朝鮮最近開化史▶釋尾旭邦 ……
　………………………………………… 41–44

朝鮮の儒生と大編輯局▶片淵琢 …… 44–47

濟州珍談▶鬼山生 …………………… 47–50

米人の見たる韓國▶橋本生譯 ……… 50–51

韓人の家庭(上)▶旭邦生 …………… 52–53

漢城外交の土産ミスソンタクの末路▶城
　南隱士 …………………………… 53–55

曾禰副統監を訪ふの記▶旭邦生 …… 55–57

京城に於ける日本人の發展力▶熊谷賴太
　郎 ………………………………… 57–59

植民地の主婦▶某女史 ……………… 59–61

罵倒錄▶ヒマラヤ山人 ……………… 61–64

韓國の水產獎勵に就て▶岡喜七郎(農商工
　部次官) ………………………… 64–65

韓國の森林大整理▶岡喜七郎(農商工部次
　官) ………………………………… 65–67

韓國の氣候と實業との關係▶和田雄治(統
　監府觀測所長) ………………… 67–69

最近三ヶ年に於ける韓國貿易(一)▶山口東
　嶺 ………………………………… 69–71

全南慶北に於ける暴徒の影響 ……… 71–73

四十年度 外國貿易狀況 …………… 73–74

群山の野泊▶長風生 ………………… 74–76

今昔の感▶錦浦片淵琢 ……………… 76–77

オンドル會小集 ……………………… 77–78

腰辨當▶龍洞生 ……………………… 79

小猫よ▶瀧閣邨 ……………………… 79–82

朝鮮問題の時論 …………………… 82–86

重要記事 …………………………… 86–94

朝鮮 第2号 1908年 4月

韓國兒童の風俗/韓國大官夫婦/京城市街ノ
　內日本居留地

時事評論 …………………………… 1–7

間嶋 ………………………………… 7–11

韓の南北に於ける拓殖の狀態▶菊池長風 …
　………………………………………… 12–14

韓國教育の狀況▶俵孫一學部次官 … 14–16

暴徒鎭撫策▶神谷卓男(忠北書記官) ………
　………………………………………… 16–18

韓國の金融機關問題▶山下南海(朝鮮タイ
　ムス主筆) ……………………… 20–23

韓人の如何に日本を見るか▶釋尾旭邦 ……
　………………………………………… 23–27

朴前首相の外交▶對星樓主人 ……… 27–29

昌德宮と慶福宮▶長風生 …………… 30–31
韓國婦人の研究(一)▶工藤武城 … 31–34
英人の見たる韓國▶小紅子譯 …… 34–37
高麗の花(二)▶鮎貝生 …………… 37–41
百濟王腆支卽位の事情▶谷井濟一(文學士)
………………………………………… 42–43
讀韓餘錄▶鹽川一本郎 …………… 44–45
韓人の家庭(上)▶旭邦生 ………… 45–47
滄海先生を訪ふ▶長風生 ………… 48–49
罵倒錄▶ヒマラヤ山人 …………… 49–52
沒落▶薄田斬雲 …………………… 52–57
首陽大君▶醉公 …………………… 57–61
さくら人▶瀧鬧邨 ………………… 61–62
オンドル會小集 …………………… 62–63
韓國金融の逼迫に就て …………… 65–68
最近三ヶ年に於ける韓國貿易(一)▶山口東
嶺 ………………………………… 68–73
森林の經營 ………………………… 73–74
朝鮮問題の時論 …………………… 75–80
重要記事 …………………………… 80–86
統監府公文 ………………………… 86–90
本誌『朝鮮』に對する批評 ……… 90–92

韓國の金融機關問題▶山下南海(朝鮮タイ
ムス主筆) ……………………… 21–24
朝鮮に於ける日本人▶釋尾旭邦 … 24–28
罵倒錄▶ヒマラヤ山人 …………… 28–30
李埈鎔の歸國▶長風生 …………… 31–32
韓國婦人の研究▶工藤武城 ……… 32–37
朝鮮開國始末▶S.K.生 …………… 40–44
高麗の花(承前)▶鮎貝房之進 …… 44–47
慕夏堂小傳▶楢崎桂園 …………… 47–50
韓國教育の沿革▶上邨正己 ……… 50–53
靑邱野談▶松尾目池譯 …………… 53–55
朝鮮の歌謠▶甘笑子 ……………… 56–58
朝鮮の宗教▶釋尾旭邦 …………… 58–60
訪問錄 ……………………………… 60–63
韓皇后陛下の日語御學習 ………… 64–65
愛の心▶翠香 ……………………… 66–70
駒あがきに▶高濱長江 …………… 70–72
椎の一本▶原野みどり …………… 72
オンドル會例會 …………………… 73–74
重要記事 …………………………… 74–80
統監府公文 ………………………… 80–82

朝鮮 第3号 1908年 5月

現皇帝居(昌德宮)敦化門/明治二十六年ノ京
城日本人居住地/統監邸二於テ記念撮影
伊藤統監の歸任 …………………… 1–6
日韓倂合の理由▶東西南北生 …… 6–9
如何に韓人を教育すべきか▶市井散人……
…………………………………………… 9–10
韓國の師範教育▶增戶鶴吉(官立漢城師範
學校學監) ……………………… 10–15
韓國博物館設立に就て▶佐藤寬(義和宮顧
問) ……………………………… 15–17
大韓毎日申報の害毒▶古河甘笑子(警視廳
飜譯官) ………………………… 17–18
敢て日本人諸君に告ぐ▶鄭雲復(帝國新聞
社長) …………………………… 19–20

朝鮮 第4号 1908年 6月

各大臣/韓國駐箚軍司令部
韓政府の動搖及沈靜 ……………… 1–4
韓人は教ゆべきか教ゆべからざる乎:はし
がき▶釋尾旭邦 ………………… 4–5
韓人は教ゆべきか教ゆべからざる乎:韓人
を導くに法あり▶曾禰副統監 ………… 5
韓人は教ゆべきか教ゆべからざる乎:韓の
自然と韓人性情▶鶴原總務長官 …… 5–6
韓人は教ゆべきか教ゆべからざる乎:階級
的陋風を打破せよ▶加藤增雄(前韓國宮
中顧問官) ……………………………… 6
韓人は教ゆべきか教ゆべからざる乎:韓人
の能力▶本宿家全(善隣商業學校長) ……
………………………………………… 6–7
韓人は教ゆべきか教ゆべからざる乎:韓人

は殆ど敎ゆべからず▶鮎貝房之進 ………
………………………………………… 7-8
韓人は敎ゆべきか敎ゆべからざる乎:韓人
の特質▶三浦彌五郎(京城理事官) …… 8
韓人は敎ゆべきか敎ゆべからざる乎:ロン
ドン・チヤイナ・エキスプレス … 9-10
英領としての印度▶高瀬經德(京城副理事
官) …………………………………… 9-11
第二十世紀初頭に於ける列强植民地の現
況と其の盛衰の原因▶井上雅二(宮內府
書記官) ………………………… 11-14
朝鮮植民政策論▶村上又二郎(在韓 農學士)
………………………………… 14-16
往時に於ける淸韓國際の實情▶鮎貝房之
進 ………………………………… 17-18
韓國圖書館設立の議(上)▶佐藤寬(義親王
顧問) …………………………… 18-21
韓國の師範敎育▶增戶鶴吉(漢城師範學校
學監) …………………………… 21-26
帝國の保護政策は今日以上に變改するの
必要なきや▶菊地長風 …… 26-27
朝鮮の耶蘇敎と排日思想▶釋尾旭邦 ……
………………………………………… 28-31
罵倒錄▶ヒマラヤ山人 ……………… 32-33
統監伊藤公の昨今▶一記者 ……… 33-34
余の經驗せし朝鮮▶小田柿拾次郎(前三井
物産支店長) …………………… 35-38
韓國婦人の硏究▶工藤武城(ドクトル メチ
チー子) ………………………… 38-42
濟州珍談▶鬼山生 ………………… 42-47
韓國敎育の沿革▶上邨正己 …… 47-50
朝鮮の宗敎▶釋尾旭邦 ………… 50-52
南薰太平歌(一)▶松尾茂吉 …… 52-55
韓國暴徒の野蠻なるは臺灣の生蠻に勝る
▶勿禁生 …………………………… 55-60
南大門▶成田竹雨(文學士) …………… 61
淸凉里に訪れて▶高濱天我 …… 62-64
老人亭五首▶孤雲查客 ………………… 64
北韓雜詠▶高橋修一 ………………… 64

オンドル會例會 …………………………… 65-66
行春 ………………………………………… 66-67
鷄林新唱▶佐藤寬(義親王顧問) …… 67-68
博物館及動植物園の設立に就て▶井上雅
二(宮內府書記官) …………………… 68-69
韓國の土木事業▶中原眞三郎(統監府技士)
………………………………………… 69-70
韓南各道の狀況 ……………………… 70-72
韓內地の視察▶志賀嘉昂 …… 72-75
日淸韓の商取引と手形の流通▶赤間嘉之
吉 ………………………………… 75-76
雜報 ………………………………………… 76-77
時事日誌 ………………………………… 77-79

朝鮮 第5号 1908年 7月

統監府/京城の電車/韓人の刑罰
李完用內閣の改造 ………………………… 1-2
でーりにうすと言論拘束 ……………… 3-4
暴徒に對する母國の觀察 ………………… 4
韓人は敎ふべきか敎ふべからざる乎 ……
………………………………………… 4-5
韓人は敎ふるを得べし而も容易なりとは
言べず▶高橋亨(韓國高等學校學監) … 6
敎ふべき方法の硏究を要す▶田中玄黃(官
立漢城外國語學敎授) ………………… 6
硏究ノ必要なる▶淸水文之輔(十八銀行京
城支店支配人) …………………… 6-7
余は敎ふべからずと云ふ論者なり▶峯岸
繁太郎(京城新報社長) …………………… 7
敎ふべからざる民無▶香坂駒太郎(韓國法
院長) …………………………………… 7-8
韓人を敎ふるは時と人とに待つ▶大屋權
平(韓國鐵道管理局長工學博士) ………… 8
敎ふるに法あり▶鹽川一太郎(慶尙北道書
記官) …………………………… 9-11
是非共敎へざるべからず▶神谷鬼山(忠淸
北道書記官) …………………… 11-12
"敎ふべしと云ふも不可, 敎ふべからずと云

ふも不可"▶佐藤寛(義親王顧問) ‥12-13

施政の改善行はるれば立派に教ふべき人
　種なり▶高橋章之助(辯護士) ‥‥‥13

韓人は教へらるゝを欲せず▶古河松之助
　(韓國警視廳飜譯官) ‥‥‥‥‥14-16

敢て編輯長足下に問ふ▶增戸鶴吉(漢城師
　範學校學監) ‥‥‥‥‥‥‥‥16-17

韓人教ふべからず教ふべし▶戸叶民堂(大
　韓日報主幹) ‥‥‥‥‥‥‥‥17-18

朝鮮の俚諺(一)▶目池 ‥‥‥‥‥‥19

韓人教育に就て▶釋尾旭邦 ‥‥‥20-23

第二十世紀初頭に於ける列強植民地の現
　況と其の盛衰の原因▶井上雅二(宮内府
　書記官) ‥‥‥‥‥‥‥‥‥24-26

韓國圖書館設立の議(下)▶佐藤寛(義親王
　顧問) ‥‥‥‥‥‥‥‥‥‥26-30

韓國に於ける日本の治外法權を撤法▶高
　橋脩一 ‥‥‥‥‥‥‥‥‥‥30-31

朝鮮植民政策論▶村上又二郎(在韓 農學士)
　‥‥‥‥‥‥‥‥‥‥‥‥31-35

罵倒錄▶ヒマラヤ山人 ‥‥‥‥‥35-37

韓國婦人の研究▶工藤武城(ドクトル メヂ
　チ-子) ‥‥‥‥‥‥‥‥‥‥38-41

韓國に於ける慈善事業▶藤戸櫻岳 ‥41-46

韓國の教育機關▶信原生 ‥‥‥‥47-50

韓僧中の紅一點的「松雲大師」▶見山望洋 ‥
　‥‥‥‥‥‥‥‥‥‥‥‥50-52

鷄林雜話▶太古軒主人 ‥‥‥‥‥52-55

暴徒は如何に邦人を悩ましゝアるか(二)▶
　翠山生 ‥‥‥‥‥‥‥‥‥‥56-59

南韓の避暑地▶旭邦生 ‥‥‥‥‥59-61

母國往復記▶長風生 ‥‥‥‥‥‥61-64

一進會の首領宋秉畯▶菊池長風 ‥64-66

鷄林新唱▶佐藤寛 ‥‥‥‥‥‥66-67

雜吟▶高橋修一 ‥‥‥‥‥‥‥67-68

病床雜吟▶成田竹雨(文學士) ‥‥‥68

オンドル會小集 ‥‥‥‥‥‥‥‥69

若葉 ‥‥‥‥‥‥‥‥‥‥‥69-70

最近の金融狀況 ‥‥‥‥‥‥‥71-73

時事日誌 ‥‥‥‥‥‥‥‥‥‥73-77

朝鮮だより ‥‥‥‥‥‥‥‥‥77-82

編輯部の消息 ‥‥‥‥‥‥‥‥‥83

朝鮮 第6号 1908年 8月

洋裝の嚴妃/京城に於ける米國教會附屬病
　院濟衆院教育部卒業證書授與式/京城理
　事廳/京城郵便電信局/京城南山鹿辻屋花
　園に於けるキリンピヤホールの景/静か
　なる七月

名士の韓人觀 ‥‥‥‥‥‥‥‥4-23

韓人論(上)▶釋尾旭邦 ‥‥‥‥24-29

韓國保護の要義を論ず▶木堂生 ‥29-30

韓國昨今の金融に就て▶三島太郎(第一銀
　行京城支店調査課長) ‥‥‥‥31-33

時事十題:桂内閣と朝鮮▶ヒマラヤ山人 ‥
　‥‥‥‥‥‥‥‥‥‥‥‥33-39

百結先生▶湖東生 ‥‥‥‥‥‥‥39

高麗の花(承前)▶鮎貝房之進 ‥‥40-43

韓國婦人の研究▶工藤武城(ドクトル メヂ
　チーネ) ‥‥‥‥‥‥‥‥‥43-45

韓國制度通(一)▶如困槁 ‥‥‥‥45-49

京城に於ける謠曲界▶猿樂太郎 ‥49-51

十五年間の韓客差記(上)▶對星樓山人 ‥
　‥‥‥‥‥‥‥‥‥‥‥‥52-55

毛擧退筆(一)▶泥峴市隱 ‥‥‥‥55-57

異聞雜記▶長風生 ‥‥‥‥‥‥57-58

朝鮮に於ける新聞界(一)▶ヒマラヤ山人 ‥
　‥‥‥‥‥‥‥‥‥‥‥‥58-61

半島生活 回顧錄(一)▶俗仙 ‥‥61-64

韓太子御生母 嚴妃▶旭邦 ‥‥‥64-65

訪問錄:梅博士を訪ふ▶一記者 ‥66-68

古酒甕▶成田竹雨 ‥‥‥‥‥‥‥69

朝顏辭▶長白山 ‥‥‥‥‥‥‥69-70

夏の夜▶工藤武城 ‥‥‥‥‥‥‥70

南薰太平歌▶松尾目池 ‥‥‥‥70-71

漢詩 ‥‥‥‥‥‥‥‥‥‥‥72-74

オンドル會 例會 ‥‥‥‥‥‥75-77

銀行家として見たる日韓關係觀▶清水文
　之輔(十八銀行京城支店支配人) … 78–79
韓國側産業銀行一班▶筑川生(某銀行家) …
　………………………………………… 79–82
時事日誌 ……………………………… 83–85
朝鮮だより▶編輯小僧 ……………… 85–87
風聞錄▶無線電信生 ………………… 87–89
京城商店評判記▶商店小僧 ………… 90–91

朝鮮 第7号 1908年 9月

韓國皇后陛下/釜山港の景/馬山港の景/龍
　山港の景/群山港の景/朝鮮各地日本小學
　校校長の集會
第二卷の一號に題す ……………………… 1
對韓政策の二大傾向に就て ……………… 2–6
民長官撰に對する在韓居留民團の叫び ……
　………………………………………… 7–12
名士の朝鮮觀 …………………………… 13–23
朝鮮に於ける我官民の反目▶釋尾旭邦 ……
　………………………………………… 24–31
民長官撰問題に就て▶梅謙次郎(法學博士)
　………………………………………… 31–32
農業上より見たる日韓の關係▶中村彦(韓
　國農商工部農務局長) ……………… 32–34
韓國司法官として心得に就て▶國分亥三
　(韓國檢事總長) …………………… 34–38
韓國の手形に就て▶藤井定吉(漢城手形組
　合理事) ……………………………… 38–41
民長官選問題に現はれたる京城居留民團
　議員▶ヒマラヤ山人 ……………… 42–43
韓國婦人の研究(六)▶工藤武城(ドクトル
　メヂチ-子) ………………………… 44–47
韓國制度通(二)▶如囷槁 …………… 47–50
韓國の弊風(一)▶古河甘笑 ………… 50–55
鴨綠江(一)▶白山黑水樓主人 ……… 55–57
十五年間の韓客差記(中)▶長風生 … 57–60
韓國の皇后▶旭邦 ………………………… 60
大韓每日申報にベツセルを訪ふて社長

マーナム君と語る▶旭邦 ………… 61–63
石塚總務長官代理を訪ふ …………… 63–64
韓國駐箚憲兵隊副官陸軍憲兵少佐山形閑
　氏を訪ふ …………………………………… 64
コールブラン氏を訪ふ ……………… 64–65
水原行の記▶旭邦 …………………… 66–71
狂言右夫人▶竹迂道人 ……………… 71–72
苦熱詠草▶長連恆 ………………………… 72
漢詩 …………………………………… 73–77
俳句 …………………………………… 77–79
韓國の雲母事業▶杉原忠吉 ………… 80–83
韓國に於ける生牛▶村木秀夫 ……… 83–85
韓國側の金融常態▶韓相龍(漢城銀行取締
　役) ………………………………… 85–86
最近に於ける韓人側の商勢▶金鎭玉(韓一
　銀行支配人) ……………………… 86–87
朝鮮だより▶編輯小僧 ……………… 87–90
時事日誌 ……………………………… 90–91
風聞錄▶免耳生 ……………………… 91–93
京城商店評判記 …………………………… 93

朝鮮 第8号 1908年 10月

韓國五十餘校の普通學校校監會議紀念寫
　眞/韓國模範病院たる大韓醫院の正面/京
　城大通り鐘路/清國現內閣諸大臣及諸顯
　官
清國の對韓外交 ……………………… 1–6
朝鮮評林▶皆夢庵主人 ……………… 7–8
竹越氏の韓國に於ける統監政治を讀む▶
　旭邦 ………………………………… 9–13
各地居留民團は如何なる議員を選擧せん
　とするか …………………………… 13–14
韓國農業の改良に就て▶本田幸介(韓國農
　業模範場長 農業博士) …………… 15–18
韓國運輸取扱業者の改善に就て▶松原榮
　(日本全國運輸聯合會囑託 韓國運輸狀況
　視察取調員) ……………………… 19–20
大清帝國の覺醒▶井上雅二(宮內府書記官)

………………………………… 21–30

實用的人物の必要なり▶曾禰副統監 ………
…………………………………………… 31–32

銀行業者としての雜感▶大村雄次(第一銀
行京城支店營業部調査部長) ……… 32–33

韓國と島根縣▶梅謙次郎(法學博士) ……33

拓殖會社と各府縣▶俵孫一郎(韓國學部次
官) ……………………………………… 34

東洋拓殖會社に就て▶宇佐川中將 …34–35

副統監としての曾禰荒助子▶ヒマラヤ山
人 ……………………………………… 36–38

副統監去就易斷 ………………………… 39

韓國婦人の研究(七)▶工藤武城(ドクトル
メチチ−子) ………………………… 40–42

韓國制度通(三)▶如困楠 …………… 43–46

美感なき國▶鳥越靜岐 ……………… 46–49

韓國の弊風(二)▶古河甘笑 ………… 49–52

韓國に於ける工事上の淸人▶金子政太郎
(京城基督教靑年會工事部監督主任) ……
…………………………………………… 52–54

十五年間の韓客差記(下)▶菊池長風 ………
…………………………………………… 54–56

鴨綠江(二)▶白山黑水樓主人 ……… 56–58

余の觀たる鎭南浦港▶長谷川華汀(鎭南浦
新報主筆) …………………………… 58–62

仁川行の記▶旭邦 …………………… 62–68

東來梵魚寺にありし時の我▶石靜 …68–70

山上のささやき▶ヒマラヤ山人 …… 70–71

日本に使して歸り來りたる金允植氏を訪
ふ▶旭邦 ……………………………… 72–74

朝鮮半嶋▶高濱天我 ………………… 75–76

南薰太平歌(三)▶松尾目池 ………… 77–78

漢詩 …………………………………… 78–80

俳句 …………………………………… 80–83

韓國の養蠶業▶田中歌郎 …………… 84–85

韓國の麥稈事業▶桐原恒三郎 ……… 85–86

韓國の大市場:大邱の大市 ………… 87–89

韓國の富力▶高橋秀臣 ……………… 89–90

京義鐵道沿線の商工業狀態 ………… 91–92

韓國貿易の趨勢▶侃堂 ……………… 92–93

重要記事 ……………………………… 94–96

朝鮮だより …………………………… 97–98

時事日誌 ……………………………… 98–99

風聞錄 ………………………………… 100

京城商店評判記 ……………………… 101

朝鮮 第9号 1908年 11月

ベルギー領事館園遊會に於ける伊藤總監/
韓皇水原行幸/先廟參拜/京城日報主催北
漢山登りの一圓

大陸問題と對韓政策 ………………… 1–9

韓國森林整理の急務▶道家充之(林學士) …
…………………………………………… 9–15

中繼港としての釜山の能力▶山下南海(朝
鮮タイムズ主筆) …………………… 15–18

韓國の現狀と實踐主義▶平渡信(內部書記
官) …………………………………… 18–21

大淸帝國の覺醒▶井上雅二(宮內府書記官)
…………………………………………… 21–26

聖旨と在韓邦人▶旭邦 ……………… 26–28

鶴原定吉君と石塚英藏君▶對星樓山人 ……
…………………………………………… 29–31

廢棄せられにる諺文の宇藆に就きて▶淸
水元太郎(農學士) ………………… 31–34

高麗の花(承前)▶鮎貝房之進 …… 34–37

韓國制度通(四)▶如困楠 …………… 37–40

朝鮮史に見つたる壬辰役逸話▶集成學人 …
…………………………………………… 40–43

鴻儒李退溪▶大川茂雄 ……………… 43–46

韓國の弊風(三)▶古河甘笑 ………… 47–50

梵魚寺に在りし時の最初の朝▶石靜 ………
…………………………………………… 50–52

大韓醫院を見るの記▶旭邦 ………… 53–54

憲兵隊長明石小將を訪ふ▶一記者 …55–56

小宮宮內次官を訪ふ ………………… 56–58

某書記官を訪ふて家庭談を聞く▶並木薰
雨 …………………………………… 58–60

北漢山紀行▶長白山 ………………… 61-64
連絡船▶竹雨漂客 ………………… 64-66
大院君の墓前にたちて▶夢見る人 ……… 67
みだれ髪▶ゆかり女 ……………… 67-68
漢詩 …………………………… 68-69
俳句 …………………………… 69-72
雲山に於ける各鑛山の現況▶T生 … 73-77
朝鮮の問屋制度▶農商工部 ……… 77-79
朝鮮に於ける農事經營案內 韓國水原模範
　場調査 ……………………… 79-81
朝鮮に職業を求むる母國の友へ▶ヒマラ
　ヤ山人 ……………………… 81-82
重要記事 …………………… 82-85
時事日誌 …………………… 85-86
韓人の三面だね …………… 86-87
風聞錄 ……………………… 87-89

朝鮮 第10号 1908年 12月

京城における赤十字社總會/韓國宮廷附き
　官妓
歲並に暮れたり ………………… 1-6
韓國私立學校取締に就て▶俵孫一(韓國學
　部次官) ……………………… 7-11
韓國水産業と漁業法▶庵原文一(韓國農商
　工部水産局長) ………………… 12
港灣の能力と及び仁川港將來の利用▶山
　下南海 ……………………… 15-20
淸國の朝鮮に施したる外交▶京城SK生 …
　…………………………… 20-26
淸國の事變に就て▶井上訝二 …… 27-30
軍司令官長谷川大將を訪ふ▶一記者 ……
　…………………………… 31-32
鍋島外務部長を訪ふ …………… 31-34
若林警視總監を訪ふ …………… 35-36
馬淸國總領事を訪ふ …………… 36-37
社交家琴子夫人を訪ふ ………… 37-39
朝鮮に於ける風敎問題▶旭邦 …… 40-44
朝鮮第二卷第三號淸水元太郎君の廢棄せ

られたる諺文の字劃につきて▶鮎貝房
　之進 ………………………… 46-48
"諺文字劃『,』『一』及び『丨』"▶淸水元太郎
　…………………………… 49-50
韓國貨幣史▶後藤淸風 ………… 50-54
朝鮮史に見えたる豊公征韓役逸話▶大川
　茂雄 ………………………… 54-57
靑邱野談 …………………… 57-60
北京漫筆▶滿韓浪客 …………… 60-63
京城の韓人書店▶市井散人 …… 63-65
成歡稷山溫陽旅行▶矢野國太郎 … 65-67
讀書餘談▶蓋雲 ……………… 67-71
閑是非▶ヒマラヤ山人 ……………… 71
朝鮮の俗謠▶闇牛 …………… 72-74
冬の夜▶長白山 ……………………… 74
枯野▶竹雨 ……………………………… 75
庭の萩生▶中嶋和子 …………………… 77
俳句 …………………………… 77-79
漢文 …………………………… 79-81
漢詩 ……………………………………… 81
韓國に於ける果樹蔬菜栽培調査▶恩田鐵
　彌(農事試驗場技士) …………… 82-86
朝鮮に於ける問屋制度▶農商工部調査 …
　…………………………… 86-89
四十一年に於ける韓國經濟界▶山口濃水 …
　…………………………… 89-90
重要記事 …………………… 90-92
時事日誌 …………………… 92-94
漢城通信▶信天生 …………… 94-95
風聞錄 ……………………… 95-97

朝鮮 第11号 1909年 1月

韓國に於ける各日本市街/十五年變亂遭難
　者紀念寫眞/三十七年に於ける伊藤大使/
　韓國風俗
年頭の感 …………………………………… 1
伊藤統監の歸任と政界 ………………… 2-3
龍山兵營の落成 …………………………… 3

第六師團と暴徒討伐 ……………… 3

軍司令官問題 ……………………… 4

京龍併合問題 ……………………… 4–5

恭賀新年▶旭邦 …………………… 5

恭題雪中松圖 ……………………… 6

韓國の新時代▶市原盛宏(第一銀行韓國總
　支配人) ……………………… 8–10

韓半島に於ける小日本の連絡▶志賀重昂 …
　………………………………… 10–12

韓國の警察に就て▶松井茂(韓國警務局長)
　………………………………… 12–14

在韓三銀行の過去現在▶山下南海 … 14–17

朝鮮植民政策論▶村上又二郎(農學士) ……
　………………………………… 18–21

韓國と法令▶竹村淇園(米國法律博士) ……
　………………………………… 21–24

鐵道沿線と植林事業▶植木秀幹(農林學校
　教授) ………………………… 24–26

西島第六師團長とを訪ふ▶一記者 … 27–29

倉富法務次官を訪ふ ……………… 29–30

伊藤公の統監政治と韓國の現狀▶旭邦 ……
　………………………………… 31–36

正に去らんとする長谷川軍司令官▶ヒマ
　ラヤ山人 ……………………… 37–39

朝鮮古鏡に就て▶三宅長策(法學士) 40–42

韓國に於ける契に就て▶河合弘民(東洋協
　會專門學校幹事) ……………… 42–46

韓國制度通(五)▶如困橋 ………… 46–50

韓國の貨幣史(二)▶後藤淸風 …… 50–54

十五年の變亂▶旭邦生 …………… 59–61

京城野於ける淸國人の社會的狀態▶滿韓
　萍士 …………………………… 61–64

朝鮮の正月▶白衣市人 …………… 64–67

韓國進明女學校を見るの記▶一記者 ……
　………………………………… 67–68

明治四十一年小史▶信天翁 ……… 69–75

新年の話▶井上圓了(文學博士) … 76–77

二十世紀的偉人とは如何なる人ぞ▶中島
　德藏 …………………………… 77–80

若菜舟▶山岸苔葉 ………………… 81–89

診察室▶雨のや …………………… 89–90

和歌 ………………………………… 91–93

漢詩 ………………………………… 93–94

俳句 ………………………………… 94–95

家庭日記▶國分道子 ……………… 96–98

婦人の勢力▶くじら ……………… 98–99

山口太兵衛君の家庭▶一記者 …… 99–100

四十一年に於ける韓國經濟界(二)▶山口濃
　水 …………………………… 101–104

御年玉『貿易相撲』▶山崎源一郎 … 104–107

韓國に於ける果樹蔬菜栽培調査▶恩田鐵
　彌(農事試驗場技士) ………… 107–110

朝鮮問答▶一記者 ……………… 111–113

雜報 …………………………… 113–114

編輯餘祿 ……………………… 114–115

風聞錄 ………………………… 115–116

編輯室消息 …………………………… 116

朝鮮 第12号 1909年 2月

韓皇巡幸/長谷川前駐韓軍司令官/大久保現
　駐韓軍司令官/在韓日本人商業會議所聯
　合會紀念寫眞

五斗米の說 ………………………… 1

莞島問題の眞想 …………………… 2–6

韓帝の巡幸と其影響 ……………… 6–11

駐韓軍司令官の交迭 ……………… 11–12

拓殖會社の開始 …………………… 12–13

韓國民に告ぐ▶伊藤博文(韓國統監公爵) …
　………………………………… 14–16

韓國大豆作の將來に就て▶中村彦(農務局
　長) …………………………… 16–19

朝鮮植民政策論▶村上又二郎(農學士) ……
　………………………………… 19–27

經濟上の慾望と韓國民▶竹村眞次(米國法
　律博士) ……………………… 27–30

韓國の墳墓權▶栗原藤太郎(公州地方裁判
　所判事) ……………………… 30–33

大久保新任駐韓軍司令官を訪ふ▶一記者 …
……………………………………… 34–35
吉原拓殖副總裁を訪ふ ……………… 35–36
京城の沿革▶ゼー・ビー・ゲール(ドクト
ル、ヲプ、フヒロソフイ) ………… 37–42
韓國制度通(六)▶如困橋 …………… 42–47
宣武一等功臣 李舜臣▶大川茂雄 …… 47–51
女將軍▶薄田斬雲 …………………… 51–55
在韓日本人教育の狀況▶吉田英三郎(統監
府囑) ………………………………… 55–57
在韓二年半(一)▶丸山侃堂 ……… 57–62
伊藤統監の施政方針演說▶旭邦 …… 63–69
木內次官と岡次官▶ヒマラヤ山人 … 70–75
霰▶しぐれ女 ………………………… 76–78
關釜連絡船▶高濱天我 ……………… 78–79
漢詩 …………………………………… 80–83
俳句 …………………………………… 83–85
四十一年に於ける韓國經濟界(三)▶山口濃
水 …………………………………… 86–88
智異山の森林▶農商工部 柳田技師調查 …
……………………………………… 89–91
智異山の椎茸▶農商工部 柳田技師調查 …
……………………………………… 91–94
韓國に於ける果樹蔬菜栽培調查▶恩田鐵
彌(農事試驗場技師) ……………… 94–97
舊年末に於ける京城金融狀況▶京城日本
人商業會議所調查 ………………… 97–98
舊年末に於ける京城商況▶京城日本人商
業會議所調查 ………………………… 98
朝鮮問答▶一記者 ………………… 99–101
日曆と韓曆▶和田雄治(觀測所長) 102–103
韓國歲入の現在及將來▶小林監督局長 …
…………………………………… 103–104
雜報 ………………………………… 104–105
時事日記 …………………………… 105–106
編輯だより ………………………… 107–108
風聞錄 ……………………………… 108–109

朝鮮 第13号 1909年 3月

長谷川大將牟田中將送別會/京城婦人會
第三卷第一號の京城婦人會に題す ……… 1
國旗問題 ……………………………… 2–5
却てヨボより各分論を聞く ………………… 6
歸朝せる伊藤統監 …………………… 6–7
宋秉畯の日本行 ……………………………… 7
一進會と大韓協會 …………………… 7–8
宗務院設置願ひ ……………………………… 8
宮內府動物園の公開 ………………… 8–9
民長官選問題と帝國議會 ………………… 9
中學校設立問題 ……………………………… 9
東洋拓殖株式會社を論す▶無名子 … 10–13
植民地の金融機關を論す(一)▶竹村眞次
(米國法律博士) ………………… 13–15
韓國警察に就て▶松井茂(朝鮮內部警務局
長統監府參與官) ………………… 16–20
韓國林業雜感▶道家充之(林學士) … 21–26
韓國の社會的狀態の變革▶菊池謙讓 ………
……………………………………… 26–27
拓殖會社を訪ふ▶旭邦生 ………… 28–31
大韓協會を訪ふて尹孝定氏と語る … 32–34
韓國制度通(七)▶如困橋 ………… 35–38
京城の沿革▶ゼー・ビー・ゲール(ドクト
ル、ヲプ、フヒロソフイ) ………… 38–43
韓國に於ける黨爭及黨爭より受けたる韓
國人の性癖▶鮎貝房之進 ………… 43–48
宣武一等功臣 李舜臣▶大川茂雄 …… 48–53
韓國の沿岸航路▶鶴岡永太郎(商工局長) …
……………………………………… 53–55
ボスニ-拓殖經營一斑▶嶺八郎(法學士) …
……………………………………… 55–57
間窓漫語▶成田生 ………………… 57–59
下宿屋籠城記▶朝鮮浪人 ………… 60–62
依然たる東京▶斬雲 ……………… 62–63
拓殖會社に對する希望 …………… 64–67
小宮宮內次官及び宮內府中の人物▶ヒマ
ラヤ山人 ………………………… 68–73

女將軍▶薄田斬雲 ················· 74–78

柴舟▶空想 ····························· 78–81

俳句 ······································ 81–82

韓國の國力 ··························· 83–85

韓國の十三大林▶錦陵生 ······· 85–86

南韓の海苔▶釜山商業會議所調査 ·· 86–87

北韓の漁業▶大韓漁業組合調査 ····· 88–89

韓國最近經濟事情 ················· 90–91

韓國各地商況及金融 ·············· 91–92

間島の近況 ··························· 93–94

北韓文川地方野饑饉 ·············· 94–95

雜信 ······························· 95–96

朝鮮問答▶一記者 ················· 97–99

雜報 ·································· 99–102

時事日誌 ··························· 102–104

編輯餘祿 ··························· 104–105

風聞錄 ································ 105

朝鮮 第14号 1909年 4月

京城民團の公職員/二軍司令部に於ける陸
　軍記念祭/朝鮮の農家

春の説 ···································· 1

國旗問題を吊ふ ······················· 2–3

帝國議會と朝鮮問題 ················· 3–4

宋秉畯の辭職と朴齊純の就職 ········· 4

歐米宣教師と排日派 ···················· 4

諸法令の發布 ······················· 4–6

穀物輸入税引上案と朝鮮 ············ 6–7

京城民團立中學校の新設 ·············· 7

京龍合併問題の失敗 ··················· 7

日本觀光團 ····························· 7

統監政治は東洋本位なり▶無名子 ··· 8–9

韓國警察に就て▶松井茂(朝鮮内部警務局
　長統監府參與官) ·················· 10–15

植民地の金融機關を論す(二)▶竹村眞次
　(米國法律博士) ·················· 15–18

韓國の農業▶清水元太郎(農學士) ··· 18–21

朝鮮の繪畫に就て▶大岡力 ········· 22–25

韓國に於ける黨爭及黨爭より受けたる韓
　國人の性癖▶鮎貝房之進 ········· 25–29

韓國制度通(八)▶如困橋 ········· 29–32

京城の沿革▶ゼー・ビー・ゲール(ドクト
　ル、ヲブ、フヒロソフイ) ········· 33–35

無用錄▶春邱居士(文學博士) ········· 35–36

碩學曹南冥▶大川茂雄 ·············· 36–38

ボスニ−拓殖經營一斑▶嶺八郎(法學士) ···
　······································· 39–40

韓國の杞柳栽培▶中牟田五郎(林學士) ···
　···································· 41–44

北韓に於ける明太魚及び鰤鰆▶中西楠吉
　(元山理事廳技手) ··············· 45–46

載寧の鐵鑛を見る▶鎭南新報記者 ··· 46–47

ゲール博士を紡ふ▶旭邦 ··········· 48–50

滿韓布教監督龍山氏を訪ふ▶桑堂 ··· 50–51

實業家歷訪記 ····················· 51–54

伊藤統監は果して辭任の意あるか▶旭邦 ···
　···································· 55–58

朝鮮問題は在韓邦人にて解決せざるべか
　らず ······························· 58–59

學府次官俵孫一君及學府内の人物▶ヒマ
　ラヤ山人 ························· 60–64

京城の醫界▶ヒマラヤ山人 ········· 65–66

プラオン氏の韓國觀▶捻松生譯 ····· 67–68

忠北の日本人▶鬼山生 ············· 68–71

滿州土産▶鴨綠漁郎 ··············· 71–73

柳闇花巷錄▶華生 ················· 73–76

餘寒の東京▶斬雲 ················· 76–77

田舍まわりの記▶あせき ··········· 77–78

見勝手▶鹿島龍濱 ················· 79–81

轉居▶瀧川 ······················· 81–84

靜寂▶間宮照彥 ··················· 84–90

紅薔薇▶並木艷野子 ··············· 90–91

漢詩 ······························· 91

俳句 ······························· 92–94

彼等は如何にして成功せしか▶一記者 ···
　···································· 94–95

實業資料 ··························· 96–99

朝鮮問答▶一記者 ················· 99–102
地方通信 ······················· 102–103
雑報 ··························· 103–104
時事日誌 ······················· 105–109
社告 ······························· 109

朝鮮 第15号 1909年 5月

日本觀光團/平壤愛國婦人會
趣味の說 ······························· 1
長閑なる漢城 ··························· 2
長閑ならざる經濟界 ··················· 2–3
三税問題 ······························· 3
拓拓會社の包圍攻勢 ····················· 4
仁川築港問題 ··························· 4
韓國三税問題 ························· 5–7
韓國經濟界不振の原因及び其挽回策 ··· 8–11
拓殖會社にえ對する希望 ············ 12–13
統監府と東洋拓殖會社▶無名子 ····· 14–16
ブトナム・ウ井ール氏の極東論▶一厘迂
　人 ······························· 16–19
植民地の金融機關を論ず▶竹村眞次(米國
　法律博士) ······················· 20–22
韓國農業論▶清水元太郎(農學士) ··· 22–24
韓國制度通(八)▶如困橋 ············ 25–28
京城の沿革▶ゼー・ビー・ゲール（ドク
　トル、ヲプ、フヒロソフイ） ······ 29–31
三國史記の著者金富軾▶大川茂雄 ··· 31–33
ボスニ–拓殖經營一斑▶嶺八郎(法學士) ···
　····································· 33–36
鴨綠江流域の富源▶村田城山 ········ 37–40
韓國の煙草▶臨時財源調査局調査 ··· 41–43
排日思想と排韓思想▶旭邦 ·········· 44–48
統監府中の人物▶ヒマラヤ山人 ····· 49–54
植民地と禪學▶圓山太領 ············ 55–57
滿州土産▶鴨綠漁郎 ················ 57–58
佛甲山包圍戰▶討伐隊 ·············· 58–59
僕は桂庵の番頭である▶泥峴生 ····· 59–61
柳闇花巷錄▶華生 ·················· 61–62

離綠狀▶雲山生 ···················· 63–66
隣家▶大庭靑楓 ···················· 66–68
南大門▶長白山人 ·················· 68–69
無題三章▶瀧川生 ···················· 69
俳句 ······························· 69–71
母への文▶ゆかり女 ················ 72–73
北韓の視察▶吉原拓殖副總裁談 ········· 74
江華嶋探險▶城敷馬氏談 ··············· 75
摩尼山探險紀行▶京城日報仁川支局員藤
　村氏談 ······························· 75
燒栗屋より成功して有數の雜貨商となり
　し子の經歷▶某店主談 ············ 76–77
江原道の産業▶多賀高延(江原道書記官) ···
　····································· 78–79
韓國に於ける麥稈眞田の現況▶桐原信三
　郎談 ··························· 79–80
春の韓國農事 ······················· 80–81
朝鮮問答▶一記者 ·················· 82–83
地方通信 ··························· 84–85
雑報 ······························· 86–87
時事日誌 ······························· 88
法令 ······························· 89–91
讀者氣焰 ······························· 92
珍談奇話 ······························· 93
韓人の三面種 ··························· 94
編輯餘祿 ······························· 95
風聞錄 ······························· 96
寄贈新刊紹介 ··························· 97

朝鮮 第16号 1909年 6月

曾禰副統監と園遊會/中學校と高等女學校
婦人の說 ······························· 1
韓國統監の交迭 ····················· 2–4
治外法權問題 ··························· 4
韓國中央銀行問題 ··················· 4–5
惡鬼ベツセル逝く ··················· 5–6
我輩の韓國觀▶加藤增雄 ············ 7–11
植民地の金融機關を論ず▶竹村眞次(米國

法律博士) ················· 11-14

韓國農業論▶清水元太郎(農學士) ··· 14-16

東洋に於ける圖書刊行に就て▶ジョージ・ビーバー・ジョーンス(在京城米國哲學博士) ················· 17-20

千五百年前の古墳探險▶村田城山 ··· 20-23

文廟從祀の儒者 金河西▶大川茂雄 ··· 24-26

各道植民地の教育機關▶井上訝二(宮内府書記官) ················· 26-31

韓國陶磁器原料及製造の現況▶山口東嶺 ··· ················· 32-36

鴨綠江岸の伐木事業▶鶴岡永太郎氏談(農商工部書記官)(大藏省), 松田健彦(大藏省技師) ················· 36-38

韓國の酒類▶中島榮次 ················· 38-40

全羅北道の鹽田▶松山安次郎(度支部技手) ················· 40-42

經濟界不振の原因及び挽回策▶清水文之輔氏談(十八銀行京城支店支配人) ················· 43-44

農工銀行經營談▶久能省三氏談(漢湖農工銀行支配人) ················· 44-45

統監の交迭と局面の展開▶旭邦 ······ 46-49

一進會の人物と大韓協會の人物(上)▶ヒマラヤ山人 ················· 50-53

統監の交迭に對する世評 ················· 54-56

滿韓旅行雜俎(一)▶沮江漁郎 ········· 57-58

廣大なる釜山埋築事業▶吉田親一 ··· 59-60

韓國に於ける裁判所▶韓國法官某氏談 ······ ················· 60-61

學校めぐるの記(一)▶一記者 ··· 61-63

北漢山登りの記▶餅屋の爺 ········· 63-67

仙臺峯に遊ぶ▶長白山人(文學士) ········· 68

漢詩 ················· 69-70

俳句 ················· 70-72

大和魂の訓練▶軍司令官大久保大將談 ······ ················· 73-74

南韓の雜感▶吉原拓殖副總裁談 ······ 74-75

實業家としての成功の秘訣▶韓國企業會

社專務取締役 和田常一氏談 ········· 76-77

賣藥業者より高等官となりし子の經歷▶翻譯官 某氏談 ················· 77-78

韓國の商事關係▶理財局報告 ········· 79-81

北韓の農業▶農務局長 中村彦氏談 ··· 81-82

朝鮮問答▶一記者 ················· 83-84

雜報 ················· 85-88

時事日誌 ················· 89

珍談奇話 ················· 90

風聞錄 ················· 91

朝鮮 第17号 1909年 7月

韓人女學校/朝鮮の山光水色

人物と位地 ················· 1

惜まれざる伊藤統監の辭任 ········· 2-3

歡迎されたる曾禰新統監 ················· 4

局面多少展開せん ················· 4-5

母國の朝鮮觀 ················· 5-6

韓國中央銀行の成立 ················· 6-7

第一銀行支店の將來 ················· 7

韓美電氣會社の讓り渡し ················· 7

曾禰新統監の對する世論 ········· 8-10

韓國中央銀行問題と世論 ········· 11-12

各道書記官の韓内地談 ················· 13-16

植民地の金融機關を論ず▶竹村眞次(米國法律博士) ················· 17-20

保安林▶中牟田五郎(山林局技師/林學士) ··· ················· 21-24

朝鮮植民政策論▶村上又二郎(農學士) ······ ················· 25-27

教育方面より觀たる埃及の一斑▶春邱居士(在東京文學博士) ················· 28-30

朝鮮の美術▶小宮三保松(韓國宮内府次官) ················· 30-31

韓國制度通▶如困槁 ················· 31-32

北韓に於ける清正公の手書うぃ就て▶忖軒生 ················· 33-34

鴨綠江流域の富源▶村田城山 ········· 35-37

平壌の炭鑛▶農商工部書記官 鶴岡永太郎
　氏談 ……………………………………… 37-40
有望なる朝鮮海の鰕▶水産局調査 … 40-41
寄贈新刊紹介 …………………………… 41
一進會の人物と大韓協會の人物(下)▶ヒマ
　ラヤ山人 ……………………………… 42-44
白頭山森林横斷記▶水戸坊 …………… 45-49
北漢山登りの記▶△△老人 …………… 49-52
野乘漫錄(一)▶如囚 …………………… 53-54
柳闇花巷錄▶華生 ……………………… 54-56
藤間恭作君著韓語通妄評▶鮎貝房之進 ……
　…………………………………………… 56-57
曰く集 …………………………………… 58
浪人生活▶凡々子 ……………………… 59-63
漢詩 ……………………………………… 64-65
俳句 ……………………………………… 65-66
成功の秘訣▶京城企業會社長 山口太兵衞
　氏談 …………………………………… 67-68
給仕より會社の支配人となりたる子の經
　歷▶京城某會社支配人 某氏談 ……… 68-69
韓國各地の小作▶韓國度支部調査 … 70-72
韓國に於ける果樹蔬菜栽培法▶恩田鐵彌
　(農事試驗場技師) …………………… 72-74
朝鮮各地の商況 ………………………… 74-75
朝鮮問答▶一記者 ……………………… 76-77
雜報 ……………………………………… 78-80
時事日誌 ………………………………… 81
韓人の三面種 …………………………… 82
風聞錄 …………………………………… 83-84
京城商店評判記 ………………………… 85
社告 ……………………………………… 86

朝鮮 第18号 1909年 8月

南海の絶島濟州道の樟林/莞島の森林
山と水 …………………………………… 1
司法權の委任と軍部廢止 ……………… 2-4
韓內閣の動搖 …………………………… 4-5
暴徒の討伐 ……………………………… 5-6
横斷鐵道の爭ひ ………………………… 6
安奉線と朝鮮 …………………………… 6-7
風紀の取締 ……………………………… 7-8
新統監に對する日韓名士の希望 ……… 9-11
各理事官訪問錄▶一記者 ……………… 12-20
朝鮮植民政策論▶村上又二郎(農學士) ……
　…………………………………………… 20-23
矛盾錄▶如々道人 ……………………… 23-26
韓國泥生地の所有權に關する慣習を論ず
　▶下森洋州寄 ………………………… 26-27
朝鮮の繪畫に就て▶大岡力 …………… 28-31
豆滿江沿岸の過去及現在▶中井喜太郎(咸
　鏡北道書記官) ……………………… 31-33
北漢碑峯上に在る千三百年前の古蹟▶淺
　見倫太郎 ……………………………… 34-36
各道植民地の教育機關▶井上訝二(宮內府
　書記官) ……………………………… 37-39
白頭山森林横斷記▶水戸坊 …………… 40-42
野乘漫錄(四)▶如囚生 ………………… 42-43
余の航行せし江海▶平原君 …………… 43-47
茶話數則▶長風生 ……………………… 48
此の夏を如何に過すか▶大久保大將(軍司
　令官) ………………………………… 48-51
曾禰子の壯年時代 大久保大將談 …… 52-53
曾禰統監の手腕と平生▶京城日報社長 大
　岡力氏談 ……………………………… 53-54
新統監曾禰荒助子を論ず▶ヒマラヤ山人 ……
　…………………………………………… 54-58
藝妓芝居(上)▶眞繼雲山 ……………… 59-63
和歌 ……………………………………… 63-64
漢詩 ……………………………………… 64
俳句 ……………………………………… 64-65
白楊樹▶中牟田五郎(山林局技師 林學士) ……
　…………………………………………… 66-70
吾輩はチヤンダン大豆である▶大黑屋主
　人 ……………………………………… 70-71
朝鮮の製紙▶商工局調査 ……………… 72-74
平壤に於ける果樹蔬菜栽培法▶恩田鐵彌
　(農事試驗場技師) …………………… 75-76

韓國最近の經濟界 ‥‥‥‥‥‥‥‥‥76

京元鐵道は如何なる村落を通過するか▶
　一記者 ‥‥‥‥‥‥‥‥‥‥‥‥77

朝鮮各地の市日 ‥‥‥‥‥‥‥77–78

一生を活版界に捧げし子の經歷▶山口竹
　二郎(日韓印刷會社顧問) ‥‥‥79–80

朝鮮問答 ‥‥‥‥‥‥‥‥‥‥81–82

雜報 ‥‥‥‥‥‥‥‥‥‥‥‥‥83

時事日誌 ‥‥‥‥‥‥‥‥‥‥‥84

編輯室より ‥‥‥‥‥‥‥‥85–86

會社及商店廻り ‥‥‥‥‥‥‥‥87

韓國鐵道列車發著時間一覽表 ‥‥‥89

朝鮮 第19号 1909年 9月

統監邸圓遊回に於ける婦人團/漢江の寂し
　き新凉

秋と人世 ‥‥‥‥‥‥‥‥‥‥‥‥1

安奉線問題の解決 ‥‥‥‥‥‥‥2–3

噫間島讓與說 ‥‥‥‥‥‥‥‥‥3–4

韓太子の東北巡遊 ‥‥‥‥‥‥‥4–5

一進會の五週年紀念會 ‥‥‥‥‥5–6

國是遊說團 ‥‥‥‥‥‥‥‥‥‥‥6

不景氣の聲 ‥‥‥‥‥‥‥‥‥6–7

東拓會社の不評判 ‥‥‥‥‥‥‥‥7

官紀と風紀 ‥‥‥‥‥‥‥‥‥7–8

耶蘇坊主と佛法坊主 ‥‥‥‥‥‥‥8

趣味の向上 ‥‥‥‥‥‥‥‥‥‥‥8

朝鮮研究の聲 ‥‥‥‥‥‥‥‥8–9

仁川築港問題は如何 ‥‥‥‥‥‥‥9

京城民長改善期迫る ‥‥‥‥‥‥‥9

司法權委任に就て▶國分三亥(大番院檢事
　總長) ‥‥‥‥‥‥‥‥‥‥10–12

司法權の委任と韓人法官の採用に就て▶
　高橋章之助(辯護士) ‥‥‥‥12–13

如何にせば不景氣を挽回し得るか▶久能
　省三(漢湖農工銀行支配人) ‥‥14–16

朝鮮植民政策論▶村上又二郎(農學士) ‥‥
　‥‥‥‥‥‥‥‥‥‥‥‥16–20

高麗時代の活版事蹟▶淺見倫太郎(辯護士)
　‥‥‥‥‥‥‥‥‥‥‥‥21–23

朝鮮の繪畫に就て▶大岡力 ‥‥23–27

豆滿江口の古跡▶成島淑士 ‥‥28–30

朝鮮古書刊行會出版書籍解題(一)▶大川茂
　雄 ‥‥‥‥‥‥‥‥‥‥‥30–33

韓國の椎茸▶柳田由藏(農商工部技師) ‥‥
　‥‥‥‥‥‥‥‥‥‥‥‥34–38

白楊樹▶中牟田五郎(山林局技師 林學士) ‥
　‥‥‥‥‥‥‥‥‥‥‥‥39–42

白頭山森林橫斷記▶水戶坊 ‥‥44–48

東遊紀行▶瀧川 ‥‥‥‥‥‥48–50

野乘漫錄(三)▶如囚生 ‥‥‥‥‥50

各社の編輯室のぞき▶一記者 ‥‥51–55

京城の我浪人界▶ヒマラヤ山人 ‥‥56–58

藝妓芝居(下)▶眞繼雲山 ‥‥‥59–65

童謠五章 ‥‥‥‥‥‥‥‥‥66–67

俳句 ‥‥‥‥‥‥‥‥‥‥‥67–68

成功談▶一記者 ‥‥‥‥‥‥69–72

實業資料 ‥‥‥‥‥‥‥‥‥73–78

朝鮮問答▶一記者 ‥‥‥‥‥79–81

雜報 ‥‥‥‥‥‥‥‥‥‥‥82–83

時事日誌 ‥‥‥‥‥‥‥‥‥‥‥84

編輯室より▶ヒマラヤ山人 ‥‥‥85–86

風聞錄 ‥‥‥‥‥‥‥‥‥‥‥87

會社及商店廻り ‥‥‥‥‥‥‥‥88

韓國鐵道列車發著時間一覽表 ‥‥‥89

朝鮮 第20号 1909年 10月

朝鮮各地日本小學校長會議/韓南の巨文島/
　慶南の統營

邦字新聞紙規則の改正 ‥‥‥‥‥1–3

間島讓與と吉會鐵道 ‥‥‥‥‥3–4

虎疫と衛生機關 ‥‥‥‥‥‥‥‥5

暴徒討伐の近況 ‥‥‥‥‥‥‥‥6

橫斷鐵道の地方的爭ひ ‥‥‥‥6–7

一進會と大韓協會との握手 ‥‥‥‥7

各國の被保護國に對する態度に就て▶蜷

川新(法學士) ……………… 8-10

朝鮮米の日本に於ける輸入税に就て▶淺野
　長七(三井物産會社京城支店長) … 11-12

朝鮮植民政策論▶村上又二郎(農學士) ……
　…………………………………… 12-14

韓國の國産奬勵と糖業保護政策▶嶺八郎
　(法學士) ……………………… 14-16

朝鮮佛法極盛時代の遺物▶淺見倫太郎(法
　學士) …………………………… 17-22

女眞文字の鏡に就て▶三宅長策(法學士) …
　…………………………………… 22-25

文祿役に關する韓國史料▶河合蓋雲 ………
　…………………………………… 25-29

朝鮮古書刊行會出版書籍解題(二)▶大川茂
　雄 ……………………………… 29-30

ヘルバートと語る▶旭邦生 ……… 31-33

宇佐川總裁と訪る ………………… 34-35

安達代議士を訪ふ ………………… 35-37

北韓旅行雜俎▶水戸坊 …………… 38-39

平南道詳原郡佳殊宿の記▶山本生 … 40-41

長夜囈語▶杉原生 ………………… 42-43

三南の田舍より▶綠葉生 ………… 43-44

各專門家の虎烈病豫防談▶北岳生 … 44-46

第二次(上)▶神谷つくば ………… 47-50

朝鮮俗謠▶闇牛散士 ……………… 51-52

俳句 ………………………………… 52-54

最も有望なる朝鮮の黑鉛▶關税局調 ………
　…………………………………… 55-57

韓國内の鐵鑛▶中村製鐵所長談 … 57-58

韓國に於ける果樹蔬菜栽培調査▶恩田鐵
　彌(農事試驗場技師) …………… 58-59

朝鮮鐵道の經濟▶某當局談 ……… 60-62

成功談▶十一味生 ………………… 63-65

朝鮮問答 …………………………… 66-67

九月の重要記事 …………………… 68-69

時事日誌 …………………………… 70

編輯室だより ……………………… 71-72

風聞錄 ……………………………… 73

商店旅館廻り ……………………… 74

韓國鐵道列車發著時間一覽表 …………… 75

朝鮮 第21号 1909年 11月

開城蔘政課庭前に於ける人蔘視察團の一
　行/宮内府植物館/宮内府植物園内の溫室
菊と日本民族 ……………………………… 1

噫伊藤公:公は終に飼犬に咬まる ……… 2-4

噫伊藤公:公を殺したるは排日の狂犬なり
　…………………………………………… 4-6

噫伊藤公:伊藤公の横死と對韓策の發展 …
　…………………………………………… 6-7

噫伊藤公:伊藤公を殺すは韓國を亡ばすも
　のなり …………………………………… 8

亞細亞に於ける歐洲列國▶神谷鬼山 ………
　………………………………………… 11-14

韓國の治外法權問題に就て▶菱田靜治(ド
　クトル) ……………………………… 14-16

韓國の財政及經濟に就て▶藤川利三郎(度
　支部書記官) ………………………… 16-18

韓國の下層自治機關に就て▶和城臺生 ……
　………………………………………… 18-19

朝鮮植民政策論▶村上又二郎(農學士) ……
　………………………………………… 19-23

統監府司法廳に對する名士の希望 … 23-25

朝鮮佛法極盛時代の遺物▶淺見倫太郎(法
　學士) ………………………………… 27-32

慶州瞻星臺の記▶和田雄治(觀測所長) ……
　………………………………………… 32-36

韓國に於ける養子▶法典調査局事務官 小
　田幹治郎氏談 ……………………… 36-37

林業と工業原料▶中牟田五郎(山林局技師
　林學士) ……………………………… 38-40

韓國の畜産界▶獸醫學士 原島善之助氏談
　………………………………………… 40-42

全南營農ノ概況▶旭陵子 …………… 42-45

最も有望なる朝鮮の黑鉛 …………… 45-47

日はく集 ……………………………… 48

咸北の名城▶高久吐潮 ……………… 49-52

大同江の投網▶山本生 ………………… 52-54

開城人蔘見物の記▶一記者 ………… 54-56

韓國官立工業傳習所を觀る▶白雲生 ………
　　　　　　　　　　　　　　　 56-57

京城圍碁界▶岡目生 ………………… 57-58

當世無能狂言▶▲▲生 ……………………… 58

第二次(下)▶神谷つくば ………… 59-63

漢詩 …………………………………………… 63

俳句 ……………………………………… 63-64

最近に於ける各地商況▶第一銀行調査 ………
　　　　　　　　　　　　　　　 65-67

最近漁況報告▶元山支部調査 ……… 67-68

濟州道漁況報告▶濟州道出張所調査 ………
　　　　　　　　　　　　　　　 68-69

朝鮮問答 ……………………………… 70-72

重要記事 ……………………………… 73-76

時事日誌 ………………………………………… 77

編輯室だより …………………………………… 78

會社商店旅館廻り ……………………………… 79

朝鮮 第22号 1909年 12月

韓半島の冬枯れ/韓半島の靜寂/社長釋尾夫
　　人一枝子生前の家庭/故釋尾夫人一枝子
　　の葬儀

生と死 ………………………………………… 1

主張: 伊藤博文公の橫死と朝鮮問題 … 2-4

主張: 排日思想根絶の策を立つべし … 4-8

主張: 京城の民長問題 ………………… 8-9

亞細亞に於ける歐洲列國▶神谷鬼山 ………
　　　　　　　　　　　　　　　 11-14

民心の疏通は刻下の急務なり▶松井茂(統
　　監府參與官內部警務局長) ……… 15-17

水産と山林の關係▶庵原文一(統監府技師
　　農商工部技師) ………………… 17-19

韓國の財政及經濟に就て▶藤川利三郎(度
　　支部書記官) ……………………… 19-20

韓國の家督相續に關する制度を論す▶下
　　森洋洲(韓國法典調査局) ……… 20-22

朝鮮法源總目▶淺見倫太郎(法學士) ………
　　　　　　　　　　　　　　　 23-26

新羅と熊襲とは同一語に非ざるか▶河合
　　弘民(文學士) ………………… 26-29

韓人刺客に就きて▶鮎貝房之進 …… 29-32

神父「コズト」▶前間恭作 ………… 32-34

韓國藝術の變遷に就て▶關野貞(工學博士)
　　　　　　　　　　　　　　　 34-37

韓國の下層自治機關に就て▶和城臺生 ……
　　　　　　　　　　　　　　　 38-39

文珠寺藏經の碑文▶湖東逸人 ……… 39-40

韓國の國産奬勵と糖業保護政策▶嶺八郎
　　(法學士) ……………………… 41-46

韓國に於ける桐樹の栽培▶柳田由藏(農商
　　工部技師) ……………………… 46-48

韓國の製鹽▶一記者 ………………… 48-49

亡妻錄▶釋尾旭邦 …………………… 50-61

伊藤公遭難に際せる漢城雜記▶對星樓主
　　人 ………………………………… 61-64

伊藤公推讓錄▶小松生 ……………… 64-66

伊藤公の對韓方針▶某大官談 ……………… 66

漢城の貧民窟は如何なる狀態にあるか▶
　　△△生 ……………………… 66-68

斯くの如き渡韓法は必ず失敗す▶雲山生 …
　　　　　　　　　　　　　　　 68-72

西韓見聞記▶朧月生 ………………… 72-75

朝鮮側名士と記者の時事談片▶一記者 ………
　　　　　　　　　　　　　　　　　 76

玄海灘▶しれがし …………………… 85-93

漢文 ……………………………………… 94-95

漢詩 …………………………………………… 95

俳句 ……………………………………… 95-96

朝鮮問答 ……………………………… 97-99

新刊紹介 ……………………………………… 101

風聞錄 ………………………………………… 102

會社商店旅館評判記 ………………………… 103

朝鮮 第23号 1910年 1月

南山倭城臺新年の雪景/曽禰統監の家庭/韓
　　人の手に成れる名畫/韓宮內府植物園の
　　溫室/京城南大門通りの光景/京城日本市
　　街大賣出しの盛況/京城日本市街の光景
主張:日本帝國民の使命▶旭邦生 ……… 2-4
主張:合邦問題▶旭邦生 ………………… 4-6
主張:在韓邦人と趣味▶旭邦生 ………… 6-7
時事數題 ……………………………… 7-9
亞細亞に於ける歐洲列國▶神谷鬼山 ………
　　…………………………………… 11-15
新年と韓國の林業▶道家充之(林學士) ……
　　…………………………………… 15-17
最近の韓國金融及細民救治策▶久能省三
　　(韓湖農工銀行支配人) ………… 17-19
安奉線の改築と多獅島築港▶藤村生稿 ……
　　…………………………………… 20-22
還退の性質を論して不動産に及ぶ▶下森
　　洋洲 ……………………………… 22-25
植民地の金融機關を論ず▶竹村眞次(米國
　　法學博士) ……………………… 25-29
豊太閤の看破したる朝鮮▶淺見倫太郎(法
　　學士) …………………………… 31-32
月城の石氷庫に就て▶和田雄治(觀測所長
　　理學士) ………………………… 33-35
日韓字音比較研究▶間宮龍眞 ……… 35-40
韓國藝術の變遷に就て▶關野貞(工學博士)
　　…………………………………… 40-45
韓國煙草に就て▶荒井寅治(農學士) … 47-50
韓國と栗の造林▶柳田由藏(農商工部技師)
　　…………………………………… 50-54
林業と工業原料▶中牟田五郎(山林局技師
　　林學士) ………………………… 54-56
韓國産業界の七福神▶山崎原一郎 … 56-62
曽禰統監を訪ふ▶旭邦生 …………… 63-64
合邦雜說▶城南隱士 ………………… 66-67
咸北の名城▶高久吐潮 ……………… 67-69
兩班傳▶水戶坊 ……………………… 69-70

神父「コズト」▶前間恭作 ………………… 71-74
韓人の公私觀の一例▶松尾目池 ……… 74-75
辯護士二十年所感(一)▶高橋章之助(辯護
　　士) ……………………………… 75-76
新年の詞▶牧雲菴住持 ……………… 76-77
宏量▶蘭谿女史 ……………………… 77-78
圍碁の由來▶高部道平 ……………… 79-80
京城の謠曲界▶東州生 ……………… 80-81
龍山農園を見る▶○○生 …………… 81-82
東洋拓殖會社の人物(上)▶ヒマラヤ山人 …
　　…………………………………… 83-84
豫言(上)▶文學士 瀧川生譯 ……… 86-94
景福宮▶工藤武城(ドクトルメヂチ-ヌ) …
　　…………………………………… 94-95
新年のことば▶長白山人(文學士) …… 96
漢詩 ………………………………… 96-97
俳句 ………………………………… 97-98
朝鮮の歌 …………………………… 98
朝鮮問答 …………………………… 99-101
時事日誌 …………………………… 102
京城龍山會社商店旅館評判記 …… 103-104
韓國鐵道列車發著時間一覽表 …… 105

朝鮮 第24号 1910年 2月

龍山に於ける新築の統監府/滿韓聯絡鴨綠
　　江架橋大工事/解氷の洛東江/堯舜の民
時事評論:曽禰統監と行政改革案▶旭邦 …
　　…………………………………… 1-4
時事評論:滿鐵中立問題と朝鮮▶旭邦 ……
　　…………………………………… 4-5
時事評論:朝鮮問題と帝國議會▶旭邦 … 5-6
時事評論:東拓と朝鮮日々▶旭邦 ……… 6-7
時事評論:大公園設置の議▶旭邦 …… 7
時事評論:順川の暴動虐殺放火▶旭邦 … 7-8
時事評論:日本人の賊▶旭邦 ………… 8
對韓政策 …………………………… 9-13
教權と政權の史實▶鬼山生 ………… 14-17
韓國の家督相續に關する制度を論す▶下

森洋州(韓國法典調査局) ············· 17-22

在韓邦人と商業道德▶市原盛宏(韓國銀行總裁) ························· 22-24

植民地の金融機關を論ず▶竹村眞次(米國法學博士) ····················· 24-27

日本及朝鮮の海外貿易▶淺野長七(三井物産會社支店長) ················· 27-28

麗朝通貨考▶三宅長策(法學士) 29-33

結負の意義及沿革▶河合弘民(文學士) ······

···································· 33-38

日韓兩語語法の酷似せる一例▶高橋亨(文學士) ························· 38-39

濟州道に於ける秦の徐福の遺蹟考▶塚原熹 ····························· 40-41

趣味と娛樂機關 ···················· 43-47

滿韓雜話▶太田秀二郎(前安東縣理事)

···································· 47-48

韓國煙草に就て▶荒井寅治(農學士) 49-53

韓國と栗の造林▶柳田由藏(農商工部技師)

···································· 53-55

韓國の蔬菜糖業に就て▶嶺八郎(法學士) ···

···································· 55-58

平安北道と柞蠶業▶藤村俊房 ········· 58-60

飛脚旅行の記(上)▶旭邦生 ········· 61-63

北扉唱酬帖を讀んで感じたるま〻▶如囚隱客 ····························· 63-66

法律漫言(一)▶中村時章(辯護士) ···· 66-69

辯護士二十年所感(二)▶高橋章之助(辯護士) ························· 69-71

滿山韓水錄▶古河宣堂 ·············· 71-75

初めて觀たる京城▶渡邊倪天子 ······· 75-78

豫言(上)▶文學士 瀧川生譯 ········· 79-82

景福宮▶工藤武城(ドクトルメヂチ-ヌ) ···

···································· 82-84

短歌 ····························· 84

漢詩 ························· 84-85

俳句 ····························· 86

朝鮮の歌 ························ 87-88

新刊雜誌と朝鮮 ···················· 88

寄贈雜誌及新聞 ···················· 88

渡韓の動機と開拓 ················ 89-90

實業資料:朝鮮に於ける日本人と各種產業(一) ························· 91-94

明治四十二年の韓國經濟界 ········· 95-97

朝鮮問答一記者 ················· 98-99

一月中の朝鮮各地 ·············· 100-102

重要記事 ···················· 103-104

時事日誌 ························ 105

風聞錄 ·························· 106

會社病院商店旅館營業評判記 ········· 107

朝鮮 第25号 1910年 3月

京城の日本小學校/韓人の小學校/漢江氷上運動會の光景

春動きて春無し ····················· 1

主張:朝鮮を亡ほすものは誰か▶旭邦生 ···

···································· 2-5

主張:大隈伯の對韓經營策を讀む▶旭邦生 5-6

時事漫評 ························ 6-8

對韓經營策▶大隈重信(伯爵) ········· 9-11

韓國の稅制に就て▶荒井賢太郎(韓國度支部次官) ························· 11-12

實業學校の施設及韓國現時の教育制度と宗教にと就き▶俵孫一(韓國學部次官) ···

···································· 13-15

韓國開港開放論▶山下南海 ········· 15-17

韓國下層自治機關の現狀▶和城台生 ···

···································· 18-19

濟州道に在る徐福の石壁文字▶淺見倫太郎(法學士) ····················· 21-25

世宗英祖兩朝の測雨器▶和田雄治(觀測所長) ························· 25-28

東學黨及褓負商▶鮎貝房之進 ········· 28-31

高麗時代の遺物▶關野貞(工學博士) 31-35

昭烈及武侯の心▶福木日南 ··········· 36

滿山韓水錄▶古河宣堂 ············· 37-42

法律漫言(二)▶中村時章(辯護士) ····· 42-44

退去雜記▶長風生 ···················· 45-46

朝鮮雜話(一)▶旭邦生 ··············· 47-49

國境之趣味▶藤村狹川 ·············· 50-51

飛脚旅行の記(中)▶旭邦生 ·········· 51-54

八面觀▶ヒマラヤ山人 ··············· 55-56

南韓見聞錄▶土味芳生 ·············· 56-58

東拓の人物(下)▶ヒマラヤ山人 ······ 60-64

豫言(下)▶文學士 瀧川生譯 ········· 65-69

漢詩 ·································· 69-70

俳句 ····································· 70

渡韓の動機と開拓 ·················· 71-75

韓國と栗の造林▶柳田由藏(農商工部技師)
  ···································· 76-79

韓國の大豆▶土味生 ················ 79-83

韓國陶器原料及製造所に就て▶森技師(工
  業傳習所) ························ 83-84

最も有望なる韓國の黑鉛▶韓國關稅局調
  査 ······························· 84-86

東亞煙草株式會社製造所▶一記者 ··· 87-89

朝鮮に於ける日本人と各種産業(二) 89-91

寄贈雜誌新聞 ························· 91

英字新聞と朝鮮問題▶某生譯 ······· 92-94

朝鮮問答 ··························· 95-96

時事日誌 ······························ 97

風聞駄語 ······························ 98

韓國鐵道列車發著時間一覽表 ········· 99

朝鮮 第26号 1910年 4月

往古に於ける朝鮮宮中の儀式/新築統監府
  の一室/本年の陸軍記念祭光景

天事動きて人事動かず ················· 1

主張:朝鮮併合問題▶旭邦生 ·········· 2-5

主張:朝鮮に於ける耶蘇教問題▶旭邦生 ····
  ································· 5-7

時事寸言 ······························· 8

朝鮮人の最近思潮と傾向 ··········· 9-12

朝鮮人士の對日感想▶渡邊天倪 ····· 13-15

日韓合邦論に就て▶林篁(伯爵) ······· 17-19

韓國の濟民院を起すの議▶幣原垣(文學博
  士) ······························· 19-21

韓國教育及英國の對印度政策▶島貫兵太
  夫(日本力行會會長) ··············· 21-25

經濟立國の根本問題と滿韓植民の經濟的
  地位▶山下南海 ·················· 25-29

植民地の金融機關を論ず▶竹村眞次(米國
  法學博士) ························ 29-31

楮貨考▶河合弘民(文學士) ··········· 32-35

官吏の功績の對する頌德的行爲に就き▶
  今村鞆(警視) ···················· 35-39

韓人の著作物に就て▶淺見倫太郎(法學士)
  ································· 39-43

有(잇다)無(업다)の二語は動詞乎形容詞乎▶
  間宮龍眞(長崎高等商業學校助教授) ······
  ································· 43-47

春邱談片▶幣原博士 ················ 49-51

朝鮮に於ける工業界▶工業傳習所技師 更
  田信彌氏談 ······················ 51-53

朝韓に於ける醫術の開拓▶大韓醫院 某醫
  官談 ···························· 53-55

滿山韓水錄▶古河宣堂 ·············· 56-60

印度寓話▶成田瀧川 ················ 60-63

朝鮮雜話(二)▶旭邦生 ··············· 63-65

月尾島(上)▶馬頭山人 ··············· 65-69

飛脚旅行の記(下)▶旭邦生 ··········· 69-71

濱の家▶横田黃濤 ·················· 72-75

山上放吟▶兒玉花外 ················ 75-76

短歌 ·································· 76-77

漢詩 ·································· 77

俳句 ·································· 77-79

渡韓の動機と開拓▶大島專藏(淺田洋服店
  主) ······························· 81-83

舶來雜貨及食料品に對する朝鮮人の需要
  ▶松浦原治(辻屋主人) ············· 83-86

朝鮮に於ける日本人と各種産業 ····· 86-87

朝鮮問答 ··························· 88-89

雜報 ································· 90-91

時事日誌 ……………………………… 92
風聞駄語 ……………………………… 93

朝鮮 第27号 1910年 5月

宮内府植物園の一部/京城日本民團立高等
　女學校第二回卒業生/第二師團の入りし
　龍山兵營の一部/濟州道の野馬群を成し
　て春草に飽く
暮れ行く春の感 …………………………… 1
主張:朝鮮合併論の前途▶旭邦生 ……… 2-4
主張:曽禰統監の辭任説▶旭邦生 ……… 4-5
對韓經營の要義▶長谷場純孝(衆議院議長)
　…………………………………………… 7-8
故伊藤公の合併論と子の合併論▶小川平
　吉(衆議院議員) …………………… 9-10
對韓雑感▶大内帳三 ……………… 11-15
古教新觀▶渡邊帳(韓國大審院長) … 15-16
植民地の金融機關を論ず▶竹村眞次(米國
　法學博士) ………………………… 16-19
韓國に於ける成年▶小田幹次郎(法典調査
　局) ………………………………… 20-23
佛國人が最初韓語を學びたる事蹟▶佛國
　宣教師ドマンヂユ氏講話 ………… 23-28
囚隱雑纂(一)▶淵古堂主人 ………… 28-32
鶏林各道書記官七字評▶六稜閣主人 …… 33
ドマンジ氏と語る▶旭邦生 ………… 34-38
合邦問題と外交團▶渡邊天倪 ……… 38-39
陶磁器最適原料と黄海道▶森勇三郎(農商
　工部技師) ………………………… 40-41
朝鮮産紙の種類及用途▶更田信彌 … 41-42
日韓合邦私見▶重德生 ……………… 43-45
王室に就て▶七松子 ………………… 45-47
月尾島(上)▶馬頭山人 ……………… 48-51
破壁めぐり▶目池 …………………… 51-54
韓京の春▶天人兒 …………………… 54-58
朝鮮鮮話(三)▶旭邦生 ……………… 58-60
春の夢▶くれがし譯 ………………… 61-64
青春怨▶紅不婦女史 ………………… 64-65
ゆく春▶和堂南遍 …………………… 65-66
移民▶瀧川竹雨(文學士) …………… 66-67
短歌 …………………………………… 67-69
漢詩 …………………………………… 69-70
俳句 …………………………………… 70-71
忠清道に於ける農事一斑 …………… 72-75
朝鮮問答 ……………………………… 76-77
雑報 …………………………………… 78-81
時事日誌 ……………………………… 82
京城商店瞥見記 ……………………… 83-84
風聞駄語 ……………………………… 85

朝鮮 第28号 1910年 6月

水原七景の一/高麗朝製作の金屬十三層塔/
　統監府中學校職員及生徒/官立工業傳習
　所卒業生
新緑と人世 ………………………………… 1
主張:統監の交迭▶旭邦生 ………………… 2-4
主張:統監交迭と局面の轉回如何▶旭邦生
　…………………………………………… 4-5
時事片々 …………………………………… 6
移民地としての滿韓▶三宅雄次郎(文學博
　士) ………………………………… 7-10
韓國の發展策▶安達謙藏(衆議院議員) ……
　……………………………………… 10-12
朝鮮に於ける我日本子弟教育上の感想▶
　隈本有尚(統監府中學校長) ……… 12-18
韓國に於ける日本民族の發展▶松本訝太
　郎 …………………………………… 18-22
最近南洋事情に就て▶KO生 ……… 23-26
英領加奈太に於ける日本人の現狀及前導
　▶石井菊次郎 ……………………… 26-30
朝鮮の基督教と時事▶ジエー・ビー・
　ゲール(博士) …………………… 30-31
高麗板大藏經彫造年時考▶淺見倫太郎(法
　學士) ……………………………… 33-38
日韓音韻比較研究の一節▶金澤庄三郎(文
　學博士) …………………………… 38-39

李朝の科學に就て▶高橋亨(文學士) 39-43
囚隱雜纂(二)▶淵古堂主人 ………… 43-46
生長の早い木▶一碧生(農商工部技師) ……
………………………… 47-50
三南地方に於ける機織事業▶井野勇太郎
(官立工業傳習所) ………… 50
仰囑俯吟▶本來慧星兒 ………… 51
駐韓第二師團司令部を訪ふ▶渡邊天倪 ……
………………………… 52-54
大隈伯の印象▶難波生(東京支局記者) ……
………………………… 55-56
初夏の旅(上)▶旭邦生 ………… 59-63
京城の諸學校一瞥▶天人兒 ……… 63-68
東稗雅誦抄譯▶松尾目池 ……… 69-71
隱れたる古蹟▶新橋畔翁 ……… 71-72
日英米の三列國 ………………… 72-73
滿洲汽車栗毛▶波多羅漢 ……… 73-77
故山の妻へ▶和堂南遍 ………… 77-78
黃金の罰▶黑龍生 ……………… 79-81
漢江▶勝村はずゑ ……………… 81-84
京城初見物置▶秋樓樓 ………… 84
漢詩 …………………………… 85-86
短歌 …………………………… 86-89
韓謠 …………………………… 89-90
平壤附近の煉瓦土官製造狀況 …… 91-93
三南地方の製紙業 …………… 93-94
朝鮮問答 ……………………… 96-99
雜報 …………………………… 100-102
時事日誌 ……………………… 103
京城商店瞥見記 ……………… 104-105
風聞駄語 ……………………… 106
韓國鐵道列車發著時間一覽表 …… 107

朝鮮 第29号 1910年 7月

京城日韓の顯官名士/妙香山の奇勝/大邱府
の全景
主張:第三世統監の施政方針如何▶旭邦生
………………………………… 1-6
主張:新舊人物▶旭邦生 ………… 6-10
對韓政策及所感▶大隈重信(伯爵) … 11-14
暴徒史論▶雲水萍客 ………… 14-20
韓語研究の要▶△□○△□(文學博士) ……
………………………… 20-22
韓人相續法私案▶海野四郎(法學士) 22-26
韓國經濟事情及其救濟▶竹村眞次(米國法
學博士) …………………… 27-29
日韓人士の政局觀▶渡邊天倪 …… 29-36
高麗板大藏經彫造年時考▶淺見倫太郎(法
學士) …………………… 37-41
成均館沿革考▶本間九介 ……… 41-44
高麗圓證國師塔銘之碑▶塚原熹 … 44-47
在留邦人と社會改良問題▶統監府參與官
內部警務局長 松井茂氏談 … 48-49
學校衛生に就て▶統監府衛生顧問 山根正
次氏談 ………………… 49-50
米人の對韓國觀及び米國の經濟狀況▶頭
本元貞氏談 ………………… 50-51
人と吾輩▶天人兒 ……………… 52
某顧問と語る▶旭邦生 ………… 53-55
駐韓憲兵隊司令官明石小將を訪ふ▶天倪
子 ……………………… 55-56
平民的華族の林董伯▶難波生(東京支局記
者) ……………………… 56-59
德田秋聲氏を訪ふ▶難波生(東京支局記者)
………………………… 60-61
朝鮮に於る農事の改良策▶中村彦(農商工
部農務局長) ……………… 62-65
朝鮮に於ける養蠶業者の心得▶宮原忠正
(農商工部技師) …………… 65-66
朝鮮に於ける製紙狀況▶堀越壽助(日本王
子製紙會社技師) ………… 66-71
植民政策に對する日本政府の愚方針▶福
本日南(衆議院議員) ……… 71
ヨボ政客の昨今▶一記者 ……… 72-75
京城の諸學校一瞥▶天人兒 …… 76-79
滿洲汽車栗毛▶波多羅漢 ……… 79-83
北韓めぐり▶村田老虎嘯 ……… 83-84

新緑の旅▶さよくぼう生 ·············· 85-87
大韓醫院に於ける看護婦▶一記者 ·· 87-90
黄金の罰(二)▶黒龍生 ·················· 91-94
靜淑▶勝村はすゑ ························ 94-95
漢文 ······································· 95-100
短歌 ······································ 100-102
俳句 ······································ 102-104
朝鮮問答 ································· 105-109
雑報 ······································ 110-113
時事日誌 ······································ 114
時事片々 ······································ 115
新刊紹介 ······································ 116
寄贈雑誌及新聞 ······························ 116
風聞駄語 ······································ 117

朝鮮 第30号 發賣禁止

朝鮮 第31号 1910年 9月

合邦前後に最も活動したる朝鮮警務總監
　部の中堅/大日本帝國朝鮮/大久保軍司令
　官の合邦紀念手蹟
發賣を禁止されたる八月號 ················ 1
吾人は如何に處せんか ····················· 2
主張:稍々理想に近き韓國の併合▶旭邦生
　··· 3-5
主張:朝鮮の經濟的價値▶旭邦生 ········ 6-8
主張:朝鮮人とは如何なるものか▶旭邦生
　··· 8-9
時事片々 ······························· 10-11
世界に類無き日韓合邦▶大隈重信(伯爵) ···
　··· 12-16
韓日併合と朝鮮人同化策▶林董(伯爵) ······
　··· 16-17
寧ろ韓人の爲めに祝すべきなり▶長谷場
　純孝(衆議院議長) ················· 17-19
韓國併合と宗教問題▶島貫兵太夫(力行教
　會牧師) ···························· 19-24
宗教政策と朝鮮人▶城南隱士 ········ 24-26

朝鮮に於ける鹽に就て▶鈴木穆(度支部臨
　時財源調査局長) ················· 26-29
舊韓國に於ける租税の整理▶藤川利三郎
　(法學士) ·························· 30-32
朝鮮に於る經濟上の危機(中)▶竹村眞次
　(米國法學博士) ··················· 32-34
日韓交渉史蹟に關する二千年來の金石遺
　文(上)▶淺見倫太郎(法學士) ········ 36-39
日韓上代の文化と其關係に就て▶今西龍
　(文學士) ·························· 39-41
讀高麗板大藏經彫造年時考▶妻木直良(高
　輪佛教大學講師) ················· 42-44
人身賣買の歴史及現況▶今村鞆(警視) ······
　····································· 45-48
名士と朝鮮觀 ························· 49-70
明石警務總長と語る▶旭邦生 ········ 71-73
小宮前宮内府次官を訪ふ ············ 73-75
兪吉濬子を訪ふ▶勝村生 ············ 75-76
三宅雪嶺博士を訪ふ▶難波生(東京支局記
　者) ································· 76-77
「停止」の日▶渡邊天人兒 ··········· 78-80
舟の旅▶成島生 ······················ 80-82
名物くらべ▶朝鮮通 ················· 82-83
臺所から覗いた官舍の奥様連▶天秤棒 ······
　····································· 83-84
復讐▶備忘録子 ······················ 85-88
一週間日記▶若泉たけの ············ 88-89
笑話四篇▶岡本とく ················· 89-91
漢詩 ································· 91-93
短歌 ································· 93-95
俳句 ································· 95-96
朝鮮問答 ···························· 97-99
雑報 ······························ 100-104
時事日誌 ······························ 105
朝鮮鐵道列車發着時間一覽表 ·········· 106
附録:新領土朝鮮一斑 ················ 1-26
附録:朝鮮に於ける内地人の勢力と其分布
　状態 ······························ 26-43

朝鮮 第32号 1910年 10月

馬山港/密陽の嶺南樓/開城の高麗遺跡

主張:總督政治の方針を論ず▶旭邦生 … 1–6

主張:朝鮮總督府官制の發布▶旭邦生 … 6–7

主張:寺内總督の對言論政策▶旭邦生 … 7–8

時事片々 ……………………………… 9

朝鮮財政問題と鮮人同化策▶安達謙藏(衆
議院議員) ……………………… 11–14

新附國民の天職▶吉松憲郎(法學士) … 14–15

朝鮮に於ける法律の適用に就て▶辰市本
丸(辯護士) …………………… 16–17

朝鮮に於ける經濟上の危期▶竹村眞次(米
國法學博士) …………………… 17–18

日韓交渉史蹟に關する二千年來の金石遺
文(下)▶淺見倫太郎(法學士) … 19–22

日韓上代の文化と其關係に就て▶今西龍
(文學士) ……………………… 22–26

永小作權に關する慣習▶安藤靜(法學士) …
……………………………… 26–29

朝鮮山林制度史考(一)▶木間九介 … 29–33

忠淸北道産業一斑▶今村鞆(朝鮮總督府警
視) …………………………… 34–36

朝鮮に於ける酒類の現況 …………… 36–37

「東亞煙草」の製造を觀る▶天人兒 … 38–39

初對面の文豪德富蘇峰▶旭邦生 … 40–42

朝鮮物色錄(一)▶渡邊天倪 … 42–45

箕子廟を觀る記▶行樂子 … 45–47

朝鮮の鷹狩▶老虎嘯 …………… 47–50

東京の合邦祝ひ▶難波可水(東京支局) ……
……………………………… 50–51

『スグオヒダセ』▶黑龍生 … 52–55

異郷の秋▶渡邊露子 …………… 55

漢詩 …………………………… 56

短歌 …………………………… 57

俳句 …………………………… 58

朝鮮問答 …………………… 59–62

雜報 …………………………… 63–80

時事日誌 …………………… 81

朝鮮 第33号 1910年 11月

菊と紅葉/總督府の面々/京城府民懇親會

初めての天長節 ………………… 1

主張:朝鮮人を如何に教育すべきか▶旭邦
生 ……………………………… 2–6

主張:吾友に與へて朝鮮の近狀を語る▶旭
邦生 …………………………… 6–8

朝鮮統治策▶島田三郎(衆議院議員) ・9–11

朝鮮に於ける小作制度の起源に就きて▶
河合弘民(文學士) …………… 11–15

我が憲法は果して朝鮮に其效力を及ばす
や▶高橋增基 ………………… 15–16

内地の資本主を誘致するが第一なり▶淺
野總七(三井京城支店支配人) …… 16–17

先づ貯蓄を獎勵すべし▶遠山熙(天一銀行
支配人) ……………………… 17–18

朝鮮人の教育狀態に就て▶增戶鶴吉(官立
漢城師範學校學監) …………… 18–19

朝鮮文學作家錄▶淺見倫太郎(法學士) ……
……………………………… 21–25

朝鮮の家相方位見▶川端生 … 25–27

朝鮮に於ける關帝の廟▶翠嶺(前皇城基督
教青年會建築技師) …………… 27–30

落葉片片 ……………………… 31

朝鮮に於ける鹽に就て▶鈴木穆(度支部事
務局長) ……………………… 32–34

國境の大森林▶望天吼 ………… 34–37

初對面の人々▶旭邦生 ………… 38–41

名士と朝鮮問題▶難波生(東京支局) 42–46

敍爵されたる朝鮮貴族(上)▶一記者 47–54

第四回文部省美術展覽會▶難波可水 54–59

京城各領事館總まくり▶それがし … 59–61

朝鮮史中の奇僧▶忖軒生 ……… 62–64

西比利亞に於ける徒刑植民(一)▶瞰溪庵主
人 …………………………… 64–66

最近の滿洲▶馬子龍 …………… 66–67

臺灣の名物▶其外生 …………… 67–69

工業傳習所の陣列會を觀る▶古賀生 …… 69

去年の今月▶旭邦生 ………… 70

『スグオヒダセ』▶黒龍生 ………… 71-74

古い家▶岩佐蘆人 ………… 74-75

短歌 ………………… 75-77

漢詩 ………………… 77-78

俳句 ………………… 78-79

朝鮮問答 ……………… 80-84

重要記事 ……………… 85-89

風聞駄語 ……………… 90

時事日誌 ……………… 91

朝鮮 第34号 1910年 12月

朝鮮半島の荒蕪地/慶州の石佛

筆禍頻りに到る ……………… 2

主張:寺内總督及明石警務總長に與ふ▶旭
　邦生 ……………… 3-5

時事片々 ……………… 5-6

朝鮮の經濟界は建設すべき時也▶目賀田
　種太郎(男爵) ……………… 7-9

意志の疏通を主とせよ▶中村彌六(衆議院
　議員) ……………… 9-11

朝鮮問題所感▶加藤增雄 ……………… 11-12

各國の植民地經營の狀勢▶荻田悦三 13-14

東洋拓殖會社の移民方針につき▶松田四
　郎(植民課長) ……………… 14-15

合併後の經濟界▶木村雄次(韓國銀行營業
　部長) ……………… 15-16

朝鮮墳墓の整理▶淺見倫太郎(法學士) ……
　……………… 19-28

警察より觀たる朝鮮人▶今村鞆(朝鮮總督
　府警視) ……………… 28-33

紋爵されたる朝鮮貴族(中)▶一記者 34-37

朝鮮見たまゝの記▶小橋三四子(日本女子
　大學櫻風會にて) ……………… 37-39

朝鮮貴婦人の日本視察談▶金森京子 ……
　……………… 39-40

『スグオヒダセ』▶黒龍生 ……………… 41-43

美神の都ワイマールに於ける兩詩聖▶工藤

武城 ……………… 43-46

高原の村▶碌々庵主人 ……………… 46-48

漢詩 ……………… 48-49

俳句 ……………… 49-50

朝鮮問答 ……………… 51-56

實業資料 ……………… 57-59

重要記事 ……………… 59-63

時事日誌 ……………… 64

京城世末の商況▶一記者 ……………… 65-66

朝鮮鐵道列車發着時間一覽表 ……………… 67

朝鮮 第35号 1911年 1月

朝鮮海峽の初日の出/初めての元旦/朝鮮總
　督府の高官連/京城南大門通/京城の日本
　人市街

主張:初めての元旦▶旭邦生 ……………… 2-5

主張:右に與へて朝鮮の近事を語る▶旭邦
　生 ……………… 5-6

朝鮮內務行政の發展は刻下の急務也▶松
　井茂(法學博士) ……………… 9-12

朝鮮の金融及產業政策▶岡崎遠光(京城電
　氣會社支配人) ……………… 12-15

朝鮮經濟の過去及び將來▶竹村眞次(米國
　法學博士) ……………… 16-18

朝鮮に對する事業家の覺悟▶伊藤鏢三郎
　(總督府工業傳習所長) ……………… 18-21

朝鮮人を如何に教育すべきか ……………… 21-25

本年の經濟界は如何 ……………… 25-28

平壤と長安城▶淺見倫太郎(法學士) 29-34

珍奇なる記錄の發見▶和田雄治(理學士) …
　……………… 35-37

南朝鮮に於ける古美術▶關野貢(工學博士)
　……………… 37-38

寒月照梅花▶牛人生 ……………… 39-44

松竹海に就て▶道家充之(林學士) … 44-47

閑禪漫語▶千里亡洋 ……………… 47-48

正月に於ける朝鮮人の風習▶今村鞆(朝鮮
　總督府警視) ……………… 49-52

ペンシルヴエニアの開拓▶鯉野錄羽 52-55
鶴と松と福壽草▶村田望天吼 ……… 55-56
朝鮮女學生の思想▶金森京子 56-58
京城より安東縣まで(上)▶旭邦生 … 58-60
四十三年の政界▶一記者 …………… 61-62
四十三年中の經濟界▶不渴生 ……… 65-67
人物評判▶ヒマラヤ山人 …………… 68-69
小説女と蛇▶くれがし …………… 70-73
歌劇タンホイゼル▶工藤武城 …… 73-76
唯一の威嚴▶岩佐蘆人 …………… 77-78
短歌 …………………………………… 78-81
漢詩 …………………………………… 81-82
俳句 ……………………………………… 82
朝鮮農業開發策▶總督府技師 中村彦氏談
………………………………………… 83-85
朝鮮問答 …………………………… 88-93
重要記事 ………………………… 94-100
時事日誌 …………………………… 101
京城商店評判記▶かな生 ……… 102-105

朝鮮 第36号 1911年 2月

春光先づ洛東江に動く/別莊の二月/平南線
　/結氷の鴨綠江
客に答ふ ……………………………… 1
主張:朝鮮人を如何に教育すべきか▶旭邦
　生 ………………………………… 2-6
主張:何ぞ一の會社令に限らんや▶旭邦生
　……………………………………… 6
主張:業々しき選擧騷ぎ▶旭邦生 …… 6-7
主張:友に與へて朝鮮の近事を語る▶旭邦
　生 ……………………………… 8-10
朝鮮人教育に就て▶大木遠吉(伯爵) 11-13
鮮人教育と國語問題▶澤柳政太郎(貴族院
　議員) …………………………… 13-17
朝鮮の金融及産業政策▶岡崎遠光(京城電
　氣會社支配人) ………………… 17-19
肺ペストの防遏は外敵に對する國防より
　急務也▶藤田銅章(總督府醫院長) ………

……………………………………… 19-22
朝鮮の山林に就て▶齋藤音作(農商工部山
　林課長) ………………………… 22-26
足利時代渡鮮日僧▶古谷清 …… 27-31
朝鮮に於ける織物業の現況▶吉永彦太郎
　(總督府工業傳習所) …………… 32-34
忠清北道産業一斑▶今村鞆(朝鮮總督府警
　視) ……………………………… 34-40
南朝鮮の「たら」に就て▶水棹子 …… 40-41
移民地としての朝鮮▶加藤增雄氏談 ………
……………………………………… 42-43
「朝鮮」と云ふ名に就て▶貴族院議員 澤柳
　政太郎氏談 …………………… 43-44
醜業婦と領事館▶法學博士 高橋作衛氏談
……………………………………… 44-45
地方視察談▶取調局事務官　鹽川一太郎氏
　談 ……………………………… 45-46
信仰と朝鮮人▶渡邊帳(高等法院長) ………
……………………………………… 46-47
東拓の植民事業▶東洋拓殖會社總裁 宇佐
　川一正氏談 …………………… 48-49
寺内總督と記者團▶旭邦生 ……… 50-53
名家訪問印象錄▶可水生(東京支局) 53-54
ペンシルヴエニアの開拓▶鯉野錄羽 54-58
正月に於ける朝鮮人の風習▶今村鞆(朝鮮
　總督府警視) …………………… 58-60
洛東江岸に於ける數日▶黃嘴生 … 60-63
京城より安東縣まで(二)▶旭邦生 … 63-66
强弱▶富田籍人 ………………… 68-75
燒栗▶岩佐蘆人 ………………… 75-76
散文詩▶横田黃濤澤 …………… 76-79
短歌 …………………………………… 79
漢詩 …………………………………… 79
俳句 …………………………………… 80
朝鮮問答 ………………………… 81-85
重要記事 ………………………… 86-94
時事日誌 ………………………… 95

朝鮮 第37号 1911年 3月

大森の梅/平壤市/新義州/安東縣

時事:友に與へて朝鮮の近事を語る▶旭邦生 ……………………………… 1–4

其基本義を誤る勿れ▶小川平吉(衆議院議員) ……………………………… 5–7

學校教育の狀態と朝鮮人學生の思潮▶田中玄黃(官立外國語學校長) ………… 8–10

通貨の增加したる原因▶竹村眞次(米國法學博士) ……………………… 10–12

朝鮮の山林に就て▶齋藤音作(農商工部山林課長) ……………………… 12–14

支那に於ける政治的中立が常に北方に偏在せる諸因を論ず▶鹿生 … 14–19

警察より見たる朝鮮人▶今村鞆(朝鮮總督府警視) ……………………… 20–22

百濟琳聖太子と大内家の傳說に就て▶古谷清 …………………………… 22–24

「朝鮮」と云ふ名に就て▶取調局事務官 鹽川一太郎氏談 ……………… 24–25

儒教及び佛教が朝鮮醫學に及ぼせる影響▶工藤武城述(ドクトルメヂチ–子) ……………………………………………… 25–27

平安南北道工業の一斑▶吉永彦太郎(總督府工業傳習所) …………… 28–30

訪問錄(二) …………………………… 31–34

北關のけふこのごろ▶△○生 …… 35–36

ペンシルヴエニアの開拓▶鯉野錄羽 …………………………………… 36–39

釜山港より▶松風村雨庵 ………… 39–40

余の初めて見たる朝鮮▶愚堂生 … 41–45

吉田さん▶長谷川さつき ………… 46–50

散文詩▶橫田黃濤譯 …………… 50–51

高臺の家より▶齋藤葉村 ………… 51–53

短歌 ………………………………… 53–54

漢詩 ……………………………………… 55

俳句 ……………………………………… 56

朝鮮問答 ………………………… 57–64

實業資料 ……………………… 65–72

重要記事 ……………………… 73–80

時事日誌 ……………………………… 81

朝鮮鐵道列車發着時間一覽表 ………… 82

朝鮮 第38号 1911年 4月

植林の初年/植林の三年目/墨堤の春/鴨綠江の春/朝鮮駐箚軍の陸軍紀念祝賀會

主張:盛に移住を獎勵し又內地人の發展策を講ずべし▶旭邦生 ……… 1–3

主張:朝鮮移住の好望▶旭邦生 ……… 3–4

主張:商業會議所大聯合會に望む▶旭邦生 ……………………………… 4–5

主張:青山綠水の地たらしめよ▶旭邦生 … 6

何ぞ奇怪極る輸入稅を廢せざる▶大隈重信(伯爵) ……………………… 7–9

在朝鮮の官民並に內地人に對する希望▶大內暢三(衆議院議員) ……… 9–12

造林經營と東拓會社の施設▶通家充之(林學士) …………………… 13–15

朝鮮の山林に就て▶齋藤音作(農商工部山林課長) …………………… 16–19

安東在留日本人の工業上に於ける弱點▶小濱氏照 ……………………… 20–22

我が國在來の宗教に依れ▶農商務大臣 大浦兼武氏談 …………………… 23–24

時代思潮と國民の覺悟▶文學博士 姉崎正治氏談 ……………………… 24–25

卒業生と就職難▶漢城外國語學校長 田中玄黃氏談 …………………… 25–26

實業視察團員の眼に映じたる朝鮮 … 27–30

觀光團員の最も驚きしもの ……… 30–31

朝鮮の美術工藝▶小川鶴二(漢城美術品製作所理事) …………………… 31–33

北關談▶中井錦城氏談 …………… 33–34

朝鮮開發の急務は道路の修築にあり▶三井物産會社理事 波多野承五郎氏談 ……………………………………………… 34–35

都府の增設を圖るべし▶波多野氏談 ‥‥ 35

朝鮮といふ名稱に就て▶今西龍(文學士) ‥‥

　‥‥‥‥‥‥‥‥‥‥‥‥‥‥ 36–41

日韓上古史の裏面に就て▶稻葉岩吉 41–44

▲▲錄 ‥‥‥‥‥‥‥‥‥‥‥‥ 45

朝鮮の産牛觀▶肥塚正太(東亞牧場主 獸醫)

　‥‥‥‥‥‥‥‥‥‥‥‥‥ 46–48

朝鮮に於ける桑樹栽培に就て▶小金澤幸

　平 ‥‥‥‥‥‥‥‥‥‥‥‥ 48–50

北朝鮮の「たら」に就て▶水棹子 ‥‥ 50–51

京城より安東縣まで▶旭邦生 ‥‥ 52–56

余の初めて見たる朝鮮▶愚堂生 ‥‥ 56–60

京釜沿線の大驛小驛▶望天吼 ‥‥ 61–64

嬰兒▶疎雨子(文學士) ‥‥‥‥‥ 65–68

落葉焚く煙▶兒玉花外 ‥‥‥‥‥ 68–70

散文詩(2)▶橫田黃濤譯 ‥‥‥‥ 70–72

東都文壇記憶 ‥‥‥‥‥‥‥‥ 73–76

漢詩 ‥‥‥‥‥‥‥‥‥‥‥‥ 76

俳句 ‥‥‥‥‥‥‥‥‥‥‥‥ 77–78

實業資料 ‥‥‥‥‥‥‥‥‥‥ 79–81

朝鮮問答 ‥‥‥‥‥‥‥‥‥‥ 82–85

重要記事 ‥‥‥‥‥‥‥‥‥‥ 86–90

時事日誌 ‥‥‥‥‥‥‥‥‥‥ 91

風聞駄語 ‥‥‥‥‥‥‥‥‥‥ 92

朝鮮鐵道列車發着時間一覽表 ‥‥‥ 93

朝鮮 第39号 1911年 5月

春の漢江河畔/畵瓶及盌/京城民團立女學校

　職員及卒業生/漢城高等女學校職員及卒

　業生

主張:言論界の恐慌▶旭邦生 ‥‥‥‥ 1–3

主張:言論取締に就て明石警務總長の一顧

　を促す▶旭邦生 ‥‥‥‥‥‥‥ 3–5

主張:萬機を公論に決せよ▶旭邦生 ‥ 5–6

時事 ‥‥‥‥‥‥‥‥‥‥‥‥ 6–7

朝鮮統治私議▶佐々木五郎(衆議院議員) ‥

　‥‥‥‥‥‥‥‥‥‥‥‥‥ 8–13

日米新條約に對する意見▶服部綾雄(衆議

院議員) ‥‥‥‥‥‥‥‥‥ 14–16

朝鮮人に對する娛樂機關の設備と改良を

　圖れ▶取調局事務官 鹽川一太郞氏談 ‥

　‥‥‥‥‥‥‥‥‥‥‥‥ 16–18

新開地と育兒上の注意▶藤田銅章(總督府

　醫院長) ‥‥‥‥‥‥‥‥ 18–19

朝鮮の山林に就て▶齋藤音作(農商工部山

　林課長) ‥‥‥‥‥‥‥‥ 20–22

岡崎ドクトルの近著『朝鮮金融及産業政策』

　を讀む▶山下南海 ‥‥‥‥ 22–24

金秋史及び阮堂集▶稻葉君山(南滿洲鐵道

　會社歷史調查部) ‥‥‥‥ 25–29

"豆滿江畔は李朝, 淸朝の發祥地なり"▶村

　田生 ‥‥‥‥‥‥‥‥‥ 29–31

社會政策▶服部綾雄氏談(衆議院議員) ‥‥

　‥‥‥‥‥‥‥‥‥‥‥‥ 32–34

植民地道德論▶小橋橙吉 ‥‥‥ 34–35

京畿道の授産事業に就て▶仲大路正雄(京

　畿道內務部長) ‥‥‥‥‥ 35–36

大驛小驛▶望天吼 ‥‥‥‥‥‥ 37–44

ウイリアムペンの植民事業(一)▶九四二 ‥

　‥‥‥‥‥‥‥‥‥‥‥‥ 44–47

京城と大連▶南山入窓樓主人 ‥‥ 47–49

子の見たる朝鮮▶北村愚堂 ‥‥ 49–52

春の一日▶神人生 ‥‥‥‥‥‥ 53–55

散文詩▶橫田黃濤譯 ‥‥‥‥‥ 56–58

短歌 ‥‥‥‥‥‥‥‥‥‥‥‥ 58–60

俳句 ‥‥‥‥‥‥‥‥‥‥‥‥ 61–62

蘆田より紙を採れ▶更田信彌(工業傳習所

　技師) ‥‥‥‥‥‥‥‥‥ 63–65

朝鮮の蠶業經營に就て▶小金澤幸平 ‥‥‥

　‥‥‥‥‥‥‥‥‥‥‥‥ 65–66

朝鮮の「さば」に就て▶水棹子 ‥‥ 66–67

朝鮮問答 ‥‥‥‥‥‥‥‥‥‥ 68–74

重要記事 ‥‥‥‥‥‥‥‥‥‥ 75–82

時事日誌 ‥‥‥‥‥‥‥‥‥‥ 83

朝鮮鐵道列車發着時間一覽表 ‥‥‥ 84

朝鮮 第40号 1911年 6月

京城に開催せる全國商業會議所聯合會發
　會式/東大門外牛耳洞の別天地

主張:寺内總督に奉る書▶旭邦生 ……… 1–6

會社令と言論取締に就て▶林董(伯爵) ……
　…………………………………………… 7–8

實科工業教育と朝鮮▶伊藤鐸三郎(總督府
　工業傳習所長) ……………………… 9–10

朝鮮地方官吏(屬吏)任用に就て▶松都隱士
　…………………………………………… 11–13

朝鮮に於ける經濟上趨勢▶竹村眞次(米國
　法律博士) …………………………… 13–15

朝鮮の山林に就て▶薺藤音作(農商工部山
　林課長) ……………………………… 15–16

東西南北 …………………………………… 19

朝鮮に於ける地租の沿革▶河合弘民(文學
　士) …………………………………… 20–23

朝鮮の繪畵▶鮎貝房之進 ………………… 23–25

筆禍史を讀む ……………………………… 26

訪問錄 ……………………………………… 27–32

朝鮮人と「セルロイド」細工▶吉永彦太郎
　(工業傳習所) ………………………… 33–35

朝鮮牛の改良▶肥塚正太(東亞牧場主 獸醫)
　…………………………………………… 35–37

朝鮮の「ゑび」に就て▶水棹子 ………… 37–38

社會政策に就て▶衆議院議員 島田三郎氏
　談 …………………………………… 39–40

京元線と湖南線の現況▶鐵道局建築課長
　小城齊氏談 ………………………… 41–42

事業經營難及び柞蠶の有望▶京城民團民
　會議長 海津三雄氏談 ……………… 42–44

菊地長風君を送る ………………………… 45

京城より安東縣まで▶旭邦生 ………… 46–47

大驛小驛▶望天吼 …………………… 48–51

ウイリアムペンの植民事業(一)▶九四二 …
　…………………………………………… 51–54

子の見たる朝鮮▶北村愚堂 …………… 54–56

續京城と大連▶南山入窓樓主人 …… 57–59

灌佛會▶くれがし ………………………… 59–60

水原勸業模範場を視る▶川端原太郎 60–63

東小門外牛耳洞に遊ぶの記▶一記者 ………
　…………………………………………… 63–64

東都文壇記憶のまゝ▶可水 …………… 65–68

碧蹄館▶岩佐蘆人 …………………… 68–70

漢詩 ………………………………………… 70

短歌 ………………………………………… 71

朝鮮問答 ………………………………… 72–76

重要記事 ………………………………… 77–81

時事日誌 …………………………………… 82

風聞駄語 …………………………………… 83

京城商店窓のぞ記 ………………………… 84

朝鮮 第41号 1911年 7月

京城に開催されたる愛國鐵道協會第八回
　總會/京城に開催されたる愛國婦人會朝
　鮮支部第二回總會

主張:地方官會議に望む▶旭邦生 ……… 1–6

時事:經學院を興さる ……………………… 6

時事:道路擴張期成會起る ………………… 7

時事:仁川の築港起工式 …………………… 7

時事:民團の存廢如何 ……………………… 7

編輯餘祿 …………………………………… 7

朝鮮に於ける經濟上趨勢▶竹村眞次(米國
　法律博士) …………………………… 8–10

英國の植民政策▶鬼城生 ……………… 10–13

夏季の衛生に就て▶藤田銅章(總督府醫院
　長) …………………………………… 13–15

大英帝國會議に就て▶白田二荒 …… 15–17

朝鮮の繪畵▶鮎貝房之進 ……………… 18–20

朝鮮の林制考▶本間如囚 ……………… 20–23

警察より見たる朝鮮人▶今村鞆(朝鮮總督
　府警視) ……………………………… 23–25

和寧の名稱に就て▶今西龍(文學士) 25–26

書堂の現狀▶高木善人(文學士) …… 26–30

朝鮮の染色▶吉永彦太郎(朝鮮總督府工業
　傳習所) ……………………………… 31–33

東海岸の鰊漁業と延日灣▶庵原文一(農商工部水産課長) ……………………… 34–36

朝鮮の牛皮▶原島善助(農商工部技師) ……………………………………… 36–37

朝鮮の「たひ」に就て▶水棹子 ……… 37–38

訪問錄 ……………………………… 39–43

痩せたるも必しも弱きにあらず▶森安連吉(醫學博士) ……………………… 44–45

教育上に於ける無意識的感化▶石田新太郎(總督府視學官) ………………… 45–46

植民地雜感▶井上訝二 …………… 46–48

朝鮮の內地人には重要犯は少ない▶今村鞆(朝鮮總督府警視) …………… 48–49

鐵道連任のみが高きにあらず▶三本武重(鐵道局營業課長) ………………… 49

南大門より新橋まで(上)▶旭邦生 … 50–54

大驛小驛▶望天吼 ………………… 54–58

ウイリアムペンの植民事業(三)▶九四二 … 58–61

生化學より觀たる戀愛▶工藤武城(ドクトル、オプメチチーネ) ……………… 61–64

京城の支那人▶武井生 …………… 64–66

百花園の花あやめ▶岡崎老猿(文學士) ……………………………………… 67–68

わが日記▶岩佐蘆人 ……………… 68–69

東都文壇記憶のまゝ▶可水 ……… 70–74

短歌 ………………………………… 75–76

俳句 ………………………………… 76–77

朝鮮問答 …………………………… 78–83

重要記事 …………………………… 84–93

時事日誌 ……………………………… 94

風聞駄語 ……………………………… 95

商賣往來 ……………………………… 96

朝鮮鐵道列車發着時間一覽表 ……… 97

朝鮮 第42号 1911年 8月

京城の涼味/平壤の涼味/水原の涼味/仁川の涼味/釜山の涼味

夏と山水 山水と人世▶旭邦生 ……… 1–6

朝鮮の山水▶旭邦生 ……………… 6–7

餘滴 ………………………………… 8

炎天熱地と鬪へ▶大隈重信(伯爵) …… 9–10

日本將來の銷夏法▶島貫兵太夫(日本力行會會長) ……………………… 10–12

寒暑何かあらん▶隈本有尙(朝鮮總督府立中學校長) ……………………… 12–13

露都の夏▶明石元二郎(朝鮮總督府警務總長陸軍小將) ……………………… 14–15

獨逸キ–ルの夏▶森安連吉(總督府醫院副院長醫學博士) ……………… 15–17

避暑地としての瑞西▶荻田悅造(總督府文書課長) ……………………………… 18–19

印度の夏▶工藤武城(獨逸醫博士) … 19–22

北米の夏▶坂部多三郎 …………… 23–25

夏の國南洋の朝夕▶伊藤眞天(新歸朝者) … 25–28

朝鮮の名山▶望天吼 ……………… 29–32

夏の金剛山▶告天生 ……………… 33–35

涼しき鏡浦の湖▶和田雄治(理學士) 35–36

夏の於ける朝鮮人の風習▶今村鞆(朝鮮總督府警視) ……………………… 36–39

花潭記▶高橋亨 …………………… 41–43

北關の夏▶長白生 ………………… 43–44

我輩と夏 …………………………… 45–55

麗島の半日▶望天生 ……………… 55–56

夏の東北飯坂と松島▶如密生 …… 57–60

夏の動物園▶岡田信利(昌德宮動物園主任) ……………………………………… 60–63

酷暑に悩みし戰爭の思ひ出▶老軍曹 … 63–70

夏の月雪花▶岡崎遠光 ……………… 71

署い日▶岩佐蘆人 ………………… 72–73

小曲▶留五郎 ………………………… 73

漢詩 …………………………………… 74

和歌 …………………………………… 74

俳句 ………………………………… 75–77

朝鮮問答 …………………………… 78–81

重要記事 ……………………………… 82–85
時事日誌 ……………………………… 86
京城の溫室▶示申生 ………………… 87
夏の疾病と京城の醫門 ……………… 88
凉しき京城の商店 …………………… 89

朝鮮 第43号 1911年 9月

漢江の奇勝/水原の奇勝/囊島の果樹園
主張:併合一週年の朝鮮▶旭邦生 ……… 1–4
主張:大久保大將を送る▶旭邦生 ……… 5–7
時事 …………………………………… 7–8
併合の目的は同化に在り同化せんとせば
　先づ彼我親善融和せざるべからず▶小
　宮三保松(李王職次官) ……………… 9–12
同化策より見たる臺灣人と朝鮮人▶石田
　新太郎(總督府視學官) …………… 12–14
朝鮮に於ける法律教育のプログラム▶工
　藤忠輔(法學士) …………………… 14–19
植民教育の要▶藤田幸太郎 ………… 19–21
子等牧師團の母國視察所感▶玄盾(京城尙
　洞教會副牧師) ……………………… 22–23
朝鮮人牧師團の一行は如何に母國を觀し
　か▶曾田嘉伊智(京城基督教青年會理事)
　………………………………………… 23–24
朝鮮の繪畫▶鮎貝房之進 …………… 26–28
朝鮮の林制考▶本間如囚 …………… 29–31
警察より見たる朝鮮人▶今村鞆(朝鮮總督
　府警視) ……………………………… 32–33
各道長官歷訪記▶一記者 …………… 35–44
夏期及び初秋に於ける小兒捕育上▶河野
　衛(總督府病院小兒科長) ………… 45–48
京城本町通の道路擴張に就て▶淵上貞助
　(道路擴張期成會幹事) …………… 48–50
井上博士の濠洲及南阿談 …………… 51
朝鮮の名山▶望天吼 ………………… 53–56
夏の京城▶旭邦生 …………………… 57–62
囊島園藝模範場▶自鋤生(農學士) … 63–64
去年の比の頃の記▶みすし生 ……… 64–67

東京だより▶HN生(支局記者) ……… 67–70
平壤雜記▶潮外生 …………………… 70–73
物干竿▶川村猪佐夫 ………………… 74–75
このごろ▶岩佐蘆人 ………………… 75–77
朝鮮俗歌▶淺見霞城重譯 …………… 77–80
漢詩 …………………………………… 81
和歌 …………………………………… 81–82
俳句 …………………………………… 82
朝鮮問答 ……………………………… 83–91
重要記事 ……………………………… 92–96
時事日誌 ……………………………… 97
風聞駄語 ……………………………… 98
京城の牛乳界 ………………………… 99
朝鮮鐵道列車發着時間一覽表 ……… 100

朝鮮 第44号 1911年 10月

總督府醫院に開催せる衛生會/釜山沖の松
　島の風光/秋の山と水
主張:客に朝鮮の近事を語る▶旭邦生 … 1–6
片々錄 ………………………………… 7–8
新領土に於ける教育家と法曹▶工藤忠輔
　(法學士) ……………………………… 9–11
佛國植民地における財政制度の狀態に就
　て▶鬼城生 ………………………… 12–15
健康と疾病▶森安連吉(醫學博士) … 15–17
朝鮮人と意匠▶中村經太郎(朝鮮總督府工
　業傳習所) …………………………… 17–18
承政院日記に就て▶和田雄治(總督府觀測
　所長) ………………………………… 19–20
朝鮮の染織▶吉永彦太郎(朝鮮總督府工業
　傳習所) ……………………………… 20–27
朝鮮の林制考▶本間如囚 …………… 27–31
朝鮮の一古跡▶苔陰生(文學士) …… 31–33
柞蠶に就て▶野田忠藏(農商工部技師) ……
　………………………………………… 34–36
葉煙草栽培と煙草製造業▶加藤末郎(東亞
　煙草製造所長) ……………………… 36–37
朝鮮の「いわし」に就て▶水棹子 … 37–38

各道長官歷訪記(二)▶一記者 ……… 39-42

訪問記 …………………………… 42-46

博物學標本採集旅行▶總督府中學校俞 平
　井寛暢氏談 …………………… 47-51

土地測量の現況▶土地調查局測量課長陸
　軍工兵大佐 土屋喜之助氏談 ……… 51-53

初秋の旅▶旭邦生 ………………… 54-58

秋の北漢山▶大橋美州 …………… 58-61

大驛小驛▶望天吼 ………………… 62-66

ウイリアムペンの植民事業(四)▶九四二 ‥
　………………………………… 67-69

さまざまの九月七日▶三すじ生 …… 70-73

東都文壇記憶のまゝ▶可水生 ……… 74-78

山の子▶岩佐蘆人 ………………… 79-81

哀音弱調▶中井義雄 ……………… 81

赤い花辨▶高濱長江 ……………… 81-82

和歌 …………………………… 82

漢詩 …………………………… 82-83

俳句 …………………………… 84

朝鮮問答 ………………………… 85-87

重要記事 ………………………… 88-92

新刊紹介 ………………………… 93

寄贈雜誌及び新聞 ………………… 93

時事日誌 ………………………… 94

京城醫士評判記(一) ……………… 95

朝鮮鐵道列車發着時間一覽表 ……… 96

朝鮮 第45号 1911年 11月

天壤無窮/千代萬代/傲霜/朝鮮各道に配置
　さるる郡書記官講習會

十一月と云ふ月 …………………… 1

朝鮮人同化論と名士 ……………… 2-9

主張:朝鮮人の同化力▶旭邦生 …… 10-13

時事片々 ………………………… 14

森林と同化▶道家充之(林學士) …… 15-18

司法事務と同化▶國分三亥(高等法院劍事
　長) …………………………… 18-19

朝鮮人は日本文明と同化の能力あり▶林

　泰輔(高等師範學校論) …………… 19-21

朝鮮人教育の根本義は同化の在り▶棚橋
　一郎(郁文館中學校長) …………… 21-22

新領土に於ける教育家と法曹▶工藤忠輔
　(法學士) ……………………… 22-24

朝鮮の字音と漢字に假名遣ひ▶後藤朝太
　郎(文學士) …………………… 25-30

朝鮮の林制考▶本間如囚 ………… 31-33

蠶業の發展に伴ふて桑皮紙の製造を圖れ
　▶更田信彌(總督府工業傳習所技師) ……
　………………………………… 34-39

訪問錄 …………………………… 40-44

博物學標本採集旅行▶森爲三(漢城高等學
　校教授)長谷了慶(漢城外國語學校教授) ‥
　………………………………… 45-50

大驛小驛▶望天吼 ………………… 50-53

ウイリアムペンの植民事業(四)▶九四二 ‥
　………………………………… 53-55

公設展覽會の印象▶鈴木碧川 …… 55-60

京城の秋色▶九江生 ……………… 60-61

山本藏相の片影▶日韓瓦斯電氣會社 岡崎
　遠光氏談 ……………………… 62-65

事業家▶清家彩果 ………………… 66-68

溫突より▶蘆人生 ………………… 68-70

俳行脚の印象▶松尾目池 ………… 70-74

和歌 …………………………… 75-76

漢詩 …………………………… 76

俳句 …………………………… 77

實業資料:清津港に於ける外國貿易▶藤田
　銅章(總督府醫院長) …………… 78-82

朝鮮問答 ………………………… 83-88

重要記事 ………………………… 89-92

寄贈雜誌及び新聞 ………………… 92

時事日誌 ………………………… 93

朝鮮 第46号 1911年 12月

鴨綠江家教工事落成式/新に架設されたる
　鴨綠江の鐵橋

歳月人を待たず …………………………… 1

朝鮮問答 ……………………………… 2–6

主張:支那革命亂の前途▶旭邦生 …… 8–10

主張:滿鐵と東拓▶旭邦生 ………… 10–11

主張:滿鮮の聯絡成る▶旭邦生 ……… 11–12

時事片々 …………………………………… 12

朝鮮人の實科教育▶岡崎遠光(獨逸ドクトル) …………………………………… 13–14

朝鮮人教育の主眼▶石田新太郎(總督府内務部學務局) ………………………… 14–15

支那の騒亂に就て▶龍岡再生 ……… 16–17

清津港に於ける外國貿易▶藤田銅章(總督府醫院長) ……………………… 17–20

母音の開合殊に「ウ」に就て▶小倉進平(文學士) ………………………………… 21–28

手標橋に就て▶和田雄治(理學士) … 28–29

文祿の役講和の内情▶大森金五郎(學習院教授) …………………………………… 30–34

朝鮮の染織(三)▶吉永彦太郎(總督府工業傳習所) ……………………………… 35–36

訪問錄 …………………………………… 37–40

山本藏相の片影▶岡崎遠光(獨逸ドクトル) …………………………………… 41–44

衛生雜話▶總督府醫院副院長 森安博士談 …………………………………… 44–46

臺灣の教育視察談▶總督府内務部學務局小田省吾氏談 …………………………… 46–47

博物學標本採集旅行▶森爲三(漢城高等學校教授)長谷了慶(漢城外國語學校教授) …………………………………… 48–51

大驛小驛▶望天吼 ………………… 51–54

ウイリアムペンの植民事業(五)▶九四二 …………………………………… 54–55

南國の村▶清家彩果 ……………… 56–60

和歌 ……………………………………… 61

漢詩 ………………………………… 62–64

俳句 ………………………………… 64–66

調査資料:朝鮮各地方に於ける土地財産に關する慣習▶總督府臨時土地調査局調

查 ………………………………… 67–71

調査資料:朝鮮の鹽業▶朝鮮總督府農商工部調査 ……………………………… 71–72

慶州に於ける新羅時代の遺跡▶關野貞講演(工學博士) …………………… 72–74

重要記事 …………………………… 75–77

時事日誌 ………………………………… 78

煤はき ……………………………………… 79

朝鮮及滿洲 第47号 1912年 1月

松上の鶴/平和なる京城/萬里同風/林間の鶴/大連の埠頭/南滿洲の繁港大連市街/大連埠頭の大豆/京城に於ける朝鮮人市場

松上の鶴▶釋尾旭邦 ……………………… 1

新領土の開拓經營を怠る勿れ▶釋尾旭邦 ‥ …………………………………… 2–4

朝鮮と滿洲▶釋尾旭邦 ………………… 5–8

時事片片▶釋尾旭邦 ……………………… 9

松上鶴▶成田瀧川 ………………… 11–12

朝鮮財界小觀▶岡崎遠光(ドクトル) 13–16

朝鮮の憲法問題は如何に解決するか▶エ.ヌ.ケー生 ………………………… 16–21

法律統一史論▶工藤忠輔(法學士) … 21–23

朝鮮經濟界の前途如何▶久能省三 … 23–25

京城の市區改正に就て▶龍岡再生 … 25–27

朝鮮統治上の苦心▶小松綠 ……… 29–30

朝鮮開發の二問題▶安達謙造 ………… 31

南滿洲の經營▶國澤新兵衛 ……… 31–32

大連に旅ける民政▶相賀照鄉 …… 33–34

滿洲金融界と革命戰▶野津孝次郎 … 34–35

大連埠頭の發達▶大連埠頭事務所某氏 …… …………………………………… 35–38

小兒の衛生▶河野衛(醫學士) ……… 38–41

各國の正月▶諸名士 ……………… 42–46

滿人と朝鮮人▶吉倉王聖 ………… 47–48

文祿役に於ける朝鮮の地名に就て▶池内宏 ………………………………… 49–51

英國植民地と本國との將來の關係▶ヱチ.　
　エー.エガートン ……………… 51-53
朝鮮の染色▶吉永彦太郎 ………… 54-56
號牌の制▶小田生 ………………… 56-57
'經世遺表'の日譯に就て▶風鐸居士 ………
　…………………………………… 57-58
雜纂 …………………………………… 60-83
文藝 …………………………………… 84-95
廣州に於ける新羅時代の遺跡▶關野貞(工
　學博士) ……………………………… 96-97
南滿洲の畜産▶南滿鐵道會社調査　97-101
東拓經營の殖産事業▶道家充之 ‥ 101-104
備忘錄 ……………………………… 105-108
朝鮮滿洲問答 ……………………… 109-114
重要記事/時事日誌/風聞駄語 …… 115-123

朝鮮及滿洲 第48号 1912年 2月

總督官邸/昌德宮の植物溫室/奉天府/哈爾
　賓市街/長春府
支那の革命と我滿洲經營▶旭邦生 …… 1-4
時事小言 ……………………………… 4-8
主として經濟上より觀たる朝鮮と滿洲▶
　服部自眉 ……………………………… 9-13
法令周知法としての臺灣保甲條例▶渡邊
　帳(高等法院長) ……………………… 13-16
古書古美術の生産的研究▶蜷川新(法學士)
　…………………………………… 16-19
輸入超過すしも憂ふるに足らず▶木村雄
　次(朝鮮銀行營業局長) …………… 19-21
朝鮮米穀輸移出入稅撤廢と朝鮮の經濟界
　▶久能省三(淺湖農工銀行支配人) ………
　…………………………………… 21-23
朝鮮開發の最善策▶淺野長七(三井物産會
　社京城支店長) …………………… 24-25
法律統一史論▶工藤忠輔(法學士) ‥ 26-29
羽衣の說話▶今西龍(文學士) …… 30-32
丁若鏞▶鮎貝房之進 ……………… 32-34
英國植民地と本國との將來の關係▶ヱ

　チ・エー・エガートン …………… 35-36
朝鮮人と滿洲人(下)▶吉創汪聖(遼東新報
　主筆) ………………………………… 36-37
訪問錄 ……………………………… 38-42
各道內務部長歷訪記(一)▶可水生 ‥ 42-48
朝鮮の地方病肝ヂストマの流行に就て▶
　中野有光(朝鮮總督府警務課長) ‥ 48-50
年末年始と郵便▶永井新三郎(京城郵便局
　郵便課長) ………………………… 50-51
速成鐵道或は輕便鐵道附設の議▶和田常
　一(京城起業會社專務取締役) …… 51-53
朝鮮の投下すべさ人格資本▶龍岡再生 ……
　…………………………………… 53-54
水道使用者に警告す▶佐治修二(朝鮮總督
　府囑託) …………………………… 55-56
滿洲雜話▶石崎震二(大阪商船會社大連支
　店長) ……………………………… 56-58
滿洲氣候一斑▶水內清治(關東都督府大連
　觀測所長) ………………………… 58-59
滿洲農業の將來▶南滿鐵會社 某氏談 … 59
滿洲見物▶旭邦生 ………………… 60-62
寺內總督と記者團▶旭邦生 ……… 63-65
朝鮮印象記▶難波可水 …………… 65-68
演藝同志會二會試演▶灰野庄平(文學士) ‥
　…………………………………… 69-71
京城の支那人▶一記者 …………… 71-72
清津沖より▶蘆人生 ……………… 72-75
旅から旅へ(一)▶神余潮外 ……… 76-79
牡蠣▶チエホフ …………………… 80-83
溫泉より▶清家彩果 ……………… 83-87
舊友▶山地白雨 …………………… 87-88
水壽▶山地白雨 …………………… 88
吉祥寺の鐘▶鈴木碧川 …………… 89
漢詩 ………………………………… 90-92
和歌 ………………………………… 92-95
俳句 ………………………………… 95-96
靑年の危機▶明石元二郎(警務總長) 97-99
朝鮮に希望を有する靑年へ▶淺野長七(三
　井物産會社京城支店長) ………… 99-100

余の學生時代と今日の青年學生▶沼田政
　二郎(法學士) ……………………… 100
備忘錄 ………………………… 101–108
朝鮮問答 ……………………… 106–108
滿洲問答 ……………………… 108–110
重要記事 ……………………… 111–116
寄贈雜誌及び新聞 ………………… 116
時事日誌 …………………………… 117
朝鮮鐵道列車發着時間一覽表 ……… 118
南滿洲鐵道列車發着時間及賃金一覽表 ……
　………………………………… 119

朝鮮及滿洲 第49号 1912年 3月

新築の朝鮮銀行/非難多き東洋拓殖會社/京
　城昌德宮裡の公園/大連の電氣公園
誰か強誰か弱 …………………………… 1
噫支那四百餘州は何の處に定まる▶旭邦
　生 ……………………………… 2–4
滿洲は如何の狀ぞ▶旭邦生 ………… 4
朝鮮の基督教徒問題▶旭邦生 …… 5–6
趣味化の設備▶旭邦生 …………… 6–7
言論の取締此極に至る▶旭邦生 ……… 8
植民地經營論▶神藤才一(佛國法律博士衆
　議院議員) …………………… 9–11
朝鮮及び滿洲所感▶澤來太郎(衆議院議員)
　……………………………… 12–15
安奉線の開通と利用▶服部自眉 … 16–17
朝鮮開發の三急務▶三島太郎(朝鮮銀行理
　事) …………………………… 18
全羅道益山廢彌勒寺石塔婆▶關野貞(工學
　博士) ……………………… 19–20
日本內地發掘の靑磁及び白磁と其の渡來
　の顛末▶古谷淸 …………… 21–27
朝鮮の染織(五)▶吉永彥太郎(總督府工業
　傳習所) …………………… 27–30
英吉利の自治植民地の將來▶松岡均平(法
　學博士) …………………… 30–31
英國植民地と本國との將來の關係▶エ

チ・エー・エガートン …………… 31–33
訪問錄 …………………………… 34–39
經濟的革命時代に於ける朝鮮農業界▶農
　學博士 本田幸介氏談 ………… 40–42
朝鮮人の特殊犯罪▶高等法院檢士長 國分
　三亥氏談 …………………… 43–44
如何にせば趣味化し得るか？ ……… 45–58
滿洲見物▶旭邦生 ……………… 59–63
旅から旅へ(一)▶神余潮外 …… 73–76
調子と特長▶灰野庄平(文學士) …… 77–78
聲のあゆみ▶齋藤葉村 ………… 78–79
夢▶はいの(文學士) …………… 79–80
夜も夜も▶谷哀花 ………………… 80
春香歌▶望月桂軒 ……………… 81–82
俳句 ……………………………… 82–84
經濟眼より觀たる朝鮮と滿洲▶拓殖局第
　一部長 宮尾舜治氏 …………… 85–90
朝鮮移民論▶中橋德五郎君述 …… 90–91
瓜哇の風物▶奈佐忠行氏談 …… 91–92
日本國民の收得と稅金▶高橋秀臣調査 ……
　……………………………… 92–94
朝鮮各地方に於ける土地財産に關する慣
　習▶朝鮮總督府土地調査局調査 ‥95–97
滿洲の植物▶矢部吉禎 ………… 97–100
滿洲大豆歐州輸出の將來 ………… 100
滿洲の硝子業 …………………… 101
朝鮮問答 ……………………… 102–105
滿洲問答 ……………………… 105–106
重要記事 ……………………… 107–112
新刊紹介 ………………………… 113
寄贈雜誌及び新聞 ………………… 113
時事日誌 ………………………… 114
聞いたまゝの記 …………………… 115
朝鮮鐵道列車發着時間一覽表 ……… 116
南滿洲鐵道列車發着時間及賃金一覽表 ……
　………………………………… 117

朝鮮及滿洲 第50号 1912年 4月

總督府財務官會談/朝鮮總督府/南滿洲鐵道
　會社
窮達 ……………………………………… 1
客に朝鮮及滿洲の近事を語る▶旭邦生 ……
……………………………………… 2-8
總務總長明石元二郎論▶ヒマラヤ山人 ……
……………………………………… 9-14
滿洲と東部蒙古▶紫峯生 ………… 15-16
朝鮮司法制度の改正の就て▶倉富勇三郎 …
……………………………………… 17-18
朝鮮の植林と治水▶齋藤音作(總督府山林
　課長) …………………………… 18-21
朝鮮に最き疾病▶森安達吉(總督府醫院副
　院長) …………………………… 22-25
導掌に就きて▶河合弘民(文學士) ……… 28
朝鮮儒學大觀▶高橋亨(文學士) …… 28-32
碧蹄館▶淺見倫太郎(法學士) …… 33-37
北朝鮮方面の種族▶鳥井龍藏 …… 37-38
南より北へ北へ▶藤田總督府醫院長談 ……
……………………………………… 39-41
輕便鐵道の附設▶國分檢事長談 … 42
內地人に朝鮮の事情を紹介せよ▶林慶太
　郎氏談 …………………………… 43-44
誤れる産業政策▶高橋章之助氏談 ……… 44
內地人と朝鮮人の社會的改革▶鮎貝房之
　進氏談 …………………………… 45
日用品の製造工業▶朝鮮商業銀行 遠山支
　配人談 …………………………… 45-46
移住民誘引策▶峯岸繁太郎氏談 …… 46-48
內地より移民の誘引策▶龍岡再生 …… 49
內地人を少しく優遇せよ▶深水清氏談 ……
……………………………………… 49-50
珍談雜話 …………………………… 51
滿洲雜記(一)▶白眉生 …………… 52-55
藍天蔚夢物語▶遼東豚 …………… 55-57
京城より群山へ▶難波可水 ……… 57-61
斜立女子技術學校展覽會を觀る▶一記者 …

…………………………………… 61-63
旅から旅へ(三)▶神余潮外 ……… 63-66
幅▶灰野庄平(文學士) …………… 67-68
薄明かり▶齋藤葉村 ……………… 68-69
雲省▶龍岡すみわ ………………… 69-72
俳句 ………………………………… 72-74
大連の紳士 ………………………… 75
明治四十四年施行第一回紀念植樹の狀況
　▶總督府山林課調査 …………… 76-78
朝鮮に最も適する造林▶總督府山林課調
　査 ………………………………… 78-79
清津港に於ける外國貿易▶度支部調査 ……
…………………………………… 79-82
南滿洲に於ける農業▶南滿洲鐵道會社調
　查課調査 ………………………… 83-86
滿洲に於ける本邦輸出の藥品▶KT生 ……
…………………………………… 87-89
朝鮮問答 …………………………… 90-92
滿洲問答 …………………………… 93-94
重要記事 …………………………… 95-98
新刊紹介 …………………………… 99
時事日誌 …………………………… 100
朝鮮鐵道列車發着時間一覽表 ……… 101
南滿洲鐵道列車發着時間及賃金一覽表 ……
…………………………………… 102

朝鮮及滿洲 第51号 1912年 5月

京城公立高等女學校卒業生/京城高等普通
　女學校卒業生
洛花紛々 …………………………… 1
時事小言▶釋尾旭邦 ……………… 2-3
如何なる事業が有望なるか ……… 4-8
獨逸植民地に於ける教育の現況▶市川代
　治(前伯林陸軍大學講師) ……… 9-11
安奉線鐵道觀▶小川運平 ………… 11-13
植民地森林保護と憫情習慣▶蜷川新(法學
　士) ……………………………… 13-14
朝鮮經濟界振興策▶水越理庸(朝鮮銀行理

事) ⋯⋯⋯⋯⋯⋯⋯⋯⋯ 15–16

時事所感二則▶皆川廣濟(辯護士) ⋯ 16–18

朝鮮に大にた祭騒を始むべし▶工藤五山
　子(法學士) ⋯⋯⋯⋯⋯⋯⋯⋯⋯ 18–20

藤田總督府醫院長閣下▶色野葵之助 ⋯ 21

池田遞信局長閣下▶靑山紅花 ⋯⋯⋯⋯⋯ 22

歷史上より見たる朝鮮と滿洲▶箭内瓦(文
　學士) ⋯⋯⋯⋯⋯⋯⋯⋯⋯⋯ 23–25

朝鮮の活字▶淺見倫太郎 ⋯⋯⋯⋯ 26–29

清州の龍頭寺鐵憧▶三宅長策 ⋯⋯⋯ 29–31

朝鮮儒學大觀▶高橋亨 ⋯⋯⋯⋯⋯ 31–34

英國植民地と本國との將來の關係▶エ
　チ・エー・エガートン ⋯⋯⋯⋯ 34–36

人物月旦▶豆滿卿 ⋯⋯⋯⋯⋯⋯⋯ 37–39

訪問錄 ⋯⋯⋯⋯⋯⋯⋯⋯⋯⋯⋯ 40–44

如何なる事業が必要なるか ⋯⋯⋯⋯ 45–50

滿洲第一の勝地▶吉倉洗兵庵 ⋯⋯⋯ 51–52

加五里の花▶美州山人 ⋯⋯⋯⋯⋯ 52–54

牛耳洞の櫻花▶難波可水 ⋯⋯⋯⋯ 54–57

野ばらの花▶蘆人生 ⋯⋯⋯⋯⋯⋯ 57–60

旅から旅へ(四)▶神余潮外 ⋯⋯⋯ 60–63

手紙一束▶齋藤葉村 ⋯⋯⋯⋯⋯⋯ 64–65

シモンズの詩▶SH生 ⋯⋯⋯⋯⋯ 66–67

暗い日▶山地白雨 ⋯⋯⋯⋯⋯⋯⋯ 67–68

漢詩 ⋯⋯⋯⋯⋯⋯⋯⋯⋯⋯⋯⋯⋯⋯ 69

俳句 ⋯⋯⋯⋯⋯⋯⋯⋯⋯⋯⋯⋯ 70–72

談話室 ⋯⋯⋯⋯⋯⋯⋯⋯⋯⋯⋯ 73–75

朝鮮問答 ⋯⋯⋯⋯⋯⋯⋯⋯⋯⋯ 76–79

滿洲問答 ⋯⋯⋯⋯⋯⋯⋯⋯⋯⋯ 79–81

重要記事 ⋯⋯⋯⋯⋯⋯⋯⋯⋯⋯ 82–87

新刊紹介 ⋯⋯⋯⋯⋯⋯⋯⋯⋯⋯⋯⋯ 88

時事日誌 ⋯⋯⋯⋯⋯⋯⋯⋯⋯⋯⋯⋯ 89

朝鮮鐵道列車發着時間一覽表 ⋯⋯⋯⋯ 90

南滿洲鐵道列車發着時間及賃金一覽表 91

朝鮮及滿洲 第52号 1912年 6月

各道長官會議/朝鮮の牧畜/滿洲の牧畜
綠陰清し▶釋尾旭邦 ⋯⋯⋯⋯⋯⋯⋯⋯ 1

時事評論▶釋尾旭邦 ⋯⋯⋯⋯⋯⋯ 2–7

東清鐵道の將來▶白玉山人(大連) ⋯⋯ 9–13

大連の港▶西園生(大連) ⋯⋯⋯ 13–16

朝鮮美術私觀▶末松熊彦(李王職事務官) ⋯
　⋯⋯⋯⋯⋯⋯⋯⋯⋯⋯⋯⋯⋯ 16–20

英本國と植民地將來の關係▶ヱチ・
　エー・エガートン ⋯⋯⋯⋯⋯⋯ 20–21

珍談集▶工藤五山子 ⋯⋯⋯⋯⋯⋯⋯ 22

歷史上より見たる朝鮮と滿洲▶箭内亘(文
　學士) ⋯⋯⋯⋯⋯⋯⋯⋯⋯⋯ 23–25

朝鮮の活字版▶淺見倫太郎(法學士) 25–27

朝鮮儒學大觀▶高橋亨(文學士) ⋯⋯ 28–31

溫突に就て▶岡崎遠吉(ドクトル) ⋯⋯ 32

衛生雜話▶森安連吉(醫學博士) ⋯⋯⋯ 33

滿鐵病院の現況▶河西健次(醫學博士) ⋯
　⋯⋯⋯⋯⋯⋯⋯⋯⋯⋯⋯⋯ 34–35

奉天の珍書▶内藤湖南(文學博士) ⋯⋯ 36

公開狀 ⋯⋯⋯⋯⋯⋯⋯⋯⋯⋯⋯⋯⋯ 37

訪問錄 ⋯⋯⋯⋯⋯⋯⋯⋯⋯⋯⋯ 38–43

雜纂 ⋯⋯⋯⋯⋯⋯⋯⋯⋯⋯⋯⋯ 44–52

文藝 ⋯⋯⋯⋯⋯⋯⋯⋯⋯⋯⋯⋯ 53–57

南洋の無人島に日本人の遺跡 ⋯⋯⋯⋯ 58

暹羅國土産 ⋯⋯⋯⋯⋯⋯⋯⋯⋯ 58–59

朝鮮滿洲問答 ⋯⋯⋯⋯⋯⋯⋯⋯ 60–64

重要記事/新刊批評/時事日誌/風聞駄語 ⋯
　⋯⋯⋯⋯⋯⋯⋯⋯⋯⋯⋯⋯ 65–73

朝鮮・滿鐵鐵道汽車時間及賃金表 ⋯ 74–75

朝鮮及滿洲 第53号 1912年 6月15日

寺内總督と京城各小學校生徒/寺内總督と
　京城鮮人生徒

總督政治に就て某大官と語る▶釋尾旭邦 ⋯
　⋯⋯⋯⋯⋯⋯⋯⋯⋯⋯⋯⋯⋯ 1–3

福島新都督は何事を以て在滿邦人の民心
　を新にせんとするか▶釋尾旭邦 ⋯⋯⋯ 3

時事寸言 ⋯⋯⋯⋯⋯⋯⋯⋯⋯⋯⋯ 4–5

輸入超過と救濟策▶市原盛宏(朝鮮銀行總
　裁) ⋯⋯⋯⋯⋯⋯⋯⋯⋯⋯⋯⋯⋯ 6

朝鮮富力增進策▶淺野長七(三井物産京城
　出張所長) ……………………………… 7

朝鮮移住に就て▶檜垣直右(京畿道長官)…
　…………………………………………… 8

東拓の不評判は天下の聲なり▶墳飯生 ……
　………………………………………… 8–9

大連に公立職業紹介所を設くべし▶柴田
　博陽(關東都督府囑託) ………………… 9–10

滿洲雜記▶はくび …………………… 10–11

名士談片 ……………………………………… 11

汽車中の後藤男と語る▶旭邦生 …… 12–13

東拓の移民を訪ふ▶可水生 ………… 13–14

最も有望なる朝鮮果樹▶久次米邦藏(勸業
　模範場蠶島支店長) ………………… 15–16

朝鮮の未墾地は百二十萬町歩あり▶一記
　者 ……………………………………… 17

滿洲の米作は有望である▶一記者 … 18–19

寶の山に入り之を得るも得ざるも同じ人
　也▶後藤新平男爵談 …………………… 20

個人の自由と組合の發達▶エリオット博
　士談(ハーバード大學名譽總長) ……… 20

朝鮮に於ける衛生機關▶藤田嗣章(總督府
　醫院長) …………………………………… 21

朝鮮の海運▶吉田秀次郎(朝鮮郵船株式會
　社支配人) ………………………………… 22

鐵道貨物賃率の引き下げに就て▶大屋權
　平(鐵道局長官) ………………………… 23

開拓者列傳(一)▶一記者 …………… 24–25

奮鬪の人(一)▶一記者 …………………… 26

中央亞細亞の探險 ………………………… 27

朝鮮問答 …………………………… 27–28

土耳其の梁山泊▶螽湖生 …………… 28–29

滿洲問答 …………………………… 29–30

姙産婦の亡者を弔ふ▶工藤武城 ………… 30

禮遇を停止されたる李址鎔▶○○生 … 31

夜遣げ醫者の略傳▶不粹生 ………… 31–32

ビリケンは貧乏神 ………………………… 32

變手古な藝妓屋 …………………………… 33

京城藝妓の品評▶粹生 …………………… 34

京城下流職業しらべ(一)▶朝生 ………… 35

寺內暗殺陰謀事件の眞相 ………… 36–38

朝鮮及滿洲 第54号 1912年 7月

朝鮮に於ける米國宣教師及鮮人牧師/寺內
　總督と朝鮮兒童

超然なる哉▶釋尾旭邦 …………………… 1

總督政治に對し朝鮮人は何の不平あるか
　▶釋尾旭邦 …………………………… 2–4

時事寸言▶釋尾旭邦 ………………… 5–6

寺內總督暗殺陰謀團公判傍聽記▶一記者 …
　……………………………………… 7–8

滿洲貿易と大連の商業に就て▶菅原省三
　(法學士) ……………………………… 9–14

朝鮮米價騰貴と經濟界▶木村雄次(朝鮮銀
　行理事) …………………………… 14–15

大連の港▶西園生(大連) ………… 16–18

植民地土地問題▶大島生(法學士) … 18–21

泰西の文明と現今の日本▶キング(オベリ
　ン大學總長) …………………………… 21–22

朝鮮の活字版▶淺見倫太郎(法學士) 23–27

朝鮮と西藏との類似せる俗話▶今西龍(文
　學士) …………………………… 27–29

京城の重なる米國人▶一記者 ……… 30–31

夏季の衛生▶森安連吉(醫學博士) … 32–35

有望なる朝鮮製紙業▶豊永眞里(農學博士)
　……………………………………… 35–36

全南旅行雜感▶林市藏(工業傳習所長東拓
　理事) …………………………… 36–39

ハルピン以北に進むべし▶大連某實業家 …
　……………………………………… 39–40

大陰謀事件主謀者略 署傳▶一記者 … 41–44

各道長官訪問記▶可水生 …………… 45–48

雜纂 ………………………………… 50–54

文藝 ………………………………… 55–62

革命亂と支那鑛業 ………………… 63–64

滿洲に於ける輸入朝鮮米▶朝鮮總督府農
　商工部調査 …………………………… 64–66

滿洲と工業 ……………………… 67-68
對支那觀 ………………………… 68-69
朝鮮滿洲問答 …………………… 70-73
重要記事/新刊紹介/時事日誌/風聞駄語/朝
　鮮・滿洲鐵道汽車時間及賃金表 … 74-81

朝鮮及滿洲 第55号 1912年 7月15日

總督邸に於ける小學生徒/滿洲の風俗色々/
　大連に於ける邦人小學校
米の飯の問題▶釋尾旭邦 ……………… 1-2
米の飯の喰へぬ人間は朝鮮及び滿洲に移
　住せよ▶釋尾旭邦 …………………… 2-3
時事寸言 ………………………………… 3-4
劃一主義の教育は人物を平凡化す▶鎌田
　榮吉(慶應義塾塾長) ………………… 5-6
法廷雜感▶三宅長策(辯護士) …………… 7
材料豊富なる窯業▶森勇三郎(工業傳習所
　技師) ………………………………… 8-9
牛骨利用法▶一記者 ………………… 9-10
滿洲産石炭分布の概要及其年代▶木戸忠
　太郎(理學士) ……………………… 10-11
清國に於ける日本製藥材販路に就ての希
　望▶花岡千波(日本賣藥株式會社大連支
　店長) ……………………………… 11-12
法律死活診斷 ………………………… 12
貴族院議員團は如何に支那及び朝鮮を觀
　しか▶可水生 …………………… 13-15
朝鮮に於ける警察制度▶中野警視談 15-16
余が基督教を信するに至りし經路▶渡邊
　帳談(高等法院長) ……………… 17-18
植民協會を設立するの計劃▶柴田博陽(大
　連慈惠病院理事) …………………… 18
開拓者列傳(二)▶一記者 ……………… 19
滿洲開拓者(一)▶滿洲支局記者 ……… 20
海▶西村濤蔭 …………………………… 21
京城の謠曲界▶謠曲博士 …………… 22-23
朝鮮女房の研究▶一記者 …………… 24-25
行路病人救護所を訪ふ▶可水生 ……… 26
京城藝妓は益々下落する▶風流粹人 …… 27
京城藝妓の内幕▶風流粹人 ………… 27-28
大連の三待合 …………………………… 28
四十四年中大連に輸入せる日本酒▶一記
　者 ……………………………………… 29
朝鮮問答 ………………………………… 30
滿洲問答 ………………………………… 31
恐るべき細菌の繁殖力▶山口醫學士講話
　(總督府醫院) ……………………… 31-32
傳染病は如何にせば豫防し得る乎▶富永
　學士講話(總督府醫院) ……………… 32
京城職業しらべ(二)▶潮生記 ………… 33
編輯餘祿 ………………………………… 34

朝鮮及滿洲 第56号 1912年 8月

崩御されたる大行天皇/卽位されたる大正
　帝陛下
明治天皇の崩御 ………………………… 1
大正帝の御踐祚 ………………………… 2
夏雜題▶釋尾旭邦 …………………… 3-7
時事寸言 ……………………………… 7-8
朝鮮の民族思想▶河合弘民(東洋協會專門
　學校京城分校校長) ………………… 9-14
滿洲貿易と大連の商業に就て▶菅原省三
　(法學士) …………………………… 14-18
朝鮮の林相並に之れが改良方法▶宇都宮
　寬(朝鮮總督府技師) ……………… 19-21
セント・ピータースブルグとロンドンの
　夏▶橫井寬郎(鐵道局汽車課長) … 22-23
白耳義と和蘭の海水浴場▶豊永眞理(工業
　傳習所農學博士) ………………… 23-24
瑞典と英國に於ける夏期講習會の思ひ出▶
　丹羽清次郎(京城基督教青年會幹事) …
　……………………………………… 25-27
印度と濠洲の夏▶淺野長七(三井物産京城
　出張所長) ………………………… 27-29
北米の夏▶石上生 …………………… 29-30
北京の夏▶龍岡再生 ………………… 31-31

南京の夏▶谷生 ………………… 31-36

臺灣と滿洲と朝鮮の夏▶安齊生 …… 36-38

朝鮮に於ける內地人教育に就て▶關屋貞
　三郎氏談 ………………………… 39-40

日鮮文明の接觸▶田中一貞氏談(慶應義塾
　大學教授) …………………………… 41-43

書に就て▶河西健次(大連醫院院長醫學博
　士) ……………………………………… 43-45

滿洲の風景▶吉倉洗兵庵 ………… 46-49

慶州游錄▶淺見倫太郎(法學士) …… 49-52

朝鮮かづかづ▶風鐸居士 ………… 52-54

滿洲見物▶旭邦生 ………………… 54-58

病床漫言▶旅野人生 ……………… 59-62

朝鮮沿岸航路▶小和田生(朝鮮郵船會社) …
　………………………………………… 62-66

朝鮮滿洲汽車旅行の栞▶一記者 …… 66-69

文藝 ………………………………… 70-78

地方たより ………………………… 79-80

朝鮮滿洲問答 ……………………… 81-82

重要記事/朝鮮鐵道汽車時間及賃金表 ……
　………………………………………… 83-87

朝鮮及滿洲 第57号 1912年 8月15日

馬山の海水浴/鎭南浦の凉味/大連星ヶ浦の
　海水浴場/奉天蓮池の舟遊

新領土に於ける內地人教育▶隈本有尙(總
　督府中學校校長) ……………………… 1-3

ポプラ及ニセアカシヤの利用▶齋藤音作
　(總督府山林課長) …………………… 4-6

滿洲事業界の消息▶由井濱凍 ……… 7-9

有望なる朝鮮の鑛産物▶村田素一郎(總督
　府警務課長) ………………………… 9-10

忠淸北道の製紙竝に其原料▶更田信彌(工
　業傳受所技師) ……………………… 11-12

夏の趣味▶明石元二郎(警務總長) …… 13

京城の夏▶五老峰 ………………… 14

國家と海運▶吉田秀次郎(朝鮮郵船株式會
　社事務取締役) ……………………… 15

滿洲及朝鮮の石鹼工業▶碌々隱士 … 15-16

朝鮮の鮭と鱒▶水棹子 …………… 16-17

關東洲昨年の漁業▶一記者 ……… 17-18

夏時の衛生に就て▶山根正次(總督府囑託)
　………………………………………… 19-20

朝鮮地方民情所感▶村上唯吉(總督府囑託)
　………………………………………… 21-23

滿洲より朝鮮へ▶小林生 ………… 24-25

朝鮮婚禮風俗▶一記者 …………… 26-27

綠は異なもの日鮮男女艷物語▶姑射仙人 …
　………………………………………… 28-29

辻占賣の奮鬪▶潮生記 ………………… 30

朝鮮問答 …………………………………… 31

滿洲問答 …………………………………… 31

京城市井氣焰くらべ ……………………… 32

日韓瓦斯電氣株式會社 …………………… 32

朝鮮及滿洲 第58号 1912年 9月

徐家堡の絶景/遼河の帆船/朝鮮普通學校長
　講習會/明治天皇の御襟懷/明治天皇奉悼
　歌/奉悼歌曲

朝鮮滿洲への移住を妨ぐる何れ▶小川平
　吉(衆議院議) ………………………… 4-7

滿洲貿易と大連の商業に就て▶菅原省三
　(法學士) ……………………………… 7-11

アルゼリー土地整理小史▶畉田熊右衛門 …
　………………………………………… 11-16

朝鮮儒學大觀▶高橋亨(文學士) …… 16-21

日本文明の眞相▶キング(オベリン大學總
　長) …………………………………… 21-23

朝鮮と西藏との類似せる俗話▶今西龍(文
　學士) ………………………………… 24-26

神代文字と諺文▶小倉進平(文學士) ………
　………………………………………… 26-31

朝鮮の染織▶吉永彦太郎 ………… 31-32

滿鮮は我國にとりて重要なる植民地なり
　▶永井柳太郎 ……………………… 33-34

朝鮮とキリスト教▶島貫兵太夫 …… 34-36

神経衰弱に就て▶森安連吉(醫學博士) ……… …………………………………… 36-39

雑纂 ………………………………… 40-52

文藝 ………………………………… 54-62

朝鮮滿洲問答 ……………………… 63-66

重要記事/新刊紹介/時事日誌/朝鮮及滿洲
　汽車時間及賃金表 ……………… 67-73

朝鮮及滿洲 第59号 1912年 9月15日

晩年の明治天皇

明治天皇の御大葬と我國民 ………… 1

奉悼▶松田甲 …………………………… 2

奉悼歌▶龍岡再生 ……………………… 3

哀悼三吟▶又玄 ………………………… 3

先帝陛下に拜謁したる時の感想▶山縣伊
　三郎(政務總官) …………………… 4-5

先帝陛下の李王世子を愛せられ給ひし事
　ども▶某氏談(李王職) ……………… 6

朝鮮の自治機關は如何に解決す可きか▶
　岡田榮(衆議院議員) ………………… 7

朝鮮開拓と金融機關▶久能省三(漢湖農工
　銀行支配人) ………………………… 8-9

朝鮮沿岸漁業の近況▶菖蒲治太郎(總督府
　技師) ………………………………… 9-10

南滿の經濟觀▶前田利定(子爵) …… 10-11

滿洲事業界の消息▶由井濱凍 …… 12-13

大連財界時事▶一記者 ……………… 14

逝けるプース大將の人物に就て▶藤岡潔(日
　本メンヂスト京城教會牧師) …… 15-16

滿洲から朝鮮へ▶小林生 ………… 17-18

奮鬪の人 ……………………………… 19

小説教師の死▶西村濤蔭 …………… 20

入墨おしな▶佳の子 ……………… 21-22

緣は異なもの日鮮男女艶物語▶姑射仙人 …
　…………………………………… 23-24

朝鮮問答 ……………………………… 25

滿洲問答 ……………………………… 25

大連の鋏と櫛と剃刀▶一記者 ……… 26

京城下流職業しらべ▶潮生記 ……… 27

編輯餘談 ……………………………… 28

御大葬儀祥報 …………………… 29-30

朝鮮及滿洲 第60号 1912年 10月

先帝陛下御大葬/逝ける乃木大將

嗚呼乃木大將▶釋尾旭邦 …………… 1-4

時事寸言 ……………………………… 5-6

朝鮮の民族思想▶河合弘民(東洋協會專門
　學校京城分校長文學士) …………… 7-10

黑龍鐵道工事と軍隊▶鈴木重治(東洋拓殖
　會社囑託) ………………………… 11-13

朝鮮の佛教に對する新研究▶高橋亨(文學
　士) ………………………………… 13-16

朝鮮に於ける傳染病一斑▶中野有光(警務
　總監部衛生課長) ………………… 16-17

朝鮮に家庭工業を盛んにす可し▶井上宣
　文 ………………………………… 18-20

乃木大將追懷談▶小泉第八師團長談 ………
　…………………………………… 21-28

南滿洲に於ける古代の交通路▶松井等(文
　學士) ……………………………… 29-34

東西南北 ……………………………… 35

咸鏡北道の農業改良に就て▶中村農務課
　長談 ……………………………… 36-37

慶州に遊び碑文の湮滅に驚く▶鮎貝房之
　進氏談 …………………………… 37-38

大正の新時代を迎ふるの感想 …… 39-45

滿洲の風景▶吉倉洗兵庵 ………… 46-47

鴨綠江の雨岸▶萩野枯蘆 ………… 48-51

友への返しを其儘 青木靜軒 ……… 51-53

外事片々 ……………………………… 54

文藝 ………………………………… 55-60

地方だより ………………………… 61-64

朝鮮問答 …………………………… 65-66

滿洲問答 …………………………… 67-68

重要記事/時事日誌 ……………… 69-76

噂の噂 ………………………………… 77

朝鮮及滿洲汽車時間及賃金表 ………… 78-79

朝鮮及滿洲 第61号 1912年 10月15日

滿洲の秋/朝鮮の秋
衆議院議員團の參考の供せし余の談話▶
　釋尾旭邦 ……………………………… 1-3
時事寸言 …………………………………… 4-6
朝鮮の産業開發と金融機關▶荒井賢太郎
　(度支部長官) …………………………… 7-9
晩秋に於ける衛生に就て▶森安連吉(總督
　府醫院副院長) ……………………… 9-12
尹致昊一輩に告ぐ▶龜井厲音 ……… 12-14
朝鮮貿易概觀▶一記者 ……………… 14-17
薄茶々碗として珍重せらるゝ中古の南朝
　鮮陶磁器 森勇三郎(工業傳習所技師) …
　………………………………………… 17-20
朝鮮の寒天製造に就て▶水棹子 …… 20-22
千圓の資本を如何に使用す可きか▶遠山
　熙(朝鮮商業銀行支配人) ……………… 23
東西南北 ……………………………………… 24
大義士田中善立君と語る▶旭邦生 … 25-28
衆議院議員小川平吉氏と語る▶可水生 …
　………………………………………… 28-29
外事片々 …………………………………… 30
支那遊俠傳▶△○生 ………………… 31-32
大連と京城▶小林生 ………………… 33-35
滿洲風俗彩票のことども▶一記者 … 35-38
動物園の珍客河馬君夫婦と語る▶可水生 …
　………………………………………… 38-41
大連の印象▶龍岡すみわ …………… 41-42
噂の噂 ……………………………………… 43
京城の地價▶一記者調 ……………… 44-45
大連財界餘滴▶一記者 ……………… 45-46
京城の物價▶一記者 ………………… 46-47
地方だより ……………………………… 48-51
朝鮮問答 ………………………………… 52-53
滿洲問答 ………………………………… 54-55
老るて益盛んなる▶南山情史 ……… 56-58

綠は異なもの日鮮男女艷物語▶姑射仙人 …
　………………………………………… 58-61
運命は急轉す醬油店員の夢▶潮生 … 61-63
風聞駄語 …………………………………… 64
朝鮮及滿洲汽車時間及賃金表 ………… 65-66

朝鮮及滿洲 第62号 1912年 11月

秋の庭
朝鮮及び滿洲熱の冷却▶釋尾旭邦 …… 1-2
朝鮮及び滿洲に對する研究熱の冷却▶釋
　尾旭邦 ……………………………………… 2-3
高宮連は何事を爲しつゝあるか▶釋尾旭
　邦 ………………………………………… 3-5
朝鮮の民族思想▶河合弘民(東洋協會專門
　學校京城分校長文學士) …………… 6-10
朝鮮の教育制度は新機軸を要す▶增島六
　一郎(法學博士) …………………… 11-12
日本の食料品問題と朝鮮の米作▶岡田榮
　(衆議院議員辯護士) ……………… 12-15
北朝鮮の經營開拓時期の到來▶金谷充(京
　城府尹) …………………………… 15-16
大連に於ける小作制度改善の必要▶菅原
　省三(法學士) ……………………… 17-19
公開狀 …………………………………… 20-22
神功皇后新羅を征し玉ひし御事蹟に就き
　て▶鮎貝房之進 …………………… 23-27
朝鮮儒學大觀▶髙橋亨(文學士) …… 27-29
外事片々 …………………………………… 30
近視眼豫防に就て▶宇野功一(總督府病院
　眼科長) …………………………… 31-34
學習院教授文學博士瀨川秀雄氏と語る▶
　可水生 ……………………………… 35-36
巴爾幹半島の四個國▶ …………………… 37
慶尙道採集旅行▶平井寬暢(總督府中學校
　教諭) ……………………………… 38-41
鴨綠江舟行記▶萩野枯蘆 …………… 42-45
京城私立學校巡り▶小林生 ………… 45-46
東西南北 …………………………………… 47

文藝 ……………………… 48–54
地方だより ……………… 55–59
朝鮮問答 ………………… 60–61
滿洲問答 ………………… 62–63
重要記事/時事日誌 ……… 64–66
風聞駄語 …………………… 67
朝鮮及滿洲汽車時間及賃金表 ……… 68–69

朝鮮及滿洲 第63号 1912年 11月15日

京城市區改修豫定計劃路線圖

使ふものと使はるゝもの▶釋尾旭邦 …… 1
ヨボと呼ばるゝを喜ばざる朝鮮人に寄語
　す▶釋尾旭邦 ……………………… 2–4
時事寸言 …………………………… 5–6
朝鮮經營の精力集注點を定めよ▶相島勘
　二郎(衆議院議員) ………………… 7–8
鮮人開發と産業開拓▶高橋章之助(辯護士)
　………………………………… 9–12
朝鮮人開發の一要件▶ウエザー.フエルド
　………………………………… 12–14
'ヨボ'と云ふ語に就きて▶石鎭衡(朝鮮人)
　………………………………… 14–16
"大連の自治機關問題と石本, 長濱兩氏の確
　執"▶凍人 …………………… 16–18
外事片々 …………………………… 19
北朝鮮にて特に有望なる産業▶帆足準三
　(殖産局長) ………………… 20–23
京城の市區改正に就て▶持地六三郎 ……
　………………………………… 23–24
薄茶々碗として珍重せらるゝ中古の南朝
　鮮産陶器▶森勇三郎(工業傳習所) 25–26
朝鮮各市場と交通▶一記者 ……… 27–30
'たい'の相場▶水棹子 …………… 31–33
東京だより …………………………… 34
東遊雜感▶久能省三(漢湖農工銀行支配人)
　………………………………… 35–37
江原遊記▶小林生 ……………… 37–41
大邱から▶萩野枯蘆 …………… 41–44

吉林紀行 ………………………… 45–47
地方だより ……………………… 48–53
大連の垢の始末料 ……………… 54–55
日鮮男女戀物語▶枯射仙人 ………… 55–57
朝鮮滿洲問答 …………………… 58–61
日本雜貨と滿洲市場▶某實業家談 ……… 62
吉林事情一斑▶吉林日本領事館調査 ………
　………………………………… 64–65
遼陽事情一斑▶遼陽日本領事館調査 ………
　………………………………… 65–68
瓦斯の話▶岡日韓瓦斯取締役談 …… 68–70
金融逼迫の近因▶京城商業會議所調査 70

朝鮮及滿洲 第64号 1912年 12月

慶州の石窟/石窟庵の大佛

志を得ずと云ふ靑年と白頭翁に與ふ▶釋
　尾旭邦 ……………………………… 1
朝鮮に於ける古藝術品の保護 ………… 2–3
時事寸言 …………………………… 4–5
朝鮮に對する雜感▶服部綾雄(前衆議院議
　員) …………………………… 6–9
教育上竝に法政上に於ける心相學の應用
　に就いて▶隈本有尙(總督府中學校校長)
　………………………………… 9–14
外交と財政と軍事を併せ研究するの要▶
　蜷川新(法學士) …………… 14–15
朝鮮儒學大觀▶高橋亨(文學士) …… 16–20
朝鮮および滿洲の關係に就て▶由井濱凍
　潮 …………………………… 20–23
朝鮮に於ける母國商人の實力▶可象生 ……
　………………………………… 23–26
非常識なる朝鮮普通文官試驗問題▶南山
　孤客 ………………………… 26–29
大連に於ける電話料金問題▶一記者 ……
　………………………………… 29–31
朝鮮人の内地觀 ………………… 32–36
僞書暮夏堂集▶河合弘民(東洋協會專門學
　校京城分校長文學士) …………… 37–40

渤海略史▶下田禮佐(總督府中學校教諭) ‥
‥‥‥‥‥‥‥‥‥‥‥‥‥‥‥‥‥‥‥ 41–43
外事片々 ‥‥‥‥‥‥‥‥‥‥‥‥‥‥ 44
慶州見物▶旭邦生 ‥‥‥‥‥‥‥‥ 45–49
張作霖の憑麟▶伏馬將軍 ‥‥‥‥ 49–50
拓博の朝鮮館督▶匿名氏 ‥‥‥‥ 50–54
江原遊記▶小林生 ‥‥‥‥‥‥‥ 54–57
洗劍亭の一日▶可潮蘆 ‥‥‥‥‥ 57–60
東京だより ‥‥‥‥‥‥‥‥‥‥ 61–62
文藝 ‥‥‥‥‥‥‥‥‥‥‥‥‥‥ 63–68
朝鮮問答 ‥‥‥‥‥‥‥‥‥‥‥ 69–70
滿洲問答 ‥‥‥‥‥‥‥‥‥‥‥ 70–71
京城より ‥‥‥‥‥‥‥‥‥‥‥ 72–73
地方だより ‥‥‥‥‥‥‥‥‥‥ 74–78
風聞駄語 ‥‥‥‥‥‥‥‥‥‥‥‥ 79
時事日誌 ‥‥‥‥‥‥‥‥‥‥‥‥ 80

朝鮮及滿洲 第65号 1912年 12月 15日

金州市街/京城東大門通
諒闇中の新年は如何の之を迎ふべさか ‥1
朝野共に眞面目を缺ぐ ‥‥‥‥‥‥ 2–3
京城の銀行業者 ‥‥‥‥‥‥‥‥‥ 3–4
京城の商人 ‥‥‥‥‥‥‥‥‥‥‥‥ 4
朝鮮に於ける營農▶八尋生男(農學士) ‥‥‥
‥‥‥‥‥‥‥‥‥‥‥‥‥‥‥‥‥ 5–10
將に北進せんとする大和民族の覺悟▶藤
田嗣章(總督府病院長) ‥‥‥‥‥ 10–15
教育上並に法政上に於ける心相學の應用
に就きて▶隈本有尙(總督府中學校校長)
‥‥‥‥‥‥‥‥‥‥‥‥‥‥‥‥ 15–17
職業紹介事業▶丹羽清次郎(京城基督敎靑
年會幹事) ‥‥‥‥‥‥‥‥‥‥ 18–19
朝鮮各市長と交通▶一記者 ‥‥‥ 20–23
外事片々 ‥‥‥‥‥‥‥‥‥‥‥‥ 24
藏原代議士を訪ふ▶旭邦生 ‥‥‥ 25–27
英國觀光團を迎ふ▶可水生 ‥‥‥ 27–31
東西南北 ‥‥‥‥‥‥‥‥‥‥‥‥ 32
謹で警務總長明石元二郎閣下に呈す▶谷

川水哉 ‥‥‥‥‥‥‥‥‥‥‥‥ 33–34
親愛なる敎育家諸君に呈す▶羽水船泊 ‥‥‥
‥‥‥‥‥‥‥‥‥‥‥‥‥‥‥‥ 34–36
東京だより ‥‥‥‥‥‥‥‥‥‥‥ 37
張作霖の憑麟▶伏馬將軍 ‥‥‥‥ 38–39
拓博の朝鮮館督見▶匿名氏 ‥‥‥ 39–41
京城郊外の冬▶山地白雨 ‥‥‥‥ 42–43
京城より大連へ▶小林生 ‥‥‥‥ 44–45
文藝 ‥‥‥‥‥‥‥‥‥‥‥‥‥ 46–55
大連通信▶一記者 ‥‥‥‥‥‥‥ 56–57
奉天更り▶滿洲支局記者 ‥‥‥‥ 57–58
京城より▶一記者 ‥‥‥‥‥‥‥ 58–51
仁川だより▶一社友 ‥‥‥‥‥‥‥ 61
冬の京城下流社會の諸面相▶可水生 ‥‥‥
‥‥‥‥‥‥‥‥‥‥‥‥‥‥‥‥ 62–65
大連の私娼▶一記者 ‥‥‥‥‥‥ 65–67
氣焰萬丈の火吹竹賣▶潮生 ‥‥‥ 68–69
滑稽植民地物語▶△□生 ‥‥‥‥ 69–70
振はさる京城の歲末▶社末生 ‥‥ 70–72
朝鮮問答 ‥‥‥‥‥‥‥‥‥‥‥ 73–74
滿洲問答 ‥‥‥‥‥‥‥‥‥‥‥ 74–75

朝鮮及滿洲 第66号 1913年 1月

今上陛下/平和なる春の野/牧童
何を目的に進むべきか▶釋尾旭邦 ‥‥‥‥ 1
大正第一の元旦と內外の形勢▶釋尾旭邦 ‥
‥‥‥‥‥‥‥‥‥‥‥‥‥‥‥‥‥ 2–3
朝鮮及滿洲に於ける日本人▶釋尾旭邦 ‥‥‥
‥‥‥‥‥‥‥‥‥‥‥‥‥‥‥‥‥ 3–8
諒闇の新年▶成田瀧川 ‥‥‥‥‥‥‥ 9
日出歌▶佐藤芝峰(文學士) ‥‥‥‥‥ 10
滿洲を奈何にするか▶白川太郎 ‥‥ 11–16
朝鮮及び滿洲經營の大方針▶藏原惟廓(衆
議院議員) ‥‥‥‥‥‥‥‥‥‥ 16–19
朝鮮の民族思想▶河合弘民(東洋協會專門
學校京城分校長文學士) ‥‥‥‥ 19–24
再び朝鮮及滿洲の關係の就て▶由井濱凍
潮 ‥‥‥‥‥‥‥‥‥‥‥‥‥‥ 24–26

朝鮮人より見たる日鮮同化観▶石鎭衡 ……
………………………………… 26–30

警察より見たる内地人と朝鮮人の差異▶
今村鞆(南部警察署長) ……………… 30–32

歐洲市場に對する輸出港としての大連の
變遷▶市川牧之助 …………… 32–35

水利上より觀たる朝鮮の沓▶八尋生男(農
學士) ………………………………… 36–41

朝鮮漁業の概況▶庵原文一(水産課長) ……
………………………………… 42–44

朝鮮の金光と砂金▶鬼城生 ………… 45–47

滿洲の水田▶嶺田生 ………………… 47–50

牛の解説▶原島善之助(醫學博士) … 51–58

工業上より觀たる牛▶更田信彌(總督府技
師) …………………………………… 58–63

朝鮮の畜牛▶一記者 ………………… 64–66

滿洲の牛▶滿洲支局記者 …………… 67–68

朝鮮及び滿洲に於ける新聞雜誌通信の今
昔▶旭邦生 ………………………… 69–74

朝鮮習慣法の一新▶淺見倫太郎(法學士) …
………………………………… 75–78

古日本と古朝鮮▶洗兵庵 …………… 78–82

渤海略史▶下田禮佐(總督府中學校教諭) …
………………………………… 83–86

朝鮮と蒲生氏郷▶清家彩果 ………… 86–89

滿洲に於ける露人▶白湄生 ………… 89–92

年中生るる兒童の人物▶隈本有尙(總督府
中學校校長) ……………………… 93–94

書道樂▶河西健次(滿鐵大連醫院長醫學博
士) …………………………………… 95–96

餅搗談▶尾見薰(醫學博士) ………… 97–98

德壽宮に蜷川博士と語る▶一記者 98–100

慶州見物▶旭邦生 ………………… 101–103

牛に關する朝鮮の昔噺と俚諺▶淺見生 ……
………………………………… 103–105

浦監の朝鮮人▶榊原圖南 ……… 105–107

始めて京城の著いた時▶山地白雨 107–109

こんな話▶萩野枯蘆 …………… 109–111

支那の正月▶松岳生 …………… 112–115

苦力と苦力收容所▶佳月生 ……… 115–117

明治四十五年と大正元年回顧史▶備忘錄
子 ………………………………… 117–122

開拓者▶山地白雨 ……………… 123–125

友の手紙▶清家彩果 …………… 125–128

運▶西村濤蔭 …………………… 128–129

福壽草▶牛人 …………………… 129–130

歌 ………………………………………… 131

漢詩 …………………………………… 132–134

俳句 …………………………………… 134–135

牛は牛連れ▶冬雨 ……………… 136–139

京城の冬:趣味と京城人▶羽水生 ………
………………………………… 140–147

大連の人物月旦▶凍生 ………… 148–151

日本醬油株式會社の近況 ……………… 152

時事日誌 ……………………………… 153

朝鮮汽車時間及賃金表 ……………… 154

朝鮮及滿洲 第67号 1913年 2月

大連在鄉軍人會/朝鮮の闘牛/朝鮮人の市場
/支那人の洗濯/支那人の一膳飯星

第二の維新乎 興國の氣運乎▶釋尾旭邦 ……
………………………………………… 1–3

朝鮮には憲政の聲は禁物なり▶釋尾旭邦 …
………………………………………… 3–5

愚にもつかぬ居留民團議員選擧熱▶釋尾
旭邦 ……………………………………… 6

總督府の人物▶釋尾旭邦 ………… 7–11

産業界の振興を圖るが急務なり▶帆足準
三(朝鮮總督府殖産局長) ………… 12–15

金融の運用と農事の改良▶藤原正文(朝鮮
總督府書記官) …………………… 15–17

咸鏡道の鐵道港灣を奈何▶小川運平 ………
………………………………… 17–18

何ぞ朝鮮内地を實地に視察研究せざる▶
草鞋太郎 ………………………… 18–19

朝鮮人より見たる日鮮同化観を讀みて▶
秋山鐵太郎 ……………………… 19–21

朝鮮の古蹟調査に就て▶渡邊彰(總督府社
　寺係) ………………………… 21-22
滿洲博物館の設立に就て▶齋藤賢道(大連
　中央試驗所) ………………… 22-24
滿洲所感▶覆面子 ………………… 24-25
教育上竝に法政上に於ける心相學の應用
　に就て▶隈本有尙(總督府中學校長) ……
　……………………………… 26-30
歐米漫遊所感▶渡邊帳(高等法院長) ………
　……………………………… 31-33
何ぞ佛敎徒は動かざるか▶宇佐美勝夫(總
　督府内務部長官) ………………… 33-34
朝鮮所感▶鵜澤聰(醫學博士) ………… 35
總督府の制服に就て寺内總督閣下の一顧
　を促す▶一本筋一同 ………… 36-37
朝鮮慣習法の一新▶淺見倫太郎(法學士) …
　……………………………… 38-42
朝鮮に於ける墳墓と法律▶工藤忠輔(辯護
　士) ……………………………… 42-47
間島▶下田禮佐(總督府中學校敎諭) 47-50
民團議員選擧界に出沒したる人物▶ヒマ
　ラヤ山人 …………………… 51-54
鹽鰊につきて▶水棹子 ………… 55-57
滿洲の農業▶一記者 …………… 57-60
滿洲に於ける露人▶白湄生 …… 61-64
南鮮に於ける産業及び日本人▶小野生 …
　……………………………… 64-67
北關の海▶萩野枯蘆 …………… 67-70
牛の角と鬼の角▶平井寬暢 …… 70-71
濟世協會を訪ふの記▶一記者 … 71-73
朝鮮名著▶松尾目池 …………… 74-77
溫突雜話▶藻口 ………………… 77-78
東京雜記▶綠町人 ……………… 78-79
漢詩 ………………………………… 79-82
俳句 ……………………………………… 82
支那の鐵道と列强 ……………… 83-84
伯刺西爾パラナ州の富源▶靑柳郁太郎 …
　……………………………… 85-86
南洋と日本雜貨▶袋江生 ……………… 86

朝鮮問答 ………………………… 87-90
滿洲問答 ………………………… 91-92
重要記事 ………………………… 93-97
新刊紹介 ……………………………… 98
時事日誌 ……………………………… 99
風聞駄語 …………………………… 100
京城民團議員選擧雜觀 …………… 101

朝鮮及滿洲　第68号　1913年　3月

難産したる新内閣
驕る者久しからず▶釋尾旭邦 …………… 1
松契の弊害▶齋藤音作(總督府山林課長) …
　……………………………… 2-4
法律上の墓地▶工藤忠輔(辯護士) …… 5-7
總督政治の缺陷▶超然生 ………… 7-9
再び朝鮮及滿洲の關係に就て▶由井濱凍
　潮 ……………………………… 9-11
輸入貿易と滿洲▶松岳生 ……… 11-14
轉地療養に就て▶森安連吉(總督府醫院副
　院長) ………………………… 15-17
大連の建築に家菌あり▶齋藤賢道(理學博
　士) ……………………………… 17-19
張木細工に就て▶工業傳習所長　豐永博士
　談 ………………………………… 19
濟州道方言▶小倉進平(文學士) …… 20-25
日鮮に於ける漢字の比較研究▶安達大壽
　計(京城傳受學校敎諭) ………… 25-28
間島▶下田禮佐 ………………… 28-32
監獄制度に於ける心相學の應用▶隈本有
　尙(前總督府中學校校長) ……… 33-37
リスト敎授の獨逸人の岡民性論▶工藤忠
　輔譯 …………………………… 37-40
朝鮮行脚其折々▶今川字一郎 …… 41-43
朝鮮の染料に就て▶加島定次郎(福喜洋行
　朝鮮分工場) ………………… 44-45
昨年中の關東洲漁業に就て▶渡邊生(關東
　洲水産組合理事) …………… 45-47
日附印に關して總督閣下に上る▶滋賀小

波(地理學者) ……………… 48
南鮮の産業と日本人▶小野生 ……… 49–54
朝鮮芝居見物記▶白雨生 ……… 54–56
上諏訪溫泉より▶萩野枯蘆 ………… 56–60
支那奇聞豪快八大王▶斷琴女史意譯 ………
…………………………………………… 60–61
漢詩 ………………………… 62–63
うた日記▶龍岡再生 ………… 63–64
俳句私解▶宮内里風 ………… 64–68
支那の鐵道と列強 ………… 69–73
朝鮮問答 ………… 74–75
滿洲問答 ………… 76
重要記事 ………… 77–79
瓦斯節減法▶日韓瓦斯會社庶務課長 石川
濟治氏談 ………… 81
朝鮮鐵道列車時間及賃金一覽表 ………… 82
滿洲鐵道列車時間及賃金一覽表 ………… 83

朝鮮及滿洲 第69号 1913年 4月

群山沖の牙鹵岩/京城停車場より南大門を
望む/京城本町通り/公主嶺の日本神社/
撫順千金寒新市街/寺内總督と各地の內
地人商工業家
成功とは何ぞや▶釋尾旭邦 ………… 1
總督政治を論ず▶釋尾旭邦 ………… 2–8
國民經濟上より見たる朝鮮經營の根本義▶
嶺八郎(東洋拓殖株式會社調査部長) ……
…………………………………………… 9–12
朝鮮及滿洲所感▶田中善立(代議士) … 13–14
朝鮮の拓地植民▶酒井鎭東 ……… 15–17
農村の荒廢を豫防せよ▶村雄次(朝鮮銀行
理事) ………… 17–20
內地人の移住を獎勵せよ▶重田勘次郎 ……
…………………………………………… 20–22
陰謀事件に就ての所感▶大久保雅彦 …
…………………………………………… 23–24
民團自治政と公民の覺悟▶工藤武城 ………
…………………………………………… 25–26

滿洲の政權鼎立▶白玉山人 ………… 27–29
白仁長官に與へて滿洲の産業を論ず▶一
記者 ………… 29–31
鎭海灣の現在及び將來▶山田猶之助(鎭海
司令官) ………… 32–33
英國植民地の發達▶下田禮佐 ……… 33–35
國境の經濟雜組▶阪上綱吉 ……… 36–38
朝鮮鑛業發展策▶金石山人 ……… 38–39
陸軍本位の朝鮮▶一記者 ………… 40–42
朝鮮時事雜觀▶五老峯 ………… 42–46
朝鮮官海の闇▶一記者 ………… 46–49
滿洲時事▶春江釣客 ………… 49–51
丁若鏞の經學/周易▶淺見倫太郎(法學士) …
…………………………………………… 52–54
朝鮮人の蒙占に就て▶今村鞆(警視) 54–58
濟州道方言▶小倉進平(文學士) ……… 58–62
滿洲古史餘祿▶紀室生 ………… 62–65
女眞文の碑▶鳥居龍藏 ………… 65–66
春の衛生▶森安連吉(總督府醫院副院長) …
…………………………………………… 67–69
歐米各國の特質▶渡邊高等法院長談 ………
…………………………………………… 69–71
人格と技倆▶メビー博士談 ………… 71
常識と智識▶新渡戶博士談 ……… 72–73
海外の發展を如何にするか▶明石中將談 …
…………………………………………… 73
總督府の人物▶ヒマラヤ山人 ……… 74–78
産業方面より觀たる朝鮮▶寺内總督談 …
…………………………………………… 79–85
朝鮮の産業界に就て▶石塚農商工部長官
談 ………… 85–87
朝鮮の地方行政及び救濟事業▶宇佐美內
務部長官談 ………… 88–90
朝鮮に於ける司法制度に就て▶渡邊帳(高
等法院長) ………… 90–91
通信機關の今昔▶池田十三郎(總督府遞信
局長官) ………… 91–93
朝鮮人教育と內地人教育▶關屋貞三郎(總
督府學務局長) ………… 93–95

朝鮮の衛生に就て▶藤田嗣章(總督府醫院長) ……………… 95-98

朝鮮に於ける土木事業▶持地六三郎(總督府土木局長) ……………… 98-102

朝鮮の農業に就て▶中村農務課長談 …………………………………… 102-104

朝鮮の租税制度整理の概要▶藤川利三郎(朝鮮總督府書記官) …… 105-106

朝鮮水産の發達と將來▶庵原文一(總督府水産課長) ……………… 107-110

朝鮮の工業に就きて▶人見次郎(農商工部商工課長) ……………… 110-114

現今朝鮮に於ける陶磁業▶豊永眞里(工業傳習所長) ……………… 115-116

朝鮮の植林に就て▶齋藤山林課長談 …………………………………… 116-119

朝鮮に於ける通貨流通狀況▶水越理庸(朝鮮銀行理事) …………… 119-121

朝鮮鐵道の過去及現在▶和田駿(鐵道局參事) ……………………… 122-123

朝鮮の古美術保護と昌德宮博物館▶末松李王職事務官談 ………… 124-126

朝鮮沿岸航路に就て▶原田金之祐(朝鮮郵船會社社長) …………… 127-128

東洋拓殖株式會社の事業及現況▶林市藏(東拓事業部長) ………… 128-132

朝鮮に於ける警察機關▶某警視談(警務總監部) …………………… 132-135

朝鮮に於ける電氣瓦斯事業▶石川濟治(日韓瓦斯電氣株式會社業務課長)・135-136

南滿洲の溫泉▶西澤寛次(大連中央試驗場) ………………………… 137-141

朝鮮の寺僧生活▶吉川大航 …………………………………………… 141-144

滿蒙迷信話▶驚伴 ……………………………………………………… 144-146

蛤洞雜記▶龍岡再生 …………………………………………………… 146-147

眞に新らしい女▶柴田博陽 …………………………………………… 147-148

郊外へ▶山地白雨 ……………………………………………………… 149-150

病と別るゝ日記▶松尾目池 …………………………………………… 151-154

下萌に▶河村わかくさ子 ……………………………………………… 155-156

短篇二章▶成田瀧川 …………………………………………………… 157-160

五の字集▶示申生 ……………………………………………………… 161-163

大連總まくり▶夢廛 …………………………………………………… 164-166

朝鮮の出版及び讀書界▶森山美夫(日韓書房主) ………………… 166-167

滿洲の日本人▶石城生 ………………………………………………… 168-170

京城の金持▶町の人 …………………………………………………… 170-171

朝鮮問答 ………………………………………………………………… 172-174

滿洲問答 ………………………………………………………………… 174-176

重要記事 ………………………………………………………………… 177-178

編輯餘祿 ………………………………………………………………… 179

朝鮮鐵道列車時間及賃金一覽表 …………………………………… 180

朝鮮及滿洲 第70号 1913年 5月

京城の別天地/五月の花

惡むべき米國人の暴狀▶釋尾旭邦 …………………………………… 1-3

總督府の人物▶ヒマラヤ山人 ………………………………………… 4-7

時事寸言 ………………………………………………………………… 8

戰爭と經濟▶阪谷芳郎(男爵) ………………………………………… 9-12

文藝と新領土▶生田長江(文學士) …………………………………… 12-13

英國植民地の發達▶下田禮佐(京城中學校教諭) …………………… 14-16

東拓の移民に就て▶井上孝哉(東洋拓殖會社庶務部將) …………… 17-22

質商を何故に取締らざるか▶由井濱凍潮 …………………………… 22-26

千瀉地開墾と其方法▶足立丈次郎(農學士) ………………………… 26-29

應用化學より見たる朝鮮の工業▶更田信彌(總督府工業傳習所技師) …… 29-30

滿洲の通信力に就て▶河原塚重忠(大連郵便局長) ………………… 30-31

關東州の二大産業▶宮崎生 …………………………………………… 32-33

輸入貿易と滿洲▶松岳生 ……………………………………………… 34-37

道長官訪問記▶飛岳生 ………………………………………………… 38-39

有利なる朝鮮の水産業▶水棹子 ……………………………………… 40-44

大連の工業界▶一記者 ………………………………………………… 44-46

濟州道方言▶小倉進平(文學士) ……………………………………… 47-50

朝鮮人の蒙占に就て▶今村鞆(警視) 50-53

朝鮮征伐に關する朝鮮の傳説▶清家彩果 …
………………………………………… 53-57

朝鮮行脚其をりく▶今川宇一郎 …… 58-63

赤毛布の總督府巡り▶沒頭泥生 …… 63-66

京城の歐米人▶一記者 ……………… 66-67

朝鮮に入るの記▶匪子生 …………… 67-70

故國へ▶萩野枯蘆 …………………… 70-73

朝鮮の女學校▶明洞宗匠 …………… 73-78

春宵雜話▶姑射仙人 ………………… 78-80

その前後▶山地白雨 ………………… 81-84

支那奇聞豪快八大王▶斷琴女史 …… 84-86

漢詩 …………………………………… 86-87

俳句 …………………………………… 88

朝鮮問答 ……………………………… 89-90

滿洲問答 ……………………………… 90-92

重要記事 ……………………………… 93-96

本誌創刊滿五週年記念演藝大會の記 ………
………………………………………… 97-98

寄贈雜誌及び新聞 …………………… 98

時事日誌 ……………………………… 99

風聞駄語 ……………………………… 100

朝鮮鐵道列車時間及賃金一覽表 ……… 101

滿洲鐵道列車時間及賃金一覽表 ……… 102

朝鮮及滿洲 第71号 1913年 6月

金剛山の奇象(一)/金剛山の奇象(二)/本社
滿五週年自祝園遊會の一部

對米問題は如何▶釋尾旭邦 ………… 1-3

小松局長の總督政治論を讀む▶釋尾旭邦 …
………………………………………… 3-4

不景氣挽回論▶釋尾旭邦 …………… 5

總督府の人物▶ヒマラヤ山人 ……… 6-8

總督政治の根本方針▶小松緑(總督府外事
局長) …………………………… 9-11

哀の天下支那の運命▶洗兵庵 ……… 11-13

本邦と歐米諸國との國状及び思想上の相
違▶牧瀬五一郎(總督府囑託) … 13-17

轉地療養の必要と其好適地▶藤田嗣章(軍
醫總監) ………………………… 17-19

國境に於ける鮮人の生活状態に就て▶大
橋又三(平安北道警務部將) ……… 20-21

英國植民地の發達▶下田禮佐(總督府中學
校教諭) ………………………… 21-24

干潟地開墾と其方法▶足立丈次郎(農學士)
………………………………………… 25-28

不景氣の原因と其挽回策:家賃問題と經濟
状態 ……………………………… 29-40

大連高等女學校設立に就て▶河合生(大連
高等女學校長) ………………… 41-42

商品陳列館の設立に就て▶小林朝陽 ………
………………………………………… 42-44

書翰上より見たる朝鮮の使節と新井白石
對雨森芳洲との關係▶古谷清 …… 45-49

朝鮮産淡水魚鱖漁考▶松尾目池 …… 49-52

世界異聞集 …………………………… 53

道長官訪問記▶飛岳生 ……………… 54-58

支那雜感▶小林愛雄 ………………… 59-62

朝鮮行脚其をりく▶今川宇一郎 …… 62-66

京城女學校巡り▶一記者 …………… 66-71

青い女▶速水光風 …………………… 71-74

朴宮雜記▶山地白雨 ………………… 75-76

開城雜詠▶ならた生 ………………… 76-77

俳句 …………………………………… 77-78

朝鮮の牧蠣について▶水棹子 ……… 79-81

大連の工業界▶一記者 ……………… 81-82

朝鮮問答 ……………………………… 83-84

滿洲問答 ……………………………… 84-85

重要記事 ……………………………… 86-87

時事日誌 ……………………………… 88

編輯室より▶一記者 ………………… 89

朝鮮及滿洲 第72号 1913年 7月

金剛山の奇象(三)/金剛山の奇象(四)/昌德
宮に於ける牧丹の宴

黄色人種は果して先天的に白色人種より

劣等なるか▶釋尾旭邦 ……………… 1-5

時事寸言 ……………………………… 6-7

總督府の人物▶ヒマラヤ山人 ……… 8-10

生化學より觀たる亞米利加問題▶工藤武
　城(京城婦人病院長) ……………… 11-17

列強に於ける日本觀の變遷▶秋山雅之助
　(總督府參事官) ………………… 17-20

理想の歸一▶原田助(同志社大學長) 21-24

米國二大思潮の均衡▶渡邊帳(高等法院長)
　…………………………………… 25-26

國際私法より見たる朝鮮▶工藤忠輔(辯護
　士) ……………………………… 27-29

英國植民地の發達▶下田禮佐(京城中學校
　教諭) …………………………… 29-33

氾濫地防禦工事に就て▶長崎武英(工學士)
　…………………………………… 33-35

民團撤廢後の制度に就きて▶皆川廣濟 ……
　…………………………………… 35-37

東西南北 …………………………… 38

黄白人の優劣:黄白人の優劣は何を標準と
　するか▶河合弘民(東洋協會專門學校京
　城分校長文學士) ………………… 39

黄白人の優劣:日本人は歐米人に劣つて居
　ない▶小宮佐保松(李王職次官) … 40-41

黄白人の優劣:西洋人には活動力が強い權
　利思想が強い▶本多駒次郎(總督府外事
　局) ……………………………… 41-42

黄白人の優劣:白人は傲慢である▶和田八
　千穂(ドクトルメチチ-ネ) ……… 42

黄白人の優劣:昔は黄色人の方が偉かつた
　▶陳秉焜(中華民國總領事府領事) ………
　…………………………………… 42-43

黄白人の優劣:黄色人の特長▶丹羽清次郎
　(日本基督教青年會長) …………… 43-45

ラヂウムに就て▶吉木彌三(總督府醫院藥
　學士) …………………………… 47-51

金剛山未游錄▶淺見倫太郎(法學士) 51-55

朝鮮産淡水魚鱉漁考▶松尾目池 … 55-59

德川曾我貴族團の一行と語る▶一記者 ……

加藤恒忠氏を病褥に訪ふ▶匪子生 … 62-63

柞蠶事業に就て▶松田昌德(滿鐵中央試驗
　所) ……………………………… 64-66

豆粕新利用法に就て▶慶松勝左衞門(藥學
　博士) …………………………… 66-68

朝鮮の「さんま」と「かに」▶水棹子 … 68-70

渤海灣の海賊業▶洗兵庵 …………… 72-73

京城女學校巡り▶一記者 …………… 74-77

京城醫者めぐりの記▶やぶ生 ……… 77-81

青い女▶速水光風 …………………… 81-86

世界異聞集 ………………………… 87

漢詩 ………………………………… 88-89

俳句 ………………………………… 90

滿洲の陶磁器 ……………………… 91-93

南朝鮮に於ける果樹園 …………… 93-94

京城に於ける煙草會社 …………… 94

明治紀念拓殖博覽會受賞者 ……… 95

朝鮮問答 …………………………… 96-97

滿洲問答 …………………………… 97-99

時事日誌 …………………………… 100

風聞駄語 …………………………… 101

會社商店巡り ……………………… 102

朝鮮及滿洲　第73号　1913年　8月

夏の海/金剛山麓の海金剛/南滿金州一角の
　虎灘

山上の語▶釋尾旭邦 ………………… 1

朝鮮の風景▶釋尾旭邦 ……………… 2-8

盛夏に際して我國の青年に望む▶藤田嗣
　章(軍醫總監) …………………… 9-11

鮮人の指導啓發に宗教の必要を論じて本
　願寺の活躍を促す▶竹内赳夫(朝鮮駐箚
　司令部參謀長) ………………… 11-13

朝鮮人犯罪の變遷▶倉富勇三郎(司法府長
　官) ……………………………… 13-15

滿洲の産業及金融狀態▶市原盛宏(朝鮮銀
　行總裁) ………………………… 15-17

産業及金融上に於ける朝鮮と滿洲との差異▶木村雄次(朝鮮銀行理事) ······· 17–19

朝鮮を經濟的に開放せよ▶蝶蛉生(法學士) ······························· 19–21

關東州に於ける邦人の農業▶小川萬(農事試驗所長) ··················· 21–22

大連港の諸設備に就て▶楢崎猪太郎(滿韓埠頭事務所長) ············· 22–24

金剛山は天下の名山なり▶齋藤安二(淮陽憲兵分隊長) ··············· 24–27

夏の清興と蘭の話▶山縣伊三郎(政務總監) ···························· 28–30

朝鮮は世界に有數なる避暑地である▶明石元二郎(警務總長) ········· 30–32

綠蔭瑣談▶石塚英藏(農商工部長官) 32–34

夏期の朝鮮と純潔の炭酸冷泉▶豊永眞里(工業傳習所長) ············· 34–35

米國の避暑地と男女學生の消夏法▶丹羽清次郎(日本基督教青年會幹事) ··· 35–36

氷に就て▶篠原生 ···························· 36–38

韓族の南風北俗▶八木奘三郎 ········ 40–43

朝鮮に於ける長城の遺蹟▶淺見倫太郎 ································· 43–48

文字の變遷と六朝に現はれたる時代思潮▶工藤莊平(土地調查局課長) ··· 48–50

金剛山探勝記▶今川字一郎 ····· 52–62

夏の朝鮮行事▶松尾目池 ······· 62–65

朝鮮虎ものがたり▶具然壽(警務官) 65–68

夏の溫突と鮮人の行樂▶瓢風生 ··· 68–69

妓生零話▶目池戲艸 ·············· 70–72

大連の夏▶小林朝陽 ·············· 72–73

渤海灣の海賊業▶洗兵庵 ········ 73–74

總督府醫院廻り▶一記者 ········· 74–79

東西南北 ···························· 80

去年の八月▶釋尾旭邦 ·········· 81–85

過ぎし夏▶牛人 ···················· 85–89

漢江の浪がしら▶山地白雨 ····· 89–92

大同江▶萩野枯蘆 ················· 92–95

俳句 ···························· 97–100

短き女の生涯▶星の舍生 ········ 101

朝鮮問答 ····················· 102–104

滿洲問答 ····················· 104–105

時事日誌 ·························· 106

編輯餘滴 ·························· 107

風聞駄語 ·························· 108

朝鮮及滿洲 第74号 1913年 9月

花園/京元沿線の風光

朝鮮併合三週年▶釋尾旭邦 ··········· 1

京元沿線の記▶釋尾旭邦 ········· 2–6

三年前の回顧▶嶺八郎(東洋拓殖會社調查部長) ······················· 7–8

世界の植民地に於ける産業政策の根本義 ··························· 9–10

朝鮮經濟私議▶蝶蛉生 ········· 11–14

獨逸訴訟法の缺陷と墺國訴訟法の補塡▶渡邊帳(高等法院長) ············· 15–17

加洲に於ける日本人の社會▶工藤忠輔(法學士) ······················ 17–20

朝鮮に於ける現下の衛生狀態▶山根正次(朝鮮總督府囑託) ············· 20–22

朝鮮基督牧師諸君に告ぐ▶齋藤音作 ······························· 22–25

滿洲の日本商賈と露國の經濟的施設▶西原龜三(共益社マネ–ジヤア) ··· 25–27

滿洲の邦商必ずしも不健全に非ず▶長濱敬介(大連實業會會長) ········· 27–28

朝鮮の有利事業は農鑛漁の三大事業を最とす:朝鮮の有利事業は農鑛漁の三大事業を最とす▶久能省三(漢城農工銀行支配人) ······················· 30–31

朝鮮の有利事業は農鑛漁の三大事業を最とす:工業上より見たる朝鮮の最有利事業▶更田信彌(工業傳習所技師) ··· 31–33

朝鮮の有利事業は農鑛漁の三大事業を最とす:諸機關が與ふる特典を利用せよ▶木村雄次(朝鮮銀行理事) ············· 33

朝鮮の有利事業は農鑛漁の三大事業を最
とす:工業地としての朝鮮▶西村道彦(第
一銀行京城支店長) ………… 34-35
朝鮮の有利事業は農鑛漁の三大事業を最
とす:水害地に麥を植へよ▶原勝一(京城
商業會議所會頭) ………… 35-36
朝鮮の有利事業は農鑛漁の三大事業を最
とす:奇利を博せんとせば百萬圓を抱へ
て來れ▶皆川廣濟(辯護士) ………… 36-37
朝鮮の有利事業は農鑛漁の三大事業を最と
す:朝鮮を研究せば尚ほ多數の有利事業
を發見すべし▶今村鞆(南部警察署) ……
………… 38-39
韓族の南風北俗▶八木奘三郎 ………… 41-44
英國植民地の發達▶下田祐佐(京城中學校
教諭) ………… 45-48
公開狀一束 ………… 49-50
秋期に當りて衛生上の注意一二▶森安連
吉(總督府副院長) ………… 51-52
外遊雜感▶鈴木穆(朝鮮總督府) ……… 52-55
初めて見た朝鮮の感想▶八木逸郎(代議士)
………… 55-56
朝鮮に於ける製紙業及其現況一班▶更田
信彌(工業傳習所技師) ………… 57-59
滿洲沿岸に於ける黃口魚漁▶平田東作(滿
洲水産) ………… 59-60
蒙古跋踄記▶山北盛三(奉天) ……… 62-65
福島安正と江藤新平▶春江釣客 …… 68-71
金剛山探勝記▶今川宇一郎 ……… 68-71
港の初秋▶濃紫 ………… 71-73
京城女學校巡り▶一記者 ……… 73-75
漢詩 ………… 76-80
巡査の候補者となつて京城の安下宿に泊
り込む記▶變裝記者 ……… 81-85
朝鮮問答/滿洲問答/時事日誌 ……… 86-89
風聞駄語 ………… 90

朝鮮及滿洲 第75号 1913年 10月

月下の水汲み/鼇島模範場/龍山農園葡萄
土着心の養成▶釋尾旭邦 ………… 1
支那問題の根本的解決を策せよ▶釋尾旭
邦 ………… 2-4
時事寸言 ………… 5
總督府の人物▶ヒマラヤ山人 ………… 6-7
倉當前長官と秋山新任長官心得▶ヒマラ
ヤ山人 ………… 8-9
京城の秋 ………… 10
歐洲に現はれたる植民政策の一面▶渡邊
帳(高等法院長) ………… 11-12
軍事上より見たる朝鮮民族▶立花小一郎 …
………… 12-14
半島開發の根本政策▶皆川廣濟(辯護士) …
………… 15-17
朝鮮に於ける農事改良の根本義▶本田幸
介(朝鮮總督府模範場長) ……… 17-19
水産獎勵施行成績の一斑▶庵原文一(總督
府水産課長) ………… 19-21
工業上より見たる滿洲▶鈴木庸(滿鐵瓦斯
作業部長) ………… 21-22
北鮮移民特別保護に就て▶井上孝哉(東洋
拓殖) ………… 22-25
波蘭統治に關するガイゼルの演說とタイ
ムスの評論▶工藤忠輔(辯護士) … 25-27
青年の見たる我近時の外交▶增田連也(在
南滿) ………… 27-29
如何にして土着心を養成すべきか:渡鮮者
の覺悟を永住的ならしねざる可らす▶
小宮三保松(李王職次官) ………… 30-32
如何にして土着心を養成すべき:土地に對
する關係を深くすべし▶藤田嗣章(軍醫
總監) ………… 32-34
如何にして土着心を養成すべき:社會關係
を密接ならしめざるべからず▶古城菅
堂(京城民團長) ………… 34-35
如何にして土着心を養成すべき:地方的設

備の必要と日鮮人間の融和狀態▶河合
弘民(東洋專門學校幹事) …………… 35-37
如何にして土着心を養成すべき:交通竝に
警察機關を完備せしめよ▶三島太郎(朝
鮮銀行理事)) ………… 37-38
滿韓に於ける中立地帶の沿革▶白鳥庫吉
(文學博士) ………… 40-44
最近四十年間に於ける朝鮮政變史▶國分
象太郎(朝鮮總督府中樞院書記官長) ……
………… 44-46
朝鮮の結婚に就て▶小田幹治郎 …… 47-52
最近に現はれたる移植術▶植村俊二(朝鮮
總督府醫院醫官) ………… 52-54
薄荷の栽培を滿洲に獎勵せよ▶慶松勝左
衛門 ………… 56-60
將に試驗せんとするベンジン式搾油法▶
上畠五一郎(滿鐵中央試驗所) …… 61-63
金剛山遊記附住僧生活の側面觀▶河合弘
民(文學士) ………… 64-71
京城側面觀▶白毛布 ………… 71-73
群山行▶今川宇一郎 ………… 73-78
農村水原行▶記者 ………… 78-83
漢詩 ………… 84-87
植民地に現はれた看護婦の一斑▶M生 ……
………… 88-95
京城附近の果樹園▶一記者 …… 95-101
續京城醫者評判記▶やぶ生 …… 101-103
重要記事/朝鮮問答/滿洲問答/時事日誌 ……
………… 104-109

朝鮮及滿洲 第76号 1913年 11月

馬上の今上陸下/京城神社大祭/朝鮮駐箚軍
大練習/白頭山上の天地/三池淵より白頭
山を望む/白頭山中の瓦洞全景/白頭山麓
天坪の大深林/逝ける佳公/支那共和國大
總統に上りし遠世凱
十月三十一日▶釋尾旭邦 ………… 1
沈滯不振の朝鮮と滿洲を如何にせば活躍
せしめ得るか▶釋尾旭邦 ………… 2-5
滿蒙に於ける鐵道布設權 ………… 6-8
時事寸鐵 ………… 9-10
國際法上より見たる政體承認の意義▶秋
山雅之助(總督府參事官) ………… 11-13
氣象觀測の與ふる效果と實地上の應用▶
和田雄治(仁川觀測所長) ………… 13-15
人民側より見たる土地調査の利益▶工藤
莊平(土地調査局調査課長) ………… 16-19
ニセアカシア興國論▶足立丈次郎(農學士)
………… 20-21
滿洲の開發と在留民の努力▶床次竹二郎
(鐵道院) ………… 22-23
滿洲の自然と日本民族▶河西健次(滿鐵大
連病院長) ………… 23-25
滿洲開發の議論及び實際▶犬塚信太郎(南
滿洲鐵道株式會社理事) ………… 25-27
滿洲の利源開發と支那人の增加▶大內丑
之助(大連民政署長) ………… 27-28
支那の國民性と將來の發展▶加古貞太郎
(辯護士) ………… 29-31
滿蒙五鐵道▶田原生(在大連) ………… 31-33
滿蒙問題の解決▶洗兵庵 ………… 33-35
滿洲對朝鮮の輸出入と支那票▶原勝一(日
本人商業會議所會頭) ………… 36-37
ラインシュ氏植民地行政序論▶蘇谷生譯 …
………… 38-48
官邸內の大官▶瓢風生 ………… 49-50
朝鮮の現在及將來:半島に於ける財政及び
經濟の現在と將來▶市原盛宏(朝鮮銀行
總裁) ………… 51-53
朝鮮の現在及將來:我徒として見たる鮮人
の現在及び將來▶藤田嗣章(總督府醫院
院長) ………… 53-55
朝鮮の現在及將來:朝鮮美術の變遷と其將
來▶小宮三保松(李王職次官) ………… 55-57
朝鮮の現在及將來:犯罪の推移と其防遏策
▶國分三亥(高等法院檢事長兼司法府長
官) ………… 57-59

朝鮮の現在及將來:仁川の現況を說いて將來に及ぶ▶奧田貞次郎(仁川商業會議所會頭) ……………………… 59–61

國境問題に上りし白頭山定界碑▶和田雄治(理學博士) …………………… 63–65

白頭山登山記▶土屋喜之助(土地調査局技術課長) …………………… 65–72

樂浪と帶方▶八木奘三郎 ………… 72–78

朝鮮の舊慣と離婚▶淺見倫太郎(文學士) …………………………………… 78–84

英國植民地の發達▶下田禮佐(京城中學校教諭) ……………………… 84–87

歐洲諸邦の店員氣質▶久水三郎(仁川府尹) …………………… 89–91

靑島の外客招徠▶齋藤音作(總督府山林課長) …………………… 91–92

落城せる前拓殖局員の其後▶一記者 …………………………………… 93–97

旅順白玉山麓なる福島將軍を訪ふ▶萬二千峰學人 ………… 98–103

大連の農事試驗場を見て滿洲の農業を語る▶一記者 ……… 104–106

滿洲と硝子製造業▶大野一造(滿鐵中央試驗所) …………… 106–108

明太に就て▶水棹子 ………… 108–111

續內蒙古圈跋跎記▶山北盛三 …… 112–116

釜山棧橋上の一夜▶田原葦奄生 … 116–119

朝鮮と菊の栽培▶一記者 … 119–121

漢詩 …………………………………… 122–126

認められぬ京城の女職業▶匪之助 127–131

釜山民長後任戰▶葦の子 131–132

重要記事/朝鮮問答/滿洲問答/時事日誌 ……………………………… 133–138

朝鮮及滿洲 第77号 1913年 12月

姑野/遼陽の舍利塔/滿洲の野

何ぞドロボ-根性のしき▶釋尾旭邦 …… 1

寺內總督と語る▶釋尾旭邦 …… 2–5

時事寸鐵 …………………………… 6–8

植民地と教育▶蘇谷生(法學士) ……… 9–13

歐米の工業教育と日本▶今景彦(南滿洲工業學校長) …………… 13–15

自己本位の支那人と民權思想▶佐藤友熊(關東都督府警視總長) …………… 15–17

昨年の支那移民▶田原天南 ………… 17–19

朝鮮統治と土地氣質▶松永武吉(平安南道長官) …………… 19–21

刮目す可き平壤の將來▶本田常吉(平壤府尹) …………… 21–23

擴大されたる釜山港の商圈▶阿部秀太郎(朝鮮銀行釜山出張所長) ………… 23–26

民團撤廢に對して現はれたる新制度を如何に見るか:法令の活用と其至難▶古城菅堂(京城居留民團長) …………… 27–28

民團撤廢に對して現はれたる新制度を如何に見るか:協議會に外國人を容るゝの雅量ありや▶加古貞太郎(辯護士) ………… 28–30

民團撤廢に對して現はれたる新制度を如何に見るか:有名無實の協議會と鮮人の負擔力▶深水清(京城居留民團議員) …… …………………………………… 30–31

民團撤廢に對して現はれたる新制度を如何に見るか:當局の意嚮と協議員に對する希望▶大村琴花(朝鮮新聞記者) ……… …………………………………… 31–32

民團撤廢に對して現はれたる新制度を如何に見るか:新府制は將來に對する準備行爲のみ▶三島太郎(朝鮮銀行理事) ……33

最近四十年間に於ける朝鮮政變史▶國分象太郎(中樞院書記官長) …………… 35–37

樂浪と帶方▶八木奘三郎 …………… 37–40

赫居世神話は何を語るか▶中村朝堂 ……… …………………………………… 41–44

英國植民地の發達▶下田禮佐(京城中學校教諭) …………… 44–48

猩紅熱に就て▶森安連吉(醫學博士) 50–52

精力主義に就て▶立花小一郎(軍参謀長) …
…………………………………………… 52-53
所謂富國強兵と日本婦人の服装▶佐藤恒
丸(醫學博士) ……………………… 53-55
歐米汽車旅行と八年前の回顧▶三木武重
(朝鮮鐵道局参事) ………………… 55-57
面白い列國の氣分▶工藤武城(京城婦人病
院長) ………………………………… 57-58
朝鮮に於ける最近漁業の發展▶青木戒三
(朝鮮總督府水産課長) …………… 59-61
朝鮮に於ける製紙地及其現況一斑▶更田
信彌(工業傳習所技師) …………… 61-64
訪問記 …………………………………… 65-68
續內蒙古圈跋跡記▶山北盛三 …… 69-72
滿洲飛びある記▶阿房鳥 ………… 73-76
平壤辟見物▶愚味道人 …………… 76-80
金剛山探勝記▶今川宇一郎 ……… 80-86
漢詩 ……………………………………… 87-88
和歌 ……………………………………… 89-91
朝鮮の巡査は斯くの如くにして嚴冬雪寒
と苦鬪す▶禿頭巡査 ……………… 92-95
京城の車夫生活と極寒▶鐵火生 … 95-98
時事日誌 …………………………………… 99
朝鮮問答/滿洲問答 ……………… 100-102
風聞駄語 ………………………………… 103

朝鮮及滿洲 第78号 1914年 1月

京城神社/京城南大門通/京城本町通/大連
日本橋通り
大正三年を迎ふる感▶釋尾旭邦 ………… 1
年新まりて政治と民心は新たならざるか
▶釋尾旭邦 ……………………………… 2-6
滿鐵及び東拓の總裁副總裁の更迭▶釋尾
旭邦 …………………………………… 6-7
世界の模範的植民地と謳はるゝボスニア
の現狀▶秋山雅之介(朝鮮總督府参事官)
………………………………………… 9-10
列國近時の植民政策と其經濟的施設▶三

島太郎(朝鮮銀行理事) …………… 11-12
植民地の教育▶河西健次(滿鐵大連醫院醫
學博士) ……………………………… 13-15
朝鮮と臺灣の比較▶龜山理平太(臺灣總督
府警務總長) ………………………… 16-17
人種問題に首古摺らぬ國家は無い▶工藤
忠輔(辯護士) ……………………… 18-20
北米合衆國民族問題の眞相▶工藤武城(京
城婦人病院長) ……………………… 21-25
天與の産業地たる佛領印度支那▶加古貞
太郎(法學士) ……………………… 25-27
母國と朝鮮との共通法規の必要を論す▶
國分三亥(朝鮮總督府司法府長官) ………
………………………………………… 27-29
昨年度に於ける金融の趨勢を説いて大正
三年の希望を開陳す▶市原盛宏(朝鮮銀
行總裁) ……………………………… 29-31
關釜連絡の將來▶矢野菊松(朝鮮總督府鐵
道局副参事) ………………………… 31-33
海洋觀測所の必要▶大原庄太郎(朝鮮水産
組合長) ……………………………… 33-35
制度炳に學校組合令施行に對する所感▶
若松免三郎(釜山府尹) …………… 35-36
滿鐵重役の交迭▶洗兵庵 ………… 37-38
官邸内の大官▶飄風生 …………… 39-40
天幸を自祝するの機將に近かる可し▶小
宮三保松(李王職次官) …………… 41-43
母國人は斯の如く嚴冬を利用せよ▶藤田
嗣章(朝鮮總督府軍醫總監) ……… 43-44
先づ其基本的精神を準備せざる可からず
▶立花小一郎(朝鮮駐箚軍参謀長) ………
………………………………………… 44-45
嚴冬を活躍せんとせば家屋と衣服を改良
す可し▶三島太郎(朝鮮銀行理事) ………
………………………………………… 45-47
農事上より見たる適切の利用法▶原勝一
(勸農株式會社支配人) …………… 47-48
最近四十年間に於ける朝鮮政變史▶國分
象太郎(中樞院書記官長) ………… 50-52

朝鮮平壌附近の樂浪高句麗及び支那緝安縣附近の高句麗遺跡▶關野貞(工學博士) ……………… 53-59

朝鮮先史時代の遺物に就て▶和田雄治(仁川觀測所長) …………………… 59-62

龍岡郡發見の漢碑を讀む▶淺見倫太郎 ……………………………… 62-65

漢隷に就きて▶工藤壯平 ………… 65-69

衛生上に就ての所感▶森安連吉(總督府醫院副院長) …………………… 71-72

故陸奧伯と故伊藤公及び寺内伯▶某官人 ‥ 73-75

維新當時の偉傑大村益次郎の逸話▶山根正次(警務總監部衛生課囑託) …… 75-77

余が見たる袁世凱の運命▶德永榮 … 77-79

年始風俗▶瑞穗生 ………………… 80-81

屠蘇の話▶吉木彌三(總督府醫院藥學士) … 81-84

弓▶湯淺生 ……………………… 84-85

長壽美談▶知坊生 ……………… 85-87

虎の迷信及俗傳▶今村鞆 ………… 87-90

朝鮮の俚諺に見ゆる虎と日本の俚諺▶松尾目池 …………………………… 91-93

朝鮮の新紙幣と舊紙幣▶凍涎生 …… 93-95

朝鮮の鑛山界の現況▶一記者 …… 96-99

平壤の無煙炭と其經濟的利用法▶吉川岩喜 ……………………………… 99-101

朝鮮沿岸に於て漁獲さるゝ冬期の魚類に就て▶菖蒲治三郎(朝鮮總督府水產技師) …………………………… 101-102

東拓の人物▶ヒマラヤ山人 …… 103-107

釜山の人物▶革庵生 …………… 107-109

關東都督府佐藤警視總長を訪ふ▶萬二千峰學人 …………………… 109-112

去年の冬▶旭邦生 …………… 113-116

滿洲往來記▶阿呆鳥 ………… 116-119

嚴冬期に於ける朝鮮旅行▶今川生 …………………………… 119-122

鐘路の夕▶月見草 …………… 123-125

雪ふる夕▶草葉生 …………… 125-127

道頓堀の夜▶岩佐蘆人 ……… 127-131

漢詩 …………………………… 132-135

色鄉色物妓生學校▶匪之助 …… 136-140

牛乳新聞の紛失は?▶鐵生 …… 140-144

京城料理屋評判記▶空藝樓主人 ‥ 144-147

京城藝妓月旦▶垂眦堂主人 … 147-149

大正二年の日誌 …………… 150-157

風聞駄語 …………………………… 158

朝鮮及滿洲 第79号 1914年 2月

櫻島の大爆發/盛に發掘されつゝあるポンペイの遺跡/日本辯護士協會朝鮮支部總會/京城女子技藝俱樂部/寒香護郁

爆發▶釋尾旭邦 …………………… 1

增稅問題に對する吾徒の所見▶釋尾旭邦 ……………………………… 2-5

辯護士總會の決議▶釋尾旭邦 …… 5-6

時事寸鐵 …………………………… 7-8

列強近時の植民政策と其經濟的施設▶三島太郎(朝鮮銀行理事) ………… 9-12

獨逸に於ける植民地司法統一運動▶工藤忠輔(辯護士) ……………… 12-15

植民地と教育▶蘇谷生(法學士) … 15-18

支那共和國に於ける教育の將來に就て▶巽來次郎(北京大學教授) ……… 18-20

植民地の教育と父兄の覺悟▶木戸忠太郎(滿鐵地質研究所長) ………… 20-22

教育上より見たる鮮人子弟の美風▶岡元輔(京城高等普通學校長) …… 22-23

非自治制度を廢毀す可し▶安武千代吉(釜山民團議員) ………………… 23-26

植林經營と地元民との關係▶齋藤音作(總督府山林課長) ……………… 27-29

產業の研究と智識の私有▶鈴木庸生(滿洲鐵道會社作業所瓦斯部長) …… 29-31

滿洲の貿易と大連の將來▶井上一男(橫濱正金銀行大連支店長) ……… 31-32

何故に邦商は支那商に顧客を侵蝕せら
　るゝか▶長濱敬介(大連實業會長) ………
　…………………………………………… 33-34

正副總裁の交迭に際して東拓の今後に翹
　望する所如何:朝鮮統治の大計より見て
　東拓に翹望す▶大村琴花(民團議員) ……
　…………………………………………… 36-37

正副總裁の交迭に際して東拓の今後に翹
　望する所如何:今回の交迭を以て會社の
　變革を期待するは愚なり▶皆川廣濟(辯
　護士) ……………………………… 37-38

正副總裁の交迭に際して東拓の今後に翹
　望する所如何:民間の監視督勵を更に嚴
　重にす可し▶高橋章之助(辯護士) ………
　…………………………………………… 38-39

正副總裁の交迭に際して東拓の今後に翹
　望する所如何:東拓の手に依て朝鮮に櫻
　島村を作れ▶深水清(民團議員) … 40-41

正副總裁の交迭に際して東拓の今後に翹
　望する所如何:重役選擇の必要と移民成
　功の捷徑▶原勝一(商業會議所會頭) ……
　…………………………………………… 41-42

正副總裁の交迭に際して東拓の今後に翹
　望する所如何:先づ金融部を活躍せしむ
　可し▶岡田榮(衆議院議員) ……… 43-45

正副總裁の交迭に際して東拓の今後に翹
　望する所如何:事業の現況を說いて最後
　の希望に及ぶ▶宇都宮高三郎(京城通信
　社長) ……………………………… 45-46

最近四十年間に於ける朝鮮政變史▶國分
　象太郎(中樞院書記官長) ………… 48-50

樂浪と帶方▶八木奘三郎 ………… 50-54

咸興を中心とせる美女國の遺蹟▶淺見倫
　太郎(辯護士) …………………… 54-56

香港の過去及現在▶下田禮佐(京城中學校
　教諭) ……………………………… 56-59

世界の列車觀▶黑澤明九郎(朝鮮鐵道局工
　場長) ……………………………… 60-62

動物學上の虎▶平井寬暢(京城中學校教諭)
　…………………………………………… 63-64

朝鮮西海岸に饒產する海月を如何に利用
　すべきか▶水棹子 ………………… 65-68

南鮮に於ける寒天製造業▶田原革庵生(釜
　山支局) …………………………… 68-70

高靈遊記▶廣田直三郎(釜山中學校長) ……
　…………………………………………… 71-73

蒙古圈跋涉記▶山北盛三 ………… 73-75

漢詩 ………………………………… 76-80

美術品製作所を見る▶一記者 …… 81-82

東亞煙草株式會社朝鮮製作所を見る▶一
　記者 ……………………………… 83-84

京城音樂界の昨今▶匪之助 ……… 85-88

京城の電話交換手▶鐵火生 ……… 89-93

增稅問題に關する大地主會傍聽記▶一記
　者 ………………………………… 94-96

府制令學校組合令施行規制 ……… 97-108

朝鮮總督府豫算綱要 …………… 108-110

市街地稅と京城 ………………… 111-113

時事日誌 ………………………………… 114

朝鮮の金鑛と乾式精練法 …………… 115

風聞駄語 ………………………………… 116

朝鮮及滿洲 第80号 1914年 3月

京城教育俱樂部發會式參列者/二月十日衆
　議院門前に於ける群衆/雲南鐵道の曲線
　路/雲南市街全景/春色潮く働く李王家博
　物館

大隈伯と語る▶釋尾旭邦 …………… 1-5

第三十一帝國議會傍聽雜感▶ ……… 5-8

民族の植民的移動に關する科學的所見▶
　工藤武城(京城婦人病院長) ……… 9-12

列國近時の植民政策と其經濟的施設▶三
　島太郎(朝鮮銀行理事) …………… 12-14

東亞細亞に於ける英佛二國が必爭地たる
　雲南▶加古貞太郎(辯護士) ……… 14-16

北朝鮮の經營を論ず▶小川運平 … 16-18

輕便鐵道敷設の急務を論ず▶井上孝哉(東

洋拓殖會社理事) ……………… 18–21

朝鮮林野の保護▶齋藤音作(朝鮮總督府山
　林課長) …………………… 21–22

大連の兒童教育に就て▶一教育者 … 22–24

新開港場たる龍口▶洗兵庵 ………… 24–26

最近の青島▶田原禎次郎 …………… 26–28

京城教育倶樂部の設立に際して余の希望
　を開陳▶藤田嗣章(總督府醫院長) ………
　………………………………… 28–30

開港地の將來と人心の趨歸:緊縮の釜山と
　日鮮人共同生活の必要▶若松免三郎(釜
　山府尹) …………………… 31–32

開港地の將來と人心の趨歸:木浦の將來及
　び府制施行後の官民關係▶高根信禮(木
　浦民長) …………………… 32–33

開港地の將來と人心の趨歸:江岸整理後の
　新義州▶市川信清(新義州民長) … 33–34

開港地の將來と人心の趨歸:元山の將來と
　日本海橫斷航路▶荒木綱太(元山民長) …
　………………………………… 34–35

開港地の將來と人心の趨歸:清津開港の大眼
　目と期前途▶楠野俊威(清津府尹) …… 36

最近四十年間に於ける朝鮮政變史▶國分
　象太郎(中樞院書記官長) ………… 38–41

朝鮮に於ける王室正統の思想に就て▶今
　西龍(文學士) …………………… 41–44

高麗朝以前に於ける朝鮮の美術工藝▶小
　宮三保松(李王職次官) ………… 44–46

社會的研究に負へる朝鮮神話▶中村鳥堂 …
　………………………………… 46–50

朝鮮に於ける製紙事業の發達に就て▶更
　田信彌(工業傳習所技師) ………… 51–54

滿洲電氣事業の現在及將來に就て▶雨宮
　春雄(滿鐵作業所電氣部長) ……… 55–56

大連醫院長なる蛙原博士を訪ふの記▶萬
　二千峰學人 ……………………… 57–58

新しい人の新しい文藝修業▶工藤忠輔(法
　學士) …………………………… 59–62

朝鮮の印象▶阿房鳥 ………………… 62–66

露領跋涉記▶北岡光太郎 …………… 66–67

蒙古圈跋涉記▶山北盛三 …………… 67–69

デモンストレーション▶今川宇一郎 ………
　………………………………… 69–71

漢詩 ………………………………… 72–75

讀者論壇 …………………………… 76

民間煙草製造業者の先驅廣江商會▶一記
　者 ……………………………… 77–78

朝鮮染科界の覇王福喜洋行朝鮮分工場▶
　一記者 …………………………… 79–80

京城音樂界の昨今▶半可通生 ……… 81–83

朝鮮問答 …………………………… 84–85

滿洲問答 …………………………… 85–86

時事日誌 …………………………… 87

驚くべき電氣の應用 ………………… 88

朝鮮及滿洲 第81号 1914年 4月

湖南沿線の都會/湖南沿線の名勝/滿洲風景
/京都嵐山の春/朝鮮牛耳洞の春

世態何れに向つて進みつゝあるか▶釋尾
　旭邦 ……………………………… 1

自由民權思想と植民地▶釋尾旭邦 …… 2–8

湖南鐵道の開通▶釋尾旭邦 ………… 8–10

時事評論▶釋尾旭邦 ………………… 11–14

新領土發展の根本義▶大隈重信(伯爵) …
　………………………………… 15–16

東洋の實業と其發展策▶澁澤榮一(男爵) …
　………………………………… 16–17

東亞の將來と實業家の覺悟▶添田壽一(法
　學博士) …………………… 18–19

朝鮮產業界の前途▶大倉喜八郎(大倉組頭
　取) …………………………… 19–21

閑却されたる朝鮮と滿洲▶飛魚漁郎 ………
　………………………………… 21–24

世界植民地の開發と衛生及救療機關▶藤
　田嗣章(朝鮮總督府醫院長) ……… 24–26

列國近時の植民政策と其經濟的施設▶三
　島太郎(朝鮮銀行理事) ………… 26–28

アングロサクソン族が世界に卓越せし所以如何▶丹羽清次郎(日本基督青年會幹事) ·················· 28–31

世界の大問題たる幼年犯罪者▶渡邊帳(高等法院長) ·························· 31–35

支那貿易の將來と我帝國の地位▶水越理庸(朝鮮銀行理事) ·················· 35–38

支那貨幣制度と我日本の位置▶加古貞太郎(辯護士) ···················· 39–41

非立憲思想の蔓延▶皆川廣濟(京城辯護士會長) ···················· 41–43

日本海横斷航路開始の急務を論ず▶楠野俊威(咸鏡北道清津府尹) ·········· 43–45

北鮮移民論▶二宮德(東洋拓殖會社參事) ··· 45–47

我が觀たる哈爾賓▶小川連平 ······· 47–49

最近の青島▶田原禎次郎 ········· 49–51

雜感數題▶工藤武城 ············ 51–55

最近四十年間に於ける朝鮮政變史▶國分象太郎(中樞院書記官長) ············ 58–61

支那の南北畵より見たる朝鮮の繪畵 八木裝三郎 ··················· 61–64

京城の名勝箚記▶淺見倫太郎(法學士) ·················· 65–69

高天原の救濟觀念▶中村鳥堂 ········· 70–78

植民地之財政▶蘇谷生譯(法史學) ··· 78–85

總督政治に對する批評及び希望:社會生存の原則を放れて政治なし▶古城菅堂 ·················· 88–90

總督政治に對する批評及び希望:大正三年度豫算より觀たる總督政治▶大村琴花 ······ 90–93

總督政治に對する批評及び希望:總督府の新制令に對する余の疑問▶高橋章之助 ·················· 93–94

總督政治に對する批評及び希望:增稅の結果を論ず▶歌峰生 ·········· 94–95

總督政治に對する批評及び希望:土地調査令改正私見▶朝倉外茂鐵(辯護士) ········

·················· 95–100

總督政治に對する批評及び希望:內地人に對する教育機關の冷淡を難ず▶深水清 ·················· 100–101

總督政治に對する批評及び希望:朝鮮鑛業界の將來を說て總督府に翹望す▶水尾虎之助(辯護士) ·············· 101–102

角を矯めんとして牛を殪すもの▶山口精 ··· 103

兩親の社會的境遇より嬰兒の生命に及ぼす危險▶森安連吉(總督府醫院副院長) ······

·················· 105–107

外科學の趨勢▶室谷修太郎(總督府醫院外科長) ·············· 107–112

「トラホーム」豫防法▶早野龍三(朝鮮總督府醫院醫官) ·············· 112–116

世界の水族館其沿革▶菖蒲治太郎(朝鮮總督府技師) ·············· 117–118

昌德宮と殿下の御平生▶小松三保松(李王職次官) ·············· 119–121

二月と朝鮮の古風習▶今村鞆(朝鮮總督府警視) ·············· 122–123

大正博印象記の一節▶黑毛布 ···· 124–126

朝鮮の鐵路▶持地六三郎(朝鮮總督府土木局長) ·············· 128–131

朝鮮に於ける造林樹種としてのニセアカシヤ▶齋藤音作(朝鮮總督府山林課長) ······

·················· 132–137

朝鮮に於ける竹林▶足立丈次郎(農學士) ···

·················· 138–140

朝鮮に於ける漁業の保護及奬勵▶青木戒三(朝鮮總督府水産課長) ········ 140–144

世界各所に於ける寒天の用途と其需要狀況▶水棹子 ·········· 144–149

滿洲の産業と中央試驗所▶一記者 ·········

·················· 149–153

滿洲に於ける建築材料とした煉化石の缺點と其改良法▶大野一造(滿鐵中央試驗所) ·············· 154–157

滿洲の窯業狀態▶一記者 ………… 157–158
露領跋涉記▶山岡光太郎 ……… 159–162
朝鮮の印象▶阿房鳥 …………… 162–164
金剛山探勝記▶今川宇一郎 …… 165–167
漢詩 …………………………… 178–172
西比利亞から▶ジユルジケンナン 173–181
讀者論壇 ……………………… 182–183
朝鮮總督府工業傳習所瞥見▶一記者
……………………………… 184–186
廢物利用の大王硫酸安母尼亞製造所を見
る▶一記者 ……………… 187–188
活動の婦人▶一記者 ………… 189–192
歷代の統監と總督と按摩▶鐵火生 ………
……………………………… 194–199
京城の藝妓とた客▶匪之助 … 200–203
京城に於ける旅館評判記▶京城大通
……………………………… 204–206
朝鮮問答 ……………………… 207–208
滿洲問答 ……………………… 208–209
豫算不成立と新事業の磋跌 ……… 210
日韓瓦斯總會と第十一回決算報告 … 211
時事日誌 ………………………… 212
風聞駄語 ………………………… 213

朝鮮及滿洲 第82号 1914年 5月

人氣ある大隈內閣/暮春之花
不動の心▶釋尾旭邦 ………………………… 1
警務總長の交迭を機會に局面を一新すべ
し▶釋尾旭邦 ………………… 2–5
明石前警務總長と立花現警務總長▶ヒマ
ラヤ山人 ………………… 6–9
時事 ……………………………………… 10
日本の國勢と國民的思想の矛盾▶皆川廣
濟(京城辯護士會長) ………… 11–12
朝鮮の統治と精神的統一▶丹羽清次郎(日
本基督靑年會幹事) ………… 13–15
憂ふ可き在鮮學生の體質▶山根正次(ドク
トル總督府囑託) ………… 15–20

日本と彩票▶遼東生 ……………… 20–22
活動寫眞の利用▶田原禎次郎 …… 22–24
關東州の支那人敎育▶淺井政次郎(大連公
學堂長) ………………… 24–26
最近の間島▶楠野俊威(淸津府尹) … 26–29
平壤の基督敎▶高橋直巖 …………… 29–32
朝鮮家族制度の發展▶河合弘民(文學士) …
……………………………… 33–39
新羅伽倻以前の南韓族▶鳥居龍藏(朝鮮總
督府囑託) ……………… 39–42
牛頭と曾尸茂梨▶鳥堂 …………… 42–48
最近四十年間に於ける朝鮮政變史▶國分
象太郎(中樞院書記官長) … 49–51
歐洲大都市の經營狀態▶山岡元一(朝鮮總
督府技師) ……………… 53–55
建築上より見たる臺灣と滿洲▶今井長三
郎(總督府技師) ………… 56–58
墨國憲政軍主將カランザ▶望月桂軒 ……
……………………………… 59–60
醫學より觀たる男女の別▶工藤武城(京城
婦人病院長) …………… 62–65
人工姙娠に就て▶久慈眞太郎(朝鮮總督府
醫院婦人科長) ………… 65–69
泰川郡の在來に就て▶足立丈次郎(農學士)
……………………………… 70–72
咸北に産する北寄貝を如斯利用せよ▶水
棹子 ……………………… 73–74
朝鮮に於ける畜牛預託狀況▶好牧生 ……
……………………………… 75–88
油房界の革命たるべき滿鐵豆粕製造所▶
一記者 …………………… 78–80
山燒くる頃を鎌倉▶萩野枯蘆 …… 81–84
最近の東京▶山地白雨 ………… 84–85
漢詩 ……………………………… 86–88
衣替▶山名白紅 ………………… 89–94
活動の女▶一記者 ……………… 95–98
京城音樂界の昨今▶半天狗 … 99–101
京城料理屋女郎屋の仲居生活▶匪之助 …
……………………………… 102–106

京城飲食店の女▶鐵火生 ·········· 106-110

全羅南北縦貫記▶苦樂多生 ········ 111-113

湖南沿線廻はり▶曉雲生 ··········· 113-114

時事評論 ································ 115

風聞駄語 ································ 116

下馬評一束 ····························· 117

朝鮮及滿洲 第83号 1914年 6月

總督府各部長官及各道長官/淸津の奇勝/鴨
　綠江岸

淸新の氣▶釋尾旭邦 ······················· 1

新警務總長立花將軍と語る▶旭邦生 ··· 2-5

時事評論▶旭邦生 ······················· 6-8

滿鐵重役衝突の眞相▶大連一記者 ···· 9-14

列強近時の植民政策と其經濟的施設▶三
　島太郎(朝鮮銀行理事) ··············· 15-18

改正されたる農銀及地方金融組合令▶荒
　井賢太郎(朝鮮總督府度支部長官) ········
　·· 18-21

植民地教育に對する所感▶柴崎鐵吉(京城
　中學校長) ····························· 21-23

國家政策より見たる大資本家の壟斷主義
　▶原勝一(京城商業會議所會頭) ··· 23-24

我國文官任用令と支那科擧制度▶加古貞
　太郎(辯護士) ·························· 25-27

朝鮮に於ける公益法人に就て▶工藤忠輔
　(辯護士) ······························ 27-30

朝鮮家族制度の發展▶河合弘民(文學士) ···
　·· 33-40

朝鮮に於ける日韓滿蒙語辭書▶小倉進平
　(文學士) ······························ 40-46

大同江岸發見の高句麗古城石刻▶淺見倫
　太郎(法學士) ·························· 46-48

高麗朝時代に於ける朝鮮の美術工藝▶小
　松三保松(李王職次官) ··············· 49-51

滿洲の民族▶下田禮佐 ··············· 51-54

不景氣の原因と其救濟策如何:愼重に現狀
　を維持す可し▶木村雄次(朝鮮銀行營業

局長) ····································· 56-57

不景氣の原因と其救濟策如何:經濟上の原
　則を如何▶西村道彦(第一銀行京城支店
　支配人) ······························· 57-58

不景氣の原因と其救濟策如何:余の信する
　主因と實際的救濟策▶山口太兵衞(京城
　商業會議所特別議員) ··············· 58-59

不景氣の原因と其救濟策如何:土地臺帳の
　急成を望む▶中村再造(京城銀行頭取) ···
　·· 59-60

總督府の人物▶ヒマラヤ山人 ········ 61-64

ヨボ訪問記▶天波生 ····················· 65

自然と分娩▶久慈直太郎(總督府) ··· 66-68

初夏の衛生に就て▶本田建義 ········ 69-70

口腔の衛生に就て▶柳樂達見 ········ 70-71

歐洲の都市に現はれたる列強の氣風▶松
　寺竹雄(地方法院長) ················· 72-75

歐洲大都市の經營▶山岡元一(總督府技師)
　·· 75-80

本朝書道に就て▶工藤莊平(法學士) ·· 80-82

朝鮮に於ける畜牛預托狀況▶好牧生 ·······
　·· 83-85

江原道の水田と畜牛▶津村哲四郎 ·· 86-88

朝鮮の氣候は寒天製造に適するか▶水棹
　子 ·· 88-91

朝鮮に於ける實業家月旦▶ヒマラヤ山人 ···
　·· 92-96

法廷の朝鮮人▶某法官 ··············· 97-99

新しい朝鮮人▶天波生 ·············· 99-102

露領跋跗記▶山岡光太郎 ·········· 102-104

漢詩 ······························· 105-107

朝鮮煙草株式會社を見る▶一記者 ·······
　·· 108-111

總督府濟生院を訪ふ▶一記者 ····· 111-113

櫻井町の女▶闇の男 ·············· 114-121

色酒家の女▶鐵火生 ·············· 122-126

京城の下女研究▶匪之助 ········· 126-129

時事日誌 ······························ 130

編輯餘滴 ······························ 131

朝鮮及滿洲 第84号 1914年 7月

滿鮮御見學の途次昌德宮を訪ひ玉ひし朝香東久邇兩宮殿下/愛國婦人會京城支部最近會合紀念/滿洲の夏の野趣/朝鮮金剛山の奇勝/滿洲千山の景

厄介なる動物▶釋尾旭邦 ……………… 1

總督政治に於ける朝鮮人と日本人▶釋尾旭邦 ………………………… 2-6

編輯室より▶釋尾旭邦 ………… 7-10

獨逸及び伊太利に於ける村落銀行▶荒井賢太郎(度支部長官) ………… 11-16

植民地經營の要旨は曰く語るべからず行ふ可し▶持地六三郎(土木局長) … 16-18

朝鮮開拓に對する所感の一▶野田卯太郎(東拓副總裁) ………………… 18-20

吾輩の立場より見たる滿蒙經營▶河西健次(滿鐵大連醫院長) ………… 20-22

滿洲に於ける通貨の實狀▶野津金之助(朝鮮銀行大連出張所) ………… 22-23

鮮滿貿易の現在及將來▶一記者 …… 23-25

大正博の敎ゆる我民族の發展力▶飛魚漁郎 ……………………………… 25-29

在鮮母國人の迷信を排斥す▶工藤忠輔(辯護士) …………………… 29-31

基督の眼に暎じたる生殖觀▶工藤武城(京城婦人病院長) ………… 31-34

兒玉總務局長縱談▶一記者 ……… 35-37

當面の人物伊藤滿鐵副總裁と語る▶飛雨子 ………………………… 37-39

支那視察と其感想▶三島太郎(朝鮮銀行理事) ……………………… 40-43

朝鮮家族制度の發展▶河合弘民(文學士) … …………………………… 45-49

鍪藏寺碑の發見▶小田幹治郎 …… 50-53

高麗靑磁に關する高麗人の記錄▶淺見倫太郎(法學士) ………… 53-55

滿洲の民族▶下田禮佐 ………… 56-58

朝鮮總督府の人物▶ヒマラヤ山人 … 59-64

會社銀行の人物▶ヒマラヤ山人 …… 65-69

南支那に於ける鑛山及鑛業の現況▶一技師 ………………………… 70-72

朝鮮に於ける畜牛預托狀況▶好牧生 … ………………………………… 72-74

朝四暮三錄▶城西野人 ………… 76-80

滿洲見物▶胃病男 ……………… 80-83

露領跋涉記▶山岡光太郎 ……… 83-85

全羅南北縱貫記▶苦樂多生 …… 85-87

漢詩 …………………………… 88-90

雨の降る日に▶岩佐蘆人 ………… 91

田每庵▶山名白紅 ……………… 92-96

小說に似たる某紳士の家庭▶風來山人 … ……………………………… 97-100

京城の女髮結▶鐵火生 ……… 100-105

朝鮮問答 ……………………… 106

滿洲問答 …………………… 106-107

讀者論壇 …………………… 108-111

時事日誌 …………………… 112

京城學校組合議員 …………… 113

風聞駄語 ……………………… 114

朝鮮及滿洲 第85号 1914年 8月

波/京元沿線三防之瀧

綠蔭淸談▶釋尾旭邦 ……………… 1-4

編輯室より▶釋尾旭邦 …………… 5-8

朝鮮に於ける治水事業の現在及び將來▶石塚英藏 ……………………… 9-12

朝鮮の山は何時靑くなるか▶齋藤音作(山林課長) ………………… 12-13

工事上より見たる朝鮮の水利事業▶MO生(工學士) ……………… 13-15

滿洲の農牧と水田の將來▶朽內壬五郎(滿鐵産業試驗場長) ………… 15-17

滿洲將來の工業地▶鈴木庸生(滿鐵瓦斯作業所長) ………………… 17-18

國民敎育と夏期休暇の利害▶藤田嗣章(前總督府醫院長) ………… 18-19

"メートル科，金屬線電燈及保險金不受領問題"▶工藤忠輔(辯護士) ················· 20–22

伊藤大八君は何故に失敗せるか▶常置記者 ·························· 22–26

海の解剖▶啓海生(總督府水產技師) 27–31

中央亞細亞と月の語の關係▶中村鳥堂 ··· 31–36

京元線附近の地形▶下田禮佐(京城中學校俞) ·························· 36–38

本朝書道に就て▶工藤壯平(法學士) 38–39

婦人たより▶柳絮子 ················· 40

夏の思ひ出:歐洲の夏と世界の避暑地▶三木武重(鐵道局參事) ·············· 41–43

夏の思ひ出:獨乙の夏と朝鮮の療養所▶森安連吉(總督府醫院) ············· 43–45

夏の思ひ出:羅馬の夏と人▶渡邊帳(高等法院長) ························ 45–46

夏の思ひ出:日射兵事件より大石橋の苦熱戰を回顧す▶河野恒吉(總督府武官) ··· 46–49

夏の思ひ出:東西の遊泳的設備と瑞典の風呂屋▶鈴木穆(司稅局長) ············· 49–51

夏の思ひ出:扇風機の今昔と長柄川の印象▶水越理庸(朝鮮銀行理事) ········· 52–53

夏の思ひ出:署さを知らぬ雲南の夏▶加古貞太郎(辯護士) ················· 53–54

夏の思ひ出:支那と滿洲と朝鮮と▶三島太郎(朝鮮銀行理事) ················· 54–56

夏の思ひ出:忘れ得ぬ拾草鞋の有り難味▶小原新三(地方局長) ·············· 56–57

夏の思ひ出:七月二十三日▶兒玉秀雄(鐵道局長) ························· 57–58

夏の思ひ出:心凉しければねば身も亦た凉し▶國分三亥(司法府長官) ········· 58–59

夏の思ひ出:獨乙の海水浴と美人の肌小宮三保松(李王職次官) ·············· 59–60

夏の思ひ出:臺灣の夏と樺太の九月▶山形閑(憲兵大佐) ··················· 61–62

夏の思ひ出:北海道と臺灣の役人▶吉原三郎(東拓總裁) ··················· 62–63

夏の思ひ出:夏と朝鮮の政變▶國分象太郎(中樞院書記官長) ··············· 63–64

夏の思ひ出:琉璃翡湖畔の綠蔭と牛津大學校庭の凉風▶工藤武城 ········· 64–66

總督府の人物▶ヒマラヤ山人 ········· 67–72

鐵道沿線の避暑地▶三木武重(鐵道局參事) ································· 73–75

金剛山探險中に於ける精神鍛鍊の實驗▶今川宇一郎 ·················· 76–82

避暑地の選擇▶久慈直太郎(總督府病院醫官) ································· 82–85

ハルピンまで▶林原生 ············· 85–90

將軍府の詩會▶洗兵庵 ············· 90–91

漢詩/俳句 ························ 92–94

官舍の奧樣▶鐵火生 ·············· 95–99

京城の暗黑道▶放浪男 ········· 100–103

京城牧場巡り▶一記者 ············· 104

讀者論壇 ························· 105

時事日誌 ························· 106

風聞駄語 ························· 107

朝鮮及滿洲 第86号 1914年 9月

青島市附近一覽圖/青島大港/青島市街/金剛山

詔書 ··························· 1

時局と我帝國民▶釋尾旭邦 ········· 2–6

寺内總督と語る▶釋尾旭邦 ········· 7–8

編輯室より▶釋尾旭邦 ············· 9–10

青島の一斑▶齋藤音作 ·········· 11–17

戰時國際法の運用及び白耳義雜觀▶秋山雅之助(總督府參事官) ··········· 18–21

歐洲の動亂と關係各國情の解剖▶丹羽淸次郎(青年會幹事) ··············· 21–25

獨逸の作戰計劃と露西亞▶河野恒吉(總督府武官) ························ 26–28

戰爭と衛生▶山根正次 ·········· 28–30

戰後の獨逸如何▶田原生 ········· 30–33

欧米漫遊所感▶關屋貞三郎(總督府學務局
　長) ‥‥‥‥‥‥‥‥‥‥‥‥‥‥ 33-36
印度水利事業概觀▶大島滿一(工學士) ‥‥‥
　‥‥‥‥‥‥‥‥‥‥‥‥‥‥‥‥ 36-39
東北北陸及九州地方と朝鮮移民問題▶松
　田四郎(東拓殖民課長) ‥‥‥‥‥ 39-42
法律上より見たる男女の區別▶工藤忠輔
　(辯護士) ‥‥‥‥‥‥‥‥‥‥‥ 42-44
歐大陸の戰亂と極東經濟界の前途▶豊田
　多賀雄(朝鮮銀行調査役) ‥‥‥‥ 44-49
洋行土産▶入江海平(總督府書記官) 49-54
最近四十年間に於ける朝鮮政變史▶國分
　象太郎(中樞院書記官長) ‥‥‥‥ 55-58
慶尙及全羅兩道に於ける民族學上の研究
　▶鳥井龍藏 ‥‥‥‥‥‥‥‥‥‥ 58-61
三國遺事脱解傳と種々の問題▶中村鳥堂 ‥
　‥‥‥‥‥‥‥‥‥‥‥‥‥‥‥‥ 62-67
春季發動期に於ける神經官能の障害▶森
　安連吉(總督府醫院副院長) ‥‥‥‥ 69-71
燈火と眼▶早野龍三(總督府醫院眼科部長)
　‥‥‥‥‥‥‥‥‥‥‥‥‥‥‥‥ 71-73
財界の麒麟兒福澤桃介氏を訪ふの記▶萬
　二千峰學人 ‥‥‥‥‥‥‥‥‥‥ 74-76
大倉喜八郎翁を訪ふの記▶萬二千峰學人 ‥
　‥‥‥‥‥‥‥‥‥‥‥‥‥‥‥‥ 76-78
總督府醫院の人物▶ヒマラヤ山人 ‥ 79-83
海の解剖▶啓海生(總督府水産技師) 84-88
本朝書道に就て▶工藤壯平(法學士) 88-90
新聞を離れて見たる二十三日の東京▶今
　川宇一郎 ‥‥‥‥‥‥‥‥‥‥‥ 92-94
漢詩 ‥‥‥‥‥‥‥‥‥‥‥‥‥‥ 95-96
和歌 ‥‥‥‥‥‥‥‥‥‥‥‥‥‥ 96-97
俳句 ‥‥‥‥‥‥‥‥‥‥‥‥‥‥ 97-98
京城の暗黒道▶放浪男 ‥‥‥‥‥ 99-101
歐洲戰亂と朝鮮の物價 ‥‥‥‥ 102-103
始政五年紀念朝鮮物産共進會開催趣旨 ‥‥
　‥‥‥‥‥‥‥‥‥‥‥‥‥‥‥‥‥ 103
京城に於ける電動力需用の狀況 ‥ 103-104
改正されたる京城府內市街地地價等級表 ‥‥

‥‥‥‥‥‥‥‥‥‥‥‥‥‥‥‥‥ 105
釜山だより▶革庵生 ‥‥‥‥‥‥‥ 106
京城牧場巡り▶一記者 ‥‥‥‥‥‥ 107
時事日誌 ‥‥‥‥‥‥‥‥‥‥‥‥ 108
戰況日誌 ‥‥‥‥‥‥‥‥‥‥ 109-110

朝鮮及滿洲　第87号　1914年　10月

壯絶!!!慘絶!!!/戰亂各國の兵士/膠州灣せる
　我飛行機の威力/我軍の包圍攻擊を受け
　つゝある膠州灣/膠州灣背面に於ける我
　兵の野營
カイゼル式の勇▶釋尾旭邦 ‥‥‥‥‥‥‥ 1
編輯室より▶釋尾旭邦 ‥‥‥‥‥‥‥ 2-5
大戰後に於ける日本の世界的地位▶阪谷
　芳郎(東京市長) ‥‥‥‥‥‥‥‥‥ 6-8
世界的戰亂と帝國の富强▶添田壽一(法學
　博士) ‥‥‥‥‥‥‥‥‥‥‥‥‥ 8-9
山東省及び之に對する獨逸の施設に就て
　▶村田俊彦(東洋拓殖會社金融部長) ‥‥‥
　‥‥‥‥‥‥‥‥‥‥‥‥‥‥‥‥ 10-15
新に活動舞臺となりし山東省▶一記者 ‥‥
　‥‥‥‥‥‥‥‥‥‥‥‥‥‥‥‥ 15-17
膠州灣は何時陷落するか▶黑田甲四郎(總
　督府囑託) ‥‥‥‥‥‥‥‥‥‥‥ 18-19
世界戰と日本に於ける外國語の將來▶工
　藤武城(京城婦人病院長) ‥‥‥‥ 20-28
獨逸の國民性と日常生活▶芳賀榮次郎(總
　督府醫院長) ‥‥‥‥‥‥‥‥‥‥ 28-31
黑鳩公の滿蒙處分論と歐洲戰亂▶河野恒
　吉(總督府武官) ‥‥‥‥‥‥‥‥ 32-33
戰爭と道德▶丹羽清次郎(基督教青年會幹
　事) ‥‥‥‥‥‥‥‥‥‥‥‥‥‥ 34-35
植民地爭奪戰▶山田武吉 ‥‥‥‥ 36-37
印度プンヂヤブ地方に於ける水利事業▶
　本間孝義(總督府技師) ‥‥‥‥‥ 37-39
獨逸の膠州灣占領始末▶田原禎次郎 ‥‥‥
　‥‥‥‥‥‥‥‥‥‥‥‥‥‥‥‥ 40-45
狼林山脈に於ける朝鮮高山植物▶中井猛

之進 ……………………………… 46-50

日鮮語同系論は如何にして歐洲に傳へら
　れしか▶新村出(文學博士) ……… 51-53

三國遺事脱解傳と種々の問題▶中村鳥堂 …
　…………………………………… 53-57

最近四十年間に於ける朝鮮政變史▶國分
　象太郎(中樞院書記官長) ………… 58-60

避妊法に就て▶久慈直太郎(總督府醫院醫
　官) ……………………………… 61-63

朝鮮に於ける特殊の疾病▶齊勇(水原慈惠
　醫院) …………………………… 63-65

海の解剖▶啓海生(總督府水産技師) ………
　…………………………………… 66-70

本朝書道に就て▶工藤壯平(法學士) ………
　…………………………………… 70-72

朝鮮婦人の出産と迷信▶今村鞆(朝鮮總督
　府警視) ………………………… 72-74

朝鮮教育界の人物▶ヒマラヤ山人 … 76-79

東京市長なる阪谷芳郎男を訪ふの記▶萬
　二千峰學人 ……………………… 80-81

東京高等工業學校に手島校長を訪ふの記
　▶萬二千峰學人 ………………… 82-83

高粱酒に關する研究▶齋藤賢道(理學博士)
　…………………………………… 84-86

山東省の柞蠶▶都澤正章(大連中央試驗場)
　…………………………………… 87-88

大陸遊記▶波岡茂輝(文學士) …… 89-101

漢詩 …………………………… 102-103

和歌 …………………………………… 104

朝鮮美術協會第一回展覽會を觀る▶凹凸
　子 ………………………………… 105

闘花場裡の京城▶鐵火生 ……… 106-113

世界戰況日誌 ………………… 114-115

時事日誌 …………………………… 116

朝鮮及滿洲　第88号　1914年　11月

膠州灣背面の露營/我軍の占領せる山東鐵
　道博山鐵山及南洋群島

戰ふ非か戰はざる是か▶釋尾旭邦 ……… 1

編輯室より▶釋尾旭邦 ………………… 2-8

大戰亂の與うる教訓▶仲小路廉(貴族院議
　員) ………………………………… 9-13

戰爭により暴露せる實業家の缺陷▶前田
　正名(貴族院議員) …………… 13-15

時局と我政府當路者及び國民の覺悟▶安
　達謙造(代議士) ……………… 16-17

時局と經濟界▶市原宏盛(朝鮮銀行總裁) …
　…………………………………… 17-19

機械力と正義心の戰爭▶菱田正治(朝鮮總
　督府通譯官) …………………… 19-21

學問と藝術の自作自給▶工藤忠輔(辯護士)
　…………………………………… 21-24

靑島に於ける日本人▶田原禎次郎(滿洲日
　日新聞主筆) …………………… 25-28

山東省事情▶山內生 …………… 28-31

山東省は邦人の發展に適するか▶山田武
　吉 ………………………………… 31-33

大豆が大連港に及ぼせる影響▶市川牧之
　助 ………………………………… 33-35

時局に就て手色の變つた人を訪ふ▶一記
　者 ………………………………… 36-38

黃海道に於ける新發見の高麗窰▶河合弘
　民(文學士) …………………… 39-46

大馬見聞記▶小倉進平(文學士) …… 47-51

獨逸の動亂より逃げ歸りし記▶藤井虎彦
　(總督府醫院婦人科部長) ……… 52-55

山東省瞥見記▶上林敬次郎(朝鮮總督府書
　記官) …………………………… 56-57

頃日流行する病氣に就て▶森安連吉(總督
　府醫院副院長) ………………… 57-59

秋風薫ろ千駄ヶ谷に宇佐川男爵を訪ふの
　記▶萬二千峰學人 …………… 60-61

前農商務大臣仲小路廉氏を訪ふの記▶萬
　二千峰學人 …………………… 61-63

海の解剖▶啓海生(總督府水産技師) ………
　…………………………………… 64-69

植民地の監獄▶一記者 ………… 69-71

朝鮮教育界の人物▶ヒマラヤ山人 … 72-75
大陸遊記▶波岡茂輝(文學士) ……… 76-84
撫順へ▶小林朝陽 ………………… 84-87
漢詩 ………………………………… 88-89
釜山より▶一記者 ………………… 90-91
京城の醫者と病人▶鐵火生 ……… 92-99
狩獵家の秘密▶鐵火生 …………… 99-102
時事日誌 ……………………………… 103
風聞駄語 …………………………… 104-105

朝鮮及滿洲 第89号 1914年 12月

族を立つ青島第一峰/我帝國の占領せる膠州灣
大正三年を送る▶釋尾旭邦 ………………… 1
陷落せる膠州灣を如何にせんとするか▶
　釋尾旭邦 ……………………………… 2-5
編輯室より▶釋尾旭邦 …………………… 6-8
膠州灣處分問題に就て▶秋山雅之介(朝鮮
　總督府參事官) ……………………… 9-12
軍事上に於ける膠州灣の價値▶宮田爲之
　(第九師團參謀長) ………………… 12-13
膠州灣の處分如何▶田原生(滿洲日日主筆)
　……………………………………… 14-16
實力を山東に占めよ▶山田武吉 …… 17-19
日支貨幣同盟論▶大田三郎(朝鮮銀行調査
　局) ………………………………… 20-23
幼年犯罪者の取扱法に就て▶渡邊帳(高等
　法院長) …………………………… 23-25
犯罪の變遷と其の將來▶某法官談 ‥ 25-27
東西南北 ……………………………… 28
英獨兩國に於ける工業教育の概要▶宇野
　三郎(中央試驗所技師) …………… 29-34
世界に於ける獨逸▶藤井虎彦(總督府醫院
　婦人科部長) ……………………… 34-37
文字を透して見たる佛蘭西▶工藤武城(ド
　クトル) …………………………… 37-38
滿鐵の各理事▶大和尙山人 ………… 39-41
名士と平常 …………………………… 41

人生と疾病▶古城憲治(醫學博士) … 42-43
我國民性と商業道德觀▶佐野善作(法學博
　士) ………………………………… 44-45
古袴變じて金ピカの秋山博士 ……… 46
對馬見聞記▶小倉進平(文學士) …… 47-52
三國遺事脫解傳と種々の問題▶中村鳥堂 …
　……………………………………… 53-55
日本銀行理事土方久徵氏を訪ふの記▶萬
　二千峰學人 ………………………… 56-57
橫濱正金銀行に山川副頭取を訪ふの記▶
　萬二千峰學人 ……………………… 58-59
平和協會々頭ウイリアムシーアレン氏を
　訪ふ▶一記者 ……………………… 60-61
名士の平常 …………………………… 61
東拓の稻作改良▶足立丈次郎(東洋拓殖會
　社技師) …………………………… 62-64
明太魚漁業▶水棹子 ………………… 64-68
京城辯護士界の人物▶ヒマラヤ山人 ………
　……………………………………… 69-75
大陸遊記▶波岡茂輝(文學士) ……… 76-82
漢詩/和歌/俳句 ……………………… 83-86
膠州灣より▶一社友 ………………… 87-92
黃金町の裏長屋の夜▶鐵火生 ……… 93-99
京城の藝娼妓賣買法▶放浪兒 …… 100-106
京城に於ける頼母子講の表面▶陋巷生 ……
　………………………………… 107-108
時事日誌 ……………………………… 109
大正四年度總督府豫算 ………… 110-113
風聞駄語 ……………………………… 114

朝鮮及滿洲 第90号 1915年 1月

日の出の海岸/帝國の領土
元日を拜して▶釋尾旭邦 …………………… 1
我帝國領土の膨脹發展力▶釋尾旭邦 … 2-7
編輯室より▶釋尾旭邦 …………………… 8-10
世界の大勢と增師問題▶仲小路廉(貴族院
　議員) ……………………………… 11-13
帝國の國防問題及び支那問題▶鎌田榮吉

（慶應義塾大學長）⋯⋯⋯⋯ 13–16

膠州灣處分論の眞諦▶中村啓次郎(衆議院
　議員)⋯⋯⋯⋯⋯⋯⋯⋯⋯ 16–17

歐洲戰爭と國民思想▶福來友吉(文學博士)
　⋯⋯⋯⋯⋯⋯⋯⋯⋯⋯⋯ 17–19

大戰後の經濟狀態如何▶中野武營(東京商
　業會議所會頭)⋯⋯⋯⋯⋯ 19–21

一陽來復と悲觀的經濟界▶佐竹作太郎(衆
　議院議員)⋯⋯⋯⋯⋯⋯⋯ 21–22

活躍すべき本年の外交▶秋山雅之介(朝鮮
　總督府參事官)⋯⋯⋯⋯⋯ 22–23

民族發展論▶山田武吉 ⋯⋯⋯⋯⋯ 23–27

增師は急務なり▶高橋天豪 ⋯⋯⋯ 27–28

帝國議會の窓より玄海の彼方へ▶阿呆鳥 ⋯
　⋯⋯⋯⋯⋯⋯⋯⋯⋯⋯⋯ 29–32

陸接國境貿易の現況に付て▶矢鍋永三郎
　（元山稅關長）⋯⋯⋯⋯⋯ 33–37

朝鮮教育の發達▶關屋貞三郎(朝鮮總督府
　學務局長)⋯⋯⋯⋯⋯⋯⋯ 38–39

朝鮮鐵道工事の現狀▶小城齊(朝鮮總督府
　鐵道局技師長)⋯⋯⋯⋯⋯ 39–40

朝鮮の水産業▶菖蒲治太郎(總督府技師)
　⋯⋯⋯⋯⋯⋯⋯⋯⋯⋯⋯ 40–41

朝鮮金融界の趨勢▶水越理庸(朝鮮銀行理
　事)⋯⋯⋯⋯⋯⋯⋯⋯⋯⋯ 42–44

後藤新平男と火鉢を圍みて▶今川宇一郎 ⋯
　⋯⋯⋯⋯⋯⋯⋯⋯⋯⋯⋯ 45–49

板垣老伯と卓を圍みて▶今川宇一郎 ⋯⋯
　⋯⋯⋯⋯⋯⋯⋯⋯⋯⋯⋯ 50–53

國澤副總裁と談る▶一記者 ⋯⋯⋯ 54–55

山東の石炭と其將來▶一記者 ⋯⋯ 56–58

最も注目すべき山東の漁業及鹽業▶一記
　者 ⋯⋯⋯⋯⋯⋯⋯⋯⋯⋯⋯ 59–61

日本人の新發展地たる濟南府▶一記者 ⋯⋯
　⋯⋯⋯⋯⋯⋯⋯⋯⋯⋯⋯ 61–65

人物と趣味及び娛樂▶ヒマラヤ山人 ⋯⋯
　⋯⋯⋯⋯⋯⋯⋯⋯⋯⋯⋯ 66–71

不景氣挽回策 ⋯⋯⋯⋯⋯⋯⋯⋯ 72–84

露獨墺國境交叉點に立ちて▶木戶忠太郎

（理學士）⋯⋯⋯⋯⋯⋯⋯⋯ 85–87

英國の田舍と倫敦の名物▶宇野三郎(朝鮮
　總督府工業傳習所技師)⋯⋯ 87–89

酒の話▶奧村順四郎(滿鐵中央試驗所)⋯⋯
　⋯⋯⋯⋯⋯⋯⋯⋯⋯⋯⋯ 90–95

乳製飲料の話,附,蒙古産奶子酒に就て▶
　齋藤賢道(理學博士)⋯⋯⋯ 95–96

滿洲に産する支那人の藥▶中尾萬三(滿鐵
　中央試驗所)⋯⋯⋯⋯⋯⋯ 96–99

興味樣々の正月▶秋山博士談 ⋯ 100–106

本年の氣運▶洗兵庵 ⋯⋯⋯⋯ 106–110

グ–論▶工藤武城(京城婦人病院長)⋯⋯
　⋯⋯⋯⋯⋯⋯⋯⋯⋯⋯ 111–114

俳趣味より觀たる元日▶日田亞浪(やまと
　新聞編輯長)⋯⋯⋯⋯⋯ 114–117

江華島の新年▶網村 ⋯⋯⋯⋯ 117–118

上海所感▶淸家彩果 ⋯⋯⋯⋯ 118–120

印象深き朝鮮の冬▶阿呆鳥 ⋯⋯ 120–123

大陸遊記▶波岡茂輝(文學士)⋯⋯ 123–126

漢詩/俳句 ⋯⋯⋯⋯⋯⋯⋯⋯ 127–130

春の絕壁▶松美佐雄 ⋯⋯⋯⋯ 131–135

愛妻通信▶秋村晶一郎 ⋯⋯⋯ 136–140

朝鮮妓生のすき燒屋▶鐵火生 ⋯ 140–147

大正三年に於ける內外重要時事 ⋯ 148–153

東西南北 ⋯⋯⋯⋯⋯⋯⋯⋯⋯⋯ 154

合資會社福喜洋行 ⋯⋯⋯⋯⋯⋯ 155

廣江商會 ⋯⋯⋯⋯⋯⋯⋯⋯⋯ 156

朝鮮及滿洲 第91号 1915年 2月

李王職博物館及動植物園門前之景

戰局我觀▶高橋天豪(法學士)⋯⋯⋯ 2–3

憂ふべき亡國的色彩▶矢野恒太(第一生命
　保險相互會社專務)⋯⋯⋯⋯ 4–5

英國植民地と政策▶總督府理財課長　入江
　海平述 ⋯⋯⋯⋯⋯⋯⋯⋯ 6–9

回顧三十年獨逸の植民政策▶松岡均平(法
　學博士)⋯⋯⋯⋯⋯⋯⋯⋯ 9–12

植民地同化論▶山田武吉 ⋯⋯⋯ 12–15

鮮人僞證の弊風と防止法▶朝倉外茂鐵(辯
　護士) ……………………………… 15–17
一瞥せる清會線▶雲嵐生 …………… 17–23
朝鮮の商業會議所▶大村友之丞(京城日本
　人商業會議書記長) ……………… 23–26
編輯局より▶一記者 ………………… 27–28
獨逸精神主義の美點と缺點▶宇野三郎(中
　央試驗所技師) …………………… 29–31
獨逸の學府と米國の學問▶村上直次郎(東
　京外國語學校長) ………………… 31–33
最近の靑島▶一記者 ………………… 34–39
山東省の棉花▶一記者 ……………… 39–41
滿洲大豆と取引狀態▶松下久次郎(日靑豆
　粕株式會社專務取締役) ………… 41–45
滿洲石炭の成因▶村上鈑藏(滿鐵地質研究
　所) ………………………………… 45–46
政界より隱退せろ大石正巳翁を訪ふの記
　▶萬二千峰學人 …………………… 47–50
傳染病とは何ぞや▶森安連吉(總督府醫院
　副院長) …………………………… 51–53
婦人間に流行する恐ろしい傳染病▶古城
　憲治(醫學博士) ………………… 53–56
水道に就て▶二日市貞一(工學士) … 57–59
空氣は吾人の一大富源▶今津明(理學士) …
　……………………………………… 59–61
過去の人物▶一記者 ………………… 62–65
間島地方及び北朝鮮の硏究▶谷井濟一(朝
　鮮總督府囑託) …………………… 66–70
大馬見聞記▶小倉進平(文學士) …… 70–72
大陸遊記▶波岡茂輝(文學士) ……… 73–77
十三道膝栗毛▶今川宇一郎 ………… 77–80
朝鮮寺院生活の思ひて▶龍骸學人 … 80–85
湖南線旅行記▶一記者 ……………… 85–89
漢詩/俳句 …………………………… 90–94
朝鮮鑛山師の內幕▶鐵火生 ……… 95–101
時事日誌 ………………………………… 102
無駄話 …………………………………… 103

朝鮮及滿洲 第92号 1915年 3月

春淺き金剛山/春花浮動の牧丹臺
客に答ふ▶釋尾旭邦 ……………………… 1
支那問題の解決は此一擧に在り▶釋尾旭邦
　…………………………………………… 2–7
處世哲學▶ヒマラヤ山人 ………………… 7
滿洲より歸京せし大倉鶴彥翁の旅印象▶
　萬二千峰學人 ………………………… 8–10
實利的に豫見したる世界の將來▶建部遯
　吾(文學博士) …………………… 11–14
基礎的に硏究したる人種問題▶稻田周之
　助(中央大學敎授) ……………… 14–18
世界の競爭と日本の國語及國字▶田中館
　愛橘(理學博士) ………………… 18–20
何故に要求を公示せざる▶高橋天豪(法學
　士) ………………………………… 20–22
朝鮮勞働者と滿洲▶田原禎次郎(大連) ……
　……………………………………… 22–25
外交家の要諦▶秋山雅之介(總督府參事官)
　……………………………………… 25–26
農銀問題に就き遠山支配人と語る … 27–28
靑島視察記▶桂陽生(特派記者) …… 29–34
北滿に在る邦人の散布狀態▶凸凹生(在哈
　爾賓) ……………………………… 35–40
有望なる對支輸出品▶一記者 ……… 40–42
南滿の新商埠地たるべき葫蘆島▶一記者 …
　……………………………………… 42–44
選擧の戰塵を浴びて玄海の彼方へ▶阿呆
　鳥 ………………………………… 45–47
最近四十年閒んに於ける政變史▶國分象
　太郎(中樞院書記官) …………… 48–50
三國遺事脫解傳と種々の問題▶中村鳥堂 …
　……………………………………… 51–53
慶北の堤堰▶麻生武龜 ……………… 53–55
對馬見聞記▶小倉進平(文學士) …… 56–60
大陸遊記▶波岡茂輝(文學士) ……… 60–64
十三道膝栗毛▶今川宇一郎 ………… 64–68
北鮮雪の旅▶一記者 ………………… 68–70

給仕の見たる食堂會議▶茶目公 …… 71-72

氷を抱て▶旭邦生 …………………… 73-79

漢詩/和歌/俳句 ………………………… 80-85

お役人連の七年前と今 ………… 86-87

編輯漫言▶一記者 ……………… 88-89

朝鮮に跋扈せる保險屋の内幕▶一記者 …

………………………………………… 90-94

不思議な京城▶森屋天鼓生 …… 95-101

時事日誌 ………………………………… 102

風聞駄語 ………………………………… 103

朝鮮及滿洲 第93号 1915年 4月

植林の初年/植林の三年目/植林の五年目/
　京城總督府立中學校本年の卒業生/京城
　普通學校本年の卒業生/京城公立高等女
　學校本年の卒業生/京城女子高等普通學
　校本年の卒業生/京城の春

力か運か▶釋尾旭邦 ………………………… 1

國を擧て對支問題の解決に當るべし▶釋
　尾旭邦 …………………………………… 2-4

編輯室より▶釋尾旭邦 ………………… 5-8

海外發展と大正維新の眞意義▶深作安文
　(文學士) ………………………………… 9-13

大戰後の平和運動と儒教▶服部宇之吉(文
　學博士) ………………………………… 13-18

總選擧に現はれたる國民の政治的心理▶
　三宅雄二郎(文學博士) ……………… 18-20

佛蘭西に於ける農工銀行▶三島太郎(朝鮮
　銀行理事) ……………………………… 20-23

紀念植樹に就て▶齋藤音作(朝鮮總督府山
　林課長技師) …………………………… 23-25

滿蒙の今後▶山田武吉 ………………… 26-27

龍口開埠に就て▶蔡國器(開埠局長) 27-28

風雲の急を睥睨しつゝ支那總領事館を訪
　ふ▶濛々生 …………………………… 29-31

梅薫る中小路邸に鐵血宰相比公論を聽く
　▶萬二千峰學人 ……………………… 32-34

談を聽く▶阿呆鳥 ……………………… 35-37

朝鮮より出でし候補者▶ヒマラヤ山人 …

………………………………………… 38-39

藝術眼より視たる歐洲の交戰國▶丸山晩
　霞 ………………………………………… 40-42

露國の大恩人ウ井ツテ伯逝く▶田原禎次
　郎(滿洲日日主筆) …………………… 42-44

朝鮮の研究と歐米人の著作物▶今川宇一
　郎 ………………………………………… 44-47

思ひ出る儘の記▶岸生 ………………… 47-49

處世哲學▶ヒマラヤ山人 ……………… 50

對馬見聞記▶小倉進平(文學士) …… 51-53

大陸遊記▶波岡茂輝(文學士) ……… 54-58

十三道膝栗毛▶今川宇一郎 ………… 58-62

漢詩/俳句 ……………………………… 63-67

琵琶に關する管見▶黑田鹿水子談 … 68-74

大和新地の女▶小村咲子 …………… 75-84

朝鮮鑛山師の内幕▶鐵火生 ………… 85-92

時事日誌 ………………………………… 93

衆議院議員當選者一覽表 …………… 94-95

風聞駄語 ………………………………… 96

朝鮮及滿洲 第94号 1915年 5月

日鮮人聯合運動會/總督府境内の櫻/牛耳洞
　の櫻/寺内總督の紀念植樹/李王家の植林
　/京城乘馬會

人か時か▶釋尾旭邦 ………………………… 1

斷乎として對支要求の初志を貫徹すべし
　▶釋尾旭邦 …………………………… 2-4

寺内總督と語る▶釋尾旭邦 ………… 5-7

正口軍司令官を訪ふ▶釋尾旭邦 ……… 8-10

帝國の將來と國民外交▶金子堅太郎(子爵)

………………………………………… 11-12

支那問題の根本義▶鎌田榮吉(貴族院議員)

………………………………………… 13-14

日支交涉論▶田原禎次郎(滿洲日日主筆) …

………………………………………… 14-25

日支問題と世界の評論界▶飛魚漁郎 ………

························ 26–30

支那の獨立及び主權▶山田武吉 ······ 30–32

支那を舞臺としたる世界觀▶今川宇一郎 ···
··· 32–35

隱退居士大石翁を訪ふて支那問題を聽く
▶萬二千峰學人 ················ 36–37

櫻咲く富坂の邸に觀樹將軍を訪ふの記▶
萬二千峰學人 ················ 38–39

滿洲及び北京地方の經濟及び金融狀況▶
水越理庸(朝鮮銀行理事) ······ 40–44

外人の執りし支那産業開發策▶駒井德三
(農學士) ·················· 44–46

南滿洲に於ける土地所有權と日本人の農
業經營▶長風生 ·············· 46–48

東蒙古に於ける邦人活動の新天地▶一記
者 ························ 48–51

北京より歸りし水越鮮銀理事を訪ふ▶一
記者 ······················ 52–53

東拓櫻上五分間の野田大魂▶蒙々生 ·····
··· 54–55

最近四十年間に於ける朝鮮政變史▶國分
象太郎(中樞院書記官長) ······ 56–59

空氣は吾人の一大富源▶今津明(理學士) ···
··· 59–62

慶北の堤堰▶麻生武龜 ············ 62–63

官制改正の結果異動せる重もなる役人▶
ヒマラヤ山人 ················ 64–65

哈爾賓雜觀▶西村濤蔭 ············ 66–68

大陸遊記▶波岡茂輝(文學士) ······ 68–71

全鮮記者團會合の記▶釋尾旭邦 ······ 72–75

漢詩/俳句 ·················· 76–79

我輩の青年時代 ·············· 80–83

日韓瓦斯會社の解剖▶一記者 ······ 84–91

暴利を貪る京城の風呂屋▶出羽龜之助 ·····
··· 92–94

漢湖農工銀行事件公判傍聽記▶一記者 ·····
··· 95–97

朝鮮婦人▶鐵火生 ·············· 98–106

讀者論壇 ·················· 107–108

風聞駄語 ·················· 109–110

始政紀念五年共進會 ············ 111

時事日誌 ·················· 112

小林氏の經營せる樂山金鑛▶一記者 ·····
··· 113–114

東拓と移住規則改正の要旨 ······ 115–116

朝鮮郵船株式會社▶一記者 ······ 117

家庭と蓄音機 ················ 118

朝鮮に於ける染料及眼科界の權威福喜洋
行▶一記者 ················ 119–120

三越京城支店を訪ふの記▶一記者 ··· 121

三井物産株式會社京城支店▶一記者 ··· 122

高麗人蔘と井上宣壽堂 ············ 123

悲觀男女と子なき夫婦に與うるの書 ··· 124

朝鮮及滿洲 第95号 1915年 6月

蒙古の名物/滿洲の牧畜/京城府尹官邸の牧
丹

海老名氏の人世觀を聽く▶釋尾旭邦 ······ 1

對支問題の一段落と我國民の覺悟▶釋尾
旭邦 ························ 2–6

收穫の方面より觀たる日支新條約と我國
民▶釋尾旭邦 ················ 6–8

編輯室より▶釋尾旭邦 ············ 9–11

歐洲戰爭と日支問題▶伊集院彥吉(特命全
權大使) ·················· 13–15

對支交涉と其の得失▶古谷久綱(衆議院議
員) ······················ 15–18

大に滿蒙方面の開拓に從事▶市原盛宏(朝
鮮銀行總裁) ················ 18–20

鳥一匹而已▶高橋天豪(法學士) ······ 20–22

新條約と滿蒙▶洗兵庵 ············ 22–24

特別會議の窓より玄海の彼方へ▶一記者 ···
··· 25–27

支那問題と民衆心理▶一記者 ······ 28–31

滿蒙利權の活用▶田原禎次郎(滿洲日日主
筆) ······················ 32–36

新利權と裁判權▶立川雲平(前代議士) ······

　　　‥‥‥‥‥‥‥‥‥‥‥‥‥ 37-38

滿蒙植民と土地所有權問題▶藤水生 ‥‥‥
　　　‥‥‥‥‥‥‥‥‥‥‥‥‥ 38-40

中村滿鐵總裁を訪ふて滿蒙開發談を聽く
　▶萬二千峰學人 ‥‥‥‥‥‥ 41-42

亞細亞モンロ-主義者長島隆二氏を訪ふ▶
　萬二千峰學人 ‥‥‥‥‥‥ 43-44

國分事務官を訪ふて朝鮮歷代の各公使の
　外交振りを聞く▶釋尾旭邦 ‥‥‥‥ 45-46

日置支那公使は如何なる人物か▶ヒマラ
　ヤ山人 ‥‥‥‥‥‥‥‥‥ 47-48

朝鮮に於ける林野調查▶上林敬次郎(朝鮮
　總督府山林課長) ‥‥‥‥‥ 49-52

東部內蒙古の農業▶駒井德三(農學士) ‥‥‥
　　　‥‥‥‥‥‥‥‥‥‥‥‥‥ 52-56

人蔘に就て▶中尾萬三(滿鐵中央試驗所) ‥‥
　　　‥‥‥‥‥‥‥‥‥‥‥‥‥ 56-58

歐米巡遊所感▶總督府技師 岡田虎輔談 ‥‥
　　　‥‥‥‥‥‥‥‥‥‥‥‥‥ 59-64

十三道膝栗毛▶今川宇一郎 ‥‥‥‥ 65-68

京城雜感▶白頭巾 ‥‥‥‥‥‥‥ 68-72

我輩の靑年時代 ‥‥‥‥‥‥‥‥ 73

漢詩/俳句 ‥‥‥‥‥‥‥‥‥‥ 74-77

如何にせば皮膚の日に燒けるのを防ぎ得
　べきか▶瀨戶潔(瀨戶病院長) ‥‥‥ 78

糞尿問題と南山商會▶一記者 ‥ 79-83

靑嶋後家▶玉蓋花 ‥‥‥‥‥‥ 84-92

日支新條約正文 ‥‥‥‥‥‥‥ 93-94

時事日誌 ‥‥‥‥‥‥‥‥‥‥ 95

風聞駄語 ‥‥‥‥‥‥‥‥‥‥ 96-97

會社廻り ‥‥‥‥‥‥‥‥‥‥ 98

朝鮮及滿洲 第96号 1915年 7月

京城に於ける愛國婦人會/美なる靑島/濟南
　府/北京市街其一其二/滿洲の夏

暑中休暇と靑年▶釋尾旭邦 ‥‥‥‥‥ 1

支那を見て▶釋尾旭邦 ‥‥‥‥‥ 2-8

北京に日置支那公使と語る▶釋尾旭邦 ‥‥

　　　‥‥‥‥‥‥‥‥‥‥‥‥‥ 9-14

懸案解決と日支貿易▶伊集院彥吉(特命全
　權大使) ‥‥‥‥‥‥‥‥‥ 15-18

成果より視たる日支交涉▶吉野作造(東京
　帝大敎授) ‥‥‥‥‥‥‥‥ 18-22

滿蒙開發と資本問題▶野村龍太郎(前滿鐵
　總裁) ‥‥‥‥‥‥‥‥‥‥ 22-24

日支新條約と邦人の地位▶小松綠(中樞院
　書記官長) ‥‥‥‥‥‥‥‥ 24-26

支那公使陸君と握手を交はしつゝ▶萬二
　千峰學人 ‥‥‥‥‥‥‥‥‥ 27-28

支那の排貨と其の先後策▶田原禎次郎(滿
　洲日日主筆) ‥‥‥‥‥‥‥ 29-36

滿蒙移民主義▶山田武吉 ‥‥‥ 37-39

滿洲特種金融機關に就て▶鄭衛學人 ‥‥‥
　　　‥‥‥‥‥‥‥‥‥‥‥‥‥ 39-42

景氣の挽回と京城の發展▶重松生 42-44

醫學上より見たる朝鮮と滿洲▶瀨戶潔(瀨
　戶病院長) ‥‥‥‥‥‥‥‥ 45-48

支那藥學略史▶中尾萬三(滿鐵中央試驗所)
　　　‥‥‥‥‥‥‥‥‥‥‥‥‥ 48-51

夏季の衛生▶森安蓮吉(朝鮮總督府醫院副
　院長) ‥‥‥‥‥‥‥‥‥‥ 51-53

朝鮮の梵鐘に就て▶稻田春水 ‥ 54-55

南滿洲の土地に就て▶一記者 ‥ 55-57

歐米巡遊所感▶總督府技師 岡田虎輔談 ‥‥
　　　‥‥‥‥‥‥‥‥‥‥‥‥‥ 58-62

占領地南洋の風俗と產物▶永野淸(法學士)
　　　‥‥‥‥‥‥‥‥‥‥‥‥‥ 62-65

十三道膝栗毛▶今川宇一郎 ‥‥ 65-69

佛岩山に登る▶成田瀧川 ‥‥‥ 69-71

滿洲人物▶江上客 ‥‥‥‥‥‥ 72-73

剪燈夜話▶工藤武城(京城婦人病院長) ‥‥‥
　　　‥‥‥‥‥‥‥‥‥‥‥‥‥ 74-76

朝鮮太郎の東京見物▶阿呆鳥 ‥ 76-79

東京より▶今川生 ‥‥‥‥‥‥ 80-81

漢詩/俳句 ‥‥‥‥‥‥‥‥‥ 82-85

我輩の靑年時代▶朝鮮銀行總裁　市原盛宏
　氏談 ‥‥‥‥‥‥‥‥‥‥‥ 86-88

東西南北 ……………………………… 89–91
時事日誌 …………………………………… 92
波瀾重疊せよ朝鮮煙草會社の亂脈▶一記
　者 ……………………………………… 93–98
洋服屋の内幕▶鐵火生 ………………… 99–106
朝鮮問答 ………………………………… 107
滿蒙問答 ………………………………… 108
山東問答 ………………………………… 109
風聞駄語 …………………………… 110–111
會社廻り ………………………………… 112

朝鮮及滿洲 第97号 1915年 8月

金剛山の奇勝/泰山の溪谷/黄河の凉味/北
　京外の夏景色/大連星ヶ浦
人生觀▶釋尾旭邦 ………………………… 1
支那を見て▶釋尾旭邦 …………………… 2–6
編輯室より▶釋尾旭邦 …………………… 7–8
北京公使館に小幡書記官と語る▶釋尾旭
　邦 ……………………………………… 9–10
滿蒙經營の中樞機關▶田原禎次郎(滿洲日
　日主筆) ……………………………… 11–13
滿蒙經營と中心人物▶鄭衞學人 …… 13–16
朝鮮始政五年紀念共進會開催と金剛山紹
　介の好機▶今川宇一郎 …………… 17–20
東京より▶支局一記者 ……………… 21–22
田尻北雷博士と五尺を隔て▶東京支局 萬
　二千峰學人 ………………………… 23–24
新羅及百濟の古墳▶關野貞(工學博士)
　25–29
朝鮮に於ける金石文▶小田幹治郎(朝鮮總
　督府事務官) ……………………… 29–31
ラヂユームと鑛泉▶吉木彌三(總督府醫院
　藥劑課長・藥學士) ……………… 32–34
旅順に白仁民政長官と語る▶釋尾旭邦 …
　…………………………………… 35–37
金剛山中の神仙生活▶今川宇一郎 … 37–46
滿鐵の樓上に樺山理事と語る▶釋尾旭邦 …
　…………………………………… 47–48
人生を如何に觀るか:人の仕た事は善惡共
　に不滅である▶國分三亥(司法府長官) …
　…………………………………… 49–51
人生を如何に觀るか:現在の職業に最善の
　努力を盡すにある▶持地六三郎(土木局
　長) ………………………………… 51–52
人生を如何に觀るか:人生は協同生活にあ
　る▶中村竹藏(檢事長) …………………… 53
人生を如何に觀るか:人生は衛生が第一で
　ある▶芳賀榮次郎(總督府醫院長) ………
　…………………………………… 53–55
人生を如何に觀るか:人生は誠實を以て進
　むにある▶柴崎鐵吉(京城中學校校長) …
　…………………………………… 55–57
人生を如何に觀るか:人生は修學旅行の如
　し▶太田秀穗(京城高等普通學校長兼視
　學官) ……………………………… 57–60
人生を如何に觀るか:人生と植物の改善▶
　加古貞太郎(辯護士) ……………… 60–61
人生を如何に觀るか:人生は苦樂相半ばす
　るものである▶工藤武城(京城婦人病院
　長) …………………………………… 61
人生を如何に觀るか:物心兩面の進歩向上
　にある▶皆川廣濟(辯護士) ……… 61–62
人生を如何に觀るか:唯努力の一途あるの
　み▶宇佐美勝夫(内務部長官) ……………… 62
人生を如何に觀るか:死ぬる心▶佐藤恒丸
　(京城衛生病院長) ………………… 62–64
大連の人物▶江上客 ………………… 65–66
支那遊記(其一)▶釋尾旭邦 ………… 67–73
歐米巡遊所感(其三)▶總督府技師　岡田虎
　輔氏談 ……………………………… 73–78
朝鮮十三道膝栗毛(七)▶今川宇一郎 ………
　…………………………………… 78–81
滿洲の夏▶小林朝陽 ………………… 82–84
滿洲の水泳▶西村濤蔭 ……………… 84–85
夏を知らぬ星ヶ浦▶朝陽生 ………… 86–87
獨墺人の組織せる青島山岳會▶一記者 ……
　…………………………………… 87–89

變化多き東京の色彩▶飛魚漁朗 …… 89–93

漢詩/俳句 ……………………… 94–96

我輩の靑年時代 ……………… 97–100

夏休みと家庭 ……………… 101–109

女按摩▶玉盞花 ……………… 110–117

時事日誌 ……………………… 118–119

日記帳より ………………………… 120

風聞駄語 …………………………… 121

會社廻り ……………………… 122–123

朝鮮及滿洲 第98号 1915年 9月

金剛山中に於ける寺內總督/泰山の秋/滿洲
　の秋

植民地と靑年▶釋尾旭邦 …………………… 1

支那を見て▶釋尾旭邦 ………………… 2–4

編輯室より▶釋尾旭邦 ………………… 5–7

膠州灣頭澁川玄耳君を訪ひ更に吉村民政
　長官の畫餐會に招かれて▶釋尾旭邦 ……
　…………………………………… 8–10

支那に對する國民の謬想▶浮田和民(法學
　博士) ………………………… 11–13

支那問題と經濟同盟▶今川宇一郎 … 13–16

言論の權威と調査の知識▶柳澤保憲(貴族
　院議員伯爵) ………………… 17–19

世界統一主義の新提唱▶飛魚漁朗 … 19–22

東京より▶支局一記者 ……………… 22–23

人口問題と移植民▶山田武吉 ……… 24–27

滿蒙產業の現在及將來▶駒井得三(滿鐵會
　社地方產業係農學士) ……………… 28–30

滿蒙に於ける有望なる事業 東蒙古に於け
　る農業▶在大連 坂入巖 ………… 30–32

滿韓地方に於ける我實業敎育の方針如何
　▶大連 松本六公 ………………… 32–34

奧田東京市長と卓を隔てゝ▶萬二千峰學
　人 ………………………………… 35–36

過去に於ける日本と朝鮮の文明比較▶吉
　田東伍(文學博士) ………………… 37–41

タゴールに就て▶太田秀穗(朝鮮總督府視
　學官文學士) ………………………… 41–43

全羅南道智異山華嚴寺華嚴石壁經に就て
　▶稻田春水 ………………………… 43–45

初秋の頃より最も恐るべき流行病はチブ
　スなり▶田中丸治平(朝鮮總督府副醫院
　醫官) ………………………………… 46–48

朝鮮の地方病及傳染病▶原親雄(警務總監
　部技師) ……………………………… 48–49

浦汐總領事館に野村領事と淋しい笑ひを
　洩しつゝ▶靑風子 ………………………… 50

大連市制問題▶田原禎次郎(滿洲日日新聞
　主筆) ………………………………… 51–53

大連市民と自治機關▶滿洲支局 一記者 …
　…………………………………… 53–55

大連より▶大連支局 革庵生 ……… 56–57

京城と都市的設備:植民地の市街經營▶石
　塚英藏(農商工部長官) ……………… 58–59

京城と都市的設備:市街の設備と地方產業
　の開發▶三島太郎(朝鮮銀行理事) ………
　…………………………………… 59–60

京城と都市的設備:小公園が幾つも欲しい
　▶野田卯太郎(東拓副總裁) ………… 60–61

京城と都市的設備:南山商會の撤退と下水
　の設備▶水越理庸(朝鮮銀行理事) …… 61

京城と都市的設備:京城龍山の接近と電車
　賃均一を切望す▶井上孝哉(東拓會社理
　事) ………………………………… 61–62

京城と都市的設備:大に漢江を利用せよ▶
　有賀光豐(京畿道第一部長) …………… 62

京城と都市的設備:南山の中腹を一周する
　道路を開け▶林市藏(東拓會社理事) ……
　…………………………………… 62–63

京城と都市的設備:市街の整理に就て▶松
　井信助(鐘路警察署長) ………………… 63

京城と都市的設備:交通上の取締と各人の
　公德心▶宮館貞一(本町警察署長) …… 64

京城と都市的設備:龍山市街の設備如何▶
　矢野助藏(龍山憲兵分隊長) ……… 64–65

京城と都市的設備:私の注文は鎌倉式に▶

工藤忠輔(辯護士) ·················· 65-66

共進會と希望:共進會に就て▶兒玉秀雄(總
　督府總務局長) ·················· 67-68

共進會と希望:官民一致して遠來の客に滿
　足を與ふるが第一です▶金谷充(京城府
　尹) ································ 68

共進會と希望:市街道路を一層明るせよ▶
　水越理庸(朝鮮銀行理事) ········ 68-69

共進會と希望:物價の騰貴を戒しめよ▶山
　形閑(警務總監部) ·················· 69

共進會と希望:會場迄電車を敷設ぜよ▶釘
　本藤次郎(協贊會理事) ·········· 69-70

共進會と希望:開催地人氣の鼓舞を第一要
　素とす▶小川鶴二 ·················· 70

共進會と希望:共進會が成功すれば善いが
　▶田村義次郎 ···················· 70-71

共進會と希望:不評判で終ぬと善いが▶一
　市民寄 ····························· 71

家庭の人▶半面子 ················· 72-74

支那遊記▶釋尾旭邦 ··············· 75-79

出水▶波岡濤陵(文學士) ·········· 79-82

漢詩/俳句/短歌/感想文 ··········· 83-91

吾輩の靑年時代 ·················· 92-95

好きな女と嫌ひな女▶信天記者 ··· 96-99

勞働者の群から▶延福坊生 ····· 99-102

ヲチニの生活▶競六 ············ 102-103

質屋の秘密▶鐵火生 ············ 104-111

女按摩▶玉盞花 ·············· 112-115

朝鮮問答 ························ 116

滿蒙問答 ···················· 116-117

時事日誌 ························ 118

風聞駄語 ························ 119

朝鮮製綿株式會社の因緣話 ····· 120-121

會社廻り ···················· 122-123

朝鮮及滿洲 第99号 1915年 10月

閑院宮殿下/閑院宮妃殿下/共進會場の正門
　/共進會場第一號館正面の景/共進會門外
の光景/鐵道特設館及第二號館/共進會場
美術館前/共進會場音樂堂

勤政殿の三十分間▶釋尾旭邦 ··········· 1

始政五年紀念物産共進會を機として寺內
　總督に一書を呈す▶釋尾旭邦 ········ 2-6

朝鮮人の進步同化力▶釋尾旭邦 ········ 6-9

編輯室より▶釋尾旭邦 ············· 10-12

北京教育部に教育總長湯化龍氏を訪ふ▶
　釋尾旭邦 ························· 13

母國より見たる朝鮮と寺內總督:大方針よ
　り見たる朝鮮經營▶目賀田種太郎(貴族
　院議員男爵) ·················· 14-15

母國より見たる朝鮮と寺內總督:朝鮮を知
　らざるの罪乎▶山縣次郎(內務省監察官)
　 ····························· 15-17

母國より見たる朝鮮と寺內總督:朝鮮開發
　と時期問題▶鶴見左吉雄(農商務省商務
　課長) ······················ 17-18

母國より見たる朝鮮と寺內總督:實業眼に
　映寺ずる內總督▶福澤桃概 ······ 19-20

母國より見たる朝鮮と寺內總督:對外活動
　の一大回轉期▶松崎半三郎(森永製菓會
　社事務取締役) ··············· 21-23

母國より見たる朝鮮と寺內總督:身邊に現
　はるゝ朝鮮觀▶三宅長策(辯護士)
　 ····························· 23-25

母國より見たる朝鮮と寺內總督:人氣論よ
　り視たる朝鮮▶今川宇一郎 ····· 25-27

東京より▶支局一記者 ··········· 28-30

朝鮮統治に關する感想▶安佳時太郎(辯護
　士) ························· 31-35

朝鮮の經濟上の價値▶田中穗積(法學博士)
　 ····························· 35-37

朝鮮に於ける公證制度に就て▶山邊勇輔
　(公證人) ···················· 37-39

朝鮮の法的回顧▶高橋天豪 ······ 39-42

鷄聲が窪に目賀田男爵を訪ふ▶萬二千峰
　學人 ························· 42-44

朝鮮と滿洲の共進會▶田原禎次郎(滿洲日

日主筆) ……………………… 45-48

朝鮮鑛業の將來▶和田維四郎(技光製鐵所長) ……………………… 48-50

通信上より見たる朝鮮▶矢野義二郎(通信局通信課長) ……………… 50-54

海事より見たる朝鮮▶伊藤定弘(通信局海事課長) ……………………… 54-56

朝鮮に於ける有望なる工業▶宇野三郎(中央試驗所技師) …………… 56-58

産業より見たる朝鮮▶一記者 ………58-62

北京に町田小將の晚饗會の招れて▶釋尾旭邦 ……………………… 63

共進會場巡覽記▶一記者 ………65-70

予は朝鮮を如何に觀しか:先づ釜山を見て其將來の多望を思ふ▶石川半山(萬朝報記者) ……………………… 71-72

予は朝鮮を如何に觀しか:共進會に現はれた朝鮮▶服部一二(兵庫縣知事) … 72-73

予は朝鮮を如何に觀しか:總督の施政は中央集權なり▶寺田祐之(廣島縣知事) …… 73-74

予は朝鮮を如何に觀しか:朝鮮視察所感▶熊谷喜一郎(前石川縣知事) ……… 74-75

予は朝鮮を如何に觀しか:朝鮮には資金の注入が第一だ▶神戶 村野山人 …… 75-76

予は朝鮮を如何に觀しか:自治機關の退步▶鹿島房次郎(神戶市長) ……………… 76

予は朝鮮を如何に觀しか:朝鮮は中々趣味がある▶永井柳太郎(前日本主筆) ……77

予は朝鮮を如何に觀しか:朝鮮人はなぜ斯くも憐れな狀態に居るか▶毛利淸雅(新報社長) ……………………… 77-78

予は朝鮮を如何に觀しか:朝鮮の新聞雜誌通信は皆御用聞きか▶某新聞社長(全國新聞記者團一行として渡鮮した) …… 78

全國新聞記者團は如何に朝鮮を見しか▶一記者 ……………………… 80-81

帶方郡の遺蹟發檢の博文▶淺見倫太郎(法學士) ……………………… 82-85

新羅及鷄林の名稱考▶平澤野人 …… 85-87

朝鮮では何が最も有望であるか:朝鮮の事業は總て有望である▶原田金之祐(朝鮮郵船會社社長) ……………………… 88

朝鮮では何が最も有望であるか:先づ人を移すに在り▶水越理庸(朝鮮銀行理事) …………………………… 88-89

朝鮮では何が最も有望であるか:朝鮮は農業本位に限る▶井上孝哉(東洋拓植會社理事) ……………………… 89-90

朝鮮では何が最も有望であるか:水利と交通と金融が第一其れから富源の開放▶三島太郎(朝鮮銀行理事) ……………… 90

朝鮮では何が最も有望であるか:十把一束の顧客では先づ農鑛業か▶足立瀧二郎(第十八銀行支店長) ……………… 90-91

朝鮮では何が最も有望であるか:三個の有望なる事業▶上林敬次郎(山林課長) …………………………… 91-92

朝鮮では何が最も有望であるか:有望なる煙草製造業▶岡田虎輔(朝鮮總督府技師) …………………………… 92

朝鮮では何が最も有望であるか:先づ鑛山に水産か▶林市藏(東拓理事) ……… 92-93

朝鮮では何が最も有望であるか:製造工業を起すべし▶中村良弼(第百三十銀行京城支店長) ……………………… 93-94

朝鮮では何が最も有望であるか:最も有利なるは煙草製造業なり▶馬詰次男(東亞煙草會社總販賣所長) ……………… 94-95

朝鮮では何が最も有望であるか:牛皮羊毛工業を起せ▶西村道彦(第一銀行京城支店長) ……………………… 95

朝鮮では何が最も有望であるか:矢張農業が第一▶田村義次郎 ………………… 95

支那遊記▶釋尾旭邦 ……………… 96-99

滿蒙調査▶陸軍騎兵大尉 木村直人寄 …………………………… 99-100

滿蒙視察記▶石橋岳東(滿洲日日新聞記者)

・・・・・・・・・・・・・・・・・・・・・・・・・・・ 101-103

朝鮮十三道膝栗毛▶今川宇一郎 … 103-107

露國の億萬長者チユ-リン商會主と語る▶
　加藤生 ・・・・・・・・・・・・・・・ 107-109

京城見聞印象錄▶淺井夢路 ・・・・・・・ 110-111

漢詩/俳句/感想文 ・・・・・・・・・・・・・ 112-118

吾輩の青年時代▶岡村工務課長　池田遞信
　局長官 ・・・・・・・・・・・・・・・・・ 119-121

京城白面相▶競六 ・・・・・・・・・・・・ 122-127

京城の旅館評判記▶旅島手記 ・・・・ 127-129

會社商店めぐり ・・・・・・・・・・・・・・・・ 130-135

時事日誌 ・・・・・・・・・・・・・・・・・・・・・・ 136

全國記者大會に提出せし建議案 ・・ 137-138

朝鮮及滿洲 第100号 1915年 11月

高貴の御眞影/壹百號祝賀寺內總督/立花總
　監/閑院宮殿下と李王殿下/京城に於ける
　赤十字社及愛國婦人會大會/鐵道一千哩
　祝賀會/大連埠頭の大豆/高粱の收穫

第壹百號に題す▶釋尾旭邦 ・・・・・・・・・・・・ 1

大正天皇の御卽位式を奉祝すると共に大
　に民心の一新を望む▶釋尾旭邦 ・・・・・ 2-3

吾徒の新領土經營に對する主義主張▶釋
　尾旭邦 ・・・・・・・・・・・・・・・・・・ 4-10

御大典記念に圖書館を設立すべし▶釋尾
　旭邦 ・・・・・・・・・・・・・・・・・・ 11-12

編輯室より▶釋尾旭邦 ・・・・・・・・・・・・ 13-14

共進會見物に來た名士訪問印象記▶釋尾
　旭邦 ・・・・・・・・・・・・・・・・・・ 15-17

餘り振はざる朝鮮引揚者の昨今▶一記者 …
　・・・・・・・・・・・・・・・・・・・・・・ 18-20

移民地としての朝鮮及滿洲▶赤池濃(內務
　省拓植課長) ・・・・・・・・・・・・・・・ 21-23

帝國政府と朝鮮産業政策▶加藤政之助(大
　藏省參政官) ・・・・・・・・・・・・・・ 23-25

植民地經營と國防大策▶鎌田榮吉(貴族院
　議員 慶應大學學長) ・・・・・・・・・・ 25-26

支那問題と帝國の安危▶長島隆二(衆議院
　議員) ・・・・・・・・・・・・・・・・・・ 27-30

噫滿洲大阿汗▶高橋天豪(法學士) … 30-32

植民地統治者としての寺內伯▶菅原精一
　郎(東京) ・・・・・・・・・・・・・・・・ 33-37

成歡役は朝鮮開發の第一砲▶西島助義(陸
　軍中將) ・・・・・・・・・・・・・・・・・ 37-39

對朝鮮人の見解如何▶澤柳政太郎(貴族院
　議員) ・・・・・・・・・・・・・・・・・・ 39-42

東洋の研究と京城大學▶金澤庄三郎(文學
　博士) ・・・・・・・・・・・・・・・・・・ 42-44

文獻以外にも朝鮮を研究せよ▶工藤忠輔
　(辯護士) ・・・・・・・・・・・・・・・・ 44-45

臺灣移民の成績▶野呂寧(臺灣總督府移民
　課長) ・・・・・・・・・・・・・・・・・・ 46-47

朝鮮金剛山と大公園論▶今川宇一郎(東京)
　・・・・・・・・・・・・・・・・・・・・・・ 47-50

滿蒙經營概論▶藻水生 ・・・・・・・・・・ 51-58

滿蒙經營機關の統一▶田原禎次郎(滿洲日
　日主筆) ・・・・・・・・・・・・・・・・・ 58-59

農業地としての滿蒙▶山田武吉 ・・・・ 59-61

滿蒙開發と金融機關▶中村光吉(朝鮮銀行
　大連出張所長) ・・・・・・・・・・・・・ 62-64

滿洲と大豆業▶有元英夫 ・・・・・・・・ 64-65

滿蒙踏查の所感▶木村直人(陸軍騎兵大尉)
　・・・・・・・・・・・・・・・・・・・・・・ 66-67

大阪市長池上氏を訪ふ▶萬二千峰學人 ・・・・
　・・・・・・・・・・・・・・・・・・・・・・ 68-69

露國の國民性付て▶太田覺眠(東本願寺浦
　監斯德開教使) ・・・・・・・・・・・・・ 71-73

最近の米國▶向井龍造(大連骨粉肥製造業)
　・・・・・・・・・・・・・・・・・・・・・・ 73-76

英國主義と獨逸主義▶入江正太郎 … 76-78

東京より▶支局一記者 ・・・・・・・・・・ 79-81

治水及灌漑事業に於ける貯水池の利用▶
　山岡元一(總督府技師) ・・・・・・・・ 82-84

朝鮮産業の發展策▶迫間房太郎(釜山商業
　會議所會頭) ・・・・・・・・・・・・・・ 84-85

朝鮮は新らしき農業國にあるず▶八尋生
　男(農學士) ・・・・・・・・・・・・・・ 85-87

水産より觀たる南鮮の富源 ▶香椎源太郎
　（朝鮮瓦斯電氣株式會社社長）…… 88–89
有望なる多島海の平野 ▶足立丈二郎(東拓
　殖産課長) ………………………… 89–90
先づ黑鉛の用途を知れ ▶川崎繁太郎(理學
　士) ………………………………… 91–91
滿鐵樓上に中村總裁と語る ▶滿洲支局一
　記者 ……………………………… 92–93
大連民政署に大內署長を訪ふ ▶滿洲支局
　一記者 …………………………… 93–94
吾輩は如何に朝鮮を觀しか:朝鮮巡視所感
　▶淺田信興(軍事偖衣官) ………… 95–96
吾輩は如何に朝鮮を觀しか:寺內總督の政
　治は嚴に過ぎざる歟 ▶阿部浩(前東京府
　知事貴族院議員) ………………… 96–97
吾輩は如何に朝鮮を觀しか:朝鮮無形的進
　步は如何 ▶中橋德五郎 ………… 98–99
吾輩は如何に朝鮮を觀しか:朝鮮産業の開
　發は今後に在り ▶安場末喜(貴族院議員
　男爵) …………………………… 99–100
吾輩は如何に朝鮮を觀しか:朝鮮視察の感
　想と支那帝政復活の趨勢 ▶金邦平(農商
　部次長) ……………………… 100–101
印象派的に見たる京城の人物 ▶江戶の浪
　人 ……………………………… 102–105
朝鮮文獻の分類 ▶淺見倫太郎 …… 106–109
東蒙古の地理と種族 ▶鳥居龍藏(帝國大學
　講師) …………………………… 109–110
借用語及び借用思想 ▶清水元太郎(農學士)
　………………………………… 110–113
性的方面より觀らろ內官 ▶工藤武城(京城
　婦人病院長) …………………… 113–115
吾輩の死生觀 ▶ヒマラヤ山人 …… 116–118
生活の哲學 ▶根津の里人 ……… 119–120
卽位の大典を機會に國民の氣風を一新す
　べし ▶太田秀穗(京城女子高等普通學校
　長兼視學官) …………………… 121–122
育兒鎖談 ▶河野衛(朝鮮總督府醫院小兒科
　長) …………………………… 123–124

支那遊記 ▶釋尾旭邦 …………… 125–128
東京より京城まで ▶東京支局 阿呆鳥 ……
　………………………………… 128–134
滿蒙視察記 ▶石橋岳東(滿洲日日新聞記者)
　………………………………… 135–136
靑い目で見た朝鮮 ▶肥後宇 …… 137–143
京城見物 ▶鳥の人 ……………… 143–145
秋四題 ▶波岡濤陵(文學士) …… 146–148
慶州古蹟踏査記 ▶村松夢洲 …… 149–156
釋尾旭邦を論ず ▶小宮李王職次官/立花警
　務總長/關屋學務局長/山形高等警察課長
　/三島鮮銀理事/安住辯護士/山縣ソ/ルブ
　レス社長/大久保辯護士/皆川辯護士/靑
　柳京城新聞社社長/芥川釜山日報社長/淺
　見高等法院判事/小幡朝鮮新聞京城支局
　長/大垣京城通信社長/工藤京城婦人病院
　長/其他社員數 ……………… 157–188
漢詩/俳句 ……………………… 189–194
吾輩の靑年時代 ▶渡邊高等法院長/松本大
　邱慈惠院長 …………………… 195–199
大連に石本市長と語る ▶靑風子 …… 204
性相學者石龍子の見たる日本人と朝鮮人
　▶一記者 ……………………… 205–297
奇術師天勝の眼に映じたす朝鮮 ▶一記者 …
　………………………………… 208–209
初め奉公せし時の日記 ▶ゆき子 … 210–211
オンドル探し(一)花岡小路(妾長屋の內幕)
　▶鐵火生 ……………………… 212–217
オンドル探し(二)妾專門の大尉婦人 ▶月代
　生 …………………………… 218–222
朝鮮及滿洲問答 ………………… 223–224
小說 大平原の土 ▶大倉桃郎 …… 223–239
小說 朝鮮から來た女 ▶小林蹴月 … 240–246
百號の後ちに記す ▶東邦生 …… 247–248

朝鮮及滿洲 第101号 1915年 12月

御卽位式當日の京城/京城に於ける御大典
　奉祝の賑ひ/朝鮮總督府に於ける醫家大

會

歲又暮れんこす▶釋尾旭邦 ……………… 1

支那問題は帝國飛躍の好機▶釋尾旭邦 …… …………………… 2-3

難する者に答ふ▶釋尾旭邦 ………… 4-6

編輯室より▶釋尾旭邦 …………… 7-8

朝鮮ご浪人▶ヒマラヤ山人 ………… 9-10

日本立國の將來と支那及滿蒙經營▶村田 懋磨(文學士) ……………… 11-20

滿蒙經營概論▶藻水生 …………… 21-26

不徹底なる滿蒙經營論を排す▶小池寬次 (關東都督府民政府出張所) ……… 27-28

滿蒙視察所感▶石橋岳東(滿洲日日新聞記 者) …………………………… 29-32

澁澤男爵と大卓を圍みて▶萬二千峰學人 … …………………………… 33-34

朝鮮開發の第一策▶中橋德五郎 …… 35-37

朝鮮開發と水利事業▶古賀庸藏 …… 37-38

經濟政策より觀たる朝鮮政治▶今川宇一 郎 …………………………… 38-39

朝鮮開發の三要義▶岡田榮(辯護士) 40-42

東京より▶支局一記者 …………… 43-44

帝國の發展と國民の同化力▶尾崎行雄(司 法大臣) …………………… 45-47

人種問題と日米關係▶甲斐健一(紐育新聞 社長) ………………………… 47-50

大連醫院に河西院長を訪の記▶一記者 … …………………………… 51-52

英國衰退史を讀む▶太田秀穗(京城女子高 等普通學校長) ……………… 53-63

白耳義外交文書第二卷を讀みて▶工藤忠 輔 …………………………… 63-64

生活の哲學▶根津の人 …………… 65-66

支那に於ける日本醫學の現況▶河西健次 (大連醫院長) ……………… 67-69

「オゾーン」工學の發展と斬新なる淨水法▶ 佐治修三(朝鮮總督府水道事務囑託) … …………………………… 69-74

印象派的に見たる京城の人物(二)▶江戶の

浪人 ………………………… 75-77

京城の電車の中より▶飛魚漁朗 …… 78-80

余の眼に暎じたる朝鮮▶井政次郎 … 80-81

朝鮮十三道膝栗毛▶今川宇一郎 …… 82-86

慶州踏查記▶村松夢洲 …………… 86-89

海城のやどり▶岡本綺堂 …………… 90-93

朝鮮の氣分▶浪路生 ……………… 94-97

漢詩/短歌/俳句 ………………… 98-102

吾輩の青年時代▶芳賀榮次郎(總督府醫院 長・陸軍軍醫總監・醫學博士)/長尾戒三 (總督府檢事・法學士) ………… 103-107

景氣か不景氣か:京城の景氣と其の將來▶ 三島太郎(朝鮮銀行理事) ……… 108-110

景氣か不景氣か:共進會の與へし京城の利 益▶井上孝哉(東拓理事) ……… 110

景氣か不景氣か:共進會後と京城の景氣▶ 大村友之丞(京城商業會議所書記長) … …………………………… 110-111

景氣か不景氣か:共進會で最も多くお蔭を 蒙ったもの▶京城府廳某氏 …… 111-112

景氣か不景氣か:共進會中には千九百人の 客▶巴城館主人 ……………… 112-113

景氣か不景氣か:人氣を嗾った丈で實のな い共進會▶明治屋支配人 ……… 113-114

景氣か不景氣か:華美な流行は澁味を帶び て來た▶三越吳服店支配人 …… 114

景氣か不景氣か:金時計の需要が減じた▶ 伊藤正次(織居時計店主任) …… 114-115

景氣か不景氣か:泣き顔に蜂の不景氣▶貞 島寒水堂主人(菓子舖) …………… 115

景氣か不景氣か:謝禮は貰へなくて忙しい 許りです▶産婆某女 …………… 116

景氣か不景氣か:此頃の不景氣に勸誘の效 もない▶神谷文太(太平生命支部長) 116

景氣か不景氣か:京城は同業者が多過ぎる ▶辻屋(洋雜貨店)主人 ………… 117

景氣か不景氣か:太平樂は役人や會社員の 寢言▶辯護士某氏 …………… 117-118

景氣か不景氣か:不景氣は誰の罪か▶一記

者 ……………………………………… 118–119

京城の會社商店と其取引狀態▶一記者 …… ……………………………………… 120–123

御用商人と用度係の内幕(一)▶一記者 …… ……………………………………… 123–124

咸北の鹽藏魚類に就て▶横田天風(朝鮮水 産組合) …………………… 125–127

輸入鹽と官鹽業▶總督府專賣課員 127–128

オンドル探し(三)朝鮮奥さん▶鐵火生 …… ……………………………………… 129–135

オンドル探し(三)淪落の看護婦▶月代生 … ……………………………………… 136–139

湖南沿線の記▶末藤生 …………… 140–141

西鮮巡遊記▶加藤生 ……………… 142–143

公州を見て▶石原生 ……………… 143–144

朝鮮及滿蒙問答 ………………… 145–146

重要記事 ………………………… 147–148

時事日誌 ………………………………… 149

朝鮮及滿洲 第102号 1916年 1月

最近の御眞影/京城と文武官の參賀/卽位式 の際/陸下の入らせれし京都二條離宮/奉 天の市街/靑島の市街/京城昌德宮裡の正 月/朝鮮總督官邸の參賀/袁世凱の皇居と なる北京の宮城/前清朝の隱居すると云 ふ萬壽山

鬪ひの門出▶釋尾旭邦 ………………………… 1

屠蘇を酌みつゝ▶釋尾旭邦 ………… 2–9

編輯餘滴▶釋尾旭邦 ………………… 10

大陸を論じて日本帝國の位置に及ぶ▶木 戸解劍(滿鐵地質硏究所長) ……… 11–13

滿鐵當事者としての滿蒙經營方針▶樺山 資英(滿鐵理事) ………………… 13–15

日本立國の將來と支那及滿蒙經營▶村田 懋磨 …………………………… 16–25

滿蒙經營概論▶藻水生(在大連) …… 25–30

總督府樓上に山縣政務總監と語る▶旭邦 生 …………………………… 31–32

朝鮮と憲法▶秋山雅之介(朝鮮總督府參事 官) …………………………… 33–35

鮮人靑年の德性を涵養せよ▶安住時太郎 (辯護士) ………………………… 35–37

朝鮮は農業か鑛業か▶野田卯太郎(東拓會 社副總裁) ………………………… 37–38

大正五年の年頭に臨み寺內伯に注文す-總 督施政方針を大に變更すべし▶皆川廣 濟(辯護士) ……………………… 39–40

大正五年の年頭に臨み寺內伯に注文す-寺 內總督神權的頭を少しく改む道無きか ▶田村義次郎 …………………… 40–41

大正五年の年頭に臨み寺內伯に注文す-總 督が惡いか家來が惡いか▶工藤忠輔(辯 護士) ……………………………… 41–42

大正五年の年頭に臨み寺內伯に注文す-總 督には忠告しても駄目▶加古貞太郎(辯 護士) ……………………………… 42

東京の問題▶松山忠次郎(東京朝日記者) … ……………………………………… 43–45

現代政治舞台の中心人物▶菅原精一郎(東 京) …………………………… 45–50

滿鐵樓上に國澤副總裁を訪ふ▶大連支局 記者 ……………………………… 51

朝鮮土木事業と起債▶持地六三郎(朝鮮總 督府土木局長) ………………… 52–53

朝鮮造林業の現況▶上林敬次郎(朝鮮總督 府商工局山林課長) …………… 54–55

朝鮮の水利事業と河川調査▶岡今朝雄(朝 鮮總督府土木局土木課長) …… 56–57

朝鮮と臺灣の比較及南洋の物產▶福富喜 之助(臺灣總督府殖產局鑛務課長) ……… ……………………………………… 57–59

郵便貯金と京城の金融▶服部正一郎(京城 郵便局長) ……………………… 59–62

北京に巖谷北京大學敎習と語る▶旭邦生 … ……………………………………… 63–64

金の上より見たる人▶ヒマラヤ山人 ……… ……………………………………… 65–68

優財劣勝論▶太田東海子(文學士) … 69–75

女子同姓慾の猖獗に就て▶工藤武城(京城
婦人病院長) …………………… 75–77

有妻姦處罰▶苦堂呉山子(辯護士) … 77–79

雪の羅南に首藤小將を訪ふ▶萬二千峰學
人 ………………………… 80–81

氣象上より見たる朝鮮と支那大陸との關
係▶平田德太郎(朝鮮總督府觀測所長) ··
…………………………… 82–84

日本民族と朝鮮人種との關係▶鳥居龍藏
(東京帝國大學講師) ……………… 84–87

朝鮮の曲玉▶八木奘三郎(李王職囑託) ……
…………………………… 97–88

チヨンガー暮しの人▶▲▲生 … 89–91

冬期に起る病症に就て▶森安連吉(總督府
醫院副院長) ………………… 92–94

小學生徒の掃除に就て▶島崎龍一(島崎病
院長) ……………………… 94–96

小學生徒と冬季休業問題及び其他小學校
育問題:元氣のある教育を望む▶豊田四
郎(土地調査局技術課長) ………… 97–98

小學生徒と冬季休業問題及び其他小學校
育問題:教育は要するに實際問題である
▶馬詰次男(東亞煙草販賣所長) … 98–99

小學生徒と冬季休業問題及び其他小學校
育問題:最も恐るべきは教師の結核であ
る▶古城憲治(贊化病院長) ……… 99–100

小學生徒と冬季休業問題及び其他小學校
育問題:呼び捨てと掃除問題▶豊田明敬
(商業銀行支配人) ………………… 100

小學生徒と冬季休業問題及び其他小學校
育問題:一本筋の小學校師と兒童▶廣江
澤次郎(廣江商會主) …………… 100–101

小學生徒と冬季休業問題及び其他小學校
育問題:子供は寒氣に堪ゆべく身心を錬
るべし▶林市藏(東拓理事) ………… 101

小學生徒と冬季休業問題及び其他小學校
育問題:夏季休業の如く冬季休業を與へ
よ▶中流家庭の一婦人 ………… 101–102

小學生徒と冬季休業問題及び其他小學校
育問題:冬季に休業する兒童は柔弱▶相
川信(東京高等女學校教諭) …… 102–103

小學生徒と冬季休業問題及び其他小學校
育問題:一年生には冬季休業が必要▶某
醫學博士夫人 …………………… 103

小學生徒と冬季休業問題及び其他小學校
育問題:猩紅熱の期間中斷然休業を望む
▶飯泉幹太(朝鮮銀行文書課長) 104–105

小學生徒と冬季休業問題及び其他小學校
育問題:少年の讀物は注意を要する▶石
原清熙(南大門小學校長) ………… 104

龍に緑んだ藥物▶吉木彌三(總督府醫院藥
劑官) ……………………… 105–107

支那の正月▶小林朝陽 ………… 107–109

滿洲農家年中行事▶滿鐵調査 …… 109–117

吾輩の觀たる北朝鮮▶今川宇一郎 …………
…………………………… 118–120

慶州踏査記▶村松夢洲 ………… 121–122

漢詩/短歌/俳句 ……………… 123–127

我輩の青年時代▶安住時太郎(辯護士)/和
田一郎(土地調査局總務課長) … 128–129

奮鬪の人▶廣江澤次郎(廣江商會主)/吉田
秀次郎(朝鮮郵船專務取締役) … 130–131

朝鮮の生活▶檜垣道長官夫人，持地土木局
長夫人，金谷府尹夫人，相川高等女學校
教諭 …………………… 132–135

御用商人と用度係の内幕▶一記者 …………
…………………………… 136–137

電話交換手▶競六 …………… 137–139

夜の京城▶夜行子 …………… 140–146

色々の藝者▶南山粋人 ………… 147–151

大正四年に於ける内外重要時事 … 152–153

朝鮮及滿洲問答 ……………… 154–155

小説 正月▶蟹の舍 …………… 156–159

朝鮮輸移出入貿易の覇權を握れる共益社 …
…………………………… 160

會社めぐり ………………… 161

日露の握手/京城に於ける愛國婦人會の新
　年總會

朝鮮とヨボ化▶釋尾旭邦 ……………………… 1

支那を見て▶釋尾旭邦 …………………… 2-7

編輯室より▶旭邦生 …………………… 8-12

朝鮮銀行樓上に勝田朝鮮銀行總裁と語る
　▶旭邦生 …………………………… 13-15

支那問題の現狀と國民の態度▶伊集院彦
　吉(特命全權大使) ……………… 16-18

旭邦論を通じて見たる朝鮮▶大空生(東京)
　……………………………………… 18-23

新鑛業令と朝鮮の鑛業▶石塚英藏(農商工
　部長官) …………………………… 24-26

鑛業は朝鮮の一大富源である▶村田素一
　郎(朝鮮總督府鑛務課長) ……… 26-29

四平街鄭家屯鐵道論▶田原禎次郎(滿洲日
　日主筆) …………………………… 30-32

經濟的に見たる間島の價値▶村田俊彦(東
　拓理事) …………………………… 33-34

勝田朝鮮銀行總裁を論す▶菅原精一郎(東
　京) ………………………………… 35-37

余は硬教育を主張す▶柴崎鐵吉(京城中學
　校長) ……………………………… 38-39

朝鮮の道路事業▶神田純一(朝鮮總督府土
　木局事務官) ……………………… 39-43

朝鮮の勃興すべき有利なる工業▶宇野三
　郎(工業傳習所技師) …………… 43-45

豆油硫化會社設立に就て▶鈴木庸生(滿鐵
　瓦斯瓦斯作業所長) ……………… 46-47

高梁粕から乳酸▶小林忠次郎(滿鐵中央試
　驗場) ……………………………… 47-48

大華館の溫突にスタール博士卓を叩いて
　語る▶家水生 …………………… 49-50

如何にして京城に圖書館を設置す可きか …
　……………………………………… 51-54

如何にして京城に圖書館を設置す可きか:
　大正五年の事業としてその實現を希望

す▶金谷充(京城府尹) ……………… 51

如何にして京城に圖書館を設置す可きか:
　大贊成である先ず設立案を示されれい
　▶原田金之祐(京城商業會議所會頭) ……
　……………………………………… 51-52

如何にして京城に圖書館を設置す可きか:
　圖書館設立の速成を望むや切なり▶深
　尾道恕(京畿道第二部長) ……………… 52

如何にして京城に圖書館を設置す可きか:
　二種圖書館の併置を希望す▶傑崎□吉
　(京城中學校長) ……………………… 52

如何にして京城に圖書館を設置す可きか:
　簡易に貸し出せる制度にしたい▶丹羽
　清次郎(京城基督教育年會幹事) …………
　……………………………………… 52-53

如何にして京城に圖書館を設置す可きか:
　圖書館設備の順序▶成田忠良(京城高等
　女學校長) ………………………… 53-54

東拓と朝鮮銀行の重役の月旦▶ヒマラヤ
　山人 ……………………………… 55-57

歐洲遊學所感▶久野寧(奉天南滿醫學堂教
　授) ………………………………… 58-62

戰爭と英國化學工業界の現狀▶中尾萬三
　(滿鐵中央試驗所) ……………… 62-66

印象派的に見たる京城の人物▶江戶の浪
　人 …………………………………… 67-70

朝鮮王妃の自敍傳▶淺見倫太郎(法學士) …
　……………………………………… 71-74

高麗朝の板木に就て▶小田幹治郎(中樞院
　書記官) …………………………… 74-75

毛髮の人類學▶久保武(總督府醫院醫官) …
　……………………………………… 75-77

銀世界の鏡城に桑原道長官を訪ふ▶萬二
　千峰學人 ………………………… 78-79

京城に於ける靑年の問題▶宮館警視/原田
　商議會頭/吉原東拓總裁/服部郵便局長/丹
　羽靑年會幹事/隅部大佐/渡邊高等法院長/
　本宿善隣校長/正上東拓理事 ……… 80-86

瞥見す京城の婦人界▶白眼子 ……… 87-88

京城耶蘇會堂巡禮日記▶難波可水 …89-94

東京腦病院を訪ふ▶須江雄藏(東京支局) …
………………………………………… 94-96

支那遊記▶旭邦生 ……………… 97-103

吾輩の見たる北朝鮮▶今川宇一郎
………………………………………… 103-106

總督府醫院の病床記▶安達大壽計(京城專
修學校教諭) ………………… 107-111

氷上轉倒記▶赤木綠郎 ……… 112-114

漢詩/短歌/俳句 ……………… 115-118

吾輩の青年時代▶野田卯太郎(東拓副總裁)/
隈部親信(京畿道警務部長) ……… 119-121

京城活動寫眞總まくり▶江戸ツ子 …………
………………………………………… 122-124

オンドル探し▶鐵火生 ……… 125-129

西鮮巡遊記▶青風生 ………… 130-133

南鮮視察記▶末藤生 ………… 134-135

朝鮮及滿蒙問答/時事日誌/風聞駄語 ………
………………………………………… 136-139

朝鮮及滿洲 第104号 1916年 3月

雲南四川の天嶮と反袁軍/反袁征討の袁軍/
滿洲の大平原に於て試みられる我陸軍
飛行

三角頭か才槌頭か▶旭邦生 …………………… 1

支那遊記▶釋尾旭邦 …………………… 2-7

之を機會に東拓を一新す可し▶旭邦生 ……
………………………………………… 8-12

支那問題を解決せんとせば先づ支那を研
究せよ▶立花小一郎(警務總長) … 13-14

先づ支那人の心理狀態を研究せよ▶切田
太郎(善隣商業學校教官) ………… 15-16

眞面目に支那語支那文を研究せよ▶工藤
忠輔(法學士) ………………… 16-18

軍司令官室に井口將軍大に語る▶一記者 …
………………………………………… 19-20

余の見たる臺灣の教育と宗教▶井上專精
(文學博士) ………………… 21-24

戰後の靑島▶田原禎次郎(滿洲日日主筆) …
………………………………………… 24-26

余の見たる蒙古▶森元泰巖(西本願寺) ……
………………………………………… 26-27

大塊縱橫談–俳句の宗匠然たる東拓副總裁
▶一記者 ………………… 28-30

朝鮮產業開發と鐵道▶村瀨鎌治郎(朝鮮總
督府鐵道局參事) ………… 31-34

紅蔘專賣の朝鮮財政上に於ける地位▶高
津友保(朝鮮總督府專賣課) ……… 34-36

滿洲の農業に就て▶渡邊得司郎(農學士) …
………………………………………… 37-38

春風和煦殿上に充つ昌德宮德壽宮兩殿下
の御平生▶一記者 ………… 39-31

如何にせば山は靑くなるか–地元部民と山
林保護の契約▶市市藏(東拓理事) 32-44

如何にせば山は靑くなるか–朝鮮の山を綠
化する三つの方法▶宇都宮寬(朝鮮總督
府技師) ………………… 44-46

如何にせば山は靑くなるか–植林と林野の
私有關係▶渡邊爲吉(朝鮮總督府山林課
技師) ………………… 47-48

如何にせば山は靑くなるか–先づ生長速な
る樹木を植付せよ▶足立丈次郎(東拓會
社殖產課技師) ………………… 48

各道第一部長歷訪印象記▶一記者 … 49-52

米國所感▶三浦彌五郎(米國大使館參事官)
………………………………………… 53-58

米國櫻都に於ける邦人と支那人▶工藤惠
達(米國櫻府本願寺布教師) ……… 59-60

寒巖枯木眼れるが如く醒めたるが如き金
允植子爵と語る▶可水生 ……… 61-62

毛髮の人類學▶久保武(總督府醫院醫官) …
………………………………………… 63-68

戰爭と英國化學工業界の現狀▶中尾萬二
(滿鐵中央試驗所) ………… 68-72

軍用飛行機の任務と飛行機の進步▶澤田
秀(工兵中尉) ………………… 73-74

二十七議會の窓より玄海の彼方へ▶東京

支局記者 ‥‥‥‥‥‥‥‥‥‥‥‥ 75-76

最近四十年間に於ける朝鮮政變史▶國分
　象太郎(李王職事務官) ‥‥‥‥‥ 77-80

京城朝鮮人耶蘇會堂巡禮記-附私立學校見
　物▶難波可水 ‥‥‥‥‥‥‥ 82-87

吾輩の見たる北朝鮮▶今川宇一郎 88-91

光州印象記▶山野いわを ‥‥‥‥‥ 92

東京より▶東京支局記者 ‥‥‥‥ 93-95

東京生活の興趣▶松崎天民(東京) ‥ 96-99

朝鮮短歌會の席上より▶阪崎靑丘 100-101

漢詩/短歌/俳句 ‥‥‥‥‥‥ 102-104

吾輩の靑年時代▶立花警務總長 ‥ 105-106

足立濃二郎三十有六年の銀行生活▶可水
　生 ‥‥‥‥‥‥‥‥‥‥‥ 107-109

京城謠曲界の大天狗小天狗 ‥‥ 110-112

時事日誌/朝鮮滿蒙問答 ‥‥‥‥ 113-116

風聞駄語 ‥‥‥‥‥‥‥‥‥‥ 117

編輯室より ‥‥‥‥‥‥‥‥‥ 118

朝鮮及滿洲 第105号 1916年 4月

龍山に於ける陸軍紀念祝賀會/三月擧行の
　釋奠/盛んなる朝鮮の記念植木/彰德宮苑
　の春色

袁の與へし教訓▶釋尾旭邦 ‥‥‥‥ 1

久し振りに寺內總督と語る▶釋尾旭邦 ‥‥
　‥‥‥‥‥‥‥‥‥‥‥‥‥ 2-7

編輯室より▶釋尾旭邦 ‥‥‥‥‥ 8-11

北京の人物▶釋尾旭邦 ‥‥‥‥‥ 12-14

不可解なる支那と支那人▶平井晴二郎(支
　那鐵道最高顧問) ‥‥‥‥‥‥ 15-17

朝鮮の開發と輕便鐵道▶牟田口元學(朝鮮
　輕便鐵道創立委員長) ‥‥‥‥ 17-19

白國公使ドラ伯爵の獨逸罵倒論を聽く▶
　萬二千峰學人 ‥‥‥‥‥‥‥ 20-21

前途有望なる朝鮮の製造工業▶豊永眞里
　(中央試驗所長兼工業傳習所長) ‥ 22-26

朝鮮化學工業の研究と新發明▶今津明(朝
　鮮總督府中央試驗場技師) ‥‥‥ 26-28

閑却せられたる朝鮮の三大事業▶田中希
　一郎(元臨時土地調査局監試官) ‥ 28-30

鹽田の副産物▶鈴木庸生(滿洲瓦斯作業所
　長) ‥‥‥‥‥‥‥‥‥‥‥ 30-31

日常生活より見たろ寺內總督と山縣政務
　總監▶一記者 ‥‥‥‥‥‥‥ 32-34

朝鮮十三大河川の踏査事業▶持地六三郎
　(土木局長) ‥‥‥‥‥‥‥‥ 35-36

紀念植樹の擧行と間接の效果▶上林敬次
　郎(山林課長) ‥‥‥‥‥‥‥ 36-38

政務總監兒玉秀雄君の怪氣魄▶一記者 ‥‥
　‥‥‥‥‥‥‥‥‥‥‥‥‥ 39-42

戰時に於ける獨逸國民の態度▶石川源三
　郎(三井物產東京支社) ‥‥‥‥ 43-46

實驗遺傳學より生れたる人種改良論▶古
　城憲治(變化病院長) ‥‥‥‥‥ 46-49

一番良い葉煙草は何處で出來るか▶岡田
　虎輔(朝鮮總督府技師) ‥‥‥‥ 50-54

新渡戶博士と同化問題を語る▶萬二千峰
　學人 ‥‥‥‥‥‥‥‥‥‥‥ 55-56

毛髮の人類學▶久保武(總督府醫院醫官) ‥
　‥‥‥‥‥‥‥‥‥‥‥‥‥ 57-59

最近四十年間に於ける朝鮮政變史▶國分
　象太郎 ‥‥‥‥‥‥‥‥‥‥ 59-62

井口將軍に質す▶在鮮の一教師より ‥‥‥
　‥‥‥‥‥‥‥‥‥‥‥‥‥ 63-64

內地人の移住及土著問題 ‥‥‥‥ 65-77

京城に於ける民間の人物▶ヒマラヤ山人 ‥
　‥‥‥‥‥‥‥‥‥‥‥‥‥ 78-79

朝鮮ホテルの階上に杉山茂丸氏と語る▶
　可水生 ‥‥‥‥‥‥‥‥‥‥‥ 80

支那遊記▶釋尾旭邦 ‥‥‥‥‥ 81-85

東京より京城まで▶阿呆鳥 ‥‥‥ 85-89

吾輩の見たる北朝鮮▶今川宇一郎 89-93

骨、腦髓、毛髮、齒を手にして久保博士
　熱辯を振ふ▶一記者 ‥‥‥‥‥‥ 94

現今に於ける日本美術界の分野▶山浦瑞
　洲 ‥‥‥‥‥‥‥‥‥‥‥ 95-100

樓文學▶渡邊龍田 ‥‥‥‥‥ 100-102

野の叫び▶内田律爾 …………… 102–104

萬國聯合共勵會長クラーク博士の世界的公友論▶一記者 …………… 105–106

京城朝鮮人耶蘇會堂巡禮記▶難波可水 ………………… 107–112

中央試驗所見物▶九四二生 ……… 112–115

大連公學堂を訪ふ▶小林朝陽 …… 116–117

京都より京城まて▶木舍嘲花 ……… 118

漢詩 ………………………… 119–121

蘇峯文選を讀む▶今司馬遷 …………… 122

乳呑兒の育て方に就て▶高石信一(大連中村病院小兒科部長) …………… 123–126

恐るべき猩紅熱と其豫防▶阪井緇二(大連民政署防疫部醫員) …………… 126–128

母國の友に答へて朝鮮鑛業界の近狀を語る▶白頭山人 …………… 129–132

木通漫探集の趨勢▶川西信藏(滿洲公立農業學校教諭) …………… 132–133

東亞と廣江の工場を見る▶一記者 ………………………… 134–136

美術製作所を訪ふ▶嘲花生 …………… 137

明年度の東拓朝鮮移住民 …………… 138

師團設置と龍山の將來▶蒲生大夢 ………………………… 139–142

釜山の印象と人物▶一記者 …………… 143

黃海道視察記▶末藤生 …………… 144

朝鮮及滿洲問答/時事日誌/風聞駄語 ………………………… 145–148

小說 狂人の日記▶みなもと …… 149–152

朝鮮及滿洲 第106号 1916年 5月

新設第十九師團龍山に入る/京城南山山麓の櫻(日本種)と京城郊外の朝鮮種
春を尋ねて▶釋尾旭邦 …………… 1

警務總長の交迭に際し新警務總長古海小將に望む▶釋尾旭邦 …………… 2–4

新警務總長古海小將と語る▶釋尾旭邦 ………………………… 5–8

松永新京畿道長官と語る▶釋尾旭邦 9–11

寺內總督と其屬僚▶ヒマラヤ山人 ‥ 12–14

帝政延期勸告と經濟會議の內容▶石井菊次郎(外務大臣男爵) …………… 15–17

來る可き東亞の新形勢▶野村龍太郎(前滿鐵總裁) …………… 17–19

支那問題と兩國民の自覺▶中野武營(東亞商業會議所會頭) …………… 19–20

日露の親交と滿洲の發展▶佃一豫 … 21–23

母國及び鮮滿三線連絡運賃問題の要點▶篠崎嘉郎(大連商業會議所) ……… 23–27

帝國ホテルの樓上にロンドンタイムス記者ポーダー君を擁して▶萬二千峰學人 ………………………… 28–29

飛行機の發達と日本の危機▶長岡外史(陸軍中將) …………… 30–33

國家自給策と植民地▶富海北斗(法學士) … 33–35

財部中將と語る▶一記者 …………… 36

米國の排日案▶島野好平(ローサンゼルス日本人學園長) …………… 37–40

廣東及び廣東人▶加古貞太郎(辯護士) ………………………… 40–43

總督の訓示を聞きに集つた各道長官の印象▶可水生 …………… 44–45

毛髪の人類學▶久保武(總督府醫院醫官) ………………………… 46–50

最近四十年間に於ける朝鮮政變史▶國分象太郎 …………… 51–55

英文金剛山案內を讀みて筆者山縣五十雄君に質す▶今川宇一郎 …………… 56–57

支那遊記▶釋尾旭邦 …………… 58–62

京城より東京まで▶阿呆鳥 …………… 62–64

吾輩の見たる北朝鮮▶今川宇一郎 … 64–70

母國の友へ▶木舍嘲花 …………… 71–72

京城の寺院巡禮記▶古府樓主人 …………… 73

漢詩/短歌 …………… 74–77

重石の話▶笠原寬美(三井物産株式會社京城支店次長) …………… 78–84

緑肥の利益▶八尋生男(總督府技師) ………
　　……………………………………… 84-86
朝鮮の農業經營に從事せんとする故郷の
　友へ▶鬼瓦子 ……………………… 87-90
藥を無暗に濫用してはならね▶瀬戸潔(農
　學士) …………………………………… 91-93
子供の教育▶藤井大連高等女學校長 ………
　　……………………………………… 93-95
京城の郊外へ▶幾坊 ………………… 96-97
山東より▶川北盛登三 ………………… 98
忠南うるつきの記▶村松生 ……… 99-100
朝鮮及滿洲問答 ………………… 101-102
奈落の女▶天來生 ……………… 103-107
朝鮮の直侍▶羽水生 …………… 108-110
時事日誌/風聞駄話/朝鮮及滿洲俳壇 ………
　　…………………………………… 112-114

▶朝鮮及滿洲 第107号 1916年 6月

京城上流婦人の會合/北京の公園/初夏の朝
　鮮
成金と努力主義▶釋尾旭邦 ………………… 1
客と朝鮮及び支那の經綸を語る▶旭邦生 …
　　………………………………………… 2-9
古海現警務總長は如何なる人物か▶ヒマ
　ラヤ山人 …………………………… 10-13
編輯室より▶旭邦生 ………………… 14-16
支那問題と政府の態度▶杉田定一(貴族院
　議員) ………………………………… 17-20
對支管見▶内田良平(黒龍會々長) … 21-22
列強植民政策の變革期▶松岡均平(法學博
　士) …………………………………… 23-24
内地農民の困憊と朝鮮移住▶紫安新九郎
　(大藏省副參政官衆議院議員) ……… 25-27
滿蒙の農業政策を確定せよ▶渡邊得司郎
　(農學士) ……………………………… 27-29
國境より見たる大露支關係の影響▶水間
　春明(咸北警務部長) ………………… 29-30
東京よりの名士訪問印象記▶ヒマラヤ山

人 ……………………………………… 31-35
滿洲及北支那に於ける經濟勢力の扶植▶
　勝田主計 ……………………………… 36-38
京城に開られたる鐵道國際連絡運輸會議
　▶安藤又三郎(朝鮮鐵道局參事) … 39-42
營林廠の事業と朝鮮の植林▶齋藤音作(營
　林廠長) ……………………………… 42-44
小宮次官邸に石渡和田兩貴族院議員の時
　局談を聞く▶可水生 ………………… 45-46
鮮人同化と新忠君愛國主義▶澤柳政太郎
　(貴族院議員) ………………………… 47-50
日鮮人の併合教育について▶小松原英太
　郎(東洋協會會長) …………………… 50-51
陸軍の花形田中參謀次長を訪ふ▶萬二千
　峰學人 ………………………………… 52-53
歐洲戰線視察と將來の戰爭▶星野庄三郎
　(陸軍參謀工兵大佐) ………………… 54-57
英國の國民性と徵兵制度▶和田彦次郎(貴
　族院議員) …………………………… 58-59
飛行界の麒麟兒ミナミ君と語る▶萬二千
　峰學人 ………………………………… 60-61
戰爭と獨逸の化學工業▶中尾萬三(滿鐵中
　央試驗所) …………………………… 62-69
滿洲石炭事業の將來▶鈴木庸生(滿鐵瓦斯
　作業所長) …………………………… 69-71
毛髮の人類學▶久保武(醫學博士) … 72-77
最近四十年間に於ける朝鮮政變史▶國分
　象太郎(李王職參事官) ……………… 77-80
物集博士の養生論 ……………………… 81
始政二十年の臺灣を見て▶工藤壯平(臨時
　土地調査局調理課長) ……………… 82-86
吾輩の見たる北朝鮮▶今川宇一郎 … 86-90
蒙古より▶大漠獵客 ………………… 90-92
母國風塵錄▶加藤靑風 ……………… 92-94
漢詩/朝鮮及滿洲俳檀 ………………… 95
春雨に濡れそぼちつゝ▶英夫 ……… 96-98
加里原料としての海藻利用▶水野三四郎 …
　　…………………………………… 99-101
余が實驗より見たる都會附近の營農▶蒲

生隆宏(新龍農園主) ················ 101–105
朝鮮及滿蒙問答 ····················· 106–107
鏡臺の抽差に勘定帳を持つ藝者▶中野有
　光(警務總監部保安課長) ········ 108–111
鑛山師の内幕▶鐵火生 ··········· 111–114
朝鮮鳥の群から–社會記者のノトより▶天
　來生 ····························· 115–119
時事日誌/風聞駄語 ················· 120–121
小説　狂人の日記▶みなもと ······ 122–125

朝鮮及滿洲 第108号 1916年 7月

中華民國新舊大總統と民國中樞人物/朝鮮
　の初夏と支那の初夏
平和か阿護迎合か▶釋尾旭邦 ················ 1
編輯室より▶釋尾旭邦 ···················· 2–5
支那遊記▶釋尾旭邦 ······················ 6–11
副總督の稱ある兒玉秀雄を論ず▶釋尾旭
　邦 ····································· 12–16
世界の時局と經濟政策▶添田壽一(鐵道院
　總裁) ································ 17–20
支那及滿洲と投資の根本政策▶高橋是清
　(男爵) ······························ 20–23
詩聖タゴールの講演を聽きて▶萬二千峰
　學人(東京) ··························· 24–25
支那約法復活問題▶高橋天豪(法學士) ·····
　····································· 26–29
鮮銀の滿洲發展▶田原禎一郎(滿洲日日主
　筆) ································· 29–32
日本に讓受けんとする東清鐵道の南半▶
　山田生(長春) ························· 32–35
故袁世凱の印象▶諸名士 ············· 36–46
醫學界に及ぼせる歐洲大戰爭の影響▶芳
　賀榮次郎(總督府醫院長) ··········· 42–46
中歐經濟同盟と獨墺の輿論▶渡邊寬一(京
　城青年會) ···························· 46–51
滿洲の人物▶若狹町浪人 ············· 52–53
毛髮の人類學▶久保武(醫學博士) ··· 54–60
最近四十年間に於ける朝鮮政變史▶國分

象太郎(李王職事務官) ················ 60–62
逝ける朴齊純子のことども▶國分象太郎
　(李王職事務官) ······················ 64
佛兵最後の告白▶佛國アンリバタイユ東
　京支局記者譯 ······················ 65–66
東京より▶東京支局記者 ············· 67–68
かばん一束–大阪だより▶大阪支局記者 69
母國風塵錄▶加藤靑風 ··············· 70–71
總督府の食堂のぞき▶茶目公 ······· 72–73
漢詩/朝鮮及滿洲俳檀 ················ 74–76
滿洲の水田經營と農村▶渡邊得司郎(農學
　士) ································· 77–80
内地人朝鮮營農上の失敗原因▶菅生男(農
　學士) ······························· 81–84
朝鮮及滿蒙問答 ····················· 95–86
社會問題として見たる娼妓と花柳病▶宮
　館貞一(本町警察署長警視) ········· 87–90
狂犬病豫防法に對する意見▶高木正人(獸
　醫) ································· 91
捨石日記▶可水生 ··················· 92–95
時事日誌/風聞駄語 ·················· 96–99
朝鮮の鑛業一斑▶本社記者編 ······ 100–116
朝鮮の鑛業に就て(一)▶上田徹(工學士) ···
　··································· 117–121
鑛業漫語▶大石勇輔(工學士) ······· 122–123
經濟同盟と未來の鑛業戰▶牧山耕藏(鑛業
　家) ································· 124–128
朝鮮鑛山株式會社設立に就て▶竹下康之
　(鑛業家)▶ ······················· 129–130
朝鮮鑛業と經營振り ················ 131–135
朝鮮鑛業家訪問印象記▶天涯生 ··· 136–137
鑛山師の内幕▶鑛化生 ··············· 138–147

朝鮮及滿洲 第109号 1916年 8月

日露協約紀念寫眞/京元沿線の風景
夏雜題▶釋尾旭邦 ························· 1
編輯室より:日露新協約/割讓されたる東清
　鐵道の南半/滿鮮統一問題/三線運賃問題

と大連/寺内内閣組織説/新任總督は如何
　▶釋尾旭邦 ……………………… 2-9
婦人雜感▶釋尾旭邦 ……………… 10-15
滿鮮政務機關統一問題▶古海巖潮(總督府
　警務總長)/秋山雅之介(總督府參事官)/野
　田卯太郎(東拓副總裁) ………… 17-18
日露親善と鮮滿貿易▶水越理庸(朝鮮銀行
　理事) ……………………………… 19-22
滿洲經營の本義に悖れる三線運賃問題▶
　石木鎖太郎(衆議院議員) ……… 22-24
滿蒙開發と鐵道運賃▶蘆間崙吉(大連商業
　會議所書記長) …………………… 25-28
滿洲の諸問題▶高橋天豪(滿洲日日記者) …
　…………………………………… 28-30
旅順に中村都督と語る▶加藤靑風 …… 31
肌骨の無い朝鮮の鐵道▶牟田口元學(朝鮮
　輕便鐵道會社會長) ……………… 32-34
歐洲戰爭と朝鮮窯業の將來▶森勇三郎(中
　央試驗所技師) …………………… 34-36
滿洲の人物▶△△△生 ……………… 37
南洋に於ける歐米の植民地▶坪谷善四郎
　(博文館理事) …………………… 38-43
支那橫斷所感▶木村雄次(朝鮮銀行理事) …
　…………………………………… 43-46
外紙の朝鮮敎育論▶一記者 ………… 47
最近四十年間に於ける朝鮮政變史▶國分
　象太郎(李王職事務官) ………… 48-51
解剖學上より見たる女の體質的特徵▶久
　保武(醫學博士) ………………… 52-58
吾輩の健康法 ……………………… 59-64
印度洋から大西洋へ▶坂出鳴海(總督府技
　師) ……………………………… 65-69
孤舟下鴨江百二十里▶白水淡(軍參謀長) …
　…………………………………… 70-72
泰山案內記▶田原天南 …………… 72-76
千山の仙趣俗趣▶古川荻風 ……… 76-79
石楠花の密林▶岩佐蘆人 ………… 79-81
朝鮮人に綠のある姓を持つ京城在住の內
　地人▶崑崙山人 ………………… 82-84

漢詩/短歌/朝鮮及滿洲俳壇 ……… 86-88
吾輩の婦人觀 …………………… 89-104
朝鮮の隱君子と妓生の歷史▶松井信助(鐘
　路署長警視) ………………… 105-107
旭町の三人斬性慾倒錯狂▶工藤忠輔(辯護
　士) …………………………… 108-111
女に囚はれたる某た醫者さん▶天涯子 …
　………………………………… 112-115
素手以志日記▶可水生 ………… 116-119
朝鮮及滿洲問答 ………………… 120-121
大連瓦樂苦多集▶凹凸子 ………… 122
時事日誌/風聞駄語 …………… 123-124
元山附錄:京元線の開通が元山に與げたる
　影響と將來の發展策▶村地卓爾(元山府
　尹) …………………………… 126-127
元山附錄:現時の元山と未來の元山▶及川
　久次郎(元山商業會議所會頭) … 127-129
元山附錄:統計上より見たる元山▶一記者
　………………………………… 129-130
元山附錄:避暑地として見たる元山▶天涯
　生 …………………………… 130-132
元山の事業界 ………………… 132-133
元山人士印象錄 ……………… 134-135

朝鮮及滿洲 第110号 1916年 9月

奉天城外の群羊/泰川水利事業の堰堤/九龍
　淵の五仙峰/九龍淵飛瀑の一/萬物相の奇
　勝
秋聲卿々▶釋尾旭邦 …………………… 1
鄭家屯事件と對支外交▶釋尾旭邦 …… 2-7
編輯室より▶釋尾旭邦 …………… 7-9
金剛山行▶釋尾旭邦 …………… 10-16
對支外交と經濟政策の調和▶澁澤榮一(男
　爵) ……………………………… 17-19
余の觀たる最近の支那▶古川大斧(農商務
　省囑託) ………………………… 20-25
鐵道より觀たる支那の現在及將來▶今川
　一宇郎 …………………………… 25-30

滿蒙の宗社黨▶高橋天豪(滿洲日日記者) …
………………………………… 31-33

鄭家屯事件と在滿洲邦人の輿論:國民性の
研究と其の價值▶改野耕三(南滿洲鐵道
理事) ……………………… 34-35

鄭家屯事件と在滿洲邦人の輿論:遠虜勝で
は到底利目が無い▶石崎震二(大連商業
會議所副會頭) ………………… 35-36

鄭家屯事件と在滿洲邦人の輿論:その勃發
の日に發生せしに非ず▶加藤順次郎(通
信管理局長) ………………… 36-37

鄭家屯事件と在滿洲邦人の輿論:滿蒙の警
察權を得るに在り▶加藤定吉(衆議院議
員) ………………………………… 37

鄭家屯事件と在滿洲邦人の輿論:大いに根
本的解決を要望す▶國澤新兵衛(滿鐵副
總裁) ………………………………… 38

現時の滿鮮と工業▶尾崎隆三(大阪尾崎工
業事務所長) ………………… 38-40

大連油房業の將來▶渡邊得司郎(農學士) …
………………………………… 40-42

外字新聞より:西洋人の裸體贊成論▶一記
者 ……………………………… 43-44

朝鮮沿海航路裏面史▶吉田秀次郎(朝鮮郵
船會社事務取締役) ………… 45-48

東拓の權漑及び開墾事業▶林市藏(東洋拓
植會社理事) ………………… 48-51

滿洲の人物▶△△△生 ………………… 52

最近四十年間に於ける朝鮮政變史▶國分
象太郎(李王職事務官) ………… 53-57

朝鮮に於ける支那語學▶小倉進平(文學士)
………………………………… 57-63

外遊所感三つ四つ▶坂出鳴海(總督府技師)
………………………………… 64-66

氣象雜話▶關口鯉吉(仁川觀測所) … 67-68

滿洲館に中村滿鐵副總裁と語る▶加藤靑
風(大連支局) ………………… 69

都督府に警務外事兩總長を訪ふ▶一記者 …
………………………………… 70

山岳美に對する美術家の態度▶丸山晚霞 …
………………………………… 71-73

漢詩/短歌/朝鮮及滿洲俳壇 ………… 74-77

朝顏と京城の人▶崑崙山人 ………… 78-80

京城の尺八界▶星の人 …………… 81-82

總督府唯一の直營工場印刷局の內幕▶羽
化仙人 ……………………… 83-84

大連小言集▶凹凸生 ………………… 85

談合事件に就て▶阿川重郎(工學士) 86-88

私娼狩物語▶天來生 ………………… 89-92

朝鮮及滿蒙問答 …………………… 93-94

素手以志日記▶可水生 …………… 95-96

時事日誌/風聞駄語 ……………… 97-99

仁川ページ:築港竣成の日近き仁川に遊びて
▶難波可水 ………………… 100-103

仁川ページ:最近十五年間に於ける仁川對內
地及び支那貿易▶一記者 … 104-107

仁川ページ:仁川の人物短評▶崑崙山人 ……
………………………………… 107-109

仁川ページ:仁川に於ける事業界 … 109-111

西朝鮮の事業界と人物:載寧鑛山と西崎鶴
太郎氏 ……………………… 112-114

朝鮮及滿洲 第111号 發賣禁止

朝鮮及滿洲 第112号 1916年 10月

閑院宮遺露大使/滿洲の菊作り/李公別邸の
秋色/昌慶苑の靜かなる秋

秋の滿洲▶釋尾旭邦 ………………… 1-5

金剛山行▶釋尾旭邦 ………………… 6-10

奉天に菊地中佐と語る▶釋尾旭邦 … 11-13

本紙十月號(一日發行第百十一號)の發賣禁
止 ……………………………… 14

支那に對する吾輩の態度▶後藤新平(男爵)
………………………………… 15-17

支那に於ける邦人の紡織經營▶武居綾藏
(內外綿會社取締役) ………… 17-19

滿蒙問題と國論の統一▶立花小一郎(第十

九師團長）………………… 19–21

鄭家屯事件と支那▶高橋天豪（法學士）………

……………………………… 21–26

京釜線車中に本鄉中將と語る▶可水生　27

朝鮮移民難と滿蒙開展策▶野田大魂（東拓

副總裁）………………… 28–30

明治十七年以來の大阪對朝鮮貿易▶岡田

生 ……………………… 30–31

三田の山上に鎌田榮吉先生を訪ふ▶萬二

千峰學人 ……………… 32–33

寺內內閣親任式の日の京城▶一記者 ………

……………………………… 34–36

日露貿易の發展と金融問題▶大倉喜八郎

（男爵）………………… 37–39

所謂日露親善の價値▶森御蔭（日露協會幹

事）……………………… 39–41

外字新聞より▶一記者 ……………… 42

歐洲大戰爭と幻覺的財政▶ラーモント（米國

銀行家）………………… 43–48

日米戰爭論と眞面目の研究▶ゲーリー（米國

銅鐵會社長）…………… 48–49

毛髮の人類學▶久保武（醫學專門學校教官）

……………………………… 50–57

最近四十年間に於ける朝鮮政變史▶國分

象太郎（李王職事務官） 57–59

滿洲の人物▶△△△生 ……………… 60

奉天支那人物印象記▶加藤靑風 61–62

蒙古雜觀▶太田勉（滿鐵囑託）……… 63–66

キゼ黨とホドの善い人▶ヒマラヤ山人 ……

……………………………… 67–68

無題錄▶苦堂生（法學士）…………… 69

紋付の上泉將軍と背廣の西川參謀長▶一

記者 …………………………… 70

漢詩/俳句/短歌 ……………………… 71–72

貴紙八月號の婦人觀を讀みて▶薄運な女

より …………………… 73–74

京城人と菊作り▶一記者 …………… 75

菊花小話▶工藤ドクトル ………… 75–78

滿洲在住邦人と菊作り▶酒田石泉（大連市

役所囑託）………………… 78–79

腸窒扶斯及び虎列剌▶無知齊（醫學士）………

……………………………… 80–86

朝鮮及滿蒙問答 ……………………… 87–88

時事日誌/風聞太話 ………………… 89–90

編輯室より▶釋尾旭邦 …………… 91–94

京城囈語▶南山生 …………………… 95

大連小言集▶凹凸生 ………………… 95

果樹園ページ：朝鮮果樹園業者の注意す可き

事▶久次米邦藏（勸業模範場）…… 97–99

南鮮の果樹園見物▶難波可水 … 100–111

遂安金鑛の狀況視察記▶本社記者 ………

……………………………… 113–115

朝鮮及滿洲　第113号　1916年　11月

皇太子殿下/新朝鮮總督長谷川元帥/新任秋

山朝鮮駐箚軍司令官/滿洲に於ける比秋

の演習/朝鮮に於ける比秋の演習/高梁の

大原野

立太子式を遙拜しつつ▶釋尾旭邦 ……… 1

滿洲雜感▶釋尾旭邦 ………………… 2–8

送寺內前總督迎長谷川新總督▶釋尾旭邦 …

……………………………… 9–10

編輯餘滴▶釋尾旭邦 …………………… 11

滿洲に於ける人物印象記▶釋尾旭邦 ………

……………………………… 12–16

支那を對象としたる日本及米國▶服部宇

之吉（文學博士）………… 17–21

社會學上より觀たる支那の運命▶建部遯

吾 ……………………… 21–23

極東と露國▶山崎元幹（法學士）… 24–27

歐洲の大戰亂と軍陳醫學の將來▶芳賀榮

次郎（總督府醫院院長）… 27–28

列强の植民政策を紹介して新總督長谷川

元帥に奉る▶渡邊寬一 … 29–34

滿鮮鐵道統一私論▶和田駿（朝鮮鐵道局參

事）……………………… 34–36

浮浪鮮人の救濟策▶具然壽（警務官）………

······························· 36-39

長谷川新總督に對する聲:新總督長谷川元
　帥と朝鮮▶岡喜七郎(貴族院議員) ··········
······························· 39-40

長谷川新總督に對する聲:政務總監政治だ
　らう▶第十九師團長立花中將 ······ 40-41

長谷川新總督に對する聲:官民の意志疏通
　の途を圖れ▶足立十八銀行支店長 ···· 41

長谷川新總督に對する聲:內地農民の移住
　を盛んにせよ▶遠山漢湖農工支配人 ····
······························· 41-42

長谷川新總督に對する聲:風紀愼嘯の維持
　を望む▶丹羽靑年會幹事 ··············· 42

長谷川新總督に對する聲:衛生機關の問題
　▶工藤武城 ····················· 42-43

長谷川新總督に對する聲:大いに民間と接
　近されたし▶大久保雅彥(辯護士) ··········
······························· 43-44

長谷川新總督に對する聲:局面の一新を望
　む▶橘破翁(大阪朝日京城特派員) ····· 44

京城龍山間典貨料金均一論に就き▶部正
　一郎(京城郵便局長) ··················· 45

長谷川新總督は如何なる人物:三軍に帥たる
　人物▶朝鮮駐箚軍參謀長白水小將 ····· 46

長谷川新總督は如何なる人物:將軍の好典
　型▶芳賀總督府醫院長 ········ 46-47

長谷川新總督は如何なる人物:南大門の就
　拂ひに反對した將軍▶具警視官 ··· 47-48

取て滿蒙開發論子の敎を乞ふ▶今景彥(滿
　鐵工業學校長) ················· 50-52

滿蒙産業調査の統一を論ず▶駒井德三(農
　學士) ························· 52-54

對滿夢經營策▶唯根伊興 ········· 54-57

滿洲に特種銀行を設立すべし▶山本仙(大
　連商業學校論) ················· 57-59

大連港と牛莊港▶高橋天豪(法學士) 60-63

中村滿鐵總裁論▶天豪生 ········· 64-67

滿蒙と敎育▶淸水友太郞(文學士) ·· 68-70

滿洲の女子敎育▶藤井長藏(大連高等女學

校長) ······················ 71-73

滿洲に於ける我通信事業▶加藤順次郞(關
　東州通信局管理局長) ············· 73-75

支那人と纏足▶久保武(總督府醫院醫官) ···
······························· 76-80

支那の骨董▶福田顯四郞(滿洲水産株式會
　社長) ························· 81-82

朝鮮より見たる滿洲▶三島鮮銀理事・井上
······························· 83-85

滿洲の農業 ····················· 86-90

滿洲の工業 ····················· 90-92

滿蒙に於ける鑛業 ················· 93-95

滿蒙開發と奉天中心論 ··········· 96-105

蒙古の富源▶羽水生(滿鐵にて) ···· 106-108

有望なる蒙古の牧畜業▶太田勉(蒙古バイ
　ンタラにて滿鐵會社囑託) ····· 108-109

有望なる滿蒙の賣藥業▶花岡千波(日本賣
　藥株式會社) ················· 110-111

大連人と京城人▶加藤靑風(大連支局) ······
······························· 112-114

蒙古探險記▶古川荻風 ········· 115-121

二十七八年當時の滿洲回顧錄 ····· 122-125

滿洲阿片界の裏面▶滿洲支局記者 ······
······························· 127-130

朝鮮鐵道運送の滿洲發著貨物▶一記者 ···
······························· 131-132

滿洲に關係を有する京城の諸會社▶一記
　者 ························· 132-134

滿洲の事業界と首腦者▶大連支局記者 ·····
······························· 135-144

新たに起れる大連油脂工業株式會社▶一
　記者 ····························· 145

滿洲實業家立志傳:田中末雄(田中商會主) ···
······························· 146

波瀾萬丈三百萬の富を作り上げたる:河邊
　勝 ····························· 147

ヤポンスキーマダム▶穗耕樵史(大連) ······
······························· 148-153

大連の支那花柳界▶色空道人 ···· 154-156

大連御用商人の表裏▶大連子 …… 156-158

大連小言集/時事日誌/風聞駄語 … 158-165

模範的二大果樹園を見る ………… 168-170

朝鮮及滿洲 第114号 1916年 12月

大演習幸の陛下/特別大演習兩軍司令官/朝
　鮮移住内地農民の收穫/東拓泰川水利事
　業の一部

歳暮れて思長し▶旭邦生 ………………… 1

山縣政務總監と語る▶釋尾旭邦 …… 2-4

新聞雑誌の取締に就て▶旭邦生 ……… 4-5

新舊人物の異動▶ヒマラヤ山人 …… 6-12

立憲内閣か非立憲内閣か▶三宅雄次郎(文
　學博士) ………………………………… 13-19

滿蒙の經營と交通政策▶内田良平(東京) …
　……………………………………………… 19-21

東亞と西部歐洲との通信線路▶矢野義次
　郎(遞信局通信課長) ……………… 21-23

植民地の自治論▶渡邊寬一(京城) … 23-27

新舊鮮銀總裁を論ず▶大空生(東京) ………
　……………………………………………… 28-30

戰時中の西比利亞と對露政策▶森御陰(日
　露協會幹事) ………………………… 31-37

滿鮮と對露貿易▶高橋天豪(法學士) 37-40

朝鮮の各港と浦鹽貿易▶南蠻鐵(在浦港) …
　……………………………………………… 41-46

築地精養軒に石本大連市場と語る▶萬二
　千峰學人 ……………………………… 47-48

大内民政署長に與ふるの書 ………… 49-50

毛髮の人類學▶久保武(京城醫學專門學校
　教授) ……………………………………… 51-55

最近四十年間に於ける朝鮮政變史▶國分
　象太郎(李王職事務官) …………… 55-58

滿洲の人物▶大連支局 …………………… 59

一萬露里を旅して▶大村友之丞(京城商業
　會議所書記長) ……………………… 60-66

蒙古視察記▶太田勤(蒙古パイタラ病院長)
　……………………………………………… 67-69

半キザ黨とホドの善い人▶崑崙山人 … 70

漢詩/短歌/朝鮮及滿洲俳壇 ………… 72-75

衛生上より見たる滿洲の防寒設備▶尾見
　薰(滿鐵醫院) ……………………… 76-78

無盡藏なる朝鮮魚族と内地漁民の活動▶
　小田信一(水産課囑) ……………… 79-82

世界一の女の殺人國▶天來生 ……… 83-88

時代を趁ふて變遷する鮮人の犯罪 … 89-90

大連小言集▶凸凹生(大連) …………… 91

西鮮行▶入口生 …………………… 92-93

平壤人物短評▶いの字 …………… 94-95

朝鮮及滿蒙問答/時事日誌/風聞駄語 ………
　……………………………………………… 96-100

京城商業界の革新を叫ぶ▶在京城諸名士 …
　……………………………………………… 101-109

朝鮮及滿洲 第115号 1917年 1月

遠山雪白頭山/劍光燦たる軍隊/梅花

遠山の設▶釋尾旭邦 ……………………… 1

朝鮮の現狀を語りて長谷川新總督に問ふ
　▶釋尾旭邦 …………………………… 2-8

長谷川新總督と語る▶釋尾旭邦 …… 9-13

編輯室より友へ▶釋尾旭邦 ……… 14-15

武の國文の國▶幣原坦(文學博士) … 16-20

日本式植民地の理想▶蜷川新(法學博士) …
　……………………………………………… 21-24

地と人とより觀たる滿洲及朝鮮と母國▶
　木戸忠太郎(研究所長) …………… 24-26

新總督長谷川觀▶南山隱士 ………… 27-28

海外に對する國民の統一力▶武富時敏(前
　大藏大臣衆議院議員) …………… 29-32

一回戰すべき戰後の移植民問題▶鶴見左
　吉雄(農商務省書記官) …………… 32-35

新年を迎へて歐洲の戰局を思ふ▶井上辰
　九郎(法學博士) …………………… 35-39

東拓に石塚總裁と語る▶一記者 … 40-42

露國の外蒙古經營 ………山崎元幹(法學士)
　……………………………………………… 43-48

日露貿易發展策▶多田榮吉 ………… 48-50

内相官邸に後藤男爵と語る▶萬二千峰學
　人 ……………………………………… 51-52

植民地と少年犯罪者の感化制度に就て▶
　唯根伊與(滿鐵交涉局第一課主任) 53-55

植民地發展上戰慄すべき花柳病▶塙繁彌
　太(ドクトル) ………………………… 56-59

官民の聲を集めて長谷川新總督の參考の
　供す▶官民數十氏 ………………… 60-68

罵倒錄▶ヒマラヤ山人 ……………… 69

日本國民の體格に就て▶芳賀榮次郎(總督
　府醫院院長) ………………………… 70-72

人種解剖學より見たる朝鮮人▶久保武(醫
　學博士) ……………………………… 72-77

朝鮮人の社會階級▶松井信助(鐘路警察署
　長) …………………………………… 78-81

各植民地に於ける對土人及母國人の關係
　▶渡邊寬一 ………………………… 84-91

大小人物總まくる▶ヒマラヤ山人 … 92-98

長谷川總督が軍司令官時代の京城回顧錄
　▶崑崙山人 ………………………… 99-103

溫突に寢殿びて▶山縣生 …………… 104

獨逸雜話▶和田八千穗(ドクトル) 105-107

巴里の犬▶小苑生 ………………… 107-108

各國色々のホテル▶猪股忠次(滿鐵運輸部
　旅館係主任) ……………………… 108-111

ホテルの利用と客の心得▶ハイカラ生 …
　………………………………………… 111-113

支那人とモルヒネ▶太田勤(東蒙古バンク
　ラ博愛病院長) …………………… 114-115

支那の正月▶松の里人 …………… 115-117

支那人の結婚▶月下生 …………… 117-118

白楊畫會と京城市街の看板▶良川生 …
　………………………………………… 118-120

迎春花と梅の花の說▶寒窓隱士 … 121-122

和歌/短歌/朝鮮及滿洲俳壇 ……… 123-126

大正五年の出來事▶德忘錄子 …… 127-131

時事日誌/大正六年に於ける朝鮮豫算/朝鮮
　及滿蒙問答 ……………………… 132-136

京城に跋扈する鑛山ブロの内幕▶窮巷生 …
　………………………………………… 137-141

大正五年の京城柳暗花明錄▶南山粹人 …
　………………………………………… 142-143

安珍清姬の傳說▶大谷曉花 ……… 144-145

師走になつてから:京城素人義太夫評▶電
　車生 ………………………………… 146-151

關東州平田農園の記▶一記者 …… 152-153

斯界を驚倒せる明治公債株式會社の發展
　策▶一記者 ………………………… 154

藤井組の事業と藤井森次郎君▶いの字 …
　………………………………………… 154-155

平壤藤山鑛業所と藤山定七君の人物▶一
　記者 ………………………………… 155

平壤共益社支店と支店長芳見岩吉君▶一
　記者 ………………………………… 155

大連石本家と其事業 ……………… 156

風聞太話 …………………………… 157

朝鮮及滿洲 第116号 1917年 2月

支那の正月/朝鮮の陸軍始/結氷せる豆滿江

東京より讀者へ▶釋尾旭邦 …………… 1-5

余の視察せる南洋の將來と日本▶新渡戶
　稻造(法學博士) ……………………… 6-12

露國人の特性を論じて我對露覺悟に及ぶ
　▶森御陰(日露協會幹事) ………… 12-15

鐵鑛王の觀たる支那及び日本▶長峯生譯 …
　………………………………………… 16-17

朝鮮に於ける立法方針▶安達大壽計(京城
　傳受學校教官) …………………… 18-22

朝鮮統治の要諦▶渡邊寬一 ……… 22-26

旅順の肅親王を訪ふ▶加藤靑風 … 27-28

最近四十年間に於ける朝鮮政變史▶國分
　象太郎(李王職事務官) ……………… 29-32

朝鮮人の族譜に就て▶淺見倫太郎(法學士)
　………………………………………… 32-34

朝鮮に於ける丁巳年の出來事▶藤戶樓岳 …
　………………………………………… 35-38

英國随感論▶久保要藏(滿鐵庶務課長) ……
　………………………………………… 39-40
各國の郵便貯金に就て▶矢野義二郎(遞信
　局通信課長) ………………………… 41-44
棉花需要に激增と世界の産地▶ジヨン・
　ゼー・マクハーレン ……………… 44-47
世界の黄金現在高と現米國の所有額▶一
　記者 ………………………………… 48-50
精神的生活より見たる在鮮内地人の幸福
　と不幸:善惡共に兩極端に走る▶井口彌
　壽男(日本基督教會牧師) ………… 51-53
精神的生活より見たる在鮮内地人の幸福
　と不幸:幸不幸十二箇條▶齋藤音作 … 53
精神的生活より見たる在鮮内地人の幸福
　と不幸:高利貸を勸められた人▶藤岡潔
　(メソジスト教會牧師) ………………… 54
毛髮の人類學▶久保武(京城醫學專門學校
　教官) ………………………………… 55-59
所謂語源學的考察に就て▶中村鳥堂 ………
　……………………………………… 59-62
朝鮮の書風▶黑柳生 ………………… 62-65
滿洲の人物▶△△生 ……………………… 66
京城二昔譚▶擔月生 ………………… 67-70
ポートアーサーの由來▶一記者 …… 71-72
海外異聞 …………………………………… 73
漢詩/和歌 …………………………… 76-77
京城狩獵界今昔物語▶不見山人 …… 78-79
千人に一人の精神病者がある▶水津信治
　(朝鮮總督府醫院醫官) ……………… 80-82
書齋空語▶苦堂生(辯護士) ………………… 83
見よ年額百萬圓の産出ある滿洲杞柳と同
　工業の將來▶一記者 ……………… 84-87
東拓の刷新に就て▶一記者 ……………… 88
大連小言集▶凹凸山人 …………………… 89
朝鮮及滿蒙問答 …………………… 90-91
關東州名物阿片界の裏面▶天劍生 … 92-94
惡夢▶玉蓋花 ……………………… 95-99
釜山人物短評▶いの字 ………… 100-101
時事日誌/風聞太話/朝鮮及滿洲俳壇/短歌 …

　……………………………………… 102-107
小說 不思議な胡弓▶松枝雪子 …… 108-112
讀者の聲 ………………………………… 113

朝鮮及滿洲 第117号 1917年 3月

內地の初春と朝鮮の初春
編輯室より▶釋尾旭邦 …………………… 1
寺內首相の朝鮮總督時代の朝鮮統治▶釋
　尾旭邦(憲政黨調查會に於ける余の演說)
　……………………………………… 2-6
東京より歸りて▶釋尾旭邦 ……… 7-10
犬養木堂氏を訪ふ▶釋尾旭邦 …… 10-14
日支經濟提携の根本觀念▶靑柳篤恒(早稻
　田大學教授) ……………………… 15-19
植民政策とは如何▶新渡戶稻造(文學博士)
　……………………………………… 20-21
現內閣と首相寺內の人物▶若規禮次郎(前
　大藏大臣) ………………………… 22-23
帝國の戰後策樹立の秋▶渡邊寬一 … 23-28
滿洲と機會均等主義▶山崎元幹(法學士) …
　……………………………………… 28-30
朝鮮教育の前途▶山絃閣主人 …… 31-32
頭山滿と三宅雪嶺▶永樂町人 …… 33-35
教壇より觀たる日支鮮の學生▶切田太郎
　(商學士) …………………………… 36-38
滯歐雜觀▶岩田仙宗(辯護士) …… 38-42
能率と睡眠問題▶田中剛輔(大連民政署警
　視) ………………………………… 42-45
文明と疫癘▶鶴見三三(滿鐵病院研究所長)
　……………………………………… 46-47
海外評論▶渡邊長峰 ……………… 48-54
野田大魂翁を訪ふ▶釋尾旭邦 …… 55-57
人種解剖學より見たる朝鮮人▶久保武(醫
　學專門學校教官) ………………… 58-61
最近四十年間に於ける朝鮮政變史▶國分
　象太郎(李王職事務官) …………… 62-64
朝鮮の書風▶黑柳生 ……………… 65-68
棉花需要の激增と世界の産地▶一記者 …

　　　　　　　　……………………………… 69-73
南洋和蘭植民地の踏査▶多田春樹 …… 73-76
米獨國交斷絶の報を提げて在京城外國領
　　事館を訪ふ▶一記者 ……………… 77-80
海力王府に蒙古王を訪ふ▶一記者 … 80-82
歐米各國便所の研究▶大和道人 …… 82-85
京城日本人基督教會と中心人物▶崑崙山
　　人 …………………………………… 88-89
內地行▶釋尾旭邦 ………………………… 90-97
東西南北 ………………………………………… 97
去りし小宮前李王職次官▶釋尾旭邦 …… 98
漢詩/和歌/朝鮮及滿洲俳壇 ………… 99-102
京城と文學的運動▶英夫 …………… 103-105
西鮮飛脚▶いの字 …………………… 106-107
朝鮮及滿蒙/時事日誌/風聞駄語 … 108-111
小說　退院の日▶岩波節二 …… 112-114

朝鮮及滿洲　第118号　1917年　4月

陸軍記念日と龍山軍司令部/官立京城中學
　　校の本年の卒業生京城に於ける愛國婦
　　人會の歐洲戰慰問演藝會/京城と大連
本紙の滿拾週年記念號に題す▶釋尾旭邦 …
　　　　　　　　………………………………… 1-7
長谷川總督著任後の朝鮮▶釋尾旭邦 … 8-9
編輯餘滴▶釋尾旭邦 ……………………… 10
我輩の對支政策(日支親善とは何を言ひか)
　　▶大隈重信(侯爵) ………………… 13-16
寺内式は朝鮮の人氣振興の道にあらず▶
　　澁澤榮一(男爵) ………………… 16-18
余は巨萬の資本を支那に投ぜん▶大倉喜
　　八郎(大倉組頭取男爵) ………… 19-20
朝鮮の將來と日本國民の覺悟▶石塚英藏
　　(貴族院議員) ………………………… 21-24
日本の植民政策と東洋史の研究▶持地六
　　三郎(朝鮮總督府土木局長) ……… 24-27
朝鮮統治費と其の內容▶山紘閣主人 ………
　　　　　　　　…………………………………… 27-32
朝鮮の工業教育と將來の希望▶宇野三郎

（京城工業專門學校授) ……………… 33-36
海外評論▶渡邊長峰 ……………………… 37-43
歐米人と其事業▶一記者 ……………… 44-46
武斷的民族國家主義と文化的民族國家主
　　義▶藤井健次郎(文學博士) ……… 47-50
列强極東政策の史的觀察▶山本彌内(法學
　　士) …………………………………… 51-54
人類の進化と政治の要訣▶山西恒郎(在滿
　　鐵本社) …………………………… 54-57
戰時の歐米を一週して▶人見次郎(朝鮮總
　　督府農務課長) …………………… 58-60
産業的に觀たる滿洲の價值▶佃一豫(南滿
　　洲鐵道會社理事) ………………… 61-64
蒙古開發の根本義▶駒井德三(農學士) ……
　　　　　　　　…………………………………… 64-68
植民地神社行政に關する私見▶山崎元幹
　　(法學士) …………………………… 68-71
釋尾旭邦を論して朝鮮の操觚界の一瞥す
　　▶永樂町人(朝鮮新聞記者) ……… 72-73
人體發生史▶久保武(朝鮮醫學專門學校教
　　官) …………………………………… 74-80
朝鮮の新聞界十年の回顧▶蒲生大夢 ………
　　　　　　　　…………………………………… 81-85
西鮮の遺跡と王儉城▶八木裝三郎(李王職
　　囑託) ………………………………… 86-88
十干がたり▶鳥堂 …………………… 88-95
裏門より見たる總督府▶茶目公 …… 96-97
朝鮮拾年の回顧と拾年後の朝鮮:余も亦朝
　　鮮に十星霜を送りぬ▶石塚英藏(東拓總
　　裁) ………………………………… 98-100
朝鮮拾年の回顧と拾年後の朝鮮:余は在鮮
　　十二年となれり▶三島太郎(朝鮮銀行理
　　事) ………………………………… 100-102
朝鮮拾年の回顧と拾年後の朝鮮:往時を顧
　　みて感慨深し▶河井朝雄(朝鮮民報社長)
　　　　　　　　………………………………… 102-106
朝鮮拾年の回顧と拾年後の朝鮮:朝鮮人の
　　將來▶太田秀穗(京城女子高等普通學校
　　長) ………………………………… 106-107

朝鮮拾年の回顧と拾年後の朝鮮:往時に考へて將來をトするを得ば▶遠山凞(漢湖農工銀行支配人) ……………… 107-108

朝鮮拾年の回顧と拾年後の朝鮮:郵便事務より見たる京城の過去十年間▶服部古郵(京城郵便局長) ……………… 108-109

朝鮮拾年の回顧と拾年後の朝鮮:教育機關より見たる十年後の朝鮮▶弓削幸太郎(學務課長) ……………… 109-110

朝鮮拾年の回顧と拾年後の朝鮮:朝鮮人の教化と内鮮人の融和が急務なり▶南溪樵夫 ……………… 110-113

朝鮮拾年の回顧と拾年後の朝鮮:過去を顧みて案外に思ふ事▶足立瀧二郎(十八銀行京城支店長) ……………… 113

朝鮮拾年の回顧と拾年後の朝鮮:京城が日本化せる市街に爲るは何時か▶大村友之丞(京城商業會議所書記長) … 113-114

朝鮮拾年の回顧と拾年後の朝鮮:吾輩の仕事は十年變り無し▶平田德太郎(觀測所長) ……………… 114

朝鮮拾年の回顧と拾年後の朝鮮:十年後の朝鮮は吾人の努力如何に依りて定まろ▶本田常吉(平壤府尹) ……… 114-115

朝鮮拾年の回顧と拾年後の朝鮮:吾新聞も十週年なり▶芥川蕃淵(釜山日報社長) … 115

朝鮮拾年の回顧と拾年後の朝鮮:貴紙の滿拾年記念號に寄す▶南山隱士 … 115-116

朝鮮に於ける十年黨▶ヒマラヤ山人 ……………… 117-121

英國の美風▶猪股萩花 ……………… 122-125

蒙古探險記▶古川萩風 ……………… 125-130

支那は女持てる國▶小林朝陽 …… 130-132

露西亞今次の革命まで▶山崎斌 … 132-136

和歌/短歌/朝鮮及滿洲俳壇 ……………… 138-143

夜の海▶阿木良 ……………… 144-145

京城の成功者昔物がたり▶崑崙山人 ……………… 148-151

龍山より▶大夢生 ……………… 151

朝鮮社會百面相十年間▶天來生 … 152-158

京城花柳界の變遷と十年前後▶夢の家た銀 ……………… 159-161

朝鮮及滿蒙問答/時事日誌/風聞駄語 ……… ……………… 162-165

科學小說 空中時代▶ローソン ……… 166-173

朝鮮及滿洲 第119号 1917年 5月

京城高等女學校本年の卒業生/京城女子高等普通學校本年の卒業生/總督府境内の櫻花/昌德宮内の杏花/昌德宮秘苑内の香臭/京城秘苑の櫻

八道の巡視より歸りたる長谷川總督大に懷襟を開いて語る▶釋尾旭邦 ……… 1-11

編輯室より▶釋尾旭邦 ……………… 12-14

寺内内閣の對支政策を評す▶吉野作造(法學博士) ……………… 15-17

黑西哥の現在と對日本の將來▶マヌエル・ベレス・ロメロ(黑西哥全權公使) … ……………… 18-20

鐵鑛と歐洲大戰との關係▶木戸忠太郎(滿鐵地質研究所長) ……………… 21-23

支那交通次長王氏と語る▶萬二千峰學人 … ……………… 24-26

民族の發展と疾病▶結城玄道 ……… 27-29

制令の委任に就きて▶加古貞太郎(辯護士) ……………… 29-30

海外評論▶渡邊長峰 ……………… 31-35

ス-タル博士と記者の問答錄▶難波可水 … ……………… 36-40

人體發育の順序▶久保武(醫學專門學校教官) ……………… 41-45

黃河と運河▶今關天彭(朝鮮總督府囑託) … ……………… 46-50

裏門より見たる總督府▶茶月公 … 51-52

北海道と朝鮮▶美濃部俊吉(朝鮮銀行總裁) ……………… 53-55

滿洲貿易と綿絲布工業▶神戸正雄(法學博士) ……………………………… 55–57

朝鮮に於ける漁業の發達▶庵原文一(朝鮮總督府技師) ………………… 57–58

在鮮内地人の教育に就て▶吾孫子勝(京城傳受學校長) ………………… 59–60

電信電話の上より見たる京城▶古郵生 ………………………………… 60–61

黒龍江督軍畢大將と語る▶加藤靑風 …… 62

戰時の歐米視察より得たる教訓▶人見次郎(朝鮮總督府農務課長) ………… 63–66

上海から浦鹽まで視察して▶小原新三(朝鮮總督府農商工部長官) ……… 66–68

松寺君と矢野君の洋行土産▶法界子(法學士) ……………………………… 69–70

朝鮮に於ける各府縣人分布觀▶蒲生大夢 ・ ……………………………………… 71–73

外交記者の眼に映じたる朝鮮の人物▶崑崙山人 ……………………………… 74–78

蒙古邊界奇談▶太田勤(東蒙古白音太來博愛病院長) ……………………… 79–81

東三省見聞記▶靑風生 …………… 81–85

世界ホテルの新趣勢▶猪股忠次(滿鐵連絡部ホテル主任) ……………………… 85–87

外人の朝鮮觀▶一記者 ………… 87–90

東京より▶一記者 ……………… 91–92

漢詩/和歌/短歌/朝鮮及滿洲俳壇 …… 93–97

花の京城より▶英夫 ………………… 98

共勵會の講演を聞く▶一記者 ……… 99

木の芽立と花柳病▶瀬戸潔(瀬戸病院長) … ……………………………………… 100–102

京城の成功者昔物がたり▶崑崙山人 ……… ……………………………………… 103–105

京城のカフエ-とカフエ-の女▶天來生 … ……………………………………… 106–109

朝鮮企業だより▶一記者 ……… 110–111

營業報告より見たる京城の銀行會社▶一記者 ………………………………… 112–114

朝鮮及滿蒙問答/時事日誌/風聞駄語 ………

……………………………………… 115–118

龍山と將來の問題 ……………… 119–123

科學小說 空中時代▶ローソン …… 126–130

朝鮮及滿洲 第120号 1917年 6月

參廟を終り北鮮咸興より歸られし李王殿下/京日の催せし奉恩寺に於ける野遊會/北京に於ける日支學士會/參戰案反對の支那群衆議員門前當日の光景

若葉の下で▶釋尾旭邦 ……………… 1

滿鮮統一とは何の言ひか▶釋尾旭邦 ‥ 2–7

朝鮮に來りし佛耶兩教界の各僧名士の事を記して朝鮮の靈界に言及す▶釋尾旭邦 ……………………………………… 8–10

編輯室より▶釋尾旭邦 …………… 11

國民主義と植民政策▶蛯川新(法學博士) … ……………………………………… 13–14

成功せる新領土の經營とその施設▶持地六三郎(土木局長) ……………… 15–17

支那及露國革命と其の將來▶三宅雄二郎(文學博士) ………………………… 18–20

精神的日支親善と孔子廟問題▶上田萬年(文學博士) ………………………… 20–23

戰時に於ける歐米人の特長▶阪谷芳郎(法學博士) ………………………… 24–27

滿鐵に以たる加奈陀太平洋鐵道▶大淵三樹(法學士) ……………………… 28–32

海外評論▶渡邊長峰 ……………… 33–37

踏臺の穴▶長峰生 ………………… 38–39

米國觀光團を迎へてマーブル博士と語る▶可水生 …………………………… 40–42

人體發育の順序▶久保武(醫學專門學校教官) ……………………………… 43–46

最近四十年間に於ける朝鮮政變史▶國分象太郎(李王職事務官) …………… 47–48

名士とその住居▶HN生 ………… 49–50

支那の印象基督教徒の事業▶原田助(同志社大學長) ……………………… 51–54

朝鮮の近狀に就て▶前田昇(總監部警務課長) ……………………………………55-57

不徹底なる滿鮮鐵道統一論▶今川宇一郎 ‥ ……………………………………58-60

ポケツトノートより▶難波可水 ……61-62

外交記者の眼に映じたる朝鮮の人物▶崑崙山人 …………………………63-66

朝鮮に於ける各府縣人分布觀▶蒲生大夢 … ……………………………66-69

裏門より見たる總督府▶茶月公 ……70-71

朝鮮で生れた青年より▶山野巖 ……72-73

奉天に張作霖督軍を訪ふ▶加藤靑風 …76

東京雜記▶釋尾旭邦 ………………………77-82

漢詩/短歌/朝鮮及滿洲俳壇 …………83-86

放浪者の心▶岡島陸 ………………87-90

狂犬病とその豫防法▶田中丸治平 …91-92

京城の成功者昔物がたり▶崑崙山人 ……… …………………………………93-95

朝鮮水産貿易品の價値▶水野三四郎 ……… …………………………………96-98

朝鮮及夢滿事業だより …………99-101

朝鮮法制問答▶安達生 ……………102-103

朝鮮及滿蒙問答/時事日誌/讀者論壇/風聞駄語 …………………………104-108

滿洲より▶一記者 …………………109-111

大連小言集▶凹凸山人 ……………112

繩付きを出した京城銀行▶天來生 ………… …………………………………113-116

內地朝鮮熟語の比較(一)▶鬼外生 ……117

仁川一瞥▶夢洒舍主人 ……………118-122

大正五年度に於ける東拓事業報告 ……123

朝鮮及滿洲 第121号 1917年 7月

京城昌慶苑の深綠と垂蓮/奉天の蓮池/目出度東上を終れて歸鮮されし李王殿下/北京に於ける田中參謀長歡迎會

編輯室より▶旭邦生 …………………1-4

滿鮮鐵道統一案を提げ來りし國澤滿鐵副總裁と語る▶釋尾旭邦 …………5-7

七十の老僧八淵蟠龍師の講演を聽く▶旭邦生 ……………………………8-10

新舊人物月旦▶ヒマラヤ山人 ………11-14

英國及獨佛の阿利加植民地經營▶久水三郎(朝鮮總督府外事課長) ……17-20

歐洲交戰國軍事經濟の近況▶宇都宮鼎(海軍主計監) …………………21-25

帝國の海外發展と制海權▶山本英輔(海軍大佐) ……………………25-29

英領印度と佛領印度支那の現狀▶三井(農商務省書記官) ……………30-31

南北兩支那の史的觀察▶桑原隲藏(文學博士) ………………………32-34

日支鐵道と連絡運輸▶木下叔夫(鐵道院運輸課長) ………………………34-37

時代の要求せる政事家▶斯波貞吉 …38-39

現今の教育問題▶佐藤稠松 …………39-40

海外評論▶渡邊寬一 ………………41-44

寺内內閣の運命や如何▶飛魚漁朗(東京支局) ………………………45-46

北進論と西比利亞問題▶井上幾三郎(大連) …………………………47-49

拓植局設置に就て▶唯根與一(大連) ……… …………………………………49-52

朝鮮に於ける專門教育について▶關屋貞三郎(朝鮮總督府學務課長) ……52-53

鮮滿鐵道併合に伴ふ諸問題▶大村友之丞(京城商業會議所書記長) ……53-55

李王殿下の御來朝と東京人の朝鮮觀▶萬二千峰學人 …………………56

紙上蓄音機▶一記者 ………………57-58

西鮮の遺跡と王險城▶八木奘三郎(李王職囑託) ………………………59-62

平南黃海兩道の古蹟調查▶鳥居龍藏(東京帝國大學講師) ……………62-64

朝鮮六大溫泉と'ラヂウムエマナチオン'▶今津明(理學士) ……………65-68

東萊溫泉より海雲臺へ▶旭邦生 ……69-71

名士の庭園▶HN生 ……………… 71-73
外交記者の眼に映じたる朝鮮の人物▶崑
崙山人 ……………………… 74-76
南鮮瞥見記(二)▶旭邦生 ……… 77-80
蒙古探険記▶古川荻風 ………… 81-84
漢詩/和歌/短歌/朝鮮及滿洲俳壇 …… 85-88
朝鮮法制問答▶安達生 ………… 89-90
京城學校組合新議員身元調べ▶崑崙山人 …
…………………………… 91-94
朝鮮鑛業界現勢▶宮崎生 ……… 95-96
大當りの鑛山譚▶天來生 ……… 97-99
東西南北 ………………… 100-103
朝鮮及滿蒙事業たより ……… 104-106
朝鮮及滿蒙問答 ……………… 107-108
時事日誌/人事と會合 ……… 109-110
風聞駄語 …………………………… 112
小說 男を試驗する女▶岩波櫛二 … 113-119

朝鮮及滿洲 第122号 1917年 8月

北京郊外萬壽山の石船/北京郊外萬壽山の
小島/靑島の海水浴場/朝鮮金剛山の石門
瀑/滿洲草河口の飛瀑

編輯室より▶旭邦生 ………………… 1
朝鮮及び滿洲の山と水▶釋尾旭邦 … 1-12
編輯室より(二)▶旭邦生 …………… 13
大內代議士と犬養本堂及國民黨の態度を論
じ對支那政策に及ぶ▶旭邦生 … 14-18
石塚東拓總裁談 ………………… 19-20
世界の大勢を論じて支那時局に及ぶ▶赤
尾亨(法學博士) ……………… 21-23
大亞細亞主義と新十字軍▶今井嘉幸(衆議
院議員) ………………………… 23-24
所謂亞米利加と極東外交▶田中富藏(滿鐵
交涉局) ………………………… 24-26
東拓法改正後の東拓の活動▶川上常郎(東
拓理事) ………………………… 27-29
東拓會社法改正と滿洲▶山崎元幹(法學士)
…………………………………… 29-33

世界の山と水▶矢野通信課長 外 …… 34-44
紙上蓄音機▶前田憲兵大佐外數氏 … 45-46
人體發育の順序▶久保武(京城醫學專門學
校校長) ………………………… 47-51
最近四十年間に於ける朝鮮政變史▶國分
象太郎(李王職次官) ………… 51-56
朝鮮の書風▶黒柳生 …………… 56-58
外交記者の眼に映じたる朝鮮の人物▶崑
崙山人 ………………………… 59-61
太平洋の潮に浸りつ▶飛魚漁朗 …… 62-64
眞夏の東京▶東京支局記者 …… 64-67
蒙古探檢記▶古川荻風 ………… 67-69
暑中と吾輩▶數十名士 ………… 70-76
名士と庭園▶國分李王職次官 ………… 77
漢詩/短歌/朝鮮及滿洲俳壇 ……… 78-80
眞夏の京城▶難波可水 ………… 81-83
國語と鮮語の對照▶鬼外生 ………… 86
あせもの豫防及治療法▶塙繁彌太(大連醫
院皮膚科) ……………………… 87
朝鮮總督府醫院八面觀▶天來生 …… 88-91
滿鐵引繼前に於ける朝鮮鐵道局のごたご
た …………………………… 92-93
鮮滿事業だより …………… 94-95
朝鮮及滿蒙問答–朝鮮及滿洲旅行案內▶ …
……………………………… 96-98
人事と會合/時事日誌 ……… 100-102
最近の鑛業界 ……………… 103-109
小說 金を持てぬ男▶岡島睦 ……… 110-114

朝鮮及滿洲 第123号 1917年 9月

滿鮮鐵道統一紀念/朝鮮の秋色/滿洲の秋

秋雜題▶釋尾旭邦 …………………… 1
"滿鮮鐵道の統一と滿洲, 行政機關の統一を
評す"▶釋尾旭邦 ………………… 2-8
編輯室より▶釋尾旭邦 …………… 9-12
外交官生活三十年の回顧▶日置益(前支那
公使) …………………………… 13-19
亞米利加と極東政策▶田中富藏(滿鐵交涉

局) ‥‥‥‥‥‥‥‥‥‥‥‥‥‥‥ 19–21

蒙古の開發と鐵道の敷設權▶小川運平 ‥‥
‥‥‥‥‥‥‥‥‥‥‥‥‥‥‥‥ 21–23

最近法律思想の變革▶牧野英一(法學博士)
‥‥‥‥‥‥‥‥‥‥‥‥‥‥‥ 24–27

憲法と朝鮮▶安達大壽計(京城傳受學校教
官) ‥‥‥‥‥‥‥‥‥‥‥‥‥‥ 28–30

最近四十年間に於ける朝鮮政變史▶國分
象太郎(李王職次官) ‥‥‥‥ 31–34

亞鉛鑛の現在及將來▶一記者 ‥‥‥ 35–39

滿鐵に合倂されたる朝鮮鐵道の人物▶ヒ
マラヤ山人 ‥‥‥‥‥‥‥‥‥ 40–45

外交記者の眼に映じたる朝鮮の人物▶崑
崙山人 ‥‥‥‥‥‥‥‥‥‥‥ 46–48

如何にせば京城通俗圖書館を設立し得る
か ‥‥‥‥‥‥‥‥‥‥‥‥‥ 49–53

外遊雜感▶岩田仙宗(辯護士) ‥‥‥ 54–57

畵眼に映じたる朝鮮の印象▶丸山晚霞 ‥‥
‥‥‥‥‥‥‥‥‥‥‥‥‥‥‥ 58–60

蒙古探險記▶古川狄風 ‥‥‥‥‥ 60–63

色界通信▶飛魚漁朗 ‥‥‥‥‥‥ 63–68

漢詩/短歌/朝鮮と滿洲俳壇 ‥‥‥ 69–72

內地朝鮮熟語の比較▶鬼外生 ‥‥‥‥ 73

恐る可き肺病の豫防注意▶江口忠六(滿鐵
病院研究課) ‥‥‥‥‥‥‥‥ 74–76

朝鮮で出來ろ綿の産額▶職田豊(總督府技
師) ‥‥‥‥‥‥‥‥‥‥‥‥ 77–78

騙された高等官連と騙した僞造書畵屋連
▶天來生 ‥‥‥‥‥‥‥‥‥ 79–83

朝鮮滿洲事業だより ‥‥‥‥‥‥ 84–85

最近の滿鮮鑛業界▶一記者 ‥‥‥‥‥ 86

大連より▶一記者 ‥‥‥‥‥‥‥ 87–88

朝鮮及滿蒙問答 ‥‥‥‥‥‥‥‥ 89–90

朝鮮及び滿洲に於ける最近の金融經濟事
情▶鮮銀總會席上美濃部總裁演說 ‥‥
‥‥‥‥‥‥‥‥‥‥‥‥‥‥‥ 90–91

北鮮槪觀▶黑澤生 ‥‥‥‥‥‥‥‥ 92

慶南統營見聞記▶末藤生 ‥‥‥‥ 93–94

人事と會合/時事日誌/風聞駄語 ‥‥ 95–99

三人のさびしき人々▶山崎阿水良 ‥‥‥‥
‥‥‥‥‥‥‥‥‥‥‥‥‥‥ 100–105

朝鮮及滿洲 第124号 1917年 10月

スミス飛行大會/日本基督教會慈善音樂會/
西大門倶樂部家族會

始政七周年▶釋尾旭邦 ‥‥‥‥‥‥‥‥ 1

朝鮮と滿洲▶釋尾旭邦 ‥‥‥‥‥‥ 2–11

編輯室より▶釋尾旭邦 ‥‥‥‥‥ 11–12

帝國の拓植統一と朝鮮鐵道▶大屋權平(工
學博士) ‥‥‥‥‥‥‥‥‥‥ 13–16

植民地の行政統一に就て▶唯根伊興 ‥‥‥
‥‥‥‥‥‥‥‥‥‥‥‥‥‥‥ 16–19

行政機關統一に對する所感▶相生由太郎
(大連商業會議所會頭) ‥‥‥ 19–21

朝鮮と滿洲の比較研究:數學上より見たる
南滿洲と朝鮮▶亥角仲藏(朝鮮總督府警
務官) ‥‥‥‥‥‥‥‥‥‥‥ 22–25

朝鮮と滿洲の比較研究:朝鮮と滿洲との比
較雜感▶入澤重磨(京畿道第一部長) ‥‥
‥‥‥‥‥‥‥‥‥‥‥‥‥‥‥ 26–28

朝鮮と滿洲の比較研究:健康上より見た朝
鮮と滿洲▶森安連吉(醫學博士) ‥‥‥
‥‥‥‥‥‥‥‥‥‥‥‥‥‥‥ 28–29

朝鮮と滿洲の比較研究:體格上より觀た朝
鮮人と支那人▶久保武(醫學博士) ‥‥‥
‥‥‥‥‥‥‥‥‥‥‥‥‥‥‥ 29–31

朝鮮と滿洲の比較研究:經濟上より觀たる
日支提携▶小原新三(農商工部長官) ‥‥
‥‥‥‥‥‥‥‥‥‥‥‥‥‥‥ 31–32

朝鮮と滿洲の比較研究:朝鮮及滿洲に於け
る企業と東拓の使命▶松平直平(東洋拓
植會社理事) ‥‥‥‥‥‥‥‥ 32–33

朝鮮と滿洲の比較研究:企業上より見たる
朝鮮と滿洲▶土井芳輔(滿鐵京城出張所
長) ‥‥‥‥‥‥‥‥‥‥‥‥ 33–34

朝鮮と滿洲の比較研究:朝鮮工業の將來と
滿洲の需要及原料の利用▶豊永眞里(中

央試驗所長) ·················· 35-36

朝鮮と滿洲の比較研究:工業は滿洲の方が
　先輩である▶仲野隆二(中央試驗所技師)
　·································· 37-39

朝鮮と滿洲の比較研究:先づ研究を要する
　滿洲の通貨▶中村光吉(朝鮮銀行庶務課
　長) ···························· 39-41

朝鮮と滿洲の比較研究:一日も早く滿鮮鐵
　道貨物取扱を統一す可し▶村潮鎌治郎
　(帝國通運會社京城支店長) ········· 41-42

朝鮮と滿洲の比較研究:在滿邦人より見た
　る滿洲と朝鮮▶篠崎嘉郎(大連商業會議
　所書記長) ······················ 42-46

朝鮮と滿洲の比較研究:滿洲に於ける本邦
　人の衛生狀態▶江口忠六(滿鐵病院研究
　所) ···························· 46-49

中村關東都督と國澤滿鐵理事長▶ヒマラ
　ヤ山人 ························· 50-52

生産上より見たる銀の過去及將來▶木戶
　忠太郎(滿鐵地質研究所長) ········· 53-56

戰後に於ける獨英經濟界▶高橋天豪(法學
　士) ···························· 57-59

朝鮮史の將來▶三浦周行(文學博士) ·······
　·································· 59-63

最近四十年間に於ける朝鮮政變史▶國分
　象太郎(李王職次官) ·············· 63-67

女性觀の革新について▶奇藤好實(大連高
　等女學校長) ···················· 67-69

外交記者の眼に映じたる朝鮮の人物▶崑
　崙山人 ························· 70-73

外遊雜感▶岩田仙宗(辯護士) ········ 74-77

朝鮮を觀た眼で北海道を觀るの記▶今川
　宇一郎 ························· 78-82

蒙古探險記▶古川狄風 ············ 82-86

東京生活どん底通信▶飛魚漁朗 ····· 87-91

紙上蓄音機 ···················· 94-95

漢詩/和歌/短歌/朝鮮及滿洲俳壇 ··· 96-103

小學生の寄宿舍京城學寮の生活▶HN生 ···
　·································· 104-105

裏口より見たる京城の婦人界▶山羊生 ·····
　······························ 106-109

醫者めぐり▶AY生 ············· 110-113

傳染病流行に際して▶山崎生 ····· 114-117

朝鮮人の病氣觀及醫者觀▶AY生 · 117-119

新町の學校▶不仙生 ·············· 120

朝鮮及滿蒙事業たより/鑛業彙報/朝鮮及滿
　蒙問答/時事日誌/人事と會合/風聞駄語
　······························ 121-141

三人の、さびしき人々▶山崎阿水良 ·····
　······························ 142-149

朝鮮及滿洲 第125号 1917年 11月

滿洲に於ける駐屯軍の機動演習/漢江人道
　鐵橋の開橋式

支那の旅より▶釋尾旭邦 ·············· 1-10

大戰の終局と帝國の財政▶井上角五郎(衆
　議院議員) ······················ 11-15

現內閣の對支政策を評す▶小寺謙吉(衆議
　院議員) ························ 15-18

寺內伯の人格とその政治▶片岡直溫(衆議
　院議員) ························ 19-21

支那の統一と幣制改革▶美濃部俊吉(朝鮮
　銀行理事) ······················ 22-24

對支問題と對米問題▶尾崎敬義(中日實業
　會社事務取締役) ················ 24-26

三島燒とその年代▶末松熊彦(李王職事務
　官) ···························· 27-29

社会法學派の法律思想▶牧野英一(法學博
　士) ···························· 30-36

實利主義と社會本位主義▶建部遯吾(文學
　博士) ·························· 36-38

生産上より見たる銀の過去及將來▶木戶
　忠太郎(滿鐵地質研究所長) ········· 39-41

外交記者の眼に映じたる朝鮮の人物▶崑
　崙山人 ························· 42-44

外遊雜感▶岩田仙宗(辯護士) ········ 45-47

戰國雜觀▶有馬英一(總督府病院醫官) ·····

……………………………………………… 48–50

蒙古探險記▶古川狄風 ……………… 51–54

東京風水害地の行脚通信▶飛魚漁朗 ………
……………………………………………… 55–59

紙上蓄音機 ………………………………… 60–61

漢詩/和歌/短歌/朝鮮及滿洲俳壇 ……… 64–69

顔持より見たる朝鮮操觚界の主腦者▶崑
崙山人 ……………………………………… 70–71

可恐肺結核の話▶森安連吉(總督府醫院副
院長) ………………………………………… 72–73

京城の菊作り▶一記者 …………………… 74–75

不完全極まる京城の行路病者收容所▶柴
田博陽(大連慈惠病院理事長) ……………… 76

內鮮人通婚の狀態如何▶難波可水 … 77–83

內鮮結婚者と其の家庭▶天來生 …… 84–87

誰でも出來る奮鬪主義の小商賣▶力行子 …
……………………………………………… 88–91

朝鮮及滿洲事業たより/鑛業彙報/朝鮮及滿
蒙問答/時事日誌/人事と會合/風聞駄語
……………………………………………… 92–104

破はされた女▶須賀野 …………… 105–109

朝鮮及滿洲 第126号 1917年 12月

天長節祝日の朝鮮總督官邸前の學童/鐵道
の開通せる淸津/鐵道の開通せる會寧/蘇
州城內の鐘塔/城西廣慘城の白塔/南京の
海岸/上海海岸通り

年々感槪同じ▶釋尾旭邦 ……………………… 1

編輯室より▶釋尾旭邦 ………………………… 2–5

支那漫遊片々錄▶釋尾旭邦 ………………… 6–8

日本の滿蒙貿易と日米共同宣言▶澁澤榮
一(男爵) ………………………………………… 9–11

外交上より見たる日米共同宣言▶中橋德
五郎(衆議院議員) …………………………… 11–13

日米新協定と滿蒙▶山崎元幹(法學士) ……
……………………………………………… 13–17

日本の利權護得と支那人の心理▶ジエン
クス博士 ……………………………………… 17–20

生産上より見たる銀の過去及將來▶木戶
忠太郎(滿鐵地質硏究所長) ……… 21–22

有線無線兩電話接續實驗▶鳥潟右(理學博
士) ……………………………………………… 23–25

人體發育の順序▶久保武(醫學專門學校敎
官) ……………………………………………… 26–28

憲法と朝鮮▶安達大壽計(京城專門學校敎
諭) ……………………………………………… 29–32

余が米國觀▶中村竹藏(京城豫審法院檢事
長) ……………………………………………… 33–36

滿洲及び北支那一巡所感▶石塚英藏(東洋
拓植會社總裁) ……………………………… 37–40

敎育團の見たる滿洲の敎育 ……………… 41–48

私立學校出の人▶ヒマラヤ山人 ……… 49–51

外交記者の眼に映じたる朝鮮の人物▶崑
崙山人 ……………………………………… 52–54

蒙古探險記▶古川狄風 ……………… 55–56

東京通信▶飛魚漁朗 ………………………… 56–59

一人一言/漢詩/和歌/短歌/朝鮮及滿洲俳壇
……………………………………………… 63–70

金剛觀光の記錄▶來馬琢道(文學士) ……… 71

開通せる淸會線▶一記者 ……………… 72–73

姿を晦した賴母子講の親分▶天來生 ………
……………………………………………… 74–76

廢業した喜久家と日の出の千代本▶△△
生 ……………………………………………… 77–79

朝鮮及滿蒙事業たより/鑛業彙報/朝鮮及滿
蒙問答/時事日誌/人事と會合/風聞駄語
……………………………………………… 80–92

「退役中佐の娘役身す」▶岩波櫛二 … 93–98

朝鮮及滿洲 第127号 1918年 1月

海金剛の奇勝七種/上海,靑島,大連/釜山/
鮮人の元旦/慶昌苑の溫室

年頭の感▶釋尾旭邦 ……………………………… 1

北支那より南支那へ▶釋尾旭邦 …… 2–18

編輯餘滴▶釋尾旭邦 …………………………… 19

國際分業の破壞と戰後の植民政策▶田尻

稲次郎(法學博士子爵) ……………… 21–24

對世界政策と日支の經濟同盟▶平沼淑郎
(早稻田大學教授) ……………… 24–27

對支外交と寺内内閣の責任▶尾崎行雄(前
司法大臣) ………………………… 28–30

日支合辨滿洲殖産金融機關の必要▶高橋
天豪(法學士) …………………… 31–34

日滿貿易と朝鮮鐵道▶篠崎嘉市(大連商業
會議所書記官) ………………… 34–37

糖業地としての滿洲と朝鮮▶擶待初郎(滿
鐵林業科) ……………………… 37–43

北支那及び滿洲の石炭と鐵▶井出健六(工
學博士) ………………………… 43–46

東京の人物と其の印象及び實體▶一記者 …
………………………………………… 47–48

臺灣の回顧と滿鮮開拓の將來▶石塚英藏
(東洋拓植會社總裁) ……………… 49–52

滿鮮經濟統一と滿洲の金券統一▶美濃部
俊吉(朝鮮銀行總裁) …………… 52–54

朝鮮産業界の趨勢▶小原新三(農商工部長
官) ………………………………… 54–56

最近四十年間に於ける朝鮮政變史▶國分
象太郎(李王職次官) …………… 57–62

考古學上より觀察せる朝鮮▶八木奘三郎 …
………………………………………… 62–64

佛國から歸つた島崎藤村氏と語る▶萬二
千峰學人 …………………………… 65–66

馬の話▶林里次(獸醫部長) …………… 67–75

最近の米國を視て▶丹羽清次郎(京城基督
教青年會總務) ………………… 75–79

吾輩と朝鮮の冬 …………………………… 80–85

朝鮮と滿洲に於ける冬の問題▶釋尾旭邦 …
………………………………………… 85–90

朝鮮に鑛業界▶一記者 ………………… 91–92

鑛山家仲間の消息▶一記者 ……………… 93–94

去年の一月▶釋尾旭邦 …………………… 95–97

酒と人生▶渡邊龍田 ……………………… 97–100

滿洲より朝鮮へ▶勝村長城 …………… 100–101

營林廠見物▶難波可水 ………………… 102–107

一人一言 ……………………………… 108–109

午の歳の男と女▶茂子生 ……………… 110–111

勅題「海邊松」について▶坪内孝(文學士) …
……………………………………… 114–116

漢詩/短歌/朝鮮及滿洲俳壇 ………… 117–121

乘馬の話▶HN生 ……………………… 122–126

國境に旅して▶難波可水 ……………… 127–129

西鮮の人物▶崑崙山人 ………………… 130–132

朝鮮社會白面相▶天來生 ……………… 133–137

鑛業權登錄月報 ………………………… 138–144

朝鮮及滿洲事業だより/大正七年度總督府
豫算/大正六年中の出來事 ……… 144–158

朝鮮で育つた少年の告白▶秋山永世 ……
……………………………………… 160–163

朝鮮及滿洲 第128号 1918年 2月

曲阜の孔子廟/同廟の石柱/泰山の中腹/李
王世子殿下の御歸鮮/李王世子の展墓

南大門を撤去すべし▶釋尾旭邦 ………… 1

編輯室より▶釋尾旭邦 …………………… 2–5

長谷川總督の新年宴會に招かれて▶釋尾
旭邦 ………………………………… 6–8

露國單獨講和の成否と日本の態度▶大木
遠吉(伯爵) ………………………… 9–12

一般的講和の聲明と獨露の單獨講和▶寺
尾亨(法學博士) ………………… 13–15

時局の變化と滿鮮在住者の覺悟▶三島太
郎(朝鮮銀行理事) ……………… 15–18

戰後の經濟戰に備ふ可き産業の基礎的條件
確立▶川上常郎(東洋拓植會社理事) ……
……………………………………… 18–20

支那政局の推移と大官の所屬系統▶枯木
迂人 ……………………………… 21–26

最近の支那と電氣事業の趨勢▶中山龍次
(支那交通部顧問) ……………… 26–28

列强の研究しつゝある農業信用問題▶篠
崎嘉郎(大連商業會議所長) ……… 29–31

工業の眞意義▶鈴木庸生(滿鐵瓦斯作業所

長) ……………………………… 31-33
如何に植民地と雖も精神修が第一なり▶
　久保要藏(南滿洲鐵道株式會社京城管理
　局長) ……………………… 34-39
形式倒れの弊風▶崎藤好實(大連高等女學
　校長) …………………… 39-42
東京の人物と其の印象及實體▶一記者 ……
　………………………………… 42-44
泰山の研究▶今關天彭 ……………… 45-51
京城府の地籍圖▶和田一郎(土地調査局總
　務課長) ………………… 52-55
私學出身の人々▶ヒマラヤ山人 …… 56-59
露領旅行雜感▶鳥居忠恕(朝鮮總督府通譯
　官) ……………………… 60-63
京城から東京へ▶難波英夫 ………… 64-67
滿洲紅鹿錄/一人一言集/漢詩/短歌/朝鮮及
　滿洲俳壇 ………………… 68-78
冬の幼稚園▶一記者 ………………… 79-81
皮の剝げるまで▶病みし女 ………… 82-87
未決監より▶鐵窓生 ………………… 88-92
若草山のあちらとこちち▶痴世佛 … 93-96
朝鮮鑛業界の表面▶一記者 ………… 97-98
朝鮮及滿洲事業だより/朝鮮及滿蒙問答/鑛
　業權登錄月報/時事日誌/風聞駄語 ………
　……………………………… 99-115

朝鮮及滿洲 第129号 1918年 3月

風雲動かんとする北滿洲/泰動さて群島浮
　き立つ
盛に植林すべし▶釋尾旭邦 ……………… 1
時局は愈々重大となれり▶釋尾旭邦 … 2-5
編輯室より▶釋尾旭邦 …………… 6-10
東亞出兵論と對支政策▶島田三郎(衆議院
　議員) …………………… 11-13
滿蒙開發と軍事的價値▶岸本鹿太郎(陸軍
　步兵大佐) ……………… 14-15
露國の現狀と日露の關係▶夏秋龜一(法學
　士) ……………………… 15-17

東京の人物と其の印象及實體▶一記者 ……
　…………………………… 18-19
戰後の教育▶關屋貞三郎(朝鮮總督府學務
　局長) …………………… 20-21
戰後の經濟戰に備ふ可き產業の基礎的條件
　確立▶川上常郎(東洋拓植會社理事) ……
　…………………………… 21-23
憂ふ可き日本の死亡率增高の傾向▶野田
　忠廣(內務省衛生局醫務課長) …… 24-25
東京人物訪問記▶可水生 ……………… 26
地理學上より見たる南滿洲鐵道▶木戶忠
　太郎(滿鐵地質課長) …… 27-30
青島の近狀と其の將來▶藤田虎力(南滿洲
　鐵道理事) ……………… 31-32
滿洲幣制統一は刻下の急務なり▶阿部秀
　太郎(朝鮮銀行大連支店長) …… 33-35
法曹界と趣味 …………………………… 36
日本人の祖先と朝鮮人の祖先▶島居龍藏
　(東京帝大講師) ………… 37-40
最近四十年間に於ける朝鮮政變史▶國分
　象太郎(李王職次官) …… 40-43
醫界笑話 ………………………………… 44
印度巡察雜感▶山本鶴一(朝鮮駐箚軍司令
　部) ……………………… 45-50
東京通信▶飛魚漁朗 ………………… 51-54
生活上より見た京城と東京▶須賀野 ………
　…………………………… 54-56
問題の服部大佐と其後任者たる大橋中佐
　▶ヒマラヤ山人 ………… 57-58
物價騰貴の波は朝鮮にも滿洲にも推し寄
　せて來た之を如何に調節すべきか▶大
　村友之丞(京城商業會議所書記長) ……
　…………………………… 59-62
朝鮮に於ける物價騰貴の趨勢と現狀▶佐
　野耿堂(記者) ………… 62-64
滿洲紅鹿錄/一人一言集/漢詩/短歌/朝鮮及
　滿洲俳壇 ………………… 65-74
時候轉換期と小兒の傳染病▶TH生 ………
　…………………………… 73-76

活辯に魅られた女▶雪の舍生 ……… 77-80
朝鮮鑛業界の表面▶一記者 ………… 81-82
大邱紛糾問題の顚末▶一記者 …… 83-87
朝鮮及滿洲事業だより/朝鮮及滿蒙問答/鑛
業權登錄月報/時事日誌/風聞駄語 ………
……………………………………… 88-97

朝鮮及滿洲 第130号 1918年 4月

不穩なる浦鹽/浦鹽の對岸に在る我鈍賀港/
雨か風かの北滿洲/京城高等女學校第十
回卒業生/風雲急なる西比利亞バイカル
湖
小康を貪ろ勿れ▶釋尾旭邦 ……………… 1
朝鮮化論▶釋尾旭邦 ………………… 2-8
編輯室より▶釋尾旭邦 ……………… 9-10
東亞に殺到せんとする二大勢力▶添田壽
一(法學博士) ………………… 11-13
經濟的に觀たる戰局の推移▶福田德三(法
學博士) ………………………… 14-17
極東の不穩と東淸鐵道に關する支那の行
動▶山崎元幹(法學士) …………… 17-20
社會學的見地より觀たる露國の缺陷▶今
井政吉(文學士) ………………… 20-22
京城を通過した時の人▶一記者 …… 23-26
東京の名士と其印象及實體▶一記者 …… 27
地理學上より見たる南滿洲鐵道▶木戶忠
太郎(滿鐵地質課長) ……………… 28-31
支那の產業▶小平權一(農學士) …… 31-34
滿洲の農村と組合▶攝待初郎(農學士) ……
……………………………………… 35-36
滿洲の貨幣問題▶一記者 …………… 36-39
東京人物訪問記▶可水生 ……………… 40
長谷川總督の平生▶一記者 ………… 41-42
共通法規制定の效果▶國分三亥(朝鮮總督
府司法府長官) …………………… 43-45
朝鮮に於ける水產業の前途▶小原新三(朝
鮮總督府農商工部長官) ………… 46-47
造林に就て▶齋藤音作 ……………… 47-49

朝鮮に於ける農業移住者取扱に關する實
驗▶二宮德(東拓會社植民課長) … 51-52
滿鮮兩鐵倂合後の成績と滯貨處分問題▶安
藤又三郎(滿鐵京城管理局運輸課長) ……
……………………………………… 53-54
滿洲の人物と朝鮮の人物▶ヒマラヤ山人 …
……………………………………… 55-59
余の觀たる露國▶服野貴三(朝鮮銀行理事)
……………………………………… 61-64
最近の露都雜感▶某少將 …………… 65-66
文藝消息▶九四二生 …………………… 67
東京通信▶飛魚漁朗 ………………… 68-72
文明の不具者東京の電車と自動車▶難波
可水 ……………………………… 73-75
顏と音聲上より見たる大連の紳士紳商▶
梁吟生 …………………………… 76-77
滿洲紅鹿錄/一人一言集/漢詩/短歌/朝鮮及
滿洲俳壇 ………………………… 78-96
京城の琵琶界▶琵琶法師 ………… 97-102
慾の深い藪醫子と花嫁▶竹の子生 …………
……………………………………… 103-106
鴨綠江畔に營林廠を見る▶佐野耿堂 ………
……………………………………… 107-108
外交員の訪問印象記▶黑澤松南 … 109-110
奉天及長春の諸會社▶泰山生 ……… 111
朝鮮及滿洲事業だより/朝鮮及滿蒙問答/鑛
業權登錄月報/時事日誌/風聞駄語 ………
……………………………………… 112-127
呪はれたる一家▶日野山人 ……… 128-134
贋造モヒ▶長城生 ………………… 135-140
附錄:西伯利亞及北滿洲一斑 ………… 1-19

朝鮮及滿洲 第131号 1918年 5月

伏見宮殿下御入京/仁川の軍艦觀覽/在鄕軍
人/京城の春
京城の春▶釋尾旭邦 …………………… 1
北支那より南支那へ▶釋尾旭邦 ……… 2-5
問題となりし李王職▶一記者 ……… 6-10

編輯室より▶釋尾旭邦 ……………… 11–12

國家の興亡と邦人の植民思想▶下村宏(臺
　灣總督府民政長官) ………………… 13–15

大陸的帝國主義と植民的帝國主義▶篠崎
　嘉郎(大連商業會議所長) ………… 15–17

東京の名士と其印象及實體▶一記者 … 18

露國の現狀を論じて國民に警告す▶高柳
　保太郎(陸軍少將) ………………… 19–23

國民性より觀たる露國の將來▶片上伸(早
　稻田大學教授) ……………………… 23–25

東京人物訪問記▶可水生 ……………… 26

地理學上より見たる南滿洲鐵道▶木戶忠
　太郎(滿鐵地質課長) ……………… 27–29

支那の鐵道▶枯木生 ………………… 30–32

滿洲開發と邦人農業思想の改善▶松本六
　公(大連商業學校長) ……………… 34–35

滿洲の商組權と貨幣の稅換問題▶泰山生 …
　…………………………………………… 35–37

滿洲の鑛山と支那鑛業條例▶一記者 ………
　…………………………………………… 38–40

滿洲の於ける內地人經營の鑛業▶記者 ……
　…………………………………………… 41–45

軍司令部の消息/辯護士界の消息 … 46–47

余の見たる朝鮮の前途▶片山繁雄(朝鮮銀
　行理事) ……………………………… 48–51

朝鮮の產業發展策は農工竝進にあり▶米
　山久彌(東拓文書課長) …………… 52–54

朝鮮蠶業の前途は內地より以上好望なり
　▶中野滋(朝鮮銀行大邱支店長) … 54–56

酒と女の上より觀たる名士諸君▶ヒマラ
　ヤ山人 ………………………………… 57–59

露都雜觀▶服野貴三(朝鮮銀行司事) ………
　…………………………………………… 60–65

獨逸の春と情趣▶工藤武城(京城婦人病院
　長) …………………………………… 65–67

文藝消息 ………………………………… 68

東京通信▶飛魚漁朗 ………………… 69–73

東京の貧民▶難波可水 ……………… 74–76

にぎやかな都の春▶須賀野 ………… 77–78

顏と音聲上より見たる大連の紳士紳商▶
　梁吟生 ………………………………… 79–80

滿蒙瞥見記▶泰山生 ………………… 81–83

滿洲紅鹿錄/一人一言集/漢詩/短歌/朝鮮及
　滿洲俳壇 ……………………………… 86–94

女子大學出の人々▶一寸法師 ……… 95–97

京城に於ける裸の女▶七草生 …… 98–100

ハイカラ男と浮草を追ふ女▶梁吟生 ………
　………………………………………… 104–106

滿妻春技の日記▶長城生 ………… 107–110

負傷の四々月▶悶煩の男 ………… 111–115

外交員の訪問印象記▶黑澤松南 …… 116

南滿沿線の事業界めぐり ………… 117–120

朝鮮及滿洲事業だより/朝鮮及滿蒙問答/鑛
　業權登錄月報/時事日誌/風聞駄語 ………
　………………………………………… 121–131

朝鮮及滿洲　第132号　1918年　6月

京城に於ける五月の出來事/安奉線及び金
　剛山の新綠

勢力の節約と善用▶釋尾旭邦 ……………… 1

平凡なる日支軍事協約▶釋尾旭邦 …… 2–5

井上圓了博士を伴ふて長谷川總督を訪ふ
　▶釋尾旭邦 ……………………………… 6

編輯室より▶釋尾旭邦 ………………… 7–8

世界の大局と滿鮮の現在及將來▶大隈重
　信(侯爵) …………………………… 9–11

歐洲戰爭の活教訓▶松川敏胤(朝鮮駐箚軍
　司令官) ……………………………… 12–14

世界的變亂の帝國民に與へつゝある暗示
　▶美濃部俊吉(朝鮮銀行總裁) …… 14–18

戰爭の人に及ぼす影響▶下田次郎(文學士)
　…………………………………………… 19–21

政界瞥見 ………………………………… 22

歐洲大戰と露西亞民族の消長▶山崎直方
　(理學士) …………………………… 23–26

現在の支那よりも未來の支那▶金井淸(鐵
　道參事/法學士) …………………… 26–29

植民地教育私議▶茅野淳浪客(文學士) ……
……………………………………… 29–31

朝鮮に家庭工業を普及せよ▶野田忠藏(總
督府商工課技師) ……………… 31–33

濱田團長を訪ふ …………………………… 34

趣味の將軍連 ……………………………… 35

靑磁の話▶上田恭輔(滿鐵秘書役) … 36–37

歐米視察管見▶河野衛(總督府醫院小兒科
長) ……………………………… 38–42

亞米利加土産(一)▶川岐繁太郎(朝鮮總督
府技師) ………………………… 42–45

東京通信▶飛魚漁朗 …………………… 46–50

工業と職工の東京▶難波生(東京) … 50–53

初めて大相撲を見るの記▶可水生(東京に
て) ……………………………… 54–57

國民道德の大綱▶井上圓了(文學博士) ……
……………………………………… 58–60

予の行脚したる内蒙古▶岡田猛(帝國獸醫
畜産學會理事) ………………… 62–64

南滿沿線の事業界ぬぐり(二)▶泰山生(在
奉天支局) ……………………… 65–69

愉快なる立山の光景▶奉天支局記者 ………
……………………………………… 69–75

南鮮視察旅行記▶佐野耿堂 …………… 76–77

訪問印象記▶黑澤生 ……………………… 79

顏と音聲上より見たる大連の紳士紳商▶
梁吟生(大連支局) ……………… 80

一人一言集/漢詩/短歌/朝鮮及滿洲俳壇 ……
…………………………………… 81–89

干潟地開拓事業に就て▶松山常次郎(黃海
社長) …………………………… 90–92

女子大學出の人々▶一村法師 ……… 93–96

總督府醫院の看護婦評判記▶七草駄 ………
…………………………………… 96–100

京城の女醫調べ▶ひばり ………… 100–103

滿妻春枝の日記 ……………………… 103–106

事業だより/問答/日誌/風連の語/鑛業權登
錄月報 ……………………… 107–116

營口ページ …………………………… 117–123

葉樓の影▶須賀野 …………………… 124–129

朝鮮及滿洲 第133号 1918年 7月

大正水利組合の水利事業/朝鮮醫學會/京城
に於ける愛國婦人會家族會

溓雨漫言▶釋尾旭邦 …………………………… 1

編輯室より▶釋尾旭邦 ………………… 2–10

支那の幣制改革と銀統一論の謬見▶添田
壽一(法學博士) ……………… 11–13

朝鮮人の同化課題と日本▶澤柳政太郎(文
學博士) ………………………… 13–15

物價は如何にして決定さるこが▶河津暹
(法學博士) ……………………… 16–18

戰後の新世界と東洋の問題▶永井柳太郎 …
……………………………………… 19–23

政界瞥見 …………………………………… 24

滿鮮鐵道統一策に更に一步を進む▶久保
要藏(滿鐵京城管理局長) …… 25–27

時代は經濟的に朝鮮滿蒙の地域を統一せ
しめつゝあり▶高瀬梅吉(東拓理事) ……
……………………………………… 28–30

鮮滿及支那巡遊所感の一節▶大口喜六(衆
議院議員) ……………………… 30–31

蒙古に於ける米國人の活動▶エー・エ
フ・メーソン ………………… 32–34

玄關と應接間▶一記者 ………………… 35–36

最近四十年間に於ける朝鮮政變史▶國分
象太郎(李王職次官) ………… 37–40

日本傳來の絲印と高麗の古印▶八木奬三
郎(李王職囑託) ……………… 40–44

京城の圍碁界▶白頭巾 ………………… 45–46

濠洲の瞥見▶川崎繁太郎(朝鮮總督府技師)
……………………………………… 47–49

子の行脚したる内蒙古▶岡田猛(帝國獸醫
畜産學會理事) ………………… 50–53

際限なき撫順の發展▶一記者 ……… 53–56

文藝消息 …………………………………… 57

東京通信▶飛魚漁朗 …………………… 58–60

梅雨の東京より▶難波可水 ………… 61–63

酒と女の上より観たる名士諸君▶ヒマラ
ヤ山人 ……………………………… 64–69

顔と音聲上より見たる大連の紳士紳商▶
梁吟生 ……………………………… 70

滿洲紅鹿錄/一人一言集/漢詩/短歌/朝鮮及
滿洲俳壇 …………………………… 71–78

夏期の傳染病と其の注意▶佐々木四方志
(龍山鐵道病院長) ………………… 79–82

三本筋の婦人訪問記▶一記者 ……… 83–84

京城に於ける裸の女▶七草生 ……… 85–88

泥水から泥水へ▶日野山人 ………… 89–93

李王職美術品製作工場を觀るの記▶一記
者 …………………………………… 94–95

鐵嶺の事業と人物▶記者 …………… 96–97

東朝鮮旅行記▶末藤生 ……………… 98–99

北鮮と事業界 ………………………… 100–103

不二興業會社と大正水利組合 ……… 104–105

朝鮮地稅令改正條項 ………………… 106–107

動物化學工業▶東拓京城出張所調査 ………
…………………………………………… 108

朝鮮及滿洲事業だより/朝鮮及滿蒙問答/鑛
業權登錄月報/時事日誌/風聞駄語 ………
………………………………… 109–122

葉樓の影▶須賀野 …………………… 123–127

朝鮮及滿洲 第134号 1918年 8月

鴨綠江の上流/鴨綠江の急流し/朝鮮各地の
避暑地

編輯室より▶釋尾旭邦 …………………… 1

北支那より南支那へ▶釋尾旭邦 ……… 2–10

新舊將軍連▶ヒマラヤ山人 ………… 11–13

鮮銀に加納副總裁を訪ふ▶一記者 ……… 14

世界戰の現在と其の將來▶吉野作造(法學
博士) …………………………… 15–19

極東の變局と米國の態度▶目賀田種太郎
(貴族院議員男爵) ……………… 19–22

日支經濟同盟の必要と紊亂せる支那財政

状態▶小林丑三郎(法學博士) …… 22–27

三大使と邸宅 ………………………… 28–29

最近四十年間に於ける朝鮮政變史▶國分
象太郎(李王職次官) ……………… 30–33

語學者としての申叔舟▶小倉進平 … 34–37

政界瞥見 ……………………………… 38–39

倫敦の夏▶吉田節太郎 ……………… 40–41

伯林の夏▶加藤正美(滿鐵京城管理局營業
課長) ……………………………… 42–44

紐育の夏▶黑澤明九郎(滿鐵京城管理局工
場長) ……………………………… 45

佛國より歸朝して▶印東秀(東拓會社京城
支店) ……………………………… 46–50

ペトログラードとモスクワ▶小田榮(榮洋行
主) ………………………………… 50–52

文藝消息 ……………………………… 53

松花江下り▶北斗生 ………………… 54–58

涼味と鐵拳▶今川生 ………………… 59

東京通信▶飛魚漁朗 ………………… 60–64

眞夏の東京より▶可水生 …………… 64–67

交戰各國の戰備 ……………………… 67

酒と女の上より觀たる名士諸君▶ヒマラ
ヤ山人 ……………………………… 68–69

顔と音聲上より見たる大連の紳士紳商▶
梁吟生 ……………………………… 70

滿洲紅鹿錄/一人一言集/漢詩/短歌/朝鮮及
滿洲俳壇 …………………………… 71–81

餓鬼道の陷ちて▶馬醉木 …………… 82–85

喜美子▶七草迂人 …………………… 86–90

朝鮮及滿洲事業だより/朝鮮及滿蒙問答/鑛
業權登錄月報/時事日誌/風聞駄語 ………
………………………………… 91–106

山東ページ:本郷軍司令官と秋山民政長官を
訪ふ▶梁吟生 …………………… 108–109

山東ページ:山東名士訪問印象記▶梁吟生 …
……………………………… 110–112

山東ページ:山東と事業界▶梁吟生 ………
……………………………… 113–116

朝鮮及滿洲 第135号 1918年 9月

浦潮上陸軍/滿洲里方面の我軍
長劍匣に鞘を拂へり▶釋尾旭邦 ………… 1
食糧問題と朝鮮と滿洲の開拓▶釋尾旭邦 … ……………………………………………… 2-7
新警務總長兒島中將と語る▶釋尾旭邦 …… ……………………………………………… 8-11
先づ言論界より包圍攻擊を受けつゝある 寺内伯▶釋尾旭邦 …………………… 12
海外思想の發展と投資市場の獲得▶伊藤 文吉(農商務省書記官男爵) ………… 13-17
日用食用品を公營にせよ▶大木遠吉(伯爵) ……………………………………… 17-19
戰雲漲ぎる浦潮より滿洲里沿線▶黑龍生 … ……………………………………………… 20-24
戰雲漲ぎる烏蘇里鐵道沿線の概況▶一記 者 ……………………………… 24-27
飛行機發達の歷史及び其將來▶三浦義幹 (帝國義勇飛行會理事) ………… 27-30
名士と邸宅 ……………………………… 31
半島二大制度の一は姓族の分化を確立す るにあり▶淺見倫太郎(前高等法院判事) ……………………………………… 32-34
蠅の話▶小林晴治郎(總督府醫院傳染病研 究) …………………………… 35-38
新任將軍軍連の面影▶一記者 ……… 39-41
東京通信▶飛魚漁朗 ……………… 42-44
騷擾と滑稿の東京より▶難波可水 … 45-48
讀書の上より觀た京城の名士諸君▶ヒマ ラヤ山人 …………………… 49-53
夏の福建省めぐり▶野島經太 ……… 54-58
警務總監部の人物▶ヒマラヤ山人 … 59-61
顏と音聲上より見たる大連の紳士紳商▶ 梁吟生 ……………………………… 62
滿洲紅鹿錄/一人一言集/漢詩/短歌/朝鮮及 滿洲俳壇 …………………… 63-71
釋王寺と元山へ▶釋尾旭邦 ……… 72
三本筋の婦人訪問記▶一記者 ……… 73

京城の箏曲界▶草野ひばり ………… 74-75
さすらひの女▶日野山人 …………… 76-79
鎮南浦所見 …………………………… 80
朝鮮及滿洲事業だより/朝鮮及滿蒙問答/鑛 業權登錄月報/時事日誌/風聞駄語 ……… ……………………………………………… 81-93
將に竣成式を告げんとする大仁川港 ……… ……………………………………………… 94-98
仁川の人物▶黑澤生 ………… 99-102
仁川と事業界 ………………… 103-106

朝鮮及滿洲 第136号 1918年 10月

原新內閣顏面/西比利亞に於ける各國兵 始政八週年▶釋尾旭邦 ……………… 1
時局は小康と姑息政策を許るさず▶釋尾 旭邦 …………………………… 2-5
政變雜話▶釋尾旭邦 ……………… 6-9
編輯餘滴 ……………………………… 10
西伯利戰爭と世界的の謎▶淺見敬一(海軍 少佐) ………………………… 11-15
露國の現狀と獨の東方政策▶高柳保太郎 (參謀本部第二部長) ……………… 15-17
戰時に於ける獨逸の鐵道政策▶高橋天豪 (滿洲日日新聞社副主幹) ……… 17-20
國民は何故に覺醒し緊張せじゃるか▶片 山繁雄(朝鮮銀行理事) ………… 20-22
三宅雪嶺博士の政局觀 ……………… 23
西伯利に活動せる人種▶小林鶴城 … 24-26
子の西伯利橫斷旅行を回顧して▶芳賀榮 次郎(總督府醫院長) ………… 26-29
最近の浦鹽雜觀▶橫山直追(朝鮮銀行檢查 役) ………………………… 30-31
東部西伯利に於ける過激派盛衰記▶某大 尉 …………………………… 32-34
哈爾賓所見 …………………………… 35
時事雜感▶兒島中將 …………… 36-38
解剖學的に見たる日鮮人の比較研究▶久 保武(總督府醫院解剖學敎授) ……… 39-42

國史より見たる朝鮮▶萩野由之(文學博士)
　　　………………………………………42-44
文祿役の發端に就て▶田中義成(文學博士)
　　　………………………………………44-46
古蹟より見たる山東省▶今關天彭 … 46-48
東拓の總裁石塚英藏氏を訪ふ▶萬二千峰
　　學人 …………………………………… 49
十人十色 ………………………………… 50
新に起つた朝鮮殖産銀行と其幹部の人物
　　▶ヒマラヤ山人 ……………………51-5
東京通信▶飛魚漁朗 …………………53-56
大阪初旅の記▶難波可水 ……………57-61
イルクツクの牢獄より脱れ歸りし阿部道
　　明師を訪ふ▶釋尾旭邦 ……………62-69
文藝消息 …………………………………… 72
救世軍の山室軍平氏の講演を聽く▶一記
　　者 ……………………………………… 73
顔と音聲上より見たる大連の紳士紳商▶
　　梁吟生 ………………………………… 74
漢詩/短歌/朝鮮及滿洲俳壇 ……………75-79
遠征勇士の通過を送りて▶一記者 ……… 80
京城の菊作り界▶一記者 ………………81-83
京城の淨瑠界▶草野ひばり ……………84-87
カフエ-夜話▶一寸法師 …………………88-90
西比利亞の戰線より ……………………… 91
朝鮮及滿洲事業だより/朝鮮及滿蒙問答/鑛
　　業權登錄月報/時事日誌/風聞駄語 ………
　　　………………………………………92-102
血染の信號旗▶ガルシン …………103-107
滿洲開原ペ-ジ:開原の過去現在及將來▶神
　　保太仲(開原地方事務所長) ………108-111
滿洲開原ペ-ジ:開原取引所と海關鐵道▶
　　吉田種次(海原取引所長) ………111-112
滿洲開原ペ-ジ:開原の事業と人物▶記者
　　　………………………………………112-116
新内閣大臣略歷 …………………………117-118

朝鮮及滿洲 第137号 1918年 11月

西比利亞所見/京城神社の秋際
緊張の氣分乏し▶釋尾旭邦 ……………… 1
時事評論▶釋尾旭邦 …………………… 2-5
田中代議士西比利亞の近狀を語る …… 6-8
獨逸屈服の時機▶大隈重信(侯爵) …… 9-11
獨逸の講和提議と國際關係の新傾向▶吉
　　野作造(法學博士) ……………………11-15
獨逸の講和を欲する眞意▶福田德三(法學
　　博士) …………………………………15-17
政界瞥見 …………………………………… 18
大臣官邸野田大魂翁▶一記者 ………… 19
經濟及國防より觀たる日支關係▶安達謙
　　藏(憲政會總務) ………………………20-23
戰時に於ける獨乙の鐵道政策▶高橋天豪
　　(滿洲日日新聞社) ……………………24-26
飛行機發達の歷史及び其將來▶三浦義幹
　　(帝國義勇飛行會理事) ………………26-28
嘉納治五郎氏の金剛山觀▶一記者 …… 29
朝鮮化學工業の現狀及び趨勢▶片山嵒(中
　　央試驗所技師) ………………………30-32
最近四十年間に於ける朝鮮政變史▶國分
　　象太郎(李王職次官) …………………32-36
漫言雜筆▶中井錦城 ……………………37-38
滿洲所感▶大内暢三(代議士) …………39-40
吾教育視察團は如何に滿鮮を觀しか▶武
　　居魁助(岡山縣學事視察團長) ………40-41
文藝消息 …………………………………… 42
東京通信▶飛魚漁朗 ……………………43-46
西比利亞の近狀▶黑龍生 ………………47-50
福建省めぐり▶野島經太 ………………51-55
辯舌の上より觀たる京城の名士諸君▶ヒ
　　マラヤ山人 ……………………………56-59
朝鮮殖産銀行を訪ふ▶一記者 ………… 60
日く集 …………………………………… 61
顔と音聲上より見たる大連の紳士紳商▶
　　梁吟生 ………………………………… 62
漢詩/短歌/朝鮮及滿洲俳壇 ……………63-67

京城のテニス界▶一記者 ……………… 68-70

記者の眼に映ぜし龍山の蘭屋殺し▶一記
者 ……………………………… 71-75

愈々竣成したる仁川築港の設備と歴史 ……
……………………………………… 76

朝鮮及滿洲事業だより/朝鮮及滿蒙問答/鑛
業權登錄月報/時事日誌/風聞駄語 ………
……………………………………… 77-89

殺人犯の母▶岩波櫛二 ……… 90-99

大邱ページ▶加納生 ……… 100-110

朝鮮及滿洲 第138号 1918年 12月

敗軍の將獨帝及其一家/各聯合國人の祝賀
會/西伯利所見

年將に暮れて思深▶釋尾旭邦 …………… 1

講和來▶釋尾旭邦 ……………………… 2-4

編輯室より▶釋尾旭邦 …………………… 5-6

善良なるデモクラシ-の勝利▶加藤高明(憲
政會總裁子爵) ……………………… 7-9

講和後の支那と西伯利▶上田萬年 …… 9-11

戰後に來る可き景氣問題▶小川鄕太郎(京
大教授) ……………………………… 12-14

平和來と經濟界の將來▶南波禮吉(東京柱
式取引所理事) …………………… 14-16

政界瞥見 ………………………………… 17

戰時に於ける獨乙の鐵道政策▶高橋天豪
(滿洲日日新聞社) ………………… 18-21

滿蒙開發の要義▶小西春雄(朝鮮銀行奉天
支店長) ……………………………… 21-23

農業上より見たる山東省の現在及將來▶
鹽澤惠助(青島守備軍民政府) …… 23-25

西伯利視察雜感▶太田三郎(朝鮮銀行理事)
……………………………………… 27-29

北支那視察雜感▶持地六三郎(遞信局長官)
……………………………………… 29-31

印度視察雜感▶岡教遂(日蓮宗大學教授) …
……………………………………… 33-36

漫言雜筆▶中井錦城 …………………… 36-38

文藝消息 ………………………………… 39

東京通信▶飛魚漁朗 ………………… 40-44

故島村抱月が捨てた一子婦人とその愛兒
▶KN生 …………………………… 45-48

講和と物價:講和と朝鮮の海運界▶松崎時
勉(朝鮮郵船會社專務取締) ……… 49-50

講和と物價:鮮鐵に及ぼす可き講話の影響
▶安藤又三郎(滿鐵京管運輸課長) ………
……………………………………… 50-51

講和と物價:平和と通運界▶矢野菊松(內國
通運會社京城支店長) ……………… 51

講和と物價:物價は下落の兆候を示しつゝ
あり▶鈴木穆(總督府度支部長官) ………
……………………………………… 51-52

講和と物價:講和によつて下落す可き朝鮮
輸出入▶高久敏男(朝鮮銀行詞調第一課
長) ………………………………… 52-53

講和と物價:物價騰貴と公設市場問題▶足
立丈次郎(東洋畜産會社取締役) ……… 53

講和と物價:物價下落は必然の勢である▶
三島太郎(殖産銀行取締) ………… 53-54

講和と物價: 戰後の商權爭奪戰と國民の覺
悟▶嘉納德三郎(朝鮮銀行副總裁) …… 54

歐洲戰と世界海運力の消長▶一記者 …… 55

成田忠良君を悼む▶釋尾旭邦 …… 56-60

顔と音聲上より見たる大連の紳士紳商梁
吟生 ……………………………… 61

漢詩/短歌/朝鮮及滿洲俳壇 ………… 64-68

毛色の變つた色魔▶雪の舍生 …… 69-71

捕はれたる五十餘名の强盜團▶一記者 ……
……………………………………… 72-75

朝鮮に於ける犯罪の模樣▶一記者 … 76-77

對獨休戰條約正文公表 ……………… 78-80

朝鮮及滿洲事業だより/朝鮮及滿蒙問答/鑛
業權登錄月報/時事日誌/風聞駄語 ………
……………………………………… 81-88

血染の信號旗▶ガルシン ………… 89-91

最近の哈爾賓▶加納生 ……… 92-101

朝鮮及滿洲 第139号 1919年 1月

平和/講和談判場裡の中心人物/旭旗新に飜る西比利亞

平和か爭鬪か▶釋尾旭邦 ………………… 1

平和克復の第一年頭に立ちて▶釋尾旭邦 ……………………………………… 2–7

編輯室より▶釋尾旭邦 ………………… 8–9

戰爭の終局と國民の覺悟▶水野鍊太郎(法學博士) ……………………… 11–14

講和會議と國際聯盟問題▶仲小路廉(前農商務大臣) …………………… 14–16

戰後の世界と移植民政策▶勝田主計(前大藏大臣) ……………………… 16–19

戰後の經濟政策と植民地問題▶松岡均平(法學博士) …………………… 19–21

戰後に於ける世界の思想▶姉崎潮風(文學博士) ………………………… 21–24

來る可き新時代と思想問題▶内村鑑三 …………………………………… 25–27

女子中學校教育の困難▶寄藤好實(大連高等女學校長) ………………… 27–29

西比利亞出征將士の貢獻と光榮▶河合操(第一師團長) ………………… 29–30

陸相田中中將を訪ふ▶萬二千峰學人 …… 31

某工學博士の朝鮮工業論を駁す▶小山一德(工學士) …………………… 32–36

西伯利鐵道物語▶長尾半平(鐵道院理事 …………………………………… 37–39

日米貿易の前途(コムマース.レポーツ所載)▶大津生澤(大連) ……… 39–41

羊毛問題の側面觀▶上田恭輔(滿鐵秘書役長) …………………………… 41–43

西比利亞の寒き旅より▶岡田生 ……… 44

講話觀 ……………………………… 45–49

見た儘感した儘▶凸助生 ……………… 50

近作四十六首▶若山牧水 …………… 51–52

支那の司法制度▶國分三亥(總督府司法府長官) ………………………… 53–54

己未の年と日鮮事實▶小田省吾(文學士) … ……………………………………… 55–57

朝鮮最近四十年間に於ける政變史▶國分象太郎(李王職次官) ………… 57–59

朝鮮書宗金生に就て▶鮎貝房之進 … 60–62

東京通信 …………………………… 63–64

臺灣生蕃人視察雜感▶芳賀榮次郎(朝鮮總督府醫院長) ………………… 65–69

比律賓群島視察雜感▶小河原義照(總督府視學官) ……………………… 69–73

蒙古を覗ひて▶眞繼雲山 ………… 73–76

南亞の開拓者セシルローヅ鐵道戰▶一記者 …………………………………… 76–78

各國の冬▶兒島中將談 …………… 79–84

朝鮮に於ける冬の問題 …………… 85–88

見た儘感した儘▶凸助生 …………… 89

洋の話▶千圃生 …………………… 90–94

正月の飲食物に就て▶佐藤剛藏(京城醫學專門學校教授) ……………… 94–96

冬の動物園▶一記者 ……………… 97–100

鴨綠江の新年▶納村 …………… 100–102

所謂紳士體驗▶樓井恒次郎(九州大學教授醫學博士) ………………… 103–106

大連紳士間の好男子總まくり▶一記者 … …………………………………………… 107

運不運の上より觀た京城の名士諸君▶ヒマラヤ山人 ………………… 110–112

漢詩/短歌/朝鮮及滿洲俳壇 ……… 113–117

京城の乗馬界▶一記者 ………… 118–121

本年の筑前琵琶界▶ビワ法師 …… 122–124

牧山耕藏君へ▶一記者 ………… 125–127

春告げ鳥▶をぎん生 …………… 128–130

吾輩の觀た京城の猫連中▶無粹道人 …… …………………………………… 131–133

大正七年中の出來事 …………… 134–141

歐洲大戰概要 ………………… 142–143

八年度總督府豫算 …………………… 144

臨時手當と年末賞與 ………… 145–146

鮮滿の事業界 ………………… 147–152

鑛業權登錄月報 ················· 153–156
先生の消息▶菊池寛 ·········· 157–163
悲しき酒落▶凡佛 ················ 164–166

朝鮮及滿洲 第140号 1919年 2月

薨去せる李太王殿下/大漢門に集りし群衆
編輯室より▶釋尾旭邦 ················· 1
議會を通して見たる原内閣▶釋尾旭邦 ·····
································ 2–5
李太王殿下の薨去を悼む▶釋尾旭邦 ··· 5–6
東京まで–伊勢參宮–議會覗き▶釋尾旭邦 ···
································ 7–10
王者の國と覇者の國▶井上哲次郎(文學博
士) ··························· 11–14
戰後の世界を縮少すべき六大事業▶志賀
重昂(植民貿易學校長) ·········· 14–16
國際聯盟は可能なるか▶田健次郎(前遞信
大臣) ························ 16–19
歐洲戰と經濟的所感▶美濃部俊吉(朝鮮銀
行總裁) ····················· 20–24
米價問題に對する私見▶小原新三(農商工
部長官) ····················· 24–26
戰後の二大問題▶西小門散史 ····· 26–29
關稅問題と本年の海運界▶松崎時勉(朝鮮
郵船會社專務) ················ 30–32
朝鮮に於ける煙草の需要狀況▶馬詰次男
(東亞煙草會社營業部長) ········ 32–34
滿洲から見た朝鮮鐵道▶MS生(大連) ···
································ 34–36
滿洲本社に國澤理事長と語る▶萬二千峯
學人 ························· 37–39
思ひ出多き李太王殿下の御生涯▶菊池謙
讓 ·························· 40–41
"臺灣支那, 南洋視察雜感(一)"▶猪原貞雄
(朝鮮ホテル支配人) ··········· 42–45
東京より哈爾賓へ▶飛魚漁朗 ····· 46–48
犬瘟病と狂犬病に就て▶髙木正人(京城犬
猫病院長) ···················· 48–50

須磨子の自殺ときむ子の再婚▶可水生 ·····
································ 51–53
文藝消息▶九四二生 ················· 54
宇都宮軍司令官の半面 ··············· 55
大連紳士の健康術▶梁吟生 ····· 56–57
文藝 ························· 58–61
故李太王の御平生 ·············· 64–65
京城の愛犬家▶ヱス生 ··············· 66
活辯の内幕▶覆面子 ············ 67–69
病院のローマンス▶日野山人 ···· 70–73
"滿洲事業だより, 鮮滿問答, 鑛業界の現狀,
時事日誌, 講話彙報" ·········· 74–87
たご目的もなく▶難波英夫 ······ 88–93

朝鮮及滿洲 第141号 1919年 3月

朝鮮式の葬儀/憲法發布三十年祝賀會
編輯室より▶釋尾旭邦 ················· 1
不逞朝鮮人に誨ゆ▶釋尾旭邦 ········· 8
人種の無差別と移植民問題▶添田壽一(法
學博士) ······················ 9–12
世界の大勢と自由思想▶新渡戸稻造(法學
博士) ························ 12–14
日本に議院政治なし▶犬養毅 ···· 14–16
食料問題と治水▶齋藤音作(林學士) ·········
································ 20–25
鮮米增加の前途と其施設▶足立丈次郎(東
洋畜産興業會社專務取締役) ····· 25–27
關稅問題と内地資本誘引策▶片山繁雄(朝
鮮銀行理事) ·················· 28–30
平元線開通後の北鮮と朝鮮産米の前途▶
松崎時勉(朝鮮郵船會社專務) ···· 30–32
朝鮮最近四十年間に於ける政變史(其二十
九)▶國分象太郎(李王職次官) ····· 34–36
朝鮮大葬儀禮の大要▶荻山秀雄(中樞院囑
託) ························· 37–39
支那の葬式▶陳秉焜(京城駐箚支那領事館
副領事) ····················· 40–43
支那と朝鮮との國葬儀禮比較▶尹喜永(中

樞院囑託) ・・・・・・・・・・・・・・・・・・・・ 44

政界瞥見 ・・・・・・・・・・・・・・・・・・・・・・ 45

支那南洋視察雜感(二)▶猪原貞雄(朝鮮ホ
テル支配人) ・・・・・・・・・・・・・・・・ 46-50

講和會議の開られつゝある巴里の春▶印
東秀(東拓社員) ・・・・・・・・・・・・・ 50-52

東京通信▶飛魚漁朗 ・・・・・・・・・・・ 53-56

東京より哈爾賓へ▶飛魚漁朗 ・・・ 56-58

文藝消息 ・・・・・・・・・・・・・・・・・・・・・・ 59

文藝 ・・・・・・・・・・・・・・・・・・・・・・・・・ 62-66

見たまゝ感じたまゝ▶須賀野(東京) ・・・・・
・・・・・・・・・・・・・・・・・・・・・・・・・・・・ 67-70

女給になるまで▶日野山人 ・・・・ 71-76

朝鮮滿洲事業だより/鮮當面の事業鑛/山界
消息/時事日誌/平和會義重要事項/故李
太王國葬/風聞駄語 ・・・・・・・・・・ 77-90

土方詩人▶岩波櫛二 ・・・・・・・・・・ 91-95

仁川ページ ・・・・・・・・・・・・・・・・・・ 97-100

山東ページ ・・・・・・・・・・・・・・・ 101-106

朝鮮及滿洲 第142号 1919年 4月

日本式國葬と朝鮮式國葬/李王家の御一族/
時局と朝鮮總督府の中樞人物/朝鮮騷擾
の光景

編輯室より▶釋尾旭邦 ・・・・・・・・・・・・ 1

事を好む朝鮮人に與ふ▶釋尾旭邦 ・・ 2-7

騷擾事件の眞相と所感▶釋尾旭邦 ・ 8-20

如何に此時局を拾收せんとするか▶釋尾
旭邦 ・・・・・・・・・・・・・・・・・・・・・・ 20-22

關屋學務局長に問ふ▶釋尾旭邦 ・ 23-24

世界は變態心理に襲はれて居る▶建部遯
吾(文學博士) ・・・・・・・・・・・・・・ 25-27

デモクラシーに對する吾人の態度▶吉野
作造(法學博士) ・・・・・・・・・・・・ 28-29

支那西伯利の將來と日本の現狀▶尾崎行
雄(憲政會總務) ・・・・・・・・・・・・ 30-32

朝鮮統治の實績を裏切る暴徒の蜂起▶城
南逸士(文學博士) ・・・・・・・・・・ 32-35

世界平和の將來と覺悟▶賀田直治(東洋畜
産興業柱式會社朝鮮皮革株式會社社長)
・・・・・・・・・・・・・・・・・・・・・・・・・・・ 36-41

天然資源の活用▶平田德太郎(仁川觀測所
長) ・・・・・・・・・・・・・・・・・・・・・・ 41-42

朝鮮最近四十年間に於ける政變史▶國分
象太郎 ・・・・・・・・・・・・・・・・・・・・ 42-45

朝鮮騷擾事件と官民の所感▶官民數十名
士 ・・・・・・・・・・・・・・・・・・・・・・・・ 46-63

學生騷擾事件と各學校長 ・・・・・・ 64-65

演壇の人 ・・・・・・・・・・・・・・・・・・・・・・ 66

朝鮮化學工業の原料及び其前途▶片山嵒
(中央試驗所技師) ・・・・・・・・・・ 67-70

朝鮮に於ける果實釀造事業は前途有望な
り▶園田宗介 ・・・・・・・・・・・・・・ 70-72

朝鮮の荒蕪地と開拓の前途綾田豐(總督府
農務課技師) ・・・・・・・・・・・・・・・ 72-75

朝鮮主要鑛産物の現狀 ・・・・・・・・ 75-77

政界瞥見 ・・・・・・・・・・・・・・・・・・・・・・ 78

關東州稅關制度改正問題と密輸入問題▶
篠崎嘉郎(大連商業會議所書記長) 79-82

大連市會改造論▶高橋天豪(法學士) 82-84

比律賓と印度▶小河原義照(朝鮮總督府視
學官) ・・・・・・・・・・・・・・・・・・・・・ 85-88

支那南洋視察雜觀▶猪原貞雄(朝鮮ホテル
支配人) ・・・・・・・・・・・・・・・・・・・ 88-92

ブラジルは邦人移住の好適地なり▶秋山
眞男(東拓技師) ・・・・・・・・・・・・ 93-95

騷擾の大立物係秉熙を出せし天道教▶飛
魚漁朗 ・・・・・・・・・・・・・・・・・・・・ 96-99

文藝消息 ・・・・・・・・・・・・・・・・・・・・・ 100

東京より哈爾賓へ(三)▶飛魚漁朗 101-104

東京通信 ・・・・・・・・・・・・・・・・・ 104-107

朝鮮より滿洲に轉じて來た人々▶一記者
(大連) ・・・・・・・・・・・・・・・・・ 108-109

大連風聞記▶浮浪人(大連) ・・・・・・ 110

大連名士の健康術▶梁吹生 ・・・・・・ 111

同胞よ海を渡れ▶拂城學人 ・・ 112-113

文藝 ・・・・・・・・・・・・・・・・・・・・・ 116-120

春先きの衞生▶森安連吉(醫學博士) ………
……………………………………… 121–122
頃日の感想▶須賀野 ……………… 123–126
田舍生活の解剖 ………………… 127–130
實業家訪問印象記 ……………… 131–132
騷擾日記/滿洲事業だより/滿洲問答/時事
　日誌/重要記事/投書欄/風聞駄語 ………
……………………………………… 133–145
舅の死▶無名氏 ………………… 146–150
滿洲再遊記/滿鮮事業界/仁川だより ……
……………………………………… 151–166

朝鮮及滿洲　第143号　1919年 5月

御成年の東宮殿下/新設第二十師團の來着
孤軍奮戰すべし▶釋尾旭邦 ………………… 1
再び朝鮮人に與ふ▶釋尾旭邦 …………… 2–8
取締方針を確定すべし▶釋尾旭邦 …… 9–11
歐米宣敎師の取締方針▶釋尾旭邦 … 12–13
學務當局者に與ふ▶釋尾旭邦 …… 13–14
朝鮮の事は朝鮮に居る人に聽け▶釋尾旭
　邦 …………………………………………… 14
朝鮮統治は大陸政策の基礎▶仲小路廉(貴
　族院議員) ……………………………… 15–17
朝鮮暴動と植民政策の根本義▶江木翼(貴
　族院議員) ……………………………… 18–19
時局に對して ………………………… 20–30
時局と全鮮記者大會の記 …………… 31–33
朝鮮最近四十年間に於ける政變史(其三十
　一)▶國分象太郎(李王職次官) …… 34–37
體質上より關た朝鮮人▶久保武(醫學博士)
……………………………………………… 38–39
産業上より見たる東部蒙古の將來▶埜島
　經太氏談 ……………………………… 40–42
山東苦力觀▶播待初郎(農學士) …… 42–44
ラサ.アイランド …………………… 45–46
張作霖督軍と語る▶佐野耿堂 ……… 47–49
ネルチンスクの冬營▶中屋陸軍小將 ……
……………………………………………… 50–51

朝鮮の田舍より▶山地生 …………… 52–53
東京通信▶飛魚漁朗 ………………… 56–58
文藝 …………………………………… 59–63
齒の話▶飯塚喜四郎(仁川) ………… 64–65
京城に於ける盲啞學校參觀記 ……… 66–68
孫秉熙等はどうして居るか ………… 68–69
滿洲事業だより ……………………… 70–71
滿鮮問答/騷擾事件と外人評/重要記事/新
　刊紹介/風聞駄語 …………………… 72–80
小說 …………………………………… 81–86
安東縣事業界 ………………………… 87–90
仁川より ………………………………… 91

朝鮮及滿洲　第144号　1919年 6月

關東廳長官及滿鐵新幹部/深綠と警備
編輯室より▶釋尾旭邦 ……………………… 1
朝鮮政治を如何に一新すべかき▶釋尾旭
　邦 ……………………………………… 2–10
內地人は如何に朝鮮人に對せんとするか
　▶釋尾旭邦 …………………………… 10–11
朝鮮時局觀▶釋尾旭邦 ……………… 12–16
東洋社會渾一の原理▶建部遯吾(文學博士)
……………………………………………… 17–20
戰前及戰後の植民政策▶松岡均平(東京帝
　大敎授) ……………………………… 21–23
朝鮮の暴動と植民地統治策▶守屋此助(衆
　議院議員) ……………………………… 23–25
內鮮兩民に告ぐ▶井口省吾(陸軍大將) ……
……………………………………………… 26–29
朝鮮の財政獨立問題と其財源▶嘉納德三
　郎(朝鮮銀行副總裁) ………………… 29–31
今後の朝鮮を如何に治むべきか–政治は時
　と共に新たならさるべからず▶石塚英
　藏(東洋拓植會社總裁) ……………… 32–33
今後の朝鮮を如何に治むべきか–極端なる
　官治主義を排す▶大內暢三(衆議院議員)
……………………………………………… 34–35
今後の朝鮮を如何に治むべきか–先つ官民

と内鮮人の親和が第一だ▶某老將軍談
　　………………………………… 36-37
今後の朝鮮を如何に治むべきか-言論の開
　放と内鮮兩民融和の機關必要▶松崎時
　勉(朝郵專務) ………………… 37-38
今後の朝鮮を如何に治むべきか-内地人は
　大に反省を要す▶吉田五郎(共益社重役)
　　………………………………… 38-39
今後の朝鮮を如何に治むべきか-先づ當局
　者の反省を促したひ▶木本倉三(京城電
　氣會社事務取締役) ………… 39-40
今後の朝鮮を如何に治むべきか-内鮮人の
　融和は共存共益を信條とするに在り▶
　木村雄次(朝鮮銀行理事) ………… 40-41
今後の朝鮮を如何に治むべきか-朝鮮人と
　云ふので馬鹿にするのが一番惡ひ▶三
　島太郎(殖銀頭取) ………………… 41-42
今後の朝鮮を如何に治むべきか-朝鮮人の
　不平▶某鮮人官吏談 …………… 42-44
今後の朝鮮を如何に治むべきか-騷擾各地
　視察雜感▶工藤壯平(總督府總務課長) …
　　………………………………… 44-46
今後の朝鮮を如何に治むべきか-周章てる
　のは考へ物▶持地六三郎(遞信局長官) …
　　………………………………… 46-47
今後の朝鮮を如何に治むべきか-朝鮮人の
　反省が第一である▶某官憲談 …… 47-48
今後の朝鮮を如何に治むべきか-萬事は此
　時局一段落告げての後の事▶兒島中將
　(警務總長) …………………………… 49
朝鮮最近四十年間に於ける政變史(其三十
　二)▶國分象太郎(李王職次官) …… 51-55
歐米人の朝鮮研究▶杉本正介(文學士)
　　………………………………… 55-57
北滿地方を視察して▶伊藤榮 ……… 58-60
西伯利旅行雜感▶土肥善三 ……… 60-63
滿洲の聲 ……………………………… 64
奉天名士月旦▶不發彈生 ………… 65-58
滿洲の四季▶坂本政五郎 ………… 69-71

朝鮮行脚時代の回顧▶今川宇一郎 … 72-75
東京通信▶飛魚漁朗 ……………… 75-77
朝鮮より内地の人-政治上及び經濟上朝鮮
　は大切な所▶美濃部俊吉(朝鮮銀行總裁)
　　………………………………… 78-79
朝鮮より内地の人-朝鮮は内地の米の倉庫
　▶松川直平(東拓京城支店長) …… 79-80
朝鮮より内地の人-朝鮮は善い所▶原田金
　之祐(朝鮮郵船會社社長) ………… 80-81
朝鮮より内地の人-朝鮮と云ふ所は▶萬二
　千峰學人 …………………… 81-82
京城高等女學校に來ての所感▶高本校長 …
　　………………………………… 83
椎尾博士の講演 …………………… 86
文藝 ………………………………… 87-90
雜食の衛生的價値▶芳賀榮次郎(朝鮮總督
　府醫院長) ………………… 91-93
天然痘の豫防法▶高木(朝鮮總督府醫院) …
　　………………………………… 93-96
頃日の琵琶界▶ビワ法師 ………… 97-99
淨瑠璃界の近況▶天狗小僧 ……… 99-100
滿洲事業界/滿鮮問答/滿鐵運賃改正/時事
　日誌/風聞駄語 ………………… 107-114
小說 ……………………………… 115-126
奉天ページ▶本社記者 ………… 127-146

朝鮮及滿洲 第145号 1919年 7月

講和條約調印の各國首腦/六月の京城
編輯室より▶釋尾旭邦 ……………………… 1
平和克復▶釋尾旭邦 ……………………… 2-4
原内閣は如何に朝鮮問題を解決せんとす
　るか▶釋尾旭邦 ……………………… 5-7
朝鮮時局觀▶南山隱士 ……………… 8-10
今尚は騷擾事件關係者一千七百五十餘名を
　收容せる西大門監獄を訪ふ▶一記者 ……
　　………………………………… 11-14
經濟的に觀たる平和克復後の列國勢力の
　銷長▶片山繁雄(朝鮮銀行理事) … 15-18

講和後の世界:講和後の英佛▶宮館貞一(警
　務總監部警視) ························ 18–20
東洋各民族の親善と無差別觀▶鎌田榮吉
　(慶應大學長) ·························· 21–23
朝鮮統治と恩威並行主義▶田中善立(衆議
　院議員) ······························· 23–25
支那の排日運動と朝鮮の暴動▶大空生 ·····
　 ····································· 25–27
國運伸帳の根本義▶大野豐四(朝鮮軍參謀
　長) ···································· 28
朝鮮の時局に對して:時局に對する余の雜
　觀▶松平直平(東拓理事) ············ 29–30
朝鮮の時局に對して:政治は時勢と共に進
　轉せざるべからず▶有賀光豐(殖産銀行
　理事) ································· 30–31
朝鮮の時局に對して:總督政治改革私見▶
　朝倉外茂鐵(辯護士) ················ 31–34
代議士連は朝鮮の時局を如何に觀るか▶
　一記者 ······························· 35–36
統治方針を一變するに在り▶守屋比助(憲
　政會前代議士) ······················ 36–37
著るしく感じたのは▶山口恒衛(政友會代
　議士) ································· 37–38
宇津宮軍司令官を訪ふ▶一記者 ·········· 39
滿洲當面の問題:運賃値上問題に對する大
　連市民の態度を難ず▶石田武亥(奉天銀
　行專務取締役) ······················ 40–41
滿洲當面の問題:大連の住宅拂底を如何に
　て緩和するか▶中野有光(大連民政署長)
　 ····································· 41–43
滿洲當面の問題:滿洲の上水下水道の實狀
　▶某技師 ····························· 43–44
生物學上より見たる世界各國人種の優勢
　▶工藤武城 ·························· 45–47
人種解剖學上より見たる朝鮮人の頭及び
　腦の研究▶久保武(朝鮮總督府醫學專門
　學校長) ····························· 47–48
朝鮮最近四十年間に於ける政變史▶國分
　象太郎(李王職次官) ················ 49–52

歐米各地視察雜感▶宮館貞一(警務總監部
　警視) ································· 54–56
佛蘭西遊の回顧▶印東秀(東拓社員) ·········
　 ····································· 56–58
西伯利放浪記▶一記者 ················ 58–60
外蒙古の人喰人種▶凡々子 ············ 60–61
東京通信▶飛魚漁朗 ·················· 64–66
太平洋上より地上の天國布哇▶渡邊寬一 ···
　 ····································· 66–68
鮮銀と東拓の課長連訪問印象記▶巡禮者 ···
　 ····································· 69–70
漢詩/短歌/朝鮮及滿洲俳壇 ············ 71–74
井上圓了先生を悼む▶釋尾旭邦 ······ 75–76
齒の話▶飯塚喜四郎 ·················· 77–78
朝鮮の騷擾と來遊外人▶一記者 ······ 79–80
朝鮮及滿洲事業だより/朝鮮及滿蒙問答/鑛
　業權登錄月報/時事日誌/風聞駄語 ·····
　 ····································· 81–87
戀に破れて▶小林榮子 ················ 90–99
附錄:獨逸講和條約に調印す ········ 100–114
朝鮮の事業界 ······················ 115–117
營口事業界 ························· 117–119
奉天の事業界 ······················ 120–121

朝鮮及滿洲 第146号 1919年 8月

川へ海へ/金剛山の奇勝/靑島の海水浴場
冷頭熱語▶釋尾旭邦 ······················ 1
朝鮮官制の改正は何物を齊すや▶釋尾旭
　邦 ···································· 2–5
長春事件 ······························ 6–8
朝鮮時局觀▶南山隱士 ················ 9–10
篠田治作氏を訪ふて西比利の近狀を聽く
　▶一記者 ····························· 11–12
時代の思想と勞動問題▶仲小路兼(貴族院
　議員) ································· 13–15
朝鮮問題と支那問題▶加藤高明(憲政會總
　務) ·································· 16–18
物價騰貴問題と食糧問題解決策として朝

鮮と滿洲へ一大放資をなすべし▶片山
　繁雄(朝鮮銀行理事) ………………… 18-20
滿洲の産業及び經濟界の前途▶阿部秀太
　郎(鮮銀滿洲支店副支配人) ………… 21-22
朝鮮の時局に對して：朝鮮統治策諸問題▶
　渡邊帳(高等法院長) ………………… 23-24
朝鮮の時局に對して：鮮人に學術的趣味を
　換起すべし▶平田德太郎(仁川觀測所長)
　…………………………………………… 25-26
朝鮮人同化問題 ………………………… 26-29
朝鮮の時局に對する余の感想▶村島生 …
　…………………………………………… 29-32
滿鐵新社長野村博士を訪ふの記▶萬二千
　峰學人 ………………………………… 33-35
朝鮮最近四十年間に於ける政變史▶國分
　象太郎(李王職次官) ………………… 36-39
足利時代に於ける日韓交通の狀態▶瀨野
　馬熊(中樞院) ………………………… 39-42
朝鮮の山岳と高山植物▶森爲三(京城高等
　普通學校長) ………………………… 42-44
大自然は斯の如き事を吾々に教ふ▶西川
　久藏(工業傳習所) …………………… 45-49
夏の思ひ出 ……………………………… 50-58
歐米各地視察雜感▶宮館貞一(警務總監部
　警視) ………………………………… 59-61
白頭山の登攀▶松田學鷗 ……………… 62-66
東京通信▶飛魚漁朗 …………………… 67-69
日本詩觀一片▶平井三男(仁川稅關長)
　…………………………………………… 70-72
利根川々畔より▶難波英夫 …… 72-73
平壤及び鎮南浦を訪ふの記▶一記者 ▶…
　…………………………………………… 75-77
滿蒙駄辯 ………………………………… 78-79
漢詩/短歌/朝鮮及滿洲俳壇 ………… 80-85
齒の話▶飯塚喜四郎 …………………… 86-87
總督府醫院の精神病室を視る▶一記者 …
　…………………………………………… 88-89
始めて開店する友に答ふろの書▶天來生 …
　…………………………………………… 90-93

暴騰しつこある物價と勞銀▶一記者 ………
　…………………………………………… 93-36
朝鮮及滿洲事業だより/朝鮮及滿蒙問答/鑛
　業權登錄月報/時事日誌/風聞駄語 ………
　……………………………………… 97-101
戀に破れて▶小林榮子 ………… 102-111
仁川ページ …………………………… 113-118
京城の商工界 ………………………… 119-121
南鮮事業界と人物 …………………… 122-129
活氣橫溢せる西鮮事業界 …………… 129-135

朝鮮及滿洲 第147号 1919年 9月

齋藤新總督の京城入り/朝鮮總督府の新幹
　部
編輯室より▶釋尾旭邦 …………………… 1
齋藤新總督を迎へて朝鮮の統治開發策を
　論ず▶釋尾旭邦 ……………………… 2-20
現代に於ける歐洲民族の地理的發展▶山
　崎直方(理學博士) …………………… 21-28
世界の二大勢力と東亞の將來▶永井柳太
　郎 ……………………………………… 28-31
米國人の所謂朝鮮問題と黑人大殺戮▶工
　藤武城 ………………………………… 31-35
總督政治を如何に改善すべきか▶朝倉外
　茂鐵(辯護士) ………………………… 36-41
對朝鮮人政策▶內野辰次郎(陸軍中將) ……
　…………………………………………… 41-42
民族的に結合すべき日鮮人▶久保要藏(滿
　鐵理事) ……………………………… 43-44
朝鮮佛敎發展策▶三笑生 ……………… 44-45
新總督齋藤男を訪ふ▶一記者 ………… 46-48
新政務總監水野博士を訪ふ▶一記者 ………
　…………………………………………… 48-49
新總督に對する矢叫けび ……………… 50-61
新總督に對する朝鮮人の叫けび …… 62-64
朝鮮を引き上げるに際し貴誌に依りて所
　感を語る▶前田大佐 ………………… 65-66
朝鮮の地方病▶小林晴治郎(總督府醫院) …

‥‥‥‥‥‥‥‥‥‥‥‥‥‥‥‥ 67–69

朝鮮産漢藥の狀況▶吉木彌三(總督府醫院
　藥劑官) ‥‥‥‥‥‥‥‥‥‥‥‥‥ 69–71

舌端火を吐ける京城有志懇話會▶一記者 ‥
　‥‥‥‥‥‥‥‥‥‥‥‥‥‥‥‥‥ 72–77

歐米各地視察雜感▶宮館貞一(警務總監部
　警視) ‥‥‥‥‥‥‥‥‥‥‥‥‥‥ 78–81

桑港より▶渡邊寛一(米國スタンフォード
　大學) ‥‥‥‥‥‥‥‥‥‥‥‥‥‥ 81–86

甲州身延山に詣でゝ▶今川生 ‥‥‥ 86–89

利根川々畔より▶難波英夫 ‥‥‥‥ 90–91

白頭山麓より▶薺月生 ‥‥‥‥‥‥ 92–93

東京通信▶飛魚漁朗 ‥‥‥‥‥‥‥ 96–98

滿蒙駄辯 ‥‥‥‥‥‥‥‥‥‥‥‥ 99–100

漢詩/短歌/朝鮮及滿洲俳壇 ‥‥‥ 101–104

虎疫の症狀と豫防法▶高木逸曆(總督府醫
　院傳染病研究所) ‥‥‥‥‥‥‥ 105–109

京城の裏と表▶覆面子 ‥‥‥‥‥ 110–112

京城の興行界▶夢洒舍主人 ‥‥‥ 113–116

注目すべき京城財界の新事象▶蒲生大夢 ‥
　‥‥‥‥‥‥‥‥‥‥‥‥‥‥‥ 117–119

內地に於ける朝鮮米▶安達大壽計(仁川商
　業傳受學校教諭) ‥‥‥‥‥‥‥ 120–124

滿洲の陸稻に就て▶栃內壬五郎(滿鐵農事
　試驗場長) ‥‥‥‥‥‥‥‥‥‥ 124–130

朝鮮及滿洲事業だより/朝鮮及滿蒙問答/鑛
　業權登錄月報/時事日誌/風聞駄語 ‥‥‥
　‥‥‥‥‥‥‥‥‥‥‥‥‥‥‥ 135–138

某事業家ローマンス▶靜波小史 ‥ 139–143

鮮滿事業界 ‥‥‥‥‥‥‥‥‥‥ 144–147

南滿沿線の事業界めぐり ‥‥‥‥ 148–151

哈爾賓の事業界 ‥‥‥‥‥‥‥‥ 152–156

朝鮮及滿洲 第148号 1919年 10月

京元線の秋色/滿洲の秋

編輯室より▶釋尾旭邦 ‥‥‥‥‥‥‥‥ 1

朝鮮時局對應策▶釋尾旭邦 ‥‥‥‥‥ 2–9

國旗問題を如何に解決せんとするか▶釋
　尾旭邦 ‥‥‥‥‥‥‥‥‥‥‥‥ 10–14

編輯餘滴 ‥‥‥‥‥‥‥‥‥‥‥‥‥ 14

現代に於ける歐洲民族の地理的發展▶山
　崎直方(理學博士) ‥‥‥‥‥‥‥ 15–21

最近の世界思潮▶小川鄕太郎(法學博士) ‥
　‥‥‥‥‥‥‥‥‥‥‥‥‥‥‥‥ 22–28

巴里會議の一斑▶野村吉三郎(海軍軍令部
　參謀) ‥‥‥‥‥‥‥‥‥‥‥‥‥ 29–32

如何に新領土を統治すべき乎▶古賀廉造
　(拓植局長官) ‥‥‥‥‥‥‥‥‥ 33–34

齋藤新總督と語る▶釋尾旭邦 ‥‥‥ 35–37

朝鮮産業界振興策▶嘉納德三郎(朝鮮銀行
　副總裁) ‥‥‥‥‥‥‥‥‥‥‥‥ 38–40

海運界の前途▶松崎時勉(朝郵專務) ‥‥
　‥‥‥‥‥‥‥‥‥‥‥‥‥‥‥‥ 41–42

朝鮮青年と基督教▶平井三郎(法學士) ‥‥
　‥‥‥‥‥‥‥‥‥‥‥‥‥‥‥‥ 43–46

水野新政務總監と語る▶釋尾旭邦 ‥ 47–49

太陽斑點と氣候▶平田德太郎(仁川觀測所
　長) ‥‥‥‥‥‥‥‥‥‥‥‥‥‥ 50–52

民族的に結合すべき日鮮人▶久保要藏(滿
　鐵理事) ‥‥‥‥‥‥‥‥‥‥‥‥ 53–55

國旗不揭揚問題反日本的風潮 ‥‥‥ 56–60

巴里の秋▶印東秀(東拓殖産課) ‥‥ 61–63

阿弗利加蕃地コンゴ‒土人の生活▶ランバ
　ス(神學博士) ‥‥‥‥‥‥‥‥‥ 63–65

東京通信▶飛魚漁朗 ‥‥‥‥‥‥‥ 66–68

各新局長歷訪記▶一記者 ‥‥‥‥‥ 69–71

漢詩/短歌/朝鮮及滿洲俳壇 ‥‥‥‥ 74–77

新來の奧樣訪問記▶靜なみ子 ‥‥‥ 78–83

內地と朝鮮との物價の比較▶一記者 ‥‥‥
　‥‥‥‥‥‥‥‥‥‥‥‥‥‥‥‥ 84–86

北滿に於ける新作物亞麻の將來 ‥‥ 87–89

朝鮮及滿洲事業だより/朝鮮及滿蒙問答/鑛
　業權登錄月報/時事日誌/風聞駄語 ‥‥‥
　‥‥‥‥‥‥‥‥‥‥‥‥‥‥‥‥ 90–93

雪郎▶無情 ‥‥‥‥‥‥‥‥‥‥‥ 94–98

南滿沿線の事業界めぐり ‥‥‥‥ 98–100

奉天の事業界 ‥‥‥‥‥‥‥‥‥ 100–103

長春の事業界 …………………… 103–105

仁川事業界 ……………………… 106–107

朝鮮及滿洲 第149号 1919年 11月

齋藤總督主催の天長節祝賀會/十月に於け
　る京城の出來事

編輯室より▶釋尾旭邦 ………………… 1

世界に於ける日本及日本民族の地位を論
　して朝鮮問題に及ぶ▶釋尾旭邦 …… 2–9

朝鮮人に誨ふ▶釋尾旭邦 ………… 9–14

國際聯盟と植民地問題▶蜷川新(法學博士)
　…………………………………… 15–18

現代に於ける歐洲民族の地理的發展▶山
　崎直方(理學博士) ……………… 18–23

聯合各國元首謁見の印象▶石川半山 ………
　…………………………………… 24–27

朝鮮の時局に就て:對鮮人策▶河村靜水(法
　學士) …………………………… 28–30

朝鮮の時局に就て:時事雜感▶佐々木藤太
　郎(慶尙南道知事) ……………… 30–31

朝鮮の時局に就て:大に日本の統治の眞儀
　を宣傳せん▶元應常(江原道知事) … 32

朝鮮の時局に就て:內鮮人共に反省を要す
　▶張憲植(忠清北道知事) ………… 32–34

朝鮮の時局に就て:鮮人の態度は不可解な
　り▶某有力實業家 ………………… 34

各鮮人學校歷訪記▶一記者 …… 35–38

朝鮮の教育に就て▶柴田善三郎(學務局長)
　…………………………………… 39–41

平井法學士のヤソ教論を讀む▶工藤武城 …
　…………………………………… 42–44

朝鮮の農業改善策▶本田幸介(受援農業模
　範場長) ………………………… 45–47

大に蠶業振興策を講せよ▶碌々蠶史(農學
　士) ……………………………… 48–50

米人の見たる支那絹産業の現在及將來▶
　TS生 …………………………… 50–52

潜水艦講話▶福田潜水艦艦長 ……… 53–58

龍山の無線電信所を視る▶一記者 … 58–60

スマトラの蕃界▶菅野力夫(日本力行會幹
　事) ……………………………… 60–62

東京通信▶飛魚漁朗 …………… 62–65

漢詩/短歌/朝鮮及滿洲俳壇 ………… 68–71

時局講習會の記▶一記者 …………… 87

呼吸器より入り傳染病と其豫防法▶高木
　逸磨(總督府醫院傳染病研究課) … 73–76

滿洲に於ける銀相場は如何にして定まる
　か▶大連支局記者 ……………… 76–87

朝鮮及滿洲事業だより/朝鮮及滿蒙問答/鑛
　業權登錄月報/時事日誌/風聞駄語 ………
　………………………………… 88–108

朝鮮及滿洲 第150号 1919年 12月

朝鮮統治の歷代首腦者/滿洲開發の歷代首
　腦者/京城の重もなる建築物其他/滿洲の
　重もなる都會其他

第百五十號に題す▶釋尾旭邦 …………… 1

十餘年間の朝鮮と滿洲▶釋尾旭邦 …… 2–9

筆戰十二年▶釋尾旭邦 ………… 10–16

戰後の歐米を視察して▶添田壽一(法學博
　士) ……………………………… 17–19

戰後の世界と改造の根本意義▶浮田和民
　(法學博士) ……………………… 20–21

亞細亞に建國せる二大富國▶志賀重昂 ………
　…………………………………… 22–25

西伯利問題と支那問題▶長島隆二(衆議院
　議員) …………………………… 25–27

伯林より▶田原天南 …………… 28–30

如何に朝鮮を統治すべきか:朝鮮統治の過
　去及未來▶浮田和民(法學博士) … 31–32

如何に朝鮮を統治すべきか:朝鮮統治と國
　民の協力▶阪谷芳郎(貴族院議員) ………
　…………………………………… 32–35

如何に朝鮮を統治すべきか:朝鮮人は何を
　考へつゝあるか▶鹽澤昌貞(法學博士) …
　…………………………………… 35–37

如何に朝鮮を統治すべきか:模範農夫を配置せよ▶城北隠史(貴族院議員) … 37–39
如何に朝鮮を統治すべきか:過去十年と將來の十年▶前川虎造(衆議院議員) ……… 39–40
如何に朝鮮を統治すべきか:朝鮮統治の根本問題▶堀切善兵衛(慶應大學教授) …… 40–41
外人の觀た朝鮮の日本觀▶一記者 … 42–43
朝鮮の學制及教科書問題▶柴田善三郎(學務局長) ……………………………… 44–46
農業問題の要諦を知れ▶鏡保之助 … 46–51
畜産經營と鮮滿の連絡▶賀田直治(東洋畜産興業會社) ……………………… 52–53
朝鮮産原料に依る有望なる各種工業▶一記者 ……………………………………… 53–56
朝鮮に於ける宗教の現状に就て▶渡邊彰(總督府社寺課) …………………………… 57–59
平井法學士のヤソ論を讀む▶工藤武城 ……………………………………………… 60–61
各鮮人學校を歴訪して▶一記者 …… 61–67
社會事業に就て▶ロバ-トウ-ヅ(米國哲學博士) ……………………………………… 67–68
京城に於ける文祿役日本軍諸將陣地の考證▶小田省吾 …………………………… 69–78
朝鮮に於ける西教の東漸に就て▶鮎貝房之進 ……………………………………… 78–83
朝鮮歸化人李一怒父子と紀州藩▶萩山秀雄 ……………………………………… 84–88
所謂朝鮮型の一騒動▶三本正介 …… 89–94
朝鮮最近四十年間に於ける政變史國分象太郎(李王職次官) …………… 94–97
滿鮮に於ける主腦人物▶大空生 … 98–101
朝鮮の俗謠▶加藤生 …………… 102–103
滿洲の大玄關たる大連▶一記者 … 104–110
南滿中心の大奉天▶一記者 ……… 111–118
北滿の中心大哈爾賓▶谿月生 … 118–121
東京通信▶飛魚漁朗 …………… 124–126
「朝鮮及滿洲」と私達▶難波英夫 … 126–129

回顧十二年▶宮原綱村 ………… 129–131
朝鮮より滿洲へ▶百當生 ……… 131–132
朝鮮の時局に對する感想と意見/内鮮人に對する希望/本誌に對する批評と希望 … 133–156
漢詩/短歌/朝鮮及滿洲俳壇 ……… 157–160
物價及職業と其收入上より觀たる京城の十年間▶一記者 ……………………… 161–163
社會問題化せる京城の住宅問題▶風露山人 ……………………………………… 164–166
京城の犯罪種類と趣向▶一記者 … 166–169
李堈公逃走事件の眞相 …………… 170–171
朝鮮貴族の現狀▶一記者 ………… 172–178
朝鮮及滿洲事業だより/朝鮮及滿蒙問答/鑛業權登錄月報/時事日誌/風聞駄語 ……… 179–233

朝鮮及滿洲 第151号 1920年 1月

早海/京城內地人の集ひ/滿鮮支那西比利の各地名所
梅の說▶釋尾旭邦 …………………………… 1
戰後の天下尚ほ定らず/如何に朝鮮問題に處せんとするか/文化及生活程度より觀たる内鮮人の比較▶釋尾旭邦 ……… 2–7
編輯餘滴▶釋尾旭邦 ………………………… 8
余が朝鮮統治方針▶齋藤實(朝鮮總督) …… 9–10
千七百萬の新同胞朝鮮人に望む▶大隈重信(侯爵) ……………………………… 11–13
時代の進運とデモクラシー▶鹽澤昌貞(法學博士) …………………………… 13–15
現代と金權主義の弊風▶平沼淑郎(早稲田大學教授) ………………………… 16–18
齋藤總督を訪ふ▶旭邦生 ………… 19–21
朝鮮を視察して▶山道襄一(代議士) ………… 21–23
總督政治と朝鮮の文明的進歩▶フランク.スミス(日本メソヂスト教會朝鮮支部部

長）‥‥‥‥‥‥‥‥‥‥‥ 23–25

本年の經濟界▶嘉納德三郎(朝鮮銀行副總裁)‥‥‥‥‥‥‥‥‥‥‥ 26–28

滿鮮の企業熱と其反動期▶今川宇一郎(東京)‥‥‥‥‥‥‥‥‥‥‥ 28–31

河川調査に就て▶本間孝義(總督府技師)‥‥‥‥‥‥‥‥‥‥‥‥‥ 31–32

朝鮮水利事業の現在及將來▶池田泰治郎(總督府技師)‥‥‥‥‥‥‥ 33–35

朝鮮の畜産業及其の將來▶足立丈次郎(東洋畜産興業株式會社專務取締役)‥‥‥‥ 35–38

新歸朝の後藤男爵と語る▶萬二千峯學人‥‥‥‥‥‥‥‥‥‥‥‥‥‥ 39–40

京城に於ける文祿役日本軍諸將の陣地の考證▶小田省吾(文學士)‥‥‥ 41–46

朝鮮に於ける西教東漸に就て▶鮎貝房之進‥‥‥‥‥‥‥‥‥‥‥‥‥ 47–50

上世に於ける日鮮關係の一斑▶谷井濟一(文學士)‥‥‥‥‥‥‥‥‥ 51–52

人體發育の順序▶久保武(醫學博士)‥‥‥‥‥‥‥‥‥‥‥‥‥‥‥ 52–55

李朝の初世に於ける對鮮の交通と三浦の居留地▶瀨野馬熊‥‥‥‥‥‥ 55–62

梅の話‥‥‥‥‥‥‥‥‥‥‥‥‥ 63–64

猿の話‥‥‥‥‥‥‥‥‥‥‥‥‥ 64–68

人間創造と猿の説話▶田中雪人(文學士)‥‥‥‥‥‥‥‥‥‥‥‥‥ 68–70

猿と古書▶石塚生‥‥‥‥‥‥‥‥ 70–71

各國の動物園と猿▶松永武吉(總督府外事課長)‥‥‥‥‥‥‥‥‥‥ 72–74

巴里と倫敦の花柳界探險記▶失名粹士‥‥‥‥‥‥‥‥‥‥‥‥‥‥‥ 74–78

或る溫泉場▶若山牧水(東京)‥‥‥ 79–85

東京通信▶飛魚漁朗(東京)‥‥‥‥ 86–88

大連名士と談片▶大連支局記者‥‥ 89–91

滿蒙駄辨▶大連支局記者‥‥‥‥‥ 91–93

文藝‥‥‥‥‥‥‥‥‥‥‥‥‥‥ 96–99

扶餘の新年▶宮原網村‥‥‥‥‥‥ 100–101

色々の生活▶骨々子‥‥‥‥‥‥‥ 102–105

排日鮮人及び其他の人物‥‥‥‥‥ 106–110

滿洲に於ける麻袋の過去及將來大連支局▶一記者‥‥‥‥‥‥‥‥‥‥ 111–113

大連證券交換所問題▶大連支局一記者‥‥‥‥‥‥‥‥‥‥‥‥‥‥‥ 113–115

重要記事/大正八年中の出來事/風聞駄語‥‥‥‥‥‥‥‥‥‥‥‥‥‥ 116–124

南鮮人物月旦‥‥‥‥‥‥‥‥‥‥ 139–144

北鮮の事業界と人物‥‥‥‥‥‥‥ 145–147

仁川人物訪問記▶松南生‥‥‥‥‥ 148

朝鮮及滿洲 第152号 1920年 2月

一月の京城の色々/落成に近き公會堂

編輯室より▶釋尾旭邦‥‥‥‥‥‥‥ 1

朝鮮に對する國論は一致せり▶釋尾旭邦‥‥‥‥‥‥‥‥‥‥‥‥‥‥ 2–6

朝鮮獨立運動と靑年の態度▶內ケ崎作三郎(早稻田大學教授)‥‥‥‥ 7–8

對支政策樹立の急務▶佐藤鋼次郎(陸軍中將)‥‥‥‥‥‥‥‥‥‥‥ 9–11

日英米三國と極東の將來▶吉村(海軍大佐)‥‥‥‥‥‥‥‥‥‥‥‥ 11–14

最近日本の工業發達▶三山喜三郎(中央試驗所長)‥‥‥‥‥‥‥‥‥ 14–16

豫算面に現られたる新總督の政策に對して‥‥‥‥‥‥‥‥‥‥‥‥‥ 17–25

旅順に林長官を訪ふ▶村島生‥‥‥ 25–26

頭腦の人種解剖學的研究(三)▶久保武(醫學博士)‥‥‥‥‥‥‥‥ 27–30

明韓の外交文書を輯めたる‘吏文’に就て▶淺見倫太郎‥‥‥‥‥‥‥‥ 30–33

文祿役と朝鮮のヤソ教▶工藤武城(ドクトル)‥‥‥‥‥‥‥‥‥‥‥ 34–35

最近四十年間に於ける朝鮮政變史(三十六)▶國分象太郎(李王職次官)‥‥ 36–38

精神病に就て▶北村庸人(總督府病院精神科)‥‥‥‥‥‥‥‥‥‥‥ 38–42

京城より旅順へ ‥‥‥‥‥‥‥‥‥‥ 43-45
東京通信▶飛魚漁朗 ‥‥‥‥‥‥‥ 46-49
漢詩/短歌/朝鮮及滿洲俳壇 ‥‥‥ 50-53
遊蕩公子▶李書房 ‥‥‥‥‥‥‥ 54-58
注目すべき三交易所問題▶大連支局記者 ‥
‥‥‥‥‥‥‥‥‥‥‥‥‥‥‥‥‥‥ 59-62
重要記事(朝鮮總督府豫算其他)/滿蒙問答/
　時事日誌/風聞駄語 ‥‥‥‥‥‥ 63-77
小說 ‥‥‥‥‥‥‥‥‥‥‥‥‥‥ 78-86

朝鮮及滿洲 第153号 1920年 3月

普選運動/漢江の水泳競技
編輯室より▶釋尾旭邦 ‥‥‥‥‥‥ 1-5
編輯餘祿 ‥‥‥‥‥‥‥‥‥‥‥‥‥ 6
極東の將來と吾人の誠意▶大倉喜八郎(男
　爵) ‥‥‥‥‥‥‥‥‥‥‥‥‥ 7-12
對露政策と增兵論議▶黑須龍太郎(衆議院
　議員) ‥‥‥‥‥‥‥‥‥‥‥ 12-14
世界變革の趨勢と我國▶持地六三郎(遞信
　局長) ‥‥‥‥‥‥‥‥‥‥‥ 14-18
今後の我が財界を觀測す▶片山繁雄(朝鮮
　銀行理事) ‥‥‥‥‥‥‥‥‥ 18-21
佛國よりの滋野男と語る▶萬二千峰學人 ‥
‥‥‥‥‥‥‥‥‥‥‥‥‥‥‥‥ 21-23
滿鐵新理事杉浦氏を訪ふ▶萬二千峰學人 ‥
‥‥‥‥‥‥‥‥‥‥‥‥‥‥‥‥ 23-26
研究と批評▶桑木嚴翼(文學博士) ‥ 27-29
朝鮮の回鶻研究▶小倉進平(文學士) ‥‥‥
‥‥‥‥‥‥‥‥‥‥‥‥‥‥‥‥ 29-30
最近四十年間に於ける朝鮮政變史▶國分
　象太郎(李王職次官) ‥‥‥‥‥ 31-34
歐洲視察巡遊談▶木村雄次(朝鮮銀行理事)
‥‥‥‥‥‥‥‥‥‥‥‥‥‥‥‥ 35-40
議會見物▶可水生(東京) ‥‥‥‥ 41-44
普選上程の帝國議會より▶東京支局記者 ‥
‥‥‥‥‥‥‥‥‥‥‥‥‥‥‥‥ 44-47
東京通信▶飛魚漁朗 ‥‥‥‥‥‥ 47-49
滿洲より▶大連支局記者 ‥‥‥‥ 50-55

大連より▶大連支局記者 ‥‥‥‥ 56-58
滿蒙駄辨 ‥‥‥‥‥‥‥‥‥‥‥ 59-60
文藝 ‥‥‥‥‥‥‥‥‥‥‥‥‥ 61-64
天然痘に就て▶加々見鐵太郎(順化院主任)
‥‥‥‥‥‥‥‥‥‥‥‥‥‥‥‥ 65-67
內地婦人と滿洲婦人▶大連支局記者 ‥‥‥
‥‥‥‥‥‥‥‥‥‥‥‥‥‥‥‥ 67-69
重要記事/滿鮮の經濟金融/滿鮮問答/時事
　日誌 ‥‥‥‥‥‥‥‥‥‥‥‥ 70-83
爆彈犯人の公判傍聽記 ‥‥‥‥‥ 84-86
僚友の死▶山口皐天 ‥‥‥‥‥‥ 87-93
風聞駄語 ‥‥‥‥‥‥‥‥‥‥‥‥‥ 93
滿鮮の事業界 ‥‥‥‥‥‥‥‥‥ 94-97

朝鮮及滿洲 第154号 1920年 4月

飛行/京城各學校卒業式
編輯餘滴▶釋尾旭邦 ‥‥‥‥‥‥‥‥ 1
我軍一たび怒りて過激派讋伏す▶釋尾旭
　邦 ‥‥‥‥‥‥‥‥‥‥‥‥‥‥ 2-6
朝鮮會社令の撤廢▶釋尾旭邦 ‥‥‥ 6-7
編輯室より▶釋尾旭邦 ‥‥‥‥‥ 8-10
國民の覺醒を促す▶加藤高明(憲政會總務)
‥‥‥‥‥‥‥‥‥‥‥‥‥‥‥‥ 11-13
將來の國際競爭と國防軍備▶添田壽一(法
　學博士) ‥‥‥‥‥‥‥‥‥‥ 13-15
革命露西亞の現在及未來▶大庭柯公 ‥‥‥
‥‥‥‥‥‥‥‥‥‥‥‥‥‥‥‥ 15-17
獨逸戰後の社會及經濟觀▶宇都宮鼎(海軍
　主計總監) ‥‥‥‥‥‥‥‥‥ 17-20
勞資協調論▶片山繁雄(朝鮮銀行理事) ‥‥
‥‥‥‥‥‥‥‥‥‥‥‥‥‥‥‥ 20-22
犬養木堂翁と語る▶萬二千峰學人 ‥ 23-24
增資後の南滿鐵道に望む▶今川宇一郎(東
　京) ‥‥‥‥‥‥‥‥‥‥‥‥ 25-27
朝鮮產業の趨勢と對策▶賀田直治(朝鮮畜
　產會社社長) ‥‥‥‥‥‥‥‥ 27-30
警察の使命と民衆▶國友尙謙(總督府警務
　課長) ‥‥‥‥‥‥‥‥‥‥‥ 30-32

朝鮮の干潟地利用に就て▶關屋忠正(東洋拓植會社土木課長技師) ……………… 32-34
鮮人の滿洲移住と對策▶大連支局記者 …… …………………………………………… 34-36
加藤子と語りし印象 …………………… 37
氣流の話▶平田德太郎(仁川觀測所長) …… ………………………………………… 38-40
飛行機の話▶某飛行中尉談 ……… 40-44
最近四十年間に於ける朝鮮政變史(三十八)▶國分象太郎(李王職次長) … 45-47
植民地の土地處分法▶山本美越乃(法學博士) …………………………………… 48-50
大鹽平八郎▶越智省三 ………… 51-55
白頭山上の湖水▶松田學鷗 …… 56-57
東京通信▶飛魚漁朗 …………… 58-60
滿洲より ………………………… 61-64
大連より ………………………… 65-66
滿蒙駄辯 ………………………… 67-68
文藝 ……………………………… 69-73
春先に起り易き諸病の衛生▶森安連吉(醫學博士) …………………………… 74-76
朝鮮に患者多き十二指腸蟲に就て▶小林晴次郎(理學博士) ……………… 76-79
朝鮮及滿蒙問答/時事日誌 ……… 80-83
小説 …………………………… 84-108
京城小言/風聞駄語 ………… 109-110
朝鮮事業界(仁川より) …… 111-115

爵) ………………………………… 13-15
世界改造の失望▶プロクマン(萬國基督教靑年會副總務) ………………… 16-18
支那四川省の開發と新鐵道▶一記者 …… ………………………………………… 18-19
前農相仲小路氏を訪ふ▶萬二千峰學人 …… ………………………………………… 20-21
財界反動の今後如何附物價の前途 … 22-25
野村滿鐵社長を訪ふ▶一記者 … 26-28
最近四十年間に於ける朝鮮政變史▶國分象太郎(李王職次長) ………………… 29-32
朝鮮の土地賣買の證書たる文記の沿革▶和田一郎(鐵道部長) …………… 32-35
關東州の鹽田經營と我國鹽專賣制度の將來▶典洲生 ……………………… 36-43
東京通信▶飛魚漁朗 …………… 44-45
各國人口增殖策と我國の婦人病▶工藤武城(京城婦人病院長) …………… 46-48
兒童の美術敎育と自由畫の意義▶村上橈谷 …………………………………… 48-53
朝鮮及滿洲歌壇/朝鮮及滿洲俳壇 …… 54-57
故嚴妃殿下の一生▶無名善 …… 60-62
家庭敎育の根本▶村上寬(大阪朝日新聞記者) …………………………………… 63-66
重要記事/朝鮮及滿蒙問答/時事日誌 67-75
小説 …………………………… 76-85
滿鮮の事業界 ………………… 86-90

朝鮮及滿洲 第155号 1920年 5月

李王世子の結婚/京城の春
編輯餘滴▶釋尾旭邦 ………………… 1
之を忍ぶべとんば何をが忍び得られざらん我政府は西比利に對し如何の方針と決心を有するか▶釋尾旭邦 ……… 2-4
編輯室より▶釋尾旭邦 ………… 4-5
人格主義の思潮▶阿部次郎(慶應大學敎授) ………………………………… 7-13
海外投資と社會問題の解決▶大隈重信(候

朝鮮及滿洲 第156号 1920年 6月

一勝一敗▶釋尾旭邦 ………………… 1
米國人に與ふ▶釋尾旭邦 ………… 2-8
民族の同化▶喜田貞吉(文學博士) … 9-12
勞働問題の研究▶桝本卯平 …… 13-16
歐洲の人口激減と新移民問題▶東京支局記者譯述 ……………………… 16-18
鐵相元田氏を訪ふ▶萬二千峰學人 … 19-20
物價の過去及び未來▶鈴木一來(東拓京城支店長) ………………………… 21-24

滿洲經濟界の轉回機▶鈴木郁之助(法學士)
 ‥‥‥‥‥‥‥‥‥‥‥‥‥‥ 24–26
臺灣の近狀に就て▶下村宏(臺灣總督府總
 務課長) ‥‥‥‥‥‥‥‥‥‥ 27–29
最近勞働爭議と失業 ‥‥‥‥‥‥‥‥ 30
伊國飛行家來る ‥‥‥‥‥‥‥‥ 31–32
最近四十年間に於ける朝鮮政變史▶國分
 象太郎(李王職次長) ‥‥‥‥‥ 33–35
公共圖書館の使命▶今澤慈海(文學士) ‥‥
 ‥‥‥‥‥‥‥‥‥‥‥‥‥‥ 36–38
伊飛行將校の歡迎茶話會▶一記者 ‥‥ 39
戰後の歐米瞥見▶成田鐵郎(遞信技師) ‥‥
 ‥‥‥‥‥‥‥‥‥‥‥‥‥‥ 40–44
現代臨濟禪の價値に對する疑▶門外漢 ‥‥
 ‥‥‥‥‥‥‥‥‥‥‥‥‥‥ 45–47
東京通信▶飛魚漁朗 ‥‥‥‥‥‥ 48–49
滿洲關係の新代議士▶大連强公 ‥‥ 50–51
朝鮮關係の新代議士 ‥‥‥‥‥‥ 52–54
名士の應接印象記▶曉谷生 ‥‥‥ 55–56
文藝 ‥‥‥‥‥‥‥‥‥‥‥‥ 58–60
順境と逆境の二聖人▶藤圓定 ‥‥‥ 61–65
女性として觀たる淸少納言▶村上曉谷 ‥‥
 ‥‥‥‥‥‥‥‥‥‥‥‥‥‥ 66–68
議員選擧雜組 ‥‥‥‥‥‥‥‥‥ 69–70
滿蒙問答/時事日誌/東西南北/社會百面相/
 編輯室より/風聞駄語 ‥‥‥‥‥ 71–82
仁川學校組合議員選擧 ‥‥‥‥‥‥ 84
湖南線の產業界 ‥‥‥‥‥‥‥‥ 85–88

朝鮮及滿洲 第157号 1920年 7月

孫秉熙一派の公判/尼港慘殺事件
編輯室より▶釋尾旭邦 ‥‥‥‥‥‥‥ 1
尼港事件の顚末▶釋尾旭邦 ‥‥‥‥ 2–6
近時流行の改造說を評す▶田中王堂(早稻
 田大學敎授) ‥‥‥‥‥‥‥‥ 7–10
能率問題に就て▶上野陽一(帝大助敎授) ‥‥
 ‥‥‥‥‥‥‥‥‥‥‥‥‥‥ 11–13
現下の勞働問題▶桝本卯平 ‥‥‥ 13–16

財界の不況と對外經濟▶山科禮藏(東京商
 業會議所副會頭) ‥‥‥‥‥‥ 16–18
愛蘭及其自治問題の觀察▶鈴木生(法學士)
 ‥‥‥‥‥‥‥‥‥‥‥‥‥‥ 19–24
最近四十年間に於ける朝鮮政變史(四十一)
 ▶國分象太郎(李王職次官) ‥‥‥ 24–26
歐米雜感 ‥‥‥‥‥島田志良(爲替貯金課長)
 ‥‥‥‥‥‥‥‥‥‥‥‥‥‥ 27–29
現下臨濟禪に對する疑惑(二)▶門外漢 ‥‥
 ‥‥‥‥‥‥‥‥‥‥‥‥‥‥ 29–31
東京通信▶飛魚漁朗 ‥‥‥‥‥‥ 32–34
賀川豊彦氏を訪ふ▶棹歌生 ‥‥‥ 35–37
伊豆半島より▶高木生 ‥‥‥‥‥‥ 38
有田氏の洋展第一日▶村上曉谷 ‥‥ 39–41
滿洲成金物語 ‥‥‥‥‥‥‥‥‥ 41–44
名士の應接印象記(二)▶曉生 ‥‥‥ 45–46
漢詩/朝鮮及滿洲俳壇 ‥‥‥‥‥‥ 47–49
三島太郎氏を悼む▶釋尾旭邦 ‥‥‥ 50–53
傷害醫療に就て▶植村俊二(醫學士) ‥‥‥
 ‥‥‥‥‥‥‥‥‥‥‥‥‥‥ 54–55
時事日誌/東西南北/社會百面相/新會社/風
 聞駄語 ‥‥‥‥‥‥‥‥‥‥ 56–62
小說 ‥‥‥‥‥‥‥‥‥‥‥‥ 63–66
仁川たより ‥‥‥‥‥‥‥‥‥‥‥ 67
事業紹介 ‥‥‥‥‥‥‥‥‥‥ 68–69

朝鮮及滿洲 第158号 1920年 8月

山へ海へ/夏知らずの別天地
編輯室より▶釋尾旭邦 ‥‥‥‥‥‥‥ 1
依然として妄動を續けつゝある朝鮮人に
 與ふ▶釋尾旭邦 ‥‥‥‥‥‥‥ 2–5
薩哈嗹占領と米國▶釋尾旭邦 ‥‥‥ 5–6
朝鮮の新地方制度▶釋尾旭邦 ‥‥‥ 7–8
悲觀す可き財界の前途▶小林丑三郎(法學
 博士) ‥‥‥‥‥‥‥‥‥‥‥ 9–12
財界の恐慌救濟と敎訓▶河津進(法學博士)
 ‥‥‥‥‥‥‥‥‥‥‥‥‥‥ 12–14
國民思想の將來▶椎尾辯匡(文學博士) ‥‥

…………………………………………… 15–18

原氏物語と現代思想▶富岡文學士 … 19–20

朝鮮の雨▶平田德太郎(仁川觀測所長) ……

………………………………………… 20–21

最近四十年間に於ける朝鮮政變史▶國分

象太郎(李王職次官) ………………… 22–24

朝鮮工業の現況と有望事業▶三山喜三郎

(總督府中央試驗所長) …………… 25–28

名士の應接印象記▶曉生 …………… 29–30

帝國議會の一隅より▶萬二千峰學人 ………

……………………………………… 31–32

東京通信▶飛魚漁朗 ………………… 33–35

逗子葉山に遊ぶの記▶釋尾旭邦 …… 36–38

沼津より▶高木生 …………………… 39–40

滿洲成金物語▶老虎生 ……………… 40–42

漢詩/朝鮮及滿洲歌壇/朝鮮及滿洲俳壇 ……

……………………………………… 43–46

久遠常住の都へ▶井上收 …………… 47–50

虎列拉病に就て▶戶川錦子 ………… 51–52

地方制度改正要旨▶水野政務總監 … 53–54

朝鮮及滿蒙問答/時事日誌/風聞駄語/事業

界 ………………………………… 55–65

小説 ……………………………………… 66–70

朝鮮及滿洲 第159号 1920年 9月

國際親和會/其他

編輯室より▶釋尾旭邦 …………………… 1

文化政策の價値を疑ふ▶釋尾旭邦 …… 2–5

朝鮮關稅の改正▶釋尾旭邦 ………… 5–6

日米問題に對する所感▶澁澤榮一(男爵) …

……………………………………… 7–10

帝國孤立の危機▶長島隆二 ………… 11–13

國際經濟と國民經濟政策▶服部文四郎談 …

………………………………………… 13–15

勞働問題の理論と實際▶鹽澤昌貞(法學博

士) ……………………………… 16–20

政府の勞働組合法草案を評す▶堀江歸一

(法學博士) …………………………… 20–22

朝鮮經濟界の情勢▶有賀光豐(朝鮮殖産銀

行頭取) ………………………… 23–24

財界變動と商工業者▶小松小太郎(在仁川)

………………………………………… 25–26

モスクワ脱出記▶中平亮(大阪朝日新聞社

露國特派員) …………………… 27–37

尼港及其附近の近況▶北斗生(在尼港) ……

………………………………………… 37–41

現代臨濟禪に對する疑惑▶無門禪 … 42–45

滿洲成金物語り▶老虎生 …………… 46–48

十三道知事訪問記 …………………… 49–52

朝鮮及滿洲歌壇/朝鮮及滿洲俳壇 …… 53–56

猩紅熱とチフス看護法一班▶森貞吉(醫學

士) …………………………… 57–58

重要記事/關稅改正/總督及政務總監訓示 …

………………………………………… 59–61

滿鮮問答/時事日誌 ………………… 62–66

風聞駄語 …………………………………… 67

美作より京城まで▶北山叩夫 ……… 68–76

朝鮮及滿洲 第160号 1920年 10月

京城日日新聞主催の親劇會/內地視察の鮮

人女教授一行

始政滿十週年を迎へて感慨深し▶釋尾旭

邦 …………………………………… 2–3

時局に對する內地人の聲▶釋尾旭邦 … 3–5

琿春事件を如何に解決せんとするか▶釋

尾旭邦 ………………………… 5–6

行詰つた日本と其の展開策▶森本厚吉(法

學博士) …………………………… 7–10

太平洋問題と一大暗礁▶一記者譯 … 11–13

社界改造の原理▶賀川豐彦 ………… 14–17

諸家の現代演劇觀 …………………… 17–20

半島財界の推移▶吉田節太郎(朝鮮銀行理

事) …………………………… 21–28

最近四十年間に於ける朝鮮政變史(四十三)

▶國分象太郎(李王職次官) ……… 29–31

現代臨濟禪に對する疑惑▶門外漢(安東) …

　　　　　　　　………………………… 31–34

木賃宿の研究▶深海豊三(プロレタリヤ協
　會主幹) ………………………… 34–36

東京通信▶飛魚漁朗 ……………… 37–39

名士の應接印象記▶曉谷生 ……………… 40

漢詩/朝鮮及滿洲歌壇/朝鮮及滿洲俳壇 ……
　　　　　　　　………………………… 41–44

痔疾の豫防と療法▶丸山清一(ドクトル) …
　　　　　　　　………………………… 46–47

社會百面相/東西南北/滿鮮問答/滿鮮事業
　界/時事日誌 …………………… 48–56

大仁川建設論▶松南生(仁川支局) … 57–58

仁川事業界▶仁川支局記者 ……………… 59

小說 …………………………………… 60–67

朝鮮及滿洲 第161号 1920年 11月

明治神宮各種寫眞

時事小觀–民心漸く小康/教育會の改正/第
　一回國際聯盟會/西比利亞と各國▶釋尾
　旭邦 …………………………………… 2–6

國家多難の秋▶添田壽一(法學博士) … 7–8

東洋に於ける二大暗礁▶デユーウエー(コ
　ロンビア大學教授) ………………… 9–10

思想上の岐路▶深作安文(文學士) … 10–13

文化生活の物的基礎▶森木厚吉(法學博士)
　　　　　　　　………………………… 13–15

支那及印度に於ける佛敎藝術▶關野貞(工
　學博士) …………………………… 16–21

世界大戰觀戰記▶加藤直士(大阪毎日新聞
　ロンドン特派員) ………………… 21–26

衛生事業の一致協力▶志賀潔(總督府醫院
　長) ………………………………… 27–28

朝鮮の努力相場▶水天生 …………… 29–33

政潮思潮記▶蓼峯生(在東京) …… 33–34

東京通信▶飛魚漁朗(在東京) …… 35–38

京城名士の印象記▶曉谷生 ……………… 39

漢詩/朝鮮及滿洲俳壇 ……………… 40–41

戰慄すべき肺結核▶北里博士 ……… 42–44

歐米を見て▶矢鍋(財務課長) ……… 45–46

社會百面相/滿鮮問答/時事日誌/府協議員
　の選擧 ……………………………… 47–56

世話ものから▶文公子 ……………… 57–62

滿鮮事業界 ………………………… 63–65

仁川だより ………………………… 66–67

朝鮮及滿洲 第162号 休刊

朝鮮及滿洲 第163号 1921年 1月

社頭の曉/難

大正拾年を迎へて我國民に警告す▶釋尾
　旭邦 ………………………………… 2–5

客に滿鮮の近事を語る▶釋尾旭邦 …… 5–9

編輯室より▶釋尾旭邦 …………… 10–13

世界平和の根本思想▶尾崎行雄 …… 11–13

生物學上より觀たる日支共存論▶林春雄
　(醫學博士) ……………………… 13–16

東洋問題と靑年の態度▶鹽谷溫(文學博士)
　　　　　　　　………………………… 16–19

商業道德と其の改善策▶佐野春作(商科大
　學長) ……………………………… 19–20

獨逸人の觀たる獨逸の將來▶ウイルヘル
　ム・スチイダ …………………… 21–25

外來思想に對する態度▶加藤咄堂 … 25–28

朝鮮人のサイドに立ちて▶萬二千峰學人 …
　　　　　　　　………………………… 28–30

朝鮮統治及現狀に就て▶齋藤實(朝鮮總督)
　　　　　　　　………………………… 31–33

朝鮮統治と現下の趨勢▶丸山鶴吉(朝鮮總
　督府事務官) …………………… 34–40

朝鮮に於ける內地人敎育に就て▶弓削幸
　太郎(朝鮮總督府學務局長) ……… 40–47

朝鮮の鐵道に就て▶和田一郎(鐵道部長) …
　　　　　　　　………………………… 47–52

經濟界の趨勢と十年度の朝鮮財界▶嘉納
　德三郎(鮮銀副總裁) …………… 52–54

朝鮮財政及産業政策に關する希望▶賀田

直治(朝鮮畜産會社社長) ·············· 54–57

北滿洲を脅かしつこあるベストに就て▶
　小田定藏(陸軍三等軍醫正) ········· 57–60

滿鮮は益々合するか分かるみか▶一記者 ···
　···························· 60–62

扶餘の遺跡に就て▶關野貞(工學博士) ·····
　···························· 63–69

朝鮮藝術の變遷▶村上一儀 ······· 69–76

雞に就て▶一記者 ··············· 77–79

印度で迎へた正月▶矢鍋永三郎(朝鮮總督
　府理財課長) ················ 80–81

不老不死の靈藥▶吉木彌三(總督府醫院藥
　劑課長) ···················· 82–86

眼の衛生▶三根辰一(大連三根眼科病院長)
　···························· 87–92

婦人病の今昔▶藤井虎彦(總督府醫院婦人
　科部長) ···················· 92–93

東京通信▶飛魚漁朗 ············· 94–95

朝鮮▶今川生 ··················· 95–99

感激より批判へ▶夢峯生 ········· 99–101

京城より▶北山叭天 ··········· 102–105

朝鮮總督府の新舊人物▶ヒマラヤ山人 ···
　·························· 105–110

漢詩/朝鮮及滿洲俳壇 ········· 111–113

朝鮮騷擾史 ················· 114–119

南大門驛頭爆彈事件/大正九年時事日誌/ ···
　·························· 120–134

見果てぬ夢▶矢橋小葩 ········· 135–151

大仁川建設論▶松南生 ············· 152

朝鮮事業界 ················· 153–154

朝鮮及滿洲 第164号 1921年 4月

御外遊の途に就き玉ふ皇太子殿下/春は來2
　れり

皇太子殿下の御外遊▶釋尾旭邦 ············· 1

獨立運動の現在と未來▶釋尾旭邦 ····· 2–6

同化の前途▶釋尾旭邦 ················ 6–11

閔元植氏の橫死▶尾崎行雄 ····· 12–14

滿鐵不正事件問題▶釋尾旭邦 ········· 14–15

常識的の植民政策▶永田秀次郎(貴族院議
　員) ························ 17–18

自治生活の新精神▶後藤新平(東京市長) ···
　···························· 19–21

建國の情神より觀たる日本及滿洲▶三上
　參次(文學博士) ·············· 21–24

支那文化の世界的影響▶服部宇之吉(文學
　博士) ······················ 24–26

美術より觀たる朝鮮の永遠的使命▶柳宗
　悅(東洋大學教授) ············· 27–29

日本民族と國體▶三浦周行(文學博士) ·····
　···························· 30–32

我國の人口問題と滿鮮▶藤田喜作(法學士)
　···························· 33–34

財界は尙ほ警戒時代▶有賀光豊(朝鮮殖産
　銀行頭取) ··················· 36–38

財界管見▶別府生 ············· 38–41

預金利子協定嚴守問題と鮮銀の態度▶一
　記者 ························ 41–44

政友會と釜山取引所新設問題 ········· 45

海印寺大藏經板に就て▶菅野銀八 ··· 46–54

最近四十年間に於ける朝鮮政變史▶國分
　象太郎(李王職次官) ··········· 54–56

聖德太子と産業▶賀田直治(西鮮鐵道事務)
　···························· 56–58

朝鮮の女性と家庭▶今村鞆(朝鮮總督府警
　視) ························ 58–59

一瞥の獨逸▶澤田豊丈(總督府監察官) ·····
　···························· 60–63

排日の米國より歸りて▶石川半山 ··· 63–65

朝鮮を歩いて見て▶今川生 ····· 65–69

殖銀本店の中堅▶一記者 ········· 70–74

東京通信▶飛魚漁朗 ············· 75–76

四十四會議の窓より▶萬二千峰學人 ···· 77

漢詩/朝鮮及滿洲俳壇 ········· 78–80

小兒よりも弱き▶石井楚江 ····· 81–88

朝鮮及滿蒙問答/大正十年時事日誌/ ········
　···························· 89–93

朝鮮騒擾史 ……………………………… 94–101

朝鮮及滿洲 第165号 1921年 6月

英國皇太子殿下/初夏の池畔/妖怪變化の大
　本教祖

內地人融和問題の現在と將來▶釋尾旭邦
　……………………………………… 2–4

朝鮮人教育の根本方針に就て▶釋尾旭邦
　………………………………………… 5–12

當面の三問題に對する吾人の見解▶柳澤
　政太郎(貴族院議員) ………………… 13–16

時事偶感▶鎌田榮吉(慶應大學塾長) ………
　………………………………………… 16–20

經濟界の現狀及將來▶三土忠造(貴族院議
　員) …………………………………… 20–23

總督政治に就ての希望▶朝倉外茂鐵(辯護
　士) …………………………………… 24–28

朝鮮勸業政策卑見▶辻信太郎(多木製肥所
　農林部技師長) ……………………… 29–34

關稅改正と朝鮮工業政策▶賀田直治 ………
　………………………………………… 34–36

我が海運の將來に就て▶若宮貞夫 … 36–37

十年後の臺灣▶下村宏(臺灣總督府總務長
　官) …………………………………… 38–39

大連取引所の建値▶一記者 ………… 39–42

朝鮮各道の現狀 ……………………… 43–44

財界八面鋒 …………………………… 45

新任滿鐵正副社長▶一記者 ………… 47–48

音樂上より見たる內鮮の關係▶田邊尙雄
　(宮內省樂寮音樂講師) ……………… 49–52

歐米を視察して▶時永浦三(朝鮮總督府警
　務局事務官) ………………………… 53–56

我輩の臺灣觀▶今川宇一郎 ………… 56–58

蒙古喇嘛廟の大祭▶熊谷直民(眞宗開教使)
　………………………………………… 58–61

漢詩 …………………………………… 62

腦充血と腦出血及腦貧血に就て▶岩井誠
　四郎(總督府醫院內科部長) ………… 63–65

朝鮮及滿蒙問答/大正十年時事日記 ………
　………………………………………… 66–71

隣室の女▶西海 ……………………… 72–77

朝鮮及滿洲 第166号 1921年 8月

東宮御滯英紀念/釣る魚につられて暮す一
　日/竹濤氏揮豪山水

米國人の心理を解剖して邦人の反省を促
　す▶內ケ崎作三郎(早大教授) ……… 1–4

現代の二大思潮たる産業政策と社會政策
　の對案▶河津暹(東大教授) ………… 5–6

我國の財政と列國の財政との比較研究▶
　小川鄉太郎(京都帝大教授) ………… 6–10

經濟史研究の必要に就て▶平沼淑郎(早稻
　田大學教授) ………………………… 11–14

現代の經濟組織概觀▶上田貞次郎(商大教
　教授) ………………………………… 14–17

青年時代に於ける体育の價値▶木下東作
　(大阪醫大教授) ……………………… 18–21

有望なる朝鮮の植林事業敢て資本家の一
　讀を煩はす▶齋藤音作 ……………… 21–24

朝鮮の學生諸君に告ぐ▶志賀潔(總督府醫
　院醫官) ……………………………… 25–27

京取の役員賞與分配問題▶一記者 …… 28

戰後の歐大陸を見て▶三浦彌太郎(無任所
　長官) ………………………………… 29–31

歐米を視察して(二)▶時永鋪三(朝鮮總督
　府警務局事務官) …………………… 31–35

英米獨佛の夏▶澤田監察官(總督府) … 35–36

賀田殖産鐵道專務の鴨綠江節 ………… 37

若返り法如是觀(一)▶工藤武城(京城婦人
　病院長) ……………………………… 38–41

スタインチハの不老說▶植村俊二(醫學博
　士)) …………………………………… 42–44

阿片の話▶吉木彌三(總督府醫院藥劑課長)
　………………………………………… 45–47

東京通信▶飛魚漁朗 ………………… 48–50

鮮滿問答/時事日誌 ………………… 51–56

三度目に破れた話▶柚木芳之助 …… 57–62
帝劇で育つた或る婦人に▶迷羊 …… 62–68

朝鮮及滿洲 第167号 1921年 9月

御歸朝の皇太子殿下/皇太子奉迎の民衆
皇太子殿下御歸朝▶釋尾旭邦 ……………… 1
産業調査會に對して▶釋尾旭邦 …… 2–5
太平洋會議と朝鮮▶釋尾旭邦 …… 5–6
太平洋會議の到達點▶阪谷芳郎(貴族院議
　員) …………………………………… 7–10
太平洋會議前途觀▶山上昶 …… 10–14
臺灣の阿里山と世界的觀光地▶下村宏(法
　學博士) ……………………………… 15–16
林政史上より見たる進貢用土産の勸課▶
　白岳生 ……………………………… 17–20
間島及西比利亞に於ける分布朝鮮人と水
　田業▶李書房 …………………… 21–23
最近四十年間に於ける朝鮮政變史▶國分
　象太郎(李王職次官) ……………… 24–27
男女差別論婦人開放の眞意義▶朝倉外茂
　鐵(法學士) ………………………… 27–31
若返り法如是觀▶工藤茂城(京城婦人病院
　長) …………………………………… 32–35
東京通信▶飛魚漁朗 ………………… 36–37
正に開かれんとする産業調査會に對して
　▶西村保吉(朝鮮産業調査委員殖産局長)
　……………………………………… 38–43
朝鮮及滿洲俳壇 …………………………… 44
大江山登山記▶金技園主人 …… 45–50
京城劇場柿耳落興行を觀て▶野崎眞三(朝
　鮮新聞社會部長) ………………… 51–52
朝鮮及滿蒙問答/大正十年時事日誌/風聞駄
　語/編輯餘滴 …………………… 53–64
小説 ………………………………………… 65–72

朝鮮及滿洲 第168号 1921年 11月

朝鮮統治歷代主腦者/統監府時代より朝鮮

併合前後の中樞人物/京城神社祭典其他
　二種/太平洋會議出席の人々
十五週年記念號に題す▶釋尾旭邦 ……… 1
朝鮮の進步改善の過去と現在及將來▶釋
　尾旭邦 ……………………………… 2–9
朝鮮産業の過去及將來▶西村保吉(朝鮮總
　督府殖産局長) …………………… 11–16
朝鮮財政十五ヶ年間の回顧▶河內山樂三
　(朝鮮總督府財務局長) ………… 17–18
朝鮮の産業補助を主とする金融機關▶有
　賀光豐(朝鮮殖産銀行頭取) ……… 19–22
朝鮮鐵道の過去及將來の私見▶弓削幸太
　郎(朝鮮鐵道局長) ………………… 22–24
朝鮮の私設鐵道の過去と將來▶賀田直治
　(西鮮殖産專務取締) ……………… 24–27
朝鮮教育の過去及現狀▶柴田善三郎(總督
　府學務局長) ……………………… 27–31
前農相仲小路氏と時事を談するの記▶萬
　二千峰學人 ………………………… 32–34
人物界の回顧▶南山逸史 …………… 35–39
朝鮮現在の問題と將來の問題▶松井茂(法
　學博士) ……………………………… 40–43
政治的訓練を論して地方制度に論及す▶
　時實秋穗(總督府監察官) ………… 44–45
朝鮮の産業開發策:各産業に就き徹底的の
　調査研究を要す▶岸上鎌吉(東京帝大教
　授) …………………………………… 46–47
朝鮮の産業開發策:農林産の開發か朝鮮當
　面の急務なり▶高岡熊雄(北海道帝大教
　授) …………………………………… 48
朝鮮の産業開發策:朝鮮の水利事業▶上野
　英三郎(東京帝大教授) …………… 49
朝鮮の産業開發策:朝鮮植林事業に對する
　我が社の計劃▶鈴木馬左也(住友總本店
　理事) ……………………………… 49–50
朝鮮の産業開發策:一鑛區探鑛には少くと
　も五十六萬圓を要す▶松本健次郎(明治
　鑛業會社代表者) ………………… 50
朝鮮の産業開發策:內地の資本を朝鮮へ▶

井上角五郎(衆議院議員) ····················· 51

新聞經營の一ヶ年▶釋尾旭邦 ······ 52–56

歐米戰後の社會狀態▶大森禪戒(曹洞宗大
學校監) ······················· 57–60

太平洋會議と日本及支那▶勝田主計(貴族
院議員) ······················· 60–62

南米より南阿を觀て▶橋本敬之(鐵道省技
師) ························· 62–64

交通運輸より觀たる勞農露國の現狀 ·····
····························· 64–66

日本の各植民地を視察してるヒロゲー博
士と語る▶萬二千峰學人 ······ 67–69

植民地としての臺灣の印象▶今川宇一郎
····························· 69–72

現代婦人の覺悟▶下田歌子 ······ 72–74

李退溪の著書を校刻したる村士玉水▶松
田鶴鷗 ························· 75–78

朝鮮政界の回顧▶大垣丈夫 ······ 79–80

朝鮮の不逞鮮人▶北漢山人 ······ 81–82

殺された安田善次郎翁と殺した朝日平吾
▶一記者 ····················· 83–86

十五年間に於ける京城の變遷▶白岳山人
····························· 87–96

入獄中發心したと云ふ野依秀一君の說教
を聽ひて▶とうほう生 ······ 97–98

漢詩/朝鮮及滿洲俳壇 ·············· 99–101

本誌の寄書家を回顧す▶釋尾旭邦 ·····
··························· 102–103

釋尾君と君の主宰する雜誌▶工藤武城(京
城婦人病院長) ············ 104–106

京城見物▶紅果 ·············· 108–116

京城花柳界略史▶ホクロの人 ······ 117–121

朝鮮及滿蒙問答/大正十年時事日誌/京城現
物市場の分析/所得稅率發表騷ぎ/風聞駄
語 ························· 122–127

小說 ··························· 128–134

朝鮮及滿洲 第169号 1921年 12月

槪政殿下其他/原前首相と高橋現首相
皇太子の攝政▶釋尾旭邦 ················· 1

華盛頓會議に於ける海軍縮小案と國論▶
釋尾旭邦 ····················· 2–8

噫原敬氏▶釋尾旭邦 ·············· 9–10

綱紀弛廢を奈何▶上山滿之進(貴族院議員)
····························· 9–11

大陸の富源と我國民經濟▶長尾半平 ·····
··························· 11–13

北京に於ける列國外交の競爭▶中山龍次
(支那交通部顧問) ·········· 13–16

全國鐵道百四十九新線計劃の實現▶元田
肇(鐵道大臣) ············ 16–18

産業と交通問題に付て▶松平直平(東拓理
事) ························· 18–19

內鮮人共學の可否:共學問題交涉の經過▶
柴田善三郎(學務局長) ······ 20–21

內鮮人共學の可否:內鮮人共學は愼重の硏
究を要す▶片岡喜三郎(京城鐘路尋常高
等小學校長) ··············· 21–22

內鮮人共學の可否:民族的觀念が第一司魔
をする▶橫山彌三(西大門尋常高等小學
校長) ······················ 22–23

內鮮人共學の可否:第一言語の上より不可
能▶大山一夫(日之出小學校長) · 23–24

內鮮人共學の可否:時機尙早▶林次郎(仁峴
公立普通學校長) ·············· 24

內鮮人共學の可否:共學必すしも難事でな
い▶坪內孝(京城高等女學校長) ··· 24–25

內鮮人共學の可否:共學は內鮮人生徒の何
れにも利益で無い▶崔在鶴(培材高等普
通學校敎諭) ················· 25

內鮮人共學の可否:必すしも共學の要を認め
す▶鄭大鉉(普成高等普通學校長) ····· 26

米國より再び朝鮮に歸りて▶スミス博士
··························· 27–28

原宰相暗殺の刹那▶上田外男(目擊者) ······

德三郎(朝鮮銀行副總裁) ……………… 25-26

東京通信▶飛魚漁朗 ……………… 33-36

朝鮮の形勢を語りて▶丸山鶴吉(警務局事務官) ……………… 26-30

余の白蓮事件觀▶東邦山人 ……………… 36-38

朝鮮の鐵道界に紀念すべき大正十年を送り▶弓削幸太郎(朝鮮總督府鐵道局) ……………… 30-32

冬の倫敦に逢つた▶安武直夫(總督府文書課長) ……………… 39-42

朝鮮に於ける產業調查並協會機關の活動に就て▶賀田直治(西鮮殖產鐵道會社常務) ……………… 32-33

濟生院の盲啞部參觀記▶一記者 …… 42-43

年頭に臨み積極的治山策を提唱す▶齋藤音作(林學士) ……………… 33-34

初めて觀た滿洲▶北山叩天 ……………… 44-52

滿洲の產業及經濟に關する諸名家の意見: 行詰れる滿洲財界救濟の具體策▶赤塚奉天總領事 ……………… 35-36

二年間の過激派軍中生活▶一記者 … 52-54

漢詩/朝鮮及滿洲俳壇 ……………… 55-56

滿洲の產業及經濟に關する諸名家の意見: 財界不況の及ぼせる保險界の慘狀▶山室辰之助(三井物產大連支店保險部) ……………… 36-37

道心の中に衣食あり▶妹尾義邦(大日本日蓮主義靑年團幹事) ……………… 57-58

滿洲の產業及經濟に關する諸名家の意見: 哈爾賓取引所の經濟的使命▶小泉策太郎(創立委員長) ……………… 37-38

猫イラズに依る自殺▶一記者 ……… 59-60

大正十年時事日誌 ……………… 61-62

滿洲の產業及經濟に關する諸名家の意見: 埠頭主要出貨物豆粕の現在及將來▶久保田賢一(滿鐵埠頭) ……………… 38-39

皇太子殿下の攝政御就任 ……………… 63-65

"太子,皇族及臣下の攝政"▶和田英松(帝大教授) ……………… 66-68

滿洲の產業及經濟に關する諸名家の意見: 石炭必要期に於ける滿鐵炭價の不變更▶武部治右衛門(滿鐵販賣課長) …… 40

風聞駄語 ……………… 69

滿洲に於ける採金の沿革と其將來▶高峰學人 ……………… 40-44

小説 ……………… 70-87

朝鮮及滿洲 第170号 1922年 1月

米國を視察して▶安武文書課長 … 44-51

攝政殿下と富士山/其他

歐米所感▶柴崎鐵吉(京城中學校校長) ……………… 52-54

大正十一年を迎えて▶釋尾春芿 ……… 1

興國の氣像衰ふ▶釋尾春芿 ……… 2-8

歐米視察より歸りて▶三木武重(南滿洲鐵道會社) ……………… 55-57

歷代の於ける朝鮮統治の主腦者▶東邦山人 ……………… 9-12

米國のモルモン宗大本山を訪ふ▶久米義鄉(法學士) ……………… 57-60

世界の現狀と我が植民政策▶關和知(衆議院議員) ……………… 13-16

犬の研究▶下郡山(昌慶苑動物園主任) ……………… 60-62

植民政策と文化的發展▶永田秀次郎(貴族院議員) ……………… 16-19

經濟政策樹立の基礎を固めよ▶井上準之助(日本銀行總裁) ……………… 19-21

平和的產業の基礎確立▶鈴木文治(日本勞動總同盟會長) ……………… 21-22

平等世界建設の慷理▶前田慧雲(帝國大學講師) ……………… 22-23

年頭の感懷▶有賀豊光(朝鮮殖產銀行取頭) ……………… 24-25

犬の飼育及訓練▶田丸亭之助(狩犬訓練所

大正十一年に於ける財界大勢豫想▶嘉納

長）‥‥‥‥‥‥‥‥‥‥‥‥‥‥ 63–66

光榮ある英國の獵犬▶△×生 ‥‥‥ 66–67

朝鮮に於ける犬の傳説▶今村鞆(朝鮮總督
　府警視) ‥‥‥‥‥‥‥‥‥‥ 68–71

夢の様な金儲けの話し▶松雨樓主人 ‥‥‥
　‥‥‥‥‥‥‥‥‥‥‥‥‥‥ 72–77

生殖細胞還元論と新性慾道德 ‥‥‥ 78–79

手術に對する婦人の態度▶工藤武城(京城
　婦人病院長) ‥‥‥‥‥‥‥‥ 80–81

京城の名士と酒と煙草▶逸名士 ‥ 82–86

久振の内地と其の印象▶朝鮮太郎 ‥ 87–89

東京より▶飛魚漁朗 ‥‥‥‥‥‥ 90–91

紀やんと犬▶坂木哲郎 ‥‥‥‥‥ 92–95

北境を守るA警部補の手柄話▶多加木三太
　郎 ‥‥‥‥‥‥‥‥‥‥‥‥ 97–100

初めて觀た滿洲▶北山叩天 ‥‥‥ 100–109

漢詩/朝鮮及滿洲俳壇 ‥‥‥‥‥ 110–111

冬は何處へ▶東邦山人 ‥‥‥‥ 112–113

正月は龍山の圖書館へ▶山岳草 ‥‥‥ 114

流汚鍛錬と同胞想愛▶小林一郎(文學士)‥
　‥‥‥‥‥‥‥‥‥‥‥‥ 115–116

電話交換局參觀記▶一記者 ‥‥ 117–118

京城の活動寫眞界▶酒居正雄 ‥ 118–120

不良少女團の果窟▶ホクロの人 121–125

大正十年重要記事 ‥‥‥‥‥‥ 126–136

大連短信 ‥‥‥‥‥‥‥‥‥ 137–144

風聞駄語 ‥‥‥‥‥‥‥‥‥ 145–146

小説 ‥‥‥‥‥‥‥‥‥‥‥ 148–156

朝鮮及滿洲 第171号 1922年 2月

逝ける大隈候と山縣公/昌慶苑の溫室と臺
　灣の傾日

時事小言▶釋尾春芿 ‥‥‥‥‥‥‥ 1

逝ける大隈候の印象▶釋尾春芿 ‥‥ 2–7

議會傍觀記 ‥‥‥‥‥‥‥‥‥‥ 8–9

社會の平和と責任觀念▶河津進(法學博士)
　‥‥‥‥‥‥‥‥‥‥‥‥‥ 11–13

亞細亞の平和的開發時代▶山田三良(法學

博士) ‥‥‥‥‥‥‥‥‥‥‥ 14–16

文化政治から見た憲兵論▶山口憲兵大佐
　‥‥‥‥‥‥‥‥‥‥‥‥‥ 16–18

愛蘭問題と朝鮮▶時永浦三(總督府警察官)
　‥‥‥‥‥‥‥‥‥‥‥‥‥ 18–22

歐米事情視察餘談▶白上佑吉(京畿道警察
　部長) ‥‥‥‥‥‥‥‥‥‥ 22–24

朝鮮の時事に對して▶洋外遠人 ‥ 25–28

京城府が施設する大正十一年度の事業と
　其の抱負▶吉松憲郎(京城府尹) ‥ 28–29

軍備縮小に依つて得た剩餘金を朝鮮にも
　分割せよ:剩餘金を得るは財界整理をし
　た後であるう▶有賀光豊(朝鮮殖産銀行
　頭取) ‥‥‥‥‥‥‥‥‥‥ 30–31

軍備縮小に依つて得た剩餘金を朝鮮にも
　分割せよ:民風改良と産業開發本位の教
　育に▶賀田直治(西鮮鐵道專務) ‥‥ 31

軍備縮小に依つて得た剩餘金を朝鮮にも
　分割せよ:外國貿易を旺んにする様に使
　へ▶高橋章之助(京畿辯護士會長) ‥ 31

軍備縮小に依つて得た剩餘金を朝鮮にも
　分割せよ:國民の資力を養成せよ▶韓翼
　敬(漢城銀行支配人) ‥‥‥‥ 31–32

軍備縮小に依つて得た剩餘金を朝鮮にも
　分割せよ:軍縮は豫算編成の一大福音剩
　餘金なとは思ひも寄らぬてとだ▶田中
　半四郎(京城府協議會員) ‥‥‥‥ 32

初めて觀た滿洲▶北山叩天 ‥‥‥ 33–46

北境支那領紀行▶白頭山人 ‥‥‥ 47–48

京釜線紀行▶多加木三太郎 ‥‥‥ 49–52

臺灣を觀て▶泥谷貞次郎(京城日報編輯局
　長) ‥‥‥‥‥‥‥‥‥‥‥ 53–54

首のすげ替▶早田生 ‥‥‥‥‥ 55–58

支那人の見たる日本人▶一記者 ‥ 58–60

久振の内地と其の印象▶朝鮮太郎 ‥ 60–63

東京より▶飛魚漁朗 ‥‥‥‥‥ 63–65

漢詩/朝鮮及滿洲俳壇 ‥‥‥‥‥ 66–68

貴誌の一月號を讀みて▶吉田英三郎 ‥ 69

齒の話▶飯塚齒科病院長 ‥‥‥ 70–71

冬の職業▶洋の字生 ……………… 72-73

不良少女團の果窟▶ホクロの人 …… 74-78

零度以下の頃日火の氣の無い西大門監獄
　參觀記▶一記者 ………………… 79-80

平和博と朝鮮 ……………………… 81-83

內鮮人同一制度の下に立つ朝鮮新教育令
　の要旨▶柴田總督府學務局長 …… 83-85

時事日誌 …………………………… 86-92

大連日誌▶六合生 ………………… 92-93

活氣ある京城市場 ………………… 94-95

京城小言 …………………………… 96-97

風聞駄語 ……………………………… 98

或る實業家の死▶山岳草 ………… 99-102

大事業家が惡魔乎▶萬二千峰學人
　…………………………………… 103-106

朝鮮及滿洲 第172号 1922年 3月

普選案當日の東京/ヂヨツフル元帥の東京
　入り

編輯餘滴▶釋尾春仿 ………………………… 1

時事に對して▶釋尾春仿 …………………… 2-8

日米關係と移民問題▶澁澤榮一 ………… 9-12

華府會議と世界の將來▶添田壽一(法學博
　士) ………………………………… 12-15

勞働運動より觀たる英國の國民性▶鶴見
　祐輔 ……………………………… 15-18

華府會議の批判▶江木翼(貴族院議員)
　………………………………………… 19-21

現內閣の放漫な財政政策▶濱口雄幸(衆議
　院議員) ………………………… 21-22

ヂヨツフル元帥の入鮮▶一記者 ………… 23

鮮滿財界大勢▶美濃部俊吉(鮮銀總裁) ……
　………………………………………… 24-27

朝鮮の新教育令に就て▶柴田善三郎(總督
　府學務局長) …………………… 27-31

鑛業に對する新施設▶黑木吉郎(總督府鑛
　務局長) ………………………… 32-34

支那の棉花事業▶伊藤文吉(農商務省參事

官) ………………………………… 34-36

朝鮮の諸問題▶洋外逸人 ………… 36-39

朝鮮在住の佛蘭西人 …………………… 40

朝鮮の私設鐵道は怎うして發展せしむべ
　きか:私設鐵道の促進策▶朝鮮私設鐵道
　協會 ……………………………… 41-42

朝鮮の私設鐵道は怎うして發展せしむべ
　きか:私設鐵道の現在と將來▶弓削幸太
　郞(朝鮮總督府鐵道部長) ……… 42-43

朝鮮の私設鐵道は怎うして發展せしむべ
　きか:補給金增額が緊急策だ▶大村友之
　丞(京城商業會議所書記長) ………… 44

朝鮮の私設鐵道は怎うして發展せしむべ
　きか:補給增額と財界の好調▶安藤又三
　郞(滿鐵京管局運輸課長) …………… 45

朝鮮の私設鐵道は怎うして發展せしむべ
　きか:私設鐵道の發展は是れからだ▶岩
　本善文(朝鮮社鐵協會主事) ……… 45-47

石龍師の講釋の聽く▶南山仙史 ……… 48

京城工業學界の權威　工業專門學校と中央
　試驗所參觀の記▶記者 ………… 49-52

東京通信▶飛魚漁朗 ……………… 53-54

大陸へそして京城へ▶村上一儀 … 55-59

藝術上から觀た朝鮮美術展覽會の死活問
　題▶村上一儀 …………………… 59-61

內地に於ける鮮人の生活現狀は怎うか?▶
　一記者 …………………………… 62-63

南鮮を見たまゝ▶洋外逸人 ……… 63-64

華府會議に就て▶加藤寬治 …………… 65

洋行した人々▶ヒマラヤ山人 …… 66-68

漢詩/朝鮮及滿洲俳壇 ……………… 69-70

處女の陷ちゆく道▶曉之助 ……… 71-74

鮮銀定期總會で問題となつた八千餘萬圓
　貸出固定に就て ………………………… 75

大連近況/大連日誌/大連の手形交換 ………
　…………………………………… 76-80

朝鮮及滿蒙問答/大正十一年時事日誌/議會
　傍觀記/東西南北 ……………… 82-86

仁取市場と京取現物市場の現狀▶平井隱

士 ……………………………… 87-89
菊代の死▶曉之助 ………………… 90-98
風聞餘滴 ……………………………… 98
小說 ……………………………… 99-107

朝鮮及滿洲 第173号 1922年 4月

英皇太子殿下其他
編輯室より▶釋尾春芿 …………………… 1
友に與へて朝鮮の近時を語る▶釋尾春芿
……………………………… 2-10
攝政殿下の朝鮮御巡視を奏請すべし▶釋
尾春芿 ……………………………… 11
軍備制限と工業界の對策▶古市公威(工學
博士) ……………………………… 13-15
將來の經濟と海外投資▶松木幹一郎(前山
下汽船專務) ……………………… 16-18
朝憲紊亂と無政府主義▶牧野英一(法學博
士) ……………………………… 18-21
耻を知らぬ現內閣▶關和知(衆議院議員) …
……………………………… 22-23
朝鮮の法曹界▶逸名生 ………… 24-25
朝鮮の現狀に就て▶大垣丈夫(京城通信社
長) ……………………………… 26-28
鮮滿視察所感▶千葉豊治 ………… 28-31
滿洲西伯利亞視察▶三山喜三郎(工學博士)
……………………………… 32-34
文化政治を實現する十年後の朝鮮▶賀田
直治(西鮮植鐵常務取締) ……… 34-35
朝鮮に於ける甜菜栽培は有望▶篠原榮太
郎(總督府農務課長) …………… 36-37
朝鮮石炭の使用研究▶片山嵓(總督府中央
試驗所技師) ……………………… 38-40
歐米各國を視察して▶生田清三郎(總督府
事務官) ……………………… 41-43
戰後の獨逸▶中村與資平(朝鮮銀行囑託) …
……………………………… 44-46
華府會議視察餘談▶丹羽清次郎(滿鐵京管
局囑託) ……………………… 46-48

洋行歸りを迎へて▶福德樓主人 …… 49-50
象牙の塔より▶村上一儀 ………… 51
華府會議に對する批判の一 ……… 52
平和紀念東京博覽會の大觀 ………… 53-60
異彩を放つ植民地特設館▶飛魚漁朗 ………
……………………………… 60-62
平和博は斯くの如く視察せよ▶今川宇一
郎 ……………………………… 62-64
一. 生活上に於ける朝鮮と內地との優劣/
一. 朝鮮に於ける施設上の要求/一. 朝鮮
に於ける有望なる事業/一. 京城に於け
る都市としての設備要求 ………… 65-74
朝鮮の政界及び各種團體の近況▶一記者
……………………………… 75-77
李退溪の學を宣傳せし大塚退野▶松田學
鷗 ……………………………… 78-79
春を他所に狂へる人々▶村上一儀 … 80-83
失戀の苦惱から祈禱の生涯へ▶紅谷曉之
助 ……………………………… 84-88
總督醫院と看護婦 ……………… 88-90
住居漂泊者の群より▶井上收(朝日新聞京
城支局) ……………………… 90-93
「酒」雜記▶永樂町人 …………… 93-96
漢詩/朝鮮及滿洲俳壇 …………… 97-98
産兒制限の可否▶工藤武城(京城婦人病院
長) ……………………………… 99-101
蘇みやにつて▶山岳草 ………… 102-105
賭博者の父から藝者に賣られる迄▶紅谷
曉之助 ……………………… 106-109
藝者を裏面から觀て▶松之助 …… 109-115
京城笑婦の産地藝妓は大阪娼妓は長崎
……………………………… 116
華府會議に於ける海軍縮小案に就て ………
……………………………… 117-119
財界漫語▶當散隱士 …………… 119-121
大正十一年時事日誌/風聞駄語 …… 122-124
京城府內各學校卒業生 …………… 125
京城の紛擾▶一記者 …………… 126-134
附錄:朝鮮は如何に發達しつゝあるか ………

‥‥‥‥‥‥‥‥‥‥‥‥‥‥ 136–144

朝鮮案内:朝鮮はコンナ所だ ‥‥‥ 145–157

朝鮮の事業界と其の人物 ‥‥‥‥‥ 158–172

朝鮮及滿洲 第174号 1922年 5月

李王世子及同妃殿下/安奉線の新綠

花と綠▶釋尾春芿 ‥‥‥‥‥‥‥‥‥‥‥ 1

滿洲は如何の狀ぞ▶釋尾春芿 ‥‥‥ 2–3

時事に對して▶釋尾春芿 ‥‥‥‥‥ 3–7

李王世子及妃方子女王殿下の御歸鮮を迎
　して ‥‥‥‥‥‥‥‥‥‥‥‥‥‥‥‥ 8

米國の緊張振りを視て▶小林正直(三井物
　産株式會社取締役) ‥‥‥‥‥‥ 9–12

異民族の結合と同一の目的▶ニコライ教
　授 ‥‥‥‥‥‥‥‥‥‥‥‥‥‥ 12–15

民法の原動力より見たる國制關係▶穗積
　重遠(法學博士) ‥‥‥‥‥‥‥ 15–17

初等教育の振興が急務▶山川健次郎(貴族
　院議員) ‥‥‥‥‥‥‥‥‥‥ 17–19

山東問題と日本▶松岡洋右(南滿鐵道理事)
　‥‥‥‥‥‥‥‥‥‥‥‥‥‥‥ 20–21

滿洲の水田經營に就て▶堀謙(東拓奉天支
　店長) ‥‥‥‥‥‥‥‥‥‥‥ 22–24

内地に於ける朝鮮米▶志村原太郎(日本勸
　業銀行總裁) ‥‥‥‥‥‥‥‥ 24–27

先つ鐵道網の調査から▶弓削鐵道部長 ‥‥
　‥‥‥‥‥‥‥‥‥‥‥‥‥‥‥ 27–28

歐米の電氣事業▶高崎齊(遞信局技師) ‥‥‥
　‥‥‥‥‥‥‥‥‥‥‥‥‥‥‥ 29–31

歐洲を瞥見して▶丹羽清次郎(國際親和會
　幹事長) ‥‥‥‥‥‥‥‥‥‥ 31–33

歐洲に於ける勞働問題▶生田清三郎(總督
　府事務官) ‥‥‥‥‥‥‥‥‥ 34–36

北滿及シベリヤ現狀▶一記者 ‥‥‥ 36–38

一. 生活上に於ける滿洲と内地との優劣/
　一. 滿洲に於ける施設上の要求/一. 滿洲
　に於ける有望なる事業/一. 滿洲に於け
　る都市としての設備要求 ‥‥‥ 39–42

血液と皮膚▶渡邊晋(總督府醫院皮膚科部
　長) ‥‥‥‥‥‥‥‥‥‥‥‥‥ 43–44

李先達の蝦夷地漂流▶小倉進平(文學士) ‥
　‥‥‥‥‥‥‥‥‥‥‥‥‥‥‥ 45–46

京龍畵壇白眼記▶村上狂鼎 ‥‥‥‥ 47–48

内地人と比較して見た朝鮮人の女學生▶
　一記者 ‥‥‥‥‥‥‥‥‥‥‥ 49–50

東京通信▶飛魚漁朗 ‥‥‥‥‥‥‥ 51–52

金魚の話▶一記者 ‥‥‥‥‥‥‥‥ 53–54

初對面の印象とその兩面▶山岳草 ‥ 55–56

漢詩/朝鮮及滿洲俳壇 ‥‥‥‥‥‥ 57–58

滿洲を觀たまゝ▶洋外逸人 ‥‥‥‥ 59–65

滿洲と人物印象▶一記者 ‥‥‥‥‥ 66–69

京城に於ける看護婦の話▶一記者 ‥ 70–72

行路病舍に泣く女▶山岳草 ‥‥‥‥ 73–77

大正十一年時事日誌/滿洲だより/風聞駄語
　‥‥‥‥‥‥‥‥‥‥‥‥‥‥‥ 79–83

逝く春の夕▶仁田原みどり ‥‥‥‥ 84–88

滿洲の事業と人物 ‥‥‥‥‥‥‥‥ 89–91

朝鮮及滿洲 第175号 1922年 6月

李王家御一門の團樂/朝鮮美術展覽會

編輯室より▶釋尾春芿 ‥‥‥‥‥‥‥‥ 1

獨立騷ぎの首魁孫乗熙逝く▶釋尾春芿 ‥‥
　‥‥‥‥‥‥‥‥‥‥‥‥‥‥‥‥ 2–8

米國ハーリマンの極東計畫▶ヂヨウヂケ
　ナン ‥‥‥‥‥‥‥‥‥‥‥‥ 9–13

吾人の觀たる朝鮮統治政策▶パウエル ‥‥
　‥‥‥‥‥‥‥‥‥‥‥‥‥‥‥ 13–17

獨逸の現在及將來▶加納久明(子爵) ‥‥‥
　‥‥‥‥‥‥‥‥‥‥‥‥‥‥‥ 17–19

産業奬勵の新局面▶西村保吉(朝鮮總督府
　殖産局長) ‥‥‥‥‥‥‥‥‥ 20–21

朝鮮水産業の將來▶田島勝太郎(農商務省
　水産課長) ‥‥‥‥‥‥‥‥‥ 21–23

歐米を視察して▶吉村彌三(總督府醫院藥
　劑官) ‥‥‥‥‥‥‥‥‥‥‥ 24–26

歐米の工業視察▶更田信彌(朝鮮總督府中

央試驗所技師）……………… 27–29

比律賓と暹羅▶田中玄黄（平壤高等普通學
　校長）……………………………… 30–31

五萬圓家産造成法▶山下義信（法學士）……
　………………………………………… 32–39

血液と皮膚▶渡邊晋（總督府醫院皮膚科部
　長）………………………………… 39–40

親孝行の科學的研究▶廣池千九郎（法學博
　士）………………………………… 41–42

親鸞と日蓮▶麥原朝臣 ……………… 43–45

滿洲を觀たまゝ（二）▶洋外逸人 …… 46–48

京城より故郷の友に▶健太郎 ……… 49–51

東京通信▶飛魚漁朗 ………………… 52–53

初對面の印象とその場面（二）▶山岳草 ……
　……………………………………… 54–55

漢詩 …………………………………… 56–57

神經衰弱に就て▶岩井誠四郎（總督府醫院
　醫官）……………………………… 58–59

京城の運動界▶新庄正雄 …………… 59–62

免囚保護の京城救護會と其處に收容され
　た前科五犯の男の話▶山岳草 …… 63–65

眼鏡の女▶覆面女史 ………………… 66–68

話の種／世のさまざま／財界漫言 … 69–74

京管局の革新／時事日誌 …………… 75–78

京管局の改造と人物異動の批判 …… 79–82

慶南鐵道の一部開通 ………………… 83–87

京城藝者淫賣取締の可否論▶數十名士（折
　り込み）

朝鮮及滿洲 第176号 1922年 7月

加藤新內閣／六月の京城

西比利亞撤兵實行▶釋尾春芿 ……………… 1

本誌の主張せよ攝政宮殿下の朝鮮御巡視
　奏請問題に對して▶齋藤總督 ……… 2–4

水野前政務總監と有吉新政務總監▶釋尾
　春芿 …………………………………… 5–9

編輯室より▶釋尾春芿 …………………… 10

支那に於ける列強の文化的活動▶芳澤謙

吉（外務省亞細亞局長）…………… 11–14

英國の植民政策と印度の革命▶ターバン
　卿（英國）………………………… 14–19

住宅改善と都市計劃▶關野幸太郎（工學博
　士）………………………………… 19–22

朝鮮の産業界▶西村保吉（總督府殖産局長）
　……………………………………… 23–24

聖僧のやうな久保京管局長 ………………… 25

歐米の建築界を視察して▶岩井長三郎（總
　督府建築課長）…………………… 26–27

歐米視察餘談▶更田信彌（京城高等工業學
　校教授）…………………………… 28–30

米國の禁酒と其の裏面▶吉木彌三（總督府
　醫院藥劑官）……………………… 30–32

藤森第一銀行支店長神經衰弱の療法を説
　く …………………………………………… 33

孔夫子を憶ふ▶赤木萬二郎（京城師範學校
　長）………………………………… 34–36

朝鮮美術展覽會に就て▶川合玉堂（東京美
　術學校教授）……………………… 36–38

素人眼に映じた朝鮮美術展覽會 …… 38–39

最近五十年以來外人の朝鮮に於ける施設
　▶本社記者 ……………………… 40–44

滿洲を觀たまゝ▶洋外逸人 ………… 45–48

木材界鎖談▶野手耐 ………………… 49–50

梅雨に就て▶窪田次郎治（京城測候所長）…
　……………………………………… 51–52

京城に於ける各學校長の閲歷と人物▶南
　山隱士 …………………………… 53–57

新政務總監有吉忠一氏を訪ふ▶萬二千峰
　學人 ……………………………… 58–60

東京通信▶飛魚漁朗 ………………… 61–62

洋行歸りの話▶福德樓主人 ………… 63–64

丸山氏と和田氏 ……………………… 65–66

逝ける名辯護士大久保雅彦氏▶東邦生 ……
　…………………………………………… 67

初對面の印象▶社末生 ……………………… 68

漢詩 …………………………………… 69–70

夏は何處へ▶東邦生 ………………… 71–72

朝鮮美展評▶村上狂兒 ……………… 73-79
海の戀/山の戀▶かずよし ………… 80-85
京城の自働電話▶洋外生 ……………… 86
世のさまざま/話の種 ……………… 87-90
財界漫言/重要事項 ……………… 91-100
大邱の事業界と人物 ……………… 101-102
附錄–京城の衛生設備と風氣取締に就て▶
　十數名士 ……………… 103-105

朝鮮及滿洲 第177号 1922年 8月

金剛山の瀑布/耶馬溪の奇勝
朝鮮の現狀を語りて有吉新政務總監に與
　ふ▶釋尾春仿 ……………… 1-6
物價調節と西伯利亞撤兵▶加藤高明(子爵)
　……………… 7-9
世界經濟狀態の大觀▶福田德三(法學博士)
　……………… 9-11
法律上から觀た朝鮮▶牧野英一(法學博士)
　……………… 11-13
世界の平和と各國の關稅政策に就て▶
　シー.アール.クート(英國) ……… 13-16
有吉新政務總監訪問の印象 ……………… 17
有吉新政務總監はどんな人か▶柴田學務
　局長 ……………… 18-19
產業政策の要諦▶有賀光豐(殖銀頭取) ……
　……………… 20-21
朝鮮の鐵道行政に就て▶弓削幸太郎(鐵道
　部附鐵道局長) ……………… 21-23
學者の觀た朝鮮 ……………… 23-25
歐米歷訪雜感▶團琢麿 ……………… 27-29
歐米に於ける女子敎育▶高橋亨(文學博士)
　……………… 30-32
歐米視察餘談▶山縣五十雄(セルブレス社
　長) ……………… 32-34
松の皮と葉とで生きて居る今仙人崔基南
　師を訪ふ▶本社記者 ……………… 35-36
去年の夏▶東邦生 ……………… 37-42
箱根雜記▶今川宇一郎 ……………… 43-46

東京通信▶飛魚漁朗 ……………… 46-48
滿洲を觀たまゝ▶洋外逸人 ……………… 49-55
馬賊の見た北滿の現狀▶山下天外 … 55-57
最近五十年以來の外人の朝鮮に於ける施
　設▶本社記者 ……………… 58-60
夏と諸名士▶數十名士 ……………… 61-67
總督府の秘書官▶南山隱士 ……………… 68-69
初對面の印象▶社末生 ……………… 70
漢詩 ……………… 71-72
暑熱と知人の死▶東邦生 ……………… 73-74
山へ/海へ/川へ▶藤原丑松(龍山中學敎論)
　……………… 75-83
夏の元山▶弘中生 ……………… 83
世のさまざま/見たり聞いたり ……… 84-87
大正十年一時事日誌 ……………… 88-89
鮮內資金は斯くして內地へ▶竹堂生 ……
　……………… 90-91
財界漫言/風聞駄語 ……………… 93-94
藝者より女へ▶紅谷曉之助 ………… 95-100

朝鮮及滿洲 第178号 1922年 9月

附錄一儉約論と物價調節/儉約論と社會的
　公共設備
高野山寶物/朝鮮古代の作
編輯室より▶釋尾春仿 ……………… 1
冷頭熱語▶釋尾春仿 ……………… 2-6
斷行を急務とする物價調節策▶阪谷芳郎
　(男爵) ……………… 7-8
現時の經濟狀態我觀▶河田嗣郎(法學博士)
　……………… 9-11
東洋中心の植民地會議を開しの必要▶ポ
　トリー.ヒロゲ ……………… 11-14
獨逸の賠償金問題に就て▶中島久萬吉(男
　爵) ……………… 15-18
歐米の敎育狀況▶澤柳政太郎(理學博士) …
　……………… 18-20
歐米視察餘談▶更田信彌(京城工業專門學
　校敎授) ……………… 20-22

鮮滿財界の大勢▶美濃部俊吉(朝鮮銀行總裁) ……………………………… 23-25
朝鮮經濟界と豫算案▶和田一郎(財務局長) ……………………………… 26-27
人生と道德の標準▶野上俊夫(文學博士) … 28-32
少年犯罪と思想問題▶中村竹藏(高等法院檢事長) …………………………… 32-34
朝鮮史の出發點▶木村靜雄(京城府立圖書館長) ……………………………… 34-39
最近五十年以來外國人の朝鮮に於ける施設▶本社記者 ……………………… 39-41
志賀博士と岩井博士 ……………………………… 42
歐米を視察して▶駱駝山人 ……… 43-49
西伯利亞を視察して▶北漢山學人 … 49-54
先師汲世老大師の事ども▶工藤武城 ……
……………………………… 55-60
感傷の群より逃避の巷へ▶麥原朝臣(大阪朝日新聞記者) …………………… 61-64
去年の夏▶東邦生 ……………… 65-69
上州の赤城山に登る▶今川宇一郎 … 70-73
東京通信▶飛魚漁朗 …………… 73-75
記者に映じた印象▶洋の字生 …… 76
漢詩俳句 ……………………………… 77-78
腦貧血と腦充血▶岩井誠四郎(醫學博士) …
……………………………… 79-80
最近化學知識-星の發生と星の死滅▶KY生
……………………………… 81-82
財界漫言/時事日誌▶竹堂生 …… 83-84
世のさまざま/見たり聞いたり …… 85-87
風聞駄語/讀者俱樂部 ………… 88-90
清元に現はれた女性▶村上 …… 90-92
"附錄-物價調節,物價引下策朝鮮では怎う解決するか" ……………………… 93

朝鮮及滿洲 第179号 1922年 10月

日本美術第九回院展出品中の二三/秋の京城

東京と京城▶釋尾春芿 ……………… 2-6
編輯餘滴▶釋尾春芿 ……………… 7
歐洲復興問題に就て▶添田壽一(法學博士)
……………………………… 9-12
時代思潮に就て▶杉谷泰山(第二高等學校前教頭) …………………………… 12-14
人口問題の解決と移民問題▶竹島雄之(佛國法學博士) …………………… 14-17
朝鮮勞働者の內地移住問題河津暹(法學博士) ……………………………… 18-20
支那視察の所感と日華貿易▶矢野恒太 ……
……………………………… 20-23
人生と道德の標準▶野上俊夫(文學博士) …
……………………………… 24-31
氣候を征伐すべし▶富士貞吉(京城醫專教授) ………………………………… 31-33
加藤海相と新聞記者▶赤頭巾 …… 34-36
產業發達と鐵道▶弓削幸太郎(總督府鐵道局長) ……………………………… 37-39
焚灰中の骸炭及び石炭の利用▶手塚吉次郎(朝鮮總督府中央試驗所技手) … 39-41
朝鮮の電氣事業▶吉村謙一郎(遞信局電氣課長) ……………………………… 42-43
江戶時代に於ける朝鮮信使の日光社參り
▶瀨野馬熊(中樞院囑託) …… 44-47
朝鮮の灌佛會▶荻山秀雄(總督府囑託)
……………………………… 47-49
韓民族の勃興するに至る迄▶木村靜雄 ……
……………………………… 50-54
朝鮮人の宗教類似團體▶本社記者 … 54-56
歐米を視察して▶駱駝山人 …… 57-62
歐米視察餘談▶吉木彌三(總督府醫院藥劑課長) ……………………………… 63-64
東京通信▶飛魚漁朗(東京) …… 65-66
國民としての親鸞觀▶菅原惠慶 …… 67-68
往訪の諸士と記者の印象▶洋の字生 … 69
漢詩俳句 ……………………………… 70-71
京城の謠曲界▶竹堂迂人 ………… 72-74
京城郵便局電話課參觀の記 ………… 75-77

財界漫言▶竹堂生 ································ 78-80

世のさまざま/見たり聞たり/時事日誌 ······
·· 81-85

風聞駄語 ···································· 86

京城の物價調節運動 ······················ 87-90

京城府立圖書館を觀て ···················· 91

月を背負ふて走る男女▶篠崎潮二
·· 92-101

朝鮮及滿洲 第180号 1922年 11月

御來鮮の閑院宮殿下/赤十字社總會と十月
の京城

編輯室より▶釋尾春芿 ···················· 1

日本を呪ふ朝鮮人に同情を奇する人へ朝
鮮問題を論議する人々へ▶釋尾春芿 ···
·· 2-8

文化能率の增進▶安武直夫(總督府文警課
長) ·· 9-14

規約保證現代の價値▶遠藤武(法學士) ·····
·· 15-18

'國際管理'への支那▶根岸佶(東京商科大學
教授) ···································· 18-20

東京名士訪問の印象記▶東邦生 ·········· 21

土耳古の復活▶長瀬鳳輔 ················ 22-26

氣候を征伐すべし▶富士貞吉(京城醫專教
授) ·· 26-28

本能と道德の關係▶野上俊夫(文學博士) ···
·· 28-32

安達總務を訪ふて時局觀を拜聽す▶御坊
生 ·· 33-35

內地人の農業移民に就て▶工藤英一(京畿
道知事) ·································· 36-40

朝鮮人の宗教類似團體▶本誌記者 ··· 40-44

歐米の社會事業視察雜感▶半井清(總督府
學務局長) ································ 44-47

赤池拓植局長官と語る▶赤頭巾 ······ 48-50

國際語之構成及其主張▶工藤武城(京城婦
人病院長) ································ 51-55

西比利亞に於けるプリヤート人の居住と
その土俗▶鈴江萬太郎(陸軍大尉) ·········
·· 56-58

百濟の都城に就て▶黒井恕堂 ········ 59-60

滿鮮視察團議員と語る▶洋の字生 ······ 61

歐米より歸りて▶大塚常三郎(總督府內務
局長) ···································· 62-63

歐米を視察して▶駱駝山人 ·········· 64-70

秋の嚴島より▶麥原朝臣 ················ 71

武藏野の秋を探る▶今川宇一郎(東京) ······
·· 72-74

漢詩俳句 ·································· 75-76

中央試驗所の展覽會を觀る▶本社記者 ·····
·· 77-80

世相百態/見たり聞たり/時事日誌 ··· 81-86

滿鐵總裁の就任と鮮銀の總裁副總裁の進
退問題 ···································· 87

同光會の京城入り ························ 88

風聞駄語/京城小言/向上會館を觀る 89-91

小說 ·· 92-95

朝鮮及滿洲 第181号 1922年 12月

旅順の表忠塔/齋藤總督南鮮巡視の各地

本年を顧みて▶釋尾春芿 ················ 1

支那の遼東取り返し運動▶釋尾春芿 ··· 2-5

編輯室より▶釋尾春芿 ···················· 6

支那の關東州回收運動に對する日本の決
意▶長瀬鳳輔(ドクトル) ············ 7-13

華府會議一週年と其後の世界經濟界▶添
田壽一(法學博士) ···················· 13-18

近代教育運動の基調▶中島久萬吉(男爵) ···
·· 18-20

車中の齋藤總督▶東邦生 ················ 21

通信事業の民衆化▶竹內友治郎(總督府遞
信局長) ·································· 22-23

朝鮮産褐炭の低溫餾に就て▶片山嵒(朝鮮
總督府中央試驗所技師) ·············· 24-28

朝鮮産米の現狀▶本社記者 ·········· 28-29

滿鐵の新舊社長月旦▶久保要藏氏談 ………
　……………………………………… 30-31
荒川代議士の朝鮮觀 ……………… 31-33
時間に於ける相對性的考へ方▶石原純(理
　學博士) ……………………………… 34-39
國際語の構成及其の主張▶工藤武城(京城
　婦人病院長) ………………………… 40-42
人生と道德の標準▶野上俊夫(文學博士) …
　………………………………………… 42-47
朝鮮人の宗教類似團體▶本誌記者 … 47-50
東京名士訪問記▶東邦生 ……………… 51
十五年振りの歐米を視て▶門野重九郎(大
　倉組重役) …………………………… 52-54
歐米を視察して▶駱駝山人 ………… 55-57
慷慨激烈の士か悲愁慘憺の輩か▶藤原惠
　慶 …………………………………… 58-59
今年も今や暮れんとす▶麥原朝臣(朝日新
　聞支局樓上) ………………………… 60-62
秋の溫陽溫泉▶東邦生 ……………… 63-64
漢詩俳句 ……………………………… 65-66
振り返り見て▶勞働者白骨 ……………… 67
庶民の金融機關である京城に於ける賴若
　講の現狀▶本社記者 ……………… 68-71
不渡手形より見たる本年の財界▶竹堂生
　……………………………………… 71-73
朝鮮の監獄と囚人▶本社記者 ……… 74-76
財界漫言▶竹堂生 …………………… 77-79
京城小言 ……………………………… 80-81
滿鮮だより/世相百態/見たり聞たり/時事
　日誌 ………………………………… 82-90
總督府醫院と院長 …………………… 91-92
風聞駄語 …………………………………… 93
湖南めぐり▶不二郎 ………………… 94-95

朝鮮及滿洲 第182号 1923年 1月

曉山雲(應擧筆)/曉山雲(靑邨筆)/支那に引
　繼いだ靑島/赤軍の手に歸せる捕虜/日の
　出

元旦に臨みて▶釋尾春芿 ………………… 1
時代相を語りて同愛の士に圖る▶釋尾春
　芿 ………………………………… 2-13
齋藤總督と有吉政務總監▶釋尾春芿 ………
　………………………………………… 13-14
新時代と教育改造の必要▶高田早苗(文學
　博士) ………………………………… 15-16
歐米に於ける精神主義の勃興▶吉田靜致
　(文學博士) ………………………… 17-19
愛國心と國際心との關係▶阪谷芳郎(貴族
　院議員) ……………………………… 19-21
英米日支の外交近情▶杉村陽太郎(外務省
　參事會) ……………………………… 21-27
明治神宮と乃木神社▶一記者 ………… 28
米國と滿洲の門戶開放問題▶ジョジー.マ
　ルヴィン ……………………………… 29-33
滿洲及滿鐵の諸問題▶松岡洋右(滿鐵理事)
　……………………………………… 33-36
朝鮮問題に對しハイカラ政策を排す▶早
　川鐵治 ……………………………… 36-40
朝鮮産業發展策▶賀田直治 ………… 40-43
朝鮮の農政根本策に就て▶西村保吉(總督
　府殖殖産局長) ……………………… 43-48
朝鮮の發展策及總督政治に對する批判▶
　齋藤音作(前營林廠長) …………… 48-51
滿鮮開發事業に就て▶川上常郎(東洋拓植
　株式會社理事) ……………………… 51-52
川村滿鐵社長を訪ふ▶柴田生 ……… 53-55
物理學に於ける時間及空間について▶ア
　インスタイン ……………………… 56-58
歐米に於ける女性の智的發達▶井上哲次
　郎(文學博士) ……………………… 59-60
言葉に現れたる我國民性▶安藤正治(文部
　省國國語調査議員) ………………… 61-63
衛生學から見た衣服▶富士貞吉(京城醫學
　專門學校教授) ……………………… 64-67
兒童精神發達と其精神に關する育兒上の
　注意▶水津信治(總督府醫院精神科長) …
　……………………………………… 68-72

朝鮮の化學工業に就て▶片山嵓(總督府中央試驗所技師) ……………… 72-76

日本近海の海流に就て▶大原利武(總督府醫囑託) ……………………… 76-79

例に依つて宗匠然たる野田大塊翁 ……… 80

朝鮮發展策及總督政治に對する批判/朝鮮に貴衆兩議員選擧法施行の可否及朝鮮議會開設の可否/新年御題曉山雲及猪に就ての詩歌/冬季に於ける貴下の生活狀態と健康法▶諸名士 …………… 81-83

松の葉を嚙む田中代議士 ………………… 84

獨逸賠償會議裏面の珍談▶靑木得三(大藏書記官) ……………………………… 85-87

米國の親子關係▶柴田久雄 ………… 88-93

歐米を視察して▶駱駝山人 ……… 94-98

漢法に依る强壯藥▶吉木彌三(總督府醫院藥劑課長) ………………………… 99-101

干支に因んだ猪の話豚は猪の家畜化したもの▶下郡山主任(李王職動物園) ……………………………… 102-105

京城の名士と趣味▶北漢山學人 … 106-108

新年家庭體讚▶麥原朝臣 ……… 109-113

漢詩/俳句/和歌 ………………… 114-116

曉山の雲に就て▶窪田次郎治(京城測候所長) ……………………………… 117-118

營養に關する話▶本社記者 ……… 120-123

謠曲界に就て▶竹堂散人 ……… 124-126

京城の理髮館と俥屋▶福德樓主人 ……………………………… 127-129

世相百態/滿鮮だより …………… 130-134

大正十一年重要記事 …………… 135-140

大正十一年の京城株界の變遷▶竹堂生 ……………………………… 141-146

財界漫言/風聞駄語 …………… 146-148

京日と朝新との喧譁 …………… 149-151

風聞駄語 ……………………… 152

小說 三疊の部屋▶慶野秀子 …… 153-156

朝鮮及滿洲 第183号 1923年 2月

觀山筆/春の陸と海

編輯室より▶釋尾春仿 …………………… 1

朝鮮に於ける參政權問題▶釋尾春仿 … 2-5

編輯餘滴▶釋尾春仿 ……………………… 6

米國の近勢と世界の將來▶來栖三郎(公使館一等書記官) …………………… 7-9

何處へ人を移べきか▶江木翼(法學博士) … ……………………………………… 9-11

日支協約が無かつたら▶關和知(憲政會總務) ……………………………… 12-14

鮮滿東大陸の平和と世界の平和▶山田三良(法學博士) ……………………… 15-16

議會及政府の態度を改めよ▶坂木釤之助(衆議院議員) …………………… 17-18

朝鮮統治の根本問題▶千山萬岳樓主人 ……………………………… 19-25

滿鐵と二億萬圓▶城西隱士 ……… 26-27

朝鮮の蠶業に就て▶西村保吉(總督府殖産局長) ……………………………… 27-30

伊集院關東廳長官と語る ……… 31-33

日本近海の潮流▶大原利武(總督府囑託) … ……………………………………… 34-37

アインスタイン博士の相對性原理のデレクテングカーブ(指導線)としての物體認識說の槪論▶遠藤武(法學士) …… 38-40

古代及基督敎の婦人觀▶野上俊夫(文學博士) ……………………………… 41-44

舊幕時代に於ける朝鮮通信使の江戶城登城▶瀨野馬熊(中樞院囑託) ……… 44-47

萬葉集に見えたる遺新羅使の一行▶木村靜雄 ……………………………… 48-51

朝鮮に貴衆兩院議員選擧法の施行又は朝鮮議會開設の可否▶諸名士 ……… 52-54

支那の田舍趣味▶後藤朝太郎(文學士) …… ……………………………………… 55-56

仙人國の變り榮えと南滿洲の發展▶サルター(英國) …………………… 57-59

東京通信▶飛魚漁朗 ……………… 60-61
筑波山に登る▶今川宇一郎(東京) … 62-64
火を噴く阿蘇へ▶村上狂児 ………… 65-69
名士の顔を繪として▶狂児 ……………… 70
漢詩/俳句 ……………………………… 71-73
動物の性慾と人間道▶狂児 ………… 74-77
怪談死せる秘密▶山本供平譯 ……… 77-78
爆彈の響き▶紅谷曉之助 …………… 79-80
財界漫言▶竹堂生 …………………… 81-82
大連近況▶大連支局記者 …………… 83-85
大連の有象無象/旅大日誌 ………… 85-88
川上和蘭公使の赤露談 ……………… 89-90
世相百態/時事日誌/風聞駄語 …… 91-94

朝鮮及滿洲 第184号 1923年 3月

年中行事の普選擧運動口春がすむ
時事に面して▶釋尾春仿 …………… 1-6
議會傍觀記▶釋尾春仿 ………………… 7
華府會議後に於ける極東の現勢▶ケネス.
スコット.ラトレット ………… 8-12
歐米の眞相を說いて日本人に警告す▶市
村光惠(法學博士) ……………… 12-16
歐米靑年の社會的訓練▶千葉了(監察官) …
………………………………… 16-19
余の觀たる國際親和の促進▶コーヴエン
(ワシントン大學東洋部主任) …… 20-21
醫術の社會的作用▶小野淸一郎(法學士) …
…………………………………… 22-26
兒童の精神發達と其精神に關する育兒上
の注意▶水津信治(總督府醫) …… 27-30
ポーランド公使川上俊彦氏を訪ふ▶萬二
千峰學人(東京) ………………… 31-32
半島政策の慨評より朝鮮議會の想定案へ
▶遠藤武(法學士) ……………… 33-36
鮮滿財界の大勢▶美濃部俊吉(鮮銀總裁) …
…………………………………… 36-38
滿洲中央銀行設立問題を中心にして▶松
陵道人 …………………………… 39-42

鴨綠江林業統一▶富田榮吉 ……… 42-44
西洋から歸つて來て▶千葉了・丹羽淸次郎
……………………………………… 45
仙人國の變り榮えと南滿洲の發展▶サル
ター(英國) …………………… 46-48
東京通信▶飛魚漁朗 ……………… 48-50
竹行李の旅▶菅原惠慶 …………… 50-54
春宵夜話▶麥原朝臣(朝日新聞支局) 55-56
怖るべき黑疱瘡▶東邦生 ………… 57-61
痘瘡の傳染と朝鮮の傳染病に就て▶志賀
潔(總督醫院長) ……………… 62-64
種痘に就て▶村田昇淸(總督府衛生課長) …
…………………………………… 65-66
京城の避病院たる順化院を觀る▶本社記
者 ……………………………… 66-69
健康保存に就て▶村田昇淸(總督府衛生課
長) …………………………………… 70
名士の顔を繪にして ……………………… 71
漢詩/俳句 ……………………………… 72-73
瀬野氏の朝鮮任官日光社參を讀みて▶松
田學鷗 …………………………… 74-75
朝鮮畵壇の内輪話▶長髮居士 ……… 76-78
三つの虞美人草▶紅谷曉之助 ……… 79-82
財界漫言▶竹堂生 …………………… 84-88
滿鮮だより/大連だより/旅大日誌/世相百
態/時事日誌/總督府官吏の大異動/官吏
異動短評/風聞駄語 …………… 89-101

朝鮮及滿洲 第185号 1923年 4月

世界植民地風俗/日本植民地
編輯室より▶釋尾春仿 …………………… 1
日本と植民地經營▶釋尾春仿 ………… 2-9
世界植民地一班▶朝鮮及滿洲編輯局編纂
(目次)一.世界植民地一覽表/二.植民地新
解釋/三.人口問題と植民政策/四.歐州列
強の植民地統治方法/五.世界に於ける植
民地分布(1)亞細亞大陸と列國の植民地
(2)大洋洲と列國の植民地(3)歐羅巴洲に

おける植民地(4)アフリカと列國の植民
地(5)北アメリカ洲州と列國の植民地(6)
南アメリカ洲洲と列國の植民地 ‥ 11–68
婦人の力▶丹羽清次郎 ………………… 69
西比利亞の概況▶本社記者 ………… 70–72
樺太概況▶本社記者 ……………… 73–74
春宵閑談 ……………………………… 75–76
臺灣の其後と産業▶本社記者 ……… 77–80
初めての滿洲汽車旅行▶舟橋逸民 … 81–84
滿洲の經濟界▶一記者 …………… 85–86
朝鮮印象記▶兀樂天 ……………… 87–88
朝鮮の事業界▶大庭虛山人 ……… 89–92
元山に露國避難民を訪ふ▶東邦生 … 93–95
流球と對馬▶村上狂兒 ………… 96–100
鐘路の十字路に立ちて▶長髮居士 …
………………………………… 101–103
大連の夜を走る▶長髮居士 ……… 103–105
紐育のボヘミヤ村▶一記者 …… 105–107
勞農露國と滿洲問題▶東京支局記者 ………
………………………………… 108–109
鮮人青年の思想的傾向▶赤木萬二郎(京城
師範學校長) ………………… 110–111
自覺して來た内鮮女學生▶一記者 …
………………………………… 112–114
東京通信▶飛魚漁朗 ………… 114–115
月光に濟度されて▶遠藤武(法學士) …
………………………………… 116–120
教育界の事情を批判す▶倭曹子(朝日新聞
記者) ……………………… 120–126
朝鮮の新聞雜誌界と其人物▶東邦生 …
………………………………… 127–135
漢詩/俳句 ………………………… 136–137
冬籠りから東萊溫泉へ▶東邦生 …… 138
京城美女傳▶紅谷曉之助 ……… 139–141
世相百態/重要記事/時事日誌/朝鮮だより/
滿洲だより/大連漫評/旅大日誌/京管局
長の交迭/風聞駄語 ………… 142–158
小說 朝鮮の奥まで▶多加木三太郎 …
………………………………… 159–164

戲曲 ……………………………… 165–173
朝鮮と滿洲の歌▶沼波瓊音作 …… 174–176

朝鮮及滿洲 第186号 1923年 5月

攝政宮殿下の臺灣御巡視/石窟庵の石佛
編輯室より▶釋尾春仿 ………………… 1
全國記者大會に寄す▶釋尾春仿 …… 2–8
仁義道德と生産殖利▶澁澤榮一(子爵)
…………………………………… 9–11
米國の對日觀と對支觀▶田中都吉(外務省
情報部次長) …………………… 12–14
支那國民性の研究▶安藤保之助(陸軍小將)
…………………………………… 15–17
拓植局に入江書記官を訪ふ▶東京支局記
者 ……………………………… 18–19
新時代と社會道德▶深作安文(文學博士) …
…………………………………… 20–24
東西文化の考察▶加藤咄堂 ……… 25–26
エツキス光線の話▶鈴木元晴(總督府醫エ
ツキス光線課主任) …………… 26–27
朝鮮に於ける性病問題▶渡邊晋(醫學博士)
…………………………………… 27–29
關東廳事務總長土岐氏と語る▶萬二千峰
學人 …………………………… 30–31
バルカン半島諸國の概況▶本社記者 ………
…………………………………… 32–34
猶太人に就て▶山岡城兒 ………… 34–36
朝鮮人の衛生思想▶志賀潔(總督府醫院長)
…………………………………… 37–38
花に埋もれる總督官邸を訪ふ▶東邦生 …
……………………………………… 39
大阪に流れ込む朝鮮人 ………… 40–43
東京通信▶飛魚漁朗 …………… 44–45
朝鮮の奥まで(二)▶多加木三太郎 … 46–49
漢詩/俳句 ……………………… 50–51
京城の職業婦人團體見聞記▶本社記者 …
…………………………………… 52–55
世相百態/朝鮮だより/滿洲だより/旅大日

誌/滿鐵異動/時事日誌/財界漫言/風聞駄
語 ……………………………………… 56-70
戲曲▶村上狂兒 ……………………… 71-74
附錄−鮮滿の藝術 …………………… 1-24

/旅大日誌/時事日誌/風聞駄語 …… 57-70
附錄−鮮滿の藝術 …………………… 1-32

朝鮮及滿洲 第187号 1923年 6月

全國新聞記者大會/新羅時代の古蹟
編輯室より▶釋尾春芿 …………………… 1
中央鐵道沿線瞥見記▶釋尾春芿 ……… 2-8
對露經濟會議開催の可否▶稻田周之助(法
學博士) ………………………………… 9-12
人種問題の將來▶鈴木梅四郎(衆議院議員)
…………………………………………… 12-15
文化的融合の原理▶泉哲(法學博士) 16-17
社會保險に就て▶森莊三郎(法學博士) ……
…………………………………………… 18-21
德川家光の朝鮮及支那に對する政策▶柏
原昌三(朝鮮史編修委員) ………… 21-23
李朝歷代王の實錄に就て▶今村鞆(李王職
庶務課長) …………………………… 23-24
朝鮮の性病問題(二)▶渡邊晋(醫學博士) …
…………………………………………… 25-26
關東長官伊集院彦吉氏を訪ふ▶萬二千峰
學人 …………………………………… 27-28
南洋旅行記 …………………………… 29-35
印度の田舍を旅して▶ダニエル.スワミド
ス …………………………………… 35-37
朝鮮の奧から(三)▶多加木三太郎 … 38-43
條理を超えた肉塊の彼方へ▶遠藤武(法學
士) …………………………………… 44-45
東京通信▶飛魚漁朗 ………………… 46-47
勞農露國承認問題に就て▶岡實(法學博士)
…………………………………………… 48-49
人物印象記 ……………………………… 50
漢詩/俳句 ……………………………… 51-52
京城職業婦人團體見聞記▶本社記者 ………
…………………………………………… 53-56
世相百態/朝鮮だより/滿洲だより/滿鐵異動

朝鮮及滿洲 第188号 1923年 7月

六月中の京城/昌德苑の水蓮 、
日露交涉の前途如何▶釋尾春芿 ……… 1-6
日露の間に立ちて▶後藤新平(子爵) … 7-8
國際聯盟に於ける日本の地位▶田川大吉
郎(代議士) ……………………………… 9-11
國民性の改造と合理的生活▶湯河元(女子
高師校長) …………………………… 11-13
日米の關係▶ギユリキ博士 ………… 14-19
滿洲の産業と最近の進步▶慶松勝左工門
(帝大教授) …………………………… 19-21
歐洲經濟事情▶森賢吾(大藏省財務官) …
…………………………………………… 22-24
經濟行動と心理學▶福富一郎(文學士) ……
…………………………………………… 25-29
免疫と免疫體の發生に就て▶椎葉芳彌(京
城醫專衛生物研究室) ……………… 30-32
舊幕時代に於ける日支貿易▶瀨野馬熊(中
樞院) ………………………………… 32-35
南洋旅行記(下)▶一記者 …………… 36-39
鮮滿から支那へ(一)▶今川宇一郎(東京) …
…………………………………………… 39-43
遼陽の白塔▶本社記者 ……………… 43-44
滿洲旅行雜感▶多加木三太郎 ……… 45-47
滿鐵の重役▶萬二千峰學人 ………… 48-49
東京通信▶飛魚漁朗 ………………… 50-51
六月の朝鮮畫壇▶KKM ……………… 52-53
財界漫言▶竹堂生 …………………… 54-58
株式界を攪亂する勸信會社 ………… 58-59
京釜線めぐり▶不二郎 ……………… 60-61
朝鮮の自殺者 …………………………… 62
漢詩/朝鮮及滿洲俳壇 ………………… 63-64
ある日第二の革命を前にして▶スキー
ターレツ(露人文豪) ……………… 65-66
朝鮮だより/滿洲だより/時事日誌/世相百

態/風聞駄語/編輯餘滴 ·················· 67–74
自殺者の手記▶多加木三太郎 ········ 75–86
此の世の地獄▶伊東松夫 ·············· 87–95
朝鮮及滿洲文壇 ························ 96–104
編輯餘滴 ······························ 105

朝鮮及滿洲 第189号 1923年 8月

華嚴の瀧と九龍淵の龍/日光の人工美と自
　然美
編輯室より▶東邦 ······················ 1
戀愛至上論者へ有島武郎氏の情死批判▶
　釋尾春仍 ···························· 2–8
歷史上より見たる太平洋問題▶中村勝麿 9–10
支那の排日排貨とその對抗策▶高柳松一
　郎(法學博士) ···················· 11–13
重大視すべき地租委讓問題▶添田壽一(法
　學博士) ························· 14–16
英領アフリカの排日問題▶志貨重昂 ········
································· 16–19
朝鮮に於ける傳說及思想の解放に就て▶
　稻葉岩吉(朝鮮史編纂主任) ········ 20–24
外人の朝鮮探檢と記錄▶杉本生(文學士) ···
································· 25–29
古代より見たる朝鮮の金工▶末松熊彦(李
　王職) ··························· 30–31
朝鮮の衛生狀態と傳染病に就て▶關水武
　(總督府衛生課長) ················ 31–33
生活の琴線から▶遠藤武(法學士) ··· 34–38
東京通信▶飛魚漁朗 ·············· 38–41
鮮滿から支那へ(二)▶今川宇一郎(東京) ···
································· 41–44
法外腐肉勞働者の群▶舟人生(東京支局) ···
································· 45–47
夏の印象 ························· 48–50
去年の夏(日光遊記)▶釋尾旭邦 ····· 51–55
仁川へ仁川へ▶東邦生 ············· 56–57
京城の賴母子講▶本社記者 ········· 58–60

財界漫言▶竹堂生 ·················· 61
奇怪なる鮎貝夫婦襲擊事件 ·········· 62
朝鮮だより/滿洲だより ············· 63–66
朝鮮の奧から(四)▶多加木三太郎 ··· 67–70
時事日誌/世相百態/風聞駄語 ······· 71–75
夏の精神病院を視る▶本社記者 ······ 76–78
漢江人道橋頭の哀吏(一)▶橋口泡杳 ·········
································· 79–81
朝鮮及滿洲文壇▶朝鮮及滿洲編輯部 ·········
································· 82–83
風聞駄語 ·························· 86

朝鮮及滿洲 第190号 1923年 9月

山本新內閣/焦土と化した東京大地震の威
　力
編輯室より▶釋尾春仍 ················ 1
山本新內閣の出現▶釋尾春仍 ········ 2–6
大部分焦土と化せる東京▶釋尾春仍 ····· 7
編輯餘滴▶釋尾春仍 ················· 8
東亞に對する米國の政策▶デンネット
　(ジョン-ホツブキンス大學教授) ··· 9–13
日華文化同盟の提唱▶平沼淑郎(法學博士)
································· 14–16
鮮滿の財界▶美濃部俊吉(朝鮮銀行總裁) ···
································· 17–19
朝鮮に於ける佛敎流布の槪觀▶渡邊彰(總
　督府宗敎課囑託) ················· 20–24
婦人科より見たるラジウムの槪論と歷史
　▶工藤武城(京城婦人病院長) ······ 25–26
親鸞聖人と文化生活▶溪內弋惠(文學士) ···
································· 27–29
米國雜感▶飯塚喜四郎(ドクトル) ··· 29–33
夏の東京▶村上狂兒 ··············· 34–37
東京通信▶飛魚漁朗 ··············· 37–39
朝鮮から東京へ來て▶村上狂兒 ··· 39–43
滿鐵理事赤羽克己氏と語る▶萬二千峰學
　人 ····························· 43–45
共進會に對する希望▶時實秋穗(京畿道知

事) ……………………………… 46-48

南滿洲の一角より▶虹公 ……… 49-52

滿洲時事漫言▶中山楓葉 ……… 52-56

滿洲三行だより ………………… 56-57

避暑地としての仁川と元山▶東邦生 ………

……………………………… 58-60

本年行はれた京城の運動界▶新城正雄 61

朝鮮及滿洲俳壇/漢詩 …………… 62-63

森勝家事件は世人に何を教訓するか▶東

邦生 ……………………………… 64-66

財界漫言▶竹堂生 ……………… 67-69

八月に於ける銀行取引停止處分者 ……… 70

秋氣清き十月の初めより朝鮮に開催する

三大共進會 …………………… 71-72

朝鮮だより/滿洲だより/時事日誌/山本内

閣の成立と閣員の閱歷 ………… 73-79

朝鮮の奥から(五)▶多加木三太郎 … 80-85

世相百態/風聞駄語 ……………… 86-88

東京の大地震大火災の概況 ……… 90-94

漢江人道橋頭の哀吏(二)▶橋口泡杳 95-97

朝鮮及滿洲 第191号 1923年 10月

地震後の東京/朝鮮副業品共進會會場

民心一轉の好機▶釋尾春芿 ……………… 1

東京復興策に就て▶釋尾春芿 ………… 2-9

震災餘聞▶釋尾春芿 …………… 9-10

共生の要義▶椎尾辨匡(文學博士) … 11-14

自治國としての印度觀▶イー.スエ.モンタ

ギユ) ………………………… 15-16

我が國地震の歷史と災害▶窪田次郎治(京

城測候所長) ………………… 17-21

天災と精神變調▶水津信治(總督府醫院精

神科部長) …………………… 22-24

流言蜚語の心理▶福富一郎(京城師範學校

教授) ………………………… 24-28

震災の朝鮮財界に及ぼす影響▶櫻井小一

(殖産銀行理事) ……………… 29-30

今後の建築界の朝鮮に及ぼす影響▶片山

嵓(京城高等工業學校教授) ……… 30-33

疲弊せる滿洲財界の打開策▶中村光吉(滿

洲銀行頭取) ………………… 33-34

滿洲油房業の過去現在及將來▶鈴木梅吉

(大連) ……………………… 35-38

最も有望なる朝鮮の副業品▶西村保吉(總

督府殖局長) ………………… 38-40

東京の大震災とその影響▶矢鍋永太郎(總

督府參事官 外) ……………… 41-47

關東の大震災に直面して▶今川宇一郎(東

京) ………………………… 48-51

帝都の震災を顧みて▶眞繼雲山 …… 51-59

歐米を視察して▶駱駝山人 …… 60-65

米國雜感(二)▶飯塚喜四郎(ドクトル) ……

……………………………… 65-68

滿洲時事漫言▶中山虛砲 ……… 69-73

滿洲三行だより ………………… 74-76

大震災と朝鮮に因緣ある東都の作家▶篠

崎湖二 ……………………… 77-80

東拓人事異動と概評▶竹堂散人 … 80-82

京城救恤裏面史▶潮二 ………… 83-86

財界漫言/九月中の銀行取引停止 … 87-91

震災後の彙報/共進會だより … 92-100

時事日誌/世相百態/朝鮮だより … 101-105

風聞駄語/紅燈綠酒の巷より …… 106-108

クレサン高田桃子の情夫▶紫の假面子 ……

……………………………… 109-114

朝鮮及滿洲 第192号 1923年 11月

成功の下に開會された副業共進會/共進會

の餘種々

編輯室より▶釋尾春芿 …………………… 1

大杉死刑事件▶釋尾春芿 ………… 2-7

被服廠跡に起ちて▶眞繼雲山 …… 8-10

社會の改造と産業の復興▶橫井時敬(農學

博士) ………………………… 11-13

財界の前途に對する樂觀的考察▶小野英

二郎(日本興銀總裁) ………… 14-15

大震火災と建築界の將來▶佐野利器(工學
　博士) ……………………………… 16–18
支那の將來は何うたるか▶ゲンネス.ス
　コッラト-ラトンット ……………… 18–21
朝鮮人の露領移住とその以前に於ける鮮
　露の關係▶瀨野馬熊 ……………… 22–24
歐米に於ける自然科學博物舘に就て▶森
　爲三(第一高等普通學校教授) …… 25–27
金銀兩建復活に對する世論▶大連諸名士
　………………………………………… 28–29
滿蒙及西比利亞の朝鮮人 …………… 30–31
滿洲各地の農作と鹽況▶耕雲生 …… 32–33
鞍山の貧鑛問題解決▶大連支局記者 ………
　………………………………………… 34–35
蘇格蘭より中英地方へ▶駱駝山人(京城) …
　………………………………………… 36–40
鮮滿から支那へ(三)▶今川宇一郎(東京) …
　………………………………………… 41–44
東京通信▶飛魚漁朗 ………………… 45–46
滿洲だより▶支局記者 ……………… 47–48
滿洲時言 ……………………………… 49–50
水産上より見たる咸南 ……………… 51–59
讀者文壇 ……………………………… 60–61
京城の暗黑面秘史(一)▶潮戀坊生 … 62–65
初犯者▶山岳草 ……………………… 66–68
財界漫言▶竹堂生 …………………… 69–70
銀行取引停止者/朝鮮だより/世相百態/震
　災に乘じて鮮人の亂暴 …………… 71–76
時事日誌/地方長官更迭/風聞駄語 … 77–80
淸吉一福の哀別▶紫の假面子 …… 81–85
嘆きの刺青▶篠崎潮二 ……………… 86–89

朝鮮及滿洲 第193号 1923年 12月

編輯室より▶釋尾春芿 ………………… 1
民心民風一新の詔勅▶釋尾春芿 …… 2–4
編輯餘滴▶釋尾春芿 ………………… 5–6
新文化の建設と吾人の使命▶永井柳太郎
　(衆議院議員) …………………… 7–10

エポック.メーキング(震前より震後への時
　代相)▶穗積重造(法學博士) ……… 10–12
自治國としての印度觀(二)▶イー.エス.モ
　ンターギュ ………………………… 13–14
普通選擧の意義▶大橋正己(滿鐵京城鐵道
　局調査課主任) …………………… 15–17
國文學の上から觀た朝鮮▶澤木茂正(文學
　士) ………………………………… 18–22
藝術と俳句▶河東碧梧桐 …………… 22–26
電氣の話し▶布村寬(工學士) ……… 26–29
東都復興の朝鮮に及ぼす影響 ……… 30–32
哈爾賓の考察▶山崎眞雄(朝鮮總督府事務
　官兼外務省事務官) ……………… 33–36
滿洲に於ける朝鮮人▶船津辰一郎(奉天領
　事館) ……………………………… 37–38
バラックの帝都より▶今川宇一郎(東京) …
　………………………………………… 39–42
此の頃の東京▶村上狂兒 …………… 43–45
東京通信▶飛魚漁朗 ………………… 46–48
年の瀨を控へて▶麥原朝臣(朝日新聞記者)
　………………………………………… 48–49
釜山の水産共進會に行って▶東邦生 ………
　………………………………………… 50–52
京城府協議員當選者▶南山隱士 …… 53–55
滿洲だより▶支局記者 ……………… 56–58
滿洲時言 ……………………………… 59–60
初對面印象記▶郭公 ………………… 61–64
漢江人道橋頭の哀史▶山岳草 ……… 65–67
京城暗黑面秘史▶潮戀坊 …………… 68–73
財界漫言▶竹堂生 …………………… 74–77
銀行取引停止/府會議員當選者略歷/全鮮各
　地府協議員當選者/東西南北/朝鮮だより
　/重要記事/時事日誌/風聞駄語 …… 78–95

朝鮮及滿洲 第194号 1924年 1月

攝政殿下/大黑
詔勅の精神▶釋尾旭邦(東邦) ……… 1–14
國難に當面したる新年▶山川健次郎(樞密

顧問官) ··················· 15-17

上を押さへ下を上ける新政策▶小林丑三
郎(法學博士) ·················· 18-19

普選の實現後を想察して▶堀江歸一(法學
博士) ························ 20-22

宗教と美術に就て▶柳宗悅(文學士) ·········
·························· 23-28

經濟發達段階說に就て▶田村龍太郎(京城
師範學校兪) ··················· 28-31

日置獨逸大使と語る▶萬二千峰學人 ·······
·························· 31-33

思想改善民風一新の詔勅宣傳講演:建國の
精神▶大塚常三郎(內務局長) ···· 34-37

思想改善民風一新の詔勅宣傳講演:唯實行
の一事あるのみ▶前田昇(陸軍小將) ·····
·························· 37-40

年頭に際しての所感:大詔を拜し奉りて▶
有賀光豊(朝鮮殖産銀行頭取) ···· 41-42

年頭に際しての所感:御詔勅の實行▶河内
山樂三(朝鮮火災海上保險會社長) ····· 43

年頭に際しての所感:復興初年の新春と經
濟▶堀諫(東洋拓植株式會社京城支店長)
·························· 43-44

▶武智弘方(辯護士) ··········· 44

後藤新平子を訪ふて▶萬二千峰學人 ·······
·························· 47-49

歐洲より歸りて▶高武公美(專賣局事務官)
·························· 50-52

支那漫遊所感▶更田信彌(京城高等工業學
校技師) ····················· 53-58

酒と其醱酊▶水津信治(總督府醫院精神科
部長) ····················· 58-60

科學上より見たる鼠▶下郡山誠一(李王職
動物園主任) ··················· 61-64

醫學上より見たる鼠▶小林晴治郎(總督府
醫院傳染課部長) ··············· 64-65

文獻に現はれた子の年に就て▶坪內孝(京
城第一高等女學校長) ··········· 66-67

鼠の結婚▶今村鞆 ··············· 68-71

東京通信▶飛魚漁朗 ··············· 72-73

龍攘虎迫の滿鮮對抗劍道柔道試合▶風凰
樓生 ······················· 74-78

頭腦の惡い男の話▶夢原朝臣(大坂朝日) ··
·························· 78-81

滿洲時言▶喝將軍 ··············· 82-84

大連より▶北山郭公 ··············· 85-86

漢詩/新俳壇/和歌 ··············· 88-90

體育より見たる京城の官民▶一記者 ·······
·························· 91-93

戀の畵家▶狂兒 ··············· 94-98

さすらひの舞姬澤野溜璃子の衷婉悲話▶
條崎潮二 ····················· 99-103

本町通の商店と奇怪な事件▶覆面散史 ·····
·························· 104-109

十二年度の主なる警察事件 ········· 110-112

財界一年回顧錄▶一記者 ········· 113-116

財界漫言▶竹堂生 ··············· 116-119

大正十二年の重要記事/時事日誌/鼠の話 ··
·························· 120-128

滿洲茶話▶大連支局記者 ········· 129-130

編輯餘滴/風聞駄語 ··············· 131-132

彼がベットの一日▶山口病埠天 ··· 133-138

父とその子▶難波黑鳥 ········· 139-147

朝鮮及滿洲 第195号 1924年 2月

御結婚の皇太子と兩子女王/淸浦新內閣

皇太子殿下の御婚儀▶釋尾旭邦(東邦) ··· 1

政界の大混亂▶釋尾旭邦(東邦) ········· 2-8

編輯餘滴▶釋尾旭邦(東邦) ··············· 10

政治組織より觀たる勞農露國▶泉哲(法學
博士) ······················· 11-13

道德敎育と國際的精神▶友技高彦(東京帝
大助敎授) ··················· 14-17

我國は何を恃むべきか▶守屋榮夫(總督府
庶務課長) ··················· 17-19

詔勅を拜して▶時實秋穗(京畿道知事) ······
·························· 20-22

在米排日問題の眞相▶山本忠美 …… 22–26

耐火建築及其材料に就て▶小山一德(工業傳習所教授) ……………………… 27–31

世界的水産國としての日本▶林鷗生 ……………………………………………… 32–34

勤儉貯蓄問題と孟亞聖の經濟學說▶和多野健藏(大連郵便局長) ……… 34–35

獨逸の現狀▶吾孫子勝(法學博士) … 36–38

歐米を視察して▶篠原英太郎(事務官) …………………………………………… 39–40

總督府課長級總まくり ……………… 41–43

東京通信▶飛魚漁朗 ………………… 43–45

滿洲時言▶喝將軍 …………………… 45–47

雪の滿洲を歩いて▶北山郭公 …… 48–55

レーニンの死 ………………………………… 56

漢詩/新俳壇/滿鮮俳壇 ……………… 57–59

京城に於ける教會巡禮記▶一記者 … 60–62

秋雨そば降る玄海灘とうら若き畫家の謎の死▶篠崎潮二 ………………… 63–66

京城花柳巷談▶潮戀坊生 ………… 66–70

財界漫言▶竹堂生 ………………… 71–72

皇太子殿下の御婚儀/朝鮮だより/時事日誌/十二月中銀行取引停止處分者/一月中銀行取引停止處分者/議會解散前後の混亂/風聞駄語 ……………………… 73–85

父とその子▶難波黑鳥 …………… 86–95

朝鮮及滿洲 第196号 1924年 3月

東宮殿下及妃殿下の伊勢大廟報告際/梅の香りにひたる

編輯室より▶釋尾春仿 ………………………… 1

露國の暴狀▶釋尾春仿 ………………… 2–7

編輯餘滴▶釋尾春仿 ………………………… 8

最近に於ける日米の關係に就て▶山田三良(法學博士) ………………… 9–12

議會解散より總選擧へ▶田中善立(前代議士) …………………………… 12–14

簡易生命保險の論點と特長▶和多野健藏

(關東廳通信副事務官) ……………… 15–18

滿洲に必要なる社會事業▶柴田博陽(大連慈惠病院理事長) ……………… 18–20

攝政宮殿下に屢々拜謁した印象▶篠田治作(李王職次官) ………………… 21–22

國際聯盟に於ける血淸檢定問題▶志賀潔(總督府病院長) ……………… 23–24

現代の營養學上より觀たる食物の習俗に就て▶佐藤剛藏(京城醫專教授) … 25–26

基督敎の所謂罪▶山室軍平 ……… 27–29

露西亞の黑龍姜經略▶朝野馬熊(衆議院囑託) …………………………………… 30–33

歐米を視察して▶駱駝山人 ……… 33–37

滯歐偶感二三▶阿部次郎(文學士) … 38–39

表現派の芝居▶藤島亥治郎(高等工業學校教授) ……………………………… 40–44

炎車洞雜話▶SPR(朝日新聞記者) …… 45–48

都會と子供▶佐田至弘(京城童話者) 48–49

東京通信▶飛魚漁朗 ………………… 50–51

雪の滿洲を歩いて▶北山郭公 …… 52–57

滿洲時言▶喝將軍 …………………… 58–60

滿洲だより …………………………… 60–61

第三回朝鮮美術展覽會に望む▶篠崎潮二 …………………………………… 62–65

有吉政務總監▶一記者 …………………… 66

富田翁と香椎君▶一記者 ………… 67–68

漢詩/新俳壇 ………………………… 69–70

京城に於ける教會巡禮記▶一記者 … 71–74

京城花柳巷談:藝妓のゆくへお參り列傳▶潮戀坊生 ……………………… 75–80

財界漫言▶竹堂生 ………………… 81–83

鮮銀業績と各地財況▶野中鮮銀總裁 ……………………………………… 83–85

全南の産業▶本社記者 …………… 85–86

東西南北/朝鮮だより/時事日誌/二月中京城の銀行取引停止處分者/風聞駄語 …………………………………… 87–94

朝鮮及滿洲 第197号 1924年 4月

罪ある幸/釋尾社長主催の晩餐會

編輯室より▶釋尾春芿 ……………………… 1

日本の南端鹿兒島の一角より▶釋尾春芿
……………………………… 2-6

庚子幼稚園移管問題に就て▶CF生 …… 7-8

不安なる國情と現代の政黨▶武藤山治 …
……………………………… 9-13

吾人の眼に映じたる日本人▶泰山樓主人
（中華民國）………………… 14-18

達成し得べき世界一家の大策▶レヴァ
ムーア（米國紐育）………… 19-24

太平洋商議と支那の國際交通▶ベーカー
（支那顧問）………………… 25-29

朝鮮産炭に就て▶弓削幸太郎（鐵道部長）…
……………………………… 30-32

經濟と宗教▶佐々木清麿(俗佛)……… 33-45

憂ふべき圓價の暴落▶笑淵生 …… 46-55

總選擧を前に ……………………… 56-60

朝鮮財界の一大汚辱▶古狂生 …… 61-69

安東商議會頭問題▶素寒生 …… 70-73

安東滿鐵五萬圓事件と豫防策▶FT生 ……
……………………………… 74-77

東京通信▶飛魚漁朗 ……………… 78-80

矚目すべき關東洲の果樹栽培▶北山郭公
（大連支局）………………… 81-88

朝鮮に於ける社會事業觀 ……………… 89-95

朝鮮總督府課長級總まくり▶廊下鳶(本府)
……………………………… 96-100

汝は何處へ行くや▶平井三男（總督府商工
課長）………………… 101-114

宗旨名目の包容と分解▶渡邊彰（總督府古
蹟調査課囑託）…………… 115-118

藝術教育の一考察▶SPR(朝日新聞記者)…
……………………………… 119-125

表現派の芝居▶藤島亥治郎（高等工業學校
教授）………………… 126-135

フランスの繪を觀る▶村上狂兒 … 136-141

家庭と音樂▶スミス博士 ………… 142-145

財界漫言▶竹堂生 ……………… 146-149

滿洲時言▶喝將軍 ……………… 150-153

滿洲だより▶大連支局 …………… 153-155

雪の滿洲を歩いて▶北山郭公 …… 156-161

降るや春雨桃李の彌生▶千葉春路生 ………
……………………………… 162-168

京城キネマ界漫歩▶迷々亭 ……… 169-173

銀行取引停止/時事日誌/漢詩/俳句 ………
……………………………… 174-178

創作 ……………………… 1-43

朝鮮及滿洲 第198号 1924年 5月

希望/三戸萬象氏畵

東京より▶釋尾春芿 ……………………… 1

九州より東京まで▶釋尾春芿 ……… 2-9

米國の排日問題-日本人を侮辱するものな
り▶林毅陸（慶大塾長）…… 10-12

米國の排日問題-國民先づ反省せよ▶矢野
恒太（經濟調査委員）…… 13-14

米國の排日問題-邦人排斥問題に就て▶山
田一隆（警察官講習所教授）……… 15-21

銀行の合併と地方的色彩▶河內山樂三 ……
……………………………… 22-26

政治の理想▶帆足理一郎 …… 27-30

心田の開拓▶山室軍平 …… 31-35

最近の思想運動▶工藤武城 …… 36-39

東都より京城を眸めて▶東邦生 ………… 40

財界漫言▶竹堂生 …………… 41

漫畵▶山本弓公 …………… 42-43

放送無線電話の實用化▶近藤碻郎（遞信局
副事務官）………………… 44-50

朝鮮を思ふ▶藤島亥治郎(京城高工教授)…
……………………………… 51-58

嗚呼忠臣楠氏觀と思想問題▶和田野健藏
（關東廳遞信副事務官）…… 59-65

鄉土藝術に就て▶野口雨情 …… 66-68

半島藝術保育上の心配▶三戸萬象 … 69-71

兒童の宗教々育と童話▶濱口良光 … 72-75
平壤漫言 ………………………………… 76
二百號記念に就て ……………………… 76
滿洲を歩いて▶北山郭公 …………… 78-87
殘燭の様な人生灯が搖れる▶長安草二 …
…………………………………………… 88-93
漢詩/俳壇/朝鮮館讚記/東西南北 … 94-99
創作 …………………………………… 100-111

鮮滿唯一のボーイスカウト▶大連支局記
　者 ……………………………………… 95-99
遼東半島より▶CUCKOO ………… 100-103
怪しい變の物語▶美砂樓 ………… 104-108
奥様連の色眼鏡▶長耳生 ………… 109-111
編輯餘滴/銀行取引停止者/社告/時事日誌/
　漢詩 ………………………………… 112-119
慶南紹介 ……………………………… 120-127
朝鮮戲曲二篇 ………………………… 128-152

朝鮮及滿洲　第199号　1924年　6月

水面の女神/御奉祝
編輯室より▶釋尾春芿 …………………… 1
震災後の東京▶釋尾春芿 …………… 2-13
米人の排日心理▶古河生 …………… 14-16
米國大使泣いて排日問題に當る ……… 17-18
米國の移民排斥と朝鮮移民の實狀に及ぶ
　▶湯村辰次郎(殖産局土地改良課長) …
…………………………………………… 19-26
此の機會に於いて朝鮮移民を獎勵せよ▶
　藤井寬太郎(不二興業會社社長) … 27-33
問題の鮮銀を如何に脊負つて立つ可きか
　▶野中清(鮮銀總裁)談 …………… 34-35
改むべき對支那人の言動▶田中笑淵 ……
…………………………………………… 36-40
復興の機運にある新獨逸▶ウ.ヨハネス …
…………………………………………… 41-44
スペインたらしむ勿れ▶矢野恒太 … 45-51
刮目すべき北滿の現狀▶小笠原健 … 52-57
東京だより▶一記者 ………………… 58-62
感覺經濟と宗敎價值▶賀川豊彦 …… 63-69
金鼎堂和尚▶中村三笑 ……………… 70-74
綜合藝術へ▶石川義一 ……………… 75-80
財界漫言▶竹堂 ……………………… 81-83
先生方に是非考へて頂き度い所謂藝術敎
　育▶宮田雨村 ……………………… 84-85
第三回朝鮮美術展覽會▶山本美砂樓 ……
…………………………………………… 86-90
鮮展を漫畫にして ………………… 91-92

朝鮮及滿洲　第200号　1924年　7月

朝鮮統治歷代の首腦者/新舊政務總監と滿
　鐵社長/加藤內閣々僚/創刊以後の各本紙
第二百號に題す ………………………… 1
過去十七年間を顧て▶釋尾春芿 …… 2-18
排日立法と國民精神の歸趨▶植原悅次郎
　(代議士) …………………………… 19-24
如何なる決心を以て米國に對せんとする
　か▶添田壽一(法學博士) ………… 25-26
共同生活觀念の確立▶穗積重遠(法學博士)
…………………………………………… 27-34
經濟心の倫理▶長谷川如是閑 ……… 35-38
ターコール翁の講演を聞く▶東邦(東京) …
…………………………………………… 39-42
對米憤死者の葬儀に詣てゝ ……………… 43
朝鮮に於ける敎育制度▶長野幹(朝鮮總督
　府學務局長) ……………………… 44-52
交通及通信機關より觀たる朝鮮▶朝鮮總
　督府遞信局 ………………………… 53-57
朝鮮警務機關の變遷▶國友尙謙(朝鮮總督
　府警務課長) ……………………… 58-63
朝鮮の農業施設に就て▶朝鮮總督府農務
　課 …………………………………… 64-68
商業の朝鮮▶朝鮮總督府商工課 … 69-70
朝鮮の患は史家ありて法家なきに在り▶
　淺見倫太郎(法學博士) …………… 71-77
貘の代筆　笑淵生 …………………… 78-84
音樂演奏者の態度▶石川義一 ……… 85-89

趣味から見た朝鮮の年中行事▶濱口良光
　　　　　　　　　　　　　　　　 90-98
內鮮人への希望/日米問題への考察/本誌に
　　對する批判と希望▶各名士 ……… 99-112
京城で朽ち果てる氣かと曰ふ釋尾氏へ一
　　本參る▶井上收 …………………… 113-118
二百號に對する私の所感▶今川宇一郎 ……
　　　　　　　　　　　　　　　　119-121
京城を顧みて▶郭公 ………………… 121-132
財界漫言▶竹堂生 …………………… 133-136
安東と木材▶城野杜三郎(營林廠) 137-142
滿鐵社長たりし川村竹治君を送る▶大連
　　支局記者 ………………………… 143-146
裏から見た復舊の帝都▶眞繼雲山(東京) …
　　　　　　　　　　　　　　　　147-150
東京の外交▶茅野生 ………………… 151-152
佛展は風俗壞亂場か ………………… 153-154
"京城歸りの東京の人々得意の人，失意の
　　人" …………………………………… 155-161
滿洲を歩いて▶北山郭公(大連支局) ………
　　　　　　　　　　　　　　　　162-168
先生方に考へて頂き度い所謂藝術教育▶
　　宮田雨村 ………………………… 169-171
覗き加裸倶裡▶德永生 ………………… 172
朝鮮哀話-生命は悲し罪を廻る人々▶三田
　　鄕花 ……………………………… 173-181
短詩/俳句/キ子マの事ども ………… 182-187
喜劇-高麗燒を賣る男▶難波英夫 …………
　　　　　　　　　　　　　　　　188-194
戲曲-子供寄進▶濱口良光 ………… 195-209

朝鮮及滿洲 第201号 1924年 8月

下岡政務總監/山と海
編輯室より▶釋尾春芿 …………………… 1
朝鮮の現狀を語り下岡政務總監閣下に與
　　ふ▶釋尾春芿 ……………………… 2-13
農村振興問題▶横井時敬(農學博士) ………
　　　　　　　　　　　　　　　　 14-19

誤れる對滿貨幣金融政策▶田中笑淵 ………
　　　　　　　　　　　　　　　　 20-27
教育界に動搖を與へた自由教育問題の眞
　　相▶濱口良光 …………………… 28-32
汗みどろになっての臨時議會傍聽記▶東
　　邦生 ……………………………… 33-40
ロンドンから東京まで▶アクラレン(英國
　　世界一週飛行家) ……………… 41-45
貘の代筆▶笑淵生 …………………… 46-52
東京通信 ……………………………… 53
涼夜大學-名知名士の紙上講演 …… 54-60
螺炎抄話▶今村鞆 …………………… 61-64
醫學から見たナポレオン▶綿引朝光(京城
　　醫專教授) ……………………… 65-66
土から掘り出す「ことば」▶中村鳥堂 ………
　　　　　　　　　　　　　　　　 67-68
戀愛と音樂に就て▶S生 …………… 69-70
先生方に考へてき度い所謂藝術教育▶宮
　　田雨村 …………………………… 71-74
財界漫言▶竹堂生 …………………… 75-77
合同銀行の幹部決定と人物評 ……… 78-79
新任滿鐵社長安廣伴一郎君を迎ふ▶一記
　　者 ………………………………… 80-84
今年の夏は何處へ▶山本生 ……… 85-90
東京の夜の街▶榮之助 …………… 91-93
或る音樂家の旅日記から-佛國寺行▶奧村
　　直二 ……………………………… 94-98
風聞駄語 ……………………………… 99
玄海ロ-マンス波は狂ふ▶三田鄕花 ………
　　　　　　　　　　　　　　　100-111
マキノ映畵禮讚中央館の事ども … 112-113
長詩/新俳壇/漢詩 ………………… 114-117
文藝 ………………………………… 118-142

朝鮮及滿洲 第202号 1924年 9月

憶ひ紀す一年前/旭日昇天の勢ある群山港
震災一週年に際して ……………………… 1
朝鮮の財政整理の一として官公吏の增俸

を廢止せよ▶釋尾春仿 ………………… 2-5

太平洋問題の將來▶後藤新平(子爵) ………
………………………………………… 6-10

タゴール理想大學の組織とその將來▶エ
ルム.ハース博士 ………………………… 11-19

倫敦會議と朝鮮▶土居千代三(東拓京城支
店長) ……………………………………… 20-25

震災一週年を迎へ質實剛健の詔勅を憶ふ
▶濱口良光 ……………………………… 26-29

凉を趁ふて箱根鎌倉に遊ぶの記▶東邦生
……………………………………………… 30-32

京城日報社長交迭と京城記者團▶藤村生
……………………………………………… 33-37

京城日報社由來記▶藤村生 ………… 38-48

風聞駄語 ………………………………… 49-50

私田一郎君の銀行入 ……………………… 51

財界漫言▶竹堂生 ……………………… 52-54

京城の筑前琵琶界▶袖汀生 ………… 55-59

滿洲みやげ▶北山郭公(大連支局) … 60-66

漢江秘史-漢江の藻屑と消へた人々 67-71

暗に燃ゆる愛慾のほむら▶吉浦舷歌 ………
……………………………………………… 72-79

活動寫眞館巡り ………………………… 80-81

漢詩/俳句 ……………………………… 82-83

全北紹介號-全北紹介號發刊號に就て▶倉
田知足 ……………………………………… 2

全北紹介號-全北紹介號に寄す▶亥角仲藏
(全北道知事) …………………………… 3

全北紹介號-全北の稻作と灌漑狀況▶桑原
丑三(全北農務課) …………………… 4-5

全北紹介號-全北林業の現況▶佐藤信一(全
北産業技師) …………………………… 6-9

群山府/全州郡/鎭安郡/錦山郡/茂朱郡/長水
郡/任實郡/南原郡/淳昌郡/井邑郡/高敞郡
/扶安郡/金堤郡/沃溝郡/益山郡/全北巡遊
餘滴 ……………………………………… 10-53

朝鮮及滿洲 第203号 1924年 10月

竣工を急ぎつゝある朝鮮神社/菊

時事雜筆 …………………………………… 1

總督府高官連の異動評▶釋尾春仿 …… 2-9

我國最近の社會思潮に就て▶永井享(協調
會理事) ……………………………… 10-14

西洋文明の功罪▶平井三男(朝鮮總督府商
工課長) ……………………………… 15-25

近時の外交問題▶米田實(法學博士) 26-30

火防精神の作興▶松井茂(東京警官講習所
長) …………………………………… 31-37

國民と宗教▶山室軍平(救世軍大佐) 38-44

農村改善の要諦▶八尋生男(京畿道農務課
長) …………………………………… 45-49

有吉前政務總監を訪ふ▶東京一記者 ………
………………………………………… 50-52

'ニンニク'の成分並その生理的作用に就て
の研究梗概▶小湊潔(京城醫學專門學校)
………………………………………… 53-65

朝鮮輸移入植物に就て▶青山哲四郎(釜山
稅關鑑査官) ………………………… 66-68

現代の世相 …………………………… 69-70

朝鮮歸りの東京の人々(二)▶東京支局記者
………………………………………… 71-73

大連市場村井啓太郎氏を送る▶大連支局
記者 …………………………………… 74-76

阿父と私と菊と▶井上收 …………… 77-82

旅二つ▶東京支局記者 ……………… 83-86

滿洲を步いて▶北山郭公(大連支局) ………
………………………………………… 87-93

咸北共進會-物産共進會開催に就て▶中野
太三郎(咸北道知事) ……………… 94-96

咸北共進會-共進會施設の二大意義▶多田
純二(商工課長) …………………… 96-98

咸北共進會-咸北漫言 ………………… 99

覗き加裸倶裡▶德永生 ……………… 100

木材界の重鎭大陸木材會社の發展 …………
………………………………………… 101-102

文藝 ……………………………… 103–125

朝鮮及滿洲 第204号 1924年 11月

聖壽無疆/支那時局當面の人々
時事片々 ………………………………… 1
支那の戰亂に直面して▶釋尾春芿 …… 2–6
支那動亂と我大陸政策▶添田壽一(法學博
　士) ……………………………… 7–9
支那戰亂の原因と結果▶佐藤安之助(陸軍
　少將) ……………………………… 10–11
東京より ……………………………… 12–16
國際聯盟會議に就て▶永井柳太郎(外務省
　參與官) ……………………………… 17–19
世界の平和と婦人▶山田わか ……… 20–25
政黨組織の躍進と準備▶島中雄二 … 26–28
西比利の利權に就て▶小笠原健 …… 29–36
下岡政務總監を訪ふ ……………… 37–38
南北アフリカ並南米旅行記▶志賀重昂(文
　學博士) ……………………………… 39–48
女性と法律▶野村法外(京城高等法院判事)
　……………………………………… 49–56
朝鮮の迷信に就て▶濱口良光 …… 57–70
或名響の噺▶今村鞆(螺炎) …… 71–73
朝鮮古來の建築▶石川義一 …… 74–78
朝鮮に居つた人々 ……………… 79–80
財界漫言▶竹堂生 ……………… 81–84
官吏及雇傭人淘汰論▶直言生 …… 85–89
所謂文化政治▶廣瀬望外 ……… 90–94
風聞駄語 ……………………………… 95–96
復興の帝都に佇んで▶井上收 …… 97–99
頃日の東京雜記▶榮之助(東京支局) ………
　……………………………………… 100–102
秋風貧兒の肌に寒し▶郭公(大連支局) ……
　……………………………………… 103–107
東西南北 ……………………………… 108–109
活動寫眞 ……………………………… 110–111
漢詩▶松田學鷗選 ……………… 112
時事日誌 ……………………………… 113

創作 ……………………………… 114–147
慶北紹介 ……………………………… 1–13

朝鮮及滿洲 第205号 1924年 12月

內鮮聯合敎育大會/爆擊機の爆彈投下
時事片々 ………………………………… 1
軍事敎育批判講演を聽く▶釋尾春芿　2–11
逆賊大助事件の結審▶釋尾春芿 …… 12–14
英國の勞働政策▶ラウントリー … 15–21
無産階級と政黨▶大山郁夫 …… 22–24
現代無産婦人の惱み▶奥むえを …… 25–27
疲弊せる歐洲を觀て▶渡邊豊日子(法學博
　士) ……………………………… 28–33
最近の東京に於ける政治並に社會運動▶
　茅野榮 ……………………………… 34–39
鮮人靑年授職の急務▶更田信彌(京城高工
　敎授) ……………………………… 40–47
東京より▶東邦生 …………………… 48–50
營養學上より觀たる冬の食物に就て▶佐
　藤剛三(京城醫專) ………………… 51–54
朝鮮の花柳病に就て▶綿引朝光(醫學博士)
　……………………………………… 55–60
朝鮮文化に就ての一考察▶鄭泰述 … 61–67
やめた東拓前總裁 ………………… 68–70
臟腑を摑み出す▶井上收 ………… 71–79
大連市會議員に與ふる書▶大連支局記者
　……………………………………… 80–83
總督府出張所の半日▶東京支局記者 ………
　……………………………………… 84–86
新聞記者及新聞格▶廣瀬望外 …… 87–91
風聞駄語 ……………………………… 92–93
初冬の大連より▶北山郭公 …… 94–97
取引停止者/俳句/漢詩/活動寫眞 … 98–102
東西南北 ……………………………… 103–107
長篇小說▶三田鄕花 …………… 108–116

朝鮮及滿洲 第206号 1925年 1月

丑年に渡らせらる攝政殿下/山色連天

年頭に臨みて▶東邦生 ……………………… 1

日本の將來は何うなるか:現代思潮の奔流
と時代の實相を語りて同憂の士に訴ふ
▶釋尾春𢈉 …………………… 2–21

大正乙丑の新春を迎へて▶齋藤實(朝鮮總
督) ………………………… 22–23

萬象皆新らたなり▶下岡忠治(政務總監) …
………………………………… 23–24

年頭所感を述ぶ▶靑木戒三(專賣局長) ……
………………………………… 25–26

國民精神に就て▶吉田靜治(文學博士) ……
………………………………… 27–29

我國食料問題の將來▶石原修(醫學博士) …
………………………………… 30–33

日米關係の將來と勞働運動▶鈴木文治(日
本勞働總同盟會長) ……… 34–36

社會政策と社會主義▶永井亨(協調會理事)
………………………………… 37–41

奉天派の財力と滿蒙の富源▶廣江澤次郎
(奉天) ……………………… 42–46

勞働政府の十閱月▶蠟山政道(東大助教授)
………………………………… 47–51

米國の選擧戰に就て▶高木八尺(東大助教
授) …………………………… 52–56

貴族院改革問題講演を聽く▶東邦生(東京)
………………………………… 57–65

東西文明の異同を論ず▶辜鴻銘 …… 66–73

戲曲詩‘パルセルサス’に就て▶野口米次郎
(慶大教授) ………………… 74–78

教育上の藝術主義▶吉田熊次(文學博士) …
………………………………… 79–81

フアッショとムッソリニに就ての講演を
聽く▶東邦生 ……………… 82–87

大正十四年の朝鮮財界▶野中清(朝鮮銀行
總裁) ……………………… 88–90

年頭の所感▶有賀光豐(朝鮮殖産.銀行頭

取) ………………………………… 91–93

帝國食糧の自給に就て▶尾崎敬義(東拓理
事) ………………………… 93–97

商工都市としての京城の將來▶大村友之
亟(京城商業會議所書記長) ……… 97–98

酒と人生と正月 ……………………… 99

物價調節の一策を建ず▶工藤重雄(法學士)
………………………………… 100–108

滿鐵と東支鐵道の貨物爭奪戰▶小笠原健
………………………………… 109–114

朝鮮の農業と畜産に就て▶肥塚正太(東亞
牧場主) …………………… 115–121

財界豫想/冬期の飲食物/溫突可否論▶各名
士 ………………………… 122–126

財界漫言▶竹堂生 …………… 127–130

肉牛として世界的の山東牛の話 … 131–135

牛黃と牧使▶今村鞆(螺炎) ……… 136–139

牛の睪丸を狙ふ經濟主義▶井上收
………………………………… 140–145

新春と古人の句▶難波專太郎 …… 146–151

東京の暮の街から▶榮之助(東京) 152–155

結婚から觀た內鮮融和▶佐野れい ………
………………………………… 156–159

大森轉居の記▶東邦生 ………… 160–163

本社主催摸擬會議の夜の記 ……… 164–172

斷髮美人の哀話▶絃歌樓醉客 …… 173–178

京城の夜おカフェー巡禮記▶げん坊生 …
………………………………… 179

東西南北 …………………… 180–182

銀行取引停止者名/時事日誌/漢詩 ………
………………………………… 183–187

朝鮮の時事問題:朝鮮官海の異動評 ………
………………………………… 188–192

朝鮮の時事問題:興味ある直營後の鐵道局
長問題 …………………… 193–195

朝鮮の時事問題:朝鮮の時事數題 ………
………………………………… 196–199

わが舊居鵲の巢を顧みて▶北山郭公 ………
………………………………… 200–205

創作 ……………………………… 206–235

朝鮮及滿洲 第207号 1925年 2月

日露の國交回復
時々片々 ………………………………… 1
日露の國交回復▶釋尾春芿 …………… 2–8
政界の動き▶東邦生 ………………… 8–10
讀者及び知人へ▶釋尾春芿 …………… 10
農村問題に就て▶エッチ‐ダブリュ‐フォー
　ト(米國北部州立師範學校總長) … 11–18
日本勞動運動の黎明期▶麻生久(日本勞動
　總同盟判事) …………………… 19–23
我國現時婦人運動に就て▶帆足理一郎(早
　大教授) ………………………… 24–28
自由勞動者問題▶芽野榮 ………… 29–38
歐米視察の後に▶馬野精一(京畿道警務部
　長) ……………………………… 39–41
風聞駄語 ………………………………… 42
露國の拾留國立銀行券▶小笠原鍵 … 43–46
電化の趨勢▶長嶋駿一郎(京電) … 47–52
炎車洞雜詠▶蒂上修 …………… 53–55
三十點の新戸部博士▶一記者 ………… 56
明るき大地に高踏せよ▶井上收 …… 57–62
支那動亂誠金後日譚▶廣江澤次郎 … 63–65
滿洲に於ける勞動爭議▶一記者 … 66–69
東西南北 ………………………………… 70
氷縞を枕に年を送り年を迎えた▶東邦生
　……………………………………… 71–82
木内重四郎氏を弔ふ▶東邦生 … 83–84
さて皮肉な劇であった▶三田生 … 85–88
珍現象 …………………………………… 89
漢詩/銀行取引停止者名/時事日誌 … 90–92
咸南五行評判記 ………………………… 93
咸南人物寸觀▶一記者 ………………… 94
世相百態 …………………………… 95–96
日露條約愈々締結 ……………… 97–102
文藝 ………………………………… 104–114
龍山當面の諸問題▶鳥栖忠安 …… 115–123

安藤又三郎黑澤明九郎論▶悟樓客生 ………
　……………………………………… 124–126
龍山の横斷面▶鳥栖生 …………… 127–128
龍山の人物と事業 …………………… 129

朝鮮及滿洲 第208号 1925年 3月

早春
時々片々▶東邦生 ……………………… 1
治安維持法案に就て▶釋尾東邦 ……… 2–8
東京より▶釋尾東邦 …………………… 9–12
日露交渉の成立後▶三宅雪嶺文學博士) …
　……………………………………… 13–15
日露交渉と支那▶鷲澤與四二(東京時事北
　京特派員) ……………………… 16–18
對滿貿易政策の進展▶茅野榮 …… 19–28
日韓交通と其年代の考證▶大垣丈夫
　……………………………………… 29–31
編輯餘滴 ………………………………… 32
畜産の都會地的施設に就て▶岡田茂次郎
　(京畿道畜産課産業技師) ……… 33–36
朝鮮牛内地移出の事情▶棒葉(釜山移出牛
　檢疫所) ………………………… 37–44
朝鮮の養鷄に就て▶吉田雄次郎(總督府畜
　産課技手) ……………………… 45–53
朝鮮農家と副業養豚▶中村孝二郎(東洋畜
　會社專務) ……………………… 54–58
牛乳の檢査其他▶周防正季(京畿道警察部
　衛生課長) ……………………… 59–60
朝鮮農村の畜産化▶肥塚正太(東亞牧場主)
　……………………………………… 61–63
家庭と牛乳と其他▶土木竹太(獸醫學博士)
　……………………………………… 64–68
京城附近牧場巡禮記▶同行二人(本誌記者)
　……………………………………… 69–85
朝鮮の鷄に絡まる迷信 ………… 86–89
朝鮮唯一の移出牛檢疫所を觀る▶藤村生
　(本社) ………………………… 90–96
滿洲に於ける緬羊の交配試驗▶大連支局

記者 ……………………………… 97–101

明るき大地に高踏せよ▶井上收 … 102–105

東京の早春の街から▶榮之助(東京支局) …

…………………………………… 106–109

呪はれたる權力觀念の人々▶斬馬劒人 ……

…………………………………… 110–115

故杉浦重剛先生追悼會の記▶山野上長次

郎 ……………………………… 116–119

漢詩/新俳壇 …………………… 120–121

銀行取引停止者名/時事日誌 … 122–124

蘇峰氏の'國民小訓'を讀む▶東邦生 ………

…………………………………… 125–126

風聞駄語 ………………………… 127–128

文藝 ……………………………… 129–153

朝鮮の畜産一般▶編輯部 ……… 154–164

朝鮮及滿洲 第209号 1925年 4月

安藤又三郎氏/朝鮮の蠶業業今昔圖解

時々片々▶東邦生 …………………………… 1

政局は如何に決するか▶釋尾東邦 …… 2–8

普選施行當時に於ける各國の政情▶蠟山

政道(帝大教授) …………………… 9–12

マルクス主義と農村問題▶河西太一郎 ……

…………………………………… 13–17

勞農露西亞を觀て▶池田(報知新聞) ………

…………………………………… 18–21

治安維持法案討議の衆議院傍聽記▶東邦

生 ……………………………… 22–25

ラジオに就て▶佐々木仁(朝鮮遞信局技師)

…………………………………… 26–31

航空路の研究▶堂本貞一(朝鮮遞信副事務

官) …………………………… 32–38

明るき大地に高踏せよ▶井上收 … 39–42

春未だ淺き東京の街▶榮之助(東京支局) …

…………………………………… 43–45

炎車洞雜唱(短歌)▶葦上修 …… 46–48

南鮮鐵道評判記 ………………… 49–55

滿洲時事漫評▶喝將軍 ………… 56–59

馬野さんの面影▶禮三 ………… 60–61

地方時事小言 …………………………… 62

春宵漫談▶牧田宵二 …………… 63–68

川波に散りし花▶吉浦舷歌 …… 69–74

漢詩 ……………………………… 76–78

躍進期にある朝鮮蠶業▶池田秀雄(朝鮮總

督府殖産局) ………………… 1–3

朝鮮蠶絲に就て▶有賀光豐(朝鮮蠶絲會會

頭) …………………………… 4–9

朝鮮と蠶業▶渡邊豐日子(總督府農務課長)

…………………………………… 9–14

實科教育振興の必要▶平井三男(朝鮮總督

府學務課長) ………………… 14–18

養繭より製絲へ▶住井辰男(三井物産會社

京城支店長) ………………… 19–20

有望なる朝鮮蠶絲業▶田中明(朝鮮蠶絲會

理事) ………………………… 21–23

收繭百萬石の振れ大鼓▶井上收 … 24–28

養蠶小作に就て▶梅谷與七郎(京畿道技師)

…………………………………… 28–30

朝鮮の氣候と養蠶の關係▶北澤茂(京畿道

原蠶製造所) ………………… 30–35

模倣より獨創へ▶某實業家(大邱) … 36–37

蠶業に關する金融▶今井修一(可部商會) …

…………………………………… 38–40

民國蠶絲の事情調査▶大連支局記者 ………

…………………………………… 41–53

忠北の蠶業に就て▶朴重陽(忠北知事) ……

…………………………………… 54–56

平北の蠶業に就て▶平北農務課 …… 57–60

大邱三製絲會社側面觀 ………… 61–64

編輯餘滴 ………………………………… 65

新義州稅關新設に就て▶穗積眞六郎(新義

州稅關所長) ………………………… 66

營林廠の事業概況 ……………… 67–69

鮮鐵直營愈々成る …………… 70–71

文藝 ……………………………… 72–92

朝鮮及滿洲 第210号 1925年 5月

齋藤總督陸爵祝の式場/第二回港灣協會總會

時々片々▶東邦生 ……………………………… 1
東京より京城まで▶釋尾旭邦 …………… 2-6
無産階級の政治的將來▶安部磯雄(早大教授) …………………………………………… 7-10
貨幣制度の破壞と自存▶大內兵衛(帝大教授) ………………………………………… 11-15
農村問題の本體に就て▶中澤辨次郎(東京) …………………………………………… 16-17
階級對立と大衆運動▶茅野榮 …… 18-21
國運發展と港灣政策▶水野鍊太郎(法學博士) ………………………………………… 22-23
世界の大勢と日本帝國▶松波仁一郎(東大教授) ………………………………………… 23-25
我國海運の使命と港灣改良問題▶石井徵(日本郵船前副社長) ……………………… 25-27
朝鮮鐵道網達成の急務▶陣內茂吉(京城商業會議所評議員) ……………………… 28-32
滿鐵の癌腫札免公司と四齊鐵道▶小笠原健 ………………………………………… 32-36
我子を謳へる歌▶葦上修 …………… 37-40
古今東西の延命長壽法▶新井誠夫 … 41-51
朝鮮の一瞥▶堂本貞一(朝鮮遞信副事務官) …………………………………………… 52-56
鮮展に先ちて象牙の塔より-アトリヱ巡り▶高木章 …………………………… 57-61
帝都の花見氣分▶和生 ……………… 62-63
流行『ラジオ』▶三木生(東京支局) … 63-65
漢詩/新俳壇/時事日誌/東西南北 …… 66-70
文藝 ………………………………………… 71-84

朝鮮及滿洲 第211号 1925年 6月

朝鮮出品畵の二三
攝政殿下の朝鮮行啓を願ふ▶釋尾旭邦(東邦) ……………………………………………… 1

一年ぶりの京城▶釋尾旭邦(東邦) ‥‥ 2-10
攝政殿下の行啓を願ふの可否 ……… 11-14
普通選擧の實施につきて▶若槻禮次郎(內務大臣) ……………………………… 15-18
時代思想と普通選擧▶永井柳太郎(外務參與官) ………………………………………… 19-20
普通選擧と政治革新▶石井謹吾(政友會) … …………………………………………… 21-23
氣力なき現代の靑年▶茅野榮(東京) 23-26
名物論▶工藤茂雄(法學士) ……… 27-32
朝鮮に於ける窯業の振興策▶小山一德(工學士) ……………………………………… 32-35
蠅の防禦に就て家庭への注文▶小林晴次郎(理學博士) ……………………… 36-38
靑葉若葉(感想)▶難波專太郎 …… 38-41
京城と中央市場の問題▶谷多喜麿(京城府尹) ……………………………………… 42-43
京城に於ける勞働團體及勞働者の情態▶高木吉江 ……………………………… 44-48
オンドル雜記▶春田三葉 …………… 49-52
印度問題に就て▶アンドリューズ ‥ 53-55
佛國人の朝鮮統治觀▶工藤武城(ドクトル) …………………………………………… 56-58
足利時代に於ける日支貿易(上)▶瀨野馬熊 …………………………………………… 59-60
朝鮮童話の研究▶濱口良光 ……… 61-63
東京の女學生▶暮二 ………………… 64-66
カフェー哀話▶暮二 ………………… 67-69
滿洲偶感偶話▶北山郭公 …………… 70-71
釋尾東邦氏に寄す▶長谷川華汀(西鮮日日社長) …………………………………… 72
開催中の鮮展/世相百態/五月中の時事/裏から見た財界/取引中止表/時事日誌/編輯室より/風聞駄語 …………… 73-87
文藝 ………………………………………… 88-95

朝鮮及滿洲 第212号 1925年 7月

海邊/山海關の巖窟

支那の暴動は自覺か蠻的か▶釋尾旭邦(東邦) ………………………… 2-4
編輯室より▶釋尾旭邦(東邦) ………… 5-8
先づ封建的思想より脱せよ▶尾崎行雄 …… 9-12
勞働者教育問題▶澤柳政太郎(文學博士) … 12-16
小作問題と勞働問題▶那須皓 ……… 17-20
現代商業主義の極端を排す▶茅野榮(東京) …………………………………… 20-25
歐米齒科醫學の現狀▶柳樂達兒(總督府醫院齒科部長) …………………… 26-28
消化器傳染病の豫防方法▶加藤賢(醫學博士) ……………………………… 29-30
印度問題について▶井上孝 譯 …… 31-33
間島視察▶平井三男(本府學務局學務課長) …………………………………… 33-36
朝鮮人が一時過激派を見限つた顛末 …… 36-38
足利時代に於ける日支貿易(下)▶瀨野馬熊 …………………………………… 39-42
總督府の各課長級總まくり(一)▶本府廊下鳶 ……………………………… 43-49
動物の習性は色々ある▶郡山氏談 … 49-50
第三回鮮展に對する批評及び希望 … 51-55
朝鮮へ流れる想念▶篠崎潮二(東京) …………………………………………… 55-59
東京世相哲學▶多加志 ……………… 59-61
'カフェー情活'戀は哀し暮二(東京) …………………………………………… 62-64
朝鮮の田舍廻はり所感▶古志辨郎 … 65-69
Oさんの京城見物(一)▶KB …… 70-72
夏の小景(短歌)▶難波專太郎 …… 73-74
俳句 ……………………………………… 75-76
京城に於ける無盡講の內狀▶經濟部一記者 ………………………………… 77-79
某好色知事の隱れた罪惡の數々 …… 79-82
京城穀物市場移轉問題と殖産當局の態度▶竹堂生 ……………………… 83-84

銀行取引停止者/世相百態/時事日誌/風聞駄語 …………………………… 85-90
小說 ……………………………………… 91-94
釜山の水産狀況に就て▶小西釜山府尹 …………………………………………… 95-96
馬山府の漁業▶寺島利久 馬山府尹 …… 97
國境の開拓者 …………………………… 98-99
信川溫泉▶松濤生 …………………… 100

朝鮮及滿洲 第213号 1925年 8月

漢江の濁流鐵橋を呑む/白頭山上の天池
編輯室より▶釋尾旭邦(東邦) ………… 1
水害地視察記▶釋尾旭邦(東邦) …… 2-9
水利及び治水に就て▶釋尾旭邦(東邦) …………………………………………… 10-13
世界經濟に於ける日本の地位▶森賢吾(財務官) ……………………………… 11-14
アルゼンチンの經濟資源▶石井忠吉 …………………………………………… 14-16
ラジオの實用化と民衆化▶後藤新平(東京放送局總裁) ……………………… 17-18
鮮銀を政治關係より解放せよ▶西本量一 …………………………………… 19-24
犬養老訪問記▶東京支局記者 ……… 25
河川の現狀と將來の施設▶本間孝義(總督府內務局土木課技師) …………… 26-29
朝鮮の治水は先づ治山より▶齋藤音作 …………………………………………… 30-35
無綠故林の處分に對する鮮人の謬想▶後藤眞咲(本府殖産局山林課長) …… 35-37
朝鮮に於ける水利事業の現狀と將來 …… 37-41
朝鮮の治水と堰堤▶有賀光豐(殖銀頭取) …………………………………… 41-42
水害で電氣と水道は何うして止つたか …… 42-45
性慾變調による女子の殘虐性▶工藤武城(京城婦人病院長) ……………… 46-47

動物と傳說▶下郡山誠一(李王職動物園主任) ……………………… 48

洪水遭難記▶難波專太郎 ……… 49-52

東京のドン底生活雜記▶篠崎潮二(東京) …
………………………………… 53-59

'カフェー情話'戀は悲し▶暮二(東京) ………
………………………………… 59-63

夏の東京より▶東京支局記者 ……… 63-66

Oさんの京城見物▶古志辨郎 ……… 67-69

朝鮮の田舍巡り▶古志辨郎 ……… 70-72

國境紀行▶栂野晃完 ……………… 72-78

奉天便り▶秦生 …………………… 78-80

今春來の運動界を顧みて ……… 80-81

京城のフアン諸君に告ぐ ……… 82-84

朝鮮人の聲 ……………………… 85-86

上帝教とは何か …………………… 87

メンタルテスト▶大喜多筆花 ……… 88-90

短歌/漢詩 ………………………… 91-93

水利王不二興業會社長藤井寬太郎君と事業 …………………………… 94-96

隱れたる快漢塚崎由太郎君の美談 … 97-99

東西南北/銀行取引停止者/時事日誌/風聞駄語 …………………… 100-104

小說 ……………………………… 105-107

蓬萊生命の美擧/國境開拓者 ……… 108-111

朝鮮及滿洲 第214号 1925年 9月

滿十五年前の併合條約締結の中心人物 編輯室より▶釋尾旭邦(東邦) …………… 1

十五年前を回顧して▶釋尾旭邦(東邦) ……
………………………………… 2-7

文化政治に何ぞ一步を進めざる▶釋尾旭邦(東邦) …………………… 7-10

攝政殿下は何を以て朝鮮に行啓無きや▶釋尾旭邦(東邦) …………… 11-12

內地の社會主義者と鮮人靑年▶釋尾旭邦(東邦) …………………… 12-13

財政上より見たる朝鮮の過去及現在▶草

間秀雄(總督府財務局長) ……… 15-20

產業第一主義の實着々現はる▶渡邊豊日子(本府殖產局農務課長) ……… 20-24

併合後十五年間の朝鮮經濟事情と其將來▶有賀光豊(殖產銀行頭取) ……… 24-28

朝鮮教育の回顧▶李軫鎬(朝鮮總督府學務局長) ……………………… 28-30

地方制度の沿革と社會事業の現狀 … 30-33

都市問題▶安部磯雄(早稻田大學教授) ……
………………………………… 34-40

朝鮮の天災に關する考察▶賀田直治 …
………………………………… 40-46

洪水と木材の飢饉▶戶澤又次郎(朝鮮總督府林業試驗場長.) …………… 46-49

京城都市計畫と防水私議▶片山隆三 …
………………………………… 50-53

チフスの豫防注射の効力如何▶天岸敏介(朝鮮總督府細菌研究室主任) … 54-56

朝鮮民謠研究の旅▶石川義一(東京) ………
………………………………… 57-61

金剛山國立公園に及ぶ▶竹內三樹 … 62-63

總督府お役人總まくり▶本府廊下鳶 …
………………………………… 64-66

接吻▶御舟三郎 …………………… 67

裏から見た大連博▶北山郭公(大連支局) …
………………………………… 68-70

東京より北滿へ旅する▶篠崎潮二 … 71-77

國境紀行(二)▶栂野定晃 ………… 78-83

朝鮮田舍廻り所感▶古志辨郎 ……… 84-85

奉天便り▶秦生 …………………… 86-87

東京世相哲學(二)▶多加志 ……… 88-90

東京の郊外から▶小寺融吉 ……… 91-92

朝鮮の民族的運動の變遷▶吉浦禮造 ………
………………………………… 93-96

知事及其他の異動評▶南山隱士 … 96-100

漢詩 ……………………………… 101

色々の寄贈書を瞥見して ……… 102-103

興味ある野球の話▶石井順一(舊早大野球選手) …………………… 104-105

世相百態 ……………………▶ 106-107
財界漫話 ▶百間生 …………………… 108
八月中銀行取引停止者 ………………… 109
全北廻はり▶松濤生 ………………… 109-111
地方訪問記▶芸葩生 ………………… 111-112
重要記事/人事消息/朝鮮地方官異動/時事
　日誌 ……………………………… 112-120
風聞駄語 ……………………………… 121

朝鮮及滿洲 第215号 1925年 10月

新に漢陽公園に聳え十月十五日に鎮座際
　行はるゝ朝鮮神宮
朝鮮神宮を拜して▶釋尾旭邦(東邦) …… 1
再び叫けぶ文化政治に一步を進めよと▶
　釋尾旭邦(東邦) ……………………… 2-5
役所の京城▶釋尾旭邦(東邦) ………… 6-7
朝鮮最近史中の三大人物▶釋尾旭邦(東邦)
　…………………………………… 8-9
色々の講演を聽いて▶釋尾旭邦(東邦) …
　…………………………………… 11-16
農村社會運動の現勢▶小野武夫(農學博士)
　………………………………… 17-19
移植民より見たるペルー▶富田謙一(新歸
　朝者) ………………………… 20-21
印度問題について ………………… 21-23
二食主義と水とが健康に適する▶二木謙
　次(醫學博士) ………………… 24-25
朝鮮の石炭▶鈴木哲郎(朝鮮總督府技師) …
　………………………………… 26-28
露領沿海洲及北滿移民に關する一考察▶
　小笠原健 ……………………… 29-32
金融組合令の改正と之に關する要望 ………
　………………………………… 32-35
宣敎師の敬服すべき活動▶丹羽淸次郎 ……
　………………………………… 36-37
コレラを何うして見出すか▶綿引朝光(朝
　鮮總督府醫院) ………………… 37-38
コレラの家庭衛生 ………………… 38-40

野球入場料と彌次問題▶安部磯雄(早大野
　球部長) ……………………… 40-42
京城府の衛生狀態▶馬野府尹談 ………… 42
東京より北滿へ旅する(二)▶篠崎潮二 ……
　………………………………… 43-50
東京より京城へ(一)▶渡邊生 ……… 51-53
秋風落莫の大連▶信天翁生(大連) … 54-57
初對面の印象▶新參者 ……………… 58-59
藝者より觀た京城の紳士諸君 ……… 60-62
眼の無き魚▶御舟三郎 ………………… 63
奉天便り▶奏生 ……………………… 64-66
今夏の野球界所感 ………………… 66-68
京城銀行會社次席主任級總まくり … 68-70
朝鮮田舍廻り所感▶古志辨郎 ……… 71-72
長春夜話▶榮之助(東京) …………… 73-74
凡人なるが故に▶難波專太郎 ……… 75-81
山本弓郎君を弔ふ▶東邦生 …………… 82
漢詩/俳句▶松田學鷗選 …………… 83-84
六人の子を抱て泣く森殖銀理事▶東邦生85
東西南北 …………………………… 86
落成せる京城驛▶桂榮三氏(京城驛長) ……
　………………………………… 87
鮮滿銀行會社の消息(九月) ………… 88
財界漫言 …………………………… 89
九月中の銀行取引停止者 ………… 90
滿鮮重要記事/滿鮮人事消息/時事日誌 ……
　………………………………… 90-96
靈光水利組合の紛擾事件▶松原松濤 ………
　………………………………… 97-99
全南工業界の今昔▶松濤生 ……… 99-100
大連勸業博覽會長杉野耕三郎君に呈す▶
　北山郭公 …………………… 101-103
京電の五十萬圓を費消するまで▶蒼々生
　………………………………… 104-108
風聞駄語 …………………………… 109

朝鮮及滿洲 第216号 1925年 11月

朝鮮神宮鎮座際/北京に於ける關稅會議の

各國代表者

編輯室より▶釋尾旭邦(東邦) ················· 1

支那は流石は大國であると言ひ得るか▶
　釋尾旭邦(東邦) ·················· 2-6

三たび攝政殿下の行啓を叫けぶ▶釋尾旭
　邦(東邦) ·················· 7-8

朝鮮に於ける記者團幹部の討論決議▶釋
　尾旭邦(東邦) ·················· 9-11

東西文明の衝突と支那攘夷論▶平井三男
　(法學士) ·················· 13-20

人類平和の鍵を握る▶藏原惟廓(前代議士)
　·················· 20-25

太平洋問題の眞相▶丹羽清次郎(京城基督
　教青年會總務) ·················· 25-27

昔の朝鮮と今の朝鮮▶穗積重遠(法學博士)
　·················· 28-31

サンパウロの移植民事情▶藤田敏郎(前サ
　ンパウロ駐在總領事) ·················· 31-33

樂浪發掘と歷史的價値▶村川堅固(東京帝
　大教授) ·················· 34-39

猩紅熱に關する新知識▶水島治夫(總督府
　醫院內科) ·················· 40-43

ラジオの通俗的知識▶佐々木仁(朝鮮遞信
　局技師) ·················· 44-46

百日咳と阿多福風の療法▶近藤梅三郎(ド
　クトル) ·················· 47-48

心中論▶工藤武城(京城婦人病院長) ·········
　·················· 49-50

滿鮮の牛馬人間▶茅野生 ·················· 51-54

北海道への旅▶茅野生(東京支局) ··· 54-57

國境紀行▶栂野晃完 ·················· 58-61

朝鮮の小作爭議▶吉浦禮三 ·················· 62-66

奉天便り▶奏生 ·················· 67-69

倉知鐵吉氏を訪ふ▶東邦生 ·················· 70-71

初對面印象記▶新參者 ·················· 72-73

京城銀行會社次席主任級總まくり▶幹雄
　·················· 74-77

漢詩/新俳壇 ·················· 78-79

古宇田氏の後妻觀 ·················· 80

晚秋の昌慶苑を彩る菊▶渡邊生 ······ 81-82

運動界漫言▶幹雄 ·················· 83

營業停止を命ぜられた帝國公債株式會社
　の解剖▶本誌記者 ·················· 84-88

財界漫言▶百間生 ·················· 89

拾月中の銀行取引停止者 ·················· 90

鮮滿銀行會社の消息 ·················· 91

鮮滿重要記事/時事日誌/人物消息/東西南
　北/風聞駄語 ·················· 92-98

私の頭を去らぬ女▶森二郎 ·················· 99-104

朝鮮及滿洲 第217号 1925年 12月

初冬の朝鮮

時事に面して▶釋尾旭邦(東邦) ··············· 1

死んだ下岡政務總監▶釋尾旭邦(東邦) ······
　·················· 2-6

帝國主義の頹廢期と學術の擁護▶長谷川
　如是閑 ·················· 7-10

支那民族性の解剖▶稻葉君山(朝鮮總督府
　修史官) ·················· 10-16

朝鮮の國語教育改善の要點▶藤村作(東洋
　大學教授) ·················· 16-23

産米增殖に資する朝鮮の開拓地▶大村友
　之亟(京城商業會議所書記長) ·················· 24-25

朝鮮に於ける癩治療の成績並びに癩患者
　隔離に對する意見▶志賀潔(朝鮮總督府
　醫院長) ·················· 26-28

精神病と遺傳の理由▶久保喜代二(朝鮮總
　府督府病院神經精神科長) ·················· 29-30

再び帝都に揚がる反軍教運動▶茅野榮(東
　京) ·················· 31-37

大連雜信▶北山郭公(大連支局) ······· 38-40

頃日の東京雜記▶東京支局記者 ······ 40-42

佛國寺より石窟庵まで▶中村健太郎(京城)
　·················· 43-47

病床ローマンス▶三木暮二(東京) ··· 47-50

銀行會社次席主任級總まくり▶幹雄 ········
　·················· 51-54

漢詩/新俳壇 ‥‥‥‥‥‥‥‥‥‥‥ 55–56

皮膚の荒れと指腫との療法▶瀬戸潔(醫學
　士) ‥‥‥‥‥‥‥‥‥‥‥‥‥‥‥ 57–59

朝鮮勸業信託會社の減資の經緯▶本誌記
　者 ‥‥‥‥‥‥‥‥‥‥‥‥‥‥‥ 60–62

財界漫言/年末の財界/滿鮮銀行會社の消息
　/銀行取引停止者/東西南北/鮮滿の重要
　出來事/時事日誌/混亂せる奉天便り/風
　聞駄語 ‥‥‥‥‥‥‥‥‥‥‥‥‥ 63–77

朝鮮及滿洲 第218号 1925年 12月 31日

河水清し▶釋尾旭邦(東邦) ‥‥‥‥‥‥ 1

自治論者に與へて朝鮮統治の根本精神を
　論ず▶釋尾旭邦(東邦) ‥‥‥‥‥‥ 2–9

新任の湯淺政務總監▶釋尾旭邦(東邦) ‥‥
　‥‥‥‥‥‥‥‥‥‥‥‥‥‥‥ 10–11

編輯餘滴▶釋尾旭邦(東邦) ‥‥‥‥ 11–12

社會思想と日本の將來▶平井三男(朝鮮總
　督府學務課長) ‥‥‥‥‥‥‥‥ 13–22

支那の動亂と國民の覺悟▶三輪田元道(三
　輪田高等女學校長) ‥‥‥‥‥‥ 23–26

東西兩洋に面接する諸國の比較論▶丹羽
　清次郎(京城基督敎靑年會總務) ‥ 26–29

歐米の社會事業と其制度及び組織▶矢嶋
　杉造(朝鮮總督府社會科長) ‥‥‥ 30–37

江戸文學に現れたる町人の生活▶藤村作
　(東京帝大敎授) ‥‥‥‥‥‥‥‥ 37–43

朝鮮に住む日本內地人の風土複合問題▶
　渡邊晋(醫學博士) ‥‥‥‥‥‥‥ 44–49

大衆文藝について▶冲野岩三郎 ‥‥ 50–52

ラジオの受信と放送に就て▶梅田吉郎(朝
　鮮總督府遞信局無線主任) ‥‥‥ 53–56

博物學上の見地から觀た虎の研究▶下郡
　山誠一(李王職動物園主任) ‥‥‥ 57–60

虎と肺ヂストマの紀元▶小林晴次郎(朝鮮
　總督府病院寄生蟲室主任) ‥‥‥‥ 61

虎に就ての話▶上杉直三郎(京城府立圖書
　館長) ‥‥‥‥‥‥‥‥‥‥‥‥‥ 62

虎とその喜劇▶難波專太郎 ‥‥‥‥ 63–67

朝鮮統治の根本方針は動かない ‥‥ 68–71

朝鮮統治の方針に就て/朝鮮に參政權を實
　施する可否/朝鮮人に兵役を課するの可
　否 ‥‥‥‥‥‥‥‥‥‥‥‥‥‥ 72–77

朝鮮統治への若干の考察▶井上收(朝日新
　聞社京城支局長) ‥‥‥‥‥‥‥ 78–81

朝鮮植物界の現狀と特有園藝植物▶石戸
　谷勉(朝鮮帝國大學敎授) ‥‥‥‥ 82–84

滿蒙の舞臺と支那本部の社會的底面▶稻
　葉君山(朝鮮總督府修史編纂官) ‥ 85–86

北京の赤化運動に就て▶菊地秋四郎(遼東
　新報編輯長) ‥‥‥‥‥‥‥‥‥ 87–92

大連見物▶赫虹閃 ‥‥‥‥‥‥‥ 95–97

掏模と間違えられた話▶三木暮二(東京) ‥
　‥‥‥‥‥‥‥‥‥‥‥‥‥‥‥ 98–99

病氣に關する奇拔な朝鮮の迷信▶吉浦禮
　三 ‥‥‥‥‥‥‥‥‥‥‥‥‥ 100–103

賦得河水清▶松田學鷗/其他 ‥‥‥‥ 104

新俳壇▶中村鳥堂 ‥‥‥‥‥‥‥‥‥ 105

內部生命の宗敎▶大橋徹映(眞宗大谷派本
　原寺朝鮮開敎監督) ‥‥‥‥‥ 106–108

扁桃腺炎の病理と身體發育上の害▶坂井
　清(醫學博士) ‥‥‥‥‥‥‥‥ 109–111

大正十五年の財界觀 ‥‥‥‥‥‥ 112–116

財界漫言/手形取引停止者/時事日誌▶百間
　生 ‥‥‥‥‥‥‥‥‥‥‥‥‥ 116–120

役所や諸會社のボーナス調べ▶本誌記者
　‥‥‥‥‥‥‥‥‥‥‥‥‥‥ 121–122

風聞駄語 ‥‥‥‥‥‥‥‥‥‥‥‥‥ 123

苦の十字架を背負はされた滿洲の女▶篠
　崎潮二 ‥‥‥‥‥‥‥‥‥‥‥ 124–130

朝鮮及滿洲 第219号 1926年 2月

河水清/全南の干拓地開墾

編輯室より▶釋尾旭邦(東邦) ‥‥‥‥‥ 1

死んだ加藤首相と若槻新首相▶釋尾旭邦
　(東邦) ‥‥‥‥‥‥‥‥‥‥‥‥ 2–6

法制上より見たる内鮮の比較▶鷹松龍種
　（京城法學專門學校長）………… 7–10
英國の社會事業と其制度並びに沿革▶矢
　島（朝鮮總督府社會課長）……… 11–16
江戸文學に現はれたる町人の生活▶藤村
　作（東洋大學教授）……………… 17–22
大學教育亡國論▶茅野榮（東京）…… 23–25
支那勞働者の現狀及勞働問題▶林原憲貞
　（朝鮮總督府鐵道局）…………… 26–31
大正十四年に於ける朝鮮滿洲間の貿易狀
　況▶田中三雄（財務局税務課長）… 31–35
我國最初の自動式電話開通に就て▶小森
　七郎（東京遞信局長）…………… 36–37
各國放送無線電話の大要▶飯倉文甫（朝鮮
　總督府遞信局公務課長）………… 38–41
屎尿の衛生的處分法▶小林晴治郎（朝鮮總
　督府醫院）………………………… 41–43
帝都の新名物‘暴力團’の解剖▶眞繼雲山（在
　東京）……………………………… 43–47
文人齋藤綠雨と武人淸正と虎と▶廣田康
　（朝鮮總督府醫院）……………………… 48
東京の世相▶三木暮二（東京）……… 49–50
私が訪ねた人々の應接ぶり▶郭公（大連支
　局）………………………………… 51–53
大連雑信▶赫虹閃（大連支局）……… 54–56
國境紀行（四）▶栂野晃完 ………… 56–60
漢詩 …………………………………… 61–62
子供と遊ぶ日▶難波專太郎 …………… 63
思想と情慾▶斯波隨性（本派本願寺朝鮮寺
　務總長）…………………………… 64–66
小兒の罹り易い百日咳▶近藤梅三郎（ドク
　トル）……………………………… 67–68
京城銀行會社及支店課長級總まくり（三）▶
　幹雄 ……………………………… 69–72
財界漫言▶百間生 …………………… 72–73
滿鮮銀行會社の消息/重要記事 ……… 73–74
銀行取引停止者 ………………………… 75
風聞駄語/時事日誌 ………………… 76–83
京城だより ……………………………… 84

映畫‘母’を見て▶たゞを ……………… 85–92

朝鮮及滿洲 第220号 1926年 3月

春が來た/王世子の來訪/李完用侯の葬儀
編輯室より▶釋尾旭邦（東邦）……………… 1
予が‘朝鮮併合史を’書き上げるまで▶釋尾
　旭邦（東邦）……………………… 2–7
法制上より見たる内鮮の比較その二▶鷹
　松龍種（京城法學專門學校教授）… 7–12
歐米を視察して日本の靑年に警告す▶賀
　川豊彦 …………………………… 13–14
日本人の化學的知識▶龜高德平（理學博士）
　…………………………………… 15–17
朝鮮の勞働問題と内鮮支那勞働者との關
　係▶星出正夫 …………………… 18–23
社會事業の中心點▶花田金之助（京城府囑
　託）………………………………… 23–25
臺灣議會設置の雄叫び帝都に揚がる▶東
　京支局記者 ……………………… 26–31
現代思潮の批判▶吉田靜致（東京帝大教授）
　…………………………………… 32–34
音樂の翫賞と雅樂を基礎とした邦樂▶武
　井守成（宮内省樂部長）………… 34–37
性の醫學的考察と道德的批判▶瀨戸潔（醫
　學士）……………………………… 38–41
大西洋横斷無線電話の可能性▶津田常男
　（朝鮮總督府遞信局工務課技師）… 41–44
明初に於ける日支の交通▶瀨野馬熊（朝鮮
　史編修會囑託）…………………… 45–48
朝鮮山岳の詩的鑑賞▶難波專太郎 ‥ 48–52
南無滿臭鐵堂歌舞式怪社▶奇多山角行 ……
　…………………………………… 53–57
滿洲談話▶赫虹閃（大連支局）……… 58–62
朝鮮の大都市京城の穴搜し▶一新來生（倭
　城臺下）…………………………… 63–64
警官連の酒量と隱し藝▶舷歌樓醉客 ………
　…………………………………… 65–66
李完用侯の死▶東邦生 ……………… 67–69

新俳壇 ………………………………… 70–71

奉天通信▶秦生 ………………… 72–75

財界漫言 ………………………… 76–77

滿鮮銀行會社の消息/銀行取引停止者/時事
日誌/風聞駄語 ………………… 77–81

烽火を揚げた電氣料引下げ運動 …… 82–83

京城の電燈電力料金と内地各都市の比較
表 ……………………………… 84–85

焦らつき▶柳井正夫 …………… 86–94

朝鮮及滿洲 第221号 1926年 4月

京城郊外の櫻/指紋

遲々として進まぬ植林事業 ……………… 1

朝鮮人と近代文化▶釋尾旭邦(東邦) … 2–9

編輯室より ……………………………… 10

産業第一主義の側面觀▶渡邊豊日子(朝鮮
總督府殖産局農務課長) ………… 11–15

日本人の植民性に就て▶三井榮長(朝鮮總
督府技師) ………………………… 15–18

米國に於ける工業研究に就て▶佐々木仁
(朝鮮總督府遞信局技師) ……… 18–22

陸軍機密費問題▶尾崎咢堂 ……… 23–26

都市の勞働政策に就て▶茅野榮(東京) …
………………………………… 26–30

朝鮮に於ける鑛物の生立と鑛脈の分布狀
態▶川岐繁太郎(朝鮮總督府地質調査研
究所長) …………………………… 31–36

朝鮮の山野より生産する藥料の植物と其利
用▶右戶谷勉(京城大學豫科助教授) …
………………………………… 37–38

指紋法とはどんなものか▶土居寬申(朝鮮
總督府行刑課長) ………………… 38–41

朝鮮に於ける無線電信及電話の今昔と將
來▶梅田吉郎(朝鮮遞信局無線主任) …
………………………………… 41–43

關東州内に於て最も有望なる棉花の栽培
▶大連支局記者 ………………… 44–47

朝鮮にのみ設置せる學校組合を撤廢すべ

し▶林原憲貞(京城學校組合會議員) …
………………………………… 47–51

利權屋の蝟集する年額一千萬圓と吹聽さ
るゝ鎭海灣の好魚場▶鱈右衛門 … 52–54

新聞記者の眼に映じた本府の課長さん▶
みのる …………………………… 55–57

大連見物(二)▶赫虹閃(大連支局) … 57–61

滿洲談話▶滿洲男(大連支局) ……… 61–64

春を迎へる東京の街と女と花と▶榮之助
(在京支局) ……………………… 64–66

奉天通信▶秦生 ………………… 66–70

新俳壇 …………………………… 71–72

京城銀行會社課長級總まくり(京電の卷)▶
幹雄 ……………………………… 73–76

財界漫言/銀行取引停止者/滿鮮諸會社だよ
り/時事日誌/京城帝大の講座擔任決定 …
………………………………… 76–82

京城高女問題より起った馬野府尹板挾み
の經緯 …………………………… 83–85

酒仙時實知事去りて酒豪米田知事來る　86

京城だより ……………………………… 87

風聞駄語 ………………………………… 88

朝鮮及滿洲 第222号 1926年 5月

逝去せる李王殿下/倭城臺の櫻谷

編輯室より▶釋尾旭邦(東邦) …………… 1

政界の醜態暴露に直面して▶釋尾旭邦(東
邦) ………………………………… 2–4

湯淺政務總監の親切第一主義▶釋尾旭邦
(東邦) ……………………………… 5–7

薨去せる李王殿下▶釋尾旭邦(東邦) … 8–9

ジャーナリズムの國際運動▶太田正孝(經
濟學博士) ………………………… 11–14

國際經濟の衡平に就て▶籜田欽次郎(中外
商業新報社長) …………………… 14–17

人間の需給問題▶下村宏(法學博士) 17–19

法制上より見たる内鮮の比較▶鷹松龍種
(京城法學專門學校教授) ………… 20–23

航空界の現狀並潛水艦に就て▶湊乾助(霧島分隊長) ……………………… 23-27
ビールの營養價▶上野金太郎(藥學博士) …………………………………… 27-29
湯淺政務總監はどんな人か ………… 30-33
太陽に親しむものゝ福祉▶渡邊晋(醫學博士) ………………………………… 34-36
マラリアの豫防▶小林晴治郎(朝鮮總督府醫院) ……………………………… 36-38
近代劇に現れたる母性▶藤井秋夫(京城帝國大學教授) ……………………… 39-42
モヒ中毒患者治療所を訪ふ▶本誌記者 ……………………………………… 42-43
歴代の總督秘書官▶白頭巾 ………… 44-47
年額一千萬圓と吹聽さるゝ鎭海灣の好漁場▶鱈右衛門 …………………… 48-51
奉天通信▶奏生(奉天支局) ……… 52-54
滿洲談話▶郭公(大連支局) ……… 55-57
總督府各課長のスケッチ(二)▶みのる …………………………………… 58-59
漢詩/俳句/似たもの集 …………… 60-62
京城銀行會社支店長主任級總まくり▶本誌記者 …………………………… 64-65
財界片片錄 ………………………… 65-67
鮮滿銀行會社消息/時事日誌/四月中銀行取引停止者 ……………………… 67-71
金虎門外の慘事 ……………………… 72
風聞駄語 …………………………… 73

朝鮮及滿洲 第223号 1926年 6月

鮮展
過ぎたるは及ばざるが如し▶釋尾旭邦(東邦) ………………………………… 1
朝鮮人と美術▶釋尾旭邦(東邦) ……… 2-6
朝鮮博覽會を見て▶釋尾旭邦(東邦) …… 7
李王家の御一族▶釋尾旭邦(東邦) … 8-10
編輯餘滴▶釋尾旭邦(東邦) ………… 10
現代學界の反動的傾向▶吉田熊次(文學博士) …………………………………… 11-14
道廢れて聖人出でず▶井上哲次郎(東京帝大教授) ……………………………… 14-16
金錢の社會相▶茅野榮(東京) ……… 16-18
歐米を視察して日本人の生活及心理を考察す▶中村寅之助(朝鮮總督府文書課長) …………………………………… 19-21
米國に於ける日本人の農業的才能其他雜感▶三井榮長(朝鮮總督府農務課技師) …………………………………… 21-22
精神病と素質との關係▶久保喜代二(朝鮮總督府醫院神經精神科長) ……… 23-25
國際衛生技術官の觀たる內地朝鮮及滿洲の衛生狀態▶西龜三圭(朝鮮總督府衛生課技師) ………………………… 26-27
足利氏と明國との交通▶瀨野馬熊(朝鮮史編修會囑託) ……………………… 28-31
古代朝鮮の文化と鑛物物語▶川崎繁太郎(朝鮮總督附地質調查研究所長) … 31-33
朝鮮文化の源泉各學校巡禮記(一) … 34-37
近代劇に現れたる母性(二)▶藤井秋夫(京城帝大豫科教授) ………………… 38-40
女優に壹萬數千圓を奮發せる安伴滿鐵社長に與ふる文▶赫虹閃(大連) … 41-43
鮮展に對する諸家の批評と意見 …… 44-56
漢詩/俳句/短歌 …………………… 57-60
財界片々/鮮滿銀行會社の消息/銀行取引停止者/時事日誌 ………………… 61-67
風聞駄語 …………………………… 68-69
小說 ………………………………… 70-81

朝鮮及滿洲 第224号 1926年 7月

初夏の花/慶會樓下の舟遊
編輯室より▶釋尾旭邦(東邦) ……………… 1
李王坧殿下の國葬に現はれた朝鮮人の心理▶釋尾旭邦(東邦) ………………… 2-6
李王家は縮少するのが當然▶釋尾旭邦(東邦) ………………………………… 7-8

現代生活と經濟問題▶井上準之助(前大藏大臣) ……………………… 9–13
我國思想の現狀を顧みて▶永井享(經濟學博士) ……………………… 14–19
政治の生活化の感ある英國下院の傍聽雜感▶丸山敬治郎(京城法學專門學校教授) ……………………… 19–20
談話室 ……………………… 21–22
産米增殖計劃と內鮮經界の相互關係▶有賀光豐(殖産銀行頭取) ……… 23–24
朝鮮の犯罪▶伊藤憲郎(京城覆審法院判事) ……………………… 25–28
蠅の繁殖力と其の豫防▶小林晴治郎(京城帝法院判事) ……………… 29–30
短波長無線とはどんなものか▶梅田吉郎(朝鮮總督大醫科教授) ……… 31–33
醫學と觀相▶酒井一郎(酒井婦人病院長) …………………………… 33–35
學校巡禮記(二)▶本誌記者 ……… 36–39
齋藤總督と機密費▶一記者 …… 40–43
歐米の乙女▶藤井秋夫(京城帝國大學豫科教授/文學士) …………… 44–48
ハンガリーの旅▶佐藤七太郎(京城法學專門學校長) ………………… 48–51
國境紀行▶栂野晃完 ………… 51–54
京城の穴探し▶新來生 ……… 54–57
南大門雜記▶井上收(炎車洞書房) … 58–60
白晝醜業婦を擁せる安廣滿鐵社長に與ふる文▶ノウス.マウント(大連支局) ……………………… 61–65
小林病院長京城神社に誤診されたと怒る66
島崎病院で玄關拂を喰つた一と幕 ……… 67
奉天通信▶秦生 ……………… 68–70
新俳壇 ……………………… 71–76
鐘路署の一時間 …………… 77–78
合財袋 ……………………… 79–80
時事日誌/銀行取引停止者 ……… 81–82
人の噂はさ …………………… 83–84
風聞駄語 …………………… 85–85

朝鮮及滿洲 第225号 1926年 8月

三防の瀧/水利事業

攝政殿下朝鮮行啓の噂はさ▶釋尾旭邦(東邦) ……………………… 1
東京と京城▶釋尾旭邦(東邦) ……… 2–8
産米增殖の大計畫▶釋尾旭邦(東邦) ……………………… 8–10
編輯餘滴▶釋尾旭邦(東邦) …… 10
アジア民族と國際聯盟▶ケニス.ソダー(ケンブリヂ大學教授) ……… 11–13
太平洋上に於ける布哇▶原田助(ハワイ大學教授神學博士) ………… 13–15
文明と自然▶吉村謙一郎(朝鮮郵船會社重役) ……………………… 16–21
清流及濁流に棲む寄生虫▶小林晴治郎(朝鮮總督府醫院) …………… 21–23
朝鮮と傳說の水▶川崎繁太郎(朝鮮總督府地質調查研究所長) ……… 23–25
三十五萬町步の土地改良事業▶池田秀雄(殖産局長) ………………… 26–27
總督府の土地改良實行機關▶安達房次郎(開墾課長) ………………… 27–28
東拓の土地改良部はどんな仕事をするものか▶澤田豊丈(東拓理事) …… 28–29
朝鮮は二千石の米の增收は容易である▶藤井寬太郎(土地改良株式會社專務) ……………………… 29–30
鮮人の地主と小作關係に就て▶閔載祺(天安米穀商組合長) ………… 31–35
倫敦の美と鶴飛ぶテムズ河▶松岡修太郎(東京帝國大學教授) ……… 36–38
獨乙の山と水▶今村豊(京城帝國大學醫科教授) …………………… 38–39
水鄉ストツクホル-ム▶高橋利三郎(朝鮮遞信局庶務課長) ………… 39–40
白頭山の思ひ出▶松田學鷗(朝鮮總督府文書課) …………………… 40–42
山紫水明の端西▶松村松盛(朝鮮總督府外

事課長）……………▶42–43
北漢山を望む▶濱口良光 …………44–45
大自然の擴に入りて▶井上收(炎車洞書房)
……………………………45–46
ライン河遡航の記▶五十部章助(京城法學
專門學校教授)……………47–50
ロアアルの古城▶航田亨二(京城帝國大學
教授)………………………50–52
ハンガリ–の旅▶佐藤七太郎(京城法學專門
學校長)………………………53–56
夏の東京 ……………………56–57
室內裝飾の色彩についての話▶山形靜智
(京城高等工業學校助教授)……58–62
神經痛とリユ–マチス及び腦溢血に就て▶
久保喜代二(總督府醫院神經精神科長)…
……………………………63–64
めやみ男▶藤井秋夫(京城豫科大學教授)…
……………………………65–68
江戸の名物花火の由來▶篠原彌兵衛(かぎ
屋十二代目)……………68–70
産米增殖機關の幹部の面々▶白頭巾
……………………………70–73
漢詩/俳句/川柳 ……………74–78
狂犬として殺されたポチを弔ふ▶東邦生
……………………………79–82
奉天より▶奏生 ……………83–84
湖南線より▶松濤生 ………85–86
鮮滿銀行會社の消息/合財袋/時事日誌/銀
行取引停止者 …………88–94
人の噂はさ/掃き寄せ/風聞駄語 …95–98
奇怪なる教育家の娘の自殺 ………99–100

朝鮮及滿洲 第226号 1926年 9月

初秋の朝鮮半島/西湖の秋
世相亂れて秋思切なり▶釋尾旭邦(東邦)…
……………………………………1
東京と京城▶釋尾旭邦(東邦)………2–8
攝政殿下朝鮮行啓の噂はさは噂はさに止

まるか▶釋尾旭邦(東邦)……9–10
筆にするだに忌はしき朴烈の怪寫眞事件
▶釋尾旭邦(東邦)…………11–12
政黨の現在と將來▶床次竹二郎 …13–16
食糧問題と農村振興に就て▶東鄉實(農學
博士)………………………17–19
帝都を橫行する怪文書の正體▶東京支局
記者 ………………………20–22
談話室 ………………………23
人格と不法行爲論▶丸山敬治郎(京城法學
專門學校教授)……………24–27
指紋法の紀元及沿革▶土居寬申(朝鮮總督
府行刑課長)………………28–30
郵便貯金制度の考察▶池淸(朝鮮總督府遞
府遞信局主任)……………31–33
人と罪▶松寺法務局長 ……34–36
朝鮮の五大鑛物の現在及將來▶川崎繁太
郎(地質調查研究所長)……37–39
室內裝飾の色彩についての話▶山形靜智
(京城高等査研究所長)……40–42
朝鮮總督府醫院の精神病室を觀る …43–45
土地改良株式會社の荒井/藤井/松山/久保
の面々▶白頭巾 …………46–51
宋東亞日報主筆の熱辯 ……52
ワン湖とヴェダーの想ひ出▶見目德太(京
城電氣會社監理課長)……53–54
高麗の舊都開城に遊ぶ▶難波專太郎
……………………………54–58
國境紀行▶栂野晃完 ………59–61
奉天通信▶奏生 ……………62–64
釋尾さんの東京觀に就て▶茅野榮(東京)…
……………………………65–68
漢詩 ………………………69
俳句 ………………………70–71
綠の夜の世界が振る黑い旗▶シュミット
毅 ………………………72
航海船のある風景▶沙魚勳 …73
川柳雜錄▶橫山巷歐子選 …74
東西南北/鮮滿銀行會社の消息/東拓の土地

改良部/時事日誌/銀行取引停止者 ……… ……………………………………… 76–87
人の噂はさ/風聞駄語 …………………… 88–90
カフェー情調 ………………………………… 91–97

朝鮮及滿洲 第227号 1926年 10月

朝鮮總督府新廳舍/朝鮮の植林
編輯室より▶釋尾旭邦(東邦) ………………… 1
水利事業の湖南を視て▶釋尾旭邦(東邦) … …………………………………………… 2–13
朝鮮と林業:朝鮮林業の現在と將來▶戶澤
　又次郎(朝鮮總督府林業試驗所長) ……… ……………………………………………… 14–18
朝鮮と林業:林木種子の鑑定に就て▶澤田
　利農夫(朝鮮總督府林業試驗所技手 ……… ……………………………………………… 19–20
朝鮮と林業:朝鮮産木材の強弱に就て▶工
　藤一郎(朝鮮總督府林業試驗所技師) …… ……………………………………………… 21–23
朝鮮と林業:苗圃肥料としての堆肥に就て
　▶淺川巧(朝鮮總督府林業試驗場技手) … ……………………………………………… 24–26
朝鮮と林業:朝鮮山林の大敵松�蟖▶高木
　五六(林業試驗場技手) …………………… 27–34
朝鮮と林業:朝鮮の山林及林業投資の有望
　▶齋藤音作(林學士) ……………………… 34–46
朝鮮の山林▶和田一郎(法學博士) … 48–49
歐米各國と森林林野:歐米には森蔭が多い
　▶植木秀幹(水原模範場技師) …………… 50–55
歐米各國と森林林野:プロシアの富強の基
　礎は植樹▶松村松盛(朝鮮總督府外事課
　長) ………………………………………… 55–56
歐米各國と森林林野:獨逸は最も造林が盛
　んである▶見目德太(京城電氣會社監理
　課長) ……………………………………… 56
歐米各國と森林林野:人跡未踏の森林地帶
　を有する北米▶川崎繁太郎(朝鮮總督府
　地質調査所長) …………………………… 56–57

歐米各國と森林林野:木材の輸出額三十五
　パーセントの瑞典▶高橋利三郎(朝鮮總督
　府遞信局庶務課長) ……………………… 57–58
歐米各國と森林林野:歐米人は愛林の觀念
　が強い▶中村覺之助(朝鮮總督府文書課
　長) ………………………………………… 58–59
歐米各國と森林林野:森林雜感▶五十部章
　助(京城法學專門學校教授) …………… 59–62
支那の哲人幸鴻銘と語る ………………… 65–67
新秋來と東京の生活▶榮の助 ………… 67–69
奉天通信▶秦生 ………………………… 69–72
惜まれて去れる三矢前警務局長▶白頭巾 ……………………………………………… 73–75
不運で去った入澤氏▶白頭巾 ………… 75–76
漢詩/時事日誌 …………………………… 78–84
京城に於ける林業經營者 ………………… 85
全南の二大共進會 ………………………… 86
風聞駄語 …………………………………… 87

朝鮮及滿洲 第228号 1926年 11月

晩秋の山と野/昌德宮裡の秋
昌德宮及廢宮の秋色▶釋尾旭邦(東邦) … 1
反日本思想を基本とする文字と言論▶釋
　尾旭邦(東邦) …………………………… 2–6
日支條約改訂▶釋尾旭邦(東邦) ………… 7–8
暗礁化した朴烈問題▶釋尾旭邦(東邦) …… ……………………………………………… 8–9
編輯室より▶釋尾旭邦(東邦) ………… 9–10
主權と當面問題▶山岡萬之助(前司法省刑
　事局長) ………………………………… 11–13
太平洋の將來▶原田助(ハワイ大學教授) … ……………………………………………… 14–15
新興ポーランドの國情に就て▶イエンゼ
　ウィッチ(披國代理公使) ……………… 16–17
官吏の保護に就て法律的考察▶園部敏(京
　城法學專門學校教授) ………………… 18–20
西鄕南洲の五十年祭 ……………………… 21
海運界の發達と各國の現況▶吉村謙一郎

(朝鮮郵船會社專務) ･･････････････ 22-26
朝鮮の土地改良事業の内容▶池田泰治郎
　(朝鮮總督府水利課長) ･･････ 26-35
鴨綠江上流の森林を荒すキクヒムシ▶村
　山醸造(林業試驗場技師) ･･････ 37-39
京城放送局の設備の概要▶佐々木仁(朝鮮
　總督部遞信局工務課技師) ･･･ 40-44
警務局の幹部▶白頭巾 ･･････････ 45-48
淺利警務局長を訪ふ▶東邦生 ･････ 48-49
如何にして冬を暖く暮すか▶渡邊晋(醫學
　博士) ･･･････････････････ 50-51
伯樂もなし小遣もなし▶吉野彦三 ･･･ 51-54
奉天通信▶秦生 ･･･････････････ 54-58
大連漫言▶大連支局記者 ･･････････ 58-60
工藤ドクトルの新築呪ひに招かれて ･･･ 61
漢詩/新俳壇/川柳 ････････････････ 62-65
半島に聴くを讀みて ･･････････････ 66
中村再造さんの死 ･･････････････ 67-68
醫者の誤診問題 ･･･････････････ 69
京城日報社幹部異動の内幕:副島京日社長
　の反省を促す▶東邦生 ････････ 70-75
半島の操觚界の昨今 ･･････････････ 76
銀行會社消息 ･･･････････････ 77-79
時事日誌 ･････････････････ 80-82
長慶天皇の皇統 ･･････････････ 83
風聞駄語 ･････････････････ 84
小説 ･･･････････････････ 85-87

朝鮮及滿洲 第229号 1926年 12月

半島の冬
人世▶釋尾旭邦(東邦) ････････････ 1
東京の政狀を覗いて▶釋尾旭邦(東邦)
　･････････････････････････ 2-5
編輯室より▶釋尾旭邦(東邦) ･･････ 6
歐洲を視察して▶水野錬太郎(法學博士) ･･･
　･････････････････････････ 7-12
太平洋の將來▶原田助(ハワイ大學教授) ･･･
　･････････････････････････ 13-15

我國策と南洋進展▶藤山雷太(東京商業會
　議所會頭) ･･････････････ 15-18
英領南洋事情▶石井健三郎(シンガポール商
　品陳列館長) ･･････････････ 19-22
歐米に於ける非戰運動▶丹羽清次郎(京城
　基督教青年會總務) ･･････････ 22-24
支那の現狀を如何に觀るか▶稲葉君山(朝
　鮮史修編纂官) ･･････････ 24-27
關屋宮内次官を訪ふ ･･･････････ 28
時代の變遷と豫審の態度▶末廣清吉(京城
　覆審法院判事) ･･････････ 29-30
人間味と裁判官の悩み▶伊藤憲郎(京城覆
　審法院判事) ･･････････ 31-32
日本の新聞讀者は社說をどう讀むか▶丸
　山幹治(京城日報主筆) ･･････ 33-34
社說は社會にどう反映するか▶石原憲一
　(京城日日主筆) ･･････････ 35-36
三矢林野局長を訪ふ ･･･････････ 37
奉天便り▶秦浪生(奉天支局) ･････ 38-41
大村鐵道局長の英語演說 ･･････････ 42
朝鮮に於ける救世軍内訌の顛末 ･････ 43-46
漢詩/俳句/川柳 ････････････････ 47-50
藝術發達の經路▶佐藤清 ･･････････ 51-54
株券と有價證券の挿話▶岐山生(京城電氣
　株式會社) ･･････････ 54-56
ソルラントンの味▶濱口良光 ･･････ 56-57
思い出と植民地文學▶吉野彦三 ･････ 57-60
朝鮮と半陰陽文獻▶今村螺炎 ･･････ 60-62
滿鮮會社銀行の消息/時事日誌 ･････ 63-68
京城府協議員當選者月旦 ･･････････ 69-70
風聞駄語 ･････････････････ 71

朝鮮及滿洲 第230号 1927年 1月

崩御の大行天皇/皇太后陛下/卽位の新帝陛
　下/國民の至誠
靜と動▶釋尾旭邦(東邦) ･･････････ 1
代行天皇の崩御▶釋尾旭邦(東邦) ･････ 2-3
新帝の卽位▶釋尾旭邦(東邦) ･･････ 4

凡ての道徳化を提唱す▶釋尾旭邦(東邦) …
……………………………………… 5-12
景氣回復の根本策に就て▶武藤山治(實業
同志會長) ………………………… 13-16
我が農業の前途▶横井時敬(農學博士) …
……………………………………… 16-21
歐洲を視察して(二)▶水野錬太郎(法學博
士) ……………………………… 22-26
宇垣陸軍大臣を訪ふ▶東邦生 ……… 27-28
支那の現狀を如何に觀るか▶稻葉君山(朝
鮮史修編纂官) ………………… 29-33
都市社會事業の概要▶山口正(大阪市社會
部長) ………………………… 33-35
女子の職業傷害と其の家庭に及ぼす影響
▶高楠榮(京城醫科大教授) ……… 36-39
岡田文相と語る▶東邦生 ………… 40-41
新春その他雑歌▶山野左千彦(炎車洞山房)
……………………………………… 42-43
朝鮮鑛業界に於ける金鑛業の地位と現狀
▶鈴木哲郎(朝鮮總督府鑛務課) … 44-47
朝鮮農村の振興策▶澤村九平(不二興業取
締役) ………………………… 48-49
奇怪なる平元線全通延期說▶西田常三郎
(元山毎日新聞社長) ……………… 50-51
朝鮮當面の課題▶名士數十氏 ……… 52-69
道評議會傍聽記 ………………… 70-71
博物學上から觀た兎の話▶下郡山誠一(李
王職動物園主任) ……………… 72-73
朝鮮の正月の慣習▶金相範(京城電氣會社)
……………………………………… 74-75
初春の芝居噺▶藤井秋夫(京城帝國大學豫
科教授) ………………………… 75-77
藝術に乏しい朝鮮▶山田勇雄(京城日報編
輯局長) ………………………… 77-78
探偵趣味▶江戶川亂步 …………… 78-82
悩みに暮れた東京の街々▶東京支局記者
……………………………………… 82-83
冬の健康法には何が善いか▶名士數十氏
……………………………………… 84-85

齋藤總督の健康法 ………………… 86
奉天通信▶奏浪生 ……………… 87-95
大連官民往訪雑記▶郭公(大連支局) ………
……………………………………… 96-98
京城官民印象記▶白頭巾 ………… 99
京日と朝新の輕い皮肉り合ひ ……… 100
漢詩/和歌/俳句/川柳 ………… 101-104
曾遊の地逗子と葉山▶東邦生 ……… 106
鮮滿銀行會社消息/銀行取引停止者 ………
……………………………………… 108-111
代行天皇崩御彙報 ……………… 112-114
血書の少年 ………………………… 115
時事日誌 ………………………… 117-118
編輯室より ……………………… 118-120
風聞駄語 ………………………… 122
戲曲 …………………………… 123-130

朝鮮及滿洲 第231号 1927年 2月

大正天皇の靈幀/春の海
新帝ノ勅語 ………………………… 1
時事評論▶釋尾旭邦(東邦) ……… 2-6
景氣回復の根本策に就て(二)▶武藤山治
(實業同志會長) ………………… 7-11
歐洲を視察して(三)▶水野錬太郎(法學博
士) ………………………… 12-15
妥協の議會觀 …………………… 16-19
郵便貯金制度▶池清(遞信局監理課貯金界
主任) ………………………… 20-23
果物の話▶恩田鐵彌(農學博士) … 24-27
歷史上より觀たる日本と遼東半島との關
係▶瀨野馬熊 ………………… 28-30
現代詩壇の風潮▶佐藤清(京城帝大教授) …
……………………………………… 31
大正の帝を偲び奉る▶井上收謹記 … 32-34
東京の世相▶佐藤虛六(東京) ……… 35-36
オンドル内の空中樓閣▶吉野彦三 … 37-39
信長と光秀-青柳君の明智光秀を讀みて▶
東邦生 ………………………… 40-41

私はまだ老とか翁とか言われる年では無い▶東邦生 ……………………… 42

漢詩/俳句/川柳 ……………………… 43-45

寒中の間眞夜中に南山絶頂に登る老夫婦▶赤頭巾 ……………………… 46

不況に終始した大正十五年▶別府生 ………………………… 47-49

奉天だより▶奏生 ……………………… 50-51

大連官民訪問雑記(二)▶郭公(大連支局) ……………………………… 52

始末の悪い男▶赤頭巾 ……………… 53-54

東西南北/時事日誌/重要記事 ……… 55-63

新聞穴探し/風聞駄語 ……………… 64-65

質の悪い風の神▶東邦生 …………… 66-67

朝鮮及滿洲 第232号 1927年 3月

騒亂の上海/朝鮮半島の野にも春光動く片々録▶釋尾旭邦(東邦) …………………… 1

日本の社會事業施設を語りて朝鮮の社會事業に論及す▶釋尾旭邦(東邦) …… 2-8

朝鮮の參政權問題▶釋尾旭邦(東邦) …………………………… 8-10

陛下の朝鮮行幸は當分望まれまいせめて秩父宮殿下の御來鮮を願ひたい▶釋尾旭邦(東邦) …………………………… 10

歐洲財界の復興とその將來▶森賢吾(帝國財務官) ………………………… 11-14

宗教法案は缺陷だらけである▶花井卓藏(法學博士) ……………………… 15-16

宗教法案に就て▶水野錬太郎(法學博士) …………………………… 16-18

呪はれたる宗教法案の運命▶在京一記者 …………………………… 18-19

妥協平凡の第五十二議會傍聽記▶東京支局記者 ……………………… 20-23

滿洲に於ける鐵道網と經濟戰▶清水靑丘 …………………………… 24-28

朝鮮林政の現在及將來▶園田寛(朝鮮總督

府山林部長) ……………………… 29-32

植林叢話▶京畿道山林課長其他 …… 33-34

野田大塊翁の面影▶東邦生 ………… 35-37

國字改良と事務能率▶伊藤忠兵衛(カナモジ會理事) ……………………… 38-40

中等學校入學の緩和策▶林原憲貞(朝鮮總督府鐵道局) ……………………… 41-43

女性犯罪としての墮胎▶工藤武城(京城婦人病院長) ……………………… 43-49

鼓膜の損傷と處置に就て▶坂井清(醫學博士) ………………………… 50-51

歐米雜感▶井上清(京畿道內務部長) ………………………… 52-55

私の目に映じたアメリカ人氣質▶李周淵(第一高等普通學校教諭) ………… 55-58

不眠症に悩まさるる私▶吉野彦三 … 59-61

藝術と生活▶井上位人 …………… 61-63

朝鮮財界八面觀▶覆面市隱 ……… 63-67

十人十色 ……………………… 68-69

奉天通信▶奏生 ……………………… 70-74

大連漫言▶銀豚兒 …………………… 74-75

漢詩/俳句/川柳 …………………… 76-78

朝鮮の三月の絶句 ……………………… 79

世界より朝鮮へを讀みて ……………… 80

小林醫師誤訴事件の經緯 ………… 81-83

ヂフテリアは注射で助かるに定まって居ない▶某醫師談 ………………… 83-84

滿鮮銀行會社の消息/銀行取引停止者/雑報/時事日誌 ……………………… 85-95

風聞駄語 ……………………………… 96

編輯室より ……………………… 97-100

朝鮮及滿洲 第233号 1927年 4月

二十年前の京城/現在の京城/二十年前の伊藤統監

紙齢二十年記念號に題す▶釋尾旭邦(東邦) ………………………………… 1

最近二十年間の朝鮮▶釋尾旭邦(東邦) ……

························· 2–12

編輯室より-南支の戰亂/齋藤總督の軍縮全權/其他▶釋尾旭邦(東邦) ········· 13–15

國民の眞の自覺を望む▶尾崎行雄 ··· 15–18

中國革命の眞相▶戴天仇(支那國民政府) ··· ························· 19–21

第二軍縮會議提案の內情▶米田實(法學博士) ························· 21–24

朝鮮神宮に參拜して ················ 25

最近二十年間に於ける朝鮮地方制度の推移▶生田淸三郎(內務局長) ········· 26–29

朝鮮産業界の今昔▶池田秀雄(殖産局長) ··· ························· 30–34

朝鮮鐵道と産業開發▶戶田直溫(朝鮮總督府鐵道局理事) ················ 35–40

遞信事業の變遷▶薄原久四郎(遞信局長) ··· ························· 40–45

朝鮮司法と刑務に就て▶松寺竹雄(法務局長) ························· 45–51

朝鮮の教育の發達▶李軫鎬(學務局長) ······ ························· 52–65

朝鮮宗敎界の變遷▶兪萬兼(宗敎課) ········· ························· 66–62

朝鮮の治安警察▶淺利三郎(警務局長) ······ ························· 62–65

朝鮮に於ける衛生施設の旣往と將來▶石川登盛(衛生課長) ··········· 65–68

土地調査事業を回顧して▶和田一郎(法學博士) ························· 68–74

朝鮮に於ける財務行政に就て▶本誌記者 ························· 74–78

李王家の御近狀 ··············· 79

日本の食糧問題と朝鮮▶鈴木島吉(朝鮮銀行總裁) ················ 80–82

朝鮮に對する感想▶片山繁雄(元朝鮮銀行理事) ························· 83–86

帝國の人口と食糧問題より觀たる朝鮮及滿洲▶田中善立(代議士) ········· 86–87

朝鮮の將來-北鮮が有望▶賀田直治 ······ 88

朝鮮事情の內地宣傳に努めよ▶中村彦(農學博士) ················ 89

貴誌への注文の二三▶朝倉外茂鐵(東亞法政新聞社長) ············· 89–92

諒解と陳情と▶新田唯一(大阪朝日京城支局長) ················ 92

大通りの乞食と裏町の不潔▶齋豊三郎(日本電報京城支局長) ········· 92–93

朝鮮には厭きました▶大森富(大阪毎日京城支店長) ················ 94

朝鮮を回顧して伊藤公を偲ぶ▶水野鍊太郎(貴族院議員) ············· 95–97

二十年前の間島偵察時代の回顧▶篠田治策(李王職次官) ············ 98–100

左まわりの記(上)▶長風山人 ······· 100–102

二十年前の朝鮮旅行▶矢鍋永三郎(植銀理事) ················ 102–104

回想的朝鮮への一考察▶SPR(炎車洞) ······· ························· 104–108

二十年前を回顧して▶丸山幹治(京城日報主筆) ················ 108–110

在鮮二十六年前の追憶▶飯泉幹太(不二興業常務) ············· 110–112

惡貨幣と暴徒に悩まされたる二十年前▶澤村九平(不二興業常務) ········· 112–115

京城の二十年黨 ············· 117–128

二十年前の京城▶森六治(京城鐘路署長) ·· ························· 129–130

京城府給水施設の沿革と新計畫▶多田隆吉(京城府水道課長) ··············· 131–132

朝鮮人の思想の變遷▶方台榮 ······ 132–135

京城に於ける婦人界の今昔▶京口貞子(京城幼稚園長) ················ 135–136

變化の著しい朝鮮▶エミール.マーテル ··· ························· 136–138

二十年前の京城花柳界▶今村鞆 ··· 138–141

漢詩/俳句 ················ 142–143

二十年間に於ける朝鮮經濟界の變遷と人物▶別府生 ················ 144–150

朝鮮財界八面觀▶覆面市陰 ········ 150-153
東西南北/時事日誌/銀行取引停止 ············
··································· 154-163
風聞駄語 ···································· 164
二十週年記念號祝辭に代へて釋尾東邦觀
··································· 165-203

朝鮮及滿洲 第234号 1927年 5月

田中新內閣/新綠の牧丹停
田中內閣▶釋尾旭邦(東邦) ····················· 1
宇垣代理總督を迎えて朝鮮の事情を語る
▶釋尾旭邦(東邦) ······················ 2-8
我國經濟動亂と刻下の二大問題▶太田正
孝(經濟學博士) ····················· 9-11
銀行の使命を論じて猛省を促す▶牧野元
次郎(不動貯金銀行頭取) ············· 11-13
我國經濟政策の打開を論ず▶上田貞次郎
(法學博士) ························ 14-17
帝國の海防上に於ける朝鮮の地位▶河野
董吾(伊勢艦長) ····················· 18-21
現代政治思想を透して見たる道評議會議
員の選擧▶佐藤七太郎(京城法學專門學
校教授) ······························· 22-23
維新當時の日本を回顧して▶グリフイス
ミカド『ス-エンバイア』著者 ······· 24-27
ムーズ松寺二氏の錯倒觀を難ず▶淺見倫
太郎(法學博士) ····················· 28-34
肺ヂストマの媒介をする朝鮮のサリガニ
の話▶小林晴治郎(京城帝國大學醫學部)
··································· 35-36
朝鮮の金鑛業經營と金鑛の處理に就て(上)
▶鈴木哲郎(朝鮮總督府鑛務課) ··· 37-40
朝鮮の蠶繭と製糸工業の今昔▶今井修一
(朝鮮製糸協會常任理事) ············· 41-45
京城府の發展振り▶森秀雄(京城電氣庶務
課長) ······························· 46-47
モラトリアム撤廢後の金融經濟 ········ 48-50
在鮮外國人の二十年黨▶本誌記者 ···· 50-51

大地禮讚▶福永たてを ·················· 52-54
ルッソウの演劇觀▶小山內薰 ········ 57-58
朝鮮に於ける演劇の變遷▶李基世 ··· 59-61
朝鮮の軟文學に現はれた兩性問題に對す
る社會的考察▶靑丘同人 ·········· 61-66
誕生日漫語▶吉野彦三 ················· 66-68
S夫人よりの手紙▶萍水生 ············· 68-70
歐米を視察して▶渡邊彌幸 ············ 71-72
漢詩/俳句/川柳 ························· 74-76
滿鮮の金融經濟評論▶覆面市隱 ···· 76-79
滿蒙と我農事經營▶新田生(奉天) ··· 80-83
滿鮮諸會社消息 ·························· 85-86
資本金壹千萬圓の煙草元賣捌會社▶本誌
記者 ································· 87-88
時事日誌/重要記事/風聞駄語/編輯室より
··································· 89-95

朝鮮及滿洲 第235号 1927年 6月

第六回鮮展入選畵
綠陰漫語▶釋尾旭邦(東邦) ····················· 1
時事に直面して▶釋尾旭邦(東邦) ······· 2-6
宇垣總督代理と語る▶釋尾旭邦(東邦) ······
··································· 7-8
國民固有の精神を作興せよ▶伊豆凡夫(陸
軍小將) ······························· 9-12
今は教育制度革新の時機▶三土忠造(文部
大臣) ······························· 13-14
動亂の支那▶坂西中將(北京政府軍事顧問)
··································· 14-17
米國の現狀を論じて太平洋問題の將來を
想ふ▶鶴見祐輔 ····················· 17-22
總理大臣田中義一氏の印象▶東京支局記
者 ································· 23-24
ムーズ松寺二氏の錯倒觀を難ず(下)▶淺見
倫太郎(法學博士) ····················· 25-30
朝鮮の性神研究(上)▶今村螺炎 ······· 30-34
朝鮮の軟文學に現はれた兩性問題に對す
る社會的考察(中)▶靑丘同人 ······ 35-41

常夏の臺灣を視察して▶佐藤榮三 … 42-43

美術の使命と其の鑑賞▶今泉雄作(前東京博物館長) …………………… 44-47

美術思想の普及と鮮展進歩の跡▶和田一郎(法學博士) ………………… 47-48

書道の復興と鮮展第三部作品▶佐々木正太 ……………………………… 49-50

鮮展出品の諸家に望む▶平井三男(本府學務課長) ……………………… 50-51

藝術と生活(下)▶井上位人 ………… 52-54

京城の婦人會訪問記(一) …………… 55-56

朝鮮の金鑛業經營と金鑛の處理に就て(下)▶鈴木哲郎(本府鑛務課) ………… 57-61

滿蒙と我が農事經營▶奏生 ……… 61-65

滿鮮財界八面觀▶別府生 ………… 66-68

十人十色 ……………………………… 69

漢詩/新俳壇/俳句 ………………… 70-71

鮮展見物▶B記者 ………………… 72-73

N君へ▶編輯小僧 ………………… 74-75

當世女百態▶萍水生 ……………… 76-80

新町遊廓移轉問題の眞相▶本誌記者 ……………………………………… 80-83

鮮滿の遺利 ……………………… 84-85

鮮滿會社銀行消息/東西南北 ……… 86-88

時事日誌/銀行取引停止者 ……… 89-91

風聞駄語 ……………………………… 92

創作 ……………………………… 93-97

朝鮮及滿洲 第236号 1927年 7月

ゼネバ湖の噴水の偉觀/海金剛奇勝の一夏▶釋尾旭邦(東邦) …………… 1

ゼネバの軍縮會議の前途▶釋尾旭邦(東邦) ……………………………… 2-5

支那戰局の將來▶釋尾旭邦(東邦) …… 6-7

東方會議と對支政策▶釋尾旭邦(東邦) 7-8

植民地首腦部の退進▶釋尾旭邦(東邦) ……………………………………… 8-10

經濟恐慌を顧みて▶井上準之助(日銀總載) ……………………………… 11-13

國際聯盟と余の抱負▶新渡戸稻造(法學博士) …………………………… 14-17

支那問題に就て▶加藤豐三郎(陸軍少將) … 18-22

カナダに於ける市民教育の基礎▶錦織貞夫(マスター・オブ・ブーツ) …… 23-26

安廣滿鐵道社長と語る▶東京支局記者 …………………………………… 27-28

朝鮮の寺利と僧尼の生活▶HY生 … 29-32

朝鮮の軟文學に現はれた兩性問題に對する社會的考察(下)▶靑丘同人 …… 33-36

中央文壇人の來往▶井上收(S.P.R) … 37-40

松月氏と安倍氏の講演を聽く …… 41

夏の讀み物 ……………………… 42-50

若山牧水氏と川路柳虹氏の講演を聽く 52

朝鮮の窯業に就て▶小山一德(工學士) ……………………………………… 52-53

農村生活を望む人々に▶勸農生 … 54-55

滿洲の農事經營▶新田新太郎(奉天) ……………………………………… 56-59

京城日々不敬事件の公判 ………… 60

小公園設置は目下の急務▶馬野精一(京城府尹) …………………………… 61-62

小公園は固より必要▶矢鍋永三郎(殖銀理事) ……………………………… 63

小公園には府廳舍跡が適當▶森秀雄(京電庶務課長) ……………………… 63-64

教會敷地の一部は公開しても善い▶金翰洙(天主公教會) ……………… 64

蒙古を探險して▶玉井莊雲 ……… 65-68

母校を中心とした白楊會 ………… 68-69

モルヒネ窟に潛行する記▶萍水生 … 70-75

朝鮮財界漫言▶覆面市隱 ………… 75-78

藤井水利王と渡邊獨龍眼▶白頭巾 … 79-82

滿洲新人國記▶若草山人(大連支局) ……………………………………… 83-84

滿蒙より動亂の支那を觀る▶蒲生大夢 ……………………………………… 84-87

奉天雑俎▶奏生(奉天支局) ……… 87–88

大連駄語 ……………………… 88–89

漢詩/俳句 …………………… 90–91

滿鮮の利源と事業 ………… 92–93

各道産業紹介(一) ………… 94–95

鮮滿銀行會社消息 …………… 96

今夏のビール戰 ……………… 97

東西南北/時事日誌/銀行取引停止者 …………
…………………………… 98–100

京城だより/煙草元賣捌會社問題/淑明女學
校問題/女給の取締より藝者の淫賣取締
………………………… 101–103

朝鮮及滿洲 第237号 1927年 8月

空中の凉味/京元線三防の瀧

編輯室より▶釋尾旭邦(東邦) ……………… 1

自殺論▶釋尾旭邦(東邦) ……………… 2–10

時事に對して▶釋尾旭邦(東邦) …… 11–12

世界に於ける日本の地位▶水野錬太郎(文
部大臣) ……………………… 13–15

人口, 食糧並に植民問題の解決策▶東鄉實
(農學博士) ………………… 16–18

日本文化の創造と民族性の改造▶田澤義
鋪(日本青年會館理事) …… 18–22

故國を去るに臨んでわが青年男女に與ふ
▶下位春吉 ………………… 23–24

現代の實狀を理解して婦人の生活を改善せ
よ▶塚本はま子(婦人平和協會幹事) ……
…………………………… 25–28

新滿鐵社長山本粂太郎氏と語る▶東京支
局記者 ……………………… 29–30

色々の講演會をのぞいて ………………… 31

宇宙を支配するもの▶山本一淸(京大教授)
…………………………… 32–35

マラリヤの豫防と治療▶田邊操(城大醫學
部) ………………………… 35–39

ゴルフの話 ……………………… 40

南北兩軍對峙の山東線と津浦線▶東邦生

…………………………… 41–44

歐米各國人の眼に映じた日本人▶近藤確
郎(京城郵便局長) ………… 44–47

南洋の氣樂な生活▶能勢太三郎(東拓京城
支店) ……………………… 48–51

乙女の見る夢の樣な樺太の風物▶下出繁
雄(經濟學士) ……………… 51–55

南鮮のコトピア多島海の夏▶森悟一(殖
銀理事) …………………… 55–57

鎖夏漫筆▶吉野彦三(文學士) ……… 58–59

商銀の池邊營業部長大靈道の效顯を說く60

財界漫言▶市隱 …………………… 61–64

滿鐵新社長山本粂太郎氏▶大連支局記者
…………………………… 64–66

滿鐵正副社長交迭と滿鐵社內のどよめき
▶大連支局記者 …………… 66–68

奉天雑俎▶奏生(奉天支局) ……… 69–72

男やもめの荻寞と後妻を迎えたものゝ新
愁 ………………………… 72–74

漢詩/俳壇 …………………… 75–76

朝鮮の山と水▶吉川生 ………… 77–79

京城の變り者▶BY生 …………… 80–81

或る美容術師の騙落▶町の人 …… 82–84

東西南北 ……………………… 85

鮮滿の事業と利源 ………… 86–87

鮮內銀行會社消息 …………… 88

朝鮮各道産業紹介(二) ……… 89–91

時事日誌/銀行取引停止 …… 92–94

風聞駄語 …………………… 95–96

朝鮮及滿洲 第238号 1927年 9月

秩父宮殿下御擧登の穗高山

秋と人間▶釋尾旭邦(東邦) ………………… 1

齋藤さんか宇垣さんか▶釋尾旭邦(東邦) …
…………………………… 2–6

時事數題▶釋尾旭邦(東邦) …… 6–10

新時代の黎明–消費組合運動▶緒方淸(商科
大學教授) ………………… 11–14

我國對支商權と不當課税▶米里紋吉(上海
　日本商業會議所會頭) ……………… 14–16
東西兩洋觀▶山崎眞雄(中樞院書記官) ……
　………………………………………… 17–19
第三インターナショナルの思想戰▶松井
　太久郎(陸軍少佐) ………………… 20–21
宇垣總督代理と語る ………………… 22–24
支那を巡りて▶和田信夫(大阪朝日經濟部
　長) ………………………………… 25–29
支那時局秘話▶宮地貴道(『上海日日』社長)
　………………………………………… 30–33
滿洲勞働問題考察▶大夢學人(大連) ………
　………………………………………… 33–36
松岡洋右氏の印象▶東京支局記者 … 37
現行曆の缺陷と改正案▶後藤一郎(仁川觀
　測所長) …………………………… 38–42
布哇より米大陸へ▶小田省吾(京城大學教
　授) ………………………………… 43–46
南アフリカの事情▶C.W.ウイッドソン …
　………………………………………… 46–49
滿鐵副社長松岡洋右氏▶大夢生 …… 50–51
總督府土地改良部の幹部▶白頭巾 … 52–53
東邦氏の自殺論を讀んで▶城西野人(東京)
　………………………………………… 54–56
動物の話 ……………………………… 57–59
大連の野球界▶艸浦生(大連) ……… 60–61
職業婦人としての電話事務員▶BY生 ……
　………………………………………… 62–63
觀相談を聞いて ……………………… 63–64
京城財界の各課長級▶市隱 ………… 65–67
滿洲學閥物語▶艸浦生(大連支局) … 67–70
大連駄語 ……………………………… 70–71
奉天雜俎▶奏生(奉天支局) ………… 72–73
漢詩/俳壇 …………………………… 74–75
十人十色 ……………………………… 76
富平水利不正工事事件の眞相▶本誌記者
　………………………………………… 77–80
朝鮮各道産業紹介(三) ……………… 81–82
鮮滿の事業と富源/鮮滿の會社銀行消息 …

………………………………………… 83–85
東西南北/時事日誌/銀行取引停止者 ………
　………………………………………… 86–88
風聞駄語/市井と花柳巷談 …………… 89–90

朝鮮及滿洲　第239号　1927年　10月

朝鮮の秋/滿洲の秋
秋▶釋尾旭邦(東邦) …………………… 1
支那の時局と田中內閣の對支政策▶釋尾
　旭邦(東邦) ………………………… 2–5
時事小觀▶釋尾旭邦(東邦) ………… 6–8
ジュネーブ會議は吾々に何を敎へたか▶
　坂本俊篤(海軍中將) ……………… 9–11
支那の見方と排日に就て▶清水兵三 ……
　………………………………………… 12–15
我林政の改革と滿蒙開發▶內藤確介(鴨綠
　江採木公司理事長) ……………… 15–20
滿洲金福鐵道の開通と安東大連間鐵道敷
　設問題の考察 …………………… 20–21
我が對滿蒙策の根本義▶奏生(奉天) ………
　………………………………………… 22–25
朝鮮の過去現在未來▶ゲール(神學博士) …
　………………………………………… 26–28
滿洲に於ける宗敎▶蒲生隆宏(大連) ………
　………………………………………… 28–30
朝鮮の軟文學に現れた兩性問題▶靑丘同
　人 …………………………………… 30–34
貧乏救濟論▶阿部磯雄 ……………… 34–36
新人の滿鐵理事四人▶大夢生(大連)　37–38
歐米を視察して▶田中武雄(總督府事務官)
　………………………………………… 39–40
東京人より觀る朝鮮▶眞繼雲山(在京城) …
　………………………………………… 41–43
近想二三▶吉野彦三(文學士) ……… 43–45
我周圍の人々▶井上收(SPR) ……… 45–47
京城の商議會頭問題と財界風聞▶市隱生
　………………………………………… 48–51
大連の野球界▶艸浦生(大連) ……… 52–54

大連駄語▶大連支局記者 ……… 54-55
排日の奉天より▶奉天支局記者 …… 56-58
漢詩/俳句 ………………………………… 59-60
德富蘆花の死と蘇峰氏 ……………… 61-62
夜更けの街の辻占賣▶町の人 ……… 63-65
鮮滿の富源と新事業 ………………… 66-67
東西南北/時事日誌/重要記事 ……… 68-71
編輯餘滴 …………………………………… 72-73
風聞駄語 …………………………………… 74

朝鮮及滿洲 第240号 1927年 11月

明治節設定と明治大帝/慶州の秋
明治節の設定▶釋尾旭邦(東邦) …………… 1
我十月の日記帳より▶釋尾旭邦(東邦) …
………………………………………………… 2-7
齋藤總督の歸任▶釋尾旭邦(東邦) …… 8-9
編輯室より▶釋尾旭邦(東邦) ………… 9-10
世界の平和と壽府會議▶石井菊次郎(特命
全權大使) ………………………… 11-13
農村振興と産業組合の任務▶東武(農村政
務次官) ………………………… 14-17
滿蒙より歸りて▶米田實(法學博士) ………
………………………………………………… 17-20
閣僚めぐり-農林大臣山本悌二郎君▶東京
支局記者 ………………………… 21-22
最近英文學の傾向▶宮嶋新三郎(東京) …
………………………………………………… 23-26
余の體驗せし朝鮮外交苦心の二三▶林權
助(男爵) ………………………… 26-29
飛行機の話▶長岡外史(陸軍中將) … 29-31
秋の朝鮮に來た二人の珍客-林權助男と大
倉喜八郎翁 ………………………… 31-34
咸鏡線の開通と國境開發▶大村卓一(朝鮮
總督府鐵道局長) ………………… 35-36
歐米の社會主義運動▶土師盛貞(京畿道警
察部長) ………………………… 36-38
冬の室內の空氣▶渡邊晋(醫學博士) 38-40
口腔の細菌▶綿引朝光(醫學博士) … 40-41

總督府各課回はり▶雲之助 ………… 42-44
滿洲新人國記(二)▶若草山麓人 …… 44-45
西洋人にも色々の商買がある▶吉野彦三
(文學士) ………………………… 46-47
黃金洞の初見世を出す▶井上收(SPR) ……
………………………………………………… 47-49
總督府圖書館を觀て ………………… 50
財界漫言▶市隱 ……………………… 51-54
大連駄語▶大連支局記者 …………… 55
貴族院議員の鮮滿及支那視察談 …… 56-57
辭任說の傳はった有賀殖銀頭取と殖銀 ……
………………………………………………… 57-60
煙草會社の社長となった高木老と松井專
務▶町の人 ………………………… 60-62
井上收君の所謂店開き ……………… 62-63
各會社合同側面觀▶金華山人 ……… 64-66
鮮滿の富源と事業 …………………… 67-68
漢詩/俳句 …………………………… 69-70
誌上談話室 …………………………… 71
世相百態/時事日誌/銀行取引停止者 ……
………………………………………………… 72-74
風聞駄語 ……………………………… 75

朝鮮及滿洲 第241号 1927年 12月

冬が來た
歲末雜記▶釋尾旭邦(東邦) ………………… 1
齋藤總督の辭任說と後任說▶釋尾旭邦(東
邦) ………………………………… 2-6
我十一月の日記帳より▶釋尾旭邦(東邦) …
………………………………………………… 7-8
齋藤總督辭任說と後任說に對する世評▶
………………………………………………… 9-10
世界の現狀▶泉哲(京城大學敎授) … 11-14
人口食糧問題我觀▶藤山雷太(貴族院議員)
………………………………………………… 14-18
地租委讓に就て▶山口義一(大藏省參事官)
………………………………………………… 19-21
統一性を失へる國民と學校騷動▶彝靜學

人 ……………………………… 22-24

商工大臣中橋德五郎君▶東京支局記者 ……
……………………………… 25-26

誌上講演-讀書と人世▶釋尾東邦 …… 27-30

滿鐵の新職制改正批判▶蒲生大夢(大連) …
……………………………… 31-34

問題になった滿鐵の傍系會社▶老虎灘漁
史(大連) ……………… 35-37

朝鮮溫突改良に就て▶掛場定吉(京畿道山
林課長) ……………… 37-41

滿洲に於ける宗教▶蒲生隆宏(大連) ………
……………………………… 41-43

クリスマスの回想▶笠谷保太郎(京城YMCA
主事) ……………… 44-46

學窓より觀たる社會相▶齋藤國康 …… 47-48

人類最高の文化建設▶廣兼寅雄 …… 48-49

藝術時評▶道田昌彌 …………… 49-50

漢詩/俳句/旅行吟抄/短歌 ………… 51-52

鮮滿の富源/時事日誌/銀行取引停止 ………
……………………………… 53-58

此年末の經濟金融界は何うか ……… 59-61

朝鮮煙草元賣捌會社專務問題の經緯▶本
誌記者 ……………… 62-63

風聞駄語 …………………… 64

全南の一瞥 ……………… 65-67

惠まれた慶北の産業▶南船北馬生 …… 68

京城の生命保險評判記 …………… 69-70

京城の商店評判記 …………… 70-73

世のどん底に蠢く一群▶本誌記者 … 74-76

朝鮮及滿洲 第242号 1928年 1月

新舊總督/玄齊の瀧

年頭雜筆▶釋尾旭邦(東邦) …………… 1

齋藤總督と送る▶釋尾旭邦(東邦) …… 2-6

山梨新總督を迎ふ▶釋尾旭邦(東邦) ………
……………………………… 6-11

田中内閣と植民地▶釋尾旭邦(東邦) 11-12

勞動運動の現勢とその指導方針▶河原田

稼吉(内務省社會局部長) ………… 13-15

國際經濟會議と自由貿易政策▶志立鐵次
郎(國際經濟會議政府代表) 15-18

我國人口問題の將來▶有働良夫(農林省耕
地部長) ……………… 18-20

來會議は當然解散である▶大津淳一郎(貴
族院議員) ……………… 21-22

昭和三年の政界▶齋藤隆夫(民政黨總務) …
……………………………… 22-23

閣僚めぐり-大藏大臣三土忠造君▶東京支
局記者 ……………… 24-25

誌上講演-人物論▶釋尾東邦 ………… 26-31

墨子の學說と世界平和論▶兒島獻吉郎(文
學博士) ……………… 32-36

龍に對する朝鮮語▶小倉進平(文學博士) …
……………………………… 36-38

朝鮮植物採集一番鎗の記▶石戸谷勉(京城
帝國大學敎授) ……………… 38-40

醫學と人生▶松井權平(京城帝國大學敎授)
……………………………… 40-42

名優キーンの出世藝▶吉野彦三(文學士) …
……………………………… 43-45

紅筆草紙▶難波專太郎 …………… 46-49

花卉映象▶後藤郁子 …………… 49-50

龍の話▶森爲次郎(京城帝國大學敎授) ……
……………………………… 51-54

朝鮮女性禮讚▶淸水兵三 ………… 55-56

支那朝鮮西洋の正月▶北漢山生 …… 56-57

百藥の長お酒の話▶A記者 ………… 58-59

東京の種々相▶東京支局記者 ……… 60-62

滿洲と朝鮮▶旋風生 ……………… 63-65

煙草と京城の紳士界 …………… 66-67

滿洲に居る朝鮮黨▶艸浦生(大連支局) ……
……………………………… 67-69

滿洲から本年の普選に代議士候補として
打って出る人々▶大夢學人(大連) 69-71

昭和三年の經濟界豫想/山梨新總督に對す
る希望▶數十名士 ……………… 72-77

漢詩/俳句/短歌 ……………… 78-79

京城から東京まで▶丸山幹治 ········ 80–81
財界を顧みて▶烏山生 ·········· 84–87
嵐の前の小異動▶東邦生 ·········· 88–89
風聞駄語 ················· 90–91
大陸を流れ漂ふ哀れな女性▶篠崎嘲二 ·····
···················· 92–99
霙降る頃▶森二郎 ··········· 100–103
戯曲 ················· 104–111

朝鮮及滿洲 第243号 1928年 2月

山梨總督と中樞院會議/雪の北漢山/氷上の
魚釣
寒窓獨語▶釋尾旭邦(東邦) ·············· 1
山梨總督と池上政務總監に與ふ▶釋尾旭
邦(東邦) ··················· 2–8
新聞雜誌通信と出版物の取締に就て▶釋
尾旭邦(東邦) ·············· 9–12
我一月の日記帳より▶釋尾旭邦(東邦) ······
··················· 13–16
世界の平和問題について▶蜷川新(法學博
士) ··················· 15–17
(* 원본 자체의 쪽수 기재 오류)
人口問題と職業教育▶白上祐吉(文部省實
業學務局長) ··············· 17–19
産兒制限問題▶永井潛(醫學博士) ··· 20–22
解散となった第五十四議會傍聽記▶東京
支局記者 ··············· 23–24
山梨總督と池上政務總監の印象記 ··· 25–26
朝鮮に於ける電力の國營を提唱す▶有賀
光豐(朝鮮殖産銀行頭取) ········· 27–29
本年の朝鮮鐵道計畫▶戶田直溫(鐵道局理
事) ··················· 29–30
朝鮮の鑛業界の現狀▶增田生(朝鮮總督府)
··················· 31–32
東亞日報社長宋鎭禹君と語る ······· 33–35
遊俠文學と征戌文學▶兒島獻吉郎(京城帝
國大學教授) ··············· 36–39
精神の健康法▶久保喜代二(總督府醫院精

神病院科長/醫學博士) ·············· 40–43
歐米腕長脚長教育膝栗毛▶松月秀雄(京城
帝國大學教授) ·············· 43–47
ロンドンの冬▶吉野彦三 ········· 48–49
米國と臺灣の冬▶松岡正男(京城日報社長)
···················· 50
西歐と北米の冬▶中村宙之助(總督府文書
課長) ··················· 51–52
雜感二三▶森悟一(朝鮮殖産銀行理事) ······
··················· 52–54
歷代の總督府秘書官▶白頭巾 ······· 54–57
漢詩/俳句/短歌 ············· 58–62
畏友芥川老を吊ふ▶東邦生 ········ 63–65
妻君を亡ひ更に丸燒となった池田君 ···· 66
火事の多い京城▶小熊九萬造(京城消防署
長) ··················· 67–68
財界のぞき▶烏山生 ··········· 69–72
滿鮮の富源と事業 ············ 72–74
滿鮮會社銀行の消息 ·········· 74–75
財界の前途▶和田頭取の演說 ······· 76–77
時事日誌/銀行取引停止 ········· 78–79
風聞駄語/人の噂 ············ 80–82
演藝樂屋噺▶若柳綠郎 ·········· 83–88

朝鮮及滿洲 第244号 1928年 3月

政局過中の人物/春が來た
卷頭雜記▶釋尾旭邦(東邦) ·············· 1
總選擧の結果を觀て▶釋尾旭邦(東邦) ······
··················· 2–6
政友會の天下か民政黨の天下か▶釋尾旭
邦(東邦) ··················· 6–10
三たび山梨總督に與ふ▶釋尾旭邦(東邦) ···
··················· 11–13
チブスの猖獗と當局▶釋尾旭邦(東邦) ······
···················· 14
歐米教育膝栗毛▶松月秀雄(京城帝大教授)
··················· 15–17
精神の健康法▶久保喜代二(總督府醫院精

神病科長) ‥‥‥‥‥‥‥‥ 18-21

袁世凱の帝業に對する大隈内閣の外交▶
青柳篤恒(早稲田大學教授) ‥‥‥‥ 22-30

池上政務總監と語る▶東邦生 ‥‥‥ 31-32

朝鮮の干拓と企業家▶飯島寛一郎(朝鮮總
督府開墾課長) ‥‥‥‥‥‥‥‥ 33-36

朝鮮の水電と工業の前途▶小山一德(總督
府中央試驗所技師) ‥‥‥‥‥‥ 37-40

木材防腐事業の振興を促す▶平賀正二(大
日本木材耐久保存研究會技師) ‥‥ 40-42

松浦帝大總長と語る▶東邦生 ‥‥‥ 43-44

チブスの話▶椎葉芳彌(京城帝國大學醫學
部助教授) ‥‥‥‥‥‥‥‥‥‥ 45-50

腸チブスの症狀と療法▶森岡修(京城府衛
生課長) ‥‥‥‥‥‥‥‥‥‥‥ 51-53

印度旅行中見聞の二三▶小林晴治郎(京城
帝國大學醫學部教授) ‥‥‥‥‥ 54-56

歐米の新聞と外交界▶鮫島實也(京城日報
支配人) ‥‥‥‥‥‥‥‥‥‥‥ 56-58

猿の生活▶黑田亮(京城帝國大學教授) ‥‥
‥‥‥‥‥‥‥‥‥‥‥‥‥‥‥ 59-62

壽壇雜筆▶安井玄昂 ‥‥‥‥‥‥ 62-66

書窓漫言▶難波專太郎 ‥‥‥‥‥ 66-69

政府勝つか野黨勝つか ‥‥‥‥‥ 70-74

漢詩/俳句/短歌 ‥‥‥‥‥‥‥‥ 75-78

鮮內の名所巡り ‥‥‥‥‥‥‥‥‥ 79

十年ぶりに見た哈爾賓▶鎌田生 ‥ 80-83

腸チブスで脅威されつゝある京城の衛生
狀態▶本誌記者 ‥‥‥‥‥‥‥ 84-86

朝鮮運送合同非合同問題の經緯▶鳥山生
‥‥‥‥‥‥‥‥‥‥‥‥‥‥‥ 87-89

朝鮮運送合同の前途▶平田驥一郎(國際運
輸株式會社常務取締役) ‥‥‥‥ 89-90

總選擧の結果と株式界▶平岡光三郎(京取
專專務取締役) ‥‥‥‥‥‥‥‥‥ 91

鮮滿の富源と事業/會社消息 ‥‥‥ 92-95

時事日誌/銀行取引停止/世相百態 ‥ 95-97

風聞駄語/人の噂 ‥‥‥‥‥‥‥ 98-99

某銀行員夫人の謎の死▶南郊散史 ‥‥‥‥

‥‥‥‥‥‥‥‥‥‥‥‥‥‥‥ 100-103

朝鮮及滿洲 第245号 1928年 4月

京城の子供會/春

春宵閑話▶釋尾旭邦(東邦) ‥‥‥‥‥ 1

山梨總督と語る▶釋尾旭邦(東邦) ‥‥ 2-6

池上政務總監と語る▶釋尾旭邦(東邦) ‥‥‥
‥‥‥‥‥‥‥‥‥‥‥‥‥‥‥ 7-12

言論の自由と朝鮮▶釋尾旭邦(東邦) ‥‥‥
‥‥‥‥‥‥‥‥‥‥‥‥‥‥‥ 9-12

京城のバス問題と水道問題▶釋尾旭邦(東
邦) ‥‥‥‥‥‥‥‥‥‥‥‥ 12-13

編輯室より▶釋尾旭邦(東邦) ‥‥‥‥ 14

總選擧を終りて國民に訴ふ▶尾崎行雄(代
議士) ‥‥‥‥‥‥‥‥‥‥‥ 15-19

無産政黨の新陣營を見よ▶鈴木文治(代議
士) ‥‥‥‥‥‥‥‥‥‥‥‥ 19-23

保健と克己心▶杉田直樹(醫學博士) ‥‥‥
‥‥‥‥‥‥‥‥‥‥‥‥‥‥‥ 23-25

遞信大臣望月圭介君と語る▶東京支局記
者 ‥‥‥‥‥‥‥‥‥‥‥‥‥ 25-26

歐米教育膝栗毛▶松月秀雄 ‥‥‥ 27-31

朝鮮の化學工業▶志村恒義(朝鮮總督府中
央試驗所技師) ‥‥‥‥‥‥‥ 31-33

チブスの病源と京城の水道 ‥‥‥ 34-38

西藏の話▶河口惠海 ‥‥‥‥‥‥ 39-42

法律家から觀た朝鮮と朝鮮人▶切山篤太
郎(辯護士) ‥‥‥‥‥‥‥‥‥ 42-44

猿の生活▶黑田亮(京城帝國大學教授) ‥‥‥
‥‥‥‥‥‥‥‥‥‥‥‥‥‥‥ 44-47

高等教育と就職難▶松村松盛 ‥‥ 48-49

京城の新聞雜誌界 ‥‥‥‥‥‥‥ 49-53

老人と若い女▶千紫萬紅樓主人 ‥ 53-55

漢詩/俳句/短歌/創作 ‥‥‥‥‥‥ 56-60

京城府尹の招宴/山梨總督批判會/宋鎭禹君
醉餘の一幕▶とつほう生 ‥‥‥ 61-63

京城府協議會傍聽記 ‥‥‥‥‥‥ 63-65

三月の我日誌より ‥‥‥‥‥‥‥‥ 66

朝鮮の富源/會社消息/時事日誌 ……… 67–70
官海の大異動 ……………………………… 71
官海異動人物月旦▶白頭巾 ……… 72–75
風聞駄語 …………………………………… 76

朝鮮及滿洲 第246号 1928年 5月

第五十五會議の混亂場面/景福宮裡の天長
　節祝賀會
編輯部より▶釋尾旭邦(東邦) ……………… 1
濟南事件と我對支政策▶釋尾旭邦(東邦) …
　………………………………………… 2–6
政局の小康▶釋尾旭邦(東邦) ………… 6–9
山梨總督の新政策▶釋尾旭邦(東邦) ………
　……………………………………… 9–10
政黨政治と朝鮮の問題▶土師盛貞 … 11–15
孫文の三民主義▶南慶藏 …………… 16–24
歐米教育膝栗毛▶松月秀雄(京城帝大教授)
　…………………………………… 25–34
明末に於ける支那滿洲及朝鮮の關係▶稻
　葉君山(朝鮮史編修會) ………… 35–40
猿の生活(三)▶黑田亮(京城帝國大學教授)
　…………………………………… 41–44
航空機萬能の時代▶加藤大尉(金剛航空隊
　長) ……………………………… 44–46
歐米の國民教育に就て▶高橋濱吉(總督府
　視學官) ………………………… 46–49
浦鹽方面の貿易金融概況▶半野憲二氏談
　…………………………………… 49–50
鮮展側面觀▶內野健兒 ……………… 51–56
大刀會の眞相▶西原充 ……………… 57–60
京城初見參の記▶和氣生 …………… 61–62
恐るべき發疹チブスの豫防に就て▶中尾
　進(總督府病院醫員) …………………… 63
傳染病の話▶加賀見氏(順化病院院長) ……
　…………………………………… 64–65
漬物の話▶住江金之 ……………………… 66
"漢詩, 俳句, 詩と民謠, 短歌" ………… 67–71
ハルピン居住の日本人と事業▶鎌田生 …

　……………………………………… 72–74
各道産業めぐり/鮮滿の富源と新事業 ……
　…………………………………… 75–81
時事日誌/風聞駄語 ………………… 82–84
問題の濟南府▶東邦生 ……………… 85–86
轉居の記▶東邦生 …………………… 87–89

朝鮮及滿洲 第247号 1928年 6月

第七回鮮展作品の中より/京城の花祭デー
綠陰漫語▶釋尾旭邦(東邦) ………………… 1
所謂優諚問題の爭點▶釋尾旭邦(東邦) ……
　………………………………………… 2–4
首相としての田中義一▶釋尾旭邦(東邦) …
　………………………………………… 5–6
支那南北の戰局▶釋尾旭邦(東邦) ………… 6
我對支政策の前途▶釋尾旭邦(東邦) … 7–8
內爭重きか外難重きか▶釋尾旭邦(東邦) …
　………………………………………… 8
各道知事會議▶釋尾旭邦(東邦) …………… 9
編輯室より▶釋尾旭邦(東邦) …………… 10
山梨總督と池上政務總監▶白頭巾 … 11–14
歐洲各國を歷訪して▶篠田治策(李王職次
　官) ……………………………… 15–19
海外移民と投資▶守屋德夫(殖産銀行調査
　課長) …………………………… 19–25
旅中雜感の一二 ………………………… 26
西域印度の法制▶淺見倫太郎(法學博士) …
　…………………………………… 27–29
德川氏の初世と長崎の支那貿易▶瀨野馬
　熊(朝鮮史編修會) ……………… 30–32
辜鴻銘の印象▶花栗實郎 …………… 33–35
支那現代の小說▶魯迅作/花栗實郎譯 ……
　…………………………………… 36–41
浦鹽の消息 ……………………………… 42
臟器療法に就て▶德光福英(城大教授) ……
　…………………………………… 43–44
日本人は果して眞の潔癖か▶小林晴治郎
　(京城帝大教授) ……………………… 45

女の髪の毛と運命▶久留島武彦 …… 46-48

大黒樣の御德と御姿▶松原徹州 …… 49-50

鎮南浦の築港運動 ……………………… 51

鮮展座談會▶高橋衛 ……………… 52-56

臺灣視察記▶横山彌三 ………… 57-59

鮮人部落に接觸して▶東邦生 …… 59-61

"漢詩, 俳句, 短歌" …………………… 62-65

各道知事歷訪記▶本誌記者 …… 66-67

各道知事會議の門外漢 …………… 68-69

各道の産業 ………………………… 70-71

臺灣の富源/朝鮮の新事業/時事日誌 ……
…………………………………………… 72-75

社友の小集記 ……………………………… 76

風聞駄語 …………………………………… 77

第七回の鮮展を觀て▶内野健兒 …… 78-82

朝鮮及滿洲 第248号 1928年 7月

北鮮の勝地/涼味

編輯室より▶釋尾旭邦(東邦) ……………… 1

南方革命派の勝ちし支那▶釋尾旭邦(東邦)
……………………………………………… 2-6

北鮮へ北鮮へ▶釋尾旭邦(東邦) …… 7-9

時事寸言▶釋尾旭邦(東邦) ……………… 10

歐亞對局の轉換と亞細亞に於ける我が帝
國の地位▶宮館貞一(セウルプンス社長)
………………………………………… 11-14

愛蘭の言語問題を眺めて▶土師盛貞(法學
士) ………………………………… 15-19

國民生活の安定策▶守屋榮夫(代議士) ……
………………………………………… 19-22

科學の進步と思想の變化▶大島正德 ……
………………………………………… 23-24

下村海南博士と杉村楚人冠氏の講演を聽
く▶本誌記者 ……………………… 25

丸山鶴吉氏の講演を聽く▶本誌記者 …… 26

宋儒の自由研究と朱晦庵の態度▶藤塚鄰
(京城帝大教授) ………………… 27-29

西域印度の法制▶淺見倫太郎(法學博士) …

……………………………………… 30-32

朝鮮民謠の由來と民族性の一端▶李源圭
………………………………………… 32-35

醫者と'れんとげん'▶鈴木元晴(醫學博士)
………………………………………… 36-37

研究の犧牲者野口博士を憶ふ▶小林晴治
郎(京城帝國大學醫學部) ………… 38-39

婦人と陶器▶淺川伯教 ……………… 40-42

世界の山と水 ………………………… 43-47

南支那視察記▶横山彌三氏(壽松公立普通
學校長) ………………………… 47-49

"今秋のリーグ戰-鐵, 殖, 京, 遞四チーム監
督の抱負"▶本誌記者 ……………… 50-53

"漢詩, 俳句, 詩" …………………… 54-56

中央朝鮮協會幹部の京城入り …… 57-58

"丸山, 守屋の兩氏水野前文相の優諚問題の
眞相を語る" ………………………………… 58

河内山氏を訪ひ教科書や火災保險の話を
聞く ………………………………………… 59

學校先生の歷訪記▶高橋生 …… 60-61

各道めぐり ………………………… 62-63

滿洲の米と鹽 ……………………… 64-66

鮮滿の富源と事業 ……………………… 67

時事日誌/銀行取引停止 …………… 68-70

風聞駄語 …………………………………… 71

編輯餘滴 …………………………………… 72

朝鮮及滿洲 第249号 1928年 8月

山と水/金剛山の瀧と奇勝

編輯室より▶釋尾旭邦(東邦) ……………… 1

支那の時局に就て:國民政府と田中內閣に
與ふ▶釋尾旭邦(東邦) …………… 2-9

御大典と鮮滿に於ける官民▶釋尾旭邦(東
邦) ………………………………………… 9

東西南北 ………………………………… 10

我國貿易の過去と將來▶木村增太郎(經濟
學博士) ………………………… 11-14

歐亞對局の轉換と亞細亞に於ける我帝國

の地位▶宮館貞一(セウルプレス社長) ⋯
⋯⋯⋯⋯⋯⋯⋯⋯⋯⋯⋯⋯⋯ 15–18
朝鮮の産業雜話 ⋯⋯⋯⋯⋯⋯⋯ 19–21
神戸高商辯論部の講演を聽く ⋯⋯⋯⋯ 22
宋儒の自由研究と朱晦庵の態度▶藤塚鄰
(京都大學教授) ⋯⋯⋯⋯⋯⋯ 23–25
燒物への見方▶柳宗悅(文學士) ⋯⋯ 26–29
滿鮮の夏の野を飾る百合美觀▶石戸谷勉
(京城大學講師) ⋯⋯⋯⋯⋯⋯ 29–30
朝鮮人の腎盂腎盞の研究▶荒瀨進(京城大
學醫部) ⋯⋯⋯⋯⋯⋯⋯⋯⋯ 31–32
朝鮮民謠の由來と民族性の一端▶李源圭
(總督府編修學務局) ⋯⋯⋯⋯ 33–36
應接室の有賀殖銀頭取 ⋯⋯⋯⋯⋯⋯ 37
書齋の和田商銀頭取 ⋯⋯⋯⋯⋯⋯⋯ 38
性病に就て ⋯⋯⋯⋯⋯⋯⋯⋯⋯ 39–40
物理的積極療法の提唱▶占部寬海(開業醫)
⋯⋯⋯⋯⋯⋯⋯⋯⋯⋯⋯⋯⋯ 40–42
マラリヤと赤痢▶加賀見鐵太郎(順化病院
長) ⋯⋯⋯⋯⋯⋯⋯⋯⋯⋯⋯ 42–43
山と水 ⋯⋯⋯⋯⋯⋯⋯⋯⋯⋯⋯ 44–47
歐米漫遊雜感▶本田建義(本田病院長) ⋯
⋯⋯⋯⋯⋯⋯⋯⋯⋯⋯⋯⋯⋯ 48–49
マニラの病院▶小田安馬 ⋯⋯⋯⋯ 50–52
社會相の一考察▶かはせみ ⋯⋯⋯ 52–54
漢詩/俳句/自由詩 ⋯⋯⋯⋯⋯⋯ 55–58
御頭飛びあるきの記▶高橋生 ⋯⋯ 59–60
人絹織物と絹織物の將來▶室田武隣(朝鮮
總督府中央試驗所技師) ⋯⋯⋯ 61–62
廢物の利用法▶西澤勇志智(帝大助教授) ⋯
⋯⋯⋯⋯⋯⋯⋯⋯⋯⋯⋯⋯⋯ 62–64
取引所設置問題 ⋯⋯⋯⋯⋯⋯⋯ 65–67
各道の産業 ⋯⋯⋯⋯⋯⋯⋯⋯⋯ 68–69
鮮滿の當源と事業 ⋯⋯⋯⋯⋯⋯ 70–71
時事日誌/銀行取引停止 ⋯⋯⋯⋯ 72–73
風聞駄語/屑箱 ⋯⋯⋯⋯⋯⋯⋯ 74–75
北朝鮮を見て▶東邦生 ⋯⋯⋯⋯ 76–84

朝鮮及滿洲 第250号 1928年 9月

全鮮野球大會/秋
片々錄▶釋尾旭邦(東邦) ⋯⋯⋯⋯⋯⋯ 1
その後の支那▶釋尾旭邦(東邦) ⋯⋯ 2–6
編輯室より▶釋尾旭邦(東邦) ⋯⋯⋯ 7–9
山梨總督の朝鮮觀と對支政策觀▶東邦生
⋯⋯⋯⋯⋯⋯⋯⋯⋯⋯⋯⋯⋯ 10–12
日本國民と滿洲▶靑柳篤恒(早稻田大學教
授) ⋯⋯⋯⋯⋯⋯⋯⋯⋯⋯⋯ 13–18
支那現代の文化▶內藤湖南(文學博士) ⋯⋯
⋯⋯⋯⋯⋯⋯⋯⋯⋯⋯⋯⋯⋯ 18–23
米國に於ける海外投資者▶守屋德夫(朝鮮
殖産銀行調查課長) ⋯⋯⋯⋯⋯ 23–25
支那南北人の特質▶稻葉君山氏(朝鮮史編
修會修史官) ⋯⋯⋯⋯⋯⋯⋯ 26–28
打算的で駈引の多い支那人▶住井辰男氏
(三井物産京城支店長) ⋯⋯⋯⋯ 28
滿洲から歸途の林權助男を迎へて ⋯ 29–30
アイヌの衛生▶椎葉芳彌(京城帝國大學助
教授) ⋯⋯⋯⋯⋯⋯⋯⋯⋯⋯ 31–33
勞農露西亞の公債に就て▶HO生 ⋯ 33–35
朝鮮の寺刹に於ける禪堂の設備に就て▶
渡邊彰(宗教事務囑託) ⋯⋯⋯⋯ 36–38
朝鮮民謠の由來と民族性の一端▶李源圭
(總督府學務局) ⋯⋯⋯⋯⋯⋯ 38–42
靑柳篤恒氏の講演を聽いて ⋯⋯⋯⋯⋯ 43
尾上柴舟博士の講演を聽く ⋯⋯⋯⋯⋯ 44
心理學者の隨想斷片▶天野利武(京城帝國
大學心理學教室) ⋯⋯⋯⋯⋯⋯ 45–48
婦人生殖器の反射現象▶工藤武城(京城婦
人病院長) ⋯⋯⋯⋯⋯⋯⋯⋯ 48–50
胞衣を食ふ風習▶今村鞆(螺炎) ⋯⋯ 51–52
小田教授と小倉博士を訪ふ ⋯⋯⋯⋯⋯ 54
楚人冠氏の神仙爐を一讀して ⋯⋯⋯ 55–56
伊太利の馬賊'マフイア'▶吉野彥三 56–58
三都の秋▶井上位人 ⋯⋯⋯⋯⋯⋯ 58–60
漢詩/俳句/自由詩/蛤洞だより ⋯⋯⋯ 61–66
月給生活者の悲哀▶KO生 ⋯⋯⋯⋯ 67–68

時代の要求と宗教教育▶長谷川直吉(京城
　組合基督教會牧師) ················· 69-72
朝鮮の運動界▶加藤寮平(朝鮮實業野球聯
　盟理事長) ························· 73-75
今秋の陸上競技▶本誌記者 ·········· 75-76
鮮滿の富源と事業/時事日誌/銀行取引停止
　······························· 77-80
藝者の淫賣取締問題 ·················· 81
朝鮮博の協賛會 ····················· 82
東西南北 ·························· 83
風聞駄語 ·························· 84
新刊紹介 ·························· 85
夢▶難波專太郎 ·················· 86-90

朝鮮及滿洲 第251号 1928年 10月

京城各女學校の聯合運動會/京城郊外の秋
　景
秋窓偶語▶釋尾旭邦(東邦) ············· 1
時事▶釋尾旭邦(東邦) ··············· 2-10
池上政務總監と語る ·············· 11-12
陪審法施行に就て▶松寺竹雄(朝鮮總督府
　法務局長) ······················ 13-15
金解禁と此後の經濟界▶下田將美(大阪每
　日新聞經濟部長) ················· 15-19
米國の大統領選擧と禁酒問題▶高橋濱吉
　(朝鮮總督部視學官) ·············· 19-21
海外米國投資家の保護▶バ.テ.マツデン ···
　······························· 22-24
一面一校の財源流用問題に就て▶松村松
　盛氏(土地改良部長) ················· 25
東京だより▶丸山幹堂 ············· 26-27
東洋藝術の系統▶伊藤忠太(工學博士) ·····
　······························· 28-29
アイヌの衛生▶椎葉芳彌(京城帝國大學助
　教授) ·························· 30-31
心理學者の隨想斷片▶天野利武(京城帝國
　大學心理學教室) ················· 32-35
婦人生殖器の反對現象▶工藤武城(京城婦

　人病院長) ······················ 36-38
ソビエツト露西亞の銀行政策▶XYZ生 ·····
　······························· 38-40
鮮人の學校騷動に就て ·············· 40-42
鬼總裁の稱ある加藤鮮銀總裁と語る ·······
　······························· 43-45
柴舟と牧水▶井上收(S.P.R) ·········· 46-48
藝苑寸話▶佐藤九二男 ············· 49-50
三都の秋▶井上位人 ··············· 50-53
菊の話▶山下秀隆・工藤武城 ········· 54-55
漢詩/俳句/自由詩▶ ··············· 56-63
猩紅熱に就て▶田中丸病院長談 ······· 64-65
果樹殺蟲劑の王▶志村技師談 ········· 65-66
馬鹿にならぬお炙の効顯 ·············· 67
"京電對府廳, 對殖銀對鐵道の一回戰"▶本
　誌記者 ························· 68-70
京城の實業野球▶諸岡生 ·············· 71
二つの私立學校 ····················· 72
鮮滿の富源と事業 ················· 73-74
時事日誌/銀行取引停止 ············· 75-76
風聞駄語 ·························· 77
二週間斷食の體驗記▶高橋與吉 ······· 78-83

朝鮮及滿洲 第252号 1928年 11月

卽位式の行はるる紫震殿/京城神社秋季の
　賑はひ
卽位の御大禮▶釋尾旭邦(東邦) ············· 1
日本の過去現在及び將來▶釋尾旭邦(東邦)
　······························· 2-11
編輯室より▶釋尾旭邦(東邦) ········· 11-12
國體の基礎▶中村孝也(文學博士) ··· 13-16
御卽位式と大嘗會▶近藤時司(京城大學豫
　科教授) ························ 16-21
平和と國際政局の推移▶宮館貞一(セウル
　プレス社長) ···················· 21-27
アイルランドの民族運動と其文藝復興▶
　藤井秋夫(京城大學豫科教授) ······· 28-33
赤旗の下に露國總領事と語る▶東邦生 ·····

　　　　　…………………………… 34–37
社會事業に就て▶小島幸治(東洋大學教授)
　　　　　…………………………… 38–40
歐米に於ける植林熱▶後藤眞笑氏(總督府
　林産課長) …………………… 40–41
佛蘭西の養蠶業と生糸の需給狀況▶室田
　武隣(中央試驗所技師) ………… 42–43
獨逸印象記▶伊藤正義(京城大學醫學部教
　授) ………………………… 43–44
かまきりの一生▶横山桐郎(理學博士) ……
　　　　　…………………………… 45–46
思給制改正と官吏の地位安定▶丸山幹治
　　　　　…………………………… 47–48
社會相考察▶かはせみ ………………… 48–50
"毛文龍を中心として明末に於ける支那, 滿
　洲, 朝鮮の關係"▶稻葉君山 ……… 51–54
泉石を眺めつゝ工藤ドクトルと語る … 55
"漢詩, 俳句, 自由詩" ……………… 56–62
長壽と健康▶小池醫學博士談 ……… 63–64
朝鮮人側の映畫▶A.W.生 …………… 65–68
新支那の新都南京と其附近▶東邦生
　　　　　…………………………… 69–71
先帝卽位御大禮參列記▶三上參次(文學博
　士) ………………………… 72–80
鮮滿の富源と事業/時事日誌 ……… 81–83
在鮮民代表者の御大典參列 ……… 84
風聞駄語 …………………………… 85–86
創作 ………………………………… 87–90

┌─────────────────────────────┐
│ 朝鮮及滿洲 第253号 1928年 12月 │
└─────────────────────────────┘

御大典奉祝/冬が來た
御大禮に現はれた日本國民性/日支の關係
　を如何に打開するか▶釋尾旭邦(東邦) …
　　　　　…………………………… 1–4
外國人の眼に映しだ御大禮 ………… 5–6
フランスに於ける金解禁▶鈴木武雄(京城
　帝大教授) ………………… 7–15
國際聯盟の價値スマツツ氏小感▶土師盛

貞(遞信局海事課長) ……………… 15–17
改善すべき多くの缺陷を有する日本▶大
　川周明(法學博士) ………………… 18–19
朝鮮古代史の權威今西博士と語る … 20–22
朝鮮立法司法の一大缺陷▶淺見倫太郎(法
　學博士) ……………………… 23–27
朝鮮語學に對する在鮮西洋人の貢獻▶小
　倉進平(文學博士) ………………… 28–31
朝鮮歌謠の史的考察と此に現れたる時代
　色と地方色▶李源圭(朝鮮總督府編輯課)
　　　　　…………………………… 32–35
御大禮中の朝鮮の警備ぼ無事に濟だとほ
　つと一息の淺利警務局長を訪ふ ……… 36
疾病と遺傳▶武藤忠次(京城醫專助教授) …
　　　　　…………………………… 37–39
免疫の話▶綿引朝光(京城大學醫學部教授)
　　　　　…………………………… 40–42
蚊の冬籠り▶小林晴治郎(京城大學醫學部)
　　　　　…………………………… 42–43
歐洲を巡ぐりて▶宮田保(善隣商業教學校
　教諭) ………………………… 44–45
社會相考察(三)▶かはせみ ………… 45–48
安東の泥棒町▶難波專太郎 ………… 48–52
"文藝, 漢詩, 俳句, 自由詩" ………… 53–59
藝術時評/スポーツ時評 …………… 60–61
御大禮で敍位敍勳された在鮮の人々 ……
　　　　　…………………………… 62–64
孤兒院と勞働者宿泊所訪問記▶本誌記者
　　　　　…………………………… 64–68
ペーチカの宮崎さん ………………… 68–69
鮮滿の富源と事業/時事日誌/銀行取引停止
　者 ………………………… 70–73
風聞駄語 …………………………… 74–75
カフェー漫談▶本誌記者 …………… 76–79

┌─────────────────────────────┐
│ 朝鮮及滿洲 第254号 1929年 1月 │
└─────────────────────────────┘

朝鮮神宮/田家の朝
社會主義と人生▶釋尾旭邦(東邦) ……… 1–10

床次氏を京城驛に迎えて▶釋尾旭邦 …… 12

東西兩洋の精神文明▶山岡萬之助(日本大學學長) …………………………… 13–15

發見と發明▶大河内正敏(工學博士) ……… 16–17

新時代の女性と其の教育▶松月秀雄(京城帝國大學教授) ………………… 18–21

黑シヤツの國とムツソリ-ニ▶宮田保(善隣商業學校教諭) ……………… 22–23

新しき支那の現在と將來▶南部史郎(奉天にて) ……………………………… 24–28

昭和四年に於ける朝鮮の鐵道計劃と施設▶大村卓一(朝鮮總督府鐵道局長) ……… ……………………………………… 29–30

年々殖える朝鮮人の犯罪▶松寺竹雄(朝鮮總督府法務局長) ……………… 30–31

不動産金融貸付に就て▶馬場鍈一(日本勸業銀行總裁) ……………………… 32–34

木材界及林業界の前途觀▶齋藤音作(林學士) ……………………………… 35–38

機業界の脅威新しき絹絲▶兒玉純一 ……… ……………………………………… 39–42

朝鮮麻布の將來▶室田武隣(中央試驗所技師) ……………………………… 43–45

地球の歳▶川崎繁太郎(總督府調査所長) … ……………………………………… 46–47

蠅の冬籠り▶小林晴治郎(京城大醫學部教授) ……………………………… 48–49

皮膚の榮養▶片岡八束(京城醫專教授) …… ……………………………………… 49–50

變った人々 …………………………………… 50

新年所感/私の日常▶數十名士 … 51–55

朝鮮語學に對する在鮮西洋人の貢獻▶小倉進平(文學博士) ……………… 56–61

朝鮮歌謠の史的考察▶李源圭(總督府) …… ……………………………………… 62–66

朝鮮人の衛生狀態▶南廣憲(醫學博士) …… ……………………………………… 66–67

オリンピック大會や歐洲を見て▶中馬越

之助(京城高等工業學校) ………………… 68–74

奇矯な藝術家▶吉野彦三(文學士) … 74–76

心理學者から觀た赤穂浪士▶天野利武(京城大學心理學教室) ……………… 76–78

朝鮮の傳說に現れた大蛇の話▶今村鞆氏談 ………………………………… 79–80

蛇と傳說▶本誌記者 …………………… 80–82

支那と朝鮮の正月▶本誌記者 ……… 83–84

東京生活の一面▶眞繼雲山(日本佛教新聞社長) ………………………… 85–88

社會相考察老人と靑年▶かはせみ … 88–90

京城の浪人 …………………………… 91–92

漢詩/俳句/自由詩 ………………… 93–98

京城の金持ち評判記▶福祿山人 … 99–103

昭和三年の朝鮮財界を顧みて▶別府八百吉 ………………………………… 104–107

朝鮮の富源と新事業/蠶界の福音 ……… ……………………………………… 108–110

昭和三年中の重なる出來事/時事日誌 …… ……………………………………… 111–113

風聞駄語 ……………………………… 114

藝者と云うものは▶紅燈綠酒道人 ……… ……………………………………… 115–121

朝鮮及滿洲 第255号 1929年 2月

第五十六議會/早春

編輯室より▶釋尾旭邦(東邦) ………………… 1

總督府の新政策▶釋尾旭邦(東邦) ……… 2–6

對支政策は果して好轉するか▶釋尾旭邦(東邦) ……………………………… 6–7

議會漫評▶釋尾旭邦(東邦) …………………… 8

我國人口問題と移民▶川西實之(內務省社會局長) ………………………… 9–12

滿蒙開發は我國の使命▶松岡洋右(南滿鐵道株式會社副社長) …………… 13–16

支那問題に就ての座談會 …………… 17–18

日本は木材の大入超國▶齋藤音作(林學士) ……………………………… 19–21

朝鮮ゴム工業の現狀及將來▶石井市重郎
　（中央試驗所技師）……………… 22–24
朝鮮に陪審制度實施する可否▶鷹松龍種
　（法學專門學校教授）…………… 25–26
陪審法と朝鮮▶宮崎毅(辯護士)…… 27–30
池上政務總監の教育界に投じた一石/內鮮
　人共學問題の可否 ………………… 31–36
新時代の女性と其教育▶松月秀雄(京城帝
　………………………………………… 37–42
成功せるマラリヤ豫防作業の實例▶小林
　晴治郎(京城帝國大學醫學部) … 43–45
疾病と迷信▶綿引朝光氏(京城帝大教授) …
　………………………………………… 45–46
基督靑年會に丹羽幹事を訪ねて …… 47
海の旅▶窪田保(善隣商業學教授) ………
　………………………………………… 48–52
蛇漫談▶工藤武城(京城婦人病院長) ………
　………………………………………… 52–55
此頃の世の中▶吉野彦三(文學士) … 55–57
朝鮮官海大異動月旦 ……………… 58–60
滿洲の人物▶大連支局記者 ……… 61–63
漢詩/俳句 ………………………… 64–67
健康の秘訣▶萩原良一郎(醫學博士) …… 68
東西南北/滿鮮の富源と事業/時事日誌/銀
　行取引停止者/官吏異動表 ……… 69–74
京城漫談 …………………………… 75–77
編輯餘滴 …………………………… 79
女役者の戀▶道田昌彌 …………… 80–84

朝鮮及滿洲 第256号 1929年 3月

田中內閣問責の貴族院/初春
編輯室より▶釋尾旭邦(東邦) ………………… 1
政爭圈外から觀た田中內閣▶釋尾旭邦(東
　邦) ……………………………………… 2–6
議會漫評▶釋尾旭邦(東邦) ……………… 7
京城より▶釋尾旭邦(東邦) ……………… 8
日本民族と生存權の確立▶中谷武世(法政
　大學教授) ………………………… 9–11

滿洲開發策▶保々隆矣(滿鐵地方部長) ……
　………………………………………… 11–17
滿洲電氣事業槪觀▶橫田多喜助(南滿電氣
　株式會社專務取締役) …………… 17–21
英國社會主義とマルクス主義▶河谷榮次
　郎 ………………………………… 22–25
支那學者の觀た支那と支那人 …… 26–28
朝鮮の産業槪說▶今村武志(殖産局長) ……
　………………………………………… 29–30
朝鮮の造林事業と將來▶後藤眞咲(總督府
　山林部林山課長) ………………… 31–33
朝鮮の林業投資は最も有利▶齋藤音作(林
　學士) ……………………………… 33–39
宮尾東拓總裁の抱負 ……………… 40–41
歐洲に於ける最近の博覽會建築▶藤島亥
　次郎(京城高等工業學校教授) …… 42–45
姙娠と結核▶工藤武城(京城婦人病院長) …
　………………………………………… 45–49
朝鮮歌謠の史的考素▶李源圭(朝鮮總督府
　編輯課) …………………………… 49–55
朝鮮人蔘が鐵を忌むと云ふ說に就て▶杉
　原德行(京城帝大教授) …………… 55–57
東京の街頭より▶眞繼雲山 ……… 58–59
二月に櫻咲く臺灣を視て▶森六治 … 59–61
漢詩/俳句 ………………………… 62–64
はかなく死だ人々▶東邦生 ……… 65–68
財界漫言▶凹穹生 ………………… 69–71
藝者の賣春行爲に就て某署長と記者との
　問答 ……………………………… 72–74
東西南北/鮮滿の富源と事業界/時事日誌/
　殖銀の總會 ……………………… 75–79
十人十色/風聞駄語 ……………… 80–81
或女の蝶死▶村山桂堂 …………… 82–89

朝鮮及滿洲 第257号 1929年 4月

日支代表の握手/春到る
綠化運動を盛にすべし▶釋尾旭邦(東邦) …
　………………………………………………… 1

濟南の撤兵は日本の大讓歩▶釋尾旭邦(東邦) ……………………………… 2-5

編輯室より▶釋尾旭邦(東邦) ………… 6-9

編輯餘滴▶釋尾旭邦(東邦) ………… 10

日本の富力▶宇都宮鼎(早稻田大學敎授) …
………………………………… 11-15

如何にして滿洲の開發を盛にすべきか▶
保々隆矣(滿鐵地方部長) … 16-18

日支局面の打開策▶KM生 …… 18-20

北滿地方に於ける排日狀況▶森寒翠 …
………………………………… 21-22

松岡滿鐵副社長を訪ねて ………… 23

歐洲に於ける最近の博覽會建築▶藤島亥
次郎(京城高等工業學校敎授) … 24-28

ロシアの文化的施設▶秋田雨省 …… 28-32

朝鮮山林及林業投資の有望▶齋藤音作(林
學士) ………………………… 33-42

朝鮮の食鹽政策の統一 ………… 43-45

支那四川省に於ける農業概況▶兒玉純一
………………………………… 45-48

滿洲近況▶ ……………………… 49-50

勝海舟▶難波專太郎 …………… 51-54

萬葉集『春の歌』雜感▶末田是 ……… 55-57

人魚の淚▶吉野彥三 …………… 58-60

酒と云ふものは▶勿堂迁人 …… 60-63

渡邊京畿知事と松井京城府尹 …… 64-65

今秋の朝鮮博覽會に對する希望と計劃 …
………………………………… 66-68

漢詩/俳句 ……………………… 69-70

女性▶岡久二 …………………… 71-73

淺春雜感▶松村桃代 …………… 73

土地買收にからんだ京城府と島德藏氏と
の經緯 ………………………… 74-79

小林病院長の死因に就て▶岩井博士 …
………………………………… 79-80

財界漫談▶凹穹生 …………… 81-83

時事日誌 ……………………… 84-85

風聞駄語 ………………………… 86

世間▶木村達 …………………… 87-90

朝鮮及滿洲 第258号 1929年 5月

御來朝のぐろす一公殿下/過ぎし春

落花に對して▶釋尾旭邦(東邦) …………… 1

編輯室より-日本政界の現狀▶釋尾旭邦(東
邦) ……………………………… 2-7

朝鮮總督としての山梨半造論▶釋尾旭邦
(東邦) ………………………… 8-12

國際主義對國民主義▶鹽澤昌貞(法學博士)
………………………………… 11-14

國産食品の獎勵▶鈴木梅太郎(農學博士) …
………………………………… 14-16

對支所感▶坂西利八郎(陸軍中將) … 16-18

田中內閣は何故に對支政策に失敗せるか
▶吉井淸香(大連) ………… 18-22

蔣介石と馮玉祥▶布施勝治 …… 23-24

現代經濟界の矛盾性▶杉森孝次郎(早大敎
授) …………………………… 25-31

全體性と人生▶桑田芳藏(文學博士) ………
………………………………… 31-34

東阿とセイロン▶泉哲(京城帝大敎授) ……
………………………………… 35-37

一人一話 ……………………… 38-40

朝鮮敎育當面の問題につきて▶赤木萬二
郎(京城師範學校長) ………… 41-45

更新せる朝鮮の山林▶後藤收藏(林學博士)
………………………………… 46-47

朝鮮の製造工業▶三山喜三郎(中央試驗所
長) …………………………… 48-52

朝鮮の機械工業▶岩崎眞雄(鐵道局機械課
長) …………………………… 52-53

訪問印象▶植村生 ……………… 54-55

癌の話▶松井權平(京城大學外科) … 56-58

腦溢血の話▶山內保(醫學博士) … 58-62

歐米の議會を傍聽して▶古庄逸夫(京畿道
財務部長) …………………… 63-65

歐米所感▶野田新吾(殖產銀行公共金融課
長) …………………………… 65-66

染井吉野櫻の原產地▶石戶谷勉(京城帝大

醫學部講師） ……………………… 67–68

國境放送▶植田國境子 ……………… 68–69

第一印象▶植村諦 ………………… 70–71

朝鮮博覽會に對する希望 ………… 72–74

俳句/自由詩 ……………………… 75–79

拓植省反對演說を聞いて ………… 80–81

財界漫談▶凹穹樓主人 …………… 82–83

朝鮮の松島事件▶本誌記者 ……… 84–85

白骨代二十一萬圓を拂ふ滿鐵▶大連支局
記者 …………………………… 85–86

郵便自動車襲擊事件▶本誌記者 …… 87–89

富源と事業 ………………………… 90

風聞駄語 ……………………………… 91

各道の産業▶本誌記者 …………… 92–97

朝鮮及滿洲 第259号 1929年 6月

聖上陛下南記の海岸御徒步

さつきの花▶釋尾旭邦(東邦) ……………… 1

朝鮮人の思潮と論調▶釋尾旭邦(東邦) ……
……………………………………… 2–7

編輯室より▶釋尾旭邦(東邦) …… 8–9

各道知事會議風聞記 …………… 11–12

所得稅の社會政策的意義▶阿部賢一(早稻
田大教授) …………………… 13–18

マルキシズムの批判▶川合貞一(文學博士)
……………………………… 19–21

國家精神と宗敎精神▶市村秀忠(京城師範
附屬主事) ………………… 21–25

我が滿蒙經營は進取か退嬰か▶岡田半藏
（大連語學） ……………… 25–27

珍しくも京城で一日を暮した山本滿鐵社
長 ………………………………… 28

內鮮事業界管見▶澁谷禮治(朝鮮銀行調查
課長) ……………………… 29–32

朝鮮工業の前途▶田川常次郎(龍山工作會
社專務取締役) ………… 32–34

新興朝鮮の建築體型▶中村誠(朝鮮建築會
副會長) …………………… 34–35

朝鮮の炭田調查の實績▶內田鯤五郎(總督
府研究所技師) …………… 35–37

更新上より見たる朝鮮の山林▶後藤收藏
（林學博士） ……………… 38–40

朝鮮博覽會に對する希望 ………… 41–43

訪問印象▶植村生 ……………… 44–45

マラリヤ研究に於けるロツスの苦心▶小
林晴治郎(京城帝大醫學部) ……… 46–48

膺作金庾信平濟領碑文と扶餘▶今西龍(京
城帝大教授) ……………… 48–52

朝鮮歌謠の史的考察▶李源圭(總督府編輯
局) ………………………… 52–56

灌佛會を見て▶本誌記者 ……… 56–57

各道知事月旦 …………………… 58–59

歐米を巡って▶佐竹秀一(京城醫專眼科部
長) ………………………… 60–61

私の見た英國▶小河正儀(總督府農務課長)
……………………………… 61–62

北鮮に旅して▶大內武次(城大法文學府教
授) ………………………… 63–65

朝鮮の第一印象▶植村生 ……… 65–67

勝海舟▶難波專太郎 …………… 68–72

癩の種▶吉野彦三 ……………… 72–74

知事さんの手實驗▶本誌新參記者 … 75–77

俳句/自由詩 …………………… 78–81

育兒三十年▶原口女史(京城幼稚園主) ……
……………………………… 82–83

五月の節句▶本誌記者 ………… 83–84

頭腦と人間▶杉田直樹(醫學博士) … 85–88

病める時代の姿を見よ▶植村生 …… 89–91

財界漫談▶凹穹樓主人 ………… 91–93

運送合同の經緯と將來▶運送界某氏談 ……
……………………………… 94–95

京東鐵道紛糾の經緯▶本誌記者 … 96–98

鮮滿の富源/時事日誌/各道紹介 …… 99–101

風聞駄語 ……………………… 102–103

道勢一斑 ……………………… 104–105

朝鮮及満洲 第260号 1929年 7月

浜口新内閣閣員/農民デ-/東津水利竣工
山へ水へ▶釋尾旭邦(東邦) ……………………… 1
政務總監兒玉伯を迎へて▶釋尾旭邦(東邦)
…………………………………………………… 2-7
兒玉政務總監と各局部長▶釋尾旭邦(東邦)
……………………………………………………… 7-8
山梨總督縱橫談▶釋尾旭邦(東邦) …… 9-11
編輯室より▶釋尾旭邦(東邦) ………… 11-12
國際協調と其の反對潮流▶牧田正男 ……
…………………………………………………… 13-18
現代の經濟組織▶土方成美(經濟學博士) …
…………………………………………………… 18-20
時局對應の敎化▶佐藤鐵太郎(海軍中將) …
…………………………………………………… 21-22
朝鮮の干拓事業に就て▶橋本桂堂(鮮滿開
拓株式會社專務役) ………………… 23-25
朝鮮の山林▶後藤收藏(林學博士) … 25-27
農業の廢物利用に就て▶兒玉純一(朝鮮殖
産銀行調査課) 譯 ………………… 27-29
ロシヤの現在産業と其の主要産物▶イワ
ン.チチヤエフ(ソビエト京城總領事) ……
…………………………………………………… 30-31
支那の建都說に就て▶稻葉君山(朝鮮史編
修官) ……………………………………… 32-33
孔子の大義名分論▶宇野哲人(文學博士) …
…………………………………………………… 34-35
支那の軍情▶某參謀(朝鮮軍司令部) ………
…………………………………………………… 36-38
アレキサンダー.チヨーマ.ケロエシ傳▶今
西龍(文學博士) ………………………… 38-42
"訪問印象–今西龍, 綿引朝光, 藤井秋夫, 戒
能夫人"▶植村生 ……………………… 43-45
生物學と人生觀▶杉田直樹(醫學博士) ……
…………………………………………………… 46-50
内地に祀られる朝鮮の神▶金澤庄三郎(文
學博士) …………………………………… 51-52
弘法大師に就て▶赤松智城(京城帝國大學

法文學部敎授) ………………………… 53-55
山と水 ……………………………………… 56-60
内地の梅雨と朝鮮の雨季▶伊藤登(京城測
候所) ……………………………………… 61-62
京城の自然と人▶天野利武(文學士) ………
…………………………………………………… 62-63
街頭雜感▶植村諦 ……………………… 63-66
繪がわからないと云ふ人への譚▶佐藤九
二男 ………………………………………… 67-68
修道院を訪ねて▶本誌記者 ………… 68-70
俳句/自由詩 ……………………………… 71-73
小兒の疾患二三▶土橋光太郎(醫學博士) …
…………………………………………………… 74-75
總督府鐵道局對抗陸上競技會を觀る▶本
誌記者 ……………………………………… 76-78
財界漫言 …………………………………… 79-80
鮮滿の富源/道勢一般/時事日誌/朝鮮の準
備進捗/朝鮮貯蓄銀行 ………………… 81-86
風聞駄語/話の種 ………………………… 87-89
創作 ………………………………………… 90-95

朝鮮及満洲 第261号 1929年 8月

海/山と水
編輯室より▶釋尾旭邦(東邦) ………………… 1
濱口內閣の緊縮は不徹底▶釋尾旭邦(東邦)
……………………………………………………… 2-5
各新領と政變▶釋尾旭邦(東邦) ……… 6-12
不戰條約の國際法上に於ける意義▶神川
彥松(東京帝國大學敎授) ………… 13-16
歐洲大戰後に於ける英國の勞働運動▶吉
庄逸夫(京畿道財務部長) ………… 17-22
勞農露國文化建設の現狀▶昇曙夢 … 22-25
氣象から觀た東西文化の相違▶藤原咲平
(理學博士) …………………………… 26-30
夏と精神作用▶杉田直樹(醫學博士) ………
…………………………………………………… 30-33
日本海は何時頃出來たか▶立岩巖(朝鮮總
督府地質研究所) ……………………… 33-38

玄海灘の靈地靈神▶松崎嘉雄(遞信局海事
　課技師) ……………………………… 39-40
兒玉政務總監の朝鮮觀 ……………… 41-42
金解禁を中心としての新內閣評 …… 43-44
山と水 ………………………………… 45-54
夏の雪の話▶平山秀介 ……………… 55-57
雲の話▶伊藤登(京畿測候所技師) … 57-60
海底の話▶原口四郎(理學士) ……… 60-62
夏の蟲と傳說▶南窓學人 …………… 62-64
夏の動物園▶郡山 …………………… 65-66
滿蒙の詩趣・凉味▶佐藤惣之助 …… 66-69
京城の自然と人▶天野利武(文學士) ………
　………………………………………… 70-72
都そだち▶秋葉隆(城大教授) ……… 72-74
屋內避暑▶吉野彥三 ………………… 74-75
煙草と人 ……………………………… 76-77
漢詩/俳壇/短歌 ……………………… 78-82
土用鰻の話▶田村好魚庵 ………………… 83
朝鮮實業野球リーグ戰と府廳軍の遠征中
　止に就て▶愛球子 ………………… 84-85
財界漫談▶半仙市隱 ………………… 86-87
滿洲の富源/時事日誌/銀行取引停止 ………
　………………………………………… 88-92
風聞駄語/話の種 …………………… 93-94
創作 ………………………………… 95-100

朝鮮及滿洲 第262号 1929年 9月

ツエツペリン伯號/鮮展特選の畵
秋窓漫語▶釋尾旭邦(東邦) ……………… 1
山梨前總督と齋藤新總督▶釋尾旭邦(東邦)
　………………………………………… 2-8
財界緊縮方針と朝鮮博覽會▶釋尾旭邦(東
　邦) …………………………………… 8-9
朝博と我宮樣▶釋尾旭邦(東邦) ………… 9
編輯室より▶釋尾旭邦(東邦) ………… 10
歐洲經濟界に學ぶ可き諸點▶太田正孝(經
　濟學博士) ………………………… 11-14
現下勞働運動の趨勢▶添田敬一郎(協調會

理事) ………………………………… 15-19
露國の統一勞働學校の精神と實際▶尾瀨
　敬止 ……………………………… 19-25
獨逸に於ける新文學に就て▶岸光宣(早稻
　田大學教授) ……………………… 25-26
金解禁と經濟界▶守屋德夫(殖産銀行調査
　課長) ……………………………… 27-31
英國戰後の勞働運動▶古庄逸夫(京畿道財
　務部長) …………………………… 32-40
佛國織物工業の大勢▶室田武隣(中央試驗
　所) ………………………………… 41-43
朝鮮犯罪漫筆▶伊藤憲郎(高等法院檢事) …
　………………………………………… 44-47
時代と諸家の意見 ………………… 48-53
加俸削減論に對する批評 ………… 53-54
山梨前總督留別の宴 …………………… 55
エドワード.ジエンナーの想ひ出▶綿引朝
　光(醫學博士) …………………… 56-58
アレキサンダ.チョマ.ケロヱシ傳▶今西龍
　(文學博士) ……………………… 59-62
麗末・明との外交の一齣▶川口卯橘 ………
　………………………………………… 62-67
南滿洲貔子窩の發掘と馬賊▶小泉顯夫(總
　督府博物館) ……………………… 67-71
兒玉政務總監官邸の張宴 ……………… 72
朝鮮の近代俗謠に對する考察▶李光天 ……
　………………………………………… 73-76
山東苦力收容所を觀て▶橫山藤三郎 ………
　………………………………………… 76-77
初秋雜感▶植村諦 ………………… 78-79
南米ブラジルを視察して▶田淵勳(東拓京
　城支配人) ………………………… 80-82
女優の運命▶吉野彥三 …………… 83-84
動物愛護に就て▶戒能夫人 ……… 85-86
漢詩/俳句/歌 ……………………… 87-91
朝博と各種大會/朝鮮の富源と事業 …… 92
時事日誌/有賀殖銀頭取の演說 …… 92-95
京城料亭の風紀廓淸を提唱す▶本誌記者
　………………………………………… 96-97

風聞駄語 ……………………………… 98
濱口首相の放送演說 ………………… 99–101

朝鮮及滿洲 第263号 1929年 10月

朝鮮博覽會鳥瞰圖/朝鮮博覽會と京城/歷代
　の總監と總督/總督府の現主腦部
朝鮮を語る▶釋尾旭邦(社長) …………… 1–5
歷代の統監と總督▶釋尾旭邦(社長) ………
　………………………………………… 6–10
編輯室より▶釋尾旭邦(社長) … 11–14
朝鮮の司法と刑務▶松寺竹雄(法務局長) …
　………………………………………… 15–17
朝鮮の地方行政▶生田淸三郎(內務局長) …
　………………………………………… 18–21
倂合後の朝鮮の敎育▶福士末之助(學務課
　長) …………………………………… 21–24
朝鮮鐵道の過去と現在▶大村卓一(鐵道局
　長) …………………………………… 25–28
朝鮮の產業▶今村武志(殖産局長) … 28–33
土地改良事業の一般▶松村松盛(土地改良
　部長) ………………………………… 33–37
朝鮮の工業試驗成績▶三山喜三郎(中央試
　驗所長) ……………………………… 37–41
朝鮮の財務に就て▶草間秀雄(財務局長) …
　………………………………………… 41–48
朝鮮の警察と衛生▶淺利三郎(警務局長) …
　………………………………………… 49–53
朝鮮の遞信事業▶山本犀藏(遞信局長) ……
　………………………………………… 54–57
朝鮮の專賣事業▶松本誠(專賣局長) ………
　………………………………………… 58–59
朝鮮の寄生蟲病の回顧▶小林晴治郎(京城
　帝大醫學部) ………………………… 59–60
朝鮮と云う所は/朝鮮の回顧/朝鮮の有望な
　る事業/朝鮮の將來と希望 ………… 61–63
京城に開かれた新聞協會大會 …………… 64
東西洋思想の交涉▶內ケ崎作三郎(內務參
　與官) ………………………………… 65–68

我が國人口問題の將來▶稻田周之助(法學
　博士) ………………………………… 68–72
英國の勞働運動▶古庄逸夫(京畿道財務部
　長) …………………………………… 72–77
金解禁に就て▶守屋德夫(朝鮮殖產銀行調
　査課長) ……………………………… 77–82
歐米の水利事業を視て▶池田泰次郎(總督
　府水利課長) ………………………… 83–86
朝鮮の犯罪漫筆▶伊藤憲郎(高等法院檢事)
　………………………………………… 87–91
既往十年間の犯罪變遷▶野村薰(京畿道刑
　事課長) ……………………………… 91–95
回顧二十年▶森六治(京城鐘路警察署長) …
　………………………………………… 95–97
朝鮮文藝總觀▶李源圭 ……………… 98–107
朝鮮の社會相▶東海遊子 ………… 107–111
內鮮共通の民俗▶今村螺炎 ……… 111–113
鐘乳洞龍窟探險記▶崔完奎 ……… 114–116
朝鮮の美術界▶多田毅三 ………… 117–118
朝鮮博覽會一巡して▶本誌記者 … 119–122
歌/俳句/詩 ………………………… 123–128
朝鮮二十年間の財界▶小野久太郎(經濟日
　報社長) …………………………… 129–132
取引所制度の樹立を急ぐべし▶城南逸人
　………………………………………… 133
鮮滿の富源/藤山日糖社長の朝鮮製糖の話/
　話の種/朝鮮側面記 …………… 134–137
京城の學校めぐり▶本誌記者 …… 138–139
京城の事業界と金融界▶本誌記者 ………
　………………………………………… 140–152
風聞駄語 ………………………………… 153
朝鮮各道めぐり▶本誌記者 ……… 154–163

朝鮮及滿洲 第264号 1929年 11月

咸奉案で味噌をつけた浜口內閣/昌慶苑の
　菊
機械文明と精神文明の論議▶釋尾旭邦(東
　邦) ……………………………………… 1

減俸案撤回と我國狀▶釋尾旭邦(東邦) ……
………………………………………… 2-6
犬養翁と政友會▶釋尾旭邦(東邦) …… 6-7
朝鮮官界の大異動說▶釋尾旭邦(東邦) ……
………………………………………… 8-9
編輯室より▶釋尾旭邦(東邦) ……………… 10
歐米に於ける企業合同の現勢▶山村喬(法
政大學敎授) …………………………… 11-16
支那國民經濟の特質▶木村增太郎(經濟學
博士) …………………………………… 16-21
太平洋の平和と我國▶丹羽淸次郎(京城基
督敎靑年會主事) ……………………… 22-24
金解禁の物價に及ぼす影響▶守屋德夫(殖
産銀行調査課長) ……………………… 24-30
減俸案撤回批判▶諸名士 ………………… 31
朝博批判▶諸名士 ………………………… 32
英國戰後の勞働運動▶古庄逸夫(京畿道財
務部長) ………………………………… 33-35
日本は將來工業的に發展し得るや▶ジヨ
ン.イ−.オ−チヤ−ト ……………… 36-46
滿洲は何處へ▶澁谷禮治氏(朝鮮銀行調査
課長) …………………………………… 46-50
交通機關の統制に就て▶大村卓一(朝鮮總
督府鐵道局長) ………………………… 50-54
各人寸觀 …………………………………… 55-56
過去に於ける日本の文化と支那人及朝鮮
人▶中山久四郎(文學博士) ………… 57-58
李氏朝鮮時代に於ける倭館の變遷▶小田
省吾(京城帝國大學敎授) …………… 59-62
朝鮮の食べ物▶佐藤剛藏(京城大學醫學部
敎授) …………………………………… 62-65
現代生活の二容相▶市村秀志(京城師範學
校敎諭) ………………………………… 66-70
半島文藝界の今昔▶井上位人 ……… 70-73
秋の感傷▶植村諦 ………………… 73-75
入鮮雜記▶島元勤 ………………… 75-78
漢詩/俳句/自由詩 ………………… 79-84
"問題の人物−兒玉政務總監,加藤鮮銀總裁/
城大新舊總長"▶白頭巾 ………… 85-88

生物學と敎育▶石川博士談 ………… 89-92
男と女▶石川博士談 ……………… 93-94
日獨陸上競技を見る▶本誌記者 … 95-97
中等學校野球大會を見て▶渡邊大陸 ………
………………………………………… 98-99
國境を巡りて▶本誌記者 ………… 100-101
財界漫言▶市隱 …………………… 102-104
滿洲の富源/朝鮮の事業界/時事日誌 ………
………………………………………… 104-109
風聞駄語 ………………………………… 110
朝博の跡をたづねて▶本誌記者 … 111-118

朝鮮及滿洲 第265号 1929年 12月

軍縮全權/朝鮮官海異動に惠れた人々
編輯室より▶釋尾旭邦(東邦) ………………… 1
政黨と官海の淨化策▶釋尾旭邦(東邦) ……
………………………………………… 2-5
朝鮮官海の大異動評▶釋尾旭邦(東邦) ……
………………………………………… 6-10
金解禁と我經濟界の現狀▶明石照男(第一
銀行常務取締役) ……………………… 11-17
家族制度の發達と個人主義▶穗積重遠(東
京帝國大學敎授) ……………………… 17-22
ペルゾナリストの國際聯盟觀▶松月秀雄
(京城帝大敎授) ……………………… 22-28
海軍々備縮小會議に就て▶作間應雄(海軍
中佐) …………………………………… 28-30
英國戰後の勞働運動▶古庄逸夫(京畿道財
務部長) ………………………………… 31-33
金解禁問答 ……………………………… 34-35
木を植ゑてから二た昔は過ぎた▶石田常
英(總督府山林部技師) ……………… 36-38
朝鮮炭と朝鮮産業の發展▶內田鯤五郎(燃
料科産業硏究所技師) ……………… 38-41
李氏朝鮮時代に於ける倭館の變遷▶小田
省吾(京城帝國大學敎授) …………… 42-44
武部學務局長と記者との問答 ……… 45-46
マラリア豫防上に於けるロツスの苦心と

成功▶小林晴治郎(京城帝國大學醫學部)
　　……………………………… 47-50

太古の民の鑵詰▶松崎嘉雄(遞信局) ………
　　……………………………… 51-53

秋から冬へ▶長谷井一沫 …………… 53-56

貸間あり▶吉野彦三 ………………… 56-57

西鮮ところどころ▶島元勤 ……… 58-61

中村土地改良部長と職を求むる鮮人青年
　との問答 …………………………… 62

俳句/自由詩/短歌 ………………… 63-67

開業醫の歎息 ………………………… 68

家賃値下げ問答 …………………… 69-71

年末を控えた京城の細民の生活狀態▶本
　誌記者 …………………………… 71-73

昭和製鋼所設置所問題▶本誌記者 … 74-76

財界漫言▶市井隱士 ……………… 77-78

滿鮮の富源/時事日誌/銀行取引停止/疑獄
　關係者/官海異動表 ……………… 79-83

京城商議會頭問題 ………………… 84-85

京城花柳界の淨化は聲計り? ……………… 86

風聞駄語 ……………………………… 87

何うして死ぬるのか▶植村諦 ……… 88-90

朝鮮及滿洲 第266号 1930年 1月

海邊の巖/梅香る

年頭の感▶釋尾旭邦 ………………………… 1

憂慮すべき日本の國狀▶釋尾旭邦 …… 2-4

濱口と犬養▶釋尾旭邦 ……………… 4-5

齋藤總督に進言す▶釋尾旭邦 ……… 6-8

編輯室より▶釋尾旭邦 ……………… 9-10

東西理想國論▶遠藤隆吉(文學博士) ………
　　……………………………… 11-16

日章旗に含む我國體の情神▶今泉定介(神
　宮奉齊會會長) ………………… 16-21

マルクス主義の概觀と批判▶土方成美(東
　京帝大教授) …………………… 21-25

貧乏根絶策考察▶池田照介(經濟博士) ……
　　……………………………… 26-29

世界は協調主義への躍進▶加藤咄堂(東洋
　大學教授) ……………………… 32-36

現代に於けるインテリゲンチヤの地位▶
　佐藤清(京城帝國大學教授) …… 36-40

婦人科學上より見たる女性觀▶工藤武城
　(京城婦人病院長) ……………… 40-43

戰後に於ける英國の勞動運動▶古庄逸夫
　(總督府土地改良課長) ………… 43-47

昭和五年の財界の豫想▶松田義雄 等 ……
　　……………………………… 48-52

世界を旅して▶池田水利課長 等 … 52-57

カナダと英國との關係▶泉哲(京城帝大教
　授) ……………………………… 58-60

詩的哲學者ニイチエの法悅境▶中尾清(京
　城師範學校教諭) ……………… 61-65

高野長英傳抄▶笠神句山(京城日報主筆) …
　　……………………………… 66-68

支那の新しい文藝に就て▶辛島驍(京城帝
　大法文學部講師) ……………… 69-72

一九二九年の朝鮮畵壇管見▶佐藤九二男 ・
　　……………………………… 73-74

私の日常生活▶今村內務局長 等 … 75-77

新春の植物漫談▶緖鞭居士 ……… 78-81

溫泉物語▶綿引朝光(京城帝國大學教授) …
　　……………………………… 81-83

朝鮮の正月▶李光天 ……………… 84-86

正月と新年行事の起源▶松永速雄 … 86-87

午の春の思出▶吉野彦三 ………… 88-89

馬齡の話▶鈴木竹磨(總督府農務課技師) …
　　……………………………… 90-91

馬と午の話▶對山間日樓主人 …… 91-94

世界の馬▶本社編輯部長 ………… 94-95

警務局新幹部の印象▶一記者 …… 96-97

漢詩/俳壇 ………………………… 98-104

玄關の感じ▶訪問記者 ………… 105-106

昭和四年の朝鮮社會相▶本誌記者 ……
　　…………………………… 107-108

南滿洲の事業界▶本誌記者 …… 109-111

朝鮮の事業界-第三次異動表-時事日誌 ……

·· 112–115
京城花柳界爭化と警察 ············· 116–117
風聞駄語 ·· 117
創作 ··· 118–127

朝鮮及滿洲 第267号 1930年 2月

海邊の巖/梅香る
競爭心理▶釋尾旭邦 ································ 1
總選擧戰▶釋尾旭邦 ····························· 2–3
鮮人學校騷擾事件の眞相▶釋尾旭邦 ··· 5–7
鮮人靑年に告ぐ▶釋尾旭邦 ················ 7–8
編輯室より▶釋尾旭邦 ······················ 9–10
國際經濟上に於ける日本の地位▶高木友
　三郎(法政大學敎授) ·················· 11–17
經濟組織の合理化▶土方成美(東京帝大敎
　授) ··· 18–23
戰後に於ける英國の勞動運動▶古庄逸夫
　(總督府土地改良課長) ··············· 24–27
學校卒業生の就職難を論す▶加藤廉平(京
　城高商敎授) ···························· 27–32
金解禁は朝鮮にどう響くか▶木本 外 諸氏
　··· 33–35
産業門外觀▶淺川伯敎 ···················· 35–40
朝鮮の金銀鑛▶本誌編輯室 ············· 40–42
新知事さんに見參▶本誌記者 ········· 43–46
生命と物質の限界▶川上漸(慶應醫大敎授)
　··· 47–50
宗敎の近代的 傾向▶二階堂眞壽(延禧專門
　學校敎授) ······························ 51–53
生命と目的▶梶村正義(京城帝國大學助敎
　授) ··· 53–54
詩的哲學者ニイチエの法悅境▶中尾淸(京
　城師範學校) ···························· 55–59
各國の冬 ···································· 60–65
支那の新しい文藝に就て▶辛島驍(京城帝
　大法文學部講師) ······················ 66–70
朝鮮雅樂の樂律に關する解說▶田中初夫
　··· 70–77

朝鮮に於ける喇嘛敎的遺物と蒙古との關係
　▶加藤灌覺(朝鮮總督府學務局囑託) ·····
　··· 77–81
隨筆▶伊藤龍(鐵道局) ···················· 81–83
高野長英傳抄▶笠神句山(京城日報主筆) ···
　··· 83–85
漢詩/短歌/俳壇 ···························· 86–91
學生騷擾見聞記▶本誌記者 ············· 92–93
西大門刑務所視察記▶本誌記者 ···· 94–97
財界漫言▶市隱 ···························· 97–99
鮮滿の富源–滿洲の事業界–時事日誌–銀行
　取引停止 ······························ 100–103
所謂朝鮮の疑獄事件–風聞駄語 ···· 104–105
創作 ······································· 106–109

朝鮮及滿洲 第268号 1930年 3月

濱口犬養等/春露
編輯室より▶釋尾旭邦 ························ 1
總選擧の摘を觀て▶釋尾旭邦 ··········· 2–4
"日,支,米の三角關係"▶稻原勝治(東京日
　日新聞社編輯顧問) ·················· 11–19
海外の日本人▶大橋忠一(外務省移民課長)
　··· 19–23
滿蒙の開發に就て▶前田基法(日支蒙協會
　幹事長) ································· 23–26
戰後に於ける英國の勞動運動▶古庄逸夫
　(總督府土地改良課長) ··············· 26–28
內鮮共學問題紙上座談會▶各學校長 等 ····
　··· 29–35
內鮮の金利比較▶堀正一(朝鮮商業銀行調
　査課長) ································· 36–39
朝鮮化學工業の現狀▶三山喜三郎(京城高
　等工業學校長) ························ 40–44
歐米と步いて▶武者鍊三(京城電氣株式會
　社專務取締役) ························ 45–47
歐米の印象▶伊森明治(殖産銀行) ··· 47–48
商店經營から見たアメリカ▶岩鶴嘉雄(丁
　子屋商店) ······························· 48

支那の新しい文藝に就て▶辛島驍(京城帝
　大講師) ･････････････････････････ 49–51
朝鮮雅樂の樂律に關する解說▶田中初夫
　･･････････････････････････････ 51–53
傳說のバイオラと其の培養▶水上皇太郎
　(學務局) ･････････････････････ 54–56
朝鮮瞥見漫想▶榧本龜次郎 ･･･････ 56–58
靈と電氣▶立原任(工學博士) ･････ 58–60
禪と文學▶諸留寬 ･････････････ 61–64
各國の議會▶本誌編輯部 ････････ 65–68
スポーツの身體▶久富進(總督府地方課) ･･･
　･･････････････････････････････ 68–70
議會放送に就て▶犬飼憲治 ･･･････ 71–73
朝鮮人の性格▶金素雲 ･･･････････ 73–75
各士談片▶伊藤憲郎 等 ･････････ 76–78
漢詩/俳壇/詩 ･････････････････ 79–84
胃癌問答▶小川蕃(京城帝國大學教授) ･･･
　･･････････････････････････････ 85–87
新しい朝鮮の女よ何處へ行く▶本誌記者
　･･････････････････････････････ 87–89
財界漫言▶TU生 ･･･････････････ 90–91
鮮滿の富源–滿洲の事業界–時事日誌–銀行
　取引停止 ･･･････････････････ 92–96
重も荷を負ふた京城日報社 ･･･････ 97
風聞駄語–塵箱 ･･･････････････ 98–99

朝鮮及滿洲 第269号 1930年 4月

京城の春/朝鮮の綠花
軍縮會議▶釋尾旭邦 ･･････････････ 1
朝鮮政治の根本方針を論じて官民に與ふ
　▶釋尾旭邦 ･･･････････････････ 2–5
朝鮮地方自治制の改定▶釋尾旭邦 ･･･ 5
世の中 ･･････････････････････ 6–10
仙石老を車中に訪ふ▶一記者 ･････ 11–12
代議政治と國民性▶岡實(東京日日新聞社
　長) ･････････････････････････ 13–21
日支兩國と滿洲問題▶G.ウオルター・ヤ
　ング ･･･････････････････････ 22–25

世界に於ける我國の地位と自覺▶丹羽清
　次郎(京城基督教青年會主事) ･･･ 25–27
綠化運動に就ての希望▶後藤收藏(法學博
　士) ･････････････････････････ 27–28
國土の綠化▶木谷重榮(總督府造林課長) ･･･
　･･････････････････････････････ 29–30
實業家の見た不景氣の對策座談會▶武者
　鍊三 等 ･････････････････････ 31–34
人造絹絲の製法と由來▶藤森清(京城商工
　紡織科) ･････････････････････ 35–38
日本の綿工業▶兒玉純一譯(朝鮮殖産銀行)
　･･････････････････････････････ 38–40
朝鮮貿易と內地資金流入の關係▶SY生 ･･･
　･･････････････････････････････ 41–43
春の回想 ････････････････････ 44–49
藥草の探險と哲學思想▶石戶谷勉(京城帝
　大醫學部講師) ･･･････････････ 50–55
潮位と氣壓▶小倉伸吉(理學士) ･････ 55–56
朝鮮の春季漁業▶松野二平(總督府水産科
　技師) ･･･････････････････････ 57–58
朝鮮雅樂の樂律に關する解說▶田中初夫
　･･････････････････････････････ 58–63
足利時代に於ける日支交通の一頓座▶瀨
　野馬熊(朝鮮史編修會囑託) ･･･････ 63–65
高野長英傳抄▶笠神句山 ･････････ 65–68
獨逸の勤勞學校を觀る▶西崎鶴司(京畿道
　財務部長) ･･････････････････ 69–73
一冊の手帳▶安倍能成(京城帝大教授) ･･･
　･･････････････････････････････ 73–75
無目的の旅▶大內武次(京城帝大教授)
　･･････････････････････････････ 75–76
受驗生の顔▶田中梅吉(京城帝大教授)
　･･････････････････････････････ 77–78
漢詩/俳壇/短歌 ･･･････････････ 79–87
季節と精神病の關係▶久保喜代二(京城帝
　大醫學部教授) ･･･････････････ 88–89
注射器から空氣が血管に入ると危險な實
　例▶本誌記者 ････････････････ 90
濟生院と養老院を參觀して▶本誌記者 ･･･

‥‥‥‥‥‥‥‥‥‥‥‥‥‥‥ 91-94
再び決裂せる運送合同問題-非合同派の通
　運側の主張▶本誌記者 ‥‥‥ 95-96
財界漫言 ‥‥‥‥‥‥‥‥‥‥‥‥ 97-98
滿洲の事業界-雜報-時事日誌-銀行取引停
　止 ‥‥‥‥‥‥‥‥‥‥‥‥ 99-105
道評議會と府協議會傍聽記▶一記者 ‥‥‥
‥‥‥‥‥‥‥‥‥‥‥‥‥ 106-108

朝鮮及滿洲　第270号　1930年　5月

臨時議會の花形/牧丹
編輯室より▶釋尾旭邦 ‥‥‥‥‥‥‥‥ 1
勞資爭議批判▶釋尾旭邦 ‥‥‥‥‥ 2-6
第五十八帝國議會▶釋尾旭邦 ‥‥‥ 8-9
朝鮮人と高官に採用すべし▶釋尾旭邦 ‥ 9
東亞日報の發行停止處分▶釋尾旭邦 ‥ 10
運合問題と鐵道局▶釋尾旭邦 ‥‥‥‥ 11
臨時議會傍聽傍觀記▶東京支局記者 ‥ 12
分配問題と中心の緊縮政策▶髙橋龜吉 ‥
‥‥‥‥‥‥‥‥‥‥‥‥‥ 13-20
支那産業の現況と將來▶久保貞一 ‥ 21-23
諾威に於ける穀物專賣の經緯▶西崎鶴司
‥‥‥‥‥‥‥‥‥‥‥‥‥ 24-26
朝鮮開發と內地資本▶善生永助 ‥ 26-29
朝鮮に於ける基督教に就て▶丹羽淸次郞
‥‥‥‥‥‥‥‥‥‥‥‥‥ 29-32
不景氣打開と朝鮮の經濟發展策並に勞資
　紛爭問題批判▶加藤敬三郞 等 ‥ 33-39
世界の種々相と遺傳學▶工藤武城(京城婦
　人病院長) ‥‥‥‥‥‥‥‥ 40-42
地理學と疾病▶小林晴治郞(京城帝國大學
　醫學部教授) ‥‥‥‥‥‥‥ 43-45
腸閉寒死因と火傷の死因▶小川蕃(京城帝
　大教授) ‥‥‥‥‥‥‥‥‥ 45-46
朝鮮座談會▶一記者 ‥‥‥‥‥‥ 47-48
歷史より見たる間島▶川口卯橘 ‥ 49-53
碑文によりて實證せられたる神功皇后の
　新羅征伐▶稻葉君山 ‥‥‥‥ 54-55

民謠雜論▶田中初夫(京城商業學校教諭) ‥
‥‥‥‥‥‥‥‥‥‥‥‥‥ 56-58
新綠と花卉 ‥‥‥‥‥‥‥‥‥‥ 59-64
日本に使うしたる鄭夢周▶松田學鷗 ‥‥
‥‥‥‥‥‥‥‥‥‥‥‥‥ 65-67
高野長英傳抄▶笠神句山 ‥‥‥‥ 67-69
端午の節供▶岡林良作(文學士) ‥‥ 70-73
世はさまざま▶吉野彦三(文學士) ‥ 74-75
朝鮮に於ける官廳の空氣▶新參記者 ‥‥
‥‥‥‥‥‥‥‥‥‥‥‥‥ 76-79
俳壇/短歌/漢詩 ‥‥‥‥‥‥‥‥ 80-86
鮮展に望む▶井上位人 ‥‥‥‥‥‥ 87
花柳病誌上座談會 ‥‥‥‥各 病院長 等
‥‥‥‥‥‥‥‥‥‥‥‥‥ 88-93
露國の勞農化した庫倫 ‥‥‥‥‥‥ 94
財界消息-鮮滿の富源-滿洲の事業界-時事
　日誌-取引停止人-警察界大異動 95-101
朝鮮疑獄事件の公判▶本誌記者 ‥‥ 102
風聞駄語 ‥‥‥‥‥‥‥‥‥‥‥ 103
編輯餘滴 ‥‥‥‥‥‥‥‥‥‥‥ 104

朝鮮及滿洲　第271号　1930年　6月

昌慶苑の'あやめ'と'菊藥'
綠陰閑話▶釋尾旭邦 ‥‥‥‥‥‥‥‥ 1
軍縮條約と統帥權問題▶釋尾旭邦 ‥ 2-5
失業者救濟問題▶釋尾旭邦 ‥‥‥‥ 5-7
米國に於ける日本移民法改正の聲▶釋尾
　旭邦 ‥‥‥‥‥‥‥‥‥‥‥ 8-9
支那又々戰亂を演出して居る▶釋尾旭邦 9
編輯室より▶釋尾旭邦 ‥‥‥‥‥‥ 10
積極的緊縮策▶新渡戸稻造(法學博士) ‥
‥‥‥‥‥‥‥‥‥‥‥‥‥ 11-15
産業の合理化運動▶土方成美(東京帝大教
　授) ‥‥‥‥‥‥‥‥‥‥‥ 16-21
各國國民性の一斑▶渡邊信治(京城師範學
　校長) ‥‥‥‥‥‥‥‥‥‥ 21-24
朝鮮より見たる肥料問題と農村の振興▶
　尾崎史郞(殖産局技師) ‥‥‥‥ 25-29

北海道の開墾生活の實狀▶猪狩滿直 ………
　　　　　　　　　　　　　　　 30-34
財部全權と語らざるの記 ……… 35-36
世界に於ける癩の歷史と癩菌の研究▶志
　賀潔(城大總長) ……… 37-40
女子參政權と分娩率▶工藤武城(京城婦人
　病院長) ……… 40-42
自殺と聯想▶後藤城四郎(東京腦病院長) …
　　　　　　　　　　　　　　　 42-46
各國の初夏 ……… 47-49
保津川下り▶長谷井一沫(朝鮮銀行秘書室)
　　　　　　　　　　　　　　　 49-53
任期滿了の有賀殖産銀行頭取及び森・高
　久兩理事の進退 ……… 54-55
川柳を通して觀た世相の變遷と其の味ひ
　方▶嚴谷小波 ……… 56-58
虞美人草▶水上皐太郎 ……… 59-61
梅雨の話▶矢吹常夫(理學士) ……… 62-64
紺脚絆の山埃▶石田常姜(總督府山林課) …
　　　　　　　　　　　　　　　 64-65
高野長英傳抄▶笠神句山 ……… 66-69
太平會講話傍聽記▶本誌記者 ……… 70-72
俳壇 ……… 73-77
神經衰弱に就て▶久保喜代二(京城帝大教
　授) ……… 78-79
ヒステリ-について▶工藤武城(京城婦人病
　院長) ……… 80
土地改良事業の一般 ……… 82-87
昭和五年度の土地改良に就て▶有賀光豊
　(殖銀頭取) ……… 87-88
水利事業誌上座談會 ……… 88-91
現在の水利組合一覽表 ……… 92-98
朝鮮の財界消息-朝鮮の富源 ……… 99-101
時事日誌-取引停止 ……… 104-105

朝鮮及滿洲 第272号 1930年 7月

金剛山/鴨綠江

時事展望▶釋尾旭邦 ……… 1
不景氣打開論 ……… 2-6
自省心無き民族は向上しない▶釋尾旭邦 7
運合で味噌をつけた鐵道局▶釋尾旭邦 …
　　　　　　　　　　　　　　　 8-10
對支政策の根本義▶佐藤安之助(前代議士)
　　　　　　　　　　　　　　　 11-19
社會の不平等とその對策▶土方成美(東京
　帝大教授) ……… 19-22
消費經濟の根本義▶片山常治(經濟學士) …
　　　　　　　　　　　　　　　 22-25
全朝鮮人の救はるる道▶後藤靜香(希望社
　社長) ……… 26-27
朝鮮に於をける工業不振の原因▶牧山正
　德(總督府殖産局技師) ……… 28-31
小坂拓務次官と陳情責め▶一記者 … 32-34
産業合理化と失業者救濟▶加藤敬三郎(鮮
　銀總裁) ……… 35-37
産業合理化による失業者救濟▶大村卓一
　(朝鮮鐵道局長) ……… 37-39
産業合理化の一步前に▶伊森明治(殖産銀
　行) ……… 40-41
朝鮮統治の方針談片▶宇佐美資源局長談 42
若返り法▶セルゲイ・ビオロノフ … 43-46
ホルモン學說▶金明學(城大醫學部) 47-50
結核の豫防▶綿人朝光 ……… 50-52
運動と酸素▶廣川幸三郎(城大醫學部) …
　　　　　　　　　　　　　　　 53-54
家相と方位に就て▶大澤三之助(工學博士)
　　　　　　　　　　　　　　　 55-58
米國の實相▶德惠義(ロスアンゼルス牧師)
　　　　　　　　　　　　　　　 59-63
湖畔のキヤンプ生活▶西崎生 ……… 64-66
川柳を通して觀た世相の變遷と其の味方
　▶嚴谷小波 ……… 67-70
續民謠雜論▶田中初夫 ……… 70-72
ロ-ザ▶水上皇太郎 ……… 72-74
天の川の話▶川口三郎(理學士) ……… 75-77
七夕祭▶國友英一 ……… 77-78
時の人▶白頭巾 ……… 79-81

漢詩/俳壇/短歌 ……………… 83–86
山と水 …………………… 87
高野長英傳抄▶笠神句山 ……… 88–89
運送非合同派の叫び▶本誌記者 …… 90–92
運送非合同派と大村局長▶本誌記者 ………
………………………………… 92–93
財界消息–朝鮮の富源–京城各銀行の業績
………………………………… 94–98
時事日誌–銀行取引停止 ……… 99–101
貧民窟を觀て▶森二郎 ……… 102–106

朝鮮及滿洲 第273号 1930年 8月

金剛山

銷夏漫言▶釋尾旭邦 …………………… 1
運命說か因果論か▶釋尾旭邦 ………… 2–8
時事展望▶釋尾旭邦 …………… 9–10
社會政策と議會政治▶永井享(東京帝大教
授) …………………………… 11–15
勞農露國と社會文化と科學▶昇曙夢(陸軍
大學教授) ………………… 15–18
支那の不平等條約の將來▶泉哲(京城帝大
教授) ……………………… 18–23
如何にせば朝鮮の工業が成り立つか▶牧
山正德(總督府技師) …… 23–28
文化史上の東と西▶矢吹慶輝(大正大學教
授) …………………………… 29–31
世界人の觀たる日本人の將來▶遠藤作衞
(日本組合教會朝鮮部會長) ……… 31–34
米國の實相▶德憲義(ロスアンゼルス牧師)
…………………………… 34–36
ヨーロッパ人の生活▶山縣靜智(高等工業學
校教授) …………………… 36–39
フイリツピンの風物と果實▶小田安馬(朝
鮮總督府通譯官) ………… 40
不景氣相漫談▶太田正孝(經濟學博士) ……
………………………………… 41–42
阿片雜考▶濱野洋(城大政治公法研究室) …
………………………………… 43–47

高山植物の話▶武田久吉(理學博士) ………
………………………………… 47–50
唇の研究▶竹內傳志(醫學士) … 51–53
汗の話▶三浦贊次郎(醫學士) ……… 54–56
盂蘭盆に就て▶金田靈堂(南山本願寺) ……
………………………………… 56–57
元寇と高麗の學人▶多田正知 ……… 58–61
高野長英傳抄▶笠神句山 ……… 61–63
歐米漫談 …………………… 64–70
佛蘭西の夏を想ふ▶山田新一 … 71–72
味覺漫談 …………………… 73–76
夏と私 ……………………… 77–83
漢詩/俳壇 …………………… 84–85
朝鮮の山を歌ふ▶市山盛雄 …… 86–87
夏季の流行病に就て▶本田建義(永樂町本
田病院長) ………………… 89–92
營養と齒牙▶森哲朗(京城齒科醫學專門學
校附屬病院長) …………… 93–95
若返り法に就ての感想▶今村豊八(永樂町
本田病院長) ……………… 96–97
夏季と植物▶佐藤剛藏(京城醫專校長) ……
………………………………… 97–99
人造氷の出來るまで ……………… 100
財界消息–鮮滿の富源–會社銀行消息–時事
日誌–取引停止表 ……… 101–106
風聞駄語 …………………… 107–108
夏の朝鮮街▶一遊子 …………… 109–110

朝鮮及滿洲 第274号 1930年 9月

秋來る

秋窓漫語▶釋尾旭邦 …………………… 1
經濟國難打開の兩論▶釋尾旭邦 …… 2–9
時事雜記▶釋尾旭邦 …………… 10
產業合理化と失業問題▶永井享(經濟學博
士) …………………………… 11–14
失業問題解決私案▶林毅陸(慶應義塾塾長)
………………………………… 15–18
盜犯防止の法律に就て▶泉二新熊(司法省

刑事局長) ……………… 18–22

英國に於ける産業政策▶石井靜人(拓植大
學教授) ……………… 23–27

佛蘭西の絹工場視察所感▶室田武(總督府
中央試驗場技師) ……………… 28–29

印度農村生活の改善▶兒玉純一譯(朝鮮殖
産銀行) ……………… 29–33

文化史上の東と西▶矢吹慶輝(大正大學教
授) ……………… 35–37

世界人の觀たる日本人の將來▶遠藤作衞
(日本組合教會京城教會牧師) … 38–40

教育漫談▶小原國芳(東京成城高等學校教
授) ……………… 40–44

體驗としての宗教▶鈴木大拙(大谷大學教
授) ……………… 45–48

歐米各國の國民體育▶赤間雅彦(東京體操
學校教官) ……………… 48–49

"朝鮮の都市に於ける腸チフス, 赤痢豫防の
根本施設"▶西龜三圭(總督府衞生課長) ·
……………… 50–53

皮膚の所謂'エゾフイラキシ–'に就て▶片
岡八束(京城醫專附屬醫院皮膚科) ………
……………… 53–55

夏の最中に繩の少なる理由▶小林晴治郎
(京城帝國大學醫學部) ……… 55–57

モスコーとローマ▶山縣靜智(京城高等工
業學校教授) ……………… 58–59

露支國境の旅の想出▶澁谷禮三(朝鮮銀行
調査課長) ……………… 59–60

支那情緒漫談▶後藤朝太郎(文學士) ………
……………… 60–64

世界珍聞集▶吉野彦三 ……………… 64–65

滿洲と高麗民族との地史的關係▶清水兵
三 ……………… 66–67

釋尊の女性觀▶沖川乘圓(文學士) … 68–70

高野長英傳抄▶笠神句山 ……… 71–72

漢詩/俳壇/短歌 ……………… 73–77

某大學教授 ……………… 78

朝鮮の水産業–朝鮮財界消息–鮮滿の富源–

鮮銀總裁–殖銀頭取財界談 ……… 79–91

風聞駄語 ……………… 92

各國の國勢調査に就て▶河野節夫 … 93–94

朝鮮及滿洲 第275号 1930年 10月

秋の內金剛/秋

世相所感▶釋尾旭邦 ……………… 1

朝鮮疑獄の公判と山梨前總督▶釋尾旭邦
……………… 2–9

時事數題▶釋尾旭邦 ……………… 10

社會思想發生の原因▶河津暹(法學博士) …
……………… 11–14

社會政策とその發展▶岸本誠二郎(法政大
學教授) ……………… 14–16

支那の將來と日本帝國▶室伏高信 … 17–19

文化史上の東と西▶矢吹慶輝(大正大學教
授) ……………… 20–22

光を追ふ者▶甲斐靜也 ……………… 22–24

教育漫談▶小原國芳(東京成城高等學校教
授) ……………… 25–28

國家經濟と婦人の自覺▶沼田せい … 29–31

都市計劃と公園▶上田敬三(林學博士) ……
……………… 31–33

後より來る者の爲めに▶笠谷保太郎(京城
基督教靑年會總務) ……………… 33–34

小說家の講演 ……………… 35

朝鮮に於ける消費考察▶善生永助 … 36–38

朝鮮の產業開發と無煙炭の利用▶內田鯤
五郎 ……………… 38–41

有望なる北鮮の畜産▶吉田雄次郎 … 42–43

營養上に於ける副養要素の價値▶佐藤小
五郎(醫學博士) ……………… 44–46

'痔'に就て▶上田精(城大醫學部) … 47–48

城大教授へ▶一角帽生 ……………… 49

新聞雜誌のこと▶伊藤憲郎 ……………… 50

鑑賞と創作▶菊池寬 ……………… 51–53

科學小說の提唱▶直木三十五 ……… 54–55

基督の觀た女性▶大內泰五 ……… 56–57

紅葉と紅葉の科學▶厚本勝基(工學博士) … ……………………………………… 58-60
各國の秋 ……………………………… 61-63
名士の素描▶I・I生 ……………… 64-65
漢詩/俳壇 ………………………… 66-70
盜犯防止法に就て心得べき要點▶深澤新
　一氏 談 ………………………… 71-72
朝鮮簡易保險の狀況▶本誌記者 … 73
電力料金に就て內鮮の比率▶本誌記者 ……
　…………………………………… 74-75
京城の地價−忠北の米−京城府納稅より觀
　た朝鮮人 ………………………… 78-83
朝鮮疑獄公判餘論▶一記者 ……… 84-85
風聞駄語 …………………………… 86
日返りの納金剛見物▶東邦生 ……… 87-90

朝鮮及滿洲 第276号 1930年 11月

大觀艦式/師團對抗演習
教育勅語と時代相▶釋尾旭邦 ………… 1-7
編輯室より▶釋尾旭邦 ………………… 8
生活の合理化と國産愛用▶太田正孝(經濟
　學博士) …………………………… 9-11
科學的經營と能率▶進藤安賴(經濟學士) …
　…………………………………… 12-14
世界の經濟と歐米聯盟▶倉橋藤次郎 ………
　…………………………………… 15-16
我が國經濟の過去現在及將來▶植野勳(殖
　産銀行) …………………………… 17-19
我が國貿易の現狀と將來▶住井辰夫(三井
　物産支店長) ……………………… 20-22
支那の將來と日本帝國▶室伏高信 … 22-26
文化史上の東と西▶矢吹慶輝(大正大學敎
　授) ………………………………… 27-29
敎育勅語と李退溪▶松田學鷗(總督府囑託)
　…………………………………… 29-31
盜犯防止法上の正當防衛側面觀▶宮本元
　…………………………………… 32-35
間島事件と穗積外事課長 …………… 36

朝鮮の鑛物に就て▶川崎繁太郎(理學博士)
　…………………………………… 37-38
朝鮮に於ける燃料問題解決策▶內田鯤五
　郎(朝鮮總督府) ………………… 39-42
小工業者の難局打開策▶三嶋正二(總督府
　商工課) …………………………… 42-44
歐米最近の醫學衛生狀況▶土橋光太郎(城
　大小兒科敎授) …………………… 45-46
朝鮮の傳染病に就ての感想▶田中丸治平
　(田中丸病院長) ………………… 46-49
學校衛生と體育問題▶綿人朝光(城大醫學
　部敎授) …………………………… 49-51
釋奠祭に臨みて▶宇野哲人(東京帝大敎授)
　…………………………………… 52-54
滿洲と高麗民族との地史的關係▶淸水兵
　三 ………………………………… 54-57
Y君の淫學研究談 ………………… 58
ロ−マに旅して▶平山政十 …………… 59
西洋雜話▶山下秀隆(朝鮮産業銀行專務) …
　…………………………………… 61-63
米國の社會相▶山本好造氏 談 ……… 63-64
裸體畫論▶那須蒼原(文學士) ……… 64-67
歐米及び吾國に於ける賣笑婦變遷記▶SK
　生 ………………………………… 67-69
俳壇/漢詩 ………………………… 70-72
山東九水紀行▶市山盛雄 ………… 73-74
城大生の高文受驗不成績に就て城大當局
　の意見を聽く▶本誌記者 ………… 75
貯銀新頭取林さんの不景氣と貯蓄の話 ……
　…………………………………… 76
小賣商人の生きて行く道▶吉川義弘(京城
　高等商業學校敎授) ……………… 77-80
六年度の豫算−全鮮農業生産高−石炭界−保
　險界消息−物價比較表 ………… 81-93
風聞駄語 …………………………… 94-96

朝鮮及滿洲 第277号 1930年 12月

伊豆半島中心の大地震/ブルース夫人の歐

亞旅行

歳末雑感▶釋尾旭邦 ……………………… 1

朝鮮の教化事業▶釋尾旭邦 ……………… 2-5

時事展望▶釋尾旭邦 ……………………… 6-8

不景氣と其の禍根▶野口章治(經濟學士) …
………………………………………… 9-13

産米增殖策の困難▶矢内原忠雄(東京帝國
大學教授) …………………………… 14-16

英國の産業不況對策討議▶松山商務參事
官 …………………………………… 17-20

經濟國難打開策▶植木秀幹(水原高農教授)
………………………………………… 21-24

我が國經濟界の將來▶森悟一(貯蓄銀行頭
取) ………………………………… 25-28

支那領事裁判雜考▶岩崎二郎(城大國際公
法研究室) ………………………… 29-34

新國際社會と國際協力▶高橋漢太郎(法學
士) ………………………………… 35-38

日韓の交通と高麗板大藏經の渡來▶瀨野
馬雄 ……………………………… 38-40

教化事業懇談會に出席した山川男本田前
大使松井博士 等の印象▶一記者 ……… 41

朝鮮無煙炭の存在狀態と炭質▶内田鯤五
郎(朝鮮總督府燃料選鑛研究所技師) ……
………………………………………… 42-46

朝鮮の鑛物に就て▶川崎繁太郎(地質調査
所長) ……………………………… 47-48

小工業者の難局打開策▶三嶋正二(朝鮮總
督府殖産局商工課) ………………… 48-51

德川時代の米價調節▶堀正一(朝鮮商業銀
行調査課長) ……………………… 51-53

久しぶりに海老名彈正翁の講演を聽いて
▶東邦生 …………………………… 54

内臟外科漫談▶小川蕃(醫學博士) … 55-56

子規の歌に就て▶齋藤茂吉 ………… 57-59

歐米及び吾國に於ける賣笑婦變遷記▶SK
生 ………………………………… 59-60

樂天觀と厭世觀▶岡田美成(文學士) 61-64

名なしの男▶吉野彦三 ……………… 65-66

朝鮮と其の飼養法▶吉田雄次郎(殖産局農
務課) ……………………………… 66-67

關水前府尹と安藤新府尹▶白頭巾 … 68-69

短歌/詩 …………………………… 70-73

街頭白面相▶市井散史 …………… 74-75

デパート評判記▶本誌記者 ……… 76-77

財界消息▶本誌記者 ……………… 78-80

幽靈會社朝鮮産業會社の正體 ……… 81

世相百態-事業界-時事日誌-取引停止 ……
………………………………………… 82-87

風聞駄語 …………………………… 88

朝鮮及滿洲 第278号 1931年 1月

社頭の雪/羊

年頭雑感▶釋尾旭邦 ……………………… 1

人物の平凡化▶釋尾旭邦 ……………… 2-5

某大官と記者との人物問答 ……………… 6-8

世界の不況に對する聯盟の努力▶泉哲(京
城帝國大學教授) ………………… 11-18

世界的不景氣の眞相▶阿部勇(法政大學教
授) ………………………………… 19-23

經濟難局打開の一方策▶馬場鍈一(日本勸
業銀行總裁) ……………………… 23-25

現下の我が思想界▶深作安文(文學博士) …
………………………………………… 26-32

現代祖國の救如何▶遠藤作衛(京城基督教
會牧師) …………………………… 33-35

一英國作家の觀た現代日本文學▶寺本喜
一(京城帝大英文學研究室) ……… 36-39

不動の詩人トマス、マン▶田中梅吉(京城
帝大助教授) ……………………… 39-44

創作過程に就て▶小松鳳三(京城帝大心理
學研究室) ………………………… 44-45

伯林明暗風景▶西崎生 …………… 46-50

歐米視察談▶福士末之助(總督府視學官) …
………………………………………… 50-53

正月行事の植物▶竹中要(京城帝大豫科教
授) ………………………………… 54-57

近代演劇の變遷と樂劇の動向(1)▶中尾清
　（京城師範教論）‥‥‥‥‥‥‥‥ 57-62
神經病と神經衰弱▶原振諸(京城櫻井町原
　病院長)‥‥‥‥‥‥‥‥‥‥‥ 62-64
財界の大局觀▶有賀光豊氏談 ‥‥‥‥ 65-67
朝鮮の地に埋れてゐる金の姿▶本誌記者
　‥‥‥‥‥‥‥‥‥‥‥‥‥‥ 67-70
百貨店對小賣店問題の一展覽▶吉田敬治
　（商學士）‥‥‥‥‥‥‥‥‥‥ 70-73
今年の朝鮮工事界▶小野久太郎(朝鮮經濟
　日報社長)‥‥‥‥‥‥‥‥‥‥ 74-77
本年に於ける財界の豫想 ‥‥‥‥‥ 78-82
ウイリアムスとブス▶笠谷保太郎(京城基
　督教青年會幹事)‥‥‥‥‥‥‥ 83-85
運命開拓の鍵▶草野芳村(文學士)‥ 85-88
朝鮮巡査の生活▶寒山生 ‥‥‥‥‥ 88-90
産業としての緬羊▶吉田雄次郎(總督府畜
　産課)‥‥‥‥‥‥‥‥‥‥‥‥ 91-92
羊漫談▶六條哲人(文學士)‥‥‥‥ 93-95
城大教授物語り▶春秋生 ‥‥‥‥‥ 96-97
漢詩/短歌/俳壇 ‥‥‥‥‥‥‥‥ 98-105
緣起の話▶上條靜波(文學士)‥‥ 106-108
末世の男女▶高島哲士(文學士)‥ 109-110
酒!!!酒▶圖部六 ‥‥‥‥‥‥‥‥‥‥ 111
財界消息▶靜觀子 ‥‥‥‥‥‥ 112-113
街頭百面相▶本誌記者 ‥‥‥‥ 114-120
昭和五年に於ける朝鮮社會相▶本誌記者
　‥‥‥‥‥‥‥‥‥‥‥‥‥ 121-124
時事日誌/風聞駄語 ‥‥‥‥‥‥ 125-127
小說 ‥‥‥‥‥‥‥‥‥‥‥‥ 128-134

朝鮮及滿洲 第279号 1931年 2月

紅海/羊
爭議爭鬪の心理▶釋尾旭邦 ‥‥‥‥‥‥ 1
第五十九帝國議會の政戰▶釋尾旭邦 ‥ 2-6
朝鮮と滿洲の近況▶釋尾旭邦 ‥‥‥ 6-7
朝鮮官海の小異動▶釋尾旭邦 ‥‥‥ 7-9
世界の財界▶釋尾旭邦 ‥‥‥‥‥‥‥ 10

國家生活と共存主義▶松本重敏(明治大學
　教授)‥‥‥‥‥‥‥‥‥‥‥ 11-15
利潤分配論▶土方成美(東京帝國大學教授)
　‥‥‥‥‥‥‥‥‥‥‥‥‥‥ 16-20
マルクシズムの功罪▶河合榮次郎(東京帝
　國大學教授)‥‥‥‥‥‥‥‥ 20-26
米國に於ける農業救濟問題▶兒玉純一(朝
　鮮殖産銀行調查課)‥‥‥‥‥ 26-28
支那國民性の基調▶林田六郎(法學士)‥‥‥
　‥‥‥‥‥‥‥‥‥‥‥‥‥‥ 29-32
支那の犯罪文學▶辛島驍(城大助教授)‥‥‥
　‥‥‥‥‥‥‥‥‥‥‥‥‥‥ 32-36
奉天の東陵と北陵▶清水兵三 ‥ 36-40
勞農露國の社會と家庭▶昇曙夢(陸軍教授)
　‥‥‥‥‥‥‥‥‥‥‥‥‥‥ 40-43
生活難から來る朝鮮の世相▶善生永助(總
　督府囑託)‥‥‥‥‥‥‥‥‥ 44-45
一英人の書いた朝鮮旅行記▶岩山勝(大連
　第二中學校教論)‥‥‥‥‥‥ 45-49
統計的に見た肺結核死亡の諸相▶二宮司
　（京城帝國大學衛生學教室）‥‥‥ 50-54
分らぬ病マラリア▶小林晴治郎(京城帝國
　大學醫學部)‥‥‥‥‥‥‥‥ 54-55
我が儘な天氣模樣を相手にして▶窪田次
　郎治(京城測候所長)‥‥‥‥‥ 56-57
職業紹介所から觀た京城生活相▶宮原馨
　（京城職業紹介所長）‥‥‥‥‥ 57-59
デパートから觀た京城の世相▶加藤常美(三
　趣京城支店長)‥‥‥‥‥‥‥ 59-60
財界の春は遲々として遠い▶澁谷禮治(朝
　鮮銀行調查課長)‥‥‥‥‥‥ 60-61
最近の露國と語る▶ウシリイ・クスネツ
　オフ(京城駐在ソビエト聯邦總領事館總
　領事 ‥‥‥‥‥‥‥‥‥‥‥ 61-62
近代演劇の變遷と樂劇の動向(2)▶中尾清
　（京城師範學校教論）‥‥‥‥‥ 63-66
ボードレエルの少年期▶山崎知二(城大助教
　授)‥‥‥‥‥‥‥‥‥‥‥‥ 67-70
朝鮮の古書に現はれた金と女の天下▶朴

書房 ……………………………… 70-72

人物に三種あり▶陽明莊主人 ……… 72-75

スケート遠征雜觀▶藤井秋夫(京城帝大豫科
教授) …………………………… 75-77

城大敎授物語り▶春秋子 ……………… 78-80

漢詩/俳壇 ……………………………… 81-87

財界消息 ……………………………… 91-92

滿蒙毛織株式會社 …………………… 93

昨年中の京城花柳界の水楊高 ………… 94

時事日誌/京城商工會議所/風聞駄語 95-97

京城商工會議所の紊亂▶一記者 …… 98-99

上内京畿警察部長へ▶一記者 ……… 99-100

朝鮮及滿洲 第280号 1931年 3月

春は先づ技頭に動く/亂鬪の議場

編輯室より▶釋尾旭邦 ………………… 1

議會の品位向上策▶釋尾旭邦 ………… 2-4

國民を擧げる政爭の渦中に投ぜんとす▶
釋尾旭邦 ……………………………… 5-6

山梨大將の無罪判決▶釋尾旭邦 ……… 6-8

最近世界經濟の動向▶高木友三郎(法政大
學敎授) ……………………………… 11-19

財政上より觀たる支那▶木村增太郎(經濟
學博士) ……………………………… 19-23

不景氣と殖民▶清水留三郎(前代議士) ……
………………………………………… 24-27

自治の試鍊に立つ朝鮮▶神田正雄(前代議
士) …………………………………… 27-32

支那の犯罪文學▶辛島驍(城大助敎授) ……
………………………………………… 33-36

支那に於ける排日の內面觀(1)▶宮崎五十
騎(京城師範敎諭) …………………… 36-39

朝鮮に於ける都邑の發達▶善生永助(朝鮮
總督府囑託) ………………………… 39-43

常談室 ………………………………… 44-47

母國の政爭と彼方に▶李仲剛(中華民國駐
在朝鮮總領事館) …………………… 47

雛祭の沿革▶湯淺利夫(文學士) ……… 48-50

セイヌ河の憂▶山田新一 …………… 50-52

ぬれぎぬ▶吉野彦三 ………………… 52-55

小川外科座談會 ……………………… 56-61

城大敎授物語(3)▶春秋子 …………… 62

漢詩/俳壇 …………………………… 64-69

猛獸と母子愛 ………………………… 70-72

計量器と生活改善▶下群山氏談 …… 73-75

滿洲のそきの記▶HK生 …………… 76-79

財界消息▶靜觀子 …………………… 79-81

濟州道/下半期の植銀業績/朝鮮本年度の土
木事業/六年度に於ける朝鮮鐵道建設改
良工事 ……………………………… 82-86

時事日誌/風聞駄語 ………………… 87-90

東都新聞界の消息▶城南隱士 ……… 91-93

南山の麓に住みて▶諸留寬(文學士) ………
………………………………………… 94-96

朝鮮及滿洲 第281号 1931年 4月

ほっと一息ついた現內閣/春

頑張りか恬談か▶釋尾旭邦 …………… 1

第五十九帝國議會を顧みて▶釋尾旭邦 ……
………………………………………… 2-4

現內閣の人心一新策▶釋尾旭邦 ……… 5-6

朝鮮の地方自治改正施行▶釋尾旭邦 … 6-7

失業救濟の本義を忘るな▶釋尾旭邦 … 7

第五十九議會の戰跡に於ける議政壇上の
鬪士と閣僚▶城南隱士 …………… 8-10

資本主義經濟組織と社會政策▶土方成美
(經濟學博士) ……………………… 11-15

世界的恐慌の將來▶小島精一(法政大學敎
授) ………………………………… 15-19

最近の支那▶谷正之(外務省亞細亞局第一
課長) ……………………………… 19-22

西洋を視て東洋の誇を知る▶福士末之助
(總督府視學官) …………………… 22-27

田園家塾に於ける勞作敎育の一形態▶松
月秀雄(京城帝大敎授) …………… 27-31

學徒の觀た朝鮮▶東洋大學敎授及學生 ……

························· 32

支那に於ける排日の内面觀(2)▶宮崎五十
騎(京城師範學校教諭) ············ 34-37

支那の犯罪文學▶辛島驍(城大助教授) ·····
··························· 37-41

工業資本主義の行詰▶三嶋正二(朝鮮總督
府商工課) ···················· 41-43

朝鮮都市に於ける瓦斯事業考察▶齋藤勘
七(京城電氣會社瓦斯課長) ········ 44-48

城大病院岩井内科座談會 ··········· 49-58

美學的考察に基づく樂劇の動向▶中尾清
··························· 58-60

腦の胃され易い春と其豫防法▶笹村鐵雄
(醫學博士) ··················· 60-63

季節の性慾▶山内繁雄(理學博士) ··· 63-65

花守日記▶長谷井一沫(朝鮮總督府秘書課)
··························· 66-68

城大教授物語(4)▶春秋子 ········· 60-70

俳壇/短歌 ···················· 71-77

財界消息▶靜觀子 ··············· 78-82

時事日誌 ····················· 83-85

京城商議會頭問題と府會議員選擧戰線 ·····
··························· 86-87

風聞駄語 ····················· 87-88

京城本町筋繁榮策誌上座談會 ······ 89-93

朝鮮及滿洲 第282号 1931年 5月

京城に於ける天長節祝賀會/忠南湖南の春
色

散り行く花の下にて▶釋尾旭邦 ··········· 1

忠南湖南の春を尋ねて▶釋尾旭邦 ····· 2-8

某代議士の政局談▶一記者 ········ 9-10

東京より▶一記者 ·············· 11-14

歐米に於ける反共産運動の概況▶泉二新
熊(司法省刑事局長) ············ 17-21

社會主義發生の原因▶深作安文(東京帝大
教授) ······················ 22-25

滿洲鐵道問題と日支關係▶山崎隆吾(法學
士) ························· 25-29

滿蒙問題の檢討▶白山黑水生 ······· 30-34

銀貨暴落と我が對支貿易▶谷本太郎(商學
士) ························· 36-40

工業資本主義の行詰と朝鮮に於ける工業の
將來▶三嶋正二(朝鮮總督府商工課) ·····
··························· 40-48

ガソリンの産む道路網▶西崎鶴司(釜山稅
關長) ······················ 48-52

西洋を視て東洋の誇りを知る▶福士末之
助(總督府視學官) ············· 52-55

朝鮮民族の向ふべき途▶廣井辰太郎(中央
法政兩大學教授) ·············· 55-59

公娼廢止問題の最近の情勢▶鳥原重行 ·····
··························· 59-64

支那の犯罪文學(4)▶辛島驍(城大助教授) ··
··························· 65-69

自殺者の内因▶三田定則(醫學博士) ·······
··························· 69-70

性慾異常と犯罪關係▶鈴木孔三(醫學士) ···
··························· 71-73

アメリカ人の在鮮回顧錄▶本誌編輯部譯
··························· 74-78

城大教授物語(5)▶春秋生 ······ 79-80

漢詩/俳壇 ···················· 81-84

鮮滿財界消息▶靜觀子 ··········· 85-87

朝鮮各道の展望/時事日誌 ········· 88-94

京城府會議員立候補者の意見發表 ··· 95-97

京城府會議員立候補者一覽表 ········· 98

風聞駄語 ······················· 99

城大病院高楠產婦人科座談會 ····· 100-104

朝鮮及滿洲 第283号 1931年 6月

支那の各地/第十回鮮展の作品

滅俸所感▶釋尾旭邦 ················ 1

支那の近況を視察して我對支外交に論及
す▶釋尾旭邦 ·················· 2-6

蔣介石と張學良▶釋尾旭邦 ··········· 7-8

齋藤總督と仙石總裁の辭職問題▶釋尾旭邦 ………… 8-9

編輯室より▶釋尾旭邦 ……………………………… 10

林奉天總領事を訪れて▶釋尾旭邦 … 11-12

青年は何故にマルクス主義に傾くか▶加藤堂(東洋大學教授) ……………… 13-16

國民教化の困難に就て▶紀平正美(文學博士) ……………………………………… 16-18

我が國際經濟政策の現況▶江木翼(鐵道大臣) ……………………………………… 18-20

都市と農村▶前田多門(東京市政調査會理事) ……………………………………… 21-23

滿蒙問題の檢討▶白山黑水生 ……… 24-27

工業資本主義の行詰と朝鮮に於ける工業の將來▶三嶋正二(法學士) ……… 28-30

經濟界の前途と朝鮮人の財的向上座談會▶伊森殖銀理事(總督府商工課) … 31-32

陶磁器の鑑賞と實技▶大橋武夫(中央試驗所技師) ……………………………… 33-35

朝鮮に關係ある在東京の人々▶森凡 ……………………………………………… 36-38

經濟界の前途と朝鮮人の財的向上策紙上座談會 ……………………………… 39-43

食物の科學と保健▶佐藤剛藏(京城醫專校長) ……………………………………… 44-50

支那の犯罪文學(5)▶辛島驍(城大助教授) … ……………………………………… 50-53

畸骨北窓と酒仙古玉▶多田正知(城大豫科教授) ……………………………… 54-56

葉の綠▶柴田珪太(理學博士) ……… 56-57

城大教授物語(6)▶春秋子 ……… 58-59

城大病院産婦人科座談會 ……… 60-62

漢詩/俳壇 ……………………………… 63-70

第十回鮮展に對する批評 ……… 71-75

朝鮮各道の展望 ……………………… 76-79

財界消息▶靜觀子 ………………… 80-81

官吏の減俸額/時事日誌/銀行取引停止/京城府會議員總選擧當選者/五月中の工事請求額 ………………………………… 82-88

風聞駄語 ……………………………… 89

京城から大連への飛行機旅行▶東邦生 ………………………………………… 90

朝鮮及滿洲 第284号 1931年 7月

朝鮮と滿洲の新首腦者/支那の舊皇城

時事寸言▶釋尾旭邦 ………………………… 1

最近の支那を視て▶釋尾旭邦 ………… 2-6

宇垣新總督に與ふ▶釋尾旭邦 ……… 7-11

萬寶山事件と在鮮支那人事件▶釋尾旭邦 ………………………………………… 12

教化運動と其の從事者▶關玉龍吉(文部省社會教育局長) ……………………… 13-16

道德的共産主義解說▶深作安文(東京帝大教授) ………………………………… 16-18

重要商品と通じて觀たる世界景氣▶難波正(商學士) ……………………………… 18-22

中小工業の缺陷と匡濟策▶小山宗治(經濟學士) ………………………………… 23-27

民政黨と政友會の次の總裁問題▶城南隱士 ………………………………………… 28-31

實驗室より工場へ▶山村銳吉 ……… 32-35

宇垣新總督に對する民間有志の希望▶數十名士 ………………………………… 35-41

人類の逆淘汰▶工藤武城(京城婦人病院長) ………………………………………… 42-46

血液反應より見たる人體の個人性▶白麟濟(中央試驗所長) ………………… 46-49

日本國民と米食▶占部寬海(中央試驗所技師) ………………………………………… 49-54

談話室 …………………………………… 54-55

支那の犯罪文學(6)▶辛島驍(城大助教授) … ………………………………………… 56-59

音樂史上に於けるウグネルの革新▶中尾清(京城師範教諭) ………………… 59-63

高められた[自治領]の地位▶高橋漢太郎(法學士) ………………………………… 63-66

獨乙の大學生の生活▶白井成允(京城帝大

教授) ················· 67-72

城大教授物語(7)▶春秋子 ········ 72-75

'夜の東京'縱横記▶森凡 ········ 75-79

城大教授物語▶春秋子 ·········· 80-81

漢詩/俳壇 ····················· 82-86

鮮病財界往來▶靜觀子 ·········· 87-89

京城のカフェ-戰線▶三面子 ······ 90-94

時事日誌/風聞駄語 ·············· 94-98

朝鮮及滿洲 第285号 1931年 8月

支那各地の風景/金剛山の雄姿

山へ水へ ························· 1

宇垣總督は何をして居るのか▶釋尾旭邦
··························· 2-4

支那の時局▶釋尾旭邦 ············ 4

滿鐵の大改革▶釋尾旭邦 ·········· 5

着任後の宇垣總督▶釋尾旭邦 ······ 6-7

"新に來た人, 去つた人"▶釋尾旭邦 ··· 8-12

社會道德の頹廢に就て▶三輪田元道(三輪
田女學校長) ················ 13-17

海外發展と移民問題▶坂本龍起(通商局第
三課長) ··················· 18-21

低物價時代の將來▶谷本太郎(商學士) ····
··························· 22-24

婦人賣買禁止に關する國際的運動▶泉哲
(城大教授) ················ 25-28

高められた[自治領]の地位(完)▶高橋漢太
郎(法學士) ················ 28-31

[政黨と金]秘話▶森凡 ·········· 32-36

癌の話▶佐藤小五郎/牧野久吉 ······ 37-40

日本國民と玄米食(2)▶占部寬海(占部病院
長) ······················ 41-43

疲勞の原理と防止法▶内藤道夫(醫學士) ···
··························· 44-46

山岳氣分▶武田久吉(醫學博士) ····· 48

歐洲アルプス▶中村雨造(城大教授) 49-50

冠陰峯の登攀▶下出繁雄(東洋拓植株式會
社) ······················ 51-55

濟州道の漢拏山▶今村鞆 ········ 55-56

キャンプの生活▶丸山彰造(第二十師團經
理部長) ··················· 57-58

或るキャンピングの追憶▶小松鳳三(城大
法文學部心理學研究室) ········ 59-61

ロック・クライミング▶林茂(R.C.C)
··························· 61-63

水泳に就て▶早稻田英章(龍山鐵道局) ·····
··························· 64-68

水泳の起源と各國の變遷▶上田芳舟
··························· 69-72

佐渡を中心に日蓮を語る▶柄澤四郎 ·····
··························· 73-75

文祿・慶長役と朝鮮文化(1)▶奧田直毅(朝
鮮總督府圖書館司書) ·········· 76-78

鮮人女學生は何處へ往く(1)▶本誌A記者 ···
··························· 79-82

海外ニユース二三▶吉野彦三 ···· 81-82

城大教授物語(8)▶春秋子 ······ 83-84

漢詩/俳句/俳壇 ················ 85-89

耶馬溪遊記▶長谷井一沫(朝鮮銀行)
··························· 90-92

夏と食思▶酒井順一(朝鮮ホテル支配人) ···
··························· 92-93

朝鮮の舊劇を觀るの記▶本誌記者 ··· 93-97

財界往來▶靜觀子 ·········· 98-100

時事日誌/銀行取引停止 ······ 101-103

烽火を擧げた京城の電氣瓦斯府營大會▶
一記者 ·················· 104-105

風聞駄語 ················· 106-107

京城のカフェ-戰線▶三面子 ··· 108-109

朝鮮及滿洲 第286号 1931年 9月

逝ける浜口雄幸氏/秋

盤根錯節に當る人」▶釋尾旭邦 ······· 1

日支關係の將來▶釋尾旭邦 ········ 2-4

宇垣總督と語る▶釋尾旭邦 ········ 5-7

支那遊雜記▶釋尾旭邦 ·········· 8-11

森恪氏の支那觀-編輯室より▶釋尾旭邦 … ………………………………………… 12

世界の[赤子]物語▶山部正明(經濟學士) … ………………………………… 13-15

我が財界の現在と將來▶森孝市(經濟學士) ………………………………… 15-18

マルクスの唯物的世界觀▶土方成美(經濟 學博士) ………………………… 18-20

露國將來の進化▶ジヨン・デユキ- 20-24

支那の難關▶クラーク記 …………… 24-27

消費組合の運動と其の將來▶三嶋正二(總 督府商工課) …………………… 28-30

歐米人の生活を視察して▶本田建義(京城 本田病院長) …………………… 31-33

巴里生活の印象より▶遠田運雄 …… 33-36

癌の話▶佐藤小五郎/牧野久吉 …… 36-39

日本國民と玄米食(3)▶占部寬海(京城占部 病院長) ………………………… 40-42

親子兄弟は何故相似るか▶山內繁雄(理學 博士) …………………………… 43-45

城大病院神經精神科座談會 ………… 46-56

東京の政情▶城南隱士 ……………… 56-59

支那から見た朝鮮(1)▶稻葉君山 …… 60-63

文祿・慶長役と朝鮮文化(2)▶奧田直毅(朝 鮮總督府圖書館司書) ………… 64-67

ゲール氏の[朝鮮印象記]▶大口義夫 譯 ……… ………………………………… 67-70

佐渡を中心に日蓮を語る▶柄澤四郎 … ………………………………………… 71-75

西洋の親子▶吉野彥三(文學士) …… 76-77

夏休み終わる頃▶諸留寬(京城中學校教諭) ………………………………………… 77-80

初秋と星▶波定太郎(理學士) ……… 80-82

太平漫語▶榎木荷水 ………………… 83-84

俳壇/短歌 …………………………… 85-88

京城帝大の精神科病室を觀て ……… 89

京城の野球界物語り▶本誌記者 …… 90-97

京城電氣瓦斯公營の府會傍聽記▶一記者 ………………………………… 98-100

財界往來▶靜觀子 ………………… 101-103

時事日誌 …………………………… 104-106

京城料亭界を革新すべし▶一記者 … ………………………………… 107-108

風聞駄語 …………………………… 108-109

朝鮮及滿洲 第287号 1931年 10月

滿洲事變の寫眞

編輯室より▶釋尾旭邦 ………………… 1

滿洲事變の現在と將來▶釋尾旭邦 …… 2-6

朝鮮官界の異動▶釋尾旭邦 ………… 7-10

國際聯盟の權限につき泉博士と記者との 問答▶本誌記者 ………………… 11

累積せる滿蒙交涉の懸案一覽表 ……… 12

共同生活觀念の確立▶穗積重遠(法學博士) ………………………………… 13-17

學生思想問題と其の對策▶栗屋謙(前文部 次官) …………………………… 18-21

日本は支那を救ひ得るか▶ルジンデエル ………………………………… 22-26

政界夜話▶城南隱士 ………………… 27-30

世界財界恐慌の展望▶津田初太郎(經濟博 士) ……………………………… 31-33

資源より觀たる滿蒙の現況▶本誌記者 … ………………………………… 33-37

朝鮮に於ける輸移出入超過の推移に就て ▶澁谷禮治(朝鮮銀行調查課長) … 37-41

水利事業の現在と將來▶中村寅之助(總督 府土地改良部長) ……………… 41-44

水利事業誌上座談會 ………………… 45-47

朝鮮人の生活改善策▶森悟一 ……… 48

支那から見た朝鮮▶稻葉君山(總督府修史 官) ……………………………… 49-52

文祿・慶長役と朝鮮の文化▶(朝鮮總督府 圖書館司書) …………………… 53-56

何故右手は能く利くか▶永井淸(理學博士) ………………………………… 56-57

日本國民と玄米食▶占夫寬海 ……… 58-60

滿洲瞥見記▶ライアン ················ 61-63

巴里の下宿生活▶遠田運雄 ··········· 64-66

伯林の下宿生活▶今村豊八(朝鮮今村病院
　長) ···································· 66-67

佐渡を中心に日蓮を語る▶柄澤四郎 ·······
　···································· 67-70

京城郊外を歩るいて▶寺本喜一(文學士) ···
　···································· 71-74

漢詩/俳壇 ························ 75-79

人生と保險▶本誌記者 ·················· 80

滿洲事變の軍事行動の經過▶本誌記者 ····
　···································· 81-83

滿洲事變と外交交涉經過▶本誌記者 ········
　···································· 84-86

財界往來▶本誌記者 ··············· 87-88

時事日誌/朝鮮官海の異動表 ········· 89-91

滿鐵線爆破の跡と視て▶大原生 ········· 92

關東軍司令官の聲明布告 ············· 93

風聞駄語 ······················ 94-95

近代[女]行狀記▶森凡 ············ 96-99

朝鮮及滿洲 第288号 1931年 11月

滿洲事變の生だ新光景/平和な朝鮮
編輯室より▶釋尾旭邦 ················· 1

行詰つた滿洲事變に何う善處するか▶釋
　尾旭邦 ···························· 2-6

滿洲時局誌上大會▶前田 等 ········· 7-14

國際聯盟と滿洲事變▶泉哲博士談 ··· 13-14

現代不景氣の原因と其行方▶渡邊藏(東京
　商工會議所書記長) ············· 15-19

個人の富と國家の富▶大林利之(經濟學士)
　···································· 20-23

日本經濟の強味▶高木友三郎(法政大學教
　授) ···························· 24-26

イギリス金本位制停止と日本▶鈴木武雄
　(京城帝大助教授) ············· 27-31

政界夜話▶城南隱士 ············· 32-34

支那から見た朝鮮(下)▶稻葉君山(總督府

　修史官) ························ 35-39

支那の犯罪文學▶辛島驍(城大助教授) ·····
　···································· 39-44

文祿・慶長の役と朝鮮の文化▶奧田直毅
　(朝鮮總督府圖書館司書) ······· 44-47

朝鮮民族運動の趨向▶ワグナア ···· 48-51

百年祭を行った朝鮮の天主教▶本誌記者
　···································· 51-55

朝鮮に於ける支那人▶本誌記者 ····· 55-58

商取引の上から觀た支那人/性情から觀た
　支那人▶松原 等 ············· 59-64

徵毒のマラリヤ療法▶服部六郎(城大助教
　授) ···························· 65-66

人間と動物の壽命▶吉岡俊完(東京高等學
　校教授) ······················ 67-68

倫敦の下宿生活▶中島文雄(城大法文學部
　助教授) ······················ 68-70

巴里のモデル女▶山口長男 ········ 70-71

珍しいもの好きの京城人▶片岡翡翠 ·······
　···································· 72-73

本の選び方▶今澤慈海(日比谷圖書館頭) ···
　···································· 74-76

エロ.帝都の鳥瞰圖▶森凡 ········· 77-80

漢詩/俳壇/短歌 ················ 82-86

朝鮮に於ける銃獵生活二十六年間を回顧
　して▶若林源次 ··············· 87-91

狩獵家寸言▶中田幸三郎 ········· 91-92

滿洲事變と國際聯盟の經緯▶本誌記者 ····
　···································· 93-96

財界往來/京仁兩取引合併非合併の兩主張/
　時事日誌/銀行取引停止/風聞駄語 ········
　·································· 97-106

カフェー、バー新風景▶赤城生 ·· 107-108

朝鮮及滿洲 第289号 1931年 12月

滿洲の寒夜に戰ふ我軍隊/獅子に乘る人
編輯室より▶釋尾旭邦 ················· 1

滿洲の平和回復を及げ▶釋尾旭邦 ···· 2-6

日米間に起つた突風 ……………………… 7-8

滿洲戰より歸還せし傷病兵を訪ふ▶本誌
記者 …………………………………… 9-10

我が國境と滿洲▶大村卓一(朝鮮總督府鐵
道局長) ……………………………… 11-13

滿洲問題の檢討▶車田篤(京城法學專門學
校教授) ……………………………… 14-22

世界の政局を動かす滿洲問題▶高橋漢太
郎(法學士) …………………………… 22-25

所謂二十一箇條要求▶植田空悟 譯 ………
………………………………………… 26-28

政界夜話▶城南隱士 …………………… 29-32

經濟不況打開と産業立國の永久方策▶柿
木利一(橫濱商工會議所合理化研究所長)
………………………………………… 33-34

獨乙國民より見たる休戰▶松本馨(京城帝
大助教授) …………………………… 35-37

休戰日の英國民▶鳥山喜一(京城帝國大學
教授) ………………………………… 38-39

血壓と健康の話▶木多建義(京城本多病院
長) …………………………………… 40-43

近時の電氣化學工業▶西川九藏(京城高等
工業學校教授) ……………………… 44-49

支那の犯罪文學(8)▶辛島驍(城大助教授) …
………………………………………… 49-53

朝鮮に於ける舊外國居留地▶岩崎二郎(法
學士) ………………………………… 53-57

文祿・慶長役と朝鮮文化奧田直毅(朝鮮總
督府圖書館司書) …………………… 58-60

伯林印象記▶黑田幹一(城大豫科教授) ……
………………………………………… 61-63

龍井村及びハルビンを旅行して▶天野利
武(京城帝國大學法學部講師) ……… 63-65

デイオニュウゾスの弟子達▶小松鳳三(城
大法文學部心理學教室助手) ……… 66-67

酒落の話▶榎木荷水 …………………… 68-70

聖なる修道女達は何處へ往く▶本誌記者
………………………………………… 71-73

エロ.帝都の鳥瞰圖▶森凡 ……………… 74-77

漢詩/俳壇 ……………………………… 78-82

生活戰線に喘ぐ人々▶本誌記者 …… 83-85

滿洲事變と外國の新聞雜誌▶本誌記者 ……
………………………………………… 85-88

滿洲事變と軍事行動の經過▶本誌記者 ……
………………………………………… 89-91

滿洲事變と國際聯盟の經緯▶本誌記者 ……
………………………………………… 92-96

當年末の財界は何う動くか▶植田理事 等
………………………………………… 97-100

時事日誌/風聞駄語 …………………… 101-104

朝鮮及滿洲 第290号 1932年 1月

滿洲に戰ふ皇軍/犬養新內閣/紅海/雪
年頭雜感▶釋尾旭邦 ……………………… 1

滿洲事變は終に日本に最後の決意を要求
して居る▶釋尾旭邦 ………………… 2-6

犬養新內閣に與ふ▶釋尾旭邦 ………… 7-8

宇垣總督內田總裁等の進退如何▶釋尾旭
邦 ……………………………………… 8-9

現代人として國際心を養へ▶新渡戶稻造
………………………………………… 10

犬養. 高橋. 中橋. 三翁の印象 ………… 11-14

國際平和發達の歷史▶ロイヅ ……… 15-19

支那帝國主義が及せる日韓の關係▶今西
龍(京城帝大教授) …………………… 19-23

法律の使命に就て▶磨松龍種(京城法學專
門學校長) …………………………… 23-26

社會生活の淨化▶高橋守雄(前警視總監) …
………………………………………… 26-28

支那に於ける日本の權益と條約▶泉哲(城
大教授) ……………………………… 29-33

滿洲問題の平和的解決策▶高橋漢太郎(法
學士) ………………………………… 34-36

政變夜話▶城南隱士 …………………… 37-40

最近支那經濟界の展觀▶澁谷禮治(朝鮮銀
行調査課長) ………………………… 41-47

滿蒙の事情を語る▶金子定一(關東軍司令

部) ……………………… 47-49
朝鮮の金鑛業▶本誌記者 ……………… 49-51
"滿蒙の金, 鐵, 石炭"▶本誌記者 …… 52-55
生命と健康 …………………………… 56-59
運命とは何ぞや▶松本經吉(文學士) ……
……………………………………… 60-63
偉人出現の法則▶關寬之(東洋大學教授) …
……………………………………… 64-67
支那の笑話集▶辛島驍(城大助教授) ……
……………………………………… 68-73
日鮮古代風習の共通▶今村鞆 …… 74-76
支那の正月▶本誌記者 ……………… 77-79
朝鮮の正月▶本誌記者 ……………… 79-80
門松と注連繩の由來傳說▶吉弘中山(文學
士) ……………………………… 81-82
門松の話▶秋葉隆(城大教授) ……… 83-84
顏による運命判斷▶根本觀山 …… 85-87
金輸出再禁止後の財界は何う動くか▶加
藤鮮銀總裁 等 ………………… 88-95
短歌/俳壇 ………………………… 96-101
冬の運動 ………………………… 102-106
時局に就ての講演行脚▶釋尾旭邦 …………
……………………………………… 107-109
滿洲事變と國際聯盟理事會の經過▶本誌
記者 ……………………… 110-113
時事日誌/風聞駄語 …………… 114-116

朝鮮及滿洲 第291号 1932年 2月

我軍錦州に入る/日支交戰中の上海
編輯室より▶釋尾旭邦 ……………… 1
日支紛爭の火の手益々大きくなる▶釋尾
旭邦 ……………………………… 2-4
結局日本は何うする決意か▶釋尾旭邦 ……
……………………………………… 4-5
歐米各國も再考を要す▶釋尾旭邦 …… 6
滿洲事變の飛火した上海を語る▶釋尾旭
邦 ……………………………… 7-10
世界經濟の現勢と東洋▶大村增太郎(法政

大學教授) ……………… 11-17
將來の社會組織は如何にあるべきか▶岩
井龍海(廣島高等師範學校教授) … 17-21
平和條約は實行性を有するか▶高橋漢太
郎(法學士) ……………… 21-26
滿蒙の將來▶大西齋(大阪朝日新聞論說委
員) ……………………… 27-30
事變の滿洲を視察して▶車田篤(法學專門
學校教授) ……………… 31-32
在滿鮮人の救濟に就て▶尹相弼(陸軍騎兵
大尉) ……………………… 32-34
不況と中小商工業の對策に關する一考案
▶吉田敬治(商學士) ……… 34-36
消費經濟の改善策▶三嶋正二(朝鮮總督府
商工課) …………………… 37-38
政界夜話▶城南隱士 ……………… 39-43
生物學上より見たる蠅の話▶小林晴治郎
(城大教授) ……………… 44-47
遺傳と疾病▶工藤武城(京城婦人病院長) …
……………………………………… 48-50
血厭の話▶富岡正夫(醫學士) …… 50-52
精力體力を增進させる食物▶矢部勝道(醫
學士) ……………………… 52-56
日本文學より支那文學へ▶辛島驍(城大助
教授) …………………… 57-66
日本文學上に現われた猿に就て▶吉川恒
義(京城第二高女教諭) ……… 66-69
西洋瞥見記の一▶黑田幹一(城大豫科教授)
……………………………………… 70-72
朝鮮詩壇年鑑▶寺本喜一(城大法文學部英
文學研究室) ……………… 72-74
ピアジエとコクトオ▶小松鳳三(城大法文
學部助手) ………………… 75-77
朝鮮の社會層▶李書房 …………… 78-80
支那の戰爭と支那兵▶賴慶龜 …… 80-81
漢詩/俳壇/短歌 ……………… 82-88
龍山の衛戍病院に滿洲歸りの凍傷兵を訪
ふ▶本誌記者 …………… 89-90
京城は餘りに火事が多い▶本誌記者 ………

……………………………………… 91-94

朝鮮總督府豫算概觀▶本誌記者 …… 94-95

國際聯盟と日支事變の經過▶本誌記者 ……
……………………………………… 96-97

滿洲上海の軍事行動經過▶本誌記者 ………
……………………………………… 98-101

滿鮮財界往來▶靜觀子 ………… 101-103

時事日誌/風聞駄語 ……………… 103-107

朝鮮及滿洲 第292号 1932年 3月

滿洲獨立の幹部會合/上海の戰ひ

編輯室より▶釋尾旭邦 ……………………… 1

獨立を宣言した滿洲國▶釋尾旭邦 …… 2-5

上海戰の經過と列國の態度▶釋尾旭邦 ……
……………………………………… 5-7

南京を中心に南支那を語る▶釋尾旭邦 ……
……………………………………… 8-10

滿洲獨立巨頭の印象▶滿洲歸來客 … 11-12

國際聯盟の組織と權能▶山川端夫(國聯協
會副會長) ……………………… 13-16

本年の國際政局展望▶末廣重雄(京城帝大
教授) …………………………… 16-18

支那經濟の特殊性▶木村增太郎(法政大學
教授) …………………………… 19-22

滿蒙の經濟力▶齋藤良衛(法學博士) ………
……………………………………… 23-24

金輸出再禁止の影響と其の將來▶正井芳
樹(朝鮮銀行調查課) ………………… 25-29

消費經濟の改善策▶三島正二(朝鮮總督府
商工課) ………………………… 30-31

政界夜話▶城南隱士 ……………… 32-34

朝鮮の化學工業開發の見地より觀たる藥
事問題▶井上汯(京城藥學專門學校教授)
……………………………………… 36-41

消毒法に就て▶工藤武城(京城婦人病院長)
……………………………………… 41-45

齋藤さんと宇垣さんの瞳▶柄澤四郎 ………
……………………………………… 46-48

歐羅巴各國も産業界の不況時代▶山澤和
三郎(朝鮮總督府商工課長) ……… 49-51

國境對岸の滿洲を語る▶朴念仁 …… 51-53

朝鮮に於ける思想運動▶田中武雄(朝鮮總
督府保安課長) ………………… 53-55

京城に於ける支那人の生活狀態▶本誌記
者 ……………………………… 55-57

フエアリイ・ランド行狀記▶小松鳳三(城
大法文學部助手) ………………… 58-60

ヂヤーナリイズムと小説▶鼓堂樵夫(文學士)
……………………………………… 61-63

鳥類の話▶荷水生 ……………… 63-66

官廳の仕事ぶり▶片岡翡翠 ……… 67-68

漢詩/短歌 ……………………… 69-75

古賀聯隊舊戰の跡を尋ねて▶中山蕃(朝鮮
軍參謀) ………………………… 76-79

モヒ患者のたどる道▶本誌記者 …… 80-82

闇の中に悶ゆる犯罪者の呻き▶本誌記者
……………………………………… 82-84

滿鮮財界往來▶靜觀子 …………… 85-92

滿洲國建國の幹部 ……………… 93-94

時事日誌/風聞駄語 ……………… 95-97

エロ.帝都の鳥瞰圖▶森凡 ………98-101

朝鮮及滿洲 第293号 1932年 4月

總督府時代の文武百官/伊藤總監と韓內閣/
春

記念號に題す▶釋尾旭邦 ……………………… 1

朝鮮二十五年の步み▶釋尾旭邦 ……… 2-9

世界經濟と滿洲問題▶木村增太郎(法政大
學教授) ………………………… 11-14

金輸出再禁止の影響と其將來▶正井芳樹
(朝鮮銀行調查課) ………………… 15-18

金再禁後の事業界▶杉山宗市(商學士) ……
……………………………………… 19-21

支那民族の國際觀念▶稻葉君山 …… 21-23

日支事變所感▶小宮三保松 ……… 24-25

政界夜話▶城南隱士 ……………… 26-28

歴代總督總監の印象批判▶井上收(大陸通信社長) ……………………… 29–33

歴代の總督總監▶後藤連平(朝鮮毎日新聞社長) ……………………………… 34

朝鮮鐵道の進步と將來▶大村卓一(鐵道局長) ……………………………… 35–37

朝鮮遞信事業の進步發達▶山本犀藏(遞信局長) ………………………… 37–38

朝鮮專賣事業の概要▶土師盛貞(專賣局長) ………………………………… 39–42

朝鮮に於ける教育の進展▶林茂樹(學務局長) ……………………………… 42–44

朝鮮經濟界二十有五年の回顧▶有賀光豊(朝鮮殖産銀行頭取) ………… 45–46

朝鮮財界の二十五年▶小野久太郎(經濟日報社長) ……………………… 47–51

新聞記者の眼に映じた總督府の大官・高官連の横顔▶一記者 ……… 51–52

一.當面の日支平和回復策/二.如何にせば日支親善を期せらるか/三.朝鮮の回顧と將來/四.本誌及本社長に對する批評と希望▶山道 等 諸氏 …………………… 53–63

舊韓國時代の徵稅其の他▶矢鍋永三郎(朝鮮殖産銀行理事) …………… 64–65

電氣瓦斯の今昔▶武者練三(京城電氣株式會社專務) …………………… 65–66

舊韓國時代の朝鮮警察▶森六治(前鐘路署長) …………………………… 67–69

舊韓國時代の教育▶横山彌三(元壽松普通學校長) ……………………… 69–70

二十五年前の京城醫界▶飯塚徹(日本赤十字社) ……………………… 70–71

二十五年前の司法界▶小川勝平 …… 71–72

京城婦人界の今昔▶大橋次郎(前總督府通譯官) …………………………… 72–73

鮮人の今昔▶藤波義貫 ………………… 73–75

二十五年間の財界と財界人を回顧して▶別府八百吉 ……………………… 75–83

朝鮮近代文藝▶金東仁 ……………… 84–88

英國兌換停止の事情▶山澤和三郎(朝鮮總督府商工課長) ……………… 88–89

キッス斷った報ひ▶吉野彦三 ……… 90–92

雅趣に富む日本の霞と春雨▶上原敬二(林學博士) ……………………… 92–93

漢詩/俳壇/短歌 ………………………… 94–100

京城花柳界の今昔▶市井散人 …… 101–102

朝鮮の賤民層▶本誌記者 ………… 103–104

日支事變及び國際聯盟の經過▶本誌記者 …………………………………… 105–107

滿鮮界往來▶靜觀子 ……………… 108–111

時事日誌/重要記事/時事/風聞駄語 …………………………………………… 112–118

エロ.帝都の鳥瞰圖▶森凡 ……… 119–122

朝鮮及滿洲 第294号 1932年 5月

滿洲國の都會/朝鮮の春

滿洲の獨立は天意なり▶釋尾旭邦 ……… 1

新滿洲國を觀て▶釋尾旭邦 ………… 2–8

上海事變の後と始末如何▶釋尾旭邦 …… 9

時事▶釋尾旭邦 ………………………… 10

內憂外患の對策▶犬養毅(總理大臣) ……………………………………………… 11–14

皇國の使命と滿洲問題▶荒木貞夫(陸軍大臣) …………………………… 14–17

滿洲新國家獨立に就て▶西村昌太郎(法學士) ……………………………… 17–20

新滿蒙に於ける經濟政策▶根本幸郎(經濟學士) …………………………… 20–23

滿蒙幣制の改革に當り金爲替本位制の採用と提唱す▶澁谷禮治(朝鮮銀行調査課長) ………………………………… 23–27

將來の朝鮮統治に就て▶弓削幸太郎 ……………………………………………… 28–36

顧問政治時代に行われた朝鮮に於ける貨幣整理▶松原純一(朝鮮銀行理事) ……………………………………………… 36–39

政界夜話▶城南隱士 ……………… 40–43

滿洲建國頌歌と日滿聯合大運動會歌 ···· 44
滿洲國の概觀 ·················· 45-62
本庄關東軍司令官を訪ふ▶一記者 ··· 63-64
"吾等は滿洲國を如何に觀るか, 吾等は滿洲
　の時局に如何に處すべきか"▶若槻民政
　黨總裁 等 ·················· 65-89
八田滿鐵副總裁を迎えた內田總裁の橫顏
　▶一記者 ····················· 90
天然痘に就て▶西龜三圭(總督府衛生課長)
　······························ 91-92
消毒法に就て▶工藤武城(京城婦人病院長)
　······························ 93-94
北京觀劇記▶辛島驍(城大助敎授) ··· 95-96
漢詩/俳壇/短歌 ·············· 97-103
國民生活と簡易保險 ·············· 104
鮮滿財界消息 ·············· 105-107
國際聯盟調查委員の滿洲入り▶本誌記者
　······························ 108-110
朝鮮各道めぐり ·············· 111-115
時事日誌/風聞駄語 ·············· 116-119
滿洲國遊記▶釋尾東邦 ········ 120-124

朝鮮及滿洲 第295号 1932年 6月

齋藤內閣の顏觸れ/鮮展
編輯室より▶釋尾旭邦 ·············· 1
擧國一致內閣か變態內閣か▶釋尾旭邦 ····
　································ 2-5
軍部の政治化を憂ふ▶釋尾旭邦 ········ 6-7
政黨の無氣力▶釋尾旭邦 ·············· 8
橫死せる犬養首相▶釋尾旭邦 ·········· 9
大命を拜せる齋藤首相▶釋尾旭邦 ······ 10
滿洲の獨立と各國の態度▶スウエン ·······
　······························ 11-12
滿洲國を中心とした露國と日本▶イズベ
　スチヤ ···················· 13-14
滿洲の獨立と滿鐵會社の改造▶野添孝生
　(奉天商工會議所書記長) ········ 14-17
不統一を極めた滿洲貨幣の解說▶張白山

　······························ 17-18
上海事變の經濟的影響▶正井芳樹(朝鮮銀
　行調查課) ···················· 19-23
宇垣總督と語る▶東邦生 ·········· 24-25
火力水力の相互扶助▶大山松次郎(東京帝
　大敎授) ···················· 26-28
朝鮮の石炭に就て▶高濱保(朝鮮總督府殖
　産局技師) ···················· 28-30
滿洲に於ける工業▶本誌記者 ········ 31-33
重臣・軍部・政黨・卍巴劇▶城南隱士 ····
　······························ 34-37
支那の家族制度と我が國體▶服部宇之吉
　(文學博士) ···················· 38-43
己卯名賢と其の著作▶多田正知 ····· 42-46
我空軍と各國との比較▶松下芳男 ··· 46-48
'所謂三矢協約'當時の回顧▶三矢宮松(帝室
　林野局長官) ···················· 49-50
天然痘に就て▶西龜三圭(總督府衛生課長)
　······························ 51-52
兒童身體の發育と身體的敎育及養護▶羽
　島淸(醫學士) ···················· 53-54
某軍人と記者との問答▶一記者 ····· 55-56
イギリス文士の朝鮮觀(1)▶高橋漢太郎 譯
　······························ 57
日本人の性格▶前川勘夫 ·········· 62-66
煙草の話▶山澤和三郎(朝鮮總督府商工課
　長) ···················· 66-69
思ひ出の記▶松田學鷗 ·········· 69-70
漢詩/俳壇 ···················· 71-77
第十回鮮展に對する批評 ·········· 78-80
朝鮮畵壇の醜態▶本誌記者 ·········· 81
新聞界の消息▶本誌記者 ·········· 82
滿鮮財界往來▶本誌記者 ········ 83-86
齋藤內閣の閣員と人事異動 ·········· 87
時事日誌 ···················· 88-89
朝鮮各道めぐり▶本誌記者 ········ 90-94
風聞駄語 ···················· 95-96
東京の銀座と銀座人▶森凡 ········ 97-99

朝鮮及滿洲 第296号 1932年 7月

國際聯盟調査團の京城入り/湖南沿線の都
　市と名勝
編輯室より▶釋尾旭邦 ……………………… 1
滿洲問題は飽迄冷靜に善處せよ▶釋尾旭
　邦 ……………………………………… 2-4
宇垣總督の訓示を讀みて▶釋尾旭邦 … 4-7
日本の外交も強くなつた▶釋尾旭邦 … 7-8
リツトン卿一行を迎へて▶釋尾旭邦 …
　………………………………………… 9-10
滿洲國の前途と日本の態度▶木村增太郎
　(經濟學博士) ……………………… 11-15
滿洲の地位▶リオン・スマイザー ‥ 16-19
極東に於ける日支の爭覇戰▶ウイルバ・
　バートン ………………………… 20-23
滿洲の興業金融に就て▶中山蕃洲(法學士)
　………………………………………… 23-25
滿洲の農業と內鮮人の滿洲移民▶湯村辰
　次郎(朝鮮總督府農務課長) ……… 26-27
政界夜話−旣成政黨の行衞▶城南隱士 ……
　………………………………………… 28-31
內田滿鐵總裁を京城驛頭に迎へて▶一記
　者 …………………………………………… 32
物價と貨幣との關係▶河津暹(東京帝國大
　學敎授) …………………………… 33-36
疲弊せる農村と中小商工業救濟策▶三嶋
　正二(朝鮮總督府商工課) ………… 36-37
上海事變の經濟的影響▶正井芳樹(朝鮮銀
　行調査課) ………………………… 38-42
加藤鮮銀總裁と記者との問答▶一記者 …
　………………………………………………… 43
腸チフス及赤痢の豫防と經口免疫▶西龜
　三圭(朝鮮總督府衛生課長) ……… 44-45
身體の發達と智力の相關關係▶羽島淸(醫
　學士) ……………………………… 46-48
獨逸に於ける火酒專賣法の話▶山澤和三
　郎(朝鮮總督府商工課長) ………… 49-50
日本人の性格▶前川勘夫(文學士) … 51-54

己卯名賢と其著作▶多田正知(文學士) ……
　………………………………………… 55-57
美人產業▶寺本喜一(文學士) ……… 57-59
思ひ出の記▶松田學鷗 …………… 59-62
滿洲匪賊漫談▶角和善助氏 談(第二十師團)
　………………………………………… 63-66
葫蘆島の築港▶朴念仁 …………… 66-68
漢詩/俳壇 ………………………… 69-75
講演行脚で湖南線を巡遊して▶釋尾東芳
　………………………………………… 76-79
鮮滿經濟往來 ……………………… 80-81
滿洲の匪賊討伐の經過▶本誌記者 ‥ 82-83
聯盟調査團の行脚 ………………………… 83
時事日誌/風聞駄語 ……………… 84-88
政治家と影の女▶蓑八泊 …………… 89-92

朝鮮及滿洲 第297号 1932年 8月

アルプス/涼味
署つい書齋から▶釋尾旭邦 ……………… 1
依然不安な滿洲の舞臺▶釋尾旭邦 …… 2-6
滿洲の人事 ……………………………… 6-7
滿洲と支那の山水と名所▶釋尾旭邦 ‥ 8-10
滿洲事變を中心とした聯盟及日米▶ロー
　レンス・ロウエル ……………… 11-15
事變後の滿洲と支那を視察して▶坂西利
　八郎(陸軍中將) ………………… 15-18
日滿關稅關係の現在及將來▶柴原正一(朝
　鮮銀行調査課) ………………… 19-25
滿鐵會社の改造(下)▶野添孝生(奉天商工
　會議所書記長) ………………… 26-28
不況時に處する中小商工業者の覺悟▶國
　吉省三(山口高等商業學校校長) … 28-31
憂鬱な政界の此頃▶城南隱士 ……… 32-34
世界を旅して …………………… 35-38
朝鮮に於ける產金額と產金增加根本策▶
　立岩巖(朝鮮總督府地質調査所長) ………
　………………………………………… 39-41
鮮米の差別待遇を排す▶本誌記者 ‥ 41-44

朝鮮の出生死亡率▶善生永助(朝鮮總督府
　嘱託) ……………………………… 45-47
所謂非常時の財界縦横談▶財界往來子 ……
　………………………………………… 47-52
コレラの發生狀況と防疫措置▶西龜三圭
　(朝鮮總督府衛生課長) ……… 53-55
署中に起りやすい胃腸疾患▶占部寬海(占
　部醫院長) ……………………… 56-57
ニンニクの奥氣拔きは效力が薄い▶杉原
　城大敎授 ……………………………… 58
己卯名賢と其著作▶多田正知(文學士) ……
　………………………………………… 59-62
滿洲馬賊匪賊事情▶角和善助(第二十師團
　司令部) ………………………… 62-64
海と山の不思議▶安藤辰次郎(理學士) ……
　………………………………………… 65-67
南米アルゼンチンの首都ベノスアイレス
　夏の思出▶空悟生 ……………… 67-71
アルプス登山▶山澤和三郎(朝鮮總督府商
　工課長) ………………………… 71-72
問題の熱河省▶本誌記者 ………… 73-74
漢詩/俳壇 …………………………… 75-81
講演行脚で湖南線をめぐりて▶釋尾東邦
　………………………………………… 82-84
財界放射線▶財界往來子 ………… 85-86
沒書籠の中から▶黒豹子 ………… 87-89
鮮滿財界消息/滿洲匪賊討伐の經過/國際聯
　盟調查團の行動 ……………… 90-92
時事日誌/銀行取引停止者/風聞馱語 ………
　………………………………………… 93-97
國際愛慾市場'本牧'▶蓑八泊 ……… 98-101

朝鮮及滿洲　第298号　1932年 9月

武藤大使と宇垣總督/秋の金剛山
編輯室より▶釋尾旭邦 ……………………… 1
滿洲事變に對する余の考へ▶釋尾旭邦 ……
　………………………………………… 2-6
宇垣總督と時事を語る▶釋尾旭邦 …… 7-10
農村救濟の應急策と根本策▶小出光政(經
　濟博士) ………………………… 11-13
思想惡化の精神的原因と其の對策▶加藤
　堂(東洋大學敎授) ……………… 14-18
財界漫言▶南山市陰 ……………… 18-21
齋藤內閣の運命▶品海陰士 ……… 22-24
武藤駐滿大使一行を車中に迎へて▶東邦
　生 …………………………………… 25
統制經濟と滿洲問題▶土方成美(東京帝大
　敎授) …………………………… 26-30
滿蒙の通貨及經濟問題▶鈴木武雄(京城帝
　國大學助敎授) ………………… 30-36
日滿關稅關係の現在及將來(2)▶柴原正一
　(朝鮮銀行調查課) ……………… 37-41
關東州に於ける工業概觀▶張白山 … 41-43
名士訪問戰▶森凡 ………………… 44-46
朝鮮に於ける金融組合の新設と組合區域
　に關する問題▶車田篤(京城法專門學
　校敎授) ………………………… 47-50
朝鮮馬産の充實を望む▶吉田雄次郎(總督
　府農務課) ……………………… 50-51
朝鮮の金鑛ナンセンス▶本誌記者 … 52-54
リヨーマチスと神經痛▶占部寬海(京城占
　部醫院長) ……………………… 55-57
モルヒネ患者▶杉原德行(京城帝大敎授) …
　………………………………………… 57-60
氣象漫談▶窪田次郎治(京城測候所長) ……
　………………………………………… 60-61
己卯名賢と其著作▶多田正知(文學士) ……
　………………………………………… 62-64
滿洲馬賊匪賊事情▶角和善助氏 談 ………
　………………………………………… 64-67
ライン河を下る▶山澤和三郎(朝鮮總督府
　商工課長) ……………………… 67-69
ジヤズ音樂について▶杉本長夫(文學士) …
　………………………………………… 69-71
比律賓の現代女性▶エリザベス・ウオー
　カ …………………………………… 71-73
國際オリムピツク大會と日本▶村岡哲人

………………………………… 74-77

漢詩/俳壇/短歌 ……………………… 78-82

外金剛遊記▶東邦生 ………………… 83-85

初秋と子供の健康に對する注意▶原弘毅
　（日本赤十字社朝鮮本部病院）…… 86-87

朝鮮社會の一斷面▶本誌記者 ……… 88-89

財界放射線/滿鮮財界消息 …………… 90-93

滿洲土匪討伐の經過 ………………… 94-95

時事日誌/風聞駄語 …………………… 96-98

カフエ-漫錄▶黑豹子 ……………… 99-101

朝鮮及滿洲 第299号 1932年 10月

滿洲國承認日滿議定書調印の兩面/ケーブ
　ルで比叡山登り

編輯室より▶釋尾旭邦 …………………… 1

所謂非常時の日本の姿を觀て▶釋尾旭邦
　…………………………………………… 2-9

國際聯盟調査團の報告書を散見して▶釋
　尾旭邦 ……………………………… 10-12

社會問題の意義及其の發生原因▶末弘嚴
　太郎（東京帝大敎授）……………… 13-17

歐米て見たた滿洲事變の思出▶山澤和三
　郎（朝鮮總督府商工課長）………… 17-19

爲替下落による儲け頭は誰か▶的山居士
　………………………………………… 20-25

滿洲建國の秘聞▶品海漁史 ……… 26-30

滿洲事變と外交關係▶大山卯次郎（法學博
　士）…………………………………… 31-35

鐵道より見たる滿蒙の國際關係▶高木伊
　津夫（法學士）……………………… 35-38

滿蒙の通貨及經濟問題(2)▶鈴木武雄（京城
　帝大助敎授）………………………… 39-43

滿洲馬賊匪賊事情(完)▶角和善助氏談（第
　二十師團司令部）…………………… 43-45

東京の名士と邸宅▶森凡 ………… 46-48

朝鮮に於ける金融組合の新設と組合區域
　に關する諸問題▶車田篤（京城法學專門
　學校敎授）…………………………… 49-53

撫順炭の輸入制限問題▶朴念仁 …… 53-56

朝鮮の金鑛ナンセンス▶本誌記者 … 56-58

滿洲事變の一年を顧みて▶岩佐祿郎（朝鮮
　憲兵隊司令官）……………………… 58-60

中國作家と東京▶辛島驍（京城帝國大學助
　敎授）………………………………… 61-65

己卯名賢と其著作▶多田正知（文學士）……
　………………………………………… 66-67

伊太利に於ける現代のロマン文學管見▶
　上村光佑 …………………………… 68-69

東京より京城まで▶馬淵奎至 …… 70-71

林茂樹（學務局長）▶味覺の秋 ………… 72

漢詩/俳壇 …………………………… 73-79

東京に於ける宇垣總督の評判▶一記者 …
　…………………………………………… 80

初生兒に對する注意▶工藤武城（京城婦人
　病院長）……………………………… 81-82

遊戲本能の社會に對する效果▶羽島清 …
　………………………………………… 83-85

物價が騰つたら何處に何う響くか▶本誌
　記者 ………………………………… 86-89

財界漫語 ……………………………… 90-94

鮮滿財界放射線/郵便貯金の活動及承顏狀
　況 …………………………………… 95-98

國際聯盟調査團の報告書 ………… 99-108

國際聯盟調査團の報告に對する各國の批
　評 ………………………………… 109-110

滿洲に於ける匪賊討伐の經過▶本誌記者
　……………………………………… 111

時事日誌/風聞駄語 ……………… 112-114

朝鮮及滿洲 第300号 1932年 11月

落成した博文寺/昌慶苑の菊

編輯室より▶釋尾旭邦 …………………… 1

滿洲問題で爭ふ國際聯盟會議に與ふ▶釋
　尾旭邦 ………………………………… 2-7

東上中會つた人々 …………………… 8-10

貿易上より見たる日米關係▶大山卯次郎

（元桑港總領事） ·················· 11–13

非常時經濟の根本對策▶津守延三(經濟學
　士) ································· 14–16

民族の繁榮▶永井(東京帝國大學教授) ·····
　································· 17–20

自力更生の農村振興策▶山崎延吉(朝鮮總
　督府囑託) ························· 21–24

自力更生と家庭造成運動▶山下信義 ·····
　································· 25–27

滿洲建國の秘話▶品海漁史 ·········· 28–31

滿洲に於ける我が國人の使命▶永井柳太
　郎(拓務大臣) ····················· 32–35

滿洲に於ける各國權益の消長▶小日山直
　登(前滿鐵理事) ··················· 35–39

滿洲貿易の進展と列國の投資概觀▶張白
　山 ······························· 40–42

一瞥せし昨今の滿蒙▶小野久太郎(朝鮮經
　濟日報社長) ······················ 43–48

滿洲國の青年よ何處へ行く▶宜用生 ·······
　································· 49–50

京城大學論▶江間俊太郎 ············ 51–55

自然と醫學▶占部寛海(京城占部醫院長) ···
　································· 56–59

ほろ醉氣嫌の科學▶羽島清(醫學士) ········
　································· 59–61

難船▶名越那珂次郎(東京帝國大學豫科教
　授) ······························· 62–64

伊太利に於ける現代のロマン文學管見▶
　上村光佑(東京帝國大學附屬圖書館) ·····
　································· 65–66

言葉の不可思議▶吉野彦三 ·········· 67–69

放火商賣，弗の國の悩み▶植田空悟 ·69–72

朝鮮の金鑛ナンセンス▶桃花泉 ····· 73–74

滿洲硫安工業の促進運動▶朴念仁 ···75–77

最近の朝鮮人女學生の一面▶本誌記者 ·····
　································· 77–79

映畵感想に現れた朝鮮人の方向▶本誌記
　者 ······························· 79–81

漢詩/俳壇/短歌 ···················· 82–88

朝鮮野球史の先驅時代▶本誌記者 ··· 89–90

民心作興と農村振興の對策案 ········ 91–92

全鮮米穀大會の檢討 ················ 93–96

鮮滿財界放射線/鮮滿の財界 ········ 97–100

滿洲匪賊討伐の經過▶本誌記者 ········ 101

時事日誌/風聞駄語 ·············· 103–106

朝鮮及滿洲 第301号 1932年 12月

防空兵器の天覽/國際聯盟の我代表

歲末所感▶釋尾旭邦 ·················· 1

國際聯盟會議の展望▶釋尾旭邦 ······· 2–5

東京で會ふた人々▶釋尾旭邦 ········ 6–7

編輯室より▶釋尾旭邦 ··············· 8

滿洲問題を論議する國際聯盟會議に對す
　る余の意見▶石井菊次郎 ············ 9–11

更生根本問題▶椎尾辨匡(文學博士) ·· 12–16

政黨政治はどうなるか▶安部磯雄(社會大
　衆黨黨首) ························· 17–18

今日の獨裁主義フアシツヨに就て▶戸澤
　鐵彦(京城帝國大學教授) ··········· 19–22

我國に於ける爲替對策論▶川合彰武(朝鮮
　銀行調査課) ······················ 23–28

貴族院の舞臺裏▶品海漁史 ·········· 29–32

新興滿洲國の展望▶松岡洋右 ········ 33–36

滿洲國獨立と日本の期待▶鹽田五三郎(經
　濟學士) ··························· 36–38

滿洲國承認と輿論▶松波仁一郎(法學博士)
　································· 38–41

基督教徒は基督以外には何物にも禮拜し
　ないのか ·························· 42–48

京城大學論(2)▶江間俊太郎 ········· 49–53

檀君朝鮮と李氏朝鮮▶中村榮孝(朝鮮總督
　府修史官) ························· 54–58

伊太利に於ける現代のロマン文學管見▶
　上村光佑(京城帝國大學圖書館) ··· 58–62

反英運動に於ける印度の新危機▶ピー・
　ダブルユー・ウキルソン，植田空悟 譯 ··
　································· 62–65

胎児の異狀▶工藤武城(京城婦人病院長) …
…………………………………………………… 66-67
自殺者を打診する▶羽島清 ………… 68-69
朝鮮の金鑛ナンセンス▶桃花泉 …… 70-71
日本の煙草は高くない▶山澤和三郎(朝鮮
　總督府商工課長) ………………………… 72-73
漢詩/俳壇/短歌 ………………………… 75-80
雨の昆盧峰を蹤えて▶長谷井一沫 ……… 81
本町風景▶浦和生 ……………………… 82
歳末財界の展望 ………………………… 83-86
鮮滿財界放射線 ………………………… 87-88
鮮滿經濟界消息 ………………………… 89-90
經費診療所案討議の京城府會を視いて▶
　一記者 …………………………………… 91-92
京城の各病院と開業醫の藥價及治療代一
　覽表 ……………………………………… 93
京城經費診療所案通過 ………………… 94
疾病消滅策として▶池田警務局長 ……… 95
國際聯盟理事會の經過▶本誌記者 ……… 96
滿洲に於ける匪賊討伐の經過▶本誌記者
　………………………………………………… 97
時事日誌 ……………………………… 98-99
總督府の人事小異動評 ………………… 100
風聞駄語 ………………………………… 101

朝鮮及滿洲 第302号 1933年 1月

興安嶺を越ゆる我討伐軍/朝の海/鳥/竹
非常時に處する道▶釋尾旭邦 …………… 1
こうなっては寧ろ進んで國際聯盟を脱退
　すべきか▶釋尾旭邦 …………………… 2-4
朝鮮へ滿洲へと進出せよ▶釋尾旭邦 … 4-6
時事片片▶釋尾旭邦 ……………………… 7
宇垣總督の年頭所感談▶一記者 ………… 8
新世界建設 日本の使命▶永井柳太郎 ‥9-10
新興日本の建設▶矢吹慶輝(文學博士)
　………………………………………… 10-14
流行思想の階級闘爭理論▶紀平正美(學習
　院教授) …………………………… 14-17
國際王の批判▶本田熊太郎(元全權大使) …
　………………………………………… 18-22
爲替低落と日本經濟▶槇山四郎(經濟學士)
　………………………………………… 22-24
政黨清算時代▶虎の門隱士 ………… 25-28
今日の獨裁主義特▶戸澤鐵彦(京城帝國大
　學教授) …………………………… 29-33
'思惑'時代▶鈴木武雄(京城帝國大學教授)
　………………………………………… 33-36
細民を目標としての經濟政策▶善生永助
　(朝鮮總督府囑託) ………………… 37-38
滿蒙開發の根本方針▶村田懋麿 …… 39-40
特越されし鮮滿の經濟問題▶小野久太郎
　(朝鮮經濟日報社長) ……………… 41-44
年頭所感 ……………………………… 45-50
京城大學論(その三)▶江間俊太郎 … 51-54
燕京雜記▶黑田幹一(城大豫科教授) ………
　………………………………………… 55-57
朝鮮の貢女▶工藤武城(京城婦人病院長) …
　………………………………………… 58-59
斷夢▶か・ら・し・ま ………………… 59-61
賭博公許のモナコ▶山澤和三郎(朝鮮總督
　府商工課長) ……………………… 61-63
鷄に就て▶森爲三(京城帝國大學豫科教授)
　………………………………………… 64-66
鳥の親子愛▶藤房光一郎(理學士) … 67-68
朝鮮を去つた東京在住の名士と邸宅▶東
　京支局記者 ………………………… 69-71
漢詩/俳壇/短歌 ……………………… 73-82
松飾とシメナウに就て▶今村鞆 …… 83-84
冬の小兒病と看護法▶原弘毅(日本赤十字
　社朝鮮本部病院) ………………… 85-88
寂廖を極むる朝鮮に於ける婦人讀書層 ……
　………………………………………… 89-90
日本の産金狀況-滿洲の砂金▶の本誌記者
　………………………………………… 91-92
朝鮮に渦く失業者の群▶本誌記者 ‥93-95
石炭戰の種々相▶本誌記者 ………… 96-97
京城の解剖▶紺名悶太郎 …………… 98-99

社會面を飾つた記事 ……………………… 100
鮮滿財界の回顧/總督府及び各道幹部級と
　出身地/國際聯盟の經過/滿洲だより ……
　…………………………………… 101–111
時事日誌/風聞駄語 ………………… 112–115
女給から聞いた話▶森凡 ………… 116–119

朝鮮及滿洲　第303号　1933年　2月

支那の長成/平和境
和戰兩論を戰はすべし▶釋尾旭邦 ……… 1
國際聯盟を脱しても國際的に孤立無援に
　陷るのは禁物▶釋尾旭邦 ………… 2–3
非常時の議會は平凡會議▶釋尾旭邦 … 4–5
強力なる擧國一致內閣の出現を望む聲高
　し▶釋尾旭邦 …………………… 5–6
赤化運動者の大檢擧▶釋尾旭邦 ……… 6–8
日本は何處へ行く▶釋尾旭邦 …………… 9
時時片片▶釋尾旭邦 ………………… 9–10
若し日米戰はば英露は如何に動くか▶某
　海軍將校談 ………………… 11–13
日米戰爭と我經濟力▶橫田多喜藏(經濟學
　士) ………………………………… 13–15
物價及價格の問題▶土方成美(東京帝大教
　授) ………………………………… 15–18
沒落に瀕せる政黨と資本主義▶下中彌三郎
　……………………………………… 19–21
政黨政治の確立を擁護せよ▶山口義一(政
　友會幹事長) …………………… 22–26
內外財界の推移と展望▶澁谷禮治(朝鮮銀
　行調査課長) …………………… 26–29
經濟界動向▶有賀光豐(朝鮮殖産銀行頭取)
　……………………………………… 30–31
齋藤內閣の壽命打診▶虎の門隱士 ‥ 32–35
支那の現狀▶ジヤパン・タイムス ‥‥ 37–41
滿洲匪賊の始末對策▶白山黑水 …… 41–45
余が觀たる最近の滿洲國▶小野久太郎(朝
　鮮經濟日報社長) …………………… 46–49
滿洲炭の引下問題▶張白山 ……… 50–51

朝鮮工業界展望▶山村銳吉(中央試驗所長)
　……………………………………… 54–57
朝鮮の對滿洲貿易現況▶山澤和三郎(朝鮮
　總督府商工課長) …………………… 58–59
京城大學論▶江間俊太郎 ………… 60–63
人工營養法▶工藤武城(京城婦人病院長) …
　……………………………………… 64–65
臺灣のマラリア▶小林晴治郎(京城帝國大
　學醫學部) ……………………… 66–67
朝鮮の氣候の特色▶窪田次郎治(京城測候
　所長) ……………………………… 68
江戶小唄雜考▶櫻井羊我 ………… 70–72
萬葉集と正倉院の御物▶名越那珂次郎(城
　大豫科敎授) …………………… 72–74
"アメリカ人の觀た朝鮮の妻,妓生,公娼"▶
　大口義夫 ……………………… 75–78
國際戀愛物語▶山田新一 ………… 79–81
京城に於ける支那人▶本誌記者 …… 82–85
漢詩/俳壇/短歌 …………………… 86–93
猩紅熱の豫防と日光浴について▶原弘毅
　(日本赤十字社朝鮮本部) ……… 94–96
朝鮮社會相の斷面:勞働宿泊所を覗く▶本
　誌記者 ……………………… 97–101
酷寒の中での火の見臺の監視と交通巡査
　▶本誌記者 ……………………… 100
國際聯盟の經過/滿洲匪賊討伐の經過/朝鮮
　の經濟界/滿洲片片錄/滿洲の事業界 ……
　…………………………………… 101–108
インフレ景氣を警戒せよ▶郷誠之助 … 108
名門婦人行狀記(1)▶蓑八泊 …… 111–113
女給稼業を語る▶本誌記者 …… 114–117
時事日誌/風聞駄語 ………………… 109–119

朝鮮及滿洲　第304号　1933年　3月

熱河討伐の我軍/熱河の風物
編輯室より▶釋尾旭邦 ………………… 1
各國は日支の紛爭暫く靜觀▶釋尾旭邦 ……
　……………………………………… 2–6

宇垣總督と時局を語る▶一記者 ········· 7-8

熱河省の素描▶本誌記者 ··············· 9-10

聯盟脱退と南洋委任統治權▶泉哲(法學博士) ································· 11-13

我財界推移に展望▶馬場鍈一(日本勸業銀行總裁) ······················· 13-15

景氣は何時來るか▶高木友三郎(法政大學教授) ·························· 15-18

熱河問題の重大性▶稻葉君山(文學博士) ··· ································· 18-21

條約の登錄及公表▶松葉秀文(法學士) ···· ································· 21-27

政界夜話▶虎の門支隱士 ··········· 28-31

我國民生活と滿洲國▶上村哲彌(關東軍司令部囑託) ······················ 31-35

日滿經濟統制の實現性と效果にいて▶正井芳樹(朝鮮銀行調査課) ·········· 35-38

滿洲に於ける國際資本戰▶本誌記者 ······ ································· 38-40

余が觀たる最近の滿洲國▶小野久太郎(朝鮮經濟日報社長) ················ 41-46

朝鮮に於ける農村振興の一形態▶松月秀雄(京城帝大教授) ················ 47-51

朝鮮に於ける農村振興根本策▶田淵勳(東拓理事) ······················ 51-53

金融組合と農村の自力更生▶山根讓(朝鮮金融組合常務理事) ·············· 54-56

京城大學論▶江間俊太郎 ············· 57-60

季節と疾病▶占部寛海(占部醫院長) ········· ································· 61-63

小兒の結核▶原弘毅(日本赤十字社朝鮮本部) ·························· 63-66

科學館の由來と現狀に就て▶岩佐彦二(科學館主事) ······················ 66-70

朝鮮に於ける金鑛▶桃花泉 ······· 71-73

ソビエット總領事館訪問記 ············· 73

支那と朝鮮の新劇▶辛島驍(城大助教授) ··· ································· 74-76

江戶小唄雜考▶櫻井羊我 ········· 77-79

キッチナー將軍を殺した男▶吉野彦三(文學士) ························ 79-81

ジャン・コクトオ便り▶小松鳳三(文學士) ································· 81-82

暗黑都市シカゴの社會問題今田愼吾(法學士) ························ 83-85

航空都市としての京城▶德留清一(日本航空運送會社京城營業所長) ········· 86-89

京城に於ける外國人▶本誌記者 ····· 89-92

科學館の照魔鏡▶一記者 ················· 93

漢詩/俳壇/短歌 ··············· 94-100

映畵と漫談 ························ 101

種痘の話▶荻野正俊(京城府技師) ··· 102-103

冬期に於ける囚人の生活▶荻野正俊(京城府技師) ····················· 102-103

國際聯盟の經過/滿洲匪賊討伐の經過/國際聯盟に對する最後の獅子吼/朝鮮の財界と事業界/滿洲の經濟界と事業界▶本誌記者 ···················· 104-112

時事日誌/風聞駄語 ··········· 113-118

滿洲瞥見記(1)▶鎌田生 ·········· 115-116

名門婦人行狀記(2)▶蓑八泊 ······ 119-121

朝鮮及滿洲 第305号 1933年 4月

日章旗飜る長成の一角/春

人世に處すべき道▶釋尾旭邦 ············· 1

時局を凝視して▶釋尾旭邦 ········· 2-8

溥儀執政の御性格と日常生活▶特派記者 ································· 9-10

聯盟脱退後の經濟界▶牧野輝智(經濟學博士) ························· 11-14

聯盟脱退後の我外交▶神川彦私(東京帝國大學教授) ···················· 15-16

眞の國民外交▶松平壽(貴族院議員) ········ ································· 17-19

聯盟脱退後の俄國祭政策▶田村秀吉(法學士) ························· 20-23

金本位制度の將來▶四方博(京城帝國大學

教授) ‥‥‥‥‥‥‥‥‥‥‥‥24-28

米國金融恐慌▶柴山昇(京城高等商業學校
　教授) ‥‥‥‥‥‥‥‥‥‥‥‥29-32

米國の不景氣と日本商品▶山澤和三郎(朝
　鮮總督府商工課長) ‥‥‥‥33-35

政變來か現狀維持か▶虎の門隱士 ‥ 36-38

日滿經濟統制の實現性と效果に就て▶正
　井芳樹(朝鮮銀行調査課) ‥‥‥39-42

滿洲の印象▶車田篤(京城法學專門學校教
　授) ‥‥‥‥‥‥‥‥‥‥‥‥43-45

滿洲國視て▶アール・ヴイ・シイ・ボツ
　ドレー少佐 ‥‥‥‥‥‥‥‥46-47

滿洲の開發と鐵道建設事業▶本誌記者 ‥‥
　‥‥‥‥‥‥‥‥‥‥‥‥‥48-50

河省視察して▶張白山 ‥‥‥‥50-52

歌謠通じて見滿洲國風景▶朴念仁 ‥ 53-55

朝鮮に於ける大工業現狀と其の成立要素
　▶澁谷禮治(朝鮮銀行調査課長) ‥ 57-59

朝鮮の金鑛ナンセンス▶桃花泉 ‥‥ 60-61

春の衛生▶占部寬海(占部醫院長) ‥ 62-63

聯盟に依り問題となじで居ろ南洋群島の
　事情▶私田正之(南洋廳長官) ‥‥64-66

考古行脚の思出▶藤田亮策(朝鮮總督府博
　物館長) ‥‥‥‥‥‥‥‥‥‥66-69

說經淨瑠亂考▶小笠原俊郎(文學士) ‥‥‥
　‥‥‥‥‥‥‥‥‥‥‥‥‥69-71

新京より ‥‥‥‥‥‥‥‥‥‥‥‥72

天才と戀愛▶山田新一(洋畫家) 73-74

朝鮮の藝術家の肖像▶本誌記者 ‥‥ 75-77

映畫檢閱雜感▶岡稠松(總督府映畫檢閱主
　任) ‥‥‥‥‥‥‥‥‥‥‥78-79

競馬光緒曲▶本誌記者 ‥‥‥‥80-82

漢詩/俳壇/短歌 ‥‥‥‥‥‥‥83-90

職業婦人の明暗色▶本誌記者 ‥‥ 91-93

國際聯盟の經過/滿洲匪賊討伐の經過/國際
　聯盟に對する最後の獅子吼/朝鮮の財界
　と事業界/滿洲の經濟界と事業界 ‥‥‥
　‥‥‥‥‥‥‥‥‥‥‥‥‥94-98

時事日誌/風聞駄語 ‥‥‥‥‥‥99-105

滿洲瞥見記(2)▶鎌田生 ‥‥‥‥101-103

名門婦人行狀記(3)▶蕡八泊 ‥‥‥106-108

朝鮮及滿洲 第306号 1933年 5月

御觀兵/不和な綠野

落花の下で▶釋尾旭邦 ‥‥‥‥‥‥‥ 1

支那は何時まで抗日を續けるのか▶釋尾
　旭邦 ‥‥‥‥‥‥‥‥‥‥‥▶2-4

時事▶釋尾旭邦 ‥‥‥‥‥‥‥▶5-7

宇垣總督の朝鮮事情談 ‥‥‥‥‥‥‥ 8

最近の滿洲▶小野久太郎(朝鮮經濟日報社
　長) ‥‥‥‥‥‥‥‥‥‥‥‥9-12

聯盟脫退と我經濟界の前途▶高木友三郎
　‥‥‥‥‥‥‥‥‥‥‥‥‥13-16

聯盟脫退と日滿經濟ブロックの强化對策
　▶新田龍朗(法政大學教授) ‥‥‥ 17-19

聯盟脫退と農村問題▶河村嗣郎 ‥ 20-22

金本位を廢止すべし▶增島立郎(法學博士)
　‥‥‥‥‥‥‥‥‥‥‥‥‥22-24

世界經濟會議を前にして▶飯島幡司(大阪
　每日) ‥‥‥‥‥‥‥‥‥‥24-27

齋藤內閣の運命▶虎の門隱士 ‥‥ 28-30

米人の對日觀▶新渡戶博士 ‥‥‥‥ 31

將來戰の側面觀 ‥‥‥‥‥‥‥32-34

非常時經濟と滿洲國の資源▶本誌記者 ‥‥
　‥‥‥‥‥‥‥‥‥‥‥‥‥35-38

北鮮開拓事業と火田▶海老原(總督府山林
　課事務官) ‥‥‥‥‥‥‥‥38-40

木炭瓦斯自動車は好成績▶山本榮(京畿道
　山林課長) ‥‥‥‥‥‥‥‥40-44

朝鮮財界の將來▶植野勳(朝鮮殖產銀行理
　事) ‥‥‥‥‥‥‥‥‥‥‥44-45

鑛山ナンセンス▶桃花泉 ‥‥‥ 46-47

經濟封鎖と朝鮮產業の役割▶森孝一郎(經
　濟學士) ‥‥‥‥‥‥‥‥‥‥ 48

眼の話▶遠山正治(醫學士) ‥‥ 49-51

大和の三山と新羅吏人▶名越那珂次郎(城
　大豫科教授) ‥‥‥‥‥‥‥‥52-53

考古行脚の思出▶藤田亮策(朝鮮總督府博物館長) ·········· 54–56

舞踏音樂と聲樂について▶杉本長夫(文學士) ·········· 57–58

萬里の長成▶宮岡五郎 ·········· 59–60

歌謠を通して見た滿洲國風景▶朴念仁 ·········· 60–62

鮮展展望▶高橋濱吉(第二高普校長) ·········· 62–64

外人の觀た▶香住喜一(文學士) ·········· 65–67

朝鮮の櫻▶森爲三(京城帝國大學豫科教授) ·········· 68–69

女教師の解剖▶紺名紋太郎 ·········· 70–72

案内孃の舌▶朽木淳 ·········· 73–75

動物園 n 花形と語る▶本誌記者 ·········· 76–78

佛蘭西領事館訪問記▶本誌記者 ·········· 79

記者の眼に映した京城人の橫顔▶本誌記者 ·········· 80

漢詩/俳壇/短歌 ·········· 81–86

學窓を出た人々の就職戰線▶本誌記者 ·········· 87–88

朝鮮の財界と事業界/滿洲の經濟界と事業界 ·········· 89–96

時事日誌/風聞駄語 ·········· 97–102

事變の影に:日本女性▶森凡 ·········· 103–105

朝鮮及滿洲 第307号 1933年 6月

滿洲國雜景/鮮展の一部

秦始皇の在來▶釋尾旭邦 ·········· 1

滿洲國の大官名士と語る▶釋尾旭邦 ·········· 2–8

時事數題▶釋尾旭邦 ·········· 9–10

國際的孤立と日本經濟の前途▶土方成美(東京帝大教授) ·········· 11–13

經濟會議と日本の立場▶小川鄕太郎(民政黨財政顧問) ·········· 14–17

不況克復に對する諸種の提案と其の實現性▶正井芳樹(朝鮮銀行調査課) ·········· 17–21

高橋藏相の心境變化▶虎の門隱士 ·········· 22–25

滿洲に於ける歐米資本の爭覇戰▶高林義行(法學士) ·········· 26–28

滿洲農業移民成功の健▶原田清治(農學士) ·········· 28–31

朝鮮對滿洲貿易の消長と其の將來▶澁谷禮治(朝鮮銀行調查課長) ·········· 31–33

鐵道開通に依りて北滿と北鮮との連絡▶本誌記者 ·········· 33–35

滿洲に於ける棉花栽培▶滿洲支局記者 ·········· 35–37

朝鮮に於ける電氣事業當面の諸問題▶見木德太(京城電氣株式會社常務取締役) ·········· 39–41

朝鮮の賃銀趨勢▶善生永助(朝鮮總督府文書課) ·········· 41–43

內鮮連絡電話の完成に際して▶佐々木仁(遞信局工務課技師) ·········· 44–46

財界ナンセンス▶桃花泉 ·········· 47

記者の眼に映した京城人の橫顔▶本誌記者 ·········· 48

初夏の衛生▶占部寬海(占部醫院長) ·········· 49–50

第二十回鮮展を觀て ·········· 51–55

北平印象記▶辛島驍(城大助教授) ·········· 56–58

朝鮮の新しい藝術に就て▶有島生馬(鮮展審査員) ·········· 59

藤花と萬葉集▶名越那珂次郎(城大豫科教授) ·········· 60–61

歌謠を通して見た滿洲國風景▶朴念仁 ·········· 62–63

北鮮に旅して▶澁谷生 ·········· 63–64

今頃あれは?▶吉野彦三(文學士) ·········· 65–66

JODK10キロ二重放送施設に就て▶篠原昌三(朝鮮放送協會技術部長) ·········· 67–69

漢詩/俳壇/短歌 ·········· 70–75

惜春の譜▶諸留寬(文學士) ·········· 76–77

裏街の描寫▶瀧襄二 ·········· 78–80

交換孃物語▶岡本文三 ·········· 81–83

朝鮮簡易生命保險の使命▶本誌記者 ·········· 84

朝鮮の財界と事業界/滿洲の財界と事業界
　　　　　　　　　　　　　　　……85–92
滿洲匪賊討伐の經過/時事日誌滿洲博覽會
　　　　　　　　　　　　　　　………93
時事日誌/風聞駄語 ………………94–97
滿洲の國都新京を觀て▶東邦山人 …………
　　　　　　　　　　　　　　　…98–103

朝鮮及滿洲 第308号 1933年 7月

世界經濟會議/金剛山
編輯室より▶釋尾旭邦 ………………… 1
最近の滿洲國を視て▶釋尾旭邦 ……… 2–9
阪谷男の宇垣總督歡迎の辭▶中島生寄 …
　　　　　　　　　　　　　　　…… 10
世界的日本への希望五個條▶永田秀次郎
　　　　　　　　　　　　　　　… 11–13
學生の思想問題と其の對策▶美濃部達吉
　　　　　　　　　　　　　　　… 13–15
最近の支那政情▶大坪堅市 ……… 16–19
朝鮮對滿洲貿易の消長と其の將來▶澁谷
　禮治 ……………………………… 19–23
外地統治の礎石▶松本伊織 ……… 23–25
朝鮮工業の勃興と滿洲國▶山澤和三郎 …
　　　　　　　　　　　　　　　… 25–27
政友會は何處へ行く▶虎の門隱士 …………
　　　　　　　　　　　　　　　… 28–30
久原房之助氏に擧國一黨論を聽く …………
　　　　　　　　　　　　　　　… 31–332
朝鮮地方自治制に就て▶車田篤 …… 33–35
我輸出貿易壓迫と日本紡織業の將來▶本
　誌記者 …………………………… 36–40
敦圖線の傳統と其の經濟的價值▶本誌記
　者 ………………………………… 40–42
滿洲に對する工業移民▶張白山 …… 43–44
日光と健康▶占部寬海(占部醫院長) …………
　　　　　　　　　　　　　　　… 45–47
藥草の生産と指導▶西龜三圭(朝鮮總督府
　衛生課長) ……………………… 48–50

空の脅威飛行機と防空設備▶某將校談 …
　　　　　　　　　　　　　　　… 50–54
昔の船▶黑田吉夫(朝鮮總督府通信局技師)
　　　　　　　　　　　　　　　… 54–57
外國問答▶津田常男(朝鮮總督府遞信局工
　事課長) ………………………… 58–60
オーレの宿▶安倍能成(京城帝國大學教授)
　　　　　　　　　　　　　　　… 61–62
雲仙岳登臨の追想▶上村光佑(京城帝國大
　學圖書館) ……………………… 63–65
映畵を巡るナンセンス▶岡稠松(總督府映
　畵檢閱主任) …………………… 66–68
佛蘭西教會を訪ねて▶浦和優 …… 68–71
和蘭領事訪問記▶本誌記者 ………… 72
記者の眼に映した京城人の橫顔▶本誌記
　者 ………………………………… 73
世界經濟會議に對する觀測▶諸氏 … 74–76
漢詩/俳壇/短歌 …………………… 77–83
防空演習燈火管制ナンセンス▶本誌記者
　　　　　　　　　　　　　　　… 84
世界經濟會議の京科/朝鮮の財界と事業界/
　滿洲の財界と事業界/滿洲國大同二年の
　豫算 ……………………………… 85–94
時事日誌/風聞駄語 ……………… 96–99
實話小說:憧憬▶江間俊太郎 ……100–106

朝鮮及滿洲 第309号 1933年 8月

山と海/鴨綠江
編輯室より▶釋尾旭邦 ………………… 1
五・一五事件の公判▶釋尾旭邦 ……… 2–10
國際孤立の我が國策▶神川彦松 …… 11–14
非常時に於ける我財政計劃▶黑田英雄 …
　　　　　　　　　　　　　　　… 15–17
日本文化の特色發揮▶椎尾辯匡(文學博士)
　　　　　　　　　　　　　　　… 17–21
空中爆擊に關する國際法問題▶松葉秀文
　(法學士) ……………………… 21–26
朝鮮對支那貿易の消長と其の將來▶澁谷

禮治 ……………………………… 26-29

齋藤内閣はいつ迄續く▶虎の門隱士
…………………………………… 30-32

若槻民政黨總裁に財政問題を聽く▶ ……
…………………………………… 33-34

水道の話▶木代嘉樹(京城府水道課長) ……
…………………………………… 35-37

纛島の水源池を訪ねて▶本誌記者 … 37-40

腸チフス罹らぬ方法▶荻野正俊(京城府技
師) …………………………… 40-43

外科に關する大昔の話▶松井權平(京城帝
國大學附屬病院院長) ………… 43-45

疾病の世界地理▶羽島清(醫學士) … 45-47

山に惹かるゝ心▶中村兩造(京城帝國大學
教授) ………………………… 48-49

海とヨツと▶原達夫 ……………… 50-52

昔の船の話▶黑田吉夫(朝鮮總督府遞信局
技師) ………………………… 53-55

外遊時代の夏の思ひ出 …………… 56-61

フランスの田舍生活▶山口長男(洋畫家) …
…………………………………… 62-65

紅毛えろ奇談▶山下美樹 ………… 66-68

漢詩/俳壇/短歌 …………………… 69-75

京城の朝顏黨▶桃花泉 …………… 76-78

酷暑酷熱と戰ふ人々▶本誌記者 …… 78-80

夏の夜のエロ狩▶本誌記者 ……… 80-81

朝鮮の財界と事業界/滿洲の財界と事業界
…………………………………… 82-86

時事日誌/風聞駄語 ……………… 87-91

實話小說:憧憬▶江間俊太郎 ……92-96

朝鮮及滿洲 第310号 1933年 9月

日本全國記者團溥儀執政に拜謁/はてしなき平原

秋窓片々錄▶釋尾旭邦 ……………… 1

所謂非常時日本の姿を靜觀して▶釋尾旭
邦 ……………………………… 2-7

吾々の觀た最近の滿洲國▶諸氏 ……… 8-10

最近に於ける支那の情勢▶木村增太郎 ……
…………………………………… 11-14

世界市場に於ける日英の販路鬪爭▶平野
常治 …………………………… 14-16

世界市場に於ける日英の販路鬪爭▶平野
常治(法政大學教授) ………… 14-16

最近の日英經濟關係に就て▶シー・ウー
ド・プライス ………………… 17-19

最惠國條款とは何が▶北村眞次(法學士) …
…………………………………… 19-21

空中爆擊に關する國際法問題▶松葉秀文
(法學士) …………………… 22-25

人生に於ける悲劇の意義▶日野眞登(同志
社大學豫科部長) …………… 26-28

政友會は何う動くか▶虎の門隱士 … 29-31

中島商相から滿洲經濟問題を聽く▶一記
者 ……………………………… 32-33

朝鮮に於ける工業の發達と工場法の施設
に就て▶三島正二 …………… 34-35

朝鮮都邑の經濟趨勢▶善生永助 …… 36-38

滿洲移民に對する一考察▶黑田鐵夫 ……
…………………………………… 39-41

滿洲國に於ける勞動者と其の事情▶橫田
節三 …………………………… 42-43

若き學徒は滿洲國を如何に觀たか▶本誌
記者 …………………………… 44-45

ホルモンに就て▶本田建義(本田病院長) …
…………………………………… 46-48

菜食は肉食か▶占部寬海(占部醫院長) ……
…………………………………… 48-51

氣象雜談▶窪田次郎治(京城測候所長) ……
…………………………………… 51-52

外遊中の記憶に殘つた話▶黑田幹一(京城
帝國大學豫科教授) ………… 53-54

モロツコの街のことども▶近藤常尚(朝鮮
總督府保安課長) …………… 55-56

思ひ出の渡歐日記▶三木弘 ……… 56-58

滿洲エロ討匪行▶原達夫 ………… 59-61

蟋蟀▶名越那珂次郎(京城帝國大學豫科教

授)‥‥‥‥‥‥‥‥‥‥‥‥ 62–63
白頭山▶飯山達雄 ‥‥‥‥‥‥‥ 64–65
旅と人間▶香住喜一(文學士) ‥‥ 66–68
朝鮮に於ける讀書層▶本誌記者 ‥ 68–70
漢詩/俳壇/短歌 ‥‥‥‥‥‥‥‥ 74–80
京城のデ・バート合戰▶井上滋穗 ‥ 81–83
看護婦行狀記▶紺名紋太郎 ‥‥‥‥84–86
朝鮮の財界と事業界/滿洲の財界と事業界/
　滿洲事變後起つた經濟界の全貌 ‥‥‥‥
　‥‥‥‥‥‥‥‥‥‥‥‥‥‥ 86–94
時事日誌/風聞駄語 ‥‥‥‥‥‥‥ 95–100
心中哀話:鐵路の紅薔薇▶瀧襄二 ‥101–103

朝鮮及滿洲 第311号 1933年 10月

赤十字社朝鮮本部總會/開放されに德壽宮
五一五事件の公判 ‥‥‥‥‥‥‥‥‥ 1
經濟眼から觀た朝鮮と滿洲▶釋尾旭邦 ‥‥
　‥‥‥‥‥‥‥‥‥‥‥‥‥‥‥ 2–5
米の問題▶諸氏 ‥‥‥‥‥‥‥‥ 6–10
共存共榮の意義▶中島德藏 ‥‥‥‥ 11–14
世界經濟の均衡運動▶土方成美(東京帝大
　教授) ‥‥‥‥‥‥‥‥‥‥‥ 15–17
社會事業に關する一二の問題▶原泰一(中
　央社會事業協會事務理事) ‥‥‥ 17–20
文化と其危機に就て▶今中次麿(九州帝國
　大學教授) ‥‥‥‥‥‥‥‥ 20–23
キリスト教の平和主義▶安部磯雄(代議士)
　‥‥‥‥‥‥‥‥‥‥‥‥‥ 24–26
日支分爭の素因▶松葉秀文 ‥‥‥‥ 26–33
ナチス治下の伯林▶ノーマン・ヒルソン ‥
　‥‥‥‥‥‥‥‥‥‥‥‥‥ 33–35
政策協定問題裏表▶虎の門隱士 ‥‥ 36–39
次ぎの太平洋會議▶一記者 ‥‥‥ 40–42
最近に於ける朝鮮産業▶山澤和三郎 ‥‥‥
　‥‥‥‥‥‥‥‥‥‥‥‥‥ 43–45
朝鮮に於ける工業の發達と工場法の施設
　に就て▶三島正二 ‥‥‥‥‥‥ 45–46
企業化せんとする朝鮮製麻工業と將來の

發展性▶澁谷禮治 ‥‥‥‥‥‥‥ 47–49
朝鮮の綿羊奬勵に就て▶吉田雄次郎 ‥‥‥
　‥‥‥‥‥‥‥‥‥‥‥‥‥ 49–51
滿洲大豆の歐洲輸出狀況▶桃花泉 ‥ 52–54
滿洲の對南洋貿易▶本誌記者 ‥‥‥ 54–56
北米在住第二世は母國を訪問して何を感
　したか▶本誌記者 ‥‥‥‥‥‥ 57–59
病氣治療上に於ける迷信による犯罪▶松
　井權平(京城帝國大學教授) ‥‥ 60–61
狹心症の話▶筧正視(京城筧病院長) ‥‥‥
　‥‥‥‥‥‥‥‥‥‥‥‥‥ 62–63
牛鍋の話▶羽島清(醫學士) ‥‥‥ 64–65
東洋畵の傾向▶堅山但(東洋畵家) ‥ 66–67
半島畵壇に就ての感想▶山口長男(洋畵家)
　‥‥‥‥‥‥‥‥‥‥‥‥‥ 67–69
如何にして朝鮮畵壇を育て上ぐべきか▶
　三木弘 ‥‥‥‥‥‥‥‥‥‥‥ 69
追憶と聯想▶諸留寬(文學士) ‥‥‥ 70–73
文學に於ける音型の一考察▶杉本長夫(京
　城帝國大學英文學研究室) ‥‥‥ 74–76
胡技子の露▶上村光佑(京城帝國大學附屬
　圖書館) ‥‥‥‥‥‥‥‥‥‥ 77–78
京畿附近の山名啓蒙錄▶今村鞆 ‥‥ 79–80
思ひ出の渡歐日記▶三木弘 ‥‥‥ 81–83
しづかなたびのつうしん▶荒井龍男(洋畵
　家) ‥‥‥‥‥‥‥‥‥‥‥ 83–85
マドリツドの屋根の下▶津田常男 ‥‥‥‥
　‥‥‥‥‥‥‥‥‥‥‥‥‥ 85–87
熱河小錨/承德附近▶長白山 ‥‥‥ 87–89
魔都上海の橫顏▶張吐夢 ‥‥‥‥ 89–92
各國競馬の漫談▶白山潤 ‥‥‥‥ 93–94
漢詩/俳壇/短歌 ‥‥‥‥‥‥‥‥ 95–101
德壽宮に香る菊花▶岡本文三 ‥‥ 102–103
第九回朝鮮神宮體育大會に就て▶竹內一
　‥‥‥‥‥‥‥‥‥‥‥‥ 104–105
拓け行く北鮮と北滿▶小野久太郎 ‥‥‥‥
　‥‥‥‥‥‥‥‥‥‥‥‥ 106–109
朝鮮の財界と事業界/滿洲の財界と事業界
　‥‥‥‥‥‥‥‥‥‥‥‥ 110–115

時事日誌/風聞駄語 ……………… 116–119
盗まれた女給の日記帳▶赤部三光 …………
………………………………………120–123

朝鮮及滿洲 第312号 1933年 11月

福井縣に於ける大演習/朝鮮の秋を振はす
　種種相
果して情神作興されつてあるか▶東邦山
　人 …………………………………… 1
時事の世相を靜觀して▶釋尾旭邦 …… 2–8
宇垣總督と語る▶一記者 ………… 9–10
編輯室より ………………………… 11
滿洲より▶一記者 ………………… 12
國際間の頑長り▶杉村陽太郎(特命全權大
　使) ……………………………… 13–15
我が財界の展望▶小島精一(法政大學教授)
　………………………………… 15–18
最近の財界情勢▶植野勳(朝鮮殖産銀行理
　事) ……………………………… 18–19
米國の對日態度▶マウリッツ・エー、
　ホールグレン(米國ネーション誌) ………
　………………………………… 19–23
滿洲國の法律建設▶竹井廉(京城帝國大學
　教授) …………………………… 23–27
本腰になつた非常時內閣▶虎の門隱士 ……
　………………………………… 28–31
政民兩黨顧問の政黨聯合問題觀 …… 32–34
人絹業成立の可能性▶澁谷禮治(朝鮮銀行
　調査課長) ……………………… 35–37
滿洲國の經濟事情に就て▶賀田直治(京城
　商工會議所會頭) ……………… 37–41
朝鮮工業最近の趨勢▶山澤和三郎 … 42–44
朝鮮に於ける最近の鑛産額の趨勢▶本誌
　記者 …………………………… 45–47
熱河點描▶山田鐵仙 …………… 47–49
拓け行く北鮮と北滿▶小野久太郎 … 49–54
人間醫學▶占部寬海(京城占部醫院長) ……
　………………………………… 55–56

熱性病者の看護法▶筧正視(京城筧醫院長)
　………………………………… 56–58
晩年の朝鮮太祖▶中村榮孝(朝鮮總督府史
　官) ……………………………… 59–64
リデルの京城山囚日記▶山口正之(文學士)
　………………………………… 64–70
船用機關の變遷に就て▶富山護任(朝鮮總
　督府遞信局海事課) …………… 70–73
コーペンハーゲンの二日▶安倍能成(京城
　帝國大學教授) ………………… 74–75
思ひ出の渡歐日記▶三木弘 …… 75–77
秋の夜の漢文▶からしま生 …… 77–79
朝鮮に於ける農村副業としての美術品▶
　佐藤九二男 …………………… 80–81
滿洲の小島の數々▶四十雀 …… 81–83
財界ナンセンス▶桃花泉 …………… 83–84
漢詩/俳壇/短歌 ………………… 85–91
ゴテツク京城スポーツ界▶本誌記者 ………
　………………………………… 92–94
開通せる京圖線の概況▶本誌記者 …………
　………………………………… 95–96
朝鮮の酒造稅と涙稅に就て▶本誌記者 97
滿洲國內に於ける商工團體一覽表/邦貨對
　外貨爲替表/滿洲に對する列國の態度推
　移/鮮滿の財界と事業界/時事日誌 ………
　………………………………… 98–103
時事日誌/風聞駄語 …………… 104–106
湖畔の追慕心中▶山寺讓二 ………107–111

朝鮮及滿洲 第313号 1933年 12月

總督官邸に於けるマルコニー候夫妻歡迎
　會/冬
歲末雜感▶釋尾旭邦 …………………… 1
昭和八年の日本の姿を回顧して▶釋尾旭
　邦 ……………………………… 2–10
議會制度に對する批判と改善案▶今坂茂
　藏 ……………………………… 11–15
世界的排日貨と我が貿易政策▶山田良致

··▶15–17

滿支國交の現狀と將來▶プロンスン・リー
　（滿洲國顧問）··································18–20

罪惡に對する意識▶鈴木浩二（日本組合教
　會理事長）··································21–22

五相會議と軍部▶虎の門隱士·········23–26

産婆役から觀た齋藤內閣の運命▶一記者
　··27–28

南洋がら朝鮮に赴任して來た松田專賣局
　長の話▶一記者·····················29–30

滿洲國の法律建設▶竹井廉·········31–34

滿洲國の經濟事情に就て▶賀田直治（京城
　商工會議所會頭）·····················35–39

日滿經濟ブロックの提唱▶太田正孝·······
　··39–41

露國の對鮮農移民策の史的考察▶松葉秀
　文（法學士）··························41–44

具體化せんとする日滿統制經濟▶張白山
　··45–46

事變後の滿洲貿易の趨勢▶本誌記者·······
　··46–48

米國から朝鮮に轉任して來た私の感し▶
　大原武夫（大阪每日京城支局長）·······49

血液型の話▶今村豊八（京城今村病院長）····
　··50–52

小兒肺炎の療法▶筧正視（京城筧醫院長）
　··53–54

渡邊學務局長と語る··················55

リデルの京城山囚日記▶山口正之（文學士）
　··56–61

船用機關の變遷に就て▶富山護任（朝鮮總
　督府遞信局海事課）·················61–63

立でば芍藥の話▶中村兩造（京城帝國大學
　教授）··································64–66

人心轉換法笑話▶香住喜一（文學士）·······
　··66–67

北滿洲を視察して▶澁谷禮治·········68–70

滯歐想出の降誕祭前後▶山田新一···71–72

スポーツ雜感▶甘濃信一（京城高等商業學校

教授）····································73–78

漢詩/俳壇/短歌··························78–84

元代議士田淵豊吉仙人の氣陷··········85

歲末の金融と財界觀▶諸氏··········86–88

京城府內の鮮人細民層▶本誌記者···89–91

京城に於ける貧民救護施設▶本誌記者·····
　··91–93

土木談合事件の公判雜觀▶向陵迁人······
　··96–98

時事日誌/風聞馱語··················94–100

ひろりもの▶ルイージ・ピランデッロ（上
　村光佑 譯）·························101–106

朝鮮及滿洲 第314号 1934年 1月

皇太子御誕生の奉祝/日出/犬コロ/鶴
屠蘇を酌みつつ▶釋尾旭邦···············1

非常時の日本を常道へ▶釋尾旭邦····2–11

伊藤統監及歷代總督の生活ぶり▶一記者
　··12–13

國防と對外政策工作▶芳澤謙吉······15–17

財界の回顧と展望▶土方久徵······17–19

政界淨化の根本問題▶安部磯雄···20–22

滿洲政治工作の重要性▶永田秀次郎·······
　··22–25

齋藤內閣の危險信號▶虎の門隱士···26–28

支那に對する眞の理解▶稻葉君山···29–31

滿洲國に關する國際法上の問題▶泉哲·····
　··31–33

滿洲國の法律建設▶竹井廉············34–37

滿洲國の農業と移民に關する問題▶澁谷
　禮治····································37–41

滿鐵改造案と軍部案▶一記者·········42–43

篠田李王職長官諄々と語る▶一記者·······
　··44–45

最近朝鮮に興りつ—ある工業▶山澤和三
　郎··46–49

朝鮮の租稅負擔▶善生永助··········50–53

朝鮮行政法の淵源▶車田篤··········54–56

延命長壽法▶本田建義(京城本田病院長) …
………………………………………… 57–59
健康法▶占部寛海(京城占部醫院長) ………
……………………………………………… 60–61
狂犬病の話▶山田不二雄(山田家畜病院長)
………………………………………………… 62
年頭所感▶諸氏 ………………………… 64–74
船を待つ間▶安倍能成(京城帝國大學教授)
……………………………………………… 76–77
イタリーからチエツコ旅行記の一節▶銀
仙愚 …………………………………… 78–80
伯林の降誕祭▶黒田幹一(京城帝國大學豫
科教授) …………………………… 80–82
紐育の正月▶大原武夫(大阪毎日新聞京城
支局長) …………………………… 82–83
世界各國の元旦▶山本忠平 ………… 83–84
朝鮮の新劇運動▶龍吐夢(演出家) … 85–86
朝鮮の狩獵に就て▶吉田雄次郎(朝鮮總督
府農林局) ………………………… 86–88
エツセイ漫筆▶西川融(文學士) … 89–91
ひろひあつめ▶吉野彦三(文學士) … 92–93
年賀狀▶横尾治武 …………………… 93–95
島の便り▶上村光佑 ………………… 96–98
熱河を旅行して▶森爲三 …………… 98–99
犬の話▶山田不二雄(京城山田家畜病院長)
………………………………………… 100–101
漢詩/短歌/俳句 …………………… 102–108
日本に誇る朝鮮のスケート界▶藤井秋夫(朝
鮮氷上競技聯盟理事長) ………… 109–110
白銀を亂舞するスキーの話▶吉田眞弦(朝
鮮スキー倶樂部常務理事) ……… 110–112
京城で景氣の善い人や店の話▶四十雀 …
………………………………………… 112–115
京城府内の高齢者▶桃花泉 ……… 116–117
朝鮮の財界事業界昭和八年史▶本誌記者
………………………………………… 118–120
滿洲の財界事業界昭和八年史▶本誌記者
………………………………………… 120–122
時事日誌/風聞駄語 ……………… 124–127

映畫女優の私生活▶蓑八泊 ……… 128–131
酒場の女▶村岡饒 ………………… 132–137

朝鮮及滿洲 第315号 1934年 2月

極限の昌慶苑/冬の金剛山
平和か爭鬪か▶釋尾旭邦 …………………… 1
軍人に對する反感暴發▶釋尾旭邦 …… 2–7
荒木舊陸相と林新陸相▶一記者 ………… 8
亞細亞に於ける日本の責任▶杉村陽太郎
………………………………………… 9–11
世界經濟の動向と新日本經濟の提唱▶小
笠原三九郎 ……………………… 11–14
日滿經濟統制の基本原則▶小日山直登 …
………………………………………… 14–16
滿洲國の法律建設▶竹井廉 …… 17–19
露國の對鮮農民移民策の史的考察▶松葉秀
文 …………………………………… 19–23
滿洲經濟工作と滿鐵改造案▶張白山 ………
………………………………………… 23–24
滿洲お國自慢▶一記者 …………… 25–26
議會で政界色めき立つた▶虎の門隱士 …
………………………………………… 27–30
兩黨から見た豫算概評 …………… 31–33
鮮滿貿易の發展と吾々の使命▶加藤敬三
郎 …………………………………… 34–35
最近に於ける朝鮮貿易狀況▶山澤和三郎
………………………………………… 36–38
朝鮮行政法の淵源▶車田篤 …… 39–40
破傷風▶松井權平(京城帝國大學附屬病院
長) ………………………………… 41–42
流行性感胃に就て▶荻野正俊(京城府衛生
課長) ……………………………… 42–45
伊太利からチエツコ旅行記の一節▶銀仙
愚 …………………………………… 46–48
英國の印象▶牟田口利彦(朝鮮金融組合聯
合會理事) ………………………… 48–49
滿洲雜感▶大内武次 ……………………… 50
朝鮮の印象記▶H・B・ドレイク …… 51–54

會源開市▶藤田亮策(朝鮮總督府博物館長)
 ………………………………… 54-56
林羅山と萬葉集▶名越那珂次郎(京城帝國
 大學豫科教授) ……………… 57-58
藝術と色でと判斷▶荒井龍男(洋畫家) ……
 ………………………………… 58-59
感想▶山口長男(洋畫家) ……… 60-61
T氏の幻想▶杉本長夫 ……………… 61-63
諸國犬物語▶浪華羋 ……………… 63-65
新京萬華鏡(國都建設篇)▶小松鳳三 ………
 ………………………………… 66-68
米國の平貨切下の影響▶諸氏 … 69-72
漢詩/短歌/俳句 ………………… 73-78
此一月は何故寒さが長く續いたのか▶窪
 田次郎(京城測候所長) ………… 79
歐米百貨店の現狀と小賣商▶相馬愛藏(中
 村屋主人) ……………… 80-82
嚴冬の生活戰線に踊る人々▶本誌記者 ……
 ………………………………… 82-85
學校出の就職戰線▶本誌記者 … 85-87
危險に陷り安き學生▶桃花泉 … 87-89
京城學生界の問題▶道田昌彌 … 89-91
米國の平價切下とは何か▶本誌記者 ……
 ………………………………… 92-93
朝鮮の財界と事業界/滿洲の財界と事業界
 ………………………………… 95-98
時事日誌/風聞駄語 …………… 99-102
(小說)心中片割日記▶山岡操 ……103-108

朝鮮及滿洲 第316号 1934年 3月

我皇太子降誕奉祝の光景/滿洲の帝位に卽
 た/溥儀皇帝と皇妃
時事寸言▶釋尾旭邦 ……………………… 1
滿洲國に帝政布から▶釋尾旭邦 ……… 2-12
滿洲國の重要諸問題▶松岡正男 … 13-14
米人の觀だる滿洲國の近狀▶ハレット・
 アベンド ……………… 15-18
支那の一新聞社長は滿洲國を如何に視た
 か▶魯嗣香 ………………… 19-22
齋藤內閣もいよいよ危く見え出した▶虎
 の門隱士 ………………… 23-26
第六十五議會雜觀▶一記者 …… 27-29
昭和十年に於ける日本對英米▶尾崎誠司
 ………………………………… 30-32
米國の平價切下げと日本▶梶山昌雄 ……
 ………………………………… 33-37
意固地な星亨▶N.M.R ………… 36-37
弟六十五議會と軍部 …………… 38-39
帝制を布く滿洲國を語る▶本誌記者 ……
 ………………………………… 40-43
滿洲を舞臺とする新興事業▶新京支局記
 者 ……………………… 43-45
滿洲に於ける道路の特異性▶新京支局記
 者 ……………………… 45-47
熱河省と蒙古人▶遼東逸民 …… 47-49
朝鮮行政法の淵源▶車田篤 …… 50-51
弗の平價切下げは朝鮮にどう響く?▶山澤
 和三郎(朝鮮總督府商工課長) …… 52-54
受驗準備の衛生▶占部寬海(京城占部醫院
 長) ……………………… 55-59
日蝕の話▶窪田次郎治(京城測候所長) ……
 ………………………………… 59-60
若禿智慧禿▶羽島清(醫學士) ………… 60-61
會源開市▶藤田亮策(朝鮮總督府博物館長)
 ………………………………… 62-65
伊太利旅行記の一節▶銀仙愚 … 65-67
ギツシングの手記▶西川融 …… 67-70
早春雜記▶小黑稔夫 …………… 71-73
踊子ジヤネツト▶山田新一(洋畫家) ………
 ………………………………… 73-76
新帝登極の滿洲帝國の種々相▶一記者 ……
 ………………………………… 76-78
朝鮮人側の放送プロに就て▶金井鎭 ……
 ………………………………… 78-80
漢詩/短歌/俳句 ………………… 81-87
流浪者の生活と犯罪▶本誌記者 … 88-90
京城の土幕民收容地▶本誌記者 … 91-93

カフエー明暗二重奏▶松井滿久 ‥‥‥94-95
朝鮮の財界と事業界/滿洲の財界と事業界
　‥‥‥‥‥‥‥‥‥‥‥‥‥‥‥‥‥96-105
時事日誌/風聞駄語 ‥‥‥‥‥‥‥106-108
宿命に哭く酒幕の女▶村岡饒 ‥‥‥109-111

朝鮮及滿洲 第317号 1934年 4月

館の大火/春
編輯室より▶釋尾旭邦 ‥‥‥‥‥‥‥‥1
時事▶釋尾旭邦 ‥‥‥‥‥‥‥‥‥‥2-9
朝鮮米で奮鬪した有賀頭取は斯く語る▶
　一記者 ‥‥‥‥‥‥‥‥‥‥‥‥‥‥10
重疊せる國際情勢の展望▶神川彦松 ‥‥‥
　‥‥‥‥‥‥‥‥‥‥‥‥‥‥‥‥11-14
經濟及産業上から觀た非常時▶牧野輝智
　‥‥‥‥‥‥‥‥‥‥‥‥‥‥‥‥15-17
衰老亞細亞の現症と豫後▶工藤武城 ‥‥‥
　‥‥‥‥‥‥‥‥‥‥‥‥‥‥‥‥18-24
歐洲に於けるヒトラ主義の反動▶エミル・
　ラングエル ‥‥‥‥‥‥‥‥‥‥25-28
政界夜話▶虎の門隱士 ‥‥‥‥‥‥29-32
六十五議會爆彈兒岡本一己大義士▶一記
　者 ‥‥‥‥‥‥‥‥‥‥‥‥‥‥32-34
加藤高明と山縣公▶N.M.R ‥‥‥35-37
支那の一新聞社長は滿洲國を如何に視た
　か▶魯嗣香 ‥‥‥‥‥‥‥‥‥38-41
工業發展の諸要素より觀たる滿鮮工業の
　將來▶澁谷禮治 ‥‥‥‥‥‥‥42-44
滿洲の保稅問題の經緯▶野添孝生 ‥‥‥‥
　‥‥‥‥‥‥‥‥‥‥‥‥‥‥‥‥44-47
日滿統制經濟に於ける朝鮮の地位▶山澤
　和三郎 ‥‥‥‥‥‥‥‥‥‥‥48-51
朝鮮自治團體に關する硏究▶車田篤 ‥‥‥
　‥‥‥‥‥‥‥‥‥‥‥‥‥‥‥‥52-53
朝鮮貴族に就て▶田中德太郎 ‥‥‥54-57
米穀統制問題觀戰記▶柄澤四郎 ‥‥‥58-60
新入學兒童の衛生▶本田建義(京城本田病
　院長) ‥‥‥‥‥‥‥‥‥‥‥‥61-62

病苦貧苦▶占部寬海(京城占部病院長) ‥‥‥
　‥‥‥‥‥‥‥‥‥‥‥‥‥‥‥‥62-64
朝鮮の死亡率▶桃花泉 ‥‥‥‥‥‥65-67
文雅の徒▶からしま ‥‥‥‥‥‥‥68-69
肖像畵▶オールダス・ハックスレー, 西川
　融 譯 ‥‥‥‥‥‥‥‥‥‥‥‥70-73
詩人對行爲人▶崔載瑞(京城帝國大學講師)
　‥‥‥‥‥‥‥‥‥‥‥‥‥‥‥‥73-75
煩惱片影▶上村光佑(京城帝國大學圖書館)
　‥‥‥‥‥‥‥‥‥‥‥‥‥‥‥‥75-76
漢詩/短歌/俳句 ‥‥‥‥‥‥‥‥‥77-83
京畿道會と京城府會を覗いて▶一記者 ‥‥‥
　‥‥‥‥‥‥‥‥‥‥‥‥‥‥‥‥84-85
食堂合戰記▶本誌記者 ‥‥‥‥‥‥86-88
首都京城のヱロ街風景▶本誌記者 ‥‥‥‥‥
　‥‥‥‥‥‥‥‥‥‥‥‥‥‥‥‥89-91
新京在住日本人の職業別▶一記者 ‥‥92-93
朝鮮の財界と事業界/滿洲の財界と事業界
　‥‥‥‥‥‥‥‥‥‥‥‥‥‥‥‥94-95
時事日誌/風聞駄語 ‥‥‥‥‥‥101-104
春霞東都の色模樣▶浦山鹿郎 ‥‥‥105-108

朝鮮及滿洲 第318号 1934年 5月

李王及同妃兩殿下/春の享樂
人間の出處進退▶釋尾旭邦 ‥‥‥‥‥‥1
我對支政策の根本義▶釋尾旭邦 ‥‥‥2-8
議會政治の前途▶蠟山政道 ‥‥‥‥9-12
米國經濟政策と日本への影響▶牧野輝智
　‥‥‥‥‥‥‥‥‥‥‥‥‥‥‥‥13-15
衰老亞細亞の現症と豫後▶工藤武城 ‥‥‥
　‥‥‥‥‥‥‥‥‥‥‥‥‥‥‥‥16-21
獨逸/佛蘭西/墺太利▶ロジヤー・シヨウ ‥‥
　‥‥‥‥‥‥‥‥‥‥‥‥‥‥‥‥21-26
政界は依然花曇り▶虎の門隱士 ‥‥27-30
大隈公と外人記者▶N.M.R ‥‥‥31-32
工業發展の諸要素と鮮滿の工業▶澁谷禮
　治 ‥‥‥‥‥‥‥‥‥‥‥‥‥‥33-35
滿洲に於ける保稅問題の經緯▶野添孝生

…………………………………… 35–38

大連港に於ける大豆三品貿易の趨勢▶支
　局記者 ……………………………… 38–41

在滿朝鮮人に就て▶堂本貞一(朝鮮總督府
　事務官) ……………………………… 41–43

伊達京城府尹と語る▶一記者 ……… 44

朝鮮自治團體▶車田篤 ……………… 45–47

朝鮮の棉花增産計劃に就て▶本誌記者 …
　………………………………………… 48–50

朝鮮のヒマシ▶西龜三圭(朝鮮總督府衞生
　課長) ………………………………… 50–53

朝鮮に於ける儒林の勢力▶善生永助 ……
　………………………………………… 54–56

全鮮中等學校長論▶南堂學人 ……… 57–61

雜誌記者の訪問難▶森生 …………… 62–64

保健と經濟から見た▶羽島清(醫學士) ……
　………………………………………… 65–66

各國お花▶桃花泉 …………………… 67–69

京城の横顔▶エッチ・ビイ・ドレイク ……
　………………………………………… 70–73

ハルピンの横顔▶林原憲貞 ………… 74–76

巴里の春のカフエー▶山田新一(洋畫家) …
　………………………………………… 77

ロサンジュレスとジュネーブの春▶高橋
　濱吉(第二高普校長) ……………… 78

女學校を卒へた朝鮮女性▶本誌記者 ……
　………………………………………… 79–81

肖像畫▶オールダス・ハックスレー, 西川
　融 …………………………………… 81–83

映畫往來★レコード時評 …………… 84–86

半島洋畫人素描▶緒方浩太郎 ……… 86–87

漢詩/短歌/俳句 ……………………… 88–93

內鮮學生の入學戰線檢討　將に開かれんと
　する▶本誌記者 …………………… 94–95

鮮展評判物語▶秋麗太 ……………… 96–98

アパート風景▶村岡饒 ……………… 99–100

朝鮮の財界と事業界/滿洲の財界と事業界/
　朝鮮のビール戰線 ………………… 101–105

簡易保險の話/官界異動/朝鮮各道めくり …

………………………………………… 107–116

花柳界哀話:南山稻荷谷の今樣比翼塚▶山
　岡操 ………………………………… 117–119

朝鮮及滿洲 第319号 1934年 6月

東郷元帥/鮮展の一部東邦生

逝ける東郷元帥▶東邦山人 ………………… 1

時事▶釋尾旭邦 ……………………… 2–9

昭和水利と土地改良會社を吊ふ▶一記者
　………………………………………… 10

最近に於ける世界經濟の動向▶木村增太
　郎 …………………………………… 11–14

異常世界と我國民の覺悟▶吉田茂 … 15–16

衰老亞細亞の現症と豫後▶工藤武城 ……
　………………………………………… 17–22

滿韓人の生活力と日本人の滿洲移住▶戶
　田貞三 ……………………………… 23–25

政局活氣づく▶虎の門隱士 ………… 26–29

所謂滿洲景氣▶森生 ………………… 30

伊藤博文公と朝鮮▶N・M・R … 31–32

日本精神に就て▶安岡正篤 ………… 33–36

滿鐵附屬地行政問題をめぐつて▶林原憲
　貞 …………………………………… 37–40

在滿朝鮮人に就て▶堂本貞一 ……… 40–43

滿洲棉花の將來▶黑田一朔 ………… 43–45

滿洲に進出する內地資本▶張白山 ……
　………………………………………… 46–47

高木市之助(京城帝國大學教授)▶高木市之
　助(京城帝國大學教授) …………… 48–51

朝鮮自治團體に關する研究▶車田篤 ……
　………………………………………… 52–53

朝鮮に於ける緬羊獎勵と生産量▶本誌記
　者 …………………………………… 54–55

歷代城大總長論▶南堂學人 ………… 56–60

米穀對策▶諸氏 ……………………… 61–65

朝鮮と工藝▶田邊孝次 ……………… 64

農民藝術の二種類▶山本鼎 ………… 65

梅毒に就て▶瀨戶潔(京城瀨戶病院長) ……

　　‥‥‥‥‥‥‥‥‥‥‥‥‥‥‥ 66-67
新緑禮讚▶諸氏 ‥‥‥‥‥‥‥‥ 68-69
萬葉集と山吹▶名越那珂次郎(京城帝國大
　學豫科教授) ‥‥‥‥‥‥‥‥ 70-72
民間航空運送事業と航空郵便▶鶴田誠(朝
　鮮總督府遞信事務官) ‥‥‥‥ 72-74
鮮展洋畫部所感▶白瀧幾之助(鮮展審査員)
　‥‥‥‥‥‥‥‥‥‥‥‥‥‥ 74-75
鮮展人論▶山田新一(洋畫家) ‥‥ 76-78
荒井龍男論▶小松鳳三 ‥‥‥‥‥‥ 79
漢詩/短歌/俳句 ‥‥‥‥‥‥‥‥ 80-84
大學專門學校卒業生の就職狀況▶本誌記
　者 ‥‥‥‥‥‥‥‥‥‥‥‥ 85-86
朝鮮ホテル/京城驛/千代田グリル/府營食
　堂 食堂めぐり▶本誌記者 ‥ 87-92
德力劇場問題實現難の經緯▶椿一郎 ‥‥
　‥‥‥‥‥‥‥‥‥‥‥‥‥‥ 90-92
朝鮮の財界と事業界/滿洲の財界と事業界
　‥‥‥‥‥‥‥‥‥‥‥‥‥‥ 93-98
時事日誌/風聞駄語 ‥‥‥‥‥‥ 99-103
第十三回鮮展を觀て▶一記者 ‥‥‥ 102
花柳界哀話:南山稲荷谷の今樣比翼塚▶山
　岡操 ‥‥‥‥‥‥‥‥‥‥ 104-107

朝鮮及滿洲 第320号 1934年 7月

秩父宮殿下と康德帝/岡田新首相

何と馬鹿者の多いことよ▶釋尾旭邦 ‥‥ 1
最近の滿洲を觀て▶釋尾旭邦 ‥‥‥ 2-11
遠藤總務廳長官と語る▶東邦生 ‥‥ 9-10
社會的施設より觀た朝鮮▶池田宏 ‥‥ 12
所謂三五・六年の危機と外交工作▶本田
　熊太郎 ‥‥‥‥‥‥‥‥‥ 13-17
サルバドール國の滿洲國承認と其意義▶
　泉哲 ‥‥‥‥‥‥‥‥‥‥ 17-18
米國は日本と戰ざるべからるか▶ヂヨ
　ジー・ブロンソン・リー ‥‥ 19-25
思想傾向と國民教育▶長谷川如是閑 ‥‥
　‥‥‥‥‥‥‥‥‥‥‥‥‥ 26-28

資本主義に於ける恐慌と金本位制に關す
　る管見▶由木理一 ‥‥‥‥ 29-32
政局と宇垣總督▶東京支局記者 ‥‥ 33-34
犬養毅と死の修練▶N.M.R ‥‥‥ 35-36
鮮滿工業對立の調整對策▶澁谷禮治 ‥‥
　‥‥‥‥‥‥‥‥‥‥‥‥‥ 37-39
滿洲に於ける保稅問題の經緯▶野添孝生
　‥‥‥‥‥‥‥‥‥‥‥‥‥ 39-42
大連に於ける不動産熱の擡頭▶眞鍋五郎
　‥‥‥‥‥‥‥‥‥‥‥‥‥ 42-44
朝鮮自治團體に關する研究▶車田篤 ‥‥
　‥‥‥‥‥‥‥‥‥‥‥‥‥ 44-45
朝鮮産金史を辿る▶本誌記者 ‥‥ 46-47
朝鮮のアメリカ宣教師▶H・B・ドレイク・
　‥‥‥‥‥‥‥‥‥‥‥‥‥ 48-52
京城醫專論▶南堂學人 ‥‥‥‥ 53-55
病人の看護に就て▶本田建義(醫學博士) ‥
　‥‥‥‥‥‥‥‥‥‥‥‥‥ 56-59
雨の話▶窪田次郎治(京城測候所長) ‥‥
　‥‥‥‥‥‥‥‥‥‥‥‥‥ 59-60
ハイデルベルヒに著いた二三日　安倍能成
　‥‥‥‥‥‥‥‥‥‥‥‥‥ 61-62
基督の誤診▶香住喜一 ‥‥‥‥ 63-64
南扇子繪物語▶邪安刻冬 ‥‥‥‥ 64-65
京城に來た藝術家竝に藝人の舞臺裏村景
　▶清溪谷薫 ‥‥‥‥‥‥‥ 66-67
映畫往來▶神崎祐吾 ‥‥‥‥‥ 67-68
民間航空運送事業と航空郵便▶鶴田誠(朝
　鮮總督府遞信事務官) ‥‥‥ 69-70
漢詩/短歌/俳句 ‥‥‥‥‥‥‥ 71-76
街の人物素描 ‥‥‥‥‥‥‥‥‥ 77
京城府民病院の横安▶本誌記者 ‥ 78-80
松竹映畫問題の眞相▶宇佐見誠一郎 ‥‥
　‥‥‥‥‥‥‥‥‥‥‥‥‥ 81-83
朝鮮に於ける貸付金の利殖▶桃花泉 ‥‥
　‥‥‥‥‥‥‥‥‥‥‥‥‥ 84-85
朝鮮の財界と事業界/滿洲の財界と事業界
　‥‥‥‥‥‥‥‥‥‥‥‥‥ 86-89
時事日誌/風聞駄語 ‥‥‥‥‥‥ 90-92

幌馬車で逃げた女給▶瀧暮人 ………93–95
現實の創作▶山岡操 …………96–102

朝鮮及滿洲 第321号 1934年 8月

岡田內閣の顔触れ/北極の夏景色
社會を余り窮屈にするか▶釋尾旭邦 …… 1
岡田內閣の使命▶釋尾旭邦 ……… 2–10
國際情勢と日本▶關根郡平 ……… 11–13
米國は日本と戰はざるべからるか▶Ｊ・Ｂ・
　リー ……………………………… 14–21
資本主義修正論と統制經濟▶土方成美 ……
　………………………………………… 21–24
資本主義に於ける恐慌と金本位制に關す
　る管見▶由木理一 ……………… 24–27
岡田內閣出現の經緯▶虎の門隱士 … 28–31
東京より/岡田內閣評判記▶森生 …… 31–34
支那に於ける農業恐慌と農民▶澁谷禮治
　………………………………………… 35–39
滿鮮工業の相關的考察▶桃花泉 …… 39–41
漢江を利用する三大事業▶本間孝義 ……
　………………………………………… 41–42
衛生上から觀た京城府民▶荻野正俊 ……
　………………………………………… 43–47
實現し得る豫防法▶椎葉芳彌(京城府立馴
　化院長) ………………………… 48–49
衛生は便所と下水の改良から▶本田建義
　(京城本田病院長) ……………… 49–50
今年は初夏から氣候が變調である▶窪田
　次郎治(京城測候所長) ………… 51–52
京城醫專論▶南堂學人 …………… 53–56
觀音峰の印象▶加藤廉平(京城高商教授) …
　………………………………………… 57–58
上高地から槍ヶ岳へ▶山本夏夫 … 59–60
パリーの夏▶三木弘(洋畫家) …… 60–61
日本山岳風景の特色▶荻島吉夫(林學士) …
　………………………………………… 61–63
時代離れのした外蒙古の旅行▶張白山 ……
　………………………………………… 64–65

順輕考▶名越那珂次郎(城大豫科教授) ……
　………………………………………… 66–69
詩人ボーの臨終▶杉本長夫(京城法學專門
　學校講師) …………………… 69–70
愛國詩人の努り▶上村光佑 …… 71–72
安息日の教會風景▶杜淳二 …… 73–74
安息日の教會諷經▶社亨二 …… 73–74
怪談の涼味▶土井富美男 ……… 74–76
近代學士くずれ行狀記▶草壁蕃 … 76–79
國境夜話/二つの密輸入夫妻▶岡田冠天 …
　………………………………………… 79–80
箱根の思出▶平田雅彦 ………… 81–83
三等列車と朝鮮宿▶エツチ・ビイ・ドレ
　イク ……………………………… 83–87
加藤鮮銀總裁と有賀植銀頭取▶南山隱士
　………………………………………… 88–89
漢詩/短歌/俳句 ………………… 91–96
異國情緒のセブランス病院を視る▶本誌
　記者 ……………………………… 98–100
京城カフェ漫談▶暮一樹 ……… 100–101
苦熱戰線に動く人▶本誌記者 …… 102
朝鮮の財界と事業界/滿洲の財界と事業界/
　銀行會社の總會/岡田內閣の大臣と政務
　官の略歷/各政務官の生ひ立ち/陸軍の異
　動 …………………………………… 103–110
時事日誌/風聞駄語 ……………… 111–113
京城府廳事件の解剖▶志村操 …… 114–116

朝鮮及滿洲 第322号 1934年 9月

秋/問題の露滿國境
共存共榮か爭鬪か ……………………… 1
最近の滿洲を語る▶釋尾旭邦 …… 2–9
植田軍司令官を訪ふの記▶一記者 … 10
フアシズムと資本主義▶新明正道 … 11–14
再び太平洋問題を論ず▶關根郡平 … 14–18
米國は日本と戰はざるべからるか▶Ｊ・Ｂ・
　リー …………………………… 19–25
支那の現狀▶ジヤバンタインムス … 26–27

岡田內閣と政友會▶虎の門隱士 …… 28-30

原始的農業問題の展望▶木梨靖彦 … 31-34

朝鮮の姓に就て▶善生永助(朝鮮總督府囑
　託) ……………………………………… 34-38

周作人氏と現代支那▶辛島驍 ……… 38-40

城大豫科論▶南堂學人 ……………… 41-45

病人の食餌に就て▶本田建義(京城本田醫
　院長) ………………………………… 46-49

甲狀腺腫▶松井權平(京城帝國大學醫學部
　教授) ………………………………… 49-51

指紋に就て▶河野國夫(總督府法務局) ……
　………………………………………… 51-53

古書から見た金剛山▶奧田直毅(朝鮮總督
　府圖書館) …………………………… 54-58

詩人ポーの臨終▶杉本長夫(京城法學專門
　學校講師) …………………………… 59-61

秋と星▶窪田次郎治(京城測候所長) ………
　………………………………………… 61-62

朝鮮の秋に鳴く蟲▶森爲三(京城帝國大學
　豫科教授) …………………………… 63

畵中雜記▶三木弘(洋畵家) ………… 64

ドイツの秋の山野▶池田林儀 ……… 65

ウオーテルロの秋▶高松順茂(朝鮮總督府
　通信局海事課長) …………………… 66-67

金剛探勝の一頁▶上村光佑 ………… 67-69

新京夜話▶小松煩白郞 ……………… 69-71

北平と熱河の話▶田中德太郞 ……… 72-73

滿洲の匪賊に拉致された英國人の人質日
　誌▶大口義夫 ……………………… 74-76

京城に殘されてみる話▶桃花泉 …… 76-77

朝鮮官界展望▶南山隱士 …………… 78-80

漢詩/短歌/俳句 ……………………… 81-87

京城府の避病舍順化院を訪ふ▶本誌記者
　………………………………………… 88-90

殺人犯其他の迷宮入事件の原因▶野村薰
　氏談 ………………………………… 91-92

盛り場を步く▶都河龍之介 ………… 92-93

朝鮮の交通事故▶本誌記者 ………… 94-95

朝鮮の財界と事業界/滿洲の財界と事業界
　………………………………………… 94-99

時事日誌/風聞駄語 ………………… 100-104

自殺一步前の女▶宇佐美誠一郞 …105-108

朝鮮及滿洲 第323号 1934年 10月

暴風雨被害狀況の一/秋

今の日本に言論の自由があるか▶釋尾旭
　邦 …………………………………… 1

山道・淸水兩大義士と時局を語る▶釋尾
　旭邦 ………………………………… 2-8

支那の形勢を展望して▶米田實 …… 11-14

再び太平洋問題を論ず▶關根郡平 …………
　………………………………………… 14-17

我が輸出貿易の前途▶村田房吉 …… 18-20

朝鮮の對滿貿易の地位と其內容▶澁谷禮
　治 …………………………………… 21-23

大同二年の滿洲貿易槪況▶柴原正一 …………
　………………………………………… 23-26

朝鮮鑛業の近況を語る▶石田千太郞 ………
　………………………………………… 26-28

一部改正された朝鮮總督府諸官制▶車田
　篤 …………………………………… 29-31

南洋及印度に於ける我國の經濟新市場▶
　立石良雄 …………………………… 32-36

政界落莫▶虎の門隱士 ……………… 37-39

醫學から觀た往古の日鮮關係の一考察▶
　工藤武城 …………………………… 40-46

丹毒の話▶瀨戶潔(瀨戶病院長) …… 47-48

京城工高論▶南堂學人 ……………… 49-54

古書から見た金剛山▶奧田直毅(朝鮮總督
　府圖書館) …………………………… 55-60

瀧澤馬琴と萬葉集▶名越那珂次郞(城大豫
　科教授) ……………………………… 60-62

現代美術史學の危機▶木梨靖彦 …… 62-64

サンスウシ-▶池田林儀(京城日報) …………
　………………………………………… 65-66

ロンドンの秋▶吉野彦三(文學士) …… 67

秋の感想▶橫尾治武 ………………… 68-69

菊の原種に就て▶宮崎鹿松(理學士) ………
……………………………… 69–71
新京夜話▶小松煩白郎 ……… 72–74
關西方面の旅をして▶諸留寛 ……… 75–76
漢詩/短歌/俳句 …………………………… 77–83
近頃流行の人のみち教を語る▶安藝禮太
……………………………… 84–86
赤十字病院を訪ふ▶本誌記者 ……… 87–88
逸見十郎太の孫に化けた男▶柴垣幹夫(京
城犯罪研究會) ……………… 89–91
朝鮮の犯罪傾向▶本誌記者 ……… 92–93
朝鮮の財界と事業界/滿洲の財界と事業界
……………………………… 94–97
時事日誌/風聞駄語 ………………… 98–100
琉球の歡樂境▶村上狂兒 …………101–105

朝鮮及滿洲 第324号 1934年 11月

黄金る雲山鑛山/金鑛の作業狀況
編輯室より▶釋尾旭邦 ………………… 1
關東廳官吏の烽火▶釋尾旭邦 …… 2–5
全鮮新聞記者大會の記▶一記者 ……… 6–10
我國を中心とする世界外交の展望▶佐藤
忠雄 …………………… 11–15
貿易の現況と我が貿易政策▶松本烝治 ……
……………………………… 15–18
對滿貿易の地位と其の内容▶澁谷禮治 ……
……………………………… 18–20
一部改正された朝鮮總督府諸官制▶車田
篤 ……………………… 21–23
三韓民族の日本歸化▶善生永助 …… 24–29
臨時議會の颱風▶虎の門隱士 …… 30–32
朝鮮の鑛業に就て▶穗積眞六郎 …… 33–35
朝鮮鑛業の近況を語る▶石田千太郎 ………
……………………………… 36–38
朝鮮に於ける鑛物資源▶立岩巖 …… 39–52
朝鮮鑛業史一斑▶川崎繁太郎 …… 53–58
朝鮮のテルウル金鑛▶某鑛山技師談 …… 59
治病と宗教▶本田建義(京城本田病院長) …

……………………………… 60–61
綜合醫學の建設を提唱す▶多田政一 ………
……………………………… 61–66
お寺巡禮記▶本誌記者 ……… 67–68
京城に住む英國人達▶エツチ・ビイ・ド
レイク ……………………… 69–73
ウンダーフオゲル▶池田林儀(京城日報) …
……………………………… 74–75
關西方面の旅をして▶諸留寛 …… 75–77
旅▶三木弘 …………………… 77–78
秋夕夢▶上村光佑 …………… 78–80
v▶小松煩白郎 …………………… 80–82
國境夜話/匪賊の内幕を語る▶岡田冠天 …
……………………………… 83–84
露領虎狩劇場▶龍田口徹 …… 85–86
漢詩/短歌/俳句 …………………… 87–92
全鮮鑛山經營表/鑛山經營者の聲–鑛山イン
チキ物語 …………………… 93–101
朝鮮の財界と事業界/滿洲の財界と事業界
……………………………… 106–108
時事日誌/風聞駄語 ………………… 109–111
田舎▶秋津信子 …………………… 112–114

朝鮮及滿洲 第325号 1934年 12月

滿洲國各省省長/冬
時事偶感▶釋尾旭邦 ……………………… 1
暮れ行く昭和九年を顧みて▶釋尾旭邦 ……
……………………………… 2–4
官海異動の人々▶一記者 ……… 5–10
朝鮮に於ける鑛物資源▶立岩巖 …… 11–21
朝鮮鑛業史一斑▶川崎繁太郎 …… 22–33
朝鮮の鑛業に就て▶迫間房太郎 …… 33–35
不安定な岡田内閣▶虎の門隱士 …… 36–39
支那及支那人の心性▶J・O・P・ブランド
……………………………… 40–46
日本外交の一年▶馬場景明 ……… 46–48
我經濟界の一年▶仁科善郎 ……… 48–50
滿洲國各省 長 …………………… 51

北鮮開拓と火田民の指導▶鹽田正洪 ………
……………………………………… 52-58
一部改正された朝鮮總督府諸官制▶車田
篤 ………………………………… 59-60
ヂフテリアの豫防に就て▶荻野正俊(京城
府衛生課長) ……………………… 61-62
お寺巡禮記▶本誌記者 …………………… 62-64
滿鮮植物風景雜觀▶石戸谷勉 ……… 65-68
紅葉落葉▶桃花泉 ………………………… 68-70
詩人と人間苦▶崔載瑞 …………… 70-74
倫敦の一事情▶中村兩造(城大醫學部) ……
……………………………………… 74-76
アメリカ女氣質▶道家齊一郎 …… 77-79
明治物映畫漫相▶山田操(京城文人クラブ)
……………………………………… 79-80
漢詩/短歌/俳句 ……………………… 81-86
歲末の財界▶諸氏 ……………………… 87-90
朝鮮の輕金屬軍需用鑛物▶本社編輯部調
査 ………………………………… 91-92
金密輸の種々相▶柴垣幹夫 ………………… 93
朝鮮の財界と事業界/滿洲の財界と事業界
…………………………………… 94-103
時事日誌/風聞馱語

朝鮮及滿洲 第326号 1935年 1月

海邊の鶴/廣業の猪

鶴と猪▶釋尾旭邦 ………………………………… 1
年頭に臨み▶釋尾旭邦 …………………… 2-8
宇垣總督に西比利亞出兵と山東出兵の經
緯を聞く▶一記者 ………………… 9-10
池邊鶴▶松田學鷗 ……………… 11-12
太平洋の平和工作▶泉哲 ……… 13-14
國際非常時に於ける軍備と財政▶鹿島守
之助 ……………………………… 15-17
歐洲最近の政狀と國民の覺悟▶佐藤尙武
……………………………………… 18-19
日米間に横る四大問題▶齋藤博 …… 20-22
歐洲局面の新轉換▶シー・エフ・メルピ

ヰル …………………………… 22-27
大政友會の御家騷動▶虎の門隱士 … 28-31
內鮮人の通婚狀態▶善生永助 ……… 32-34
朝鮮に於ける農村の年中行事と其の娛樂
に就て▶本誌記者 ……………… 34-39
四時名義考▶名越那珂次郎(京城帝國大學
豫科教授) ………………………… 39-42
化學工業に於ける內地朝鮮及滿洲の地位
▶鉛市太郎 ……………………… 42-44
雜感二三▶吉野彦三(文學士) ……… 45-46
范總領事と宇垣總督の應酬▶一記者 …… 46
溫泉療養に就て▶本田建義(京城本田病院
長) ……………………………… 47-50
昨年來の變態的氣候▶窪田次郎治(京城測
候所長) …………………………… 50-51
綜合醫學建設の提唱▶多田政一 …… 52-57
鶴と猪の話▶森爲三(京城帝國大學豫科教
授) ……………………………… 58-60
ローマの新年▶安倍能成(京城帝大教授) …
……………………………………… 61-62
ベルリンの正月▶池田林儀(京城日報) ……
……………………………………… 62-63
アメリカで迎へた正月▶高松順茂(朝鮮總
督府遞信局海事課長) …………… 63-64
ロシアの正月▶ゲオルグ・マルゼフ …… 65
古書から見た金剛山▶奧田直毅(朝鮮總督
府圖書館) ……………………… 66-72
詩次故に就て▶稻葉君山(文學博士) 73-74
詩人エドガー・ポーと彼を續る女性▶杉
本長夫(京城法學專門學校講師) … 74-77
胃物の話▶エツチ・ビイ・ドレイク ………
……………………………………… 77-82
ニゴロエの思ひ出▶車田篤(京城法學專門
學校教授) ……………………… 82-84
各國のダンシング▶山下美樹 …… 85-86
榮轉の人々を訪ねて▶一記者 …… 87-88
漢詩/短歌/俳句 ……………………… 89-94
本年の財界は何う動くか▶諸氏 …… 95-104
朝鮮のエロ里風景▶本誌記者 …… 105-107

朝鮮の財界と事業界/滿洲の財界と事業界
……………………………… 104–117
時事日誌/風聞駄語 ……………… 118–120
東京の女異風景▶村上狂兒 ……… 122–126

朝鮮及滿洲 第327号 1935年 2月

冬の白頭山征伐/三黨首會合
寛大か嚴酷か▶釋尾旭邦 ……………………… 1
時事靜觀▶釋尾旭邦 ……………………… 2–10
日支關係と東亞に於ける日本の使命▶松
　本忠雄 ………………………………… 11–14
我國貿易の躍進とその將來▶勝正憲 ………
　……………………………………………… 15–18
日本を繞る軍縮問題▶野村吉三郎 海軍大
　將談 …………………………………… 19–22
第六十七會議攻防戰▶虎の門隱士 … 23–25
朝鮮經濟力の發展と首都京城の使命▶賀
　田直治 ………………………………… 26–29
化學工業に於ける內地朝鮮及滿洲の地位
　▶鉛市太郎 …………………………… 29–32
圖寧線沿線を打診する▶本誌記者 … 32–35
朝鮮の砂金鑛▶本誌記者 …………… 35–36
沿岸貿易に就て▶高田進 …………… 37–40
倭城臺官邸の臺所から窺いた齋藤さんと
　宇垣さん▶本誌記者 ……………… 41–42
東洋的農業社會の天災とそれに對する社
　會施設▶森谷克己 ………………… 43–49
盲腸炎の話▶松井權平(城大教授) … 50–52
狂犬病に就て▶中西俊藏(朝鮮總督府囑託)
　……………………………………………… 52–55
暖冬氣象の打診▶窪田次郎治(京城測候所
　長) ……………………………………… 56–57
城大法文學部の展望▶駱駝山人 …… 58–62
救世軍の陣營を訪ねて▶本誌記者 … 63–65
鶴の生活▶本誌記者 ………………… 66–67
各國正月風景▶桃花泉 ……………… 68–69
ザールを語る▶池田林儀 …………… 70–71
上海のカフエー▶原達夫 …………… 71–73

旅れ拾つたユーモア▶山田新一(洋畫家) ‥
　……………………………………………… 74–75
漢詩/短歌/俳句 ……………………… 76–82
醫專病院を訪問する記▶本誌記者 … 83–84
最近の朝鮮犯罪史▶山岡操 ………… 85–86
朝鮮の財界と事業界/滿洲の財界と事業界
　……………………………………………… 87–94
時事日誌/風聞駄語 ………………… 95–97
翠と言ふ女▶秋津信子 …………… 98–100

朝鮮及滿洲 第328号 1935年 3月

廣田外相と王龍惠氏との握手/春は森から
軍國主義の强調は考へもの▶釋尾旭邦 … 1
時事▶東邦山人 …………………………… 2–6
國民生活と軍縮問題▶海軍軍事普及部 ……
　………………………………………………… 7–14
日本の海軍均等權要求の理由▶ジェー・
　アール・ドラモンド ………………… 15–18
沿岸貿易に就て▶高田進 …………… 19–22
農村教育に對する一管見▶中山岩光 ………
　……………………………………………… 22–25
政黨分列時機迫る▶虎の門隱士 …… 26–29
化學工業に於ける內地朝鮮及滿洲の地位
　▶鉛市太郎 …………………………… 30–32
日滿經濟會議と投資統制問題▶平泉居士
　……………………………………………… 33–35
朝銀券の流通膨脹と限外發行稅の引下案
　▶本誌記者 …………………………… 35–38
朝鮮將來の人口豫測▶善生永助 …… 38–40
滿洲國に讓渡さる、北滿鐵道沿線の展望
　▶本誌記者 …………………………… 40–43
煉炭業者の無煙炭合同反對陳情 ………… 44
馬鼻疽に就て▶松崎又五郎 ………… 45–49
中耳炎の常識▶藤井朝城(京城赤十字病院
　耳鼻咽喉科) ………………………… 50–52
京城の各孤兒院を訪ねて▶本誌記者 ………
　……………………………………………… 52–55
旅日記から▶黑田幹一(京城帝國大學豫科

教授) ‥‥‥‥‥‥‥‥‥‥‥‥‥ 56-57
桃花と萬葉集▶名越那珂次郎(京城帝大豫
　科教授) ‥‥‥‥‥‥‥‥‥‥‥ 58-59
ハルツの社に戀を占ふ獨逸娘▶高松順茂
　(朝鮮總督府遞信局海事課長) ‥‥‥ 60-61
オリーピツク氷上選手豫選後記▶藤井秋
　夫(京城帝大豫科教授) ‥‥‥‥‥‥ 62
朝鮮銀幕雜話▶内田正夫 ‥‥‥‥‥‥ 63
五十一人に判決を下した有名な談合事件
　の末廣覆審裁判長とはどんな人か▶庄
　司文雄 ‥‥‥‥‥‥‥‥‥‥‥ 64-66
漢詩/短歌/俳句 ‥‥‥‥‥‥‥‥ 67-73
朝鮮官海異動の人々▶白頭巾 ‥‥‥ 74-76
朝鮮の財界大觀▶加藤敬三郎 ‥‥‥ 77-78
朝鮮の財界展望▶有賀光豊 ‥‥‥‥ 79-80
朝鮮の財界と事業界/滿洲の財界と事業界
　‥‥‥‥‥‥‥‥‥‥‥‥‥‥ 81-90
時事日誌/風聞駄語 ‥‥‥‥‥‥‥ 90-94
混血兒を生むだ母の悩み▶瀧一樹 ‥ 95-98

朝鮮及滿洲 第329号 1935年 4月

春/北鐵讓渡調印の兩面
時事展望▶東邦山人 ‥‥‥‥‥‥‥‥‥ 1
併合前後の朝鮮を語る▶釋尾旭邦 ‥ 2-7
昔を語る會▶一記者 ‥‥‥‥‥‥‥ 8-10
近代朝鮮と内鮮合一▶穗積重遠 ‥ 11-12
日本移民の緊迫性と國策移民▶矢内原忠
　雄 ‥‥‥‥‥‥‥‥‥‥‥‥ 13-15
農村教育に對する一管見▶中山岩光 ‥‥‥
　‥‥‥‥‥‥‥‥‥‥‥‥‥ 15-22
沿岸貿易に就て▶高田進 ‥‥‥‥ 22-26
岡田内閣の安全辨▶城南隱士 ‥‥‥ 27-31
滿洲國に於ける法權撤廢問題▶守屋和郎
　‥‥‥‥‥‥‥‥‥‥‥‥‥ 32-36
化學工業に於ける内地朝鮮及滿洲の地位
　▶鉛市太郎 ‥‥‥‥‥‥‥‥ 37-39
朝鮮工業組合令の實施に就て▶三嶋正二
　‥‥‥‥‥‥‥‥‥‥‥‥‥ 39-41

朝鮮對外貿易の趨勢▶本誌記者 ‥‥ 41-43
朝鮮の社會事業に於ける當面の問題▶岡
　崎七郎 ‥‥‥‥‥‥‥‥‥‥ 43-47
佛教復興と云ふ聲朝鮮佛教復興策▶諸氏
　‥‥‥‥‥‥‥‥‥‥‥‥‥ 48-50
'アルコール'性飲料に就て▶本田建義(京城
　本田病院長) ‥‥‥‥‥‥‥‥ 52-55
醫療上心得べきこと▶三角梧郎(醫學士) ‥
　‥‥‥‥‥‥‥‥‥‥‥‥‥ 55-57
大戰直後の獨逸兒童▶池田林儀 ‥‥ 58-60
竣工を急ぐ漢江橋▶本誌記者 ‥‥‥ 60-64
朝鮮の音樂と舞樂▶北川左人(ウサギ文庫)
　‥‥‥‥‥‥‥‥‥‥‥‥‥ 65-69
修學旅行▶辛島驍(城大助教授) ‥‥ 70-72
雲雀▶名越那珂次郎(城大豫科教授) ‥‥‥
　‥‥‥‥‥‥‥‥‥‥‥‥‥ 72-74
間島雜記▶松葉秀文 ‥‥‥‥‥‥ 74-77
花と美人に就て▶新田順三(文學士) ‥ 77-79
質屋漫談▶らつきい、せぷん生 ‥‥ 79-81
朝鮮に來て▶陣ノ内生 ‥‥‥‥‥ 81-83
京城の舊き顔を探る▶一記者 ‥‥‥ 84-85
漢詩/短歌/俳句 ‥‥‥‥‥‥‥‥ 86-92
朝鮮の産馬計劃と競馬振興問題▶平泉居
　人 ‥‥‥‥‥‥‥‥‥‥‥‥ 93-95
競馬の話▶S・H生 ‥‥‥‥‥‥ 95-96
朝鮮の舊き顔を探る▶一記者 ‥‥‥ 93-95
朝鮮の財界と事業界/滿洲の財界と事業界
　‥‥‥‥‥‥‥‥‥‥‥ 112-123
時事日誌/風聞駄語 ‥‥‥‥‥‥ 123-129

朝鮮及滿洲 第330号 1935年 5月

滿洲國皇帝/五月の花
滿洲國皇帝の詔書 ‥‥‥‥‥‥‥‥‥ 1
宇垣總督の訓示を讀みて▶釋尾旭邦 ‥ 2-6
有賀植銀頭取に天皇機關說の排擊論を聽
　く▶一記者 ‥‥‥‥‥‥‥‥‥‥ 7
牧山代議士に最近の政情を聽くの會▶一

記者 ▶ ……………………………… 8

平和運動と日米關係▶エス・ヂエー・リ
ツビー ……………………………… 9-12

滿洲國の現狀と其の將來▶大藏公望 ………
………………………………… 13-15

日支親善の根本策▶長倉矯介 ……… 15-18

滿洲國に於ける法權撤廢問題▶守屋和郎
………………………………… 18-21

沿岸貿易に就て▶高田進 ………… 22-24

朝鮮工業組合令の實施に就て▶三嶋正二
………………………………… 25-26

朝鮮の出生數と出生率▶善生永助 … 27-31

無煙炭合同問題▶本誌記者 ………… 32-33

朝鮮に存在する孔夫子の子孫に就て▶小
田省吾(前京城帝大教授) ……… 34-38

急性死亡を來す狹心症の話▶伊藤正義(京
城帝大教授) ………………… 39-42

朝鮮の小島の話▶田中德太郎(總督府通譯
官) ……………………………… 43-45

公開私信▶小野田琢之(J.O.D.Kアナウンサ
ー) ……………………………… 46-50

間島雜記▶松葉秀文 ……………… 51-54

ソウーイエート・ロシアの五月一日▶ゲ
オルグ・マルゼフ氏談 ………… 55-56

蒙古の士官學校▶近藤時司 ……… 56-59

'雨の念佛'を讀む▶高橋功(文學士) ………
………………………………… 59-60

朝鮮女性の家庭爭議偶感▶崔淳文 … 61-62

名勝記念スタンプに就て▶原田次郎(總督
府學務課) ……………………… 63-64

學校巡禮記-善隣商業學校京城齒科醫學專
門學校▶本誌記者 ……………… 65-66

漢詩/短歌/俳句 ………………… 67-73

朝鮮博覽會弊見記▶本誌記者 ……… 74

李朝以來の朝鮮の戶口▶桃花泉 …… 75-76

京城府會議員立候補者列傳▶本誌記者 ……
………………………………… 77-80

朝鮮の財界と事業界/滿洲の財界と事業界
………………………………… 81-91

時事日誌/風聞駄語 ……………… 92-94

京城の下層に潛む浮浪者の生活▶本誌記
者 ……………………………… 95-97

朝鮮及滿洲 第331号 1935年 6月

鮮展の二三/新綠

時事雜記▶釋尾旭邦 ………………… 1

'審議會'の餘震▶虎の門隱士 ……… 2-5

最近の思想傾向と我國民精神▶江上利生
………………………………… 6-9

滿洲國の現狀と日滿提携▶臧式毅 … 10-12

日本を繞る國際環境の推移▶佐藤忠雄 ……
………………………………… 12-14

白耳義の平價切下と其の影響▶澁谷禮治
(朝鮮銀行調査課長) ………… 15-17

化學工業に於ける內地朝鮮及滿洲の地位
▶鉛市太郎 …………………… 18-19

新興滿洲國の經濟線▶平井千乘 …… 20-22

躍進せる滿鐵の業勢▶本誌記者 …… 22-25

朝鮮經濟より見たる滿洲國▶大原龍太郎
………………………………… 26-27

城大法文學部の展望▶駱駝山人 …… 28-32

都市衛生の細胞統制▶荻野正俊(京城府衛
生課長) ………………………… 32-37

朝鮮の死亡數と死亡率▶善生永助 … 37-47

諸家の鮮展に對する批評▶諸氏 …… 48-59

暹羅を語る▶池田林儀 …………… 60-62

ハルピン所感▶村田生 …………… 62-64

蛇の話▶土居寬揚 ………………… 64-67

學校巡禮-京城女子技藝學校中央佛教專門
學校▶本誌記者 ………………… 67-68

漢詩/短歌/俳句 ………………… 69-74

本年學校出の就職戰線▶本誌記者 … 75-77

滿洲鐵道總局の偉業▶本誌記者 …… 78-81

朝鮮の財界と事業界/滿洲の財界と事業界
………………………………… 82-91

時事日誌/風聞駄語 ……………… 92-95

北滿に狂ひ咲く一輪の花:北黑線建設挿話

▶大坊城龍一 ……………………96–99

朝鮮及滿洲 第332号 1935年 7月

海/田植デー

綠陰熱語▶釋尾旭邦 ……………………… 1
日本の近狀を語る/政界/農村/宗教界▶釋
　尾旭邦 ……………………………… 2–10
最近の出版物から觀た我國の思想動向▶
　菅太郎 …………………………… 11–14
我國産業の海外依存性▶木村增太郎 ………
　……………………………………… 15–17
日本の外交政策と現實主義▶エー・
　イー・ヒンドマーシュ …………… 18–24
英米は何故に我均等兵力の主張に反對す
　るか▶海軍省軍事普及部 ……… 24–27
謎の支那民族性▶後藤朝太郎 ……… 28–30
滿洲に安全農村の建設▶平井千乗 … 31–33
朝鮮の農山漁村振興運動に就て▶本誌記
　者 …………………………………… 33–36
朝鮮の農山漁村振興運動に就て▶今井田
　清德(政務總監) …………………… 36–39
朝鮮工業組合令の實施に就て▶三嶋正二
　……………………………………… 39–41
滿蒙の旅日記▶佐藤眉峰 ………… 41–46
整形外科から觀た怪我の話▶中村兩造(城
　大教授) …………………………… 47–49
天理教の講演を聽く▶一記者 ……… 49–51
ハイキング叢談▶上野赤城(鐵道局營業課)
　……………………………………… 52–57
城大法文學部の展望▶駱駝山人 …… 58–60
京城府民館の設計に就て▶土屋積 … 61–66
娛樂機關と盛り場の要望▶毛利元良(京城
　觀光協會) ………………………… 67–69
京城の盛り場を打診する▶赤尾正夫(京城
　商工會議所調査課) ……………… 69–71
洋行漫談あちらの話▶中島能美 …… 72–73
漫筆二題▶紫陽三郎 ……………… 74–75
言葉の不思議▶吉野彦三 ………… 75–76

漢詩/短歌/俳句 ……………………… 77–82
滿洲の電信電話事業▶本誌記者 … 83–85
滿洲中央銀行の業績▶本誌記者 … 84–85
朝鮮の財界と事業界/滿洲の財界と事業界
　……………………………………… 86–93
時事日誌/風聞駄語 ………………… 94–97
新東亞新戰術▶村上狂二 ……… 100–102
私と彼等▶水井れい子 ………… 103–104

朝鮮及滿洲 第333号 1935年 8月

內地の風景/朝鮮の風景

綠陰で時事を語る▶釋尾旭邦 …………… 1
宗教とは何ぞや▶釋尾旭邦 ………… 2–4
心田開拓紙上座談會 ………………… 5–8
政黨狂奏樂▶虎の門隱士 …………… 9–10
我が財政の現狀と其の將來▶土方成美 ……
　……………………………………… 11–14
國境問題から見た滿蘇關係▶岡村寧次 ……
　……………………………………… 15–17
英米は何故に我均等兵力の主張に反對す
　るか▶海軍省軍事普及部 ……… 18–21
支那社會の自然環境序論▶森谷克己 ………
　……………………………………… 22–25
金融界とその國策消化力▶野田新吾 ………
　……………………………………… 25–26
朝鮮の農村工業花の必要▶三島正二 ………
　……………………………………… 26–27
滿洲に於ける電氣事業の概況▶平井千乗
　……………………………………… 28–31
眞崎陸軍教育總監更迭の經緯▶東京支局
　記者 ………………………………… 32
消化器系傳染病の豫防に就て▶椎葉芳彌
　(醫學博士) ………………………… 33–36
所謂心田開拓に就て▶栗田惠成(南山本願
　寺) ………………………………… 36–38
城大法文學部の展望▶駱駝山人 …… 39–41
京城に趣味と慰安の設備が欲しい▶諸氏
　……………………………………… 54–59

朝鮮に産する螢に就て▶土居寛暢(科學館
　囑託) ………………………………… 60–62
京城.見もの聞きもの▶高橋功(文學士) ……
　…………………………………………… 63–64
上海のニッポン娘▶原達夫 ……………… 65–68
海女▶紫陽三郎 ……………………………… 69
帝國美術院改造問題について▶三木弘 ……
　…………………………………………… 70
漢詩/短歌/俳句 …………………………… 71–76
追想▶水井れい子 ………………………… 77–78
貯金の勸め/朝鮮の財界と事業界/滿洲の財
　界と事業界 ……………………………… 79–87
時事日誌/風聞駄語 ……………………… 88–90
京城ばつどがある物語▶堂門重夫 ‥ 92–96

朝鮮及滿洲 第334号 1935年 9月

秋/伊エ兩國若し戰はばどちらか勝つか
編輯室より▶釋尾旭邦 ……………………… 1
宗教とは何ぞや▶釋尾旭邦 …………… 2–10
世界貿易の不振と其對策▶川島信太郎 ……
　………………………………………… 11–13
國防經濟より見た朝鮮の地位▶森武夫 ……
　………………………………………… 13–15
朝鮮滿洲及支那に於ける最近經濟界の大
　勢▶加藤敬三郎 ……………………… 16–18
警察の使命と民衆▶唐澤俊樹 ………… 18–20
化學工業の芋蔓式經營法と理研コンツエ
　ルン▶大河內正敏 …………………… 20–24
在滿朝鮮人の過去・現在及將來▶松葉秀文
　………………………………………… 24–27
軍部の非常時と地方選擧を控えての政局
　▶虎の門隱士 ………………………… 28–32
傳染病都市として第一位に居る京城より
　如何に傳染病を驅逐すべきが▶諸氏 ……
　………………………………………… 33–47
城大法文學部の展望▶駱駝山人 …… 48–51
心田開發の實行促進案▶金黙熙(博文寺常
　在鮮人布敎師) ………………………… 51–53

忠南古寺巡禮▶江田俊雄(中央佛敎專門學
　校敎授) ………………………………… 53–56
朝鮮の子供に樂しい生活の量を興へよ▶
　岡崎七郎(京城社會事業研究會) … 56–58
遭難せる滿蒙の旅日記▶佐藤眉峰 … 59–64
巴里の印象▶鈴木武雄 ………………… 64–67
メイテルンク家の食客▶山田新一 … 68–70
滯英中の思ひ出の一つ▶吉野彦三 ……… 71
內外金剛山初行脚の記▶長谷井市松(朝鮮
　銀行秘書役) ………………………… 72–75
漢詩/短歌/俳句 …………………………… 76–81
傳染病都市京城の解剖▶本誌記者 … 82–86
順化院繁昌記▶曾良左右太 …………‥87–88
秋競馬▶平井生 ………………………‥88–89
鮮米船運賃問題の表裏觀▶對轡樓主人 ……
　………………………………………… 90–93
朝鮮の財界と事業界/滿洲の財界と事業界
　……………………………………… 94–105
時事日誌/風聞駄語 …………………… 106–109

朝鮮及滿洲 第335号 1935年 10月

歷代總監と總督/宇垣總督と各局道知事
時事雜感▶釋尾旭邦 ………………………… 1
始政二十五箇年の朝鮮を語る▶釋尾旭邦
　………………………………………… 2–11
始政二十五年を迎へて▶"有賀光豊, 矢鍋永
　三郎" ………………………………… 12–13
朝鮮施政二十五年記念日書感▶松田甲 … 14
世界移民の現狀と日本▶堤康次郎 … 15–17
統制經濟主義の再檢討▶渡邊銕藏 … 18–20
化學工業の芋蔓式經營法と理研コンツエ
　ルン▶大河內正敏 …………………… 21–24
床次の死と政局▶虎の門隱士 ……… 25–27
日韓併合の顚末▶賀田直治 ………… 28–29
朝鮮に於ける産業及金融機關の發達▶澁
　谷禮治 ………………………………… 30–34
朝鮮經濟三十年・凡上の回顧▶四方博 ……
　………………………………………… 35–38

併合前後の教科書編纂に就て▶小田省吾
……………………………… 38-41
京城邦人在留由來記▶岡田鴻城 …… 41-44
在滿朝鮮人の過去・現在及將來▶松葉秀文
……………………………… 45-48
城大法文學部の展望▶駱駝山人 …… 49-52
不眠症の話▶服部六郎(城大助敎授) ………
……………………………… 53-55
京城に於ける繩の惜陰▶小林晴治郎(理學
博士) ………………………… 56
內鮮人の信仰生活の槪觀▶田中德太郎(總
督府通譯官) ………………… 57-60
日蓮上人▶安藤乾幽 ………………… 61-66
忠南古寺巡禮▶江田俊雄(中央佛敎專門學
校敎授) …………………… 66-68
萬葉集と明月▶名越那珂次郎 ……… 69-72
ソウーイエート聯邦見聞記▶本田建義 ……
……………………………… 72-75
ベルサイユ宮を訪ふ▶安倍能成(京城帝大
敎授) ……………………… 75-76
巴里の印象▶鈴木武雄 ……………… 77-78
英京よりの便り其他▶西村寬(文學士) ……
……………………………… 79-81
朝鮮風景の解剖▶土居寬暢 ………… 81-82
漢詩/短歌/俳句 …………………… 83-89
併合前後と今の京城の內地人とその社會
相▶南山老人 ……………… 90-93
併合後に於ける朝鮮人の新生活相と其地
位▶本誌記者 ……………… 94-98
京城投機界の回顧とそこに躍った人々▶
黃金町人 …………………98-101
朝鮮の財界と事業界/滿洲の財界と事業界/
滿洲國の新鑛業法 ………… 102-110
時事日誌/風聞駄語 ……………… 111-115

朝鮮及滿洲 第336号 1935年 11月

始政二十五周年記念式/京城の秋祭り
時事雜感▶釋尾旭邦 …………………………… 1

歷代總督の事蹟と人物▶釋尾旭邦 …… 2-6
日支關係の動向▶有吉明 …………… 11-14
滿洲國に於ける治外法權の撤廢と鐵道附
屬地の返還▶泉哲 ………… 14-18
將來の化學戰と國民防空問題▶井上滋穗
……………………………… 19-23
朝鮮經濟三十年・凡上の回顧▶四方博 ……
……………………………… 24-26
伊エ紛爭の經濟的背景▶葛木剛 …… 27-29
朝鮮の將來を語る(其一)すべてが農村問題
の解決に繋る▶江上征史 ………… 29-31
岡田內閣の壽命▶虎の門隱士 ……… 32-34
婦人科より見た母性保護問題▶工藤武城 ・
……………………………… 35-41
肋膜炎に就て▶今村豐八 …………… 42-44
城大醫學部の橫顏▶彩雲學人 ……… 45-47
現代支那社會の一面▶辛島驍 ……… 48-52
日蓮上人▶安藤乾幽 ………………… 53-56
歐米旅行雜感▶山本尋己 …………… 59-61
エルサレムよりガリラヤへ▶村山道雄(總
督府世務課長) …………… 61-63
花影月廊▶石橋令邑(總督府學務局) ………
……………………………… 63-65
エチオピア全貌を探る▶本誌記者 … 65-68
戀主庵の乳▶長谷井一沫(朝鮮銀行秘書役)
……………………………… 69
漢詩/短歌/俳句 …………………… 70-76
畫壇三題▶遠田連雄 ……………… 77-79
松竹映畫を撓ぐる諸問題▶水井れい子 ……
……………………………… 79-81
依然衰へぬ京城の傳染病狀況▶本誌記者
……………………………… 82-84
朝鮮の財界と事業界/滿洲の財界と事業界
……………………………… 87-94
時事日誌/風聞駄語 ……………… 95-99
タイピストを續って▶紫陽三郎 ・・ 101-103

朝鮮及滿洲 第337号 1935年 12月

陸軍特別大演習の天皇陛下/冬到る

思想の善導か社會改良か▶釋尾旭邦 …… 1

今後の朝鮮に於ける施政と重要問題▶釋
　尾旭邦 ………………………………… 2-8

世界景氣の好轉と日本貿易▶高木友三郎
　………………………………………… 9-12

滿蒙各種事業の將來▶遠藤壽儼 …… 12-14

指導者國家の理念▶清宮四郎 …… 15-18

朝鮮經濟三十年・凡上の回顧▶四方博 ……
　………………………………………… 18-20

印度自治の問題▶H.B.リース・スミス ……
　………………………………………… 21-25

在滿朝鮮人の過去・現在及將來▶松葉秀文
　………………………………………… 26-32

朝鮮の將來を語る(其二)朝鮮工業化の諸基
　礎とその將來▶森谷克己 ………… 33-35

解散はいつ起る▶虎の門隱士 …… 36-39

城大醫學部の横顔▶彩雲學人 …… 40-43

冬の小兒呼吸器疾患と其の手當▶高井俊
　夫(城大小兒科教室) …………… 44-45

親鸞上人▶安藤建兩 …………… 46-49

日清戰爭前後から朝鮮の政局に躍つた朝
　鮮人群像▶朴念仁 ……………… 50-54

ノーベル賞金の提供者ノーベル▶池田林
　儀 …………………………………… 54-58

歐米旅行雜感▶山本尋己 ……… 58-61

伯林の動物園▶黒田吉夫(遞信局海事課) …
　………………………………………… 61-62

漢詩/短歌/俳句 …………………… 63-68

秋夕ーとき▶水井れい子 ……… 69-70

歲末財界展望▶諸氏 ……………… 71-74

〔城大文學〕の創刊▶ITS …………… 78

其の後の京城の傳染病患者と豫防後の罹
　患者數 …………………………… 79-80

朝鮮の財界と事業界/滿洲の財界と事業界
　………………………………………… 81-92

時事日誌/風聞駄語 ……………… 93-95

帝都の裏路を語る▶警視廳△△部長/東京
　支社一記者 ……………………… 96-99

朝鮮及滿洲 第338号 1936年 1月

海/海上雲遠

時事我觀▶釋尾旭邦 ………………… 1-4

新聞記者に映じた宇垣總督と今井田政務
　總監▶諸氏 ………………………… 5-8

年頭所感▶宇垣一成 ……………… 9-10

無理をすると軍部は國民怨嗟の的となる
　▶高橋是清 …………………………… 11

我財界の回顧と展望▶深井英五 …… 12-14

世界經濟の動向と我國經濟の將來▶加藤
　敬三郎 ……………………………… 15-19

米國人は日本を如何に觀て居るか▶福田
　其二郎(京城地方法院檢事局檢事正) ……
　………………………………………… 20-21

宗教に對する國家の立場▶鶴飼信成(京城
　帝國大學助教授) ………………… 22-27

農村人一段の緊張を要す▶矢鍋永三郎 ……
　………………………………………… 28-29

朝鮮の財界前途觀▶植野勳 …… 29-30

朝鮮工業の諸問題▶澁谷禮治 …… 31-33

本年は朝鮮工業の一轉機▶賀田直治 ……
　………………………………………… 34-35

朝鮮に於ける衛生施設の將來▶佐藤剛藏
　(京城醫專校長) ………………… 36-37

六十八議會對陣▶虎の門隱士 …… 38-41

城大總長更迭の經緯▶彩雲學人 …… 43-45

腦溢血の話▶岩井誠四郎(京城帝國大學教
　授) ………………………………… 46-48

ホルモーン其他二三の話▶大澤勝(京城帝
　國大學教授) ……………………… 47-51

換氣に就ての知識▶荻野正俊(京城府衛生
　課長) ……………………………… 52-53

今年の冬の寒さはどうか▶窪田次郎治(京
　城測候所長) ……………………… 54-55

親鸞上人▶安藤建兩 ……………… 56-61

イヘダニと鼠との關係▶小林晴治郎(城大教授) ……………………………………… 62-63

鼠に就て▶森爲三(京城帝國大學豫科教授) ……………………………………………… 64-67

テイウオリに遊ぶ記▶安倍能成(京城帝國大學教授) ……………………… 68-70

朝鮮音樂斷想▶李大山 ……………… 70-71

最近朝鮮の演劇界▶徐恒錫 ……… 72-74

朝鮮映畵噂話▶安碩柱(朝鮮日報社) ……………………………………………… 74-76

漢詩/短歌/俳句 …………………… 77-82

本年の財界展望▶有賀光豊 …… 83-86

朝鮮の金鑛狀況▶松本誠 ……………… 87

婦人記者の眼に映じた京城の人々▶水井れい子 ……………………………… 88-90

明日の半島スポーツ界▶竹內一(朝鮮總督府學務局) ……………………… 91-92

アナウンサー秘帖▶小野田琢之(京城中央放送局) ……………………………… 93-95

どん底の生活をする人々▶本誌記者 ……………………………………………… 96-99

街頭所見▶市井子 ………………… 100

朝鮮の財界と事業界/滿洲の財界と事業界 …………………………………… 101-110

時事日誌/風聞馱語 …………… 111-113

新版紅毛千夜一夜▶竹中三吉 …… 114-118

朝鮮及滿洲 第339号 1936年 2月

敗れか勝つか/春は未だし

爭鬪の社會に處する道▶釋尾旭邦 ………… 1

總選擧戰▶釋尾旭邦 …………………… 2-6

心田開拓實行案成る▶釋尾旭邦 …… 7-8

時事小景▶釋尾旭邦 …………………… 9

選擧戰に對する各黨各派の族しるし ……………………………………………… 10-12

財政政策の根本的確立を要す▶大口喜六(政友會代議士) ……………… 13-15

我國の財界を展望して▶賀田直治(朝鮮商工會議所會頭) ……………… 16-19

朝鮮工業の諸問題▶澁谷禮治 …… 20-26

在滿朝鮮人の施設▶松葉秀文 …… 27-30

總選擧と軍資金▶虎の門隱士 …… 31-33

知事の首を洗ふ▶野崎眞三 …… 34-35

城大醫學部の展望▶彩雲學人 …… 36-38

宗教と治病▶安田德太郎(醫學博士) ……………………………………………… 39-41

ホルモーン雜話▶大澤勝(城大教授) ……………………………………………… 42-44

冬の皮膚病に就て▶瀨戶潔(瀨戶病院長) ……………………………………… 45-46

法然上人▶安藤乾幽 ……………… 47-52

近松菓林子と萬葉集▶名越那珂次郎(城大豫科教授) ……………………… 52-54

ジヨホールの國を快走する▶石田千太郎(總督府鑛山課長) …………… 55-58

北京夜話▶春山利夫 ……………… 59-61

新版紅毛千夜一夜▶竹中三吉 …… 62-66

朝鮮文壇作家の素描▶李鮮光 …… 66-69

未たに一部の人心を支配する干支や曆面の吉凶說▶東海居士 ………… 69-74

漢詩/短歌/俳句 …………………… 75-80

京城の土幕民を探る▶本誌記者 … 81-83

朝鮮の財界と事業界/滿洲の財界と事業界 ……………………………………… 86-103

時事日誌/風聞馱語 …………… 104-106

映畵談義▶山岡操 ……………… 107-110

朝鮮及滿洲 第340号 1936年 3月

遭難の重臣/春淺し

時事我觀▶釋尾旭邦 ………………… 1

眞に國家は非常時だ▶釋尾旭邦 …… 2

叛亂兵事件の顚末 …………………… 2-12

國際情勢の展望▶橫田喜三郎 …… 13-15

世界景氣上昇の因人を顧みて▶美濃部亮吉 ……………………………………… 15-17

支那新幣制の解說▶服部岱三 …… 17-20

内地と朝鮮との經濟關係に就て▶神戸正雄 ……………………… 21–25

選擧後の政變説▶虎の門隠士 …… 26–29

各道知事の首を洗ふ(1)▶野崎眞三 ‥ 30–32

城大醫學部の展望(2)▶彩雲學人 …… 33–35

ホルモーン雑話(3)▶大澤勝(城大教授) ……………………………… 36–39

外科的結核の話▶松井權平(城大教授) ……………………………… 40–41

趣味の男女雛▶道田昌彌 ……………… 42

法然上人(下)▶安藤乾幽 ……… 43–47

加藤清正と茶道▶名越那珂次郎 …… 48–49

ノーベル賞金の提供者ノーベル(2)▶池田林儀 ……………………………… 49–52

現代支那小説,最後の列車▶辛島驍 ……………………………… 53–56

新版紅毛千夜一夜(3)▶竹中三吉 …… 56–58

半島に蔓る類似宗教を曝く▶本誌記者 ……………………………… 58–63

漢詩/短歌/俳句 ……………… 64–70

城大に於ける學生の文學活動▶ITS ……………………………… 71–73

雪に題して▶水井れい子 ………… 74–75

馬政新計劃と競馬▶平泉老 ……… 76–79

京城だより:大京城の實現迫る ……… 80–81

朝鮮に於ける二大銀行頭取の觀た朝鮮の財界 ……………………………… 82–85

朝鮮の財界と事業界/滿洲の財界と事業界 ……………………………… 86–96

時事日誌/風聞駄語 …………………97–100

此異色港姫君▶堂門重夫 ……………101

朝鮮及滿洲 第341号 1936年 4月

廣田内閣閣僚/花鳥

時事我觀▶釋尾旭邦 ………………………… 1

廣田内閣の人事と政綱に就て▶釋尾旭邦 ……………………………… 2–4

叛亂事件の處斷と肅軍の經過は何うなって居るか ……………………………… 5–6

廣田内閣の人々▶釋尾旭邦 ………… 7–9

馬場財政に對する諸家の感想▶諸氏 ……………………………… 11–12

世界經濟の現状と我貿易の將來▶服部文四郎 ……………………………… 13–17

憲法政治と政堂改善の急務▶渡邊千冬 ……………………………… 17–19

支那新幣制の解説(續)▶服部岱三 … 19–23

平壤キリスト教學校神社不參拜問題の經緯▶押野晋一 ……………… 23–28

フアツショの一歩前▶虎の門隠士 ……………………………… 29–33

各道知事の首を洗ふ(3)▶野崎眞三 ‥ 34–35

城大醫學部の展望(5)▶彩雲學人 …… 36–38

春と防疫衛生▶荻野正俊(京城府衛生課長) ……………………………… 38–40

齲齒の原因と其豫防法▶柳樂遠見(京城齒科醫專校長) ……… 41–44

道元禪師▶安藤乾幽 ……………… 45–49

獨佛爭奪の都ストラスプルグ▶鈴木武雄(城大教授) ……………… 50–52

山櫻國花考▶名越那珂次郎(城大豫科教授) ……………………………… 53–55

朝鮮の櫻の科學▶上田常一(京城師範學校教諭) ……………… 55–57

ノーベル賞金の提供者ノーベル(3)▶池田林儀 ……………………………… 58–60

新版紅毛千夜一夜(4)▶竹中三吉 …… 60–63

スポーツ近頃の感想▶吉野彦三 …… 63–64

漢詩/短歌/俳句 ……………… 65–71

貧兒の爲めの教育施設を觀る▶本誌記者 ……………………………… 72–74

滿洲旅行見聞記▶笠原生 ………… 75–76

京城の電車運轉▶本誌記者 ………… 79

區域擴張を控へた京城府會を覗く▶本誌記者 ………………………… 80

京城府の區域擴張に就て▶伊達四雄(京城府尹) ……………… 81–82

京城各學校入學狀況 ·················· 83–84
朝鮮の財界と事業界/滿洲の財界と事業界
·················· 85–90
朝鮮の簡易生命保險 ·················· 91
朝鮮保險界の展望 ·················· 92–93
有力生命保險會社案內 ·················· 94–97
有力火災保險會社案內 ·················· 97–101
時事日誌 ·················· 102–103
殖銀理事植野勳氏を悼む▶東邦山人 ··· 104
風聞駄語 ·················· 105

朝鮮及滿洲 第342号 1936年 5月

天長節/各地の春
特別議會と軍部▶釋尾旭邦 ·················· 1
我國を何う云ふ風に革新せんとするのか
▶釋尾旭邦 ·················· 2–6
朝鮮官海異動の噂に上る人々▶一記者 ····
·················· 7–8
新舊警務局長▶釋尾旭邦 ·················· 9–10
國家と社會と個人▶深作安文 ·················· 11–14
北支の經濟的價値▶澁谷禮治 ·················· 14–19
北支の外貌を描く▶石川能美 ·················· 20–22
亞細亞への新關門/羅津▶W.H.チエムバリ
ン ·················· 23–27
廣田內閣の難航路と政友會の總裁難▶虎
の門隱士 ·················· 28–32
太陽燈に就て▶本田建義 ·················· 33–36
道元禪師▶安藤乾幽 ·················· 37–41
京城醫專の展望(1)▶苑南隱士 ·················· 42–43
滿洲の河川▶本間德雄 ·················· 44
朝鮮野談を語る▶今村鞆 ·················· 45–48
李栗谷雜感▶木本利靖彦 ·················· 49–51
活字に拾ふ▶柳泉二 ·················· 51–53
鮮展を守れ▶山田新一 ·················· 54–55
獨佛爭奪の都ストラスブルグ▶鈴木武雄
(城大教授) ·················· 56–57
初夏の扶餘▶原田次郎 ·················· 58–60
新版紅毛千夜一夜(5)▶竹中三吉 ·················· 61–66

漢詩/短歌/俳句 ·················· 67–72
放送今昔譚▶小野田琢之(京城中央放送局)
·················· 73–76
京城府民の貧富調べ▶本誌記者 ····· 77–79
朝鮮の財界と事業界 ·················· 80–84
滿洲の財界と事業界 ·················· 85–86
本年度の豫算より觀た全鮮十三道十七府
を語る▶本誌記者 ·················· 87–100
時事日誌/風聞駄語 ·················· 101

朝鮮及滿洲 第343号 1936年 6月

鮮展出品/六月の昌慶苑
時事我觀▶釋尾旭邦 ·················· 1
第六十九特別議會論戰の跡▶釋尾旭邦 ·····
·················· 2–6
朝鮮官界大異動中の人々▶一記者 ···· 7–10
明治維新と昭和維新▶横田秀雄(法學博士)
·················· 11–14
高橋財政と馬場財政▶阿部勇(城大教授) ···
·················· 15–17
政黨は何う動くか▶虎の門隱士 ····· 18–21
思想史から見た日本人の獨創▶黑田亮 ····
·················· 22–24
左傾・右傾と云ふことば▶鵜飼信成 ·····
·················· 25–27
北支の經濟的價値▶澁谷禮治 ·················· 28–32
朝鮮に於ける地下資源と其の利用▶立岩
巖氏談 ·················· 33–35
チフス豫防注射に關する疑惑に答へる▶
荻野正俊(京城府衛生課長) ·················· 36–39
京城醫專の展望(2)▶苑南隱士 ·················· 39–41
第十五回鮮展批評:第二部及第三部の短評
▶遠田運雄 ·················· 42–45
第十五回鮮展批評:第一部管見▶道田昌彌
·················· 45–46
第十五回鮮展批評:工藝斷想▶木梨靖彦 ····
·················· 47–48
榮西禪師▶安藤乾幽 ·················· 49–52

朝鮮の野談を語る▶今村鞆 ············ 53-55
洋行打明け話▶鐵塔閑人 ············ 56-59
新版紅毛千夜一夜▶竹中三吉 ······ 60-65
漢詩/短歌/俳句 ······················· 66-71
京城の社會的施設:鎌倉保育院支部を訪ね
　て▶本誌記者 ······················· 72-74
朝鮮の財界と事業界 ··················· 75-79
滿洲の財界と事業界 ··················· 80-83
時事日誌 ······························· 84-85
朝鮮官界異動票 ························· 86-87
風聞駄語 ·································· 88
昭和の二妖婦:西に勝美,東に定 ······ 89-93

朝鮮及滿洲 第344号 1936年 7月

熱河と壺蘆島/熱河の一風景
時事我觀▶釋尾旭邦 ······················ 1
最近の滿洲國を旅して▶釋尾旭邦 ····· 2-10
日本の立場を說く▶若槻禮次郎 ······ 11-14
統制經濟とは何か▶服部文四郎 ······ 14-18
植民地問題の新局面▶葛木剛 ········ 18-22
北支の經濟的價(續)▶澁谷禮治 ····· 23-25
政界夜話▶虎の門隱士 ··············· 26-31
社會衛生上より見たる結核▶荻野正俊(京
　城府衛生課長) ······················ 32-34
京城醫專の展望(3)▶苑南隱士 ······ 34-37
榮西禪師▶安藤乾幽 ··················· 38-42
現代支那の小說,丁玲の'母親'▶辛島驍 ······
··································· 43-46
東西分黨に關する一覺書▶木梨靖彥 ·······
··································· 47-49
朝鮮民間傳承說話▶慶雲莊主人 ····· 50-53
ベルリン思ひ出すまゝ▶K・T生 ····· 54-56
濟洲島の旅▶西野義三 ··············· 57-61
夜曲を口すさむ時▶水井れい子 ····· 62-63
漢詩/短歌/俳句 ······················ 64-69
京城佛教慈濟會を訪ふ▶本誌記者 ··· 70-73
朝鮮の財界と事業界/滿洲の財界と事業界
··································· 74-84

全鮮各道知事會議に於ける總督の指示事
　項 ································· 85-86
時事日誌 ······························ 87-88
附錄:京畿道紹介 ···················· 89-110
風聞駄語 ································· 111
京城長者番附 ······················ 112-113

朝鮮及滿洲 第345号 1936年 8月

朝鮮の山と水/滿洲の山と水
時事我觀▶釋尾旭邦 ······················ 1
最近の滿洲國を觀て▶釋尾旭邦 ········ 2-7
我陸軍も愈々肅軍の實を擧げて來た ······8
滿洲旅行餘談▶東邦山人 ············· 9-12
帝國と海洋發展▶竹內重利 ·········· 13-14
滿洲經濟の現段階▶小島精一 ······· 15-17
英米の觀たる現代支那▶山田道元 ······
··································· 17-22
學制の革新と學校の時間▶長谷川理衛 ·····
··································· 23-24
廣田內閣破綻の禍根▶虎の門隱士 ··· 25-29
廣田弘毅傳を讀む▶松月秀雄(城大教授) ···
··································· 30-33
英國に於ける兒童保護事業▶アーサ・ス
　タンリ ······························ 34-37
蚊とマラリア▶小林晴治郎(城大醫學部) ···
··································· 37-38
小兒の步行異常▶中村兩造(城大教授) ······
··································· 39-40
京城赤十字病院の橫顏▶鷗堂學人 ··· 41-43
夏の京城に水が欲しい:府尹と記者との問
　答 ································· 44
弘法大師▶安藤乾幽 ··················· 45-49
雲と萬葉歌人▶名越那珂次郎 ········ 50-56
朝鮮の傳說と洪水▶近藤時司 ········ 56-60
朝鮮の民間信仰▶村山智順(朝鮮總督府囑
　託) ································· 60-65
家庭に於ける朝鮮婦人の過去及現在▶田
　中德太郎 ···························· 66-69

オックスフオド大學の話▶兒玉才三(京城帝國大學豫科教授) ……………… 70-71

巴里人の奇習▶R.S.T ……………… 72-73

シベリヤ旅行の思ひ出▶八木彩霞 … 73-76

白頭山漫錄▶松岡修三 …………… 76-78

朝鮮文新聞紙の現狀▶白馬山人 …… 78-80

漢詩/短歌/俳句 …………………… 81-84

京城近郊のハイキング▶長谷井一沫 … 85

救世軍育兒ホームを訪ふ▶本誌記者 …
……………………………………86-87

朝鮮の財界と事業界/滿洲の財界と事業界
……………………………………88-94

二・二六事件の首魁及關係軍人の處罰 …
……………………………………95-98

陸軍の大異動 …………………… 99-100

時事日誌/風聞駄語 …………… 101-105

朝鮮及滿洲 第346号 1936年 9月

新舊總督と新舊政務總監/スペインの舞妃と鬪牛

時事我觀▶釋尾旭邦 ……………………… 1

宇垣政治の蹟を語りて南總督に進言する
▶釋尾旭邦 …………………………… 2-7

新總督と新政務總監▶諸氏 …………… 8-10

宇垣さんと今井田さん▶東邦山人 … 11-14

躍進工業日本の强化問題▶上田輝雄 15-17

獨逸勞働道場の話▶小笠原豊光 …… 17-19

學校教育に於ける國體明徵方法論▶江田俊雄 …………………………… 20-22

北鮮を視て▶江上正士 …………… 22-25

宇垣一成を繞る政雲▶虎の門隱士
……………………………………… 26-30

朝鮮の古蹟と天然記念物▶藤田亮策(京城帝國大學教授) ……………… 31-34

古代內鮮關係の一考察▶水城寅雄 … 35-39

日本精神と朝鮮人▶金尹錫 ……… 39-43

政治論の一齣▶玄永燮(文學士) … 44-46

朝鮮米に就て▶山本尋己 ………… 47-49

朝鮮米の味▶國分剛二 …………… 50-52

弘法大師▶安藤乾幽 ……………… 53-57

京城の刀圭界展望▶城北隱士 …… 58-61

スペイン夜話▶木村剛(法學士) …… 62-64

現代英文學瞥見▶中島英夫(文學士) …
……………………………………… 64-67

文學と慾望の合理化▶佐藤亮夫(文學士) …
……………………………………… 68-70

浮動する朝鮮の學生群▶M・S・H ‥ 71-74

朝鮮にて義太夫を聽きて▶八木彩霞 ……
……………………………………… 74-76

面白くない話▶吉野彦三 ………… 76-77

漢詩/短歌/俳句 ………………… 78-81

京城のフランス敎會を探る▶本誌記者 …
……………………………………… 82-84

鮮滿財界の現勢▶加藤鮮銀總裁 …… 85-87

內鮮財界の動向▶有賀植銀頭取 …… 87-88

朝鮮の財界と事業界/滿洲の財界と事業界
……………………………………… 89-102

時事日誌 ………………………… 103-105

各道の産業 ……………………… 106-109

風聞駄語 ………………………………… 110

朝鮮及滿洲 第347号 1936年 10月

日支の關係險惡/秋

宗敎は阿片か▶釋尾旭邦 …………………… 1

急迫せる日支關係は何う展開するか▶釋尾旭邦 ……………………………… 2-4

南總督の施政方針に就て▶釋尾旭邦 ‥ 5-6

南總督と語る▶東邦山人 …………… 7-9

時事片片錄 ………………………………… 10

世界の大勢と日本の躍進時代▶川島信太郎 ……………………………… 11-13

庶政一新論▶山道襄一 …………… 13-16

英米の觀たる現代支那(2)▶山田道元 16-18

鮮滿鐵道の一元化は果して實現するか▶藤井安正 ……………………… 18-20

古代內鮮關係の一考察(2)▶水城寅雄 ……

…………………………………… 20–24
政府・政黨苦悶の共通點▶虎の門隱士 …………………………………… 25–30
所謂支那の中原を行く▶豊川善曄 ………………………………… 31–38
支那紀行斷章▶鵜飼信成 ………… 39–40
啞者の嘆き▶黒田亮(文學博士) …… 41–42
傳教大師▶安藤乾幽 ……………… 43–47
丹毒の話▶瀬戸潔(瀬戸病院長) …… 48–49
傳染病の流行季節に際し京城府に於ける傳染病發生概況を訊く▶荻野正俊(京城府衛生課長) …………… 49–51
京城の刀圭界展望(2)▶城北隱士 …… 52–54
金春坡の詞藻斷片▶細川貞一(元總督府囑託) …………………………… 55–58
藤塚教授と阮堂▶EG生 …………… 58–60
日本を描いた最近の英文小説▶諸留寛 …………………………………… 61–63
朝鮮文雜誌界の現狀▶白馬山人 …… 64–67
朝鮮人新女性界の展望▶X・Y・Z … 67–70
旅の點描▶西野義一(文學士) ……… 71–75
金剛山遊記▶香住喜一 …………… 75–77
ラジオドラマ雑考▶田中初夫 …… 77–80
漢詩/短歌/俳句 ………………… 81–82
新居秋感▶水井れい子 …………… 83–84
朝鮮總督府官立濟生院を觀る▶本誌記者 …………………………………… 85–86
朝鮮の財界と事業界 ……………… 87–91
滿洲の財界と事業界 ……………… 92–98
時事日誌 ………………………… 99–101
北鮮の産業界/平南北の産業界 … 102–108
風聞駄語 ………………………… 109
京城の喫茶店街を歩く▶P・Q・R …………………………………… 110–111

朝鮮及滿洲 第348号 1936年 11月

産業調査會/德壽宮の菊
結局人間は金と色か▶釋尾旭邦 ………… 1
日支は戰はんとするのか平和を希ふのか▶釋尾旭邦 ……………………… 2–6
二宮鮮滿拓植總裁と語る▶東邦山人 …… 7–8
朝鮮官海大異動中の人々▶東邦山人 … 9–10
亞細亞文化の建設と日本青年▶永井柳太郎 …………………………… 11–14
日本産業のチヤンス▶藤原銀次郎 … 14–18
英米の觀たる現代支那▶山田道元 … 18–21
新指導精神を闡明す▶有森俊吉 …… 22–27
人道主義的精神に就て▶高橋實(法學士) … ………………………………… 27–29
議會を目指す颶風▶虎の門隱士 … 30–34
鮮滿貿易に就て▶本田龍馬 …… 35–36
日滿の歷史的關係と匪賊▶八木彩霞 … ………………………………… 37–41
朝鮮の河川に就て▶本間孝義(朝鮮總督府技師) ……………………… 41–46
朝鮮に於ける兒童及母性に關する社會事業▶金大羽(朝鮮總督府社會教育科長) … ………………………………… 46–49
産業交通上の大變革期に直面した朝鮮▶藤井安正(京城日報社) …………… 49–51
斷想▶鳥山喜一(京城帝大教授) …… 52–53
傳教大師▶安藤乾幽 …………… 54–58
京城の刀圭界展望(3)▶城北隱士 …… 59–61
朝鮮の干潟に踊る蟹▶上田常一(京城師範學校教諭) ………………… 62–69
煙草を語る▶信原聖(專賣局事業課長) … ………………………………… 70–74
獨逸の勞働奉仕▶池田林儀 ………… 74–75
朝鮮人知識階級の諸問題▶X・Y・Z … ………………………………… 75–79
續ラジオドラマ雑考▶田中初夫 …… 79–81
漢詩/短歌/俳句 ………………… 82–88
京城の'人の道'教團を探る▶本誌記者 … ………………………………… 89–91
朝鮮總督府官立濟生院を觀る(下)▶本誌記者 …………………………… 92–93
朝鮮の産業經濟調査會開會に就て▶大野

政務總監 ……………………94
朝鮮産業經濟調査會報告 …………… 95–102
朝鮮の財界と事業界/滿洲の財界と事業界
　………………………… 103–110
朝鮮金融組合聯合會の狀況賀田直治氏經營
　の會社(朝鮮皮革會社/朝鮮勸農會社) ……
　…………………………… 111–112
時事日誌/風聞駄語 …………………… 113–118

朝鮮及滿洲　第349号　1936年　12月

暖流を追ふ飛ぶ鳥の群れ/木枯し
歳晚雜感▶釋尾旭邦 …………………………… 1
時事我觀▶釋尾旭邦 ………………………… 2–6
時事片片錄 …………………………………… 7
銅像になった林權助男と私▶東邦山人 … 8
議會の本質とその精神▶渡邊千冬 …… 9–12
所謂國策は大局高處より案出されなくて
　はならぬ▶安藤正純 ………… 12–13
英米の觀たる現代支那▶山田道元 … 14–16
ナチ・ドイツの新教育▶田花爲雄 … 16–20
最近に於ける鮮滿經濟關係の相剋▶澁谷
　禮治 …………………………… 21–23
都市計劃と市街地計劃令の話▶坂本嘉一
　……………………………… 23–26
朝鮮に於ける兒童及母性に關する社會事
　業(續)▶金大羽 ……………… 27–30
癌の話▶小杉虎一(京城帝國大學教授) ……
　……………………………… 31–33
都市民の健康に就て▶荻野正俊(京城府衛
　生課長) ………………………… 33–36
禪と武士道▶江田俊雄(中央佛傳教授) ……
　……………………………… 37–39
朝鮮近海の鯨▶上田常一 …………… 40–47
世界製紙界の驚異:藤原王子製紙社長語る
　……………………………………… 48
貞幹と宣長の立場▶藤井誠一(朝鮮史編修
　會囑託) ………………………… 49–50
古日向と百濟王物語▶小山文雄 …… 51–53

賴山陽▶安藤乾幽 …………………… 53–55
朝鮮人貧民の生活狀態▶Ｘ・Ｙ・Ｚ … 56–60
漢詩/短歌/俳句 ……………………… 61–66
萬葉・古今・新古今▶百瀨千尋 …… 67–68
京城府內の貧民層と歳末▶本誌記者 ………
　……………………………… 69–71
冬季の京城府內の家庭燃料狀況▶本誌記
　者 ………………………… 71–74
關東局が暴いた'人の道'教團▶關東局當局
　談 ………………………… 75–77
京城府職業紹介所雜感▶一訪問者 … 77–78
本年の京城府內の傳染病は大に減じた▶
　本誌記者 ………………… 79–80
朝鮮産業經濟調査會報告(續) ………… 81–87
朝鮮産業調査會報告 ………………… 79–80
朝鮮の財界と事業界/滿洲の財界と事業界/
　日獨防共協定 …………………… 88–99
時事日誌/風聞駄語 ………………… 100–105
或る女の物語▶牧梅三 …………… 106–108

朝鮮及滿洲　第350号　1937年　1月

黎明の大觀/牛
屠蘇漫言▶釋尾旭邦 …………………………… 1
年頭所感▶釋尾旭邦 ………………………… 2–10
我が國思想界の動向▶永井享 …… 11–13
國際平和の鍵▶市村今朝藏(日本女子大教
　授) ………………………… 14–16
ナチス獨逸の眞相▶木下茂 ……… 16–17
我が皇室と朝鮮社會事業の發達▶日野春
　吉 ………………………… 18–21
會社の重役に對する爆彈▶吉川義弘(京城
　高等商業學校教授) ………………… 21–23
宇垣・今井田と南・大野を語る▶初音町
　人 ……………………………… 24
宇垣さんと今井田さんを懷ふ▶SOR ………
　……………………………… 25–26
本筋に乘つて來た南總督の施政▶白堊道
　人 ……………………………… 26–29

林權助男の回顧談▶東邦山人 ……………… 30
朝鮮の金鑛業▶志賀融 …………… 31-35
朝鮮財界に對する印象▶鈴木正文
　…………………………………… 36-37
朝鮮工業の進展と工業教育の擴充に就て
　▶小山一德 …………………… 38-39
ハムブルヒの印象▶安倍能成 ……… 40-42
朴頭取邸の雅會▶東邦山人 …………… 43
強精劑と不老術▶石戸谷勉(京城帝國大學
　講師) ………………………… 44-51
溫突と蟲▶小林晴治郎(京城帝大醫學部) …
　…………………………………… 52-54
動物學上から觀た牛▶上田常一(京城師範
　學校敎諭) …………………… 54-57
歷史に現はれた朝鮮の牛▶今村鞆 … 58-61
萬葉歌人と雪▶名越那珂次郎 ……… 62-66
賴山陽(2)▶安藤乾幽 …………… 67-70
朝鮮人の家族生活を檢討する▶X・Y・Z …
　…………………………………… 71-75
お正月の鮮内旅行▶柿屋無庵 …… 76-79
京城の早起會と朝詣り▶本誌記者 … 79-82
金山で儲けた人々の話▶德野眞士 … 83-85
蔣介石と張學良を語る▶東邦山人 ……… 86
漢詩/短歌/俳句 ……………… 87-93
短歌の形態▶百瀬千尋 …………94-95
年頭の辭▶南次郎 ……………… 96-97
年頭の辭▶大野綠一郎 ……………… 98
世界經濟の主流と本邦財界の動向▶加藤
　敬三郎 ……………………… 99-103
昭和十一年の財界を回顧して本年の財界
　を考へる▶有賀光豐 …………… 103-104
京城興界打明け話▶南山隱士 ‥ 105-107
六千萬圓の金塊密輸事件の一斷面▶志村
　操 …………………………… 108-109
京城株街の景氣▶金正祿 ………… 110-111
朝鮮の財界と事業界/滿洲の財界と事業界
　……………………………… 112-121
時事日誌 ……………………… 122-123
銀行取引停止人名表 ……………… 124

酒と人▶一記者 ………………… 125-126
時事片々錄 ……………………… 127
情熱の末路▶朱瓊淑 …………… 128-130
鮮內大會社儲け高番附 ……………… 131

朝鮮及滿洲 第351号 1937年 2月

時の人/田家の雪と牛
時事:憂ふべき國狀/廣田內閣の總辭職/宇
　垣內閣の流産/陸軍と組閣▶釋尾旭邦[缺]
　………………………………… 1-8
政客某君と語る▶釋尾旭邦[缺] ……… 9-10
統制主義と日本の立場▶渡邊鐵藏 … 11-13
支那問題の再檢討▶小島幸治 ……… 13-16
支那抗日運動の眞相▶澁谷禮治 …… 16-19
明日の朝鮮農業の進路▶朝倉昇 …… 20-24
朝鮮に於ける金銀鑛業の發達と其の地理
　的分布▶志賀融 ……………… 25-29
滿洲國産金增産五個年計劃▶草間秀雄 …
　…………………………………… 29-32
波瀾を豫想される第七十議會▶虎の門隱
　士 …………………………… 33-38
都市の保健防疫豫定表▶荻野正俊(京城府
　衛生課長) …………………… 39-41
煤煙の害とその防止に就て▶中村誠 ………
　…………………………………… 42-44
城大敎授評判記(1)▶岡本濱吉(文學士) ……
　…………………………………… 45-47
京城中等學校長論(上)▶苑南學人 … 48-50
英國の新聞雜誌研究▶玄永燮(文學士) ……
　…………………………………… 51-54
日本・支那・ロシアの'母'▶山本千代子 …
　…………………………………… 55-59
フランスの冬を憶ふ▶山口長男 …… 60-61
東亞日報と朝鮮中央日報▶X・Y・Z ………
　…………………………………… 62-64
日滿交歡古詩抄▶神尾弌春 ………… 65-66
'チヤンバラ'と'パチンコ'▶田中初夫(總督
　府圖書館) …………………… 67-69

アナウンサー縦横談▶小野田塚之(京城中
　央放送局) ……………………… 69-73
漢詩/短歌/俳句 …………………… 74-79
京城不連續線▶寺田瑛 …………… 80-81
京城の電車檢討▶本誌記者 ……… 82-83
內地人側の映畫館を解剖する▶本誌記者
　…………………………………… 84-88
物價暴騰時代來る▶本誌記者 …… 89-90
朝鮮の財政と事業界/滿洲の財政と事業界
　………………………………… 91-102
時事日誌 ……………………… 103-105
滿鮮水路鴨綠江開發の調印 ……… 106
二・二六事件の間接關係者斷罪 …… 107
滿洲主要都市人口 ………………… 108
風聞駄語 …………………………… 109
現代朝鮮人結婚戀愛風景▶黑衣人 ……
　……………………………… 110-112
林大將に大命降下 ………………… 113

朝鮮及滿洲 第352号 1937年 3月

非常時日本の姿/春のをとづれ
平和の神は何處へ▶釋尾旭邦 ……………… 1
言論壓迫は善くない▶釋尾旭邦 ……… 2-4
政黨を閉め出した林內閣の出現▶釋尾旭
　邦 ………………………………5-7
第七十議會/支那の三中全會▶釋尾旭邦 …
　…………………………………7-10
非常時とは何ぞや▶尾崎行雄 …… 11-19
陸軍當局に對する質問▶宮脇長吉 … 19-20
國際危機と國內政治の關係▶大澤章 ……
　………………………………… 21-24
我國議會政治の將來▶內田繁隆 … 25-27
多數決原理について▶鵜飼信成 … 28-32
廣田內閣から林內閣まで▶虎の門隱士 …
　………………………………… 33-39
議會傍聽印象記▶森二郎 ……… 40-42
ムツソリニの政策を强調する下位君の講
　演を聽く▶一記者 …………… 43-44

納稅の起源と其の意義に就て▶三浦一郎
　(皇風會) ……………………… 45-49
科學と統制國家▶佐藤清二 …… 50-52
支那抗日運動の眞相(續)▶澁谷禮治 53-57
朝鮮に於ける金銀鑛業の發達と其の地理
　的分布(續)▶志賀融 ………… 57-60
鐵の資源から觀た朝鮮と滿洲▶高山鋼太
　郎 ……………………………… 61-65
滿洲國に於ける特殊會社の趨勢▶平岡定
　之助 …………………………… 65-69
血液雜話▶佐々信寅(醫學士) ……… 70-73
病熱と下熱劑に就て▶本田建義(醫學博士)
　……………………………… 73-76
城大教授評判記(2)▶岡本濱吉(文學士) …
　……………………………… 77-79
賴山陽(3)▶安藤乾幽 ………… 80-82
最近中國映畫界の動向▶王子平 83-84
映畫ノートから▶森村禮二 …… 85-86
漢詩/短歌/俳句 ………………… 87-90
京城の電車檢討(續)▶本誌記者 … 91-94
朝鮮人側映畫界を語る▶RKO ……… 95-97
大衆の懷を襲ふ物價騰貴▶本誌記者 … 98
朝鮮の財界と事業界/滿洲の財界と事業界
　……………………………… 99-105
結城藏相の財政演說要旨 ………… 106
時事日誌/風聞駄語 …………… 107-109

朝鮮及滿洲 第353号 1937年 4月

南總督の農村視察と植樹/春
花に對した時の氣待ち▶釋尾旭邦 ……… 1
時論:我國の危機は何處に在るのか/平和會
　議の提唱/訪支經濟使節團/第七十帝國議
　會の解散▶釋尾旭邦 …………… 2-8
我外交方針の一轉機▶佐藤尙武 … 9-13
共產主義の非科學性▶五來欣造 …… 14-16
北支防共問題と蔣介石▶靑柳篤恒 … 17-19
陸軍に對する問答 ………………… 20
ドイツの勞動統制と產業統制法▶津曲藏

之丞 ……………………………… 21–23

都市保健問題と市民農園▶工藤武城 ………

……………………………… 24–28

議會後の政界‘荒模様’▶虎の門隱士 ………

……………………………… 29–34

尾崎氏の質問に對する政府の答辯書內容

……………………………… 35

滿洲國第二期五ヶ年計劃に就て▶平岡定

之助 ……………………………… 36–40

鐵の資源から觀た朝鮮と滿洲(續)▶高山鋼

太郎 ……………………………… 40–44

準戰體制と朝鮮工業の發展▶澁谷禮治 ……

……………………………… 45–49

東邊道の鑛產資源を探る▶廣田一郎 ………

……………………………… 49–51

蔣介石氏我訪支經濟使節團を迎へて …… 52

半島の問題を拾ふ▶K・K・K …… 53–55

猩紅熱、ヂフテリヤのなど豫防の話▶荻

野正俊(京城府衛生課長) ………… 56–58

城大教授評判記(3)▶岡本濱吉(文學士) ……

……………………………… 59–61

滿洲の林山施業狀況 ……………………… 62

黑いピラミツドと食鹽を食はぬ農民▶森

谷克己 ……………………………… 63–65

影繪▶天野利武(京城帝國大學助敎授) ……

……………………………… 66

畵家とモデル▶山田新一 …………… 67–69

漢詩/短歌/俳句 …………………… 70–72

ちゆうりつぶの辯▶水井れい子 …… 73

京城府會を覗く▶一記者 …………… 74–75

朝鮮の財界と事業界/滿洲の財界と事業界

……………………………… 76–86

鋼鐵饑饉 ……………………………… 87

朝鮮十三道本年度の新規事業▶本誌記者

………………………………88–97

時事日誌 …………………………… 98–99

京城のデパート …………… 100–103

風聞駄語 …………………………… 104

朝鮮人の婚禮風景▶X・Y・Z …… 105–107

朝鮮及滿洲 第354号 1937年 5月

鮮滿一如/鮮滿首腦者の握手

時事我觀▶釋尾旭邦 ……………………… 1

三十年間の朝鮮を大觀して▶釋尾旭邦 ……

……………………… 2–11, 13–14

鮮滿一如の說▶釋尾旭邦 ……………… 12

革新的勢力と國民生活安定問題▶新明正

道 ……………………………… 15–17

我國貿易の動向とその將來▶川島信太郎

……………………………… 17–21

物價騰貴時代の辯▶楢崎敏雄 ……… 21–24

滿洲帝國建國五ヶ年の推移▶一(新京支局)

記者 ……………………………24–26

滿洲國の鐵資源▶高山鋼太郎 ……… 27–31

總辭職か再解散か▶虎の門隱士 …… 32–36

政界からくり談義▶鶴ヶ丘佳人 …… 37–40

躍進せる朝鮮の産業及施設▶本誌記者 ……

……………………………… 41–52

三十年間に於ける朝鮮經濟界の發展狀況

▶澁谷禮治 ……………… 53–59

朝鮮經濟界の三十年を回顧して▶小野久

太郎 ……………………………… 60–64

明治四十年前後の重大事件を語る▶森六

治 ……………………………… 65–70

三十年前の鮮內旅行▶土居寬暢 …… 71–75

城大教授評判記(4)▶岡本濱吉(文學士) ……

……………………………… 76–78

朝鮮舊時の祭祀概要▶小田省吾 …… 79–82

醫藥の祖神少名毘古那尊と古代の內鮮關

係▶工藤武城 …………………… 82–85

衛生上の希望事項二三▶小林晴治郎(京城

帝大教授) …………………… 85–87

海西賢哲群像▶細川貞 …………… 87–89

現代朝鮮人文化論(上)▶玄永燮 …… 90–94

朝鮮の回顧/現在の朝鮮と將來の朝鮮に對

する希望/本誌及本社長に對する批評

(續)▶諸氏 …………………… 95–112

黑いピラミツドと食鹽を食はぬ農民▶森

谷克己 ・・・・・・・・・・・・・・・・・・・ 113–115

春旅雑見▶名越那珂次郎(京城帝大豫科教
　授) ・・・・・・・・・・・・・・・・・・・・・ 115–117

春色五題▶西野義一(文學士) ・・・・・・・ 118–120

漢詩/短歌/俳句 ・・・・・・・・・・・・・・・ 121–124

京城花柳界の變遷▶今村螺炎 ・・・・・ 125–127

朝鮮人の新劇を見る▶水島幸太 ・・ 128–131

朝鮮の銀行會社の主なるもの▶本誌記者
　・・・・・・・・・・・・・・・・・・・・・・・・・ 132–144

簡易保險の保險料は生活改善から ・・・・・・ 145

朝鮮の財界と事業界/滿洲の財界と事業界
　・・・・・・・・・・・・・・・・・・・・・・・・・ 146–154

創刊三十年の祝辭に對へて釋尾東邦山人
　を語る▶諸氏 ・・・・・・・・・・・・・・ 155–170

本誌三十年記念號の後に書す▶釋尾旭邦
　・・・・・・・・・・・・・・・・・・・・・・・・・ 171–172

時事日誌 ・・・・・・・・・・・・・・・・・・・ 173–174

流轉女風景▶鴨居悠 ・・・・・・・・・・・ 175–178

風聞駄語 ・・・・・・・・・・・・・・・・・・・・・・ 179

朝鮮及滿洲 第355号 1937年 6月

時の人/鮮展

時事片々錄▶釋尾旭邦 ・・・・・・・・・・・・・・・・ 1

既成政黨を排擊するのは擧國一致を破る
　ものだ▶釋尾旭邦 ・・・・・・・・・・・・・・ 2–5

又亦日支の小競り合が始った▶釋尾旭邦
　・・・・・・・・・・・・・・・・・・・・・・・・・・・・・・ 6

大野政務總監と語る▶釋尾旭邦 ・・・・・・・ 7–9

林內閣の頓死▶釋尾旭邦 ・・・・・・・ 10

統制經濟の必然性▶土方成美 ・・・・・・・ 11–14

軍需工業と資源問題▶森武夫 ・・・・・ 15–17

鮮滿貿易の趨勢▶本誌記者 ・・・・・ 17–20

林內閣の退却時機▶虎の門隱士 ・・ 21–24

朝鮮教育界雜感▶漢江漁夫 ・・・・・ 25–27

躍進せる朝鮮の産業及施設(續)▶本誌記者
　・・・・・・・・・・・・・・・・・・・・・・・・・・ 28–33

三十年間に於ける朝鮮經濟界の發展狀況
　(續)▶澁谷禮治 ・・・・・・・・・・・・・・ 33–40

城大教授評判記(5)▶岡本濱吉(文學士) ・・・・・
　・・・・・・・・・・・・・・・・・・・・・・・・・・・・ 41–42

朝鮮舊時の祭祀槪要(2)▶小田省吾 ・・ 43–45

醫藥の祖神少名毘古那尊と古代の內鮮關
　係(續)▶工藤武城 ・・・・・・・・・ 45–48

海西賢哲群像(2)▶細川貞 ・・・・・・・・ 49–51

現代朝鮮人文化論(下)▶玄永燮 ・・・・・ 51–59

誌上懇談會物價騰貴問題を聽く▶諸氏 ・・・・・
　・・・・・・・・・・・・・・・・・・・・・・・・・・・・ 60–65

賴山陽(4)▶安藤乾幽 ・・・・・・・ 66–68

聾啞を語る▶小林靜雄(京城帝大教授) ・・・・・
　・・・・・・・・・・・・・・・・・・・・・・・・・・・・ 69–72

碧瑠璃海岸▶鈴木武雄(京城帝大教授) ・・・・・
　・・・・・・・・・・・・・・・・・・・・・・・・・・・・ 73–75

朴知事官邸の一夜を語る▶山田勇雄(中央
　情報社) ・・・・・・・・・・・・・・・・ 76–78

漢詩/短歌/俳句 ・・・・・・・・・・・・・・・・ 79–83

第16回鮮展評:鮮展の感想▶山田新一
　・・・・・・・・・・・・・・・・・・・・・・・・・・・・ 84–85

第16回鮮展評:鮮展の東洋畫及び彫塑工藝
　▶只野凡兒 ・・・・・・・・・・・・・・・・ 85–87

第16回鮮展評:朝鮮美術の發展の爲めに▶
　木梨靖彦 ・・・・・・・・・・・・・・・・ 87–89

京城の住宅難▶本誌記者 ・・・・・・・・ 89–91

本年度の豫算より觀たる全鮮十八府▶本
　誌記者 ・・・・・・・・・・・・・・・・・・ 92–98

朝鮮の財界と事業界/滿洲の財界と事業界
　・・・・・・・・・・・・・・・・・・・・・・・・・ 99–106

朝鮮の銀行會社の主なるもの(續)▶本誌記
　者 ・・・・・・・・・・・・・・・・・・・・・ 107–110

時事日誌/風聞駄語 ・・・・・・・・・・・ 111–113

朝鮮の女優を繞る二人の男▶李星斗 ・・・・・・
　・・・・・・・・・・・・・・・・・・・・・・・・・・114–116

朝鮮及滿洲 第356号 1937年 7月

近衛內閣/北鮮と間島

時事我觀▶釋尾旭邦 ・・・・・・・・・・・・・・・・・ 1

近衛內閣の使命▶釋尾旭邦 ・・・・・・・・・・ 2–4

五年ぶりに北鮮から間島を視て▶釋尾旭邦 ……………… 5-10
獨裁政治と日本▶渡邊千冬 ………… 11-14
世界資源の再分割論▶北岡逸志 …… 15-18
新しくて古い日本▶C・G・アレン博士 …………………………… 18-20
政變を裏から觀る▶虎の門隱士 …… 21-26
支那の對日方針は一貫して居る▶王寵惠氏談 …………………… 27
滿洲國關稅の改正問題▶本誌記者 … 28-32
朝鮮の土木事業▶榛葉孝平 ……… 33-40
財界人に聽く物價問題に就て▶讚井源輔氏 ………………………… 41-42
財界人に聽く金融機關改善の好機▶堀正一氏 …………………… 43
最近の歐洲▶大橋忠一氏談 ………… 44
我輩は赤痢菌である▶荻野正俊(京城府衛生課長) …………… 45-46
城大教授評判記(6)▶岡本濱吉(文學士) …………………… 47-49
京城の校長さん訪問記▶本誌記者 … 50-52
朝鮮舊時の祭祀概要(3)▶小田省吾 ‥ 53-55
朝鮮の同姓禁婚制▶藤村曉 ……… 55-60
海西賢哲群像(3)▶細川貞 ……… 61-62
賴山陽▶安藤乾幽 ……………… 62-64
北支を觀て▶野崎眞三 ………… 65-67
冬季オリムピックと朝鮮▶藤井秋夫 ……………………………… 67-69
初夏の金剛▶山口義一(文學士) …… 69-72
漢詩/短歌/俳句 …………………… 73-77
近衛內閣の閣僚素描▶森凡 ……… 78-82
朝鮮の財界と事業界/滿洲の財界と事業界 ………………………… 83-88
滿鐵の事業報告 …………………… 88-90
京城の銀行會社 …………………… 91-94
時事日誌 …………………………… 95
南總督鮮滿一如問題其の他を語る …… 96
總督府人事大異動 ……………… 97-98
風聞駄語 …………………………… 99
おでん屋の娘▶春木榮一郎 ……… 100-103

朝鮮及滿洲 第357号 1937年 8月

戰へ/山水
眞の非常時來らんか▶釋尾旭邦 ………… 1
支那は何の爲めに戰ふか▶釋尾旭邦 ▶ 2-6
銃後の國民は出征軍人の家族を大に考へよ▶釋尾旭邦 …………… 7
朝鮮人から志願兵を募集しては如何▶釋尾旭邦 …………………… 8
頻發せる支那側の抗日・侮日行爲▶本社調査 ………………… 9-10
國家總動員とその準備▶松井春生 … 11-15
我國産業の新動向▶向井鹿松 ……… 15-18
外人が觀た日本とフアシズム▶W・H・チエンバーリン …………… 19-21
北支を觀て▶野崎眞三 ………… 22-28
支那民族性の解剖▶松岡正作 …… 29-32
近衛內閣の實態▶虎の門隱士 ……… 33-37
城大教授評判記(7)▶岡本濱吉(文學士) …………………… 38-40
日光と衛生▶本田建義(醫學博士) … 40-42
京城の'科學館'を觀る▶本誌記者 … 43-44
朝鮮舊時の祭祀概要(4)▶小田省吾 ‥ 45-49
海西賢哲群像(4)▶細川貞 ……… 50
佐由利考▶名越那珂次郎 ……… 51-53
水鄉シュプレーワルトの思ひ出▶黑田幹一 ………………… 54-57
コロムボの夏▶池田林儀 ……… 58-60
平北奧地の旅▶江上征史 ……… 61-62
解放された女性の悩み▶鳥山德太郎 …………………………… 62-64
漢詩/短歌/俳句 …………………… 65-69
京城附近の山と水▶逍遙山人 ……… 70-71
京城市內の朝鮮人の類似宗教と迷信を探る▶本誌記者 ……… 72-74
北支事變對する朝鮮人の行動▶本誌記者 …………………… 75-76

朝鮮の財界と事業界/滿洲の財界と事業界
……………………………… 77–83
時事日誌/風聞駄語 ……………… 84–87
戀人を父より奪った一鮮人の手記▶李星
斗 ……………………………… 88–90

朝鮮及滿洲 第358号 1937年 9月

上海の戰禍/戰線の北支の秋
戰爭と人心の作興▶釋尾旭邦 ……………… 1
時局に對して▶釋尾旭邦 ……………… 2–6
南總督時局を語る▶一記者 ……………… 7
愛國金釵會(朝鮮婦人團體)を語る▶釋尾旭
邦 ……………………………… 8
日支事變と我經濟界▶賀田直治 ……… 9–10
我國勢の實體を顧みて▶木村增太郎 ……
……………………………… 11–15
近代戰爭と經濟▶吉江弘雄 ……… 15–18
支那は今戰ふべからず▶ナサニエル・ベ
ツフアー ……………………… 18–22
鮮滿並に支那に於ける經濟界の大勢▶加
藤敬三郎 ……………………… 22–25
最近に於ける內鮮經濟界の情勢▶有賀光
豊 ……………………………… 25–27
時局と經濟を語る▶橫瀬守雄 ……… 27–30
非常時局と朝鮮人の覺悟▶玄永燮 …… 30–33
半戰時體制下の政界▶虎の門隱士 … 34–38
北支に於ける資源と各國の權益▶大連支
局記者 ………………………… 39–41
空中國防の趨勢▶陸軍省新聞班 … 41–43
百三十度の戰塵を潜つて▶渡邊祐之介 ……
……………………………… 44–46
近代兵器の話▶山本三平 ……… 47–50
支那民族性の解剖(續)▶松岡正作 … 51–53
强壯劑としての民間藥を檢討す▶中島文
雄 ……………………………… 54–57
朝鮮舊時の祭祀概要(5)▶小田省吾 … 58–62
海西賢哲群像(5)▶細川貞 ……… 62–64
萬葉集と秋▶安藤乾幽 …………… 65–67
漢詩/短歌/俳句 …………………… 68–71
京城のスポーツ界を語る▶本誌記者 72–76
樺太を紹介する▶本誌記者 ……… 77–78
朝鮮の財界と事業界/滿洲の財界と事業界
……………………………… 79–87
會社案內 …………………………… 88–89
日支事變日誌 ……………………… 90–92
時事日誌/風聞駄語 ……………… 93–96
小說:人生行路難▶金明淳 ……… 97–103

朝鮮及滿洲 第359号 1937年 10月

支那人の日本軍歡迎/上海戰/北支の戰線
時事我觀▶釋尾旭邦 ……………… 1
時局に對して▶釋尾旭邦 ……………… 2–6
支那を語る(1)▶釋尾旭邦 ……… 7–10
國家總動員と國民の覺悟▶長谷川基 ……
……………………………… 11–14
世界文化に於ける日本文化の地位▶新明
正道 ……………………………… 15–17
戰時の物價問題▶澁谷禮治 ……… 18–22
歐洲大戰當時の各國金融界(1)▶堀正一 …
……………………………… 22–25
時局と人口問題▶工藤武城 … 26–30
獨逸と伊太利を語る▶齋藤清治 … 31–32
近衛內閣を裏から觀る▶虎の門隱士 ……
……………………………… 33–36
國際法學者某々氏と語る▶一記者 ……… 37
北支の戰線慰問より歸りて▶高柳保太郎
……………………………… 38–41
北支に於ける皇軍の狀況を聽く▶本誌記
者 ……………………………… 42–45
北支戰線に於ける朝鮮人義勇隊の活動▶
朴漢洪 ………………………… 46–48
空襲防護團の話▶師橋渡 ……… 49–53
萬葉集と秋▶安藤乾幽 …………… 54–56
海西賢哲群像(6)▶細川貞 ……… 57–58
城大醫學部教授評判記(1)▶小早川敬 59–61
上海の想ひ出▶P・Q・R ……… 62–64

再び遮日峰を訪ねて高山山草と親しむ▶
　長谷井一沫 ……………………… 65-69
近頃の娘達のことども▶朴念仁 …… 70-74
漢詩/短歌/俳句 ………………………… 75-79
大京城の公園は如何に計劃すべきか▶上
　原敬二(林學博士) ……………… 80-82
朝鮮の財界と事業界 ……………… 83-86
滿洲の財界と事業界 ……………… 87-89
集團生活の驚異 …………………………… 90
時事日誌/風聞駄語(缺) ……………… 91-93
小説:人生行路難(續)▶金明淳 ………94-99

朝鮮及滿洲 第360号 1937年 11月

上海戰/內閣參議と閣僚/支那人の日本軍歡
　迎
頑張りか妥協か▶釋尾旭邦 ……………… 1
各國は何うして日本の眞意と立場を諒解
　出来ないのか▶釋尾旭邦 …………… 2-6
支那を語る(2)▶釋尾旭邦 …………… 7-10
支那事變と我が財政政策▶阿部勇 … 11-13
事變と銃後の後援▶大村清一 ……… 14-16
戰費の調達に就て▶澁谷禮治 …… 17-22
歐洲大戰當時の各國金融界(2)▶堀正一 …
　………………………………………… 22-25
內閣補強工作ウラ表▶虎の門隱士 ‥ 26-30
支那事變を語る座談會▶諸氏 ……… 31-38
外國人の事變觀▶諸氏 ……………… 39-44
米國新聞記者の觀た支那共産黨▶昌宅幸
　雄 …………………………………… 44-45
時局と人口問題(續)▶工藤武城 …… 46-55
コレラの話▶西龜三圭(朝鮮總督府衛生課
　長) ………………………………… 56-58
北京の學人(上)▶本多龍成 ……… 59-61
海西賢哲群像(7)▶細川貞 ……… 62-64
'浮虜','彼の楊台':英米戰爭文學の紹介▶
　西野義一(文學士) ……………… 65-68
漢詩/短歌/俳句 …………………… 69-73
京城の傳染病は昨年來減退の方である▶

本誌記者 ………………………… 74-75
今冬に於ける京城の家庭燃料▶本誌記者 ・
　…………………………………… 76-77
朝鮮の財界と事業界/滿洲の財界と事業界
　…………………………………… 78-85
時事日誌 ………………………… 86-88
有賀殖銀頭取の辭任▶東邦山人 …… 89-90
風聞駄語 ……………………………… 91
或る女店員の秘密▶明貞基 ……… 92-93
眞紗子の死因(上)▶大塚照子 ……… 94-99

朝鮮及滿洲 第361号 1937年 12年

敵前上陸/支那城壁を攀ぢ上る我兵/凱歌を
　揚ぐる我軍
時事我觀▶釋尾旭邦 ……………………… 1
時局當面の問題を語る▶近衞文麿首相 ……
　………………………………………… 2-3
上海方面の戰局を語る▶松井大將談 … 4-5
和平交涉は未だし▶川越駐支大使談 …… 5
支那が反省せざる限り戰爭は續かう▶長
　谷川司令長官談 ……………………… 6
戰時と我帝國の財政▶賀屋興宣 …… 7-8
支那事變を繞る國際情勢▶一又正雄　9-12
時局と新生活運動▶友松圓諦 …… 12-15
戰時の生産統制と勞動政策▶澁谷禮治 ……
　………………………………………… 16-19
歐洲大戰當時の各國金融界(3)▶堀正一 …
　………………………………………… 20-25
政局の裏面複雜▶虎の門隱士 …… 26-31
松井最高指揮官と外人記者との問答 …… 32
國民體位の向上に就て▶西龜三圭 …………
　………………………………………… 33-36
時局と學徒の使命▶黑田亮 ……… 37-40
近代的毒瓦斯戰に對する都市民の覺悟と
　準備(1)▶井上滋穗(京城藥學專門學校教
　授) ………………………………… 41-47
支那事變を語る座談會(續)▶諸氏 … 48-55
外國人の事變觀(續)▶諸氏 ……… 56-59

城大醫學部教授評判記(2)▶小早川敬 ………
　　　　………………………………………… 60-63
北京の學人(中)▶本多龍成 …………… 64-67
南京での印象▶川合彰武(朝鮮銀行調査課)
　　　　………………………………………… 67-71
斷雲片々▶北上小技枝 ………… 72-73
文化に就て▶山口長男 ………… 74-75
漢詩/短歌/俳句 ………………… 76-80
京城の歳末風景を探る▶本誌記者 … 81-85
朝鮮の財界と事業界 …………… 86-88
滿洲の財界と事業界 …………… 89-92
咸北の水産と鰮▶本誌記者 ……… 93-96
時事日誌/風聞駄語 ……………… 97-99

朝鮮及滿洲 第362号 1938年 1月

南京入城/北支臨時政府/南京陷落を祝する
　　國旗の波
日支事變と民心▶釋尾旭邦 ………………… 1
各國首腦者は冷靜な態度を持せよ▶釋尾
　　旭邦 …………………………………… 2-5
南總督の人物と其政策を語る▶釋尾旭邦
　　　　…………………………………………… 6-8
時事▶釋尾旭邦 ………………… 9-11
賦得神苑朝/戊寅元旦▶松田學鷗 …… 12
東亞民族再興の聖戰▶永井柳太郎 … 13-16
國民精神總動員の五大眼目▶內ヶ崎作三
　　郎 ………………………………… 16-18
世界の現狀と日本の前途▶大山卯次郎 ……
　　　　…………………………………… 18-20
支那の民衆生活と思想▶津田左右吉 ………
　　　　…………………………………… 20-22
北支問題の動向を語る▶澁谷禮治 … 23-25
支那を毒せる英國の阿片政策▶工藤武城
　　　　…………………………………… 26-33
"持てる國,持たざる國"▶ハンズ・ルーテ
　　ル ………………………………… 34-36
時局と朝鮮人インテリ▶金漢一 …… 37-40
排日抗日政權を徹底的に屈伏せしむる迄

は鉾を收めない▶近衛文麿首相談 …… 41
近衛內閣の近狀と暴風警報下の七三議會
　　▶虎の門隱士 ………………… 42-47
事變中の年頭所感/冬期の生活▶諸氏 ………
　　　　…………………………………… 48-49
支那事變を語る座談會(續)▶諸氏 … 50-54
外國人の事變觀(續)▶諸氏 …… 55-57
近代的毒瓦斯戰に對する都市民の覺悟と
　　準備(2)▶井上滋穗 ………… 58-61
軍事扶助法と入營者職業保障法(1)▶石川
　　伸一 …………………………… 61-63
軍艦出雲を懷ふ▶重村義一 …… 64-65
戰果とユートピア▶江上征史 …… 66-68
萬葉集と日本精神▶名越那珂次郎 … 69-73
北京の學人(下)▶本多龍成 ………… 74-77
桂月の句▶寺田瑛 ………………… 77-78
南支を觀て(1)▶泉靖一 ………… 79-83
朝鮮人中流家庭の生計表▶X・Y・Z 83-85
朝鮮新人評判記(1)▶李斗峰 …… 86-87
不老長生の話▶春廼舍主人 …… 88-94
朝鮮の虎に就て▶森爲三(京城帝大豫科教
　　授) ………………………………… 94-95
虎に關する朝鮮の傳說▶今川螺炎 … 96-99
虎に出遭つた話▶土居寬暢(科學館囑託) …
　　　　………………………………… 100-102
拾億圓の紙幣を燒く話▶能美晉二 ………
　　　　………………………………… 102-105
漢詩/短歌/俳句 ………………… 106-110
年頭所感▶諸氏 ………………… 111-122
北支に成立した臨時政府の首魁者はどん
　　な人々か/時事日誌 ………… 123-124
時事日誌/風聞駄語 ………………… 125-126
非常時局の街や邑から拾った話▶中島申
　　三 ………………………………… 127-131
京城長者番附 …………………………132-133

朝鮮及滿洲 第363号 1938年 2月

內閣諸公/靑島濟南占領/ハルビンの洗禮祭

時事我觀 ………………………………… 1

日支事變と第七十三帝國議會▶釋尾旭邦 …
…………………………………………… 2-6

歐米各國を視察して▶鎌田澤一郎 …… 7-14

支那を毒せる英國の阿片政策(續)▶工藤武
城 ………………………………… 15-21

北支の經濟開發に就て▶十河信二 … 22-24

北支問題の動向を語る(續)▶澁谷禮治 ……
………………………………………… 25-27

"持てる國, 持たざる國"(續)▶ハンズ・
ルーテル ……………………… 27-29

軍事扶助法と入營者職業保障法(2)▶石川
伸一 ……………………………… 30-32

外紙の日支事變觀 …………………… 33-34

新黨運動の解剖▶虎の門隱士 ……… 35-40

支那及び支那人を語る座談會(1)▶諸氏 ……
………………………………………… 41-45

萬葉集と日本精神▶名越那珂次郎 … 46-51

熊佛西の'過渡'について▶大西亘(京城帝大
支部哲文學研究室) ……………… 51-54

不老長生の話(續)▶春廼舍主人 …… 55-57

獨逸を語る(1)▶池田林儀 ………… 58-60

津浦線北上の想出▶川合彰武(朝鮮銀行調
査課) …………………………… 60-63

三十年前の朝鮮の狩獵▶下郡山誠一(李王
職事務官) ………………………… 63-66

朝鮮新人評判記(2)▶李斗峰 ……… 66-68

漢詩/短歌/俳句 …………………… 69-72

京城日報と歷代社長▶一記者 …… 73-75

朝鮮の財界と事業界/滿洲の財界と事業界
………………………………………… 76-83

朝鮮の日誌/滿洲の日誌 …………… 84-85

廣東はどんな所か ……………………… 86

時事日誌/風聞駄語 ………………… 87-90

眞紗子の死因(中)▶大塚照子 …… 91-94

朝鮮及滿洲 第364号 1938年 3月

松井大將の凱旋/黃河と汶河の鐵橋

時事我觀▶釋尾旭邦 ……………………… 1

支那事變下の日本の姿を見て▶釋尾旭邦
………………………………………… 2-5

內地行(上)▶釋尾旭邦 ………………… 6-8

世界の現狀と思想國防▶深作安文(文學博
士) …………………………………… 9-12

日本文化と支那文化▶長谷川如是閑 ………
………………………………………… 13-15

東西の自然觀▶安倍能成(京城帝國大學教
授) ………………………………… 15-19

歐米各國を視察して日本の現況を憶ふ▶
長鄕衞二(京城府工營部長) ………… 20-25

戰時經濟體制完整への途▶大塚源次郎(朝
鮮銀行理事) ……………………… 25-29

近代的毒瓦斯戰に對する都市民の覺悟と
準備(3)▶井上滋穗 ……………… 29-34

支那及び支那人を語る座談會(2)▶諸名士
………………………………………… 35-40

肺炎の症狀と手當に就て▶今村豊八(醫學
博士) ……………………………… 41-43

獨逸を語る(2)▶池田林儀 ………… 44-46

滿洲國の貴重毛皮獸と狩獵民族▶森爲三
(京城帝大豫科敎授) ……………… 47-49

江南に防空の戰蹟を尋ねて▶師橋渡(京城
府囑託) …………………………… 49-52

南支を觀て(2)▶泉靖一 …………… 53-55

曹禺の'日出'▶大西亘(京城帝大支部哲文學
敎室) ……………………………… 55-58

'春香傳'の築地上演に就て▶村山知義 ……
………………………………………… 59-60

漢詩/短歌/俳句 …………………… 61-64

白衣の勇士を訪ふ▶本誌記者 …… 65-69

朝鮮の財界と事業界/滿洲の財界と事業界
………………………………………… 70-75

朝鮮の日誌/滿洲の日誌 …………… 76-77

日支事變の動き ………………………… 78

時事日誌/風聞駄語 ………………… 79-81

眞紗子の死因(下)▶大塚照子 ……… 82-85

朝鮮及滿洲 第365号 1938年 4月

伊太利使節團/中華維新政府成立式

時事我觀▶釋尾旭邦 ……………………… 1

內地行(下)▶釋尾旭邦 ……………… 2-6

時事二題▶釋尾旭邦 ……………… 7-8

中華維新政府組織大綱と主腦部▶釋尾旭
邦 …………………………………… 9-10

日支關係と其の解決策▶神川彥松 … 11-13

支那事變と帝國の外交▶田代重德 … 14-16

對支經濟問題を語る▶鈴木武雄 …… 17-18

歐洲大戰當時の各國金融界(4)▶堀正一 ……
…………………………………… 19-21

軍事扶助法と職業保障法(3)▶石川伸一 ……
…………………………………… 22-23

獨墺合邦の眞因と其後に來るべき歐洲の
動搖▶鎌田澤一郞 ……………… 24-25

議會中から議會後の政局▶虎の門隱士 ……
…………………………………… 26-30

支那及び支那人を語る座談會(3)▶諸氏 ……
…………………………………… 31-37

ハル國務長官重大聲明 …………………38

人間の壽命▶水島治夫(京城帝國大學教授)
…………………………………… 39-42

新學期に當り父兄竝に學校當局への希望
▶荻野正俊(京城府衛生課長) … 43-45

ステープル・フアイバー其の製品に就て
(1)▶村松宗次(總督府中央試驗所技師) ・
…………………………………… 46-48

在鮮實業界人物展望(1) …………… 49-53

北支經濟開發の方針 ………………… 54

滿洲建國と民族協和に就て▶半田敏治 ……
…………………………………… 55-57

滿洲に於ける鐵道網▶小紹池文夫 ・・58-59

外人から觀た支那共産軍の正體▶山田永
三 ………………………………… 60

獨逸を語る(3)▶池田林儀 ………… 61-62

內鮮一體と內鮮相婚▶玄永燮 …… 63-67

南支を觀て(3)▶泉靖一 …………… 68-70

漢詩/短歌/俳句 …………………… 71-75

京畿道會と京城府會を覗いて▶一記者 ……
…………………………………… 76-77

驚くべき物價暴騰の趨勢▶本誌記者 ……
…………………………………… 78-80

臺灣と其産業▶本誌記者 ………… 81-83

朝鮮の財界と事業界/滿洲の財界と事業界/
植銀の異動 …………………… 84-90

三月の朝鮮/三月の滿洲 ………… 91-92

時事日誌/風開駄語 ……………… 93-95

本年度豫算より觀た全鮮各道各府の主要
施設(上)▶本誌記者 …………… 96-102

朝鮮及滿洲 第366号 1938年 5月

靖國神社御親拜の聖上陛下/四月の朝鮮

編輯室より ………………………… 1

時事雜感▶釋尾旭邦 ……………… 2-6

南總督陣營の幕僚▶一記者 ……… 7-10

東亞の新情勢と國際關係▶林毅陸 … 11-14

歐米各國を觀て▶鳩山一郞 …… 15-17

我が經濟力は長期戰に堪え得られる▶井
坂圭一郞 ………………………… 17-21

半島金融統制上における鮮銀及び殖銀の
地位▶鈴木正文 …………………… 21-26

歐洲大戰當時の各國金融界(5)▶堀正一 ……
…………………………………… 26-28

軍事扶助法と職業保障法(4)▶石川伸一 ……
…………………………………… 28-31

政變說は吹き飛んだか▶虎の門隱士 ……
…………………………………… 32-34

銃後の結核豫防施設に就て▶西龜三圭 ……
…………………………………… 35-38

ステープル・フアイバー其の製品に就て
(2)▶村松宗次(總督府中央試驗所技師) ・
…………………………………… 39-41

物價暴騰の對策を語る▶諸氏 ……… 42-50

北支漫步▶竹中要 ………………… 51-52

南支を觀て(4)▶泉靖一 …………… 53-55

世界の擴大と朝鮮將來の文化▶山口長男
　　……………………………………… 56–58
漢詩/短歌/俳句 ……………………… 59–63
朝鮮新人評判記(3)▶李斗峰 ………… 64–65
街の話題▶あかつき生 …………………… 66
江原道のぞき▶松原茂 ………………… 67–68
非常時下に於ける朝鮮簡易保險の役割 … 69
朝鮮の財界と事業界/滿洲の財界と事業界
　　……………………………………… 70–75
時事日誌 ……………………………… 78–79
本年度豫算より觀た全鮮各道各府の主要
　施設(下)▶本誌記者 ……………… 80–89
風聞駄語 ………………………………… 90

朝鮮及滿洲　第367号　1938年　6月

徐州を中心にせる地圖/徐州攻略奉祝
編輯室より▶釋尾旭邦 …………………… 1
時事雜感▶釋尾旭邦 ……………………… 2–8
徐州と廈門▶釋尾旭邦 …………………… 9
連雲港▶釋尾旭邦 ……………………… 10
日本を繞る最近の國際關係▶大山卯次郎
　　……………………………………… 11–14
北支經濟開發に關する重要問題▶谷口吉
　彦 …………………………………… 14–17
國家總動員法に就て▶池尾勝已 …… 18–26
伊太利の物價統制と經濟政策▶鎌田澤一
　郎 …………………………………… 26–29
ステープル・フアイバー其の製品に就て
　(3)▶村松宗次(總督府中央試驗所技師) ・
　　……………………………………… 30–32
時局下に於ける財政經濟問題に就て▶太
　田正孝 ……………………………… 32–37
疫疾の豫防と治療▶高井俊夫(醫學博士) …
　　……………………………………… 38–40
朝鮮の珍らしい動植物▶上田常一(京城師
　範學校教諭) ………………………… 41–44
最近の新京,北京,上海,天津▶諸氏 … 45–50
總督府各課長の首實驗(1)▶黑田謙 ・・ 50–52

滯佛雜感▶山崎知二(京城帝國大學助教授)
　　……………………………………… 53–56
北支漫步(2)▶竹中要 ………………… 57–62
中支を觀て▶工藤三次郎 …………… 62–66
鮮展の現狀と將來▶山口陽康 ……… 67–70
漢詩/短歌/俳句 ……………………… 71–75
街の話題▶あかつき生 ……………… 76–78
朝鮮の財界と事業界/滿洲の財界と事業界
　　……………………………………… 79–91
金融組合の新使命▶矢鍋永三郎 ………… 88
半島財界小觀 ………………………… 89–90
財界餘錄 ………………………………… 91
五月の朝鮮/五月の滿洲 …………… 92–93
時事日誌/風聞駄語 ………………… 94–96

朝鮮及滿洲　第368号　1938年　7月

敵兵監視/第十七回鮮展作品
時事我觀▶釋尾旭邦 ……………………… 1
支那事變一週年を回顧して▶釋尾旭邦 …
　　………………………………………… 2–4
支那人自ら反蔣の氣勢を揚ぐ▶釋尾旭邦 ・
　　………………………………………… 5–6
北支と蒙古を慰問して▶藤村忠助 …… 7–10
國家總動員法の内容▶靑木一男 …… 11–14
思想戰對策と國民精神總動員▶矢吹慶輝
　　……………………………………… 15–17
ナチス新刑法の基調▶不破武夫 …… 17–19
日滿支經濟ブロックと朝鮮の貿易▶澁谷
　禮治 ………………………………… 20–23
滿洲移民の狀況▶坪上貞二 ………… 24–26
政友會は何處へ行く▶虎の門隱士 ・・ 27–31
朝鮮らしい繪▶堅山坦 ………………… 32
月到風來記▶遠田連雄 ……………… 33–35
朝鮮の工藝に就て▶淺川伯敎 ……… 36–38
夏季に於ける食物の注意▶荻野正俊(京城
　府衛生課長) ………………………… 39–41
總督府各課長の首實驗(2)▶黑田謙 ・・ 42–44
極北の親日國フィンランドを視る▶鎌田

澤一郎 …………………………… 45–47

北支漫歩(3)▶竹中要 …………… 48–50

京城の街▶中川紀元 ……………… 51–52

江西・慶州・南原など▶村山知義 ……… 53

教育再考▶山口陽康 ……………… 54–56

漢詩/短歌/俳句 …………………… 57–61

海南島/支那だより/反日英字新聞の轉向 …
…………………………………… 62–64

事變下に於ける郵便貯金の獎勵に就て … 65

朝鮮の財界と事業界/滿洲の財界と事業界
…………………………………… 66–73

滿鐵の業績 ………………………… 74

産業部未設置道にも産業部設置決定に伴
ふ人事異動 ……………………… 75–76

六月の朝鮮/六月の滿洲 ………… 77–78

朝滿各銀行會社の決算報告 ……… 79–81

時事日誌/風聞駄語 ……………… 82–84

曉の皇帝色(1)▶小松鳳三 ……… 85–92

朝鮮及滿洲 第369号 1938年 8月

灼熱の支那で戰っている我將兵/揚子江時
事我觀▶釋尾旭邦 …………………… 1

支那曾遊錄▶釋尾旭邦 …………… 2–6

張鼓峰事件(削除)▶釋尾旭邦 ……… 7

“川岸中將, 石田副官の戰爭談を聽く”▶本
誌記者 …………………………… 8–10

民族興亡原則から見た日本民族▶高田保
馬 ……………………………… 11–13

歐洲諸國に於ける大學生の勞動奉仕制▶
守屋淸(法學士) ………………… 14–16

歐洲大戰當時の各國金融界(6)▶堀正一 …
…………………………………… 17–19

極北の親日國フィンランドを視る(2)▶鎌
田澤一郎 ………………………… 20–22

空襲下に於ける家庭防火組合の任務▶師
橋渡 ……………………………… 23–24

朝鮮の工藝に就て(2)▶淺川伯教 …… 25–27

政界夜話▶虎の門隱士 …………… 28–31

總督府各課長の首實驗(3)▶黑田謙 ‥ 32–34

筋力の話▶竹廼舍主人 …………… 35–38

支那の教育小說▶辛島驍 ………… 39–43

黃河と揚子江▶川口三平 ………… 44–45

日淸日露兩役の我が名將を偲ぶ▶山形岩
雄 ……………………………… 46–48

北支漫歩(4)▶竹中要 …………… 49–52

夏の記憶から▶山口陽康 ………… 53–55

釣れない釣師▶遠田運雄 ………… 56–57

朝鮮の傳說▶朴興仁 ……………… 58–60

漢詩/短歌/俳句 …………………… 61–65

京城軍事後援聯盟は何をして居るか▶本
誌記者 …………………………… 66–67

物資調整の斷行と重要物資の制限令▶本
誌記者 …………………………… 68–69

全鮮學生・生徒の勤勞報國作業▶本誌記
者 ………………………………… 70

朝鮮の財界と事業界 ……………… 71–73

滿洲の財界と事業界 ……………… 74–75

陸軍大異動 ………………………… 76

時事日誌/風聞駄語 ……………… 77–80

曉の皇帝色(2)▶小松鳳三 ……… 81–84

朝鮮及滿洲 第370号 1938年 9月

黃昏の進軍/北支の秋/日本訪問のヒット
ラーユーゲント/黃河を行く我軍

時事偶語▶釋尾旭邦 ………………… 1

時論▶釋尾旭邦 …………………… 2–7

支那曾遊錄(2)▶釋尾旭邦 ………… 8–10

支那事變と日本國民精神▶野田義夫 ……
…………………………………… 11–14

戰時財政と國民の覺悟▶服部文四郎 ……
…………………………………… 14–17

畜産問題より見たる新興獨逸▶鎌田澤一
郎 ……………………………… 18–21

時局と朝鮮の工業▶澁谷禮治 …… 22–24

滿洲の石炭▶森崎實 ……………… 25–27

政界夜話▶虎の門隱士 …………… 28–31

朝鮮の物資統制と商工業界▶諸氏 … 32-38
總督府各課長の首實驗(4)▶黒田謙 … 39-41
山西省を語る▶西原部隊長手記 …… 42-44
北樺太の話▶石垣良一(陸軍大佐) … 45-46
支那の教育小説(2)▶辛島驍 ………… 47-48
亞米利加物語▶泉哲 ………………… 49-51
ダゲール街十一番地▶山田新一 …… 52-54
詩歌朗詠の話▶安藤乾幽 …………… 55-57
思惟の歪曲▶山野佐知夫 …………… 57-59
漢詩/短歌/俳句 …………………… 60-64
二十二年ぶりの朝鮮▶難波英夫 …… 65-66
眞夏の旅より▶長谷井一沫 ………… 67-68
歐洲大戰參加國の物資缺乏物語(1)▶中島
　勇夫 ……………………………… 69-70
內鮮財界の大勢と鮮銀業務の膨脹▶松原
　純一 ……………………………… 71-72
朝鮮經濟界の推移と殖銀の業務狀況▶林
　繁藏 ……………………………… 73-74
朝鮮の財界と事業界/滿洲の財界と事業界
　…………………………………… 75-80
時事日誌/風聞駄語 ………………… 81-83
曉の皇帝色(3)▶小松鳳三 ………… 84-89

朝鮮及滿洲 第371号 1938年 10月

支那の反蔣運動/時局對策會議/中國政府聯
　合委員會
官僚の頭▶釋尾旭邦 ………………………… 1
時論數題▶釋尾旭邦 ……………………… 2-7
支那を語る(3)▶釋尾旭邦 ……… 8-10
日支事變後の備へ如何▶深井英五 … 11-12
東亞大陸の經營▶森谷克己 ………… 13-15
戰時體制下に於ける經濟機構▶大內武次
　…………………………………… 15-18
皇國の雄風と教育の偉力▶渡邊信治 ………
　…………………………………… 18-20
最近に於ける北支經濟の動向▶澁谷禮治
　…………………………………… 21-24
最近の滿洲國經濟界▶田中鐵三郎 … 25-28

戰時體制下の日本と鐵鋼▶高橋省三 ………
　…………………………………… 29-32
政界夜話▶虎の門隱士 …………… 33-36
漢口と云ふ所▶本誌記者 ………………… 37
漢口中心の鑛産資源 ……………………… 38
朝鮮の鑛山▶諸氏 ………………… 39-49
京城帝大蒙疆學術探檢報告▶諸氏 … 50-54
山西省を語る▶西原部隊長 ……… 55-56
亞米利加物語(2)▶泉哲 …………… 57-58
詩歌朗詠の話(2)▶安藤乾幽 …… 59-60
漢詩/短歌/俳句 …………………… 61-64
官海財界の人物異動評▶一記者 …… 65-68
朝鮮重要鑛山の經營狀況と沿革▶本誌記
　者 ……………………………… 69-74
朝鮮の財界と事業界/滿洲の財界と事業界
　…………………………………… 74-81
京城の物價騰貴の狀況 …………………82
時事日誌/風聞駄語 …………………… 83-87
曉の皇帝色(4)▶小松鳳三 ………………88-93

朝鮮及滿洲 第372号 1938年 11月

陷落せる廣東と漢口/蒙疆主腦者の訪日/漢
　口陷落奉祝旗行列
是非紛々▶釋尾旭邦 ………………………… 1
時論數題▶釋尾旭邦 ……………………… 2-5
北支中支を視察して▶安藤正純 ………… 6
武漢作戰の特異性 ………………………… 7
我軍攻略の跡 ……………………………… 8
日支經濟提携の眞方向▶阿部賢一 … 9-11
戰時物價對策の重要性▶小川鄉太郎 ………
　…………………………………… 12-14
戰爭と化學者▶田丸節郎 …………… 15-17
最近に於ける北支經濟の動向(2)▶澁谷禮
　治 ……………………………… 18-21
畜産問題より見たる新興獨逸(2)▶鎌田澤
　一郎 ……………………………… 21-25
非常時下の歐米を一巡して▶岩男省三 ……
　…………………………………… 26-28

朝鮮は金山國▶德野眞士 ················ 29-30
廣東はどんな所か▶圖南生 ················ 31
政界夜話:宇垣辭職の眞相▶虎の門隱士 ····
·············· 32-36
天降り群像▶原口京太 ············ 37-39
産金振興會社に草間副社長を▶一記者 ··· 40
私の觀た漢口▶川合彰武 ········ 41-44
戰爭と營養學▶野津隆 ············ 45-46
支那の教育小説(3)▶辛島驍 ········ 47-48
亞米利加物語(3)▶泉哲 ········ 49-52
朝鮮古代神話と「父」の生理的意義▶張承
斗 ················ 53-56
歡喜を通しての力▶山野佐知夫 57-59
漢詩/短歌/俳句 ············ 60-66
歐洲大戰參加國の物資缺乏物語(2)▶中島
勇夫 ················ 67-68
秋の京城街頭風景▶M・N・I ······ 69-71
朝鮮の財界と事業界/滿洲の財界と事業界
·············· 72-78
時事日誌/風聞駄語 ············ 79-82
曉の皇帝色(5)▶小松鳳三 ·········83-86

政界夜話:議會を前に政界動く▶虎の門隱
士 ················ 26-29
鳩山,中島兩氏の心境打診▶一記者 30-31
朝鮮の水産業▶梶川裕 ········ 32-33
衛生都市としての京城の再檢討▶荻野正
俊(京城府衛生課長) ············ 34-35
航空の話▶桑島稔(大日本航空株式會社飛
行士) ················ 36-39
偉人傑士とその風懷▶安藤乾幽 39-41
隨見記▶山口陽康 ············ 41-44
紙芝居京城版▶原口京太 ············ 45-47
漢詩/短歌/俳句 ············ 48-52
北鮮四港雜觀▶島元勸 ············ 53-58
北鮮の鰯漁業の現況▶本誌記者 ··· 59-61
北鮮の水産業界と人物▶本誌記者 ·· 62-63
土幕民は何處へ行く▶本誌記者 ··· 64-68
住宅難の京城府▶本誌記者 ········ 69-70
物價は鰻上り▶本誌記者 ········ 70-71
朝鮮の財界と事業界/滿洲の財界と事業界
·············· 72-79
時事日誌/風聞駄語 ············ 80-84
曉の皇帝色(6)▶小松鳳三 ·········85-89

朝鮮及滿洲 第373号 1938年 12月

苦鬪の山岳戰/德王と南總
督の幄手/支那人の日本軍隊歡迎
人間の爭鬪面▶釋尾旭邦 ····················· 1
時論數題▶釋尾旭邦 ············ 2-5
時事▶釋尾旭邦 ················ 6
支那を語る(4)▶釋尾旭邦 ········ 7-8
討蔣反共で立ち上つた北支の人物誌 ····· 9
蔣介石軍一の輸血路佛領印度支那 ····· 10
戰時經濟の重要問題▶大口喜六 ··· 11-14
蒙疆の政治と經濟▶鈴木武雄 ········ 14-17
支那人觀▶辛島驍 ········ 18-19
非常時下の歐米を一巡して(2)▶岩男省三
·············· 20-21
民族主義と思想犯▶堤良明 ········ 22-24
匪賊の指導▶高瀬通 ············ 24-25

朝鮮及滿洲 第374号 1939年 1月

不動の姿/曉の進軍/突擊
碌な人間は居ない▶釋尾旭邦 ················ 1
日支事變の齎らせる物心兩面の影響▶釋
尾旭邦 ················ 2-5
支那を語る(5)▶釋尾旭邦 ········ 6-7
時事▶釋尾旭邦 ················ 8
南總督の時局觀を聽く▶一記者 ··· 9-10
朝陽映島七首▶松田甲 ············ 11
我對支方針▶近衛文麿首相談 ············ 12
現下の重大經濟問題と其根本對策▶木村
增太郎 ················ 13-16
支那邊境諸民族と支那事變▶白鳥庫吉 ···
·············· 16-19
新東亞の建設と國民の使命▶山本忠興 ····

‥‥‥‥‥‥‥‥‥‥‥‥‥‥ 20-21
現代朝鮮經濟機構の特異性▶鈴木正文 ‥‥‥
‥‥‥‥‥‥‥‥‥‥‥‥‥‥ 21-24
朝鮮貿易の近況と其の助長發展策▶澁谷
禮治 ‥‥‥‥‥‥‥‥‥‥‥‥ 24-27
在鮮支那人の感謝と希望▶周愼九/鄭維芬
‥‥‥‥‥‥‥‥‥‥‥‥‥‥ 28-29
我國の對支及外交方針▶有田八郎 ‥ 30-31
有田外相と外國記者團との問答 ‥‥ 32-33
政界夜話第七十四帝國議會の打診▶虎の
門 ‥‥‥‥‥‥‥‥‥‥‥‥‥ 34-37
占領直後の漢口を語る▶高瀬通 ‥‥ 38-40
漢方醫學の科學的檢討(1)▶杉原德行(京城
帝國大學教授) ‥‥‥‥‥‥‥ 41-43
朝鮮に結核豫防法施行の促進を希望す▶
荻野正俊(京城府衛生課長) ‥‥‥ 44-45
十三道知事論▶須麻守人 ‥‥‥‥ 46-49
スローガン時代を打診する▶原口京太 ‥‥‥
‥‥‥‥‥‥‥‥‥‥‥‥‥‥ 50-52
動物の話▶KY生(昌慶苑) ‥‥‥‥ 53-54
鮮展以前の畫壇▶渡邊浩三 ‥‥‥ 54-58
映畫隨筆▶山口陽康 ‥‥‥‥‥‥ 58-60
兎狩の話▶小群山誠一 ‥‥‥‥‥ 61-63
兎と彼▶寺田瑛(京城日報) ‥‥‥‥ 64-65
漢詩/短歌/俳句 ‥‥‥‥‥‥‥‥ 66-69
年頭所感▶南次郎 外 ‥‥‥‥‥‥ 70-80
歸還勇士訪問記▶本誌記者 ‥‥‥ 81-84
京城繁昌記▶本誌記者 ‥‥‥‥‥ 85-87
朝鮮の財界と事業界/滿洲の財界と事業界
‥‥‥‥‥‥‥‥‥‥‥‥‥‥ 88-93
時事日誌/風聞駄語 ‥‥‥‥‥ 94-100
曉の皇帝色(7)▶小松鳳三 ‥‥‥ 101-106

朝鮮及滿洲 第375号 1939年 2月

平沼內閣/突擊
大國の態度では無い▶釋尾旭邦 ‥‥‥‥‥ 1
時論▶釋尾旭邦 ‥‥‥‥‥‥‥‥‥‥ 2-8
支那を語る(6)▶釋尾旭邦 ‥‥‥‥‥‥ 9-12

國際道義觀現狀▶堀口九萬一 ‥‥‥ 13-15
對外文化政策から見た歐米と日本▶中村
正一 ‥‥‥‥‥‥‥‥‥‥‥‥ 15-17
政界夜話:內閣交迭の經緯▶虎の門隱士 ‥‥
‥‥‥‥‥‥‥‥‥‥‥‥‥‥ 18-21
平沼首相の吐裏を叩く▶AI生 ‥‥‥‥‥ 22
支那軍と支那を語る座談會▶諸氏 ‥ 23-31
各國の陸軍 ‥‥‥‥‥‥‥‥‥‥ 32-33
漢方醫學の科學的檢討(2)▶杉原德行(京城
帝國大學教授) ‥‥‥‥‥‥‥ 34-37
石炭液化に就て▶S・K生 ‥‥‥‥ 37-41
佛蘭西を旅して▶加藤廉平(京城高等商業
學校教授) ‥‥‥‥‥‥‥‥‥ 42-43
佛領印度支那を語る▶BO生 ‥‥‥ 44-45
大陸發展と我日本人▶山口陽康 ‥‥ 46-49
左翼轉向者の見たる朝鮮經濟事情▶李遠
雨 ‥‥‥‥‥‥‥‥‥‥‥‥ 49-55
逝けるケマル・パシヤ▶吉野慶三 ‥ 56-58
門弟綺談▶山田新一 ‥‥‥‥‥‥ 58-60
京城の生活斷想▶玄永燮 ‥‥‥‥‥ 60-62
四辻の人々▶玉洞山人 ‥‥‥‥‥ 62-64
漢詩/短歌/俳句 ‥‥‥‥‥‥‥‥ 65-68
歐米各國の汽車 ‥‥‥‥‥‥‥‥‥ 69
北支經濟事情と北支の日本人 ‥‥‥‥ 70
彼我の戰傷者 ‥‥‥‥‥‥‥‥‥‥ 71
最近京城に起つた獵奇的犯罪の數々▶本
誌記者 ‥‥‥‥‥‥‥‥‥‥ 72-73
朝鮮の財界と事業界/滿洲の財界と事業界
‥‥‥‥‥‥‥‥‥‥‥‥‥‥ 74-82
時事日誌 ‥‥‥‥‥‥‥‥‥‥ 83-84
板坦陸相の戰況報告演說/石渡藏相の演說
‥‥‥‥‥‥‥‥‥‥‥‥‥‥ 85-90
時事日誌/風聞駄語 ‥‥‥‥‥‥‥‥ 91
風聞駄語 ‥‥‥‥‥‥‥‥‥‥‥‥ 91

朝鮮及滿洲 第376号 1939年 3月

我軍の占領した海南島/花と兵隊
官吏頂門の一針▶釋尾旭邦 ‥‥‥‥‥‥‥ 1

時論▶釋尾旭邦 ……………… 2–6

鮮銀に公森副總裁と時局を語る▶一記者・
　…………………………………… 7–8

支那思想と支那民族▶中島德藏 ……… 9–12

我が國貿易の中心問題▶服部文四郎 ………
　………………………………… 12–15

獨逸復興の力▶長鄕衞二 …………… 15–21

日本情神の發揚に就て▶大西勵治 …………
　………………………………… 22–25

消防火用貯水槽の設置と井戶の掘鑿▶江
　東岐城 ………………………… 26–27

預金金利協定より見たる組合金融▶大熊
　良一 …………………………… 27–30

政界夜話▶虎の門隱士 ……………… 31–34

支那軍と支那を語る座談會(2)▶諸氏 ………
　………………………………… 35–41

北支の地下資源▶今西要 …………… 42–44

綿の話▶村松宗治(中央試驗所技師) ………
　………………………………… 45–47

佛蘭西を旅して(2)▶加藤廉平(京城高等商
　業學校教授) ………………… 48–49

'顏'▶遠田運雄 …………………… 50–52

續四辻の人々(2)▶玉洞山人 ……… 53–55

漢詩/短歌/俳句 …………………… 56–61

朝鮮と支那の正月▶朴念仁 ……… 62–63

京城の交通觀▶本誌記者 ………… 64–66

朝鮮の財界と事業界/滿洲の財界と事業界
　………………………………… 67–73

時事日誌/風聞駄語 ……………… 74–76

京城娘行狀記▶須木隆人 ………… 77–80

朝鮮及滿洲 第377号 1939年 4月

花畑の進軍/揚子江南の櫻

爲政家と民論(削除)▶釋尾旭邦 ………… 1

時論▶釋尾旭邦 …………………… 2–7

時事餘錄▶釋尾旭邦 ………………… 8

國際情勢と日本の地位▶芦田均 …… 9–12

物資と金から觀た我財政の推進力▶太田

正孝 ……………………………… 12–15

戰時物價對策に就て▶近田勝司 …… 15–17

預金金利協定より見たる組合金融(2)▶大
　熊良一 ………………………… 18–22

政界夜話:議會終了後の政局▶虎の門隱士
　………………………………… 23–27

經綸の實行期に入つた我輩の抱負▶平沼
　首相談 ………………………… 28

血液型研究の其の後の進展▶佐藤武雄(京
　城帝國大學教授) …………… 29–30

此重大時局に大西鄕を偲びて▶土師盛貞
　………………………………… 31–33

古代族稱より觀たる內鮮一體▶張承斗 ……
　………………………………… 34–36

朝鮮の春の鳥▶上田常一 ………… 36–38

朝鮮新文學の搖籃時代▶朴冥善 …… 39–42

新らしき美▶佐藤九二男 …………… 42–43

扶餘と慶州▶加藤小林 ……………… 44

漢詩/短歌/俳句 …………………… 45–50

京城府會傍聽記▶一記者 ………… 51–53

商銀頭取の交迭▶一記者 ………… 54–55

官界小異動評▶一記者 …………… 55–56

白聖殿堂の娘子軍譚▶太郎冠者 …… 57–58

朝鮮の財界と事業界/滿洲の財界と事業界/
　支那だより其他 ……………… 59–72

時事日誌/風聞駄語 ……………… 73–75

兵站基地としての朝鮮の産業:京畿道の卷
　▶本誌記者 …………………… 76–81

京城に於ける重もなる銀行會社 … 82–100

朝鮮及滿洲 第378号 1939年 5月

靖國神社臨時大祭/往きし京城の春

時々片々錄▶釋尾旭邦 …………………… 1

時論▶釋尾旭邦 …………………… 2–5

支那と內地視察の談片▶釋尾旭邦 ……… 6

戰爭と人の問題▶林銑十郎 ……… 7–10

時局の認識と國民精神の昂揚▶吉田熊次
　………………………………… 11–13

東亞農業に於ける朝鮮農業の地位▶森谷克己 …………………………… 13-19
正しき日本の理解▶ジー・エス・セール … 19-24
京城特別府制(都制)案▶石原憲一 … 25-28
政界夜話▶虎の門隱士 …………… 29-32
寄生蟲の話▶桑原直德(醫學博士) … 33-34
現代支那の文壇▶辛島驍 ………… 35-39
窯業の發達と科學▶岡本保 ……… 40-42
大戰直後の朝鮮文學▶朴冥善 …… 43-45
朝鮮畵壇の初期▶日吉守 ………… 46-48
續京城乞食私考▶玉洞山人 ……… 49-51
漢詩/短歌/俳句 …………………… 52-57
朝鮮の財界と事業界/滿洲の財界と事業界
…………………………………… 58-65
時事日誌 …………………………… 66-68
豫算より觀た十三道の新事業▶本誌記者
…………………………………… 69-77
風聞駄語 …………………………… 78

朝鮮及滿洲 第379号 1939年 6月

ヒットラとムッソリニー
全國靑少年の感激▶釋尾旭邦 …………… 1
時論▶釋尾旭邦 …………………… 2-6
事變下の貿易と輸出振興策▶小林行昌 …… 7-10
日本文化を如何に觀るか▶齋藤晌(東洋大學敎授) ………………… 11-14
如何にせば生産は擴充されるか▶近田藤司 …………………… 14-16
滿洲國の現狀を語る▶星野直樹 …… 16-20
ベルツの日記を讀む▶安倍能成 …… 21-25
ビタミンの話▶廣川幸三郎 ……… 26-31
獨逸と代用品の活用▶池田林儀 … 32-33
大陸點描▶澁谷禮治 ……………… 34-38
北支と滿洲を巡りて▶大倉邦彦 … 38-40
朝鮮に於ける傾向文學▶朴冥善 … 41-44
偉人傑士とその風懷(2)▶安藤乾幽 ‥ 44-46

大陸病患者よ, 先づ朝鮮半島を正視せよ▶寺田瑛 …………………… 47
第十八回鮮展を前にして▶加藤小林 ……… 48-50
鮮展洋畵への希望▶山田新一 ……… 51-52
熱河の離宮喇嘛寺を語る▶村上政治 …………………………… 52-53
漢詩/短歌/俳句 …………………… 54-58
家を探がす話▶あかつき生 ……… 59-60
蒙疆の資源▶本誌記者 …………… 61
朝鮮の財界と事業界/滿洲の財界と事業界 …………………………… 62-70
時事日誌/風聞駄語 ……………… 71-74
曉の皇帝色(7)▶小松鳳三 ……… 75-77

朝鮮及滿洲 第380号 1939年 7月

突擊又突擊/鮮展の一部
時事斷片▶釋尾旭邦 ………………………… 1
支那事變滿二箇年▶釋尾旭邦 ……… 2-6
時局の見透し如何▶大野政務總監 …… 7-8
東亞建設と日本人の態度▶波多野通敏 …………………………… 9-11
生産力擴充の基礎理論▶子山常三郎 …………………………… 11-13
綜合的物價對策と國民の協力▶八田嘉明 …………………………… 14-15
五たび和平を提唱す▶汪精衛 …… 15-17
英國は新嘉坡まで後退すべし▶野崎眞三 …………………………… 18-20
政界夜話▶虎の門隱士 …………… 21-23
滿洲産業界の現況▶鐵牛生 ……… 24-25
山西省の産業と資源▶松村生 …… 25-28
蒙疆地方の狀況を語る▶村田久雄 ‥ 28-29
花柳病の知識▶田島清(朝鮮總督府技師) …………………………… 30-33
東洋史より見たる支那▶大谷勝眞 … 34-36
最近の朝鮮文學▶朴冥善 ………… 36-40
朝鮮の發明界に對する希望▶山川正 ………

………………………………………………… 41–42

鮮展東洋畵部への感想▶松田黎光 … 43–44

第十八回鮮展繁昌記▶遠田連雄 …… 44–48

鮮展工藝に對する感想▶五十嵐三次 ……
………………………………………………… 48–49

釜山閑話▶熊本正男 ……………… 50–51

名を陽げた古賀政男のこと▶矢澤秀夫(放
牛) ………………………………………… 52

漢詩/短歌/俳句 ……………………… 53–57

英國の支那侵略史▶南川逸人 …… 58–61

住宅難を如何に緩和するか▶本誌記者 ……
………………………………………………… 62

朝鮮の財界と事業界/滿洲の財界と事業界
………………………………………………… 63–69

躍進朝鮮簡易保險 ……………………… 70

全南の海苔 ……………………………… 71

清津府の現勢 …………………………… 72

非常時に於ける中央市場の大使命 … 73–74

時事日誌/風聞駄語 ………………… 75–78

曉の皇帝色(8)▶小松鳳三 …………79–82

朝鮮及滿洲 第381号 1939年 8月

日英會談の兩委員/京春線の風景

如何に善處すべきか▶釋尾旭邦 ………… 1

時論▶釋尾旭邦 …………………………… 2–6

國際時局と日本精神▶五來欣造 ……… 7–9

日支融和の根本問題▶後藤朝太郎 … 10–12

戰時貿易と輸出振興の多難性▶桐谷貞利
………………………………………………… 12–14

戰時上海金融界の斷想二・三▶谷川伸行 ……
………………………………………………… 15

政界夜話▶虎の門隱士 …………… 16–19

熱源榮養素に就きて▶廣川幸三郎(京城醫
專教授) ………………………………… 20–24

赤痢の話▶荻野正俊(京城府衛生課長) ……
………………………………………………… 25–26

素人の觀たる京城の疾病的風貌▶玉洞山
人 ………………………………………… 27–29

總督府各課長級の棚をろし(1)▶翠山莊山
人 ………………………………………… 30–31

マーシャル群島の思ひ出▶渡邊龍 … 32–34

山の切拔帖▶佐々龜雄(京城公立中學校教
諭) ……………………………………… 35–38

瀧と傳說▶近藤時司(京城帝大豫科教授) …
………………………………………………… 38–40

名月を謳へる詩歌▶安藤乾幽 …… 40–41

時局に關するそくばくの言葉▶玄永燮 ……
………………………………………………… 42–45

狂詩の天才金笠▶沈春童 …………… 45–48

話の種(1) ………………………………… 49

話の種(2) ………………………………… 50

漢詩/短歌/俳句 ……………………… 51–55

京春鐵道初乘りの記▶東邦山人 ……… 56

英國の北支權益▶植田政治 ……… 57–58

鐵鑛資源の調査 ………………………… 59

朝鮮に於ける機械製造工業に就て▶廣島
敏行(朝鮮機械常務)………………… 60–61

朝鮮の財界と事業界/滿洲の財界と事業界
………………………………………………… 62–69

時事日誌/風聞駄語 ………………… 70–73

曉の皇帝色(9)▶小松鳳三 …………74–79

朝鮮及滿洲 第382号 1939年 9月

阿部新內閣の顏觸れ/濁流の進軍

世界の三人男▶釋尾旭邦 ………………… 1

時論▶釋尾旭邦 …………………………… 2–7

余の施政と外交方針▶阿部信行 ……… 8–10

戰爭と物の問題▶林銑十郎 ……… 11–14

支那民族の多樣性と特殊性▶淺香末起 ……
………………………………………………… 14–17

戰時社會政策と住宅問題▶大河內一男 ……
………………………………………………… 19–21

朝鮮經濟五題▶鈴木正文 ………… 21–24

朝鮮工藝の振興に就て▶藤村彥四郎 ……
………………………………………………… 25–28

北鮮產業新興の現狀を語る▶賀田直治 ……

　　　……………………………………… 28–32

指導監督取締の任に當る者への心得▶近
　　衞公談 ……………………………………… 33

統制主義徹底の獨逸▶中貢博士談 ……… 34

政界夜話▶虎の門隱士 ……………… 35–38

話の種 ………………………………………… 39

結核豫防に就て▶西龜三圭(總督府衛生課
　　長) ……………………………………… 40–42

總督府各課長級の棚をろし(2)▶翠山莊山
　　人 ……………………………………… 43–45

'椿姬'と'不如歸'▶辛島驍(京城帝國大學教
　　授) ……………………………………… 46–47

春香傳の佛譯(1)▶山口正之(李王職囑託) ‥
　　……………………………………… 48–49

狂詩の天才金笠(2)▶沈春童 ……… 50–52

シンガポール▶吉野彦三 ………… 53–54

北京文化消息▶H生 ……………………… 54

遮日峰より北水白山へ▶長谷井一沫
　　……………………………………… 55–59

漢詩/短歌/俳句 …………………… 60–62

蛤町から靑葉町へ▶東邦山人 …… 63–64

朝鮮の財界と事業界/滿洲北支 …………
　　……………………………………… 65–70

躍進朝鮮專賣局 ………………………… 71

阿部新內閣出現/新內閣々僚の略歷 ・72–73

時事日誌 ……………………………… 74–75

財界の大勢▶松原朝鮮銀行總裁 …… 76–79

上半期に於ける內鮮の金融狀況▶林繁藏
　　殖產銀行頭取 …………………… 79–81

滿洲の財界と興銀の業績▶富田富田勇太
　　郞 滿洲興業銀行總裁 ………… 81–84

財界の大勢と中銀の業績▶田中鐵三郞(滿
　　洲中央銀行總裁) ……………… 84–86

風聞駄語 ……………………………… 87

朝鮮及滿洲 第383号 1939年 10月

全國靑年團大會/ノモンハン停戰協定場面/
支那三巨頭の會談

官民共に一大反省を要す▶釋尾旭邦 …… 1

時論▶釋尾旭邦 ……………………… 2–7

獨・蘇に侵略された波蘭はどんな國か▶
　　一記者 ………………………………… 8

長期建設の意義▶下村海男 ………… 9–12

更生支那と指導理念▶荻原擴(東京文理大
　　教授) …………………………… 13–16

歐洲戰亂の朝鮮經濟界に及ぼす影響▶三
　　井道男 …………………………… 16–19

產米增殖と朝鮮農業の使命▶藤田文吉 ……
　　……………………………………… 19–23

防空訓練の經過と將來への覺悟▶芥川浩
　　……………………………………… 24–27

防空演習に就て▶伊東喜八郞 …… 28–29

政界夜話▶虎の門隱士 …………… 30–33

滿洲國の史考▶酒匂臥雲 ………… 34–38

扶餘地名考▶西村眞太郞 ……………… 39

總督府課長級の首實檢(3)▶翠山莊山人 ……
　　……………………………………… 40–41

春香傳の佛譯(2)▶山口正之(李王職囑託) ‥
　　……………………………………… 42–43

剪燈漫話▶田中浩造(京城師範學校敎諭) ……
　　……………………………………… 44–46

時局下京城府民の讀書傾向▶玉井德重氏
　　談 ………………………………… 46–48

工藝雜感▶二科十朗(造形美術硏究所主宰)
　　……………………………………… 48–50

名月を謳へる詩歌(2)▶安藤乾幽 …… 50–51

二年間戰つた戰場を回顧して▶濱野稔氏
　　談 ………………………………… 52–53

話の種 ………………………………………… 54

漢詩/短歌/俳句 …………………… 55–59

恐ろしい眼り病(又は腦炎)▶井口博士 … 60

京城の傳染病、先づ淸潔法を强化せよ▶
　　本誌記者 ……………………………… 61

京城の市街を行く▶山下靜山 …… 62–63

日本は如何なる資材並に原料を歐米各國に
　　依存するか▶殖產銀行調査部 …… 63–65

三個年間の物價(京城)は何うなつているか

▶本誌記者 ……………………… 65
物價・賃金・給料の引上げ禁止令 ……… 66
朝鮮の財界と事業界/滿洲と北支の財界と
　事業界 ……………………… 67-73
時事日誌/風聞駄語 ……………… 74-75

時事日誌 …………………………… 77-78
時局下重要性を帶びる油肥聯の活躍概況
　▶本誌記者 ……………………… 79-80
風聞駄語 …………………………… 81
伯父來る(1)▶佐々木力三郎 ………… 82-86

朝鮮及滿洲 第384号 1939年 11月

事變後の北京/滿浦沿線の風物
時事斷片▶釋尾旭邦 ………………………… 1
事變後の北京を視る▶釋尾旭邦 ……… 2-12
日本の立場と進路▶永田秀次郎 …… 13-16
戰時物資問題と生活態度▶阿部賢一 ………
　…………………………………… 16-19
海南島の現狀を視て▶田中善立 …… 20-23
物價の釘付けと今後の調整▶赤尾正夫 ……
　…………………………………… 24-26
季節後れの感想▶末田晃 …………… 26-27
日支の經濟合作▶汪兆銘 ……………… 28
政界夜話▶虎の門隱士 ……………… 29-31
總督府課長級の首實驗(4)▶翠山莊山人 … 32
中等學校入試廢止について父兄としての
　感想▶吉木光治 …………………… 33
洞庭湖の姿▶堀海軍大佐談 ………… 34
浦島の傳說▶安藤乾幽 …………… 35-36
事變と短歌▶美島梨雨 …………… 37-39
海邊素描▶熊本正男 ……………… 39-41
京城に釣る▶大城佐一 …………… 41-42
支那の小市民▶猪川克己 ………… 43-44
北滿だより▶李孝石 ……………… 45-47
漢詩/短歌/俳句 ………………… 48-52
東京で逢つた京城の女達▶森凡 …… 53-56
京城の市街を行く▶本誌記者 ………56-58
京城府民の足は不自由だ▶本誌記者 ………
　…………………………………… 59-60
北鮮の水産界▶本誌記者 ………… 61-65
朝鮮の財界と事業界/滿洲の財界と事業界
　…………………………………… 66-75
朝鮮郵便貯金の增加目覺し …………… 76

朝鮮及滿洲 第385号 1939年 12月

皇國臣民の誓詞塔/敵前上陸
時事斷片▶釋尾旭邦 ………………………… 1
汪兆銘の中央新政權に就て▶釋尾旭邦 ……
　…………………………………… 2-7
物資缺乏の對策如何▶釋尾旭邦 ……… 7-8
歐洲戰爭と我國經濟への影響▶牧野輝智
　…………………………………………9-11
物資缺乏と國民生活問題▶橫山寬雄 ………
　…………………………………… 11-13
歐洲動亂のわが貿易への影響に就て▶澁
　谷禮治 ……………………………… 13-16
新爲替協定の成立とドルリンク制の影響
　▶藤井誠一 ……………………… 17-23
協同組合と課稅問題▶山根謙 ……… 24-27
新東亞建設に於ける思想國防の重要性▶
　金斗禎 ……………………………… 27-32
時局を語る▶阿部首相談 …………… 33-34
我國財界の現況▶靑木藏相談 ……… 35-36
滿洲國の現勢を語る▶星野總務長官談 ……
　…………………………………… 37-39
政界夜話▶虎の門隱士 ……………… 40-42
總督府各課長の首實驗(5)▶翠山莊山人 ……
　…………………………………… 43-44
遺傳學の展望▶竹中要(城大豫科敎授) ……
　…………………………………… 45-49
浦島の傳說▶安藤乾幽 …………… 49-51
民謠とは▶美島梨雨 ……………… 51-54
朝鮮の自然▶林原理吉 …………… 55-56
日の丸の頰紅▶二科十朗(工藝家) … 56-58
海鼠と蒟蒻▶佐藤九二男 …………… 58
漢詩/短歌/俳句 ………………… 59-61

問題の女醫廣瀬菊子▶東邦山人 ……62-63
木炭石炭飢饉の對策▶本誌記者 ……64-65
生活戰線に異狀あり:物資缺乏と物價暴騰
　▶本誌記者 ……………………………66
勞動力不足の原因を探る▶本誌記者 …67
朝鮮の財界と事業界/滿洲の財界と事業界
　……………………………………68-75
煙草の値上げ/燃料公定價格決定 ……76-77
時事日誌/風聞駄語 ………………78-81
伯父來る(2)▶佐々木力三郎 …………82-86

朝鮮及滿洲 第386号 1940年 1月

靖國神社/戰爭は休み無し
年頭所感▶釋尾旭邦 …………………2-7
總督官邸に於ける忘年會の夕べ▶一記者 …
　……………………………………8-9
軍司令官々邸の一夕▶一記者 …10-11
時事▶釋尾旭邦 ……………………12
興亞維新に邁進せん▶南次郎 …13-14
事變と物資問題▶太田正孝 …………15-17
支那事變の處理に就て▶澁谷禮治 …18-23
歐洲大戰は對蘇作戰を展回か▶野崎眞三
　……………………………………24-27
滿洲最近の經濟動向▶田中鐵三郎(中銀總
　裁談)……………………………28-29
全體主義の概念▶吉田熊次 …………30-33
遺傳學の展望(2)▶竹中要(城大豫科教授) …
　……………………………………33-38
日本文學の發生的感情▶末田晃 ……39-41
政界夜話▶虎の門隱士 ………………42-45
總督府課長級の首實驗(6)▶翠山莊山人 …
　……………………………………46-47
貝原益軒と旅▶名越那珂次郎(京城帝國大
　學豫科教授)……………………48-50
佛蘭西人ポール・リシヤール氏の詠める日
　本情神と教育挺身隊▶酒匂臥雲 …51-54
龍の話▶村上進 ………………………55-58
新羅黃龍寺建立記▶榧本龜生 ………58-59

短歌から觀たかつての京城▶美島梨雨 ……
　……………………………………60-61
最近の放送界▶牟田義信 ……………62-63
漫畵昭和十四年史 ……………………64
漢詩/短歌/俳句 ……………………65-70
長期建設と朝鮮經濟の躍進▶松原純一 ……
　……………………………………71-73
年頭に際し財界を展望す▶林繁藏 …74-75
食糧及び燃料は何うか▶本誌記者 ……76
映畵令と朝鮮の映畵界▶南旗郎 …77-79
朝鮮のスポーツ界▶徐廷億 …………80-82
朝鮮の財界と事業界/滿洲と北支の財界と
　事業界 …………………………83-92
臺灣の砂金に就て▶小笠原技師談 ……93
京城に於ける各官廳のボーナス ………94
事變勃發以來臨時軍事費 ………………95
時事日誌/風聞駄語 ………………96-98
山麓の茶殿▶佐々木力三郎 ………99-105

朝鮮及滿洲 第387号 1940年 2月

橿原神宮/米内新内閣
皇紀二千六百年を顧みて▶釋尾旭邦 …2-6
時論▶釋尾旭邦 ………………………6-13
吾輩の漫談▶釋尾旭邦 ………………14-15
新内閣閣僚 …………………………16
神武創業と明治維新▶小田省吾 …17-19
日本古典の再認識▶藤村作 …………19-22
日本神話の特殊性▶大木研起 ………23-24
日章旗の由來と其の精神▶河本禎一 ……
　……………………………………25-27
各國の國歌▶大西勳治 ………………28-31
國際關係と躍進日本の姿▶松本忠雄 ……
　……………………………………32-35
半島國土計劃の必要▶鈴木武雄 ……36-37
物價對策の基本問題▶下川春海 ……38-42
國民體位向上問題一考察▶萩原佐平 ……
　……………………………………43-47
金の買上値段を引上げよ▶德野眞士 ……

　　………………………………………………… 48–49

政界夜話▶虎の門隠士 ……………… 50–53

歴代内閣壽命表 ……………………… 54

中央政權の始政方針▶汪兆銘 ……… 55–57

歐洲動亂から起る世界經濟の我國に及ぼ
　す影響▶太田正孝 ………………… 58–60

工業地としての滿洲の現狀とその將來▶
　野添孝生 …………………………… 60–63

總督府各課長級の首實驗(7)▶翠山莊山人
　………………………………………… 64–65

歸還兵士に聽くの會 ………………… 66–70

遺傳學の展望(3)▶竹中要(城大豫科教授) …
　………………………………………… 71–75

萬葉時代の作品的背景▶末田晃 …… 76–78

二千六百年▶佐藤九二男 …………… 78–80

金剛山思ひ出の記▶川口秀史 ……… 80–84

漢詩/短歌/俳句 ……………………… 85–89

細井肇君の墓に詣づ▶菊池謙讓 …… 90

朝鮮映畫界雜感▶熊谷生 …………… 91

過去半世紀の物價回顧▶城南畫房主 …
　………………………………………… 92–93

街の虱狩に就て▶本誌記者 ………… 94

石炭に就て …………………………… 95

朝鮮の財界と事業界/滿洲の財界と事業界
　………………………………………… 96–104

各銀行の成績 ………………………… 105

時事日誌 ……………………………… 106

新閣僚の略歷 ………………………… 107

京城商工界人の動き▶白頭巾 …… 108–109

風聞駄語 …………………………… 110–111

身代り修業▶玉洞山人 …………… 112–113

朝間勤務▶椎木美代子 …………… 114–116

朝鮮及滿洲 第388号 1940年 3月

龍山原頭の合同慰靈祭/衆議院の光景

時局と言論▶釋尾旭邦 ……………… 1

議會の前半に現はれた論戰▶釋尾旭邦 …
　………………………………………… 2–5

一體に人物が低下したのでは無からうか
　▶釋尾旭邦 ………………………… 6

時事▶釋尾旭邦 ……………………… 7–8

吾輩の漫談(2)▶釋尾旭邦 …………… 9–12

豫算案に對する各黨各派の意見と希望 …
　………………………………………… 13–14

歐洲大戰と東亞の將來▶鹿島守之助 ……
　………………………………………… 15–17

統制經濟の限界と其の再出發▶大河內一
　男 …………………………………… 18–21

北支開發の狀況に就て▶賀屋興宣 … 21–24

滿洲の財界▶田中鐵三郎(總裁演述) ………
　………………………………………… 24–26

鮮米增產計劃に就ての二・三の考察▶藤
　田文吉 ……………………………… 27–41

工業開發についての斷想▶藤井誠一 ……
　………………………………………… 42–43

政界夜話▶虎の門隱士 ……………… 44–46

總督府各課長級の首實驗(8)▶翠山莊山人
　………………………………………… 47–48

衛生學上より見たる步行運動▶三浦義人
　(醫學士) …………………………… 48–49

遺傳學の展望(4)▶竹中要(城大豫科教授) …
　………………………………………… 50–53

不問語▶田花爲雄 …………………… 54–57

萬葉時代の作品的背景(2)▶末田晃 … 58–60

戰爭と短歌▶西原少將 ……………… 61–62

戰線句帳切拔▶藤原霞峯 …………… 63

文藝噯語▶全馨 ……………………… 64–68

菅平スキー行▶長谷井一沫 ………… 68–73

漢詩/短歌/俳句 ……………………… 74–77

內鮮滿財界の大勢▶松原純一 ……… 78–81

朝鮮財界の狀況▶林繁藏 …………… 82–83

京城映畫界覗き▶一不庵 …………… 84–86

朝鮮の財界と事業界/滿洲の財界と事業界
　………………………………………… 87–93

時事日誌/風聞駄語 ………………… 94–97

朝鮮及滿洲 第389号 1940年 4月

中華民國中央政府/京城支那領事館の中央
　政府成立祝賀會
時事片言▶釋尾旭邦 ………………………… 1
汪政權卽ち新中央政府の樹立▶釋尾旭邦
　………………………………………… 2-6
汪中央政府の宣言 ………………………… 7-8
汪政權の首腦部 ……………………………… 9
汪政權幹部級の經歷 …………………… 10-11
朝鮮教育界の大異動 ……………………… 12
獨逸戰時經濟と切符制度の特徵▶今野源
　八郎 …………………………………… 13-15
戰時下物價問題に就て▶小野晴男 … 16-22
食糧問題管見▶赤塚正一 ……………… 23-26
政界夜話▶虎の門隱士 ………………… 27-28
物資問題誌上座談會▶諸氏 …………… 29-33
朝鮮の金山▶德野眞士 …………………… 34
綠化途上にある半島の植林狀況 …… 35-36
遺傳學の展望(5)▶竹中要(城大豫科教授) …
　………………………………………… 37-38
時代相の觀察▶酒匂臥雲(京城師範學校教
　務室) ………………………………… 38-41
日本的秩序の勝利に就て▶天野道夫 ……
　………………………………………… 42-43
下谷叢話と祖父▶名越那珂次郎(京城帝國
　大學豫科教授) ……………………… 48-50
舊紫橋跡畔▶玉洞山人 ………………… 50-52
漢詩/短歌/俳句 ………………………… 53-61
戰爭と食物▶三浦博士談 ……………… 62-63
活動寫眞の種明し▶一不庵生 ………… 63-65
京城府民の足は果して緩和されるか▶本
　誌記者 ………………………………… 65-66
殺人教一白々教の公判傍聽記▶一記者 ……
　………………………………………… 67-69
朝鮮の財界と事業界/滿洲北支の財界と事
　業界 …………………………………… 70-77

時事日誌 ………………………………… 78-80
道會と府會を覗いて▶一記者 ……… 81-82
風聞駄語 …………………………………… 83

朝鮮及滿洲 第390号 1940年 5月

南京の還都慶祝式/京城の春
物資難打開の道▶釋尾旭邦 ………………… 1
時事數題▶釋尾旭邦 ……………………… 2-7
食糧及び其他の物資に就ての問答▶釋尾
　旭邦 …………………………………… 8-16
物價問題と企劃院・商工省・大藏省の關
　係▶山口茂 …………………………… 17-20
社會生產物と國民所得問題▶柳川昇(東大
　教授) ………………………………… 20-22
戰時經濟と國民生活▶鈴木憲久 …… 23-25
食糧問題管見(2)▶赤塚正一 ………… 25-30
低金利の意義と今後の銀行經營▶末弘勝
　己 ……………………………………… 30-37
和蘭及蘭印の問題▶鎌田澤一郎 …… 37-39
經濟統制法の法制度的意義(2)▶平井武臣
　………………………………………… 40-44
政界夜話▶虎の門隱士 ………………… 45-47
朝鮮新官僚論▶妙法寺龍太郎 ……… 48-50
北京から南京へ▶森谷克己 ………… 51-52
朝鮮に於ける金山賣買の橫顏▶尾山那保
　司 ……………………………………… 53-56
生活の簡易化▶酒匂臥雲 ……………… 56-57
新羅服制の唐風化▶榧本龜生(朝鮮總督府
　博物館) ……………………………… 58-61
春宵漫筆▶天野道夫 …………………… 61-64
半島詩壇(和文)の動き▶美島梨雨 … 64-65
感傷の譜▶全馨 ………………………… 65-67
春さまざま▶佐藤九二男 ……………… 68-69
鮮展・畵壇・畵家▶岩本正二 ……… 69-71
漢詩/短歌/俳句 ………………………… 72-80
京慶北部線の京城原州間を視て▶東邦山
　人 ……………………………………… 81
朝鮮スポーツ界の展望▶徐廷億(每日新報

社記者）　　　　‥‥‥‥‥‥‥ 82-84
京城のちやんパン屋▶本誌記者 …… 85-86
朝鮮の財界と事業界/滿洲の財界と事業界
　　　　‥‥‥‥‥‥‥‥‥‥‥‥ 87-94
北支の邦人 ‥‥‥‥‥‥‥‥‥‥‥ 95
時事日誌 ‥‥‥‥‥‥‥‥‥‥‥ 96-97
本年度の豫算より觀た十三道の躍進譜▶
　　本誌記者 ‥‥‥‥‥‥‥‥‥ 98-103
風聞駄語 ‥‥‥‥‥‥‥‥‥‥‥‥ 104

朝鮮及滿洲 第391号 1940年 6月

東西の戰局▶釋尾旭邦 ‥‥‥‥‥‥‥‥ 1
最近の支那を語る座談會▶諸氏 ‥‥‥ 2-7
時事雜錄 ‥‥‥‥‥‥‥‥‥‥‥‥‥ 8
國家總力戰と戰時經濟道德の確立▶岡部
　　長景 ‥‥‥‥‥‥‥‥‥‥‥‥ 9-10
新中央政府當面の重要問題▶川田順三(法
　　學士) ‥‥‥‥‥‥‥‥‥‥‥ 11-12
日支文化の異同觀▶中山久四郎 ‥‥ 13-16
國土計劃の速かなる樹立を望む▶藤井誠
　　一 ‥‥‥‥‥‥‥‥‥‥‥‥ 16-18
經濟統制法の法制度的意義(3)▶平井武臣
　　‥‥‥‥‥‥‥‥‥‥‥‥‥ 19-21
時局下に於ける日本女性の教養▶辻董重
　　‥‥‥‥‥‥‥‥‥‥‥‥‥ 21-25
現代と基督教▶三井久(京城組合教會牧師)
　　‥‥‥‥‥‥‥‥‥‥‥‥‥ 25-27
政界夜話▶虎の門隱士 ‥‥‥‥‥ 28-29
朝鮮新官僚論(2)▶妙法寺龍太郎 ‥‥ 30-33
簡易保險美談 ‥‥‥‥‥‥‥‥‥‥ 33
暑さの征服と健康に就て▶三浦義人(醫學
　　士) ‥‥‥‥‥‥‥‥‥‥‥ 34-35
最近の滿洲を語る▶星野總務長官 ‥ 36-37
滿洲の農業振興策▶鈴木大陸科學院長談 ‥
　　‥‥‥‥‥‥‥‥‥‥‥‥‥ 38-39
高麗村訪問記▶粟井光夫(朝鮮民藝硏究會)
　　‥‥‥‥‥‥‥‥‥‥‥‥‥ 40-41
砂上放語▶玉洞山人 ‥‥‥‥‥‥ 42-44

最近の世相▶村上美里 ‥‥‥‥‥ 44-45
京阪旅四日▶長谷井一沫 ‥‥‥‥ 45-48
京城の情趣▶城隍堂山人 ‥‥‥‥ 48-49
漢詩/短歌/俳句 ‥‥‥‥‥‥‥‥ 50-54
京城府内の下宿屋を探る▶本誌記者 ‥‥‥
　　‥‥‥‥‥‥‥‥‥‥‥‥‥ 55-56
最近の物價問題に就て▶本誌記者 ‥ 57-58
朝鮮の財界と事業界/滿洲の財界と事業界
　　‥‥‥‥‥‥‥‥‥‥‥‥‥ 59-65
時事日誌 ‥‥‥‥‥‥‥‥‥‥‥ 66-67
朝鮮各府の現勢概況 ‥‥‥‥‥‥ 68-72
風聞駄語(削除) ‥‥‥‥‥‥‥‥‥ 73

朝鮮及滿洲 第392号 1940年 7月

支那の都市/第十九回鮮展から
如何にして重大變局に處すべきか▶釋尾
　　旭邦 ‥‥‥‥‥‥‥‥‥‥‥‥‥ 1
時事我觀▶釋尾旭邦 ‥‥‥‥‥‥ 2-6
事變下の支那を視て▶釋尾旭邦 ‥‥ 7-16
現下の國際情勢と我國の立場▶有田外相
　　談 ‥‥‥‥‥‥‥‥‥‥‥‥‥ 17
伊太利の狙ふ佛領 ‥‥‥‥‥‥‥‥ 18
時局の將來▶阿部賢一 ‥‥‥‥‥ 19-22
國民精神總動員と趣味報國▶松本浩通 ‥‥
　　‥‥‥‥‥‥‥‥‥‥‥‥‥ 23-25
インフレ下に於ける朝鮮農村と貯蓄▶齊
　　藤實 ‥‥‥‥‥‥‥‥‥‥‥ 26-32
アイン・フオルク・ヒルフト・ジツヒ・
　　ゼルブスト▶大西勵治 ‥‥‥‥ 32-36
經濟統制法の法制度的意義(4)▶平井武臣
　　‥‥‥‥‥‥‥‥‥‥‥‥‥ 36-40
政界夜話▶虎の門隱士 ‥‥‥‥‥ 41-43
朝鮮新官僚論(3)▶妙法寺龍太郎 ‥‥ 44-46
城大總長の更迭▶一記者 ‥‥‥‥ 46-47
發疹チプスと豫防法に就て▶荻野正俊(京
　　城府衛生課長) ‥‥‥‥‥‥‥ 48-49
醫學上より觀たる水泳と登山▶三浦義人
　　(醫學士) ‥‥‥‥‥‥‥‥‥ 49-50

背景的なる作品の形成(鮮展感想)▶末田晃
　　………………………………………… 51–53
從軍隨想:閑古鳥▶鬼塚重俊 ………… 53–54
朝鮮色の再批判(鮮展感想)▶牧田飄 ………
　　………………………………………… 55–57
鮮展の日本畫を觀て▶道田昌彌 ……… 57
神井寮日記▶長谷井一沫 ……………… 58–60
漢詩/短歌/俳句 ………………………… 61–67
物資と物價問題に就て▶諸氏 ………… 68–70
街の話題:物資買入難▶本誌記者 …… 71–72
佛領印度支那の資源 …………………… 73–74
滿洲國の阜新油田 ……………………… 75–76
朝鮮の財界と事業界/滿洲の財界と事業界
　　………………………………………… 77–86
本年度物動計劃決定 …………………… 87–88
時事日誌/風聞駄語 …………………… 89–91
感心な女▶天久卓夫 …………………… 92–94

朝鮮及滿洲　第393号　1940年 8月

近衛内閣/溪流岩に激す
我國民の反省自覺が足りない▶釋尾旭邦 …
　　……………………………………………… 1
時評▶釋尾旭邦 …………………………… 2–6
支那視察餘祿▶釋尾旭邦 ………………… 7–9
時事片々錄 ………………………………… 10
歐洲大戰の進展と日本貿易の將來▶上坂
　　酉三 ……………………………… 11–14
切符制度と國民生活▶今泉孝太郎 … 14–16
闇取引の問題▶蜷川虎三(京大教授) ………
　　………………………………………… 17–19
科學時代と創作教育▶渡邊信治 …… 19–20
映畫教育の施設を急げ▶辛島驍(京城帝國
　　大學教授) ………………………… 21–24
文學の自力的意義▶末田晃 ………… 25–28
生活必需品の不圓滑と吾等の覺悟▶糧友
　　會朝鮮本部 ……………………… 29–32
日本海の海運發展を期待す▶賀田直治 ……
　　………………………………………… 33–34

調査機關雜話▶本田秀夫(朝鮮殖産銀行調
　　査部長) …………………………… 34–36
朝鮮に於ける國土計劃の現段階▶藤井誠
　　一 …………………………………… 36–39
政界夜話▶虎の門隱士 ……………… 40–42
朝鮮新官僚論(4)▶妙法寺龍太郎 …… 43–45
獨逸を語る▶小林一三氏談 …………… 46
ノモンハン事件の跡を訪ねて▶伊藤東作
　　(京城府會議員) ………………… 47–49
國民政府還都後何をしたか▶林柏生氏談
　　………………………………………… 50–52
戰亂前の歐洲を語る▶齊藤淸治 …… 53–54
歐洲街の噂話▶鎌田澤一郎 ………… 55–56
蘭領印度を語る▶堀内茂忠 ………… 57–60
線香花火と本町▶佐藤九二男 ……… 61–62
在鮮畫家に要望す▶岩本正二 ……… 62–63
歷代内閣壽命 …………………………… 64
漢詩/短歌/俳句 ………………………… 65–67
物資不足の原因は何處にあるか▶本誌記
　　者 …………………………………… 68–69
警察案内所に拾ふ▶本誌記者 ……… 70
近衛新内閣の閣僚 ……………………… 71
近衛新内閣閣僚の略歷 ……………… 72–74
朝鮮の財界と事業界/滿洲の財界と事業界
　　………………………………………… 75–81
朝鮮海苔販賣株式會社の現況 ……… 82
時事日誌 ……………………………… 83–85
奢侈品の製造販賣禁止物品表 ……… 86–87
風聞駄語 ………………………………… 88
内鮮和風▶佐々木力三郎 …………… 89–93

朝鮮及滿洲　第394号　1940年 9月

蘭印と其周邊/秋の雲
奢侈享樂の一掃▶釋尾旭邦 ……………… 1
時論:新體制の基本方針/創氏改名七割五分/
　　朝鮮と義務敎育令(一部缺)▶釋尾旭邦 …
　　………………………………………… 2–10
支那視察餘錄(2)▶東邦山人 ………… 11–12

時事雑録 ……………………………… 13

ビルマはどんな所か ………………………… 14

戦争と世界新秩序▶大澤章 ……… 15-17

物動計劃と戰時經濟新體制▶高宮晋 ………
……………………………………… 18-20

統制經濟とその歴史性▶下川春海 … 20-23

都市漫談▶根岸情治(京城府都市計劃課) …
………………………………………… 24-25

現代女性の再出發▶三吉明(京城府時局總
動員課) ……………………………… 26-28

汪兆銘の國民政府は何をしたか(2)▶林柏
生氏談 ………………………………… 29-32

貴州・四川・西康・雲南の資源 ………… 33

政界夜話▶虎の門隱士 ……………… 34-37

新閣僚印象記▶森二郎 ……………… 38-43

朝鮮新官僚論(5)▶妙法寺龍太郎 …… 44-45

醫學上より見たる酒▶三浦義人(醫學士) ‥
………………………………………… 46-47

朝鮮文學界小感▶八坂龍二郎 ……… 48-49

朝鮮に於ける羽衣の傳説▶卜波省三(童話
研究聯盟) …………………………… 49-51

文化運動に關する覺書▶奧村仁 …… 51-52

機智二題▶裕杜人 …………………… 52-53

窓と銀行人▶原川盛之(漢城銀行審査課) ‥
………………………………………… 54

滿蘇國境を行く▶池田徹 …………… 55-57

漢詩/短歌/俳句 …………………… 58-60

橙黃子さんの想ひ出▶入澤禾生 … 61-63

燃料の準備出来たか▶本誌記者 …… 63-65

生活新體制への御布令一束 ………… 66-69

國策順應と營業網擴充▶松原純一 ‥ 70-74

時局の進展と殖銀▶林繁藏 ………… 74-76

朝鮮の財界と事業界/滿洲の財界と事業界
………………………………………… 77-83

滿洲及び支那の通貨膨脹 ……………… 84

時事日誌 ……………………………… 85-87

朝鮮官界の大異動 …………………… 88-90

女の頭髪にまで干涉する當局が何うして
藝者の存在を許すか▶一公民 …… 91

風聞駄語 ……………………………… 92

朝鮮及滿洲 第395号 1940年 10月

外相官邸の日獨伊三國同盟條約の集ひ/朝
鮮併合三十周年記念式

時事雑録▶釋尾旭邦 …………………… 1

日獨伊三國同盟條約成立▶釋尾旭邦 … 2-5

朝鮮併合三十年の治績(一部缺)▶釋尾旭邦
………………………………………… 6-10

統制經濟と國民の意識▶土方成美 ‥ 11-14

政治と經濟の新體制▶加田哲二 … 14-16

併合三十年の躍進と社會生活の革新▶森
谷克己 ………………………………… 17-18

戰爭經濟倫理について▶川岸十五郎 ………
………………………………………… 18-22

實踐奉公の民風▶渡邊信治 ………… 23-24

新體制下の體育▶萩原佐平 ………… 24-26

政界夜話:近衛公の政治的價値▶虎の門隱
士 …………………………………… 27-30

近衛公を語る▶森二郎 ……………… 31-34

朝鮮新官僚論(6)▶妙法寺龍太郎 …… 35-37

池田泰治郎氏に滿洲の事情を聽く▶一記
者 …………………………………… 38-39

朝鮮回顧二十年▶大野獏 …………… 40-42

京城の街今昔の面影ところどころ▶木下
露人 ………………………………… 42-43

現代朝鮮の文藝美術界を展望す▶李相仁
………………………………………… 44-46

新萬葉集と朝鮮風物▶名越那珂次郎(京城
帝國大學豫科教授) ………………… 47-51

朝鮮の秋▶伊藤壽 …………………… 51-52

漢詩/短歌/俳句 …………………… 53-55

朝鮮三十年間の社會相の變遷▶本誌記者
………………………………………… 56-60

朝鮮の財界と事業界/滿洲の財界と事業界
………………………………………… 61-65

時事日誌 ……………………………… 66-68

表彰された人々(缺) ………………… 69

風聞駄語(缺) ……………………… 70
內鮮和風(2)▶佐々木力三郎 ………… 71-74

朝鮮及滿洲 第396号 1940年 11月

紀元二千六百年紀念觀兵式/國民總力朝鮮
　聯盟發會式
時事斷想▶釋尾旭邦 ………………………… 1
時事片錄▶釋尾旭邦 …………………… 2-6
朝鮮統治三十年間の回顧▶釋尾旭邦 ‥6-9
時事片々錄 ………………………………… 10
新政治體制の中心點▶五來欣造 …… 11-14
經濟新體制と國民生活▶本位田祥男 ………
　………………………………………… 14-17
朝鮮の新體制▶西山力(國民總力朝鮮聯盟
　事務參事) …………………………… 18-20
日本經濟の二つの課題▶正久宏至 ‥ 20-25
貨幣・價値・金に就て▶崔完錫 …… 25-31
蘭印問題の歸趨▶河村橘雄 ………… 31-33
シンガポールを語る▶山岡政一 …… 34-35
風見法相と安井內相▶森二郎 ……… 36-40
秋口の傳染病に就て▶荻野正俊(京城府衛
　生課長) …………………………… 41-42
新萬葉集と朝鮮風物(2)▶名越那珂次郎(京
　城帝國大學豫科教授) ……………… 43-46
朝鮮の風俗習慣に就て▶李鍾鎭 …… 47-48
書屋感懷▶玉井德重(朝鮮總督府圖書館) …
　………………………………………… 49-50
酒中仙神來菡伯▶德野眞士 ………… 51-52
大政翼贊會中央本部一覽表 ………………… 53
漢詩/短歌/俳句 ……………………… 54-56
宮參り▶田花爲雄 …………………… 57-59
身邊隨想▶石井艸園 ………………… 60-61
志願兵訓練所を參觀す▶本誌記者 ‥ 61-62
女學校出の鮮人女性は何う動くか▶本誌
　記者 ………………………………………… 63
會社經營統制令 ……………………………… 64
朝鮮の財界と事業界/滿洲の財界と事業界
　………………………………………… 65-71

上海に於ける煙草工業の現狀 ………… 72
華北の製鐵狀態 ………………………… 73
京城の飲食店や料理屋の價格公定 ……… 74
京城府の木炭配給狀況 ………………… 75
時事日誌/風聞駄語 …………………… 76-78
內鮮和風(3)▶佐々木力三郎 ………… 79-84

朝鮮及滿洲 第397号 1940年 12月

紀元二千六百年祝典/帝國議會五十年紀念
　式典
時事雜錄▶釋尾旭邦 ………………………… 1
朝鮮統治三十年間の回顧(2)▶釋尾旭邦 …
　………………………………………………… 2-7
時論▶釋尾旭邦 ……………………… 8-10
逝去せる西園寺公 …………………… 11-12
日本文明の傳統的特徵▶長谷川如是閑 ……
　………………………………………… 13-16
東亞の新政勢と朝鮮貿易▶澁谷禮治(朝鮮
　貿易協會副會長) …………………… 17-23
日獨伊三國同盟と貿易體制に就て▶末弘
　勝己(殖產調查部) ………………… 23-27
新興亞體制下に於ける朝鮮の使命を論ず
　▶佐藤震一 ………………………… 27-32
家畜保險制度の現勢▶大熊良一(朝鮮金融
　組合聯合會) ………………………… 32-36
政界夜話:政黨の無い議會▶虎の門隱士 …
　………………………………………… 37-39
舊政黨出身閣僚▶森二郎 …………… 40-46
商銀の堀頭取に東京の話しを聽く▶一記
　者 …………………………………………… 47
恐ろしい傳染病ペストとは▶三浦義人 ……
　………………………………………… 48-49
芭蕉的態度の意義▶末田晃 ………… 50-51
塔のことと佛像のこと▶裕杜人 …… 52-53
金剛山傳說鳴淵潭物語▶卜波省三(童話研
　究聯盟) ……………………………… 53-55
朋友▶片山誠 ………………………… 55-56
砂上放語(2)▶玉洞山人 ………………… 57

日獨伊の三國同盟に參加した三國 … 58–59

漢詩/短歌/俳句 ……………………… 60–62

京城での舊るい人々▶白頭山人 …… 63–66

京城に無爲徒食の人間がどれだけ居るか
　▶本誌記者 …………………… 67–68

價格公定はどんなにして定めるか▶本誌
　記者 …………………………… 68–69

國民總力朝鮮聯盟で毎月三回代用食日 … 70

朝鮮の財界と事業界/滿洲及北支の財界と
　事業界 ………………………… 71–77

海苔の榮養に關する話 ……………… 78

北鮮の水產界を覗る▶廉正 ……… 79–81

時事日誌 …………………………… 82–83

日華基本條約正文 ………………… 84–85

風聞駄語 …………………………… 86

朝鮮及滿洲　第398号　1941年 1月

富士山を讚える/漁村の曙

漁村曙▶松田學鷗 ……………………… 1

年頭所感▶釋尾旭邦 ………………… 2–4

朝鮮統治三十年間の回顧(3)▶釋尾旭邦 5–8

中央協力會議 ……………………… 9–10

民族觀と世界觀▶川合貞一 ………… 11–12

世界經濟の將來▶北澤新次郎 ……… 13–15

公益優先とはどんなことか▶派多野鼎 …
　…………………………………… 16–18

皇國と東亞廣域經濟▶森谷克己 …… 19–22

新體制と內鮮一體▶奧山仙三 ……… 22–23

政界夜話▶虎の門隱士 …………… 24–27

時局が生んだ東京の表情▶森凡平 … 28–29

滿洲經濟視察から得たるもの▶藤田文吉
　…………………………………… 30–33

臺灣見聞雜記▶桑名德七(朝鮮總督府遞信
　局) …………………………… 33–35

雜穀利用の必要と其榮養價值▶糧友會朝
　鮮本部 ………………………… 35–38

聖戰五年目の元旦を迎へて/新體制に對す
　る所感▶數十名士 …………… 39–42

注連の內▶田花爲雄(京城帝大敎授) ………
　…………………………………… 43–44

蛇の話▶土居寬暢 ………………… 45–48

蛇毒と血淸の話▶三浦義人 ………… 48–49

現代邦樂に於ける三味線音樂に就て▶中
　西登(漢城銀行) ……………… 50–55

半島體育界の近況▶徐廷億(每日新報體育
　部主任) ……………………… 56–58

昭和十五年度半島詩歌壇回顧▶美島梨雨
　…………………………………… 59

事變短歌の觀照▶末田晃 ………… 60–61

南山の隨感(2)▶渡邊信治(科學館長) …… 62

京城での舊るい人々▶白頭山人 …… 63–65

渡邊彌幸氏を送る▶東邦山人 ……… 65

漢詩/短歌/俳句 …………………… 66–70

年頭に臨み總力昂揚を强調す▶南次郎 71

大東亞共榮圈の建設と朝鮮▶松原純一 ……
　…………………………………… 72–74

年頭所感▶林繁藏 ………………… 74–75

今年の物價は何うなるか▶SK生 …… 76–77

半島の映畵界▶熊谷生 …………… 78–80

朝鮮の財界と事業界/滿洲の財界と事業界
　…………………………………… 81–86

江原道の水產界を視る▶廉正 ……… 87–89

鰯油肥統制の完璧を期し職域奉公あるの
　み▶松野二平(朝鮮鰯油肥製造業水產組
　合聯合會理事長) ……………… 89–90

時事日誌 …………………………… 91–92

京城にまかれた歲末ボーナス ……… 93

昭和十五年の出來事 ……………… 94

本誌廢刊の辭▶釋尾旭邦 ………… 95–97

風聞駄語 …………………………… 98

THE CHŌSEN AND MANSHU

朝鮮及滿洲

第3부

인명색인편

載 彙

社 誌 雜 鮮 朝

加々見鐵太郎 ……………………… 153
加古貞太郎 … 76–81, 83, 85, 97, 102, 106, 119
加納久明 ……………………………… 175
嘉納德三郎 …… 138, 144, 148, 151, 163, 170
加納生 …………………………… 137–138
加島定次郎 ……………………………… 68
加藤敬三郎
… 270, 272, 290, 315, 328, 334, 338, 350, 358
加藤高明 ……………… 138, 146, 154, 177
加藤灌覺 ……………………………… 267
加藤寬治 ……………………………… 172
加藤堂 ………………………………… 283
加藤 大尉 ……………………………… 246
加藤咄堂 …………… 163, 186, 266, 298
加藤廉平 …………… 267, 321, 375–376
加藤寮平 ……………………………… 250
加藤末郎 ………………………………… 44
加藤常美 ……………………………… 279
加藤生 …………………… 99, 101, 150
加藤小林 ……………………… 377, 379
加藤順次郎 …………………… 110, 113
加藤定吉 ……………………………… 110
加藤正美 ……………………………… 134
加藤政之助 ……………………………… 100
加藤增雄 ………………… 4, 16, 34, 36
加藤直士 ……………………………… 161
加藤靑風 … 107–110, 112–113, 116, 119–120
加藤賢 ………………………………… 212
加藤豐三郎 ……………………………… 236
榎木荷水 ……………………… 286, 289
歌峰生 …………………………………… 81
可象生 …………………………………… 64
可水 ………………………………… 40,41
可水生 ……………… 36, 48, 53–55, 61–62,
　65, 104–110, 112, 120, 129–132, 134, 140, 153
佳月生 …………………………………… 66
加田哲二 ……………………………… 395
可潮蘆 …………………………………… 64
加賀見鐵太郎 ……………………… 249

佳の子 …………………………………… 59
角和善助 ……………………… 296–299
間宮龍眞 ……………………… 23, 26
間宮照彦 ………………………………… 14
侃堂 ……………………………………… 8
幹雄 ……………… 216–217, 219, 221
葛木剛 ……………………… 336, 344
喝將軍 ……………… 194–197, 209
瞰溪庵主人 ……………………………… 33
甘濃信一 ……………………………… 313
紺名紋太郎 ……………………… 306, 310
甘笑子 …………………………………… 3
監川一太郎 ……………… 5, 36–37, 39
甲斐健一 ……………………………… 101
甲斐靜也 ……………………………… 275
江間俊太郎 ……… 300–304, 308–309
岡教遂 ………………………………… 138
岡久二 ………………………………… 257
江口忠六 ……………………… 123–124
岡今朝雄 ……………………………… 102
岡崎老猿 ………………………………… 41
岡崎遠光 ……… 35–36, 42, 45–47, 52
岡崎七郎 ……………………… 329, 334
岡島陸 ………………………………… 120
江東岐城 ……………………………… 376
岡林良作 ……………………………… 270
岡目生 …………………………………… 21
江木翼 …………… 143, 172, 183, 283
岡本綺堂 ……………………………… 101
岡本文三 ……………………… 307, 311
岡本保 ………………………………… 378
岡本濱吉 ……………………… 351–357
岡本とく ………………………………… 31
岡部長景 ……………………………… 391
江上客 ………………………………… 96–97
江上利生 ……………………………… 331
江上征史 ……………… 336, 357, 362
江上正士 ……………………………… 346
岡實 ……………………………… 187, 269

岡元輔 ‥‥‥‥‥‥‥‥‥‥ 79

岡 日韓瓦斯取締役 ‥‥‥‥‥ 63

岡田冠天 ‥‥‥‥‥‥‥ 321, 324

岡田猛 ‥‥‥‥‥‥‥‥ 132–133

岡田茂次郎 ‥‥‥‥‥‥‥‥ 208

岡田美成 ‥‥‥‥‥‥‥‥‥ 277

岡田半藏 ‥‥‥‥‥‥‥‥‥ 259

岡田生 ‥‥‥‥‥‥‥‥ 112, 139

岡田信利 ‥‥‥‥‥‥‥‥‥ 42

岡田榮 ‥‥‥‥‥‥ 59, 62, 79, 101

江田俊雄 ‥‥‥‥ 334–335, 346, 349

岡田虎輔 ‥‥‥‥‥‥ 95–97, 99, 105

岡田鴻城 ‥‥‥‥‥‥‥‥‥ 335

岡稠松 ‥‥‥‥‥‥‥‥ 305, 308

岡村寧次 ‥‥‥‥‥‥‥‥‥ 333

江戸川亂歩 ‥‥‥‥‥‥‥‥ 230

江戸ッ子 ‥‥‥‥‥‥‥‥‥ 103

江戸の浪人 ‥‥‥‥ 100–101, 103

岡喜七郎 ‥‥‥‥‥‥‥‥ 1, 113

皆夢庵主人 ‥‥‥‥‥‥‥‥‥ 8

改野耕三 ‥‥‥‥‥‥‥‥‥ 110

蓋雲 ‥‥‥‥‥‥‥‥‥‥‥ 10

皆川廣濟 ‥ 51, 72, 74–75, 79, 81–82, 97, 102

芥川蕃淵 ‥‥‥‥‥‥‥‥‥ 118

芥川浩 ‥‥‥‥‥‥‥‥‥‥ 383

巨智部忠承 ‥‥‥‥‥‥‥‥‥ 1

建部遯吾 ‥‥‥‥‥ 92, 113, 125, 142, 144

健太郎 ‥‥‥‥‥‥‥‥ 175, 217

傑崎口吉 ‥‥‥‥‥‥‥‥‥ 103

見木德太 ‥‥‥‥‥‥‥‥‥ 307

犬飼憲治 ‥‥‥‥‥‥‥‥‥ 268

堅山但 ‥‥‥‥‥‥‥‥‥‥ 311

見山望洋 ‥‥‥‥‥‥‥‥‥‥ 5

堅山坦 ‥‥‥‥‥‥‥‥‥‥ 368

犬養毅 ‥‥‥‥‥‥‥‥ 141, 294

筧正視 ‥‥‥‥‥‥‥‥ 311, 313

犬塚信太郎 ‥‥‥‥‥‥‥‥‥ 76

結城玄道 ‥‥‥‥‥‥‥‥‥ 119

鎌田生 ‥‥‥‥‥ 244, 246, 304, 305

鎌田榮吉 ‥‥‥‥‥ 55, 90, 94, 100, 145, 165

鎌田澤一郎 ‥‥‥‥‥‥‥‥‥

‥‥‥‥ 363, 365, 367–370, 372, 390, 393

京口貞子 ‥‥‥‥‥‥‥‥‥ 233

驚伴 ‥‥‥‥‥‥‥‥‥‥‥ 69

鏡保之助 ‥‥‥‥‥‥‥‥‥ 150

京城大通 ‥‥‥‥‥‥‥‥‥ 81

京城某會社支配人 某氏 ‥‥‥‥ 17

京城府廳 某氏 ‥‥‥‥‥‥‥ 101

京城日報仁川支局員 藤村氏 ‥‥‥ 15

京城日本人商業會議所 ‥‥‥ 12, 63

京城SK生 ‥‥‥‥‥‥‥‥‥ 10

慶松勝左衛門 ‥‥‥‥‥‥‥ 188

警視廳△△部長 ‥‥‥‥‥‥ 337

耕雲生 ‥‥‥‥‥‥‥‥‥‥ 192

慶雲莊主人 ‥‥‥‥‥‥‥‥ 344

競六 ‥‥‥‥‥‥‥‥ 98–99, 102

更田信彌 ‥‥‥‥‥‥ 26–27, 39, 45,

57, 66, 70, 74, 77, 80, 175–176, 178, 194, 205

經濟部一記者 ‥‥‥‥‥‥‥ 212

溪內弌惠 ‥‥‥‥‥‥‥‥‥ 190

戒能夫人 ‥‥‥‥‥‥‥‥‥ 262

桂陽生 ‥‥‥‥‥‥‥‥‥‥ 92

桂榮三 ‥‥‥‥‥‥‥‥‥‥ 215

谿月生 ‥‥‥‥‥‥‥‥‥‥ 150

啓海生 ‥‥‥‥‥‥‥‥ 85–88

高岡熊雄 ‥‥‥‥‥‥‥‥‥ 168

古谷久綱 ‥‥‥‥‥‥‥‥‥ 95

古谷清 ‥‥‥‥‥‥ 36–37, 49, 71

古狂生 ‥‥‥‥‥‥‥‥‥‥ 197

高橋功 ‥‥‥‥‥‥‥‥ 330, 333

高橋龜吉 ‥‥‥‥‥‥‥‥‥ 270

高橋利三郎 ‥‥‥‥‥‥ 225, 227

高橋濱吉 ‥‥‥‥‥ 246, 251, 306, 318

高橋三 ‥‥‥‥‥‥‥‥‥‥ 317

高橋生 ‥‥‥‥‥‥‥‥ 248–249

高橋省三 ‥‥‥‥‥‥‥‥‥ 371

高橋秀臣 ‥‥‥‥‥‥‥‥ 8, 49

高橋守雄 ‥‥‥‥‥‥‥‥‥ 290

高橋修一	………	4, 5
高橋是清	………	108, 338
高橋實	………	348
高橋與吉	………	251
高橋衛	………	247
高橋作衛	………	36
高橋章之助	………	
	……… 5, 19, 23–24, 50, 63, 79, 81, 171, 247	
高橋增基	………	33
高橋直巖	………	82
高橋天豪	……… 90–92, 95, 99–100,	
	108–110, 112–114, 124, 127, 136–138, 142	
高橋漢太郎	……… 277, 284–285, 289–291, 295	
高橋亨	………	
	……… 5, 24, 28, 42, 50–52, 58, 60, 62, 64, 177	
高久敏男	………	138
高久吐潮	………	21, 23
高宮晋	………	394
高根信禮	………	80
高崎齊	………	174
高楠榮	………	230
苦堂生	………	112, 116
苦堂吳山子	………	102
鼓堂樵夫	………	292
高島哲士	………	278
苦樂多生	………	82, 84
高瀨經德	………	4
高瀨梅吉	………	133
高瀨通	………	373–374
高柳保太郎	………	131, 136, 359
高柳松一郎	………	189
高林義行	………	307
高木吉江	………	211
枯木生	………	131
高木生	………	157–158
高木善人	………	41
高木市之助	………	319
高木五六	………	227
高木友三郎	……… 267, 280, 288, 304, 306, 337	
枯木迂人	………	128
高木伊津夫	………	299
高木逸曆	………	144, 147
高木章	………	210
高木正人	………	108, 140
高木八尺	………	206
高武公美	………	194
塙繁彌太	………	115, 122
高本 校長	………	144
高峰學人	………	170
高部道平	………	23
古府樓主人	………	106
高濱保	………	295
高濱長江	………	3, 44
高濱天我	………	4, 8, 12
姑射仙人	………	57, 59, 61, 70
高山鋼太郎	………	352–354
高石信一	………	105
古城菅堂	………	75, 77, 81
古城憲治	………	89, 91, 102, 105
高松順茂	………	322, 326, 328
古市公威	………	173
古郵生	………	119
孤雲査客	………	4
古庄逸夫	………	258, 262–268
高田保馬	………	369
高田早苗	………	182
高田進	………	327–330
高井俊夫	………	337, 367
古志辨郎	………	212–215
高津友保	………	104
古川大斧	………	110
告天生	………	42
古川狄風	………	123–126
古河甘笑子	………	3
古賀廉造	………	148
古河生	………	199
古賀生	………	33
古河宣堂	………	24–26

古河松之助 ……………………… 5

古賀庸藏 ……………………… 101

辜鴻銘 ……………………… 206

谷口吉彦 ……………………… 367

谷多喜麿 ……………………… 211

谷本太郎 ……………………… 282, 285

谷生 ……………………… 56

谷哀花 ……………………… 49

谷井濟一 ……………………… 2, 91, 151

谷正之 ……………………… 281

谷川水哉 ……………………… 65

谷川伸行 ……………………… 381

崑崙山人 ……… 109–110, 114–115, 117–127

工藤武城

2–8, 23–24, 34–35, 37, 41–42, 53, 69, 72,
77–78, 80–82, 84–85, 87, 89–90, 96–97, 100,
102–113, 131, 145, 147, 149–150, 152, 155,
166–168, 170, 173, 178, 180–181, 190, 198,
211, 213, 216, 232, 250–251, 255–256, 266,
270–271, 284, 291–292, 294, 299, 301–303,
317–319, 323, 336, 353–355, 359–360, 362–363

工藤茂雄 ……………………… 211

工藤三次郎 ……………………… 367

工藤英一 ……………………… 180

工藤五山子 ……………………… 51–52

工藤一郎 ……………………… 227

工藤壯平 ……………… 78, 85–87, 107, 144

工藤重雄 ……………………… 206

工藤忠輔 ………43–45, 47–48, 67–68, 72,
74–75, 78–80, 83–86, 88, 98, 100–102, 104, 109

工藤惠達 ……………………… 104

空想 ……………………… 13

空藝樓主人 ……………………… 78

空悟生 ……………………… 297

郭公 ……… 193, 200, 204, 219, 222, 230–231

關寬之 ……………………… 290

關口鯉吉 ……………………… 110

關根郡平 ……………………… 321–323

關東局當局 ……………………… 349

菅生男 ……………………… 108

關稅局 ……………………… 20

關水武 ……………………… 189

關野貢 ……………………… 35

菅野力夫 ……………………… 149

菅野銀八 ……………………… 164

關野貞 …… 22–23, 25, 47, 49, 78, 97, 161, 163

關野幸太郎 ……………………… 154

關玉龍吉 ……………………… 284

關屋貞三郎 ……… 56, 69, 86, 90, 121, 129

關屋忠正 ……………………… 154

菅原省三 ……………… 54, 56, 58, 62

菅原精一郎 ……………… 100, 102–103

菅原惠慶 ……………………… 179, 184

菅太郎 ……………………… 332

關和知 ……………… 170, 173, 183

廣江澤次郎 ……………… 102, 206–207

廣兼寅雄 ……………………… 241

廣島敏行 ……………………… 381

廣瀬望外 ……………………… 204–205

狂兒 ……………………… 183, 194

廣田康 ……………………… 219

廣田一郎 ……………………… 353

廣田直三郎 ……………………… 79

廣井辰太郎 ……………………… 282

廣池千九郎 ……………………… 175

廣川幸三郎 ……………………… 379

鑛化生 ……………………… 108

掛場定吉 ……………………… 241

橋口泡沓 ……………………… 189–190

鮫島實也 ……………………… 244

橋本敬之 ……………………… 168

橋本桂堂 ……………………… 260

橋本生 ……………………… 1

九江生 ……………………… 45

具 警視官 ……………………… 113

龜高德平 ……………………… 220

久能省三 ……… 16, 19, 23, 47–48, 59, 63, 74

鷗堂學人 ……………………… 345

久留島武彦 ·················· 247
久米義鄉 ···················· 170
久保武 ················ 103–109,
  112–120, 122, 124, 126, 136, 143, 145, 151–152
久保要藏 ········· 116, 128, 133, 147–148, 181
久保田賢一 ················· 170
久保貞一 ···················· 270
久保喜代二 ··· 217, 223, 225, 243–244, 269, 271
久富進 ······················ 268
九四二 ······· 39, 40–41, 44–46, 105, 130, 140
龜山理平太 ···················· 78
鳩山一郎 ···················· 366
久水三郎 ················· 76, 121
久野寧 ······················ 103
具然壽 ···················· 73, 113
久慈直太郎 ·········· 82–83, 85, 87
臼田亞浪 ····················· 90
駒井德三 ············ 94–95, 113, 118
龜井厲音 ····················· 61
久次米邦藏 ················ 53, 112
國吉省三 ···················· 297
國分剛二 ···················· 346
國分道子 ····················· 11
國分三亥 ·····················
  ······· 19, 45, 49–50, 76, 78, 85, 97, 130, 139
國分象太郎 ·················75,
  77–82, 85–87, 92, 94, 104–110, 112, 114,
  116–117, 120, 122–124, 127, 129, 133–134,
  137, 139, 141–146, 150, 152–160, 164, 167
國友尙謙 ················ 154, 200
國友英一 ···················· 272
菊池謙讓 ············· 13, 140, 387
菊池寬 ················· 139, 275
菊地長風 ······················ 4
菊地秋四郎 ·················· 218
國澤新兵衛 ··············· 47, 110
郡山 ···················· 212, 261
堀諫 ··················· 174, 194
堀江歸一 ················ 159, 194

堀口九萬一 ················· 375
堀內茂忠 ···················· 393
堀越壽助 ····················· 29
堀切善兵衛 ················· 150
堀正一 ··· 268, 277, 356, 359–361, 365–366, 369
堀 海軍大佐 ················· 384
宮岡五郎 ···················· 306
宮館貞一 ·····················
  ··········· 98, 103, 108, 145–147, 248–249, 252
宮崎鹿松 ···················· 323
宮崎生 ·················· 70, 121
宮崎五十騎 ··············· 280–281
宮崎毅 ······················ 255
宮內里風 ····················· 68
宮嶋新三郎 ················· 240
宮尾舜治 ····················· 49
宮本元 ······················ 276
弓削幸太郎 ···················
  ······· 118, 163, 168, 170, 177, 179, 197, 294
宮原綱村 ···················· 150
宮原忠正 ····················· 29
宮原馨 ······················ 279
宮田保 ·················· 253–255
宮田雨村 ················· 199–201
宮田爲之 ····················· 89
宮地貴道 ···················· 238
窮巷生 ······················ 115
宮脇長吉 ···················· 352

勸農生 ······················ 236
蜷川新 ··· 20, 48, 51, 64, 115, 120, 149, 243
蜷川虎三 ···················· 393
鬼山 ························· 1
鬼山生 ··············· 4, 14, 24
鬼城生 ··············· 41, 44, 66
鬼瓦子 ······················ 106
鬼外生 ·················· 122–123
鬼塚重俊 ···················· 392
橘破翁 ······················ 113

近藤梅三郎 ……………………… 216, 219

近藤常尚 ………………………… 310

近藤時司 ……… 252, 330, 345, 381

近藤確郎 ……………………… 198, 237

根本觀山 ………………………… 290

根本幸郎 ………………………… 294

根岸佶 …………………………… 180

根岸情治 ………………………… 394

近衞 文麿 …………………… 362, 374

近田藤司 ………………………… 379

根津の里人 ………………… 100-101

今景彦 …………………………… 77, 113

金谷充 ……………………… 62, 98, 103

今關天彭 ……………… 119, 128, 136

金技園主人 ……………………… 167

錦陵生 …………………………… 13

金邦平 …………………………… 100

今司馬倦 ………………………… 105

金森京子 …………………… 34-35

今西要 …………………………… 376

今西龍 …………… 31-32, 48, 80, 259-260

金石山人 ………………………… 69

今野源八郎 ……………………… 389

金子堅太郎 ……………………… 94

金子定一 ………………………… 290

金子政太郎 ……………………… 8

今田愼吾 ………………………… 304

金田靈堂 ………………………… 273

今井嘉幸 ………………………… 122

金正祿 …………………………… 350

今井修一 …………………… 209, 234

金井鎭 …………………………… 316

今井長三郎 ……………………… 82

今井田淸德 ……………………… 332

今井政吉 ………………………… 130

金井淸 …………………………… 132

今中次麿 ………………………… 311

錦織貞夫 ………………………… 236

今津明 ……………… 91, 94, 105, 121

今川生 ………… 78, 96, 134, 147, 163-164

今川宇一郎 ………………………
70-71, 74-75, 77, 80-81, 85-86, 90-100,
107, 120, 124, 144, 151, 154, 165, 168, 173,
177-178, 180, 183, 188-189, 191-193, 200

今泉雄作 ………………………… 235

今泉定介 ………………………… 266

今泉孝太郎 ……………………… 393

今村螺炎 ……… 229, 235, 263, 354, 362

今村武志 …………………… 256, 263

今村豊 …………………………… 225

今村豊八 ……… 273, 287, 313, 336, 364

今村鞆 …………………………… 26,
31-32, 34-37, 41-43, 66, 69-70, 74, 78, 81,
87, 164, 170, 187, 194, 201, 204, 206, 233,
250, 254, 285, 290, 302, 311, 342-343, 350

金澤庄三郎 ……………… 28, 100, 260

今澤慈海 …………………… 156, 288

今坂茂藏 ………………………… 313

錦浦片淵琢 ……………………… 1

金華山人 ………………………… 240

及川久次郎 ……………………… 109

奇多山角行 ……………………… 220

崎藤好實 …………………… 124, 128

幾坊 ……………………………… 106

岐山生 …………………………… 229

紀室生 …………………………… 69

其外生 …………………………… 33

紀平正美 …………………… 283, 302

吉岡俊完 ………………………… 288

吉江弘雄 ………………………… 258

吉林日本領事館 ………………… 63

吉木光治 ………………………… 384

吉木彌三 …………………………72,
78, 97, 102, 147, 163, 166, 175-176, 179, 182

吉松憲郎 …………………… 32, 171

吉野慶三 ………………………… 375

吉野彦三 …………………… 228-
229, 231-232, 234, 237, 239-240, 242-243,

250, 254–255, 257, 259, 261–262, 265, 266,
270, 274, 277, 280, 285–286, 293, 300, 304,
307, 314, 323, 326, 332, 334, 341, 346, 382
吉野作造 ················ 96, 119, 134, 137, 142
吉永彦太郎 ··· 36–37, 40–41, 44, 46–47, 49, 58
吉原三郎 ································· 85
吉庄逸夫 ································· 261
吉田敬治 ····························· 278, 291
吉田東伍 ································· 98
吉田茂 ··································· 319
吉田秀次郎 ····················· 53, 57, 102, 110
吉田英三郎 ····························· 12, 171
吉田五郎 ································· 144
吉田熊次 ················· 206, 223, 378, 386
吉田雄次郎 ··· 208, 275, 277–278, 298, 311, 314
吉田節太郎 ····························· 160, 314
吉田靜致 ····························· 182, 220
吉田種次 ································· 136
吉田眞弦 ································· 314
吉田親一 ································· 16
吉井清香 ································· 258
吉倉洗兵庵 ························· 51, 56, 60
吉創汪聖 ······························ 47–48
吉川大航 ································· 69
吉川生 ··································· 237
吉川岩喜 ································· 78
吉川義弘 ····························· 276, 350
吉川恒義 ································· 291
吉村 ····································· 152
吉村謙一郎 ····················· 179, 225, 228
吉浦禮三 ····························· 216, 218
吉浦禮造 ································· 214
吉浦舷歌 ····························· 202, 209
吉弘中山 ································· 290
金大羽 ································· 348–349
金東仁 ··································· 293
金斗禎 ··································· 385
金明淳 ····························· 358, 359
金明學 ··································· 272

金默熙 ··································· 334
金相範 ··································· 230
金素雲 ··································· 268
金尹錫 ··································· 346
金鎭玉 ··································· 7
金河西 ··································· 16
金翰洙 ··································· 236
金漢一 ··································· 362
那須蒼原 ································· 276
那須皓 ··································· 212
奈佐忠行 ································· 49
駱駝山人 ·································
············ 178–182, 191–192, 196, 327, 331–335
蘭谿女史 ································· 23
難船 ····································· 300
難波可水 ·································
········· 32–33, 48, 50–51, 103–105, 110, 112,
119–120,122, 125, 127, 130–131, 133, 135–136
難波生 ································· 33, 132
難波英夫 ··· 128, 140, 146–147, 150, 200, 370
難波專太郎 ················· 206, 211–213, 215,
218–220, 226, 242, 244, 250, 253, 257, 259
難波正 ··································· 284
難波黑鳥 ······························ 194–195
南慶藏 ··································· 246
南溪樵夫 ································· 118
南廣憲 ··································· 254
南郊散史 ································· 244
南旗郎 ··································· 386
南堂學人 ······························ 318–322
南蠻鐵 ··································· 114
南滿鐵道會社 ···························· 47
南部史郎 ································· 254
南山孤客 ································· 64
南山老人 ································· 335
南山生 ··································· 112
南山仙史 ································· 172
南山粹人 ····························· 102,115
南山市陰 ································· 298

南山隠士 ……………………………………
 ‥ 145–146, 176–177, 193, 214, 321–322, 350
南山逸史 …………………………………… 168
南山入窓樓主人 …………………………… 39–40
南山情史 …………………………………… 61
南船北馬生 ………………………………… 241
楠野俊威 ……………………………………… 80–82
南次郎 ……………………… 350, 374, 386, 398
南窓學人 …………………………………… 261
南川逸人 …………………………………… 380
南波禮吉 …………………………………… 138
蠣山政道 ……………………… 206, 209, 318
納村 ………………………………………… 139
浪路生 ……………………………………… 101
廊下鳶 ……………………………… 197, 212, 214
内ケ崎作三郎 ……………… 152, 166, 263, 362
内藤道夫 …………………………………… 285
内藤湖南 …………………………… 52, 250
内藤確介 …………………………………… 239
來馬琢道 …………………………………… 126
來栖三郎 …………………………………… 183
内野健兒 ……………………………… 246–247
内野辰次郎 ………………………………… 147
内田鯤五郎 ………………… 259, 265, 275–277
内田良平 ……………………………… 107–114
内田律爾 …………………………………… 105
内田繁隆 …………………………………… 352
内田正夫 …………………………………… 238
内村鑑三 …………………………………… 139
蘆間畜吉 …………………………………… 109
老軍曹 ……………………………………… 42
魯嗣香 ……………………………… 316–317
蘆人生 ……………………………… 45, 48, 51
勞働者白骨 ………………………………… 181
老虎生 ……………………………… 158–159
老虎嘯 ……………………………………… 32
老虎灘漁史 ………………………………… 241
碌々庵主人 ………………………………… 34
碌々隠士 …………………………………… 57

碌々蠧史 …………………………………… 149
鹿島房次郎 ………………………………… 99
鹿島守之助 ……………………………… 326, 388
鹿島龍濱 …………………………………… 14
鹿生 ………………………………………… 37
綠葉生 ……………………………………… 20
綠町人 ……………………………………… 67
瀧閣郵 ……………………………………… 1–2
瀧暮人 ……………………………………… 320
瀧襄二 ……………………………… 307, 310
朧月生 ……………………………………… 22
瀧一樹 ……………………………………… 328
濃紫 ………………………………………… 74
瀧川 ………………………………………… 14
瀧川生 ……………………………… 15, 23–25
瀧川竹雨 …………………………………… 27
賴慶龜 ……………………………………… 291
瀨野馬熊 ……………………… 146, 151, 179,
 183, 188, 192, 211–212, 220, 223, 231, 247, 269
瀨戸潔 ………………………………………
 95–96, 106, 119, 217, 220, 319, 323, 339, 347
樓井恒次郎 ………………………………… 139
陌巷生 ……………………………………… 89
能美晉二 …………………………………… 362
能勢太三郎 ………………………………… 237
菱田正治 …………………………………… 88
菱田靜治 …………………………………… 21
綾田豐 ……………………………………… 142
泥谷貞次郎 ………………………………… 171
泥峴生 ……………………………………… 15
泥峴市隠 …………………………………… 6
多加木三太郎 ………………… 170–171, 186–190
多加志 ……………………………… 212, 214
多田隆吉 …………………………………… 233
多田純二 …………………………………… 203
多田榮吉 …………………………………… 115
多田毅三 …………………………………… 263
多田政一 ……………………………… 324, 326
多田正知 ……………………… 273, 283, 295–299

多田春樹 …………… 117
多賀高延 …………… 15
斷琴女史 …………… 68, 70
丹羽清次郎 …………… 56,
　65, 72-73, 81-82, 86-87, 103, 127, 173-174,
　184-185, 215, 216, 218, 229, 264, 269-270
團琢鷹 …………… 177
蟹の舍 …………… 102
擔月生 …………… 116
堂門重夫 …………… 333, 340
堂本貞一 …………… 209-210, 318-319
當散隱士 …………… 173
唐澤俊樹 …………… 334
大岡力 …………… 18, 19
袋江生 …………… 67
大谷勝眞 …………… 380
大谷曉花 …………… 115
大空生 …………… 103, 114, 145, 150
大橋武夫 …………… 283
大橋美州 …………… 44
大橋又三 …………… 71
大橋正己 …………… 193
大橋次郎 …………… 293
大橋徹映 …………… 218
大橋忠一 …………… 268, 356
大久保 大將 …………… 16, 18
大久保雅彦 …………… 69, 113
大口義夫 …………… 286, 303, 322
大口喜六 …………… 133, 339, 373
大內武次 …………… 259, 269, 315, 371
大內兵衞 …………… 210
大內帳三 …………… 27, 137
大內丑之助 …………… 76
大內泰五 …………… 275
大島滿一 …………… 86
大島生 …………… 54
大島專藏 …………… 26
大島正德 …………… 248
大連強公 …………… 156

大連子 …………… 113
大連支局記者 ……………
　149, 151-154, 183, 192, 194, 199-200, 203,
　205, 208-209, 221, 228, 237, 239-240, 358
大林利之 …………… 288
大漠獵客 …………… 107
對巒樓主人 …………… 334
大木硏起 …………… 387
大木遠吉 …………… 36, 128, 135
大坊城龍一 …………… 331
大夢生 …………… 118, 238-239
對山間日樓主人 …………… 266
大山卯次郎 …………… 299-300, 362, 367
大山松次郎 …………… 295
大山郁夫 …………… 205
大山一夫 …………… 169
大森金五郎 …………… 46
大森富 …………… 233
大森禪戒 …………… 168
大西亘 …………… 363-364
大西勵治 …………… 376, 392
大西齋 …………… 291
大西勳治 …………… 387
大石勇輔 …………… 108
對星樓山人 …………… 2, 22
大城佐一 …………… 384
大野綠一郎 …………… 350, 380, 395
大野獏 …………… 395
大野一造 …………… 76, 81
大野政務總監 …………… 348, 380
大野豐四 …………… 145
大淵三樹 …………… 120
大屋權平 …………… 5, 53, 120
大熊良一 …………… 397
大原利武 …………… 182-183
大原武夫 …………… 313-314
大原生 …………… 287
大原龍太郎 …………… 331
大垣丈夫 …………… 168, 173, 208

大原庄太郎 …………………… 78
大藏公望 …………………… 330
大田三郎 …………………… 89
大庭柯公 …………………… 154
大庭青楓 …………………… 15
大庭虛山人 …………………… 185
大津生澤 …………………… 139
大津淳一郎 …………………… 242
大倉桃郎 …………………… 100
大倉喜八郎 …… 81, 112, 118, 153
戴天仇 …………………… 233
大川茂雄 ………… 9–15, 19–20
大川周明 …………………… 253
大村琴花 …………… 77, 79, 81
大村友之丞 … 91, 101, 118, 121, 172
大村雄次 …………………… 8
大村增太郎 …………………… 291
大村清一 …………………… 360
大村卓一 … 240, 254, 263–264, 272, 289, 293
大塚常三郎 …………… 180, 194
大塚源次郎 …………………… 354
大塚照子 …………… 360, 363
大澤三之助 …………………… 272
大澤勝 …………… 338–340
大澤章 …………… 352, 394
大阪支局記者 …………………… 108
大坪堅市 …………………… 308
大浦兼武 …………………… 38
大河內一男 …………… 382, 388
大河內正敏 …………… 254, 334–335
大韓漁業組合 …………………… 13
大和道人 …………………… 117
大和尚山人 …………………… 89
大黑屋主人 …………………… 18
大喜多筆花 …………………… 213
大隈重信
…… 25, 29, 31, 38, 42, 81, 118, 132, 151, 155
德光福英 …………………… 247
德留淸一 …………………… 304

德忘錄子 …………………… 115
德野眞士 …………… 350, 372, 387, 389, 396
德永生 …………… 200, 203
德永榮 …………………… 78
德憲義 …………………… 273
棹歌生 …………………… 157
道家齊一郎 …………………… 325
道家充之 …………… 9, 13, 23, 35, 45, 47
島貴兵太夫 …………… 26, 31, 42
島崎龍一 …………………… 102
圖南生 …………………… 372
渡邊寬一 …… 108, 113–117, 121, 145, 147
渡邊大陸 …………………… 264
渡邊得司郎 …………… 104, 107–108, 110
渡邊露子 …………………… 32
渡邊彌幸 …………………… 234
渡邊生 …………… 68, 215–216
渡邊信治 …………… 271, 371, 393, 395, 398
渡邊倪天子 …………………… 24
渡邊龍 …………………… 381
渡邊龍田 …………… 105, 127
渡邊祐之介 …………………… 358
渡邊爲吉 …………………… 104
渡邊帳 …………………… 27,
36, 48, 55, 67, 69, 72, 74–75, 81, 85, 89, 146
渡邊藏 …………………… 288
渡邊長峰 …………… 117–120
渡邊晉 174–175, 186–187, 218, 222, 228, 240
渡邊彰 …………… 67, 150, 190, 197, 250
渡邊千冬 …………… 341, 349, 356
渡邊天倪 …………… 26–28
渡邊天人兒 …………………… 31
渡邊鐵藏 …………………… 351
渡邊銕藏 …………………… 335
渡邊豐日子 …………… 205, 209, 214, 221
渡邊浩三 …………………… 374
圖部六 …………………… 278
島野好平 …………………… 106
稻葉君山 … 39, 271–218, 229–230, 246, 250,

252, 260, 270, 286–288, 293, 304, 314, 326

稲葉岩吉 ················· 38, 189

島元勤 ················· 264–265

稲原勝治 ················· 268

島田三郎 ················· 33, 40, 129

稲田周之助 ········· 92, 187, 263

島田志良 ················· 157

道田昌彌 ········ 241, 255, 315, 340, 343, 392

稲田春水 ················· 96, 98

島中雄二 ················· 204

都澤正章 ················· 87

都河龍之介 ················· 322

桃花泉 ··· 300–301, 304–307, 309, 311–312,
314–315, 317–318, 320–322, 325, 327, 330

禿頭巡査 ················· 77

東京支局記者 ················
28–29, 31, 104, 108, 122, 153, 156, 185–186,
203, 205, 213, 217, 220, 226, 230, 232,
235–238, 240, 243, 245, 270, 302, 320, 333

東京支社一記者 ················· 337

桐谷貞利 ················· 381

東武 ················· 240

凍生 ················· 66

東西南北生 ················· 3

東洋大學教授及學生 ················· 281

凍涎生 ················· 78

冬雨 ················· 66

桐原恒三郎 ················· 8

凍人 ················· 63

東州生 ················· 23

董重 ················· 391

東海居士 ················· 339

東海遊子 ················· 263

同行二人 ················· 208

東郷實 ················· 226, 237

豆滿卿 ················· 51

頭本元貞 ················· 29

杜淳二 ················· 321

藤岡潔 ················· 59, 116

藤島亥次郎 ················· 256, 257

藤房光一郎 ················· 302

藤山雷太 ················· 229, 241

藤森淸 ················· 269

藤水生 ················· 95

藤原銀次郎 ················· 348

藤圓定 ················· 156

藤原正文 ················· 67

藤原丑松 ················· 177

藤原咲平 ················· 261

藤原霞峯 ················· 388

藤田亮策 ········· 305–306, 346, 315–316

藤田文吉 ········· 383, 388, 398

藤田敏郎 ················· 216

藤田嗣章 ················· 36, 39,
41, 45–46, 53, 65, 69, 71, 73, 75, 78, 80–81, 85

藤田幸太郎 ················· 43

藤田虎力 ················· 129

藤田喜作 ················· 164

藤井健次郎 ················· 118

藤井寛太郎 ················· 199, 225

藤井誠一 ········· 349, 385, 388, 391, 393

藤井安正 ················· 347–348

藤井長藏 ················· 113

藤井定吉 ················· 7

藤井朝城 ················· 328

藤井秋夫 ················
········ 222–225, 230, 252, 279, 314, 328, 356

藤井虎彦 ················· 88–89, 163

藤川利三郎 ········· 21–22, 31, 69

藤村生 ········· 23, 202, 208

藤村彦四郎 ················· 382

藤村作 ········· 217–219, 387

藤村俊房 ················· 24

藤村忠助 ················· 368

藤村狹川 ················· 25

藤村曉 ················· 356

藤塚鄰 ················· 248–249

藤波義貫 ················· 293

藤戸樓岳 ………………………… 5, 116
馬頭山人 ………………………… 26–27
麻生久 …………………………… 207
麻生武龜 ……………………… 92, 94
磨松龍種 ………………………… 290
馬野精一 …………………… 207, 236
馬淵奎至 ………………………… 299
馬子龍 …………………………… 33
馬場景明 ………………………… 325
馬場鎮一 ………………… 254, 278, 304
馬醉木 …………………………… 134
馬詰次男 ……………… 99, 102, 140
萬二千峰學人 ……………………
…………… 100–103, 105–108, 112, 114–115,
119, 121, 127, 136, 139, 144, 153–156, 158,
163–164, 168, 171, 176, 184, 186–188, 190, 194
滿洲歸來客 ……………………… 292
滿洲男 …………………………… 221
滿洲支局一記者 ………………… 100
滿鐵會社 某氏 ………………… 48
滿韓浪客 ………………………… 10
滿韓萍士 ………………………… 11
末廣重雄 ………………………… 292
末廣清吉 ………………………… 229
末藤生 …………… 101, 103, 105, 123, 133
末松熊彦 ……………… 52, 69, 125, 189
末田晃 … 384, 386–388, 392–393, 397–398
末弘勝己 …………………… 397, 390
末弘嚴太郎 ……………………… 299
望月桂軒 ………………………… 49, 82
望天生 …………………………… 42
望天吼 ……………… 33, 35, 38–46
網村 ……………………………… 90
梅謙次郎 ……………………… 7–8
梅谷與七郎 ……………………… 209
妹尾義邦 ………………………… 169
梅田吉郎 …………………… 218, 221, 224
麥原朝臣 … 175, 178, 180–182, 184, 193
免耳生 …………………………… 7

綿引朝光 …………………………
…………… 201, 205, 215, 240, 253, 255, 262, 266
明洞宗匠 ………………………… 70
明石元二郎 ………… 42, 48, 57, 69, 73
明石照男 ………………………… 265
名越那珂次郎 …… 300, 303, 306–307, 310,
315, 319, 321, 323, 326–327, 329, 335,
339–341, 354, 357, 362–363, 386, 389, 395
明貞基 …………………………… 360
明治屋支配人 …………………… 101
某警視 …………………………… 69
某鑛山技師 ……………………… 324
某技師 …………………………… 145
毛崎行雄 ………………………… 101
某女史 …………………………… 1
某當局 …………………………… 20
某大官 …………………………… 22
某大尉 …………………………… 136
某老將軍 ………………………… 144
毛利元良 ………………………… 332
毛利清雅 ………………………… 99
某法官 ………………………… 83, 89
某飛行中尉 ……………………… 154
某生 ……………………………… 25
某鮮人官吏 ……………………… 144
某少將 …………………………… 130
某新聞社長 ……………………… 99
某實業家 …………………… 63, 209
某氏 ……………………………… 59
茅野生 …………………… 200, 216
栂野晃完 ……… 213, 216, 219, 224, 226
某有力實業家 …………………… 149
某醫師 …………………………… 232
某醫學博士夫人 ………………… 102
暮二 ……………………… 211–213
暮一樹 …………………………… 321
某將校 …………………………… 308
牟田口元學 ……………… 105, 109
牟田義信 ………………………… 386

某店主 …………………………… 15

某參謀 …………………………… 260

某海軍將校 ……………………… 303

木間九介 ………………………… 32

木谷重榮 ………………………… 269

木多建義 ………………………… 289

木堂生 …………………………… 6

木代嘉樹 ………………………… 309

牧瀬五一郎 ……………………… 71

木利靖彦 ………………………… 342

木梨靖彦 …………… 322–323, 343–344

牧梅三 …………………………… 349

木本倉三 ………………………… 144

木舍嘲花 ………………………… 105–106

牧山耕藏 ………………………… 108

牧山正德 ………………………… 272–273

牧野英一 …………… 123, 125, 173, 177

牧野元次郎 ……………………… 234

牧野輝智 …………… 305, 307, 318, 385

牧雲菴主持 ……………………… 23

牧田宵二 ………………………… 209

牧田正男 ………………………… 260

牧田飄 …………………………… 392

目池 ……………………………… 5, 27

目池戲艸 ………………………… 73

木村剛 …………………………… 346

木村達 …………………………… 257

木村雄次
…… 1, 34, 48, 54, 69, 73–74, 83, 109, 144, 153

木村靜雄 ………………… 178–179, 183

木村增太郎 …………………… 249, 264,
280, 292–293, 296, 310, 319, 332, 358, 374

木村直人 ………………………… 99–100

木下東作 ………………………… 166

木下露人 ………………………… 395

木下茂 …………………………… 350

木下叔夫 ………………………… 121

目賀田種太郎 ………………… 34, 99, 134

木戶忠太郎 ………………………

…… 55, 79, 90, 115, 119, 124–126, 129–131

木戶解劍 ………………………… 102

木薰雨 …………………………… 9

沒頭泥生 ………………………… 70

夢見る人 ………………………… 9

夢酒舍主人 …………………… 120, 147

蒙々生 …………………………… 94

夢峯生 …………………………… 163

夢原朝臣 ………………………… 194

夢塵 ……………………………… 69

夢の家た銀 ……………………… 118

妙法寺龍太郎 ………………… 390–395

眇田熊右衛門 …………………… 58

武居魁助 ………………………… 137

武居綾藏 ………………………… 112

武藤山治 ………………… 197, 230–231

武藤忠次 ………………………… 253

無名善 …………………………… 155

無名氏 …………………………… 142

無名子 …………………………… 13–15

無門禪 …………………………… 159

武富時敏 ………………………… 115

武部治右衛門 …………………… 170

無線電信生 ……………………… 6

無粹道人 ………………………… 139

武者鍊三 ………………………… 268–269

茂子生 …………………………… 127

武田久吉 ………………………… 273, 285

無情 ……………………………… 148

武井生 …………………………… 41

武井守成 ………………………… 220

無知齊 …………………………… 112

武智弘方 ………………………… 194

文文公子 ………………………… 161

門野重九郎 ……………………… 181

門外漢 …………………… 156–157, 160

勿禁生 …………………………… 4

勿堂迂人 ………………………… 257

味覺の秋 ………………………… 299

尾見薫 ································ 66, 114
尾崎敬義 ···························· 125, 206
尾崎隆三 ································ 110
尾崎史郎 ································ 271
尾崎誠司 ································ 316
尾崎行雄(咢堂) ·······················
·· 127, 142, 163–164, 212, 221, 233, 245, 352
美濃部俊吉 ·················· 119, 123,
125, 127, 137, 140, 144, 172, 178, 184, 190
美島梨雨 ················ 384–386, 390, 398
尾瀬敬止 ································ 262
米里紋吉 ································ 238
迷々亭 ································ 197
美砂樓 ································ 199
米山久彌 ································ 131
尾山那保司 ······························ 390
梶山昌雄 ································ 316
迷羊 ···································· 166
米田實 ················ 203, 233, 240, 323
美州山人 ································ 51
梶川裕 ·································· 373
梶村正義 ································ 267
悶煩の男 ································ 131
関載祺 ································ 225
迫間房太郎 ····················· 100, 325
朴念仁 ··································
·· 292, 296, 299–300, 305–307, 337, 359, 376
朴冥善 ································ 377–380
朴書房 ································ 279
薄運な女 ································ 112
薄原久四郎 ····························· 233
薄田斬雲 ································ 2
朴重陽 ································ 209
朴漢洪 ································ 359
朴興仁 ································ 369
半可通生 ································ 80
飯島寛一郎 ····························· 244
飯島幡司 ································ 306
半面子 ································ 98

飯山達雄 ································ 310
半仙市隱 ································ 261
半野憲二 ································ 246
半田敏治 ································ 365
半井清 ································ 180
飯倉文甫 ································ 219
飯泉幹太 ···························· 102, 233
半天狗 ································ 82
飯塚徹 ································ 293
飯塚喜四郎 ···· 143, 145–146, 171, 190–191
放浪男 ································ 85–86
放浪兒 ································ 89
訪問記者 ································ 266
方台榮 ································ 233
芳澤謙吉 ···························· 176, 314
芳賀榮次郎 ······························
······ 87, 97, 101, 108, 113, 115, 136, 139, 144
百間生 ···················· 214, 216, 218–219
百當生 ································ 150
白頭巾 ············· 95, 133, 222, 225–228, 230,
238, 243, 245, 247, 264, 272, 277, 328, 387
白頭山人 ················ 105, 171, 397–398
白瀧幾之助 ····························· 319
百瀬千尋 ···························· 349–350
白麟濟 ································ 284
白馬山人 ···························· 345, 347
白毛布 ································ 75
白眉生 ································ 50
白山潤 ································ 311
白山黑水 ································ 303
白山黑水樓主人 ························ 7–8
白山黑水生 ···························· 282–283
白上佑吉 ································ 171
白上祐吉 ································ 243
白水淡 ···························· 109, 113
白堊道人 ································ 350
白岳山人 ································ 168
白岳生 ································ 167
白眼子 ································ 103

白玉山人 ……………………… 52, 69	福富一郎 ……………………… 188, 191
白雨生 ………………………… 68	服部一二 ……………………………… 99
白雲生 ………………………… 21	服部自眉 ……………………… 48–49
柏原昌三 ……………………… 187	服部字之吉 …………………… 295
白衣市人 ……………………… 11	服部正一郎 …………………… 102
白田二荒 ……………………… 41	福富喜之助 …………………… 102
白井成允 ……………………… 284	福士末之助 ……… 263, 278, 281–282
白鳥庫吉 ……………………… 75, 374	服野貴三 ……………………… 130–131
白川太郎 ……………………… 66	福永たてを …………………… 234
飜譯官 某氏 …………………… 16	福田其二郎 …………………… 338
凡々子 ………………………… 17, 145	福田德三 ……………… 130, 137, 177
凡佛 …………………………… 139	福田 潜水艦艦長 …………… 149
帆足理一郎 …………………… 198, 207	福田顯四郎 …………………… 113
帆足準三 ……………………… 63, 67	福澤桃概 ……………………………… 99
法界子 ………………………… 119	卜波省三 ……………………… 394, 397
變裝記者 ……………………… 74	本間九介 ……………………………… 29
辯護士 某氏 …………………… 101	本間德雄 ……………………… 342
別府生 ……… 164, 231, 233, 235	本間如因 ……………………… 41, 43–45
別府八百吉 …………………… 254, 293	本間孝義 ……… 87, 151, 213, 321, 348
並木艶野子 …………………… 14	本多駒次郎 …………………………… 72
餅屋の爺 ……………………… 16	本多龍成 ……………………… 360–362
柄澤四郎 ………… 285–287, 292, 317	本來慧星兒 …………………………… 28
病みし女 ……………………… 128	本府廊下鳶 …………………… 212, 214
保々隆矣 ……………………… 256–257	本社記者 ‥ 108, 112, 144, 176–182, 184–196
福德樓主人 …………… 173, 176, 182	本社編輯部長 ………………… 266
福來友吉 ……………………… 90	本社編輯部調査 ……………… 325
福祿山人 ……………………… 254	本宿家全 ……………………………… 4
伏馬將軍 ……………………… 64–65	本位田祥男 …………………… 396
覆面女史 ……………………… 175	本田建義 …‥ 83, 249, 273, 286, 310, 314, 317,
覆面散史 ……………………… 194	320–322, 324, 326, 329, 335, 342, 352, 357
覆面市陰 ……………………… 233	本田常吉 ……………………… 77, 118
覆面子 ……………… 67, 140, 147	本田秀夫 ……………………… 393
福本日南 ……………………… 29	本田龍馬 ……………………… 348
服部古郵 ……………………… 118	本田熊太郎 …………………… 302, 320
服部岱三 ……………………… 340–341	本田幸介 ……………… 8, 49, 75, 149
服部綾雄 ……………………… 39, 64	本誌記者 ……………………………
服部文四郎 … 159, 341, 344, 370, 376	180–181, 208, 216–218, 222, 224, 233–235,
服部宇之吉 …………………… 93, 113, 164	238, 241, 244, 247–248, 250–251, 253–254,
服部六郎 ……………………… 288, 335	258–260, 262–272, 275–278, 285–369, 371–397

本誌新參記者	259	北漢山人	168
本誌編輯部	268, 282, 325	北漢山學人	178, 182
本誌編輯室	267	墳飯生	53
本誌A記者	285	不見山人	116
峯岸繁太郎	5, 50	不發彈生	144
棒葉	208	不粹生	53
奉天支局記者	132, 239	不二郎	181, 188
不渴生	35	不破武夫	368
富岡 文學士	158	棚橋一郎	45
富岡正夫	291	備忘錄子	31
浮浪人	142	榧本龜生	386, 390
富士貞吉	179–180, 182	榧本龜次郎	268
釜山商業會議所	13	痩世佛	128
富山護任	312–313	飛岳生	70–71
不仙生	124	飛魚漁朗	121–122, 132, 140–143, 145–158,
富永 學士	55		160–161, 163–167, 169–179, 183–190, 192–198
富田謙一	215	飛雨子	84
富田勇太郎	382	匪子生	70,72
富田榮吉	184	匪之助	76, 78–79, 81–83
富田籍人	36	肥塚正太	38, 40, 206, 208
浮田和民	150	琵琶法師	130
部正一郎	102, 113	肥後宇	100
富海北斗	106	濱口良光	198, 200–202, 204, 211, 215, 229
北岡光太郎	80	濱口雄幸	172
北岡逸志	356	濱野洋	273
北斗生	134, 159	濱野稔	383
北里 博士	161	師橋渡	359, 364, 369
北山叩天	163, 169–171	寺島利久	212
北山郭公	194	社末生	278
	–198, 200, 202–203, 205–206, 211, 214–217	寺尾亨	335–337
北上小枝	361	四方博	287, 291, 296, 305
北岳生	20	寺本喜一	128, 278, 338, 343, 347, 352
北川左人	329	飼信成	312, 314
北村庸人	152	四十雀	226
北村愚堂	39–40	邪安刻冬	320
北村眞次	310	沙魚勳	304
北澤茂	209	寺田瑛	99, 351, 374
北澤新次郎	398	寺田祐吉	305
北漢山生	242	私田正之	374

寺内 總督 ……………………… 69
斯波隨性 …………………… 219
斯波貞吉 …………………… 121
蓑八泊 …………… 296, 303–305, 314
社亨二 ……………………… 321
山岡光太郎 …………… 81, 83–84
山岡萬之助 …………… 228, 254
山岡城兒 …………………… 186
山岡元一 …………… 82–83, 100
山岡政一 …………………… 396
山岡操 …… 315, 318–320, 327, 339
山科禮藏 …………………… 157
山口皐天 …………………… 153
山口濃水 ………………… 10–12
山口東嶺 ……………… 1–2, 16
山口茂 ……………………… 390
山口病埠天 ………………… 194
山口陽康 ………… 367–369, 373–375
山口義一 …………… 241, 303, 356
山口 醫學士 ……………… 55
山口長男
 … 288, 309, 311, 315, 351, 361, 366
山口精 ……………………… 81
山口正 ……………………… 230
山口正之 ………… 312–313, 382–383
山口竹二郎 ………………… 18
山口太兵衛 ……………… 17, 83
山口恒衛 …………………… 145
山口 憲兵大佐 …………… 171
山根正次 ……… 29, 57, 74, 78, 82, 86
山根謙 ………………… 304–305
山崎隆吾 …………………… 282
山崎斌 ……………………… 118
山崎生 ……………………… 124
山崎阿水良 ……………… 123–124
山崎延吉 …………………… 300
山崎元幹
 … 110, 113, 115, 117–118, 122, 126, 130
山崎源一郎 ………………… 11

山崎知二 …………… 279, 367
山崎直方 ………… 132, 147–149
山崎眞雄 …………… 193, 238
山內繁雄 …………… 281, 286
山內保 ……………………… 258
山內生 ……………………… 88
山道襄一 …………… 151, 347
山名白紅 ……………… 82, 84
山邊勇輔 …………………… 99
山本供平 …………………… 183
山本弓公 …………………… 198
山本彌內 …………………… 118
山本美砂樓 ………………… 199
山本美越乃 ………………… 154
山本三平 …………………… 358
山本生 ……………… 20–21, 201
山本犀藏 …………… 263, 293
山本仙 ……………………… 113
山本尋己 ………… 336–337, 346
山本榮 ……………………… 306
山本英輔 …………………… 121
山本一清 …………………… 237
山本鼎 ……………………… 319
山本千代子 ………………… 351
山本忠美 …………………… 195
山本忠平 …………………… 314
山本忠興 …………………… 374
山本夏夫 …………………… 321
山本鶴一 …………………… 129
山本好造 …………………… 276
山部正明 …………………… 286
山北盛三 ……… 74, 76–77, 79–80
山寺讓二 …………………… 312
山上昶 ……………………… 167
山西恒郎 …………………… 118
山室軍平 ………… 196, 198, 203
山室辰之助 ………………… 170
山岳草 ……………………… 170
山岸苛葉 …………………… 11

山野上長次郎 ……………………… 208
山野巖 ……………………………… 120
山野佐知夫 …………………… 370, 372
山野左千彦 ………………………… 230
山野いわを ………………………… 104
山羊生 ……………………………… 124
山田道元 ……………………… 345, 347–349
山田良致 …………………………… 313
山田武吉 ……… 87–91, 93–94, 96, 98, 100
山田不二雄 ………………………… 314
山田三良 …………………… 183, 196
山田生 ……………………………… 108
山田新一 … 273, 280, 303, 305, 313, 316, 318
　–319, 327, 334, 342, 353, 355, 370, 375, 379
山田永三 …………………………… 365
山田勇雄 …………………… 230, 355
山田猶之助 ………………………… 69
山田一隆 …………………………… 198
山田操 ……………………………… 325
山田鐵仙 …………………………… 312
山田わか …………………………… 204
山地白雨 …… 48, 51, 65–66, 69–71, 73, 82
山地生 ……………………………… 143
山川健次郎 …………………… 174, 194
山川端夫 …………………………… 292
山川正 ……………………………… 380
山村蕎 ……………………………… 264
山村鋭吉 …………………… 284, 303
山澤和三郎 ………………… 292–293,
　295–299, 301–303, 305, 308, 311–312, 314–317
産婆 某女 …………………………… 101
山浦瑞洲 …………………………… 105
山下南海 …………… 1–3, 9–11, 25–26, 39
山下美樹 …………………… 309, 326
山下秀隆 …………………… 251, 276
山下信義 …………………………… 300
山下義信 …………………………… 175
山下靜山 …………………………… 383
山下天外 …………………………… 177

山絃閣主人 ………………… 117–118
山縣生 ……………………………… 115
山縣五十雄 ………………………… 177
山縣伊三郎 ………………… 59, 73
山縣靜智 …………………… 273–274
山縣次郎 …………………………… 99
山形岩雄 …………………………… 369
山形靜智 …………………… 225–226
山形閑 ……………………… 85, 98
三角梧郎 …………………………… 329
森岡修 ……………………………… 244
森谷克己 …………………………… 327,
　333, 337, 353–354, 371, 378, 390, 395, 398
杉谷泰山 …………………………… 179
三根辰一 …………………………… 163
森 技師 ……………………………… 25
森崎實 ……………………………… 370
三吉明 ……………………………… 394
三宅雪嶺 …………………………… 208
三宅雄二郎 ………………… 93, 120
三宅長策 …………… 11, 20, 24, 51, 55, 99
三嶋正二 …………………… 276–277, 281–283,
　286, 291–2, 296, 310–311, 329–330, 332
三島太郎 ………………… 6, 49, 75, 77–81,
　83–85, 93, 98–99, 113, 118, 128, 138, 144
三輪田元道 ………………… 218, 285
三面子 ……………………… 284–285
三木暮二 …………………… 217–219
三木武重 …………………… 77, 85, 170
三木生 ……………………………… 210
三木弘 …………… 310–312, 321–322, 324, 333
森木厚吉 …………………………… 161
森武夫 …………………… 334, 355
森凡 …………………… 283–285, 287–289
　292–293, 295, 298–299, 302, 306, 356, 384
森凡平 ……………………………… 398
三本武重 …………………………… 41
杉本生 ……………………………… 189
杉本長夫 … 298, 306, 311, 315, 321–322, 326

杉本正介 ……………………… 144
森本厚吉 …………………… 160
森山美夫 ……………………… 69
杉山宗市 …………………… 293
三山喜三郎 … 152, 158, 173, 258, 263, 268
杉森孝次郎 ………………… 258
三上參次 …………………… 252
森生 ……………………… 318-319, 321
三笑生 ……………………… 147
森秀雄 ………………… 234, 236
三矢宮松 …………………… 295
森安連吉 ……………………… 44,
　46, 52, 54, 58, 68, 74, 85-86, 91, 142, 154
森御陰 …………………… 114, 116
森悟一 …………… 237, 243, 277, 287
森屋天鼓生 ………………… 92
森勇三郎 ……… 27, 55, 61, 63, 109
杉原德行 ………………… 297-298
杉原生 ……………………… 20
杉原忠吉 ……………………… 7
森元泰巖 …………………… 104
森爲三 ………………… 45-46, 146,
　192, 302, 306, 314, 322, 326, 338, 362, 364
森爲次郎 …………………… 242
森六治 ……… 233, 256, 263, 293, 354
森二郎 ……… 216, 242, 272, 352, 394-397
森莊三郎 …………………… 187
三田生 …………………… 207
杉田定一 …………………… 107
三田定則 …………………… 282
杉田直樹 ………………… 245, 259-261
三田鄉花 ………………… 200-201, 205
三井久 …………………… 391
森貞吉 …………………… 159
三井道男 …………………… 383
三井 書記官 ………………… 121
三井榮長 ………………… 221, 223
森哲朗 …………………… 273
森村禮二 …………………… 352

杉村陽太郎 ………………… 182, 312, 315
三土忠造 ………………… 165, 235
三浦彌五郎 ………………… 4, 104
三浦彌太郎 ………………… 166
三浦義幹 ………………… 135, 137
三浦義人 … 388-9, 391-392, 394, 397-398
三浦一郎 …………………… 352
三浦周行 ………………… 124, 164
三浦贊次郎 …………………… 273
森寒翠 …………………… 257
森賢吾 ………………… 188, 213, 232
三戶萬象 …………………… 198
森孝市 …………………… 286
森孝一郎 …………………… 306
三すじ生 ……………………… 44
澁谷禮治 … 259, 264, 287, 290, 294, 303, 305,
　307-309, 311, 313-314, 317-318, 320-321,
　323-324, 335, 338-339, 342-344, 349,
　351-355, 359-363, 368, 370-372, 374, 379, 385
澁澤榮一 … 81, 110, 118, 126, 159, 172, 186
商工局 ……………………… 18
桑堂 ……………………… 14
相島勘二郎 ………………… 63
桑島稔 …………………… 373
上林敬次郎 ……… 88, 95, 99, 102, 105
相馬愛藏 …………………… 315
桑名德七 …………………… 398
桑木嚴翼 …………………… 153
上山滿之進 …………………… 169
上杉直三郎 …………………… 218
相生由太郎 …………………… 124
上野金太郎 …………………… 222
上野陽一 …………………… 157
上野英三郎 …………………… 168
上野赤城 …………………… 332
上原敬二 ………………… 293, 359
桑原直德 …………………… 378
桑原丑三 …………………… 202
桑原隲藏 …………………… 121

上田敬三	·············	275
上田恭輔	·············	132, 139
上田萬年	·············	120, 138
桑田芳藏	·············	258
上田芳舟	·············	285
上田常一	···	341, 348–350, 367, 377
上畠五一郎	·············	75
上田外男	·············	169
上田精	·············	275
上田貞次郎	·············	166, 234
上田徹	·············	108
上田輝雄	·············	346
商店小僧	·············	6
上條靜波	·············	278
床次竹二郎	·············	76, 226
相川信	·············	102
上村光佑		
··299–301, 308, 311, 314, 317, 321–322, 324		
上邨正己	·············	1, 3–4
上村哲彌	·············	304
常置記者	·············	85
上坂西三	·············	393
相賀照鄉	·············	47
色空道人	·············	113
色野葵之助	·············	51
生田長江	·············	70
生田清三郎	·············	173–174, 233, 263
西龜三圭	·············	
········ 223, 274, 294–297, 308, 318, 360, 382		
西崎生	·············	272, 278
西崎鶴司	·············	269–270, 282
西島助義	·············	100
緒方清	·············	238
緒方浩太郎	·············	318
西本量一	·············	213
西山力	·············	396
西小門散史	·············	140
瑞穂生	·············	78
西野義三	·············	344
西野義一	·············	347, 354, 360
西原龜三	·············	74
西原 部隊長	·············	370–371
西園生	·············	52, 54
西原 少將	·············	388
西原充	·············	246
西田常三郎	·············	230
徐廷億	·············	386, 390, 398
西川久藏	·············	146
西川融	·············	314, 316–318
西村寬	·············	335
西村道彦	·············	74, 83, 99
西村濤蔭	·············	55, 59, 66, 94, 97
西村保吉	··· 167–168, 175–176, 182–183, 191
西村眞太郎	·············	383
西村昌太郎	·············	294
西澤寬次	·············	69
西澤勇志智	·············	249
徐恒錫	·············	338
西海	·············	165
石橋令邑	·············	336
石橋岳東	·············	99–101
石崎震二	·············	48, 110
石木鎖太郎	·············	109
釋尾旭邦	·············	1–398
石上生	·············	56
石城生	·············	69
石垣良一	·············	370
石原生	·············	101
石原修	·············	206
石原純	·············	181
石原清熙	·············	102
石原憲一	·············	229, 378
石田武亥	·············	145
石田常姜	·············	271
石田常英	·············	265
石田新太郎	·············	41, 43, 46
石田千太郎	·············	323–324, 339
石靜	·············	8–9

石井健三郎 ……………………………… 229
石井菊次郎 ……………… 28, 106, 240, 301
石井謹吾 ………………………………… 211
石井順一 ………………………………… 241
石井市重郎 ……………………………… 255
石井靜人 ………………………………… 274
石井徵 …………………………………… 210
石井楚江 ………………………………… 164
石井艸園 ………………………………… 396
石井忠吉 ………………………………… 213
石鎭衡 …………………………………… 63
石川能美 ………………………………… 342
石川登盛 ………………………………… 233
石川 博士 ……………………………… 264
石川半山 ……………………… 99, 149, 164
石川伸一 …………… 362–363, 365–366
石川源三郎 ……………………………… 105
石川義一 …………… 199–200, 204, 214
石川濟治 …………………………… 68–69
石塚生 …………………………………… 151
石塚英藏
 …… 1, 69, 73, 85, 98, 103, 118, 126–127, 144
石戸谷勉 … 218, 242, 249, 258, 269, 325, 350
善生永助 … 270, 275, 279–280, 297, 302, 307,
 310, 314, 318, 322, 324, 326, 328, 330–331
船津辰一郎 ……………………………… 193
旋風生 …………………………………… 242
鱈右衛門 …………………………… 221–222
雪の舍生 ………………………… 129, 138
攝待初郎 ………………… 127, 130, 143
城南畫房主 ……………………………… 387
城南隱士 ………………… 280, 292–297, 329
城南逸士 ………………………………… 142
成島生 …………………………………… 31
成島淑士 ………………………………… 19
城北隱士 …………………………… 346–348
城北隱史 ………………………………… 150
城西野人 …………………………… 84, 238
城西隱士 ………………………………… 183

城數馬 …………………………………… 15
城野杜三郎 ……………………………… 200
星野庄三郎 ……………………………… 107
星野直樹 …………………………… 379, 385
成田瀧川 ……………… 26, 47, 66, 69, 96
成田生 …………………………………… 13
成田竹雨 …………………………… 4–6
成田鐵郎 ………………………………… 156
成田忠良 ………………………………… 103
星出正夫 ………………………………… 220
城隍堂山人 ……………………………… 391
星の舍生 ………………………………… 73
星の人 …………………………………… 110
洗兵庵 …… 66, 71–73, 76, 78, 80, 85, 90, 95
細川貞 …………………………… 354–361
細川貞一 ………………………………… 347
笹村鐵雄 ………………………………… 381
蘇谷生 …………………………… 76, 81
小橋橙吉 ………………………………… 39
小橋三四子 ……………………………… 34
小群山誠一 ……………………………… 374
小宮佐保松 ……………………………… 72
篠崎嘉市 ………………………………… 127
篠崎湖二 ………………………………… 191
小金澤幸平 …………………………… 38–39
小島精一 ………………… 281, 312, 345
小島幸治 …………………………… 252, 351
小林 監督局長 ………………………… 12
小林生 ………………… 57, 59, 61–65
小林愛雄 ………………………………… 71
小林榮子 …………………………… 145–146
小林一郎 ………………………………… 170
小林一三 ………………………………… 393
小林靜雄 ………………………………… 355
小林正直 ………………………………… 174
小林朝陽 …… 71, 73, 88, 97, 102, 105, 118
小林晴治郎 ………………………………
 …… 135, 147, 194, 219, 222, 224–225, 234,
 244, 247–248, 253–255, 259, 263, 265, 270,

274, 279, 291, 303, 335, 338, 345, 350, 354

小林丑三郎 ……………… 134, 158, 194

小林蹴月 ……………………………… 100

小林忠次郎 ……………………………… 103

小林鶴城 ……………………………… 136

小林行昌 ……………………………… 379

小笠原鍵 ……………………………… 207

小笠原 技師 ……………………………… 386

小笠原三九郎 ……………………………… 315

小笠原俊郎 ……………………………… 305

小笠原豊光 ……………………………… 346

小濱氏照 ……………………………… 38

小寺謙吉 ……………………………… 125

小寺融吉 ……………………………… 214

小山内薫 ……………………………… 234

小山文雄 ……………………………… 349

小山一德 … 139, 195, 211, 236, 244, 350

小山宗治 ……………………………… 284

小森七郎 ……………………………… 219

小杉虎一 ……………………………… 349

小西 釜山府尹 ……………………………… 212

小西春雄 ……………………………… 138

小城齊 ……………………… 40, 90

小松緑 ……………………… 47, 71, 96

小松鳳三 ………………278, 285, 289,
291–292, 304, 315, 319, 368–374, 379–381

小松三保松 ……………………… 81, 83

小松生 ……………………………… 22

小松小太郎 ……………………………… 159

小松原英太郎 ……………………………… 107

小松煩白郎 ……………………………… 323

小野久太郎 ……………………………… 263,
278, 293, 300, 302–304, 306, 311–312, 354

小野武夫 ……………………………… 215

小野生 ……………………………… 67–68

小野英二郎 ……………………………… 192

小野田琢之 ……………………… 338, 342

小野晴男 ……………………………… 389

小野清一郎 ……………………………… 184

笑淵生 ……………………… 200–201

逍遙山人 ……………………………… 357

疎雨子 ……………………………… 38

小熊九萬造 ……………………………… 243

小原國芳 ……………………… 274–275

篠原彌兵衛 ……………………………… 225

篠原生 ……………………………… 73

小原新三 ……… 85, 119, 124, 127, 130, 140

篠原榮太郎 ……………………………… 173

篠原昌三 ……………………………… 307

小日山直登 ……………………………… 315

小田幹治郎 ……………… 21, 27, 84, 97, 103

蘇田嗣章 ……………………………… 76

小田生 ……………………………… 47

小田省悟 ……………………………… 46

小田省吾 ……………………… 139, 150–
151, 238, 264–265, 330, 335, 354–358, 387

小田信一 ……………………………… 114

小田安馬 ……………………… 249, 273

小田榮 ……………………………… 134

沼田政二郎 ……………………………… 48

小田定藏 ……………………………… 163

篠田治策 ……………………… 233, 247

小田柿拾次郎 ……………………………… 4

沼田せい ……………………………… 275

小早川敬 ……………………… 359, 361

小湊潔 ……………………………… 203

小池寛次 ……………………………… 101

小池文夫 ……………………………… 365

小池 醫學博士 ……………………………… 252

小倉伸吉 ……………………………… 269

小倉進平 ……… 46, 58, 68–70, 83, 88–
89, 91–93, 110, 134, 153, 174, 242, 253–254

小川萬 ……………………………… 73

小川蕃 ……………………… 268, 270, 277

小川運平 ……………………… 51, 67, 80, 123

小泉 第八師團長 ……………………………… 60

小泉策太郎 ……………………………… 170

小川平吉 ……………………… 27, 37, 58

小川鶴二 ……… 38, 98
小川郷太郎 ……… 138, 148, 166, 307, 372
小泉顯夫 ……… 262
小村咲子 ……… 93
小出光政 ……… 298
沼波瓊音作 ……… 185
小葩生 ……… 115
小平權一 ……… 130
小河原義照 ……… 139, 142
小河正儀 ……… 259
素寒生 ……… 197
小紅子 ……… 2
小和田生 ……… 56
小黑稔夫 ……… 316
俗仙 ……… 6
速水光風 ……… 71–72
粟井光夫 ……… 391
巽來次郎 ……… 79
松岡均平 ……… 49, 91, 107, 139, 144
松岡修三 ……… 345
松岡修太郎 ……… 225
松岡洋右 ……… 174, 182, 255, 301
松岡正男 ……… 243, 316
松岡正作 ……… 357, 358
松崎嘉雄 ……… 261, 265
松崎半三郎 ……… 99
松崎時勉 ……… 138, 140–141, 144, 148
松崎又五郎 ……… 328
松崎天民 ……… 104
松南生 ……… 151, 160, 163
松濤生 ……… 212, 214–215, 225
松都隱士 ……… 40
松陵道人 ……… 184
松木幹一郎 ……… 173
松尾目池
……… 3, 6, 8, 23, 28, 45, 67, 69, 71–73, 78
松尾茂吉 ……… 4
松美佐雄 ……… 90
松本健次郎 ……… 168

松本經吉 ……… 290
松本誠 ……… 263, 338
松本訝太郎 ……… 28
松本六公 ……… 98, 131
松本伊織 ……… 308
松本重敏 ……… 279
松本烝治 ……… 324
松本忠雄 ……… 327, 387
松本馨 ……… 289
松本浩通 ……… 392
松寺竹雄 ……… 83, 226, 233, 251, 254, 263
松山 商務參事官 ……… 277
松山常次郎 ……… 132
松山安次郎 ……… 16
松山忠次郎 ……… 102
松岳生 ……… 66, 68, 70
松野二平 ……… 269, 398
松葉秀文 ……… 309–311, 313,
　315, 329–330, 334–335, 337, 339, 362, 379
松永武吉 ……… 77, 151
松永速雄 ……… 266
松雨樓主人 ……… 170
松原 ……… 288
松原松濤 ……… 215
松原純一 … 294, 370, 382, 386, 388, 394, 398
松原榮 ……… 8
松原徹州 ……… 247
松月秀雄
……… 243–246, 254–255, 265, 281, 304, 345
松田甲 ……… 59, 335
松田健彦 ……… 16
松田四郎 ……… 34, 86
松田黎光 ……… 380
松田義雄 ……… 266
松田昌德 ……… 72
松田學鷗 ……… 146, 154, 173, 184, 204,
　215, 218, 225, 270, 276, 295–296, 326, 362
松井權平
……… 242, 258, 309, 311, 315, 322, 327, 340

松井 大將 ……………………… 361
松井滿久 ……………………… 316
松井茂 …… 1, 11, 13–14, 22, 29, 35, 168, 203
松井信助 ………………… 98, 109, 115
松井春生 ……………………… 357
松井太久郎 …………………… 238
松枝雪子 ……………………… 116
松之助 …………………… 5, 173
松川敏胤 ……………………… 132
松村桃代 ……………………… 257
松村生 ………………………… 380
松村松盛 …… 225, 227, 245, 251, 263
松波仁一郎 ………………… 210, 301
松平 壽 ……………………… 305
松平直平 ………… 124, 144–145, 169
松浦原治 ……………………… 26
松風村雨庵 …………………… 37
松下久次郎 …………………… 91
松下芳男 ……………………… 295
松の里人 ……………………… 115
水間春明 ……………………… 107
須江雄藏 ……………………… 103
穗耕樵史 ……………………… 113
水内清治 ……………………… 48
水棹子 …………………… 36, 38–41,
    44, 57, 61, 63, 67, 70–72, 76, 79, 81–83, 89
水島治夫 ………………… 216, 365
水島幸太 ……………………… 354
須麻守人 ……………………… 374
須木隆人 ……………………… 376
水尾虎之助 …………………… 81
水産局 ………………………… 17
水上皇太郎 ………………… 268, 272
粹生 …………………………… 53
水城寅雄 ………………… 346–347
水野三四郎 ………………… 107, 120
水野鍊太郎 … 139, 158, 210, 229–233, 237
守屋德夫 ………… 247, 250, 262–264
守屋比助 ……………………… 145

守屋榮夫 ………………… 195, 248
守屋此助 ……………………… 144
守屋清 ………………………… 369
守屋和郎 ………………… 329–330
水越理庸 ……………………… 109
垂眦堂主人 …………………… 78
穗積重遠 …… 174, 200, 216, 265, 287, 329
穗積眞六郎 ………………… 209, 324
袖汀生 ………………………… 202
水井れい子 …………………………
    332–333, 336–338, 340, 344, 347, 353
水津信治 ………… 116, 182, 184, 191, 194
水天生 ………………………… 161
手塚吉次郎 …………………… 179
水趣理庸 ……………………… 51
須賀野 …… 125, 129, 131, 133–134, 141–142
水戶坊 …………………… 17–20, 23
巡禮者 ………………………… 145
桝本卯平 ………………… 156–157
昇曙夢 …………………… 261, 273, 279
勝田主計 ………………… 107, 139, 168
勝正憲 ………………………… 327
勝村生 ………………………… 31
勝村長城 ……………………… 127
勝村はすゑ …………………… 29
矢鍋永三郎 …………………………
    90, 161, 163, 233, 236, 293, 335, 338
矢橋小葩 ……………………… 163
柴崎鐵吉 ………… 83, 97, 103, 170
矢內原忠雄 ………………… 277, 329
矢嶋杉造 ………………… 218, 219
柿木利一 ……………………… 289
矢部吉禎 ……………………… 49
矢部勝道 ……………………… 291
市山盛雄 ………………… 273, 276
柴山昇 ………………………… 305
示申生 …………………… 42, 69
時實秋穗 ………… 168, 190, 195
矢野菊松 ………………… 78, 138

矢野國太郎 ……………………………… 10
矢野義次郎 ………………………… 114, 122
矢野助藏 ………………………………… 98
矢野恒太 ………………… 91, 179, 198-199
時永浦三 ………………………… 165, 171
柿屋無庵 ……………………………… 350
柴垣幹夫 ………………………… 323, 325
市原盛宏 …… 11, 24, 53, 73, 76, 78, 95-96
柴原正一 ………………… 297-298, 323
市隱 …………… 237-238, 240, 264, 267
市隱生 ………………………………… 239
柴田久雄 ……………………………… 182
柴田珪太 ……………………………… 283
柴田博陽 ……………… 53, 55, 69, 125, 196
柴田生 ………………………………… 182
柴田善三郎 ………………………………
………… 149-150, 168-169, 171-172, 177
市井散史 ……………………………… 277
市井散人 …………………………… 3, 10, 293
市井隱士 ……………………………… 265
市井子 ………………………………… 338
市川代治 ………………………………… 51
市川牧之助 …………………………… 66, 88
市川信清 ………………………………… 80
市村光惠 ……………………………… 184
市村今朝藏 …………………………… 350
市村秀志 ……………………………… 264
市村秀忠 ……………………………… 259
矢吹慶輝 …………… 273-276, 368, 302
矢吹常夫 ……………………………… 271
矢澤秀夫 ……………………………… 380
植木秀幹 …………………… 11, 227, 277
殖産銀行調査部 ………………… 383, 393
植野勳 …………… 276, 301, 306, 312, 338
植原悅次郎 …………………………… 200
植田空悟 ………………… 289, 300, 301
植田國境子 …………………………… 258
植田 理事 ……………………………… 289
植田政治 ……………………………… 381

植村生 ………………………… 258-260
植村俊二 ………………… 75, 157, 166
植村諦 …… 258, 260, 262, 264, 266
新京支局記者 ………………………… 316
神谷鬼山 …………………… 5, 21-23
神谷文太 ……………………………… 101
神谷卓男 ………………………………… 2
神谷つくば …………………… 20-21
新橋畔翁 ……………………………… 28
神崎祐吾 ……………………………… 320
新渡戶稻造 ………………………………
…… 69, 116-117, 141, 236, 271, 290, 306
辛島驍 …………… 266-268, 279-284,
288-291, 294, 299, 304, 307, 322, 329, 336,
340, 344, 369-370, 372-373, 378, 382, 393
神藤才一 ………………………………… 49
新來生 ………………………………… 224
新明正道 ………………… 322, 354, 359
神尾弌春 ……………………………… 351
神保太仲 ……………………………… 136
新城正雄 ……………………………… 190
神余潮外 …………………………… 48-51
榊原圖南 ………………………………… 66
信原生 …………………………………… 5
信原聖 ………………………………… 348
神人生 ………………………………… 39
新庄正雄 ……………………………… 175
新田生 ………………………………… 234
新田順三 ……………………………… 329
神田純一 ……………………………… 103
新田新太郎 …………………………… 236
新田龍朗 ……………………………… 306
新田唯一 ……………………………… 233
神田正雄 ……………………………… 280
新井誠夫 ……………………………… 210
新參記者 ………………………… 259, 270
新參者 …………………………… 215-216
信天記者 ……………………………… 98
信天生 ………………………………… 10

神川彦松 …………………… 261, 309, 317, 365
信天翁 ……………………………………… 11
信天翁生 …………………………………… 215
新村出 ……………………………………… 87
神戸正雄 …………………………… 119, 340
室谷修太郎 ………………………………… 81
失名粋士 …………………………………… 151
室伏高信 ……………………………… 275–276
室田武 ……………………………………… 274
室田武隣 ………………… 249, 252, 254, 262
深尾道恕 …………………………………… 103
深水清 ………………………… 50, 77, 79, 81
深作安文 …………………………………………
………… 93, 161, 186, 278, 282, 284, 342, 364
深井英五 …………………………… 338, 371
沈春童 ……………………………… 381–382
深澤新一 …………………………………… 275
深海豐三 …………………………………… 160
辻信太郎 …………………………………… 165
辻屋主人 …………………………………… 101
十一味生 …………………………………… 20
十河信二 …………………………………… 363
兒島 中將 ………………………… 136, 139, 144
兒島獻吉郎 ………………………… 242–243
阿木良 ……………………………………… 118
阿房鳥 ………………………………… 77, 80–81
阿部磯雄 …………………………………… 239
阿部秀太郎 ……………………… 77, 129, 146
阿部信行 …………………………… 382, 385
阿部勇 ……………………………… 278, 343, 360
阿部次郎 …………………………… 155, 196
阿部賢一 ………………… 259, 372, 384, 392
阿部浩 ……………………………………… 100
芽野榮 ……………………………………… 207
兒玉秀雄 …………………………… 85, 98
兒玉純一 …………………………… 26, 38
兒玉才三 …………………………………… 110
兒玉花外 …………………………… 99, 102
阿川重郎 …………………………………… 319

安佳時太郎 ………………………………… 262
安岡正篤 …………………………………… 88
岸光宣 ……………………………………… 261
安達謙藏 …………………………… 28, 32 137
安達謙造 …………………………………… 47
安達大壽計 … 68, 103, 116, 123, 126, 147
安達房次郎 ………………………………… 225
安達生 ……………………………… 120–121
安藤建兩 …………………………… 337–338
安藤乾幽
335–336, 339–341, 342–350, 352, 355–356,
358–359, 370–371, 373, 379, 381, 383–385
安藤保之助 ………………………… 186, 337
安藤又三郎 ………………………… 107, 172, 138
安藤靜 ……………………………………… 32
安藤正純 …………………………… 349, 372
安藤正治 …………………………………… 182
安藤辰次郎 ………………………………… 297
安武直夫 …………………………… 169–170, 180
安武千代吉 ………………………………… 79
安倍能成 …………………………… 269, 308,
312, 314, 320, 326, 335, 338, 350, 364, 379
岸本誠二郎 ………………………………… 275
安部磯雄 ……… 210, 214–215, 301, 311, 314
岸上鎌吉 …………………………………… 168
岸生 ………………………………………… 93
安碩柱 ……………………………………… 338
安藝禮太 …………………………………… 323
安場末喜 …………………………………… 100
安田德太郎 ………………………………… 339
安井玄昂 …………………………………… 244
安齊生 ……………………………………… 56
安住時太郎 ………………………………… 102
岩崎二郎 …………………………… 277, 289
岩崎眞雄 …………………………………… 258
岩男省三 …………………………… 372–373
岩本善文 …………………………………… 172
岩本正二 …………………………… 390, 393
岩山勝 ……………………………………… 279

闇牛 …………………………………… 10
闇牛散士 ……………………………… 20
庵原文一 ……… 10, 22, 41, 66, 69, 75, 119
岩井仙宗 …………………… 117, 123–125
岩井 博士 …………………………… 257
岩井誠四郎 ………………… 165, 178, 338
岩井龍海 ……………………………… 291
岩井長三郎 …………………………… 176
岩佐蘆人 ……… 35, 40, 42–44, 78, 109
岩佐祿郎 ……………………………… 299
岩佐彦二 ……………………………… 304
岩波櫛二 …………… 121, 126, 137, 141
岩鶴嘉雄 ……………………………… 268
闇の男 …………………………………… 83
鴨居悠 ………………………………… 354
鴨綠漁郎 …………………………… 14–15
押野晋一 ……………………………… 341
愛球子 ………………………………… 261
櫻井小一 ……………………………… 191
櫻井羊我 …………………………… 303–304
野口米次郎 …………………………… 206
野口雨情 ……………………………… 198
野口章治 ……………………………… 277
野崎眞三 … 167, 339–341, 356–357, 380, 386
野島經太 …………………………… 135, 137
野上俊夫 …………………… 178–181, 183
野手耐 ………………………………… 176
野呂寧 ………………………………… 100
野田大魂 ……………………………… 112
野田卯太郎 ……… 84, 98, 102–103, 109
野田新吾 …………………………… 258, 333
野田義夫 ……………………………… 370
野田忠廣 ……………………………… 129
野田忠藏 ……………………………… 132
野中清 …………………… 196, 199, 206
野津金之助 …………………………… 84
野津隆 ………………………………… 372
野津孝次郎 …………………………… 47
野添孝生 ……… 295, 297, 317–318, 320, 387

野村吉三郎 ………………………… 148, 327
野村法外 ……………………………… 204
野村龍太郎 ………………………… 96, 106
野村薫 …………………………… 263, 322
夜行子 ………………………………… 102
若宮貞夫 ……………………………… 165
若槻禮次郎 ……… 117, 211, 294, 344
若柳綠郎 ……………………………… 243
若林源次 ……………………………… 288
若山牧水 …………………………… 139, 151
若松免三郎 ………………………… 78, 80
若泉たけの …………………………… 31
若草山麓人 …………………………… 240
若草山人 ……………………………… 236
若狹町浪人 …………………………… 108
陽明莊主人 …………………………… 279
洋外生 ………………………………… 176
洋外逸人 …………………………… 172, 177
糧友會朝鮮本部 …………………… 393, 398
梁吟生 …………………………… 131–132, 140
簗田欽次郎 ……………………………222
良川生 ………………………………… 115
梁吹生 ………………………………… 142
浪華葦 ………………………………… 315
洋の字生 ………………… 171, 178–180
御坊生 ………………………………… 180
御舟三郎 …………………………… 214–215
嚴谷小波 …………………………… 271–272
如困橋 …………………… 6–9, 11–15, 17
旅島手記 ……………………………… 99
如密生 ………………………………… 42
如囚 …………………………………… 17
如囚生 ……………………………… 18–19
如囚隱客 ……………………………… 24
旅野人生 ……………………………… 56
如々道人 ……………………………… 18
力行子 ………………………………… 125
淵古堂主人 ………………………… 27–28
延福坊生 ……………………………… 98

淵上貞助 ································ 43

鉛市太郎 ········· 326–329, 331, 326–329, 331

鹽谷溫 ································· 163

捻松生 ································· 14

鹽田五三郎 ···························· 301

鹽田正洪 ···························· 325

廉正 ······························· 397–398

鹽澤昌貞 ················· 150–151, 159, 258

鹽澤惠助 ···························· 138

鈴江萬太郎 ···························· 180

永樂町人 ················· 117–118, 173

鈴木孔三 ···························· 282

鈴木 大陸科學院長 ···················· 391

鈴木大拙 ···························· 274

鈴木島吉 ···························· 233

鈴木馬左也 ···························· 168

鈴木梅吉 ···························· 191

鈴木梅四郎 ···························· 187

鈴木梅太郎 ···························· 258

鈴木穆 ················· 31, 33, 74, 85, 138

鈴木武雄 ··············· 253, 288, 298–299,
302, 334–335, 341–342, 355, 365, 373, 387

鈴木文治 ················· 170, 206, 245

鈴木碧川 ···························· 45, 48

鈴木生 ································· 157

鈴木庸生 ········ 75, 79, 85, 103, 105, 107, 128

鈴木郁之助 ···························· 156

鈴木元晴 ···························· 186, 248

鈴木一來 ···························· 156

鈴木正文 ················· 350, 366, 374, 382

鈴木竹磨 ···························· 266

鈴木重治 ···························· 60

鈴木哲郎 ················· 215, 230, 234–235

鈴木憲久 ···························· 390

鈴木浩二 ···························· 313

英夫 ································· 117, 119

永野清 ································· 96

嶺田生 ································· 66

永田秀次郎 ···························· 164, 170

永井 ································· 300

永井柳太郎 ··············· 58, 193, 204, 211, 302

永井潛 ································· 243

永井清 ································· 287

永井享 ·········· 203, 206, 224, 273–274, 350

榮之助 ········ 201, 204, 206, 208–209, 215, 221

嶺八郎 ············· 13–15, 20, 22, 24, 69, 74

榮の助 ································· 227

禮三 ································· 209

五來欣造 ················· 353, 381, 396

五老峰 ································· 57, 69

悟樓客生 ···························· 207

烏山生 ································· 242, 244

奧山仙三 ···························· 398

吾孫子勝 ···························· 119, 195

五十嵐三次 ···························· 380

五十部章助 ···························· 225, 227

奧田貞次郎 ···························· 76

奧田直毅 ················· 322–323, 326

奧村順四郎 ···························· 90

奧村仁 ································· 394

奧村直二 ···························· 201

奧むえを ···························· 205

玉洞山人 ·······························
········· 375–376, 378, 381, 387, 389, 391, 397

玉盞花 ················· 95, 97–98, 116

玉井德重 ···························· 383, 396

玉井莊雲 ···························· 236

兀樂天 ································· 185

窪田次郎治 ················· 176, 182, 191, 279,
298, 303, 310, 316, 320–322, 326–327, 338

王子平 ································· 352

汪精衛(汪兆銘) ···················· 380, 384, 387

王寵惠 ································· 356

倭曹子 ································· 185

隈本有尙 ················· 28, 42,57, 64– 68

謠曲博士 ···························· 55

凹穹樓主人 ···························· 258–259

凹穹生 ································· 256–257

遼東豚 ……………………………… 50
遼東生 ……………………………… 82
遼東逸民 ………………………… 316
蓼峯生 …………………………… 161
遼陽日本領事館 …………………… 63
凹凸山人 ………………… 116, 120
凹凸子 ……………………… 87, 109
龍岡再生 ……… 46–48, 50, 56, 59, 68–69
龍岡すみわ ………………… 50, 61
龍洞生 ……………………………… 1
龍田口徹 ………………………… 324
龍吐夢 …………………………… 314
龍骸學人 …………………………… 91
雨宮春雄 ………………………… 80
友技高彦 ………………………… 195
愚堂生 ……………………… 37–38
宇都宮高三郎 …………………… 79
宇都宮寛 ………………… 56, 104
宇都宮鼎 ……………… 121, 154, 257
羽島清 ………………………………
……… 295–296, 299–301, 309, 311, 316, 318
愚味道人 ………………………… 77
友松圓諦 ………………………… 361
羽水生 ………………… 66, 106, 113
羽水船泊 ………………………… 65
宇野功一 ………………………… 62
宇野三郎 ………… 89–91, 99, 103, 118
宇野哲人 ………………… 260, 276
宇垣一成 ………………………… 338
牛人 ……………………… 66, 73
牛人生 …………………………… 35
宇佐見誠一郎 …………………… 320
宇佐美誠一郎 …………………… 322
宇佐美勝夫 ………… 67, 69, 97, 272
宇佐川一正 ……………………… 36
宇佐川中 …………………………… 8
又玄 ……………………………… 59
右戸谷勉 ………………………… 221
羽化仙人 ………………………… 110

雨のや …………………………… 11
旭陵子 …………………………… 21
雲嵐生 …………………………… 91
雲山生 ………………………… 15, 22
運送界 某氏 …………………… 259
雲水萍客 ………………………… 29
雲之助 …………………………… 240
芸苑生 …………………………… 214
熊谷頼太郎 ………………………… 1
熊谷生 ………………… 387, 398
熊谷直民 ………………………… 165
熊谷喜一郎 ……………………… 99
熊本正男 ………………… 380, 384
原口京太 ………………… 372–374
原口女史 ………………………… 259
原口四郎 ………………………… 261
苑南隱士 ………………… 342–344
苑南學人 ………………………… 351
原達夫 ………… 309–310, 327, 333
原島善助 ………………………… 41
原島善之助 ………………… 21, 66
遠藤隆吉 ………………………… 266
遠藤武 ………… 180, 183–185, 187, 189
遠藤壽儼 ………………………… 337
遠藤作衛 ………… 273–274, 278
猿樂太郎 …………………………… 6
園部敏 …………………………… 228
遠山正治 ………………………… 306
元山支部 ………………………… 21
圓山太領 ………………………… 15
遠山熙 ………………… 113, 118
原勝一 ………… 74, 76, 78–79, 83
原野みどり ………………………… 3
元應常 …………………………… 149
園田寛 …………………………… 232
原田金之祐 ………… 69, 99, 144
遠田運雄 ……… 286–287, 343, 369, 376
原田助 ………… 72, 120, 225, 228–229
元田肇 …………………………… 169

園田宗介 ……………………… 142

原田次郎 ………………… 330, 342

原田清治 ……………………… 278

原振諸 ………………………… 394

原川盛之 ………………………… 98

原親雄 ………………………… 311

原泰一 ………………………… 297

原弘毅 ………………… 298, 302–303

月見草 ………………………… 154

月代生 …………………… 100–101

越智省三 ……………………… 115

月下生 ………………………… 84

胃病男 …………………… 209–210

葦上修 ………………………… 76

葦の子 ………………………… 121

唯根與一 ……………………… 121

唯根伊與 ……………………… 115

楢崎桂園 ………………………… 3

楢崎敏雄 ……………………… 354

楢崎猪太郎 …………………… 73

有吉明 ………………………… 336

有島生馬 ……………………… 307

裕杜人 …………………… 394, 397

柳樂遠見 ……………………… 341

有馬英一 ……………………… 125

兪萬兼 ………………………… 233

由木理一 ………………… 320–321

柚木芳之助 …………………… 166

有森俊吉 ……………………… 348

柳絮子 ………………………… 85

柳城學人 ……………………… 142

柳樂達兒 ……………………… 212

有元英夫 ……………………… 100

柳田由藏 ………………… 19, 22–25

有田八郎 ………………… 374, 392

由井濱凍 ………………… 57, 59

由井濱凍潮 ……… 64, 66, 68, 70

柳井正夫 ……………………… 220

柳宗悦 …………………… 164, 194, 249

有働良夫 ……………………… 242

柳川昇 ………………………… 390

柳泉二 ………………………… 342

柳澤保憲 ……………………… 98

柳澤政太郎 …………………… 165

有賀光豐 ……………………… 159,
　　177, 206, 209, 213–214, 224, 243, 271, 303

陸軍省新聞班 ………………… 358

六稜閣主人 …………………… 27

六條哲人 ……………………… 278

六合生 ………………………… 171

尹相弼 ………………………… 291

尹喜永 ………………………… 141

栗屋謙 ………………………… 287

栗原藤太郎 …………………… 12

栗田惠成 ……………………… 333

銀豚兒 ………………………… 232

銀仙愚 …………………… 314–316

恩田鐵彌 ……… 10–12, 17–18, 20, 231

鷹松龍種 ………… 219–220, 222, 255

宜用生 ………………………… 300

二階堂眞壽 …………………… 267

二科十朗 ………………… 383, 385

李光天 …………………… 262, 266

二宮德 …………………… 81, 130

二宮司 ………………………… 279

李基世 ………………………… 234

伊達四雄 ……………………… 341

李大山 ………………………… 338

伊東松夫 ……………………… 188

伊東喜八郎 …………………… 383

伊豆凡夫 ……………………… 235

李斗峰 …………………… 362–363, 366

伊藤東作 ……………………… 393

伊藤登 …………………… 260–261

伊藤文吉 ………………… 135, 172

伊藤博文 ……………………… 12

伊藤壽 ………………………… 395

伊藤榮 ………………………… 144

伊藤龍 ･･････････････････････････ 267
伊藤正義 ･･･････････････････ 252, 330
伊藤正次 ･･････････････････････････ 101
伊藤定弘 ･･･････････････････････････ 99
伊藤眞天 ･･･････････････････････････ 42
伊藤忠兵衛 ･･･････････････････････ 232
伊藤忠太 ･････････････････････････ 251
伊藤鏢三郎 ･･･････････････････ 35, 40
伊藤憲郎 ･･････ 224, 229, 262-263, 268, 275
二木謙次 ･･･････････････････････ 215
伊森明治 ･･････････････ 268, 272, 283
李相仁 ･････････････････････････ 395
李書房 ･･････････････ 152, 167, 291
李鮮光 ･････････････････････････ 339
李星斗 ･････････････････････ 355, 357
鯉野錄羽 ･･･････････････････ 35-37
李源圭 ･････ 248-250, 253-254, 256, 259, 263
二日市貞一 ･････････････････････ 91
理財局報告 ･･･････････････････････ 16
李逌雨 ･･･････････････････････････ 375
羼靜學人 ･･･････････････････････ 241
李鍾鎭 ･･･････････････････････････ 396
李周淵 ･･･････････････････････････ 232
李仲剛 ･･･････････････････････････ 280

李軯鎬 ･･････････････････････ 214, 233
伊集院彦吉 ･････････････ 95-96, 103
李孝石 ･･･････････････････････････ 384
匿名氏 ･･････････････････････ 64-65
人見次郎 ･･････････････････ 69, 118-119
仁科善郎 ･･･････････････････････ 325
印東秀 ･･･････････ 134, 141, 145, 148
仁田原みどり ･･･････････････････ 174
仁川支局記者 ･･････････････････ 160
一角帽生 ･･･････････････････････ 275
一教育者 ･･･････････････････････ 80
一厘迂人 ･･･････････････････････ 15
一技師 ･･････････････････････････ 84
一記者 ･････････ 4, 6, 9-19, 21-22, 24-25, 29, 33-35, 40, 43-44, 48, 50, 53-61,
64-67, 69-92, 94-102, 104, 106, 109-111, 112-113, 115-120, 123, 125-131, 133-139, 142-151, 155-156, 160, 163-174, 194-196, 201, 203, 207, 212, 232, 266, 269-270, 272, 275, 277, 279, 282, 285-286, 294-296, 301-302, 304, 310-326, 329-331, 341-343, 350, 352-354, 358-359, 363, 365-366, 371-374, 376-377, 383, 386, 389, 392, 395, 397
日吉守 ･･･････････････････････････ 378
逸名士 ･･･････････････････････････ 170
逸名生 ･･･････････････････････････ 173
一訪問者 ･･･････････････････････ 349
一碧生 ･･･････････････････････････ 28
一本筋一同 ･･･････････････････････ 67
一不庵 ･･･････････････････････････ 388
一不庵生 ･･･････････････････････ 389
一社友 ･･･････････････････････ 65, 89
一市民 ･･･････････････････････････ 98
一新來生 ･･･････････････････････ 220
日野山人 ･･････････ 130, 133, 135, 140-141
日野眞登 ･･･････････････････････ 310
日野春吉 ･･･････････････････････ 350
一又正雄 ･･･････････････････････ 361
一遊子 ･･･････････････････････････ 273
一寸法師 ･･･････････････････ 131, 136
日置益 ･･･････････････････････････ 123
林慶太郎 ･･･････････････････････ 50
林鷗生 ･･･････････････････････････ 195
林權助 ･･･････････････････････････ 240
林董 ･････････････････････････ 31, 40
林里次 ･･･････････････････････････ 127
林茂 ･･･････････････････････ 285, 293
林茂樹 ･･･････････････････････････ 293
林柏生 ･･･････････････････････ 393-394
林繁藏 ･･･････ 370, 382, 388, 394, 398
林銑十郎 ･･･････････････････ 378, 382
林市藏 ･････ 54, 69, 98-99, 102, 104, 10
臨時財源調査局 ･･･････････････････ 15
林原理吉 ･･･････････････････････ 385

林原生 ……………………… 85
林原憲貞 …… 219, 221, 232, 318–319
林毅陸 ……………………… 366
林田六郎 …………………… 279
林次郎 ……………………… 169
林春雄 ……………………… 163
林泰輔 ……………………… 45
林篁 ………………………… 26
入江正太郎 ………………… 100
入江海平 ……………… 86, 91
笠谷保太郎 ……… 241, 275, 278
入口生 ……………………… 114
立石良雄 …………………… 323
笠神句山 ……… 266–267, 269–274
立岩巌 …………… 324–325, 343
立岩嚴 ……………………… 297
笠原寛美 …………………… 106
笠原生 ……………………… 341
立原任 ……………………… 268
立川雲平 …………………… 95
入澤重磨 …………………… 124
入澤禾生 …………………… 394
立花小一郎 … 75, 77–78, 104, 112
立花 中將 ………………… 113
紫峯生 ……………………… 50
姉崎正治 …………………… 38
姉崎潮風 …………………… 139
子山常三郎 ………………… 380
自鋤生 ……………………… 43
紫安新九郎 ………………… 107
紫陽三郎 …………… 332–333, 336
緒鞭居士 …………………… 266
滋賀小波 …………………… 68
紫の假面子 ……………… 191–192
作間應雄 …………………… 265
長岡外史 ……………… 106, 240
長谷場純孝 …………… 27, 31
長谷井市松 ………………… 334
長谷井一沫 …… 265, 271, 281, 285,

301, 336, 345, 359, 370, 382, 388, 391–392
長谷川基 …………………… 359
長谷川理衞 ………………… 345
長谷川 司令官 …………… 361
長谷川如是閑 … 200, 217, 320, 364, 397
長谷川直吉 ………………… 250
長谷川華汀 ……………… 8, 211
長谷川さつき ……………… 37
長崎武英 …………………… 72
長島隆二 ……… 100, 150, 159
長嶋駿一郎 ………………… 207
長連恆 ……………………… 7
長瀬鳳輔 ……………… 180–181
長尾戒三 …………………… 101
長尾半平 ……………… 139, 169
長髪居士 ……………… 184–185
張白山 ……………………… 295,
298, 300, 303, 305, 308, 313, 315, 319, 321
長白山 …………… 6, 9–10, 15, 311
長白山人 ……………… 16, 23
長白生 ……………………… 42
長峰生 ……………… 116, 120
長濱敬介 ……………… 74, 79
庄司文雄 …………………… 328
長城生 ……………… 130–131
張承斗 ……………… 372, 377
臧式毅 ……………………… 331
長安草二 …………………… 198
長野幹 ……………………… 200
藏原惟廓 …………………… 66
長耳生 ……………………… 199
長倉矯介 …………………… 330
張吐夢 ……………………… 311
長風山人 …………………… 233
長風生 ………………… 1, 3, 6
長郷衞二 ……………… 364, 376
張憲植 ……………………… 149
在京一記者 ………………… 232
財界往來子 ………………… 297

齋藤勘七 ……………………… 281
齋藤國康 ……………………… 241
齋藤良衛 ……………………… 292
齋藤隆夫 ……………………… 242
齋藤茂吉 ……………………… 277
齋藤博 ………………………… 326
齋藤晌 ………………………… 379
齋藤實 …………………… 151, 206
齋藤安二 ……………………… 73
齋藤葉村 ……………… 37, 49–51
齋藤音作 …………… 36–38, 50, 57,
　68–69, 74, 76, 79–81, 85–86, 93, 107, 116,
　130, 141, 166, 170, 182, 213, 227, 254–257
齋藤清治 ……………………… 359
齋藤賢道 ……………… 67–68, 87, 90
在蘇の一教師 ………………… 105
齋豊三郎 ……………………… 233
沮江漁郎 ……………………… 16
猪股萩花 ……………………… 118
猪股忠次 ……………… 115, 119
猪狩滿直 ……………………… 271
猪原貞雄 ……………… 140–142
猪川克己 ……………………… 384
赤間嘉之吉 …………………… 4
赤間雅彦 ……………………… 274
荻島吉夫 ……………………… 321
赤頭巾 …………… 179–180, 231
赤木綠郎 ……………………… 103
赤木萬二郎 …………… 176, 185, 258
赤尾正夫 ……………… 332, 384
赤尾亨 ………………………… 122
赤部三光 ……………………… 310
的山居士 ……………………… 299
荻山秀雄 ……………… 141,179
赤城生 ………………………… 288
赤松智城 ……………………… 260
荻野正俊 ……………… 304, 309, 315, 321,
　325, 331, 338, 341, 343–344, 347, 349, 351,
　353, 356, 365, 368, 373–374, 381, 392, 396

荻原擴 ………………………… 383
荻田悅三 ……………………… 34
荻田悅造 ……………………… 42
赤池濃 ………………………… 100
赤塚 奉天總領事 ……………… 170
赤塚正一 ……………… 389–390
前間恭作 ……………… 22, 23
田健次郎 ……………………… 140
田尻稻次郎 …………………… 127
箭内瓦 ………………………… 51
田代重德 ……………………… 365
田島勝太郎 …………………… 175
田島清 ………………………… 380
田邊尙雄 ……………………… 165
田邊操 ………………………… 237
田邊孝次 ……………………… 319
槇山四郎 ……………………… 302
田淵勳 ………………………… 304
田原生 ………………… 76, 86, 89
田原葦奄生 …………………… 76
田原禎一郎 …………………… 108
田原禎次郎 … 80–82, 87–88, 92–100, 103
田原天南 …………… 77, 109, 150
田原草庵生 …………………… 79
佃一豫 ………………… 106, 118
前田基法 ……………………… 268
前田多門 ……………………… 283
前田 大佐 …………………… 147
前田利定 ……………………… 59
前田昇 ………………… 120, 194
前田正名 ……………………… 88
前田 憲兵大佐 ……………… 122
前田慧雲 ……………………… 170
典洲生 ………………………… 155
田中歌郎 ……………………… 8
田中剛輔 ……………………… 117
田中館愛橘 …………………… 92
田中德太郎 …… 317, 322, 330, 335, 345
田中都吉 ……………………… 186

田中梅吉 ‥‥‥‥‥‥‥‥‥‥‥ 269, 278
田中明 ‥‥‥‥‥‥‥‥‥‥‥‥‥‥‥ 209
田中武雄 ‥‥‥‥‥‥‥‥‥‥‥ 239, 292
田中 博士 ‥‥‥‥‥‥‥‥‥‥‥‥‥ 382
田中半四郎 ‥‥‥‥‥‥‥‥‥‥‥‥ 171
田中富藏 ‥‥‥‥‥‥‥‥‥‥ 122–123
田中三雄 ‥‥‥‥‥‥‥‥‥‥‥‥‥ 219
田中善立 ‥‥‥‥ 69, 145, 196, 233, 384
田中雪人 ‥‥‥‥‥‥‥‥‥‥‥‥‥ 151
田中笑淵 ‥‥‥‥‥‥‥‥‥‥‥ 199, 201
田中穗積 ‥‥‥‥‥‥‥‥‥‥‥‥‥‥ 99
田中王堂 ‥‥‥‥‥‥‥‥‥‥‥‥‥ 157
田中義成 ‥‥‥‥‥‥‥‥‥‥‥‥‥ 136
田中一貞 ‥‥‥‥‥‥‥‥‥‥‥‥‥‥ 56
田中鐵三郎 ‥‥‥‥ 371, 382, 386, 388
田中初夫 ‥‥‥ 267–270, 272, 347–348, 351
田中玄黃 ‥‥‥‥‥‥‥‥‥ 5, 37–38, 175
田中浩造 ‥‥‥‥‥‥‥‥‥‥‥‥‥ 383
田中丸治平 ‥‥‥‥‥‥‥‥‥‥ 251, 276
田中希一郎 ‥‥‥‥‥‥‥‥‥‥‥‥ 105
電車生 ‥‥‥‥‥‥‥‥‥‥‥‥‥‥ 115
前川勘夫 ‥‥‥‥‥‥‥‥‥‥ 295–296
田川大吉郎 ‥‥‥‥‥‥‥‥‥‥‥‥ 188
田川常次郎 ‥‥‥‥‥‥‥‥‥‥‥‥ 259
前川虎造 ‥‥‥‥‥‥‥‥‥‥‥‥‥ 150
田村秀吉 ‥‥‥‥‥‥‥‥‥‥‥‥‥ 305
田村龍太郎 ‥‥‥‥‥‥‥‥‥‥‥‥ 194
田村義次郎 ‥‥‥‥‥‥‥‥ 98–99, 102
田村好魚庵 ‥‥‥‥‥‥‥‥‥‥‥‥ 261
田澤義鋪 ‥‥‥‥‥‥‥‥‥‥‥‥‥ 237
全馨 ‥‥‥‥‥‥‥‥‥‥‥‥‥ 388, 390
田花爲雄 ‥‥‥‥‥ 349, 388, 396, 398
田丸節郎 ‥‥‥‥‥‥‥‥‥‥‥‥‥ 372
田丸亭之助 ‥‥‥‥‥‥‥‥‥‥‥‥ 170
切山篤太郎 ‥‥‥‥‥‥‥‥‥‥‥‥ 245
切田太郎 ‥‥‥‥‥‥‥‥‥‥ 104, 117
占夫寬海 ‥‥‥‥‥‥‥‥‥‥‥‥‥ 287
占部寬海 ‥‥‥‥ 249, 284–288, 297–298, 300,
　　304–305, 307–308, 310, 312, 314, 316–317

鮎貝房之進 ‥‥‥‥ 3–4, 6, 9–10, 13–14, 17, 22,
　　25, 40–41, 43, 48, 50, 60, 62, 139, 150–151
鮎貝生 ‥‥‥‥‥‥‥‥‥‥‥‥‥‥‥ 2
蝶蛉生 ‥‥‥‥‥‥‥‥‥‥‥‥ 73–74
靜觀子 ‥‥‥‥‥ 278, 280–286, 291–293
正久宏至 ‥‥‥‥‥‥‥‥‥‥‥‥‥ 396
井口彌壽男 ‥‥‥‥‥‥‥‥‥‥‥‥ 116
井口 博士 ‥‥‥‥‥‥‥‥‥‥‥‥ 383
井口省吾 ‥‥‥‥‥‥‥‥‥‥‥‥‥ 144
鄭大鉉 ‥‥‥‥‥‥‥‥‥‥‥‥‥‥ 169
貞島寒水堂主人 ‥‥‥‥‥‥‥‥‥‥ 101
釘本藤次郎 ‥‥‥‥‥‥‥‥‥‥‥‥‥ 98
井上角五郎 ‥‥‥‥‥‥‥‥‥‥ 125, 168
井上幾三郎 ‥‥‥‥‥‥‥‥‥‥‥‥ 121
井上宣文 ‥‥‥‥‥‥‥‥‥‥‥‥‥‥ 60
井上收 ‥‥‥‥‥‥‥‥‥‥‥‥‥‥ 158
井上收謹 ‥‥‥‥‥‥‥‥‥‥‥‥‥ 231
井上雅二 ‥‥‥‥‥‥‥‥‥‥ 1, 4–5, 8–9
井上圓了 ‥‥‥‥‥‥‥‥‥‥‥ 11, 132
井上位人 ‥‥‥‥ 232, 235, 250–251, 264, 270
井上一南 ‥‥‥‥‥‥‥‥‥‥‥‥‥‥ 79
井上滋穗 ‥‥‥‥ 310, 336, 361–362, 364
井上專精 ‥‥‥‥‥‥‥‥‥‥‥‥‥ 104
井上準之助 ‥‥‥‥‥‥‥‥ 170, 224, 236
井上辰九郎 ‥‥‥‥‥‥‥‥‥‥‥‥ 115
井上哲次郎 ‥‥‥‥‥‥‥ 140, 182, 223
井上淸 ‥‥‥‥‥‥‥‥‥‥‥‥‥‥ 232
井上泫 ‥‥‥‥‥‥‥‥‥‥‥‥‥‥ 292
井上孝 ‥‥‥‥‥‥‥‥‥‥‥‥‥‥ 212
井上孝哉 ‥‥‥‥‥‥ 70, 80, 98–99, 101
井野勇太郎 ‥‥‥‥‥‥‥‥‥‥‥‥‥ 28
鄭雲復 ‥‥‥‥‥‥‥‥‥‥‥‥‥ 1, 3
鄭衞學人 ‥‥‥‥‥‥‥‥‥‥‥ 96–97
鄭維芬 ‥‥‥‥‥‥‥‥‥‥‥‥‥‥ 374
正井芳樹 ‥‥‥ 292–293, 295–296, 304–305, 307
井政次郎 ‥‥‥‥‥‥‥‥‥‥‥ 82, 101
井出健六 ‥‥‥‥‥‥‥‥‥‥‥‥‥ 127
鄭泰述 ‥‥‥‥‥‥‥‥‥‥‥‥‥‥ 205
靜波小史 ‥‥‥‥‥‥‥‥‥‥‥‥‥ 147

井坂圭一郎 ……………………… 366

靜なみ子 ………………………… 148

町の人 …………………… 69, 237, 239−240

諸岡生 …………………………… 251

堤康次郎 ………………………… 335

齊藤實 …………………………… 392

齊藤清治 ………………………… 393

堤良明 …………………………… 373

諸留寬 ‥268, 280, 286, 307, 311, 323−324, 347

諸名士 ……… 47, 108, 182−183, 192, 264, 364

諸氏 ……………………… 308, 310−311,
  313−315, 319, 325−326, 329, 331, 333−334,
  337−338, 341, 346, 354−355, 360−363,
  365−367, 370−371, 375−376, 389, 391−392

齊勇 ……………………………… 87

薺月生 …………………………… 147

第一銀行 ………………………… 21

濟州道出張所 …………………… 21

鵜澤聰 …………………………… 67

鳥居龍藏 ………… 69, 82, 102, 121, 129

鳥居忠恕 ………………………… 128

藻口 ……………………………… 67

條崎潮二 ………………………… 194

鳥堂 ………………………… 82, 118

鳥山德太郎 ……………………… 357

鳥山生 …………………………… 243

鳥山喜一 …………………… 289, 348

朝生 ……………………………… 53

潮生 ………………… 55, 57, 59, 61, 65

鳥栖生 …………………………… 207

鳥栖忠安 ………………………… 207

鳥潟右 …………………………… 126

朝鮮及滿洲編輯局 ……………… 185

朝鮮及滿洲編輯部 ……………… 189

朝鮮浪人 ………………………… 13

朝鮮私設鐵道協會 ……………… 172

朝鮮商業銀行遠山支配人 ……… 50

朝鮮總督府農務課 ……………… 200

朝鮮總督府農商工部 ……… 46, 54

朝鮮總督府商工課 ……………… 200

朝鮮總督府遞信局 ……………… 200

朝鮮總督府土地調査局 ………… 49

朝鮮太郎 …………………… 170, 171

朝鮮通 …………………………… 31

藻水生 …………………… 100−102

朝野馬熊 ………………………… 196

早野龍三 …………………… 81, 86

朝陽生 …………………………… 97

潮戀坊 …………………………… 193

潮戀坊生 …………………… 192, 195−196

潮外生 …………………………… 43

鳥原重行 ………………………… 282

鳥越靜岐 ………………………… 8

潮二 ……………………………… 191

早田生 …………………………… 171

朝倉昇 …………………………… 351

朝倉外茂鐵 ‥ 81, 91, 145, 147, 165, 167, 233

早川鐵治 ………………………… 182

嘲花生 …………………………… 105

早稻田英章 ……………………… 285

鳥の人 …………………………… 100

足立瀧二郎 ………… 99, 113, 118

足立丈次郎
  …… 70−71, 76, 81−82, 89, 104, 138, 141, 151

蚤湖生 …………………………… 53

佐藤剛藏 ……… 139, 196, 264, 273, 283, 338

佐藤鋼次郎 ……………………… 152

佐藤寬 ……………………………… 3−5

佐藤九二男
  ‥ 251, 260, 266, 312, 377, 385, 387, 390, 393

佐藤武雄 ………………………… 377

佐藤眉峰 …………………… 332, 334

佐藤尙武 …………………… 326, 353

佐藤小五郎 …………… 275, 285−286

佐藤信一 ………………………… 202

佐藤安之助 ………………… 204, 272

佐藤榮三 ………………………… 235

佐藤完夫 ………………………… 346

316

佐藤友熊 ································· 77
佐藤稠松 ······························ 121
佐藤芝峰 ································· 66
佐藤震一 ······························ 397
佐藤鐵太郎 ·························· 260
佐藤清 ···················· 229, 231, 266
佐藤清二 ······························ 352
佐藤忠雄 ························ 324, 331
佐藤七太郎 ················· 224−225, 234
佐藤恒丸 ·························· 77, 97
佐藤虚六 ······························ 231
佐藤惣之助 ·························· 261
佐野耿堂 ············· 129−130, 132, 143
佐野利器 ······························ 192
佐野善作 ································· 89
佐野春作 ······························ 163
佐野れい ······························ 206
佐田至弘 ······························ 196
佐々龜雄 ······························ 381
佐々木藤太郎 ······················ 249
佐々木力三郎 ··· 384−386, 393, 395−396
佐々木四方志 ······················ 133
佐々木五郎 ································· 39
佐々木仁 ·········· 209, 216, 221, 228, 307
佐々木正太 ·························· 235
佐々木清麿 ·························· 197
佐々信寅 ······························ 352
佐竹秀一 ······························ 259
佐竹作太郎 ································· 90
佐治修三 ······························ 101
佐治修二 ································· 48
住江金之 ······························ 246
酒居正雄 ······························ 170
朱瓊淑 ································· 350
舟橋逸民 ······························ 185
酒匂臥雲 ··············· 383, 386, 389−390
奏浪生 ························ 229−230
周防正季 ······························ 208
奏生 ······························ 214−

216, 222, 225−226, 228, 231−232, 235−239
周愼九 ································· 374
舟人生 ································· 189
酒田石泉 ······························ 112
酒井順一 ······························ 285
酒井一郎 ······························ 224
住井辰男 ························ 209, 250
酒井鎭東 ································· 69
住井辰夫 ······························ 276
竹辻道人 ································· 7
竹内赳夫 ································· 73
竹廼舍主人 ·························· 369
竹内三樹 ······························ 214
竹内友治郎 ·························· 181
竹内一 ························ 311, 338
竹内傳志 ······························ 273
竹内重利 ······························ 345
竹堂 ································· 199
竹堂散人 ························ 182, 191
竹堂生 ················· 177−179, 181−184,
188−190, 192−198, 200−202, 204, 206, 212
竹堂迂人 ······························ 179
竹島雄之 ······························ 179
竹雨 ································· 10
竹雨漂客 ································· 9
竹井廉 ························ 312−315
竹中三吉 ························ 338−343
竹中要 ·········· 278, 366−369, 385−389
竹村淇園 ································· 11
竹村眞次 ····························· 12−
17, 23−24, 26−27, 29, 31−32, 35, 37, 40−41
竹下康之 ······························ 108
竹の子生 ······························ 130
中谷武世 ······························ 256
中貢 博士 ······························ 382
中橋德五郎 ··········· 49, 100−101, 126
仲大路正雄 ································· 39
重德生 ································· 27
中島久萬吉 ························ 178, 181

317

中島能美 ……………………… 332
中島德藏 ……………………… 11, 376
中島文雄 ……………………… 288, 358
中島生 …………………………… 308
中島申三 ……………………… 362
中島英夫 ……………………… 346
中嶋和子 ……………………… 10
中馬越之助 …………………… 254
中牟田五郎 ………… 14, 17–19, 21, 23
中尾萬二 ……………………… 104
中尾進 …………………………… 246
中尾清 ……… 266–267, 278–279, 281, 284
中山久四郎 …………………… 264, 391
中山蕃 …………………………… 292
中山蕃洲 ……………………… 296
中山岩光 ……………………… 328–329
中山龍次 ……………………… 128, 169
中山楓葉 ……………………… 190
中山虛砲 ……………………… 191
中西楠吉 ……………………… 14
中西登 …………………………… 398
中西俊藏 ……………………… 327
仲小路廉 ……………………… 139, 143
重松生 …………………………… 96
中野 警視 ……………………… 55
仲野隆二 ……………………… 124
中野武營 ……………………… 90, 106
中野有光 ………………… 48, 60, 107, 145
中野滋 …………………………… 131
中野太三郎 …………………… 203
中屋 陸軍小將 ………………… 143
中原貞三郎 …………………… 4
重田勘次郎 …………………… 69
中田幸三郎 …………………… 288
中井錦成 ……………………… 1
中井猛之進 …………………… 87
中井義雄 ……………………… 44
中井喜太郎 …………………… 18
中川紀元 ……………………… 368

中村覺之助 …………………… 227
中村健太郎 …………………… 217
中村經太郎 …………………… 44
中村啓次郎 …………………… 90
中村光吉 ………………… 100, 124, 191
中村 農務課長 ………………… 60, 69
中村兩造 ……… 309, 313, 325, 332, 345
中村良弼 ……………………… 99
中村彌六 ……………………… 34
中村三笑 ……………………… 199
中村誠 …………………………… 259, 351
中村勝麿 ……………………… 189
中村時章 ……………………… 24–25
中村彦 ……………… 7, 12, 16, 29, 35, 233
中村與資平 …………………… 173
中村榮孝 ……………………… 301, 312
中村雨造 ……………………… 285
重村義一 ……………………… 362
中村寅之助 …………………… 223, 287
中村再造 ……………………… 83
中村正一 ……………………… 375
中村製鐵所長 ………………… 20
中村鳥堂 ………………………………
………… 80–81, 85–87, 89, 92, 116, 201, 218
中村宙之助 …………………… 243
中村竹藏 ……………………… 97, 126, 178
中村孝也 ……………………… 252
中村孝二郎 …………………… 208
中澤辨次郎 …………………… 210
中平亮 …………………………… 159
曾良左右太 …………………… 334
曾嬭荒助 ……………………… 1, 4, 8
增島立郎 ……………………… 306
增島六一郎 …………………… 62
曾田嘉伊智 …………………… 43
增田連也 ……………………… 75
增田生 …………………………… 243
增戶鶴吉 ……………………… 3–5, 33
支局記者 ……………………… 193, 318

池內宏 ……………………………… 47

志立鐵次郎 ……………………… 242

池尾勝已 ………………………… 367

知坊生 ………………………………… 78

只野凡兒 ………………………… 355

池田 警務局長 …………………… 301

池田宏 …………………………… 320

池田林儀 ……………322-324, 326-327, 329,
　331, 337, 340-341, 348, 357, 363-365, 379

池田 水利課長 …………………… 266

池田秀雄 ……………… 209, 225, 233

池田十三郎 ………………………… 69

池田照介 ………………………… 266

池田徹 …………………………… 394

池田泰治郎 ………………… 151, 228

持地六三郎 …………………… 63, 69,
　81, 84, 97, 102, 105, 118, 120, 138, 144, 153

池淸 ……………………………… 231

志村 技師 ………………………… 251

志村原太郎 ……………………… 174

志村操 …………………………… 321, 350

志村恒義 ………………………… 245

志賀嘉昂 ……………………………… 4

志賀潔 … 161, 166, 184, 186, 196, 217, 271

志賀融 …………………………… 350-352

志貨重昂 ………………………… 189

直木三十五 ……………………… 275

直言生 …………………………… 204

職田豊 …………………………… 123

溱乾助 …………………………… 222

眞繼雲山 ………… 18-19, 239, 254, 256

津曲藏之 ………………………… 353

眞鍋五郎 ………………………… 320

鎭南新報記者 ……………………… 14

陣內茂吉 ………………………… 210

陣ノ內生 ………………………… 329

進藤安賴 ………………………… 276

陳秉焜 ………………………… 72, 141

秦生 …………… 213, 220-221, 224, 227

津守延三 ………………………… 300

辰市本丸 ……………………………… 32

榛葉孝平 ………………………… 356

津田常男 ……………… 220, 308, 311

津田左右吉 ……………………… 362

津田初太郎 ……………………… 287

津村哲四郎 ………………………… 83

集成學人 ……………………………… 9

茶月公 …………………………… 119-120

茶目公 ……………………… 92, 118

車田篤 …………………………… 289,
　291, 298-299, 305, 308, 314-320, 323-326

讚井源輔 ………………………… 356

斬馬劒人 ………………………… 208

斬雲 ……………………………… 13-14

昌宅幸雄 ………………………… 360

倉富勇三郎 ………………… 50, 73

倉田知足 ………………………… 202

蒼々生 …………………………… 215

菖蒲治三郎 ………………………… 78

菖蒲治太郎 ……………… 59, 81, 90

蔡國器 ……………………………… 93

彩雲學人 ………………………… 336-341

妻木直良 ……………………………… 31

天劒生 …………………………… 116

淺見敬一 ………………………… 136

淺見倫太郎 ……………………… 18-23,
　25-26, 28-29, 31-35, 50-52, 54, 56, 66-67,
　69, 72-73, 76, 78-79, 81, 83-84, 99-100, 103,
　116, 135, 152, 200, 234-235, 247-248, 253

淺見生 ……………………………… 66

淺見霞城 ……………………………… 43

川口卯橘 ………………… 262, 270

川口三郎 ………………………… 272

川口三平 ………………………… 369

天狗小僧 ………………………… 144

川口秀史 ………………………… 387

天久卓夫 ………………………… 392

川崎繁太郎 ………………………

·· 133, 223, 225–227, 254, 276–277, 324–325

川端生 ···························· 33

川端原太郎 ···················· 40

川島信太郎 ·········· 334, 347, 354

天來生 ······················

·· 106–107, 110, 114, 118–123, 125–127, 146

千里亡洋 ························ 35

淺利三郎 ···················· 233, 263

川北盛登三 ···················· 106

千山萬岳樓主人 ················ 183

川上常郎 ········ 122, 128–129, 182

川上漸 ························ 267

川西信藏 ······················ 105

川西實之 ······················ 255

天岸敏介 ······················ 214

川岸十五郎 ···················· 395

天涯生 ···················· 108–109

天涯子 ························ 109

天野道夫 ···················· 389–390

天野利武 ··· 250–251, 254, 260–261, 289, 353

淺野長七 ········ 20, 24, 48, 53, 56

千葉春路生 ···················· 197

千葉豊治 ······················ 173

天倪子 ························ 29

川越 駐支大使 ················ 361

泉二新熊 ···················· 274, 282

天人兒 ···················· 27–29, 32

千紫萬紅樓主人 ················ 245

川田順三 ······················ 391

淺田信興 ······················ 100

淺井夢路 ······················ 99

泉靖一 ·············· 362, 364–366

淺井政次郎 ···················· 82

淺川巧 ························ 227

淺川伯教 ·········· 248, 267, 368–369

泉哲 ··· 187, 195, 241, 258, 266, 273, 278, 285, 288, 290, 304, 314, 320, 326, 336, 370–372

川村猪佐夫 ···················· 43

天秤棒 ························ 31

天波生 ························ 83

千圃生 ························ 139

川合彰武 ·········· 361, 363, 372

川合玉堂 ······················ 176

川合貞一 ···················· 259, 398

川合彰 ························ 372

川合彰武 ······················ 301

淺香末起 ······················ 382

天豪生 ························ 113

鐵生 ·························· 78

凸凹生 ···················· 92, 114

鐵牛生 ························ 380

凸助生 ························ 139

鐵窓生 ························ 128

鐵塔閑人 ······················ 343

鐵火生 ·············· 77, 79, 81–85, 87–88, 90–91, 93–94, 96, 98, 100–101, 103, 107

添田敬一郎 ···················· 262

添田壽一 ··· 81, 87, 108, 130, 133, 141, 150, 154, 161, 172, 179, 181, 189, 200, 204

清家彩果 ·········· 45–46, 48, 66, 70, 90

清溪谷薰 ······················ 320

靑丘同人 ·········· 234–236, 239

清宮四郎 ······················ 337

靑柳篤恒 ·········· 117, 244, 250, 353

靑柳郁太郎 ···················· 67

靑木戒三 ·············· 77, 81, 206

靑木得三 ······················ 182

靑木一男 ···················· 368, 385

靑木靜軒 ······················ 60

靑山哲四郎 ···················· 203

靑山紅花 ······················ 51

清水留三郎 ···················· 280

清水文之輔 ···················· 16

清水兵三 ·········· 239, 242, 274, 276, 279

清水友太郎 ···················· 113

清水元太郎 ·········· 9–10, 14–16, 100

清水靑丘 ······················ 232

靑風子 ···················· 98, 100

320

草間秀雄 ……………………… 214, 263, 351
草壁蕃 ……………………………………… 321
草野芳村 ………………………………… 278
草野ひばり ………………………… 135–136
超然生 ……………………………………… 68
草葉生 ……………………………………… 78
初音町人 ………………………………… 350
艸浦生 …………………………… 238–239, 242
草鞋太郎 ………………………………… 67
村岡饒 ………………………… 314, 316, 318
村岡哲人 ………………………………… 298
村島生 …………………………… 146, 152
村瀬鎌治郎 ……………………………… 104
村木秀夫 ……………………………………… 7
村山桂堂 ………………………………… 256
村山道雄 ………………………………… 336
村山釀造 ………………………………… 228
村山智順 ………………………………… 345
村山知義 ………………………… 364, 368
村上 ………………………………… 178
村上寬 …………………………… 155–157
村上狂兒
 …… 176, 183, 185, 190, 193, 197, 323, 326
村上狂二 ………………………………… 332
村上狂鼎 ………………………………… 174
村上美里 ………………………………… 391
村上橈谷 ………………………………… 155
村上又二郎 ………………… 4–5, 11–12, 17–21
村上唯吉 …………………………………… 57
村上一儀 …………………………… 163, 172–173
村上政治 ………………………………… 379
村上直次郎 ……………………………… 91
村上進 …………………………………… 386
村上鈑藏 ………………………………… 91
村松夢洲 …………………………… 100–102
村松生 …………………………………… 106
村松宗次 …………………………… 365–367
村松宗治 ………………………………… 376
村野山人 ………………………………… 99

村田懿磨 …………………………… 101–102
村田久雄 ………………………………… 380
村田老虎嘯 ……………………………… 29
村田望天吼 ……………………………… 35
村田懋 …………………………………… 302
村田房吉 ………………………………… 323
村田生 …………………………… 39, 331
村田城山 …………………………… 15–17
村田素一郎 ……………………… 57, 103
村田昇淸 ………………………………… 184
村田俊彦 …………………………… 87, 103
村潮鎌治郎 ……………………………… 124
村地卓爾 ………………………………… 109
村川堅固 ………………………………… 216
村軒生 …………………………………… 17
總督府山林課 …………………………… 50
總督府臨時土地調査局 ………………… 46
總督府專賣課員 ………………………… 101
塚本はま子 ……………………………… 237
塚原熹 …………………………… 24, 29
崔淳文 …………………………………… 330
崔完奎 …………………………………… 263
崔完錫 …………………………………… 396
崔載瑞 …………………………… 317, 325
崔在鶴 …………………………………… 169
秋麗太 …………………………………… 318
秋樓 ……………………………………… 28
椎木美代子 ……………………………… 387
椎尾辯匡 …………………………… 158, 309
秋山 博士 ……………………………… 90
萩山秀雄 ………………………………… 150
秋山雅之介 ………………… 72, 76, 86, 92, 109
秋山永世 ………………………………… 127
秋山眞男 ………………………………… 142
秋山鐵太郎 ……………………………… 67
蕣上修 …………………………………… 207
萩野枯蘆 ………………… 67–68, 70, 73, 82
萩野由之 ………………………………… 136
秋葉隆 …………………………… 261, 290

椎葉芳彌 ……… 188, 244, 250–251, 321, 333
萩原良一郎 ……………………………… 255
萩原佐平 ………………………… 387, 395
秋田雨省 ………………………………… 257
秋津信子 ………………………… 324, 327
秋村晶一郎 ……………………………… 90
筑川生 …………………………………… 6
春江釣客 …………………………… 69, 74
春邱居士 ……………………………… 14, 17
春木榮一郎 ……………………………… 356
春山利夫 ………………………………… 339
椿一郎 …………………………………… 319
春田三葉 ………………………………… 211
春廼舍主人 ……………………… 362–363
春秋子 ……………… 279–281, 283–285
出羽龜之助 ……………………………… 94
冲野岩三郎 ……………………………… 218
沖川乘圓 ………………………………… 274
醉公 ……………………………………… 2
翠嶺 …………………………………… 33
翠山生 …………………………………… 5
翠山莊山人 …………………………… 381–388
鷲澤與四二 ……………………………… 208
翠香 ……………………………………… 3
七松子 ………………………………… 27
七草生 …………………………… 131, 133
七草迂人 ………………………………… 134
七草駄 …………………………………… 132
度支部 …………………………… 17, 50
湯淺利夫 ………………………………… 280
湯淺生 …………………………………… 78
湯村辰次郎 ……………………… 199, 296
湯河元 …………………………………… 188
太古軒主人 ……………………………… 5
太郎冠者 ………………………………… 377
泰山樓主人 ……………………………… 197
泰山生 …………………………… 130–132
苔陰生 …………………………………… 44
太田覺眠 ………………………………… 100

太田東海子 ……………………………… 102
太田勉 …………………………… 112–113
太田三郎 ………………………………… 138
太田秀穗 ……… 97–98, 100–101, 118
太田秀二郎 ……………………………… 24
太田正孝 ……………………………… 222,
234, 262, 273, 276, 313, 367, 377, 386–387
澤來太郎 ………………………………… 49
澤柳政太郎 … 36, 100, 107, 133, 178, 212
澤木茂正 ………………………………… 193
澤田利農夫 ……………………………… 227
澤田秀 …………………………………… 104
澤田豐丈 ……………………… 164, 166, 225
澤村九平 ………………………… 230, 233
土居寬申 ………………………… 221, 226
土居千代三 ……………………………… 202
土橋光太郎 ……………………… 260, 276
土木竹太 ………………………………… 208
土味芳生 ………………………………… 25
土味生 …………………………………… 25
土居寬暢 ……… 333, 335, 354, 362, 398
土方久徵 ………………………………… 314
土方成美 ………………………… 321, 333
討伐隊 …………………………………… 15
土肥善三 ………………………………… 144
土師盛貞 … 240, 246, 248, 253, 293, 377
土屋積 …………………………………… 332
土屋喜之助 ……………………………… 44, 76
土井芳輔 ………………………………… 124
土井富美男 ……………………………… 321
通家充之 ………………………………… 38
特派記者 ………………………………… 305
波岡茂輝 ………………… 87–89, 90–94
波多羅漢 ………………………… 28–29
波多野承五郎 …………………………… 38
派多野鼎 ………………………………… 398
波多野通敏 ……………………………… 380
巴城館主人 ……………………………… 101
波定太郎 ………………………………… 286

阪谷芳郎 ······ 70, 87, 120, 150, 167, 178, 182
阪崎靑丘 ································· 104
坂木鈝之助 ···························· 183
坂木哲郎 ······························· 170
坂本嘉一 ······························· 349
坂本龍起 ······························· 285
坂本政五郎 ···························· 144
坂本俊篤 ······························· 239
坂部多三郎 ······························ 42
阪上綱吉 ································· 69
坂西利八郎 ················ 235, 258, 297
坂入巖 ···································· 98
坂井清 ····························· 218, 232
阪井縉二 ································ 105
坂出鳴海 ·························· 109, 110
八木逸郎 ································· 74
八木奬三郎
　　··· 73–74, 76–77, 79, 102, 121, 127, 133
八木彩霞 ···················· 345, 346, 348
八尋生男 ········· 65–66, 100, 106, 203
八田嘉明 ······························· 380
八坂龍二郎 ···························· 394
片岡翡翠 ···················· 388, 292
片岡直溫 ······························· 125
片岡八束 ·························· 254, 274
片岡喜三郎 ···························· 169
片山隆三 ······························· 214
片山繁雄
　　····· 131, 136, 141, 145–146, 153–155, 233
片山常治 ······························· 272
片山誠 ································· 397
片山嵓 ········· 137, 142, 173, 181–182, 191
片上伸 ································· 131
編輯部 ································· 208
編輯小僧 ····················· 6–7, 235
平岡光三郎 ···························· 244
平岡定之助 ····················· 352, 353
坪谷善四郎 ···························· 109
坪内孝 ···················· 127, 169, 194

平渡信 ···································· 9
平北農務課 ···························· 209
平山秀介 ······························· 261
平山政十 ······························· 276
坪上貞二 ······························· 368
平沼 首相 ······························· 377
平沼淑郎 ················ 127, 151, 166, 190
萍水生 ····························· 234–236
平野常治 ······························· 310
平原君 ···································· 18
平田驥一郎 ···························· 244
平田德太郎 102, 118, 142, 146, 148, 154, 158
平田東作 ································· 74
平田雅彦 ······························· 321
平井寬暢 ················ 44, 62, 67, 79
平井武臣 ··························· 389–392
平井三男
　　··· 146, 197, 203, 209, 212, 216, 218, 235
平井三郎 ······························· 148
平井生 ································· 334
平井隱士 ······························· 172
平井千乘 ··························· 331–333
平井晴二郎 ···························· 105
平泉居士 ······························· 328
平泉居人 ······························· 329
平泉老 ································· 340
平澤野人 ································· 99
平賀正二 ······························ 244
幣原坦 ····························· 26, 115
蒲生大夢 ········· 105, 118–120, 147, 236, 241
蒲生隆宏 ················ 107, 239, 241
布施勝治 ······························· 258
布村寛 ································· 193
浦山鹿郎 ······························· 317
浦和生 ································· 301
浦和優 ································· 308
俵孫一郎 ···················· 1–2, 8, 10, 25
飄風生 ································· 78
品海漁史 ··························· 299–301

323

品海陰士 ……………………………… 298
風來山人 ………………………………… 84
風露山人 ……………………………… 150
風流粹人 ………………………………… 55
豊永眞里 ……… 54, 68–69, 73, 105, 124
豊田多賀雄 …………………………… 86
豊田明敬 ……………………………… 102
豊田四郎 ……………………………… 102
豊川善曄 ……………………………… 347
風鐸居士 …………………………… 47, 56
風凰樓生 ……………………………… 194
下岡忠治 ……………………………… 206
河谷榮次郎 …………………………… 256
河口惠海 ……………………………… 245
下郡山誠一
    …… 170, 182, 194, 213, 218, 230, 280, 363
河內山樂三 ………………… 168, 194, 198
河東碧梧桐 …………………………… 193
河本禎一 ……………………………… 387
下森洋洲 …………………………… 18, 22–24
河西健次 ……… 52, 56, 66, 76, 78, 84, 101
河西太一郎 …………………………… 209
荷水生 ………………………………… 292
河野國夫 ……………………………… 322
河野董吾 ……………………………… 234
河野衞 ………………… 43, 47, 100, 132
河野節夫 ……………………………… 274
河野恒吉 …………………………… 85–87
賀屋興宣 …………………………… 361, 388
河原田稼吉 …………………………… 242
河原塚重忠 …………………………… 70
下位春吉 ……………………………… 237
下田歌子 ……………………………… 168
下田禮佐 ……… 64, 66–72, 76–77, 79, 83–85
河田嗣郎 ……………………………… 178
賀田直治 ………………… 142, 150, 154,
    163–165, 168, 170–171, 173, 182, 214, 233,
    312–313, 327, 335, 338–339, 358, 382, 393
下田次郎 ……………………………… 132

河井朝雄 ……………………………… 118
下中彌三郎 …………………………… 303
河津進 …………………………… 158, 171
下川春海 …………………………… 387, 394
賀川豊彦 ………………… 160, 199, 220
下村宏 ………… 131, 156, 165, 167, 222
河村橘雄 ……………………………… 396
河村嗣郎 ……………………………… 306
河村靜水 ……………………………… 149
下村海男 ……………………………… 383
河村わかくさ子 ……………………… 69
夏秋龜一 ……………………………… 129
下出繁雄 …………………………… 237, 285
河合蓋雲 ……………………………… 20
河合生 ………………………………… 71
河合榮次郎 …………………………… 279
河合操 ………………………………… 139
河合弘民 ………………… 11, 22, 24, 26, 33,
    40, 50, 56, 60, 62, 64, 66, 72, 75, 82–84, 88
鶴岡永太郎 ……………………… 13, 16–17
鶴見三三 ……………………………… 117
鶴見祐輔 …………………………… 172, 235
鶴見左吉雄 ……………………… 99, 115
鶴飼信成 ……………………………… 338
鶴原 總務長官 ………………………… 4
鶴田誠 …………………………… 319–320
鶴ヶ丘佳人 …………………………… 354
漢江漁夫 ……………………………… 355
韓國關稅局 …………………………… 25
韓國法官 某氏 ………………………… 16
韓國水原模範場 ……………………… 9
韓國度支部 …………………………… 17
寒山生 ………………………………… 278
韓相龍 ………………………………… 7
韓翼敬 ………………………………… 171
寒窓隱士 ……………………………… 115
航田亨二 ……………………………… 225
亥角仲藏 …………………………… 124, 202
海軍省軍事普及部 …………… 328, 332–333

海老原 事務官 ············ 306
海野四郎 ··················· 29
海津三雄 ··················· 40
行樂子 ····················· 32
向陵迂人 ·················· 313
郷誠之助 ·················· 303
向井鹿松 ·················· 357
向井龍造 ·················· 100
香住喜一 ··· 306, 310, 313, 320, 347
香椎源太郎 ················ 100
香坂駒太郎 ·················· 5
革庵生 ············ 78–79, 86, 98
赫虹閃 ············ 218–221, 223
舷歌樓醉客 ················ 220
玄盾 ······················· 43
玄永燮 ··· 346, 351, 354–355, 358, 365, 375, 381
湖東生 ······················ 6
湖東逸人 ··················· 22
好牧生 ···················· 82–84
芦田均 ··················· 377
戸田貞三 ·················· 319
戸田直溫 ············ 233, 243
戸川錦子 ·················· 158
戸澤又次郎 ··········· 214, 227
戸澤鐵彦 ··············· 301–302
戸叶民堂 ··················· 5
虎の門隠士 ············· 302–303,
　305–320, 322–328, 331, 333–348, 351–363,
　365–366, 369–378, 380–395, 397–398
紅谷曉之助 ······· 173, 177, 183–185
虹公 ······················ 190
紅果 ······················ 168
紅燈綠酒道人 ·············· 254
紅不婦女史 ················· 27
弘中生 ···················· 177
花岡千波 ··············· 55, 113
和氣生 ···················· 246
和多野健藏 ············ 195–196
和堂南逼 ··············· 27–28

花栗實郎 ·················· 247
樺山資英 ·················· 102
和生 ·················· 210, 301
華生 ·················· 14–15, 17
和城台生 ··················· 25
花田金之助 ················ 220
和田常一 ··············· 16, 48
和田信夫 ·················· 238
和田野健藏 ················ 198
和田彦次郎 ················ 107
和田英松 ·················· 169
和田雄治 · 1, 21, 23, 25, 35, 42, 44, 46, 76, 78
和田維四郎 ················· 99
和田一郎
　········ 102, 128, 155, 163, 178, 227, 233, 235
和田駿 ················· 69, 113
和田八千穗 ············ 72, 115
花井卓藏 ·················· 232
丸山侃堂 ··················· 12
丸山幹治 ······· 229, 233, 242, 252
丸山敬治郎 ············ 224, 226
丸山晚霞 ······· 93, 110, 122–123
丸山彰造 ·················· 285
丸山清一 ·················· 160
丸山鶴吉 ············ 163, 170
黃金町人 ·················· 335
荒瀨進 ···················· 249
荒木綱太 ··················· 80
荒木貞夫 ·················· 294
荒井龍男 ··············· 311, 315
荒井寅治 ··············· 23–24
荒井賢太郎 ·········· 25, 61, 83–84
黃嘴生 ····················· 36
栃內壬五郎 ················ 147
灰野庄平 ··············· 48–50
檜垣直右 ··················· 53
橫瀨守雄 ·················· 358
橫尾治武 ············ 314, 323
橫山寬雄 ·················· 385

325

横山桐郎	…………………………	252
横山藤三郎	…………………………	26
横山彌三	………	169, 247–248, 293
横山直追	…………………………	136
横山巷歐子	…………………………	226
横田多喜助	…………………………	256
横田秀雄	…………………………	343
横田節三	…………………………	310
横田天風	…………………………	101
横田喜三郎	…………………………	340
横井寛郎	…………………………	56
横井時敬	………	192, 201, 230
曉谷生	………	156, 160–161
曉生	…………………………	157–158
曉雲生	…………………………	82
曉之助	……	172–173,177,183–185
朽内壬五郎	…………………………	85
後藤連平	…………………………	293
後藤城四郎	…………………………	271
後藤收藏	………	258–260, 269
後藤新平	……	53, 112, 164, 188, 202, 213
後藤郁子	…………………………	242
後藤一郎	…………………………	238
後藤靜香	…………………………	272
後藤朝太郎	……	45, 183, 274, 332, 381
後藤眞咲	………	213, 252, 256
後藤清風	…………………………	10–11
朽木淳	…………………………	306
厚本勝基	…………………………	275
黒柳生	………	116–117, 122
黒毛布	…………………………	81
黒木吉郎	…………………………	172
黒須龍太郎	…………………………	153
黒龍生	……	28–29, 32–34, 135, 137
黒衣人	…………………………	351
黒田幹一	…	289, 291, 302, 310, 314, 328, 357
黒田甲四郎	…………………………	87
黒田謙	…………………………	367–370
黒田吉夫	………	308–309, 337
黒田亮	………	244–246, 343, 347, 361
黒田鹿水子	…………………………	93
黒田英雄	…………………………	309
黒田一朔	…………………………	319
黒田鐵夫	…………………………	310
黒井恕堂	…………………………	180
黒澤明九郎	…………………………	79, 134
黒澤生	………	123, 132, 135
黒澤松南	…………………………	130–131
黒豹子	…………………………	297, 299
喜田貞吉	…………………………	156
A記者	…………………………	242, 285
AI生	…………………………	375
AW生	…………………………	252
AY生	…………………………	124
B記者	…………………………	235
BO生	…………………………	375
BY生	…………………………	237–238
C・G・アレン博士	…………………………	356
CF生	…………………………	197
CUCKOO	…………………………	199
EG生	…………………………	347
FT生	…………………………	197
G・ウオルター・ヤング	…………………………	269
H・B・リース・スミス	…………………………	337
H・B・ドレイク	…………………………	315, 320
H生	…………………………	382
HN生	…………………………	43
HO生	…………………………	250
HY生	…………………………	236
I・I生	…………………………	275
ITS	…………………………	337, 340
J・B・リー	…………………………	321–322
J・O・P・ブランド	…………………………	325
K・K・K	…………………………	353
K・T生	…………………………	344
KB	…………………………	212
KKM	…………………………	188
KM生	…………………………	257

KN生 ……………………………… 138
KO生 …………………………… 28, 250
KT生 ………………………………… 50
KY生 …………………………… 178, 374
M・N・I ………………………… 372
M・S・H ………………………… 346
M生 ………………………………… 75
MO生 ……………………………… 85
MS生 ……………………………… 140
N・M・R ………………… 316–318, 320
P・Q・R ……………………… 347, 359
R・S・T ………………………… 345
RKO ……………………………… 352
S・H生 …………………………… 329
S・K生 …………………………… 375
S生 ……………………………… 201
SH生 ……………………………… 51
SK生 ………………… 10, 276–277, 398
SOR ……………………………… 350
SPR …………………………… 196–197
SY生 ……………………………… 269
T生 ………………………………… 9
TH生 ……………………………… 129
TS生 ……………………………… 149
TU生 ……………………………… 268
W・H・チエンバーリン ………… 357
X・Y・Z ……… 362, 347, 348–351, 353
XYZ生 …………………………… 251
アーサ・スタンリ ……………… 345
アインスタイン ………………… 182
あかつき生 …………… 366–367, 379
アクラレン ……………………… 201
あせき …………………………… 14
アール・ヴイ・シイ・ボツドレー少佐 …
…………………………………… 305
アンドリユーズ ………………… 211
アンリ・バタイユ ……………… 108
イー・エス・モンタギユ ……… 193
イエンゼウイツチ ……………… 228

イズベスチヤ …………………… 295
いの字 ………………………… 114–116
イワン・チチヤエフ …………… 260
ウ・ヨハネス …………………… 199
ウイルバ・バートン …………… 296
ウイルヘルム・スチイダ ……… 163
ウエザー・フエルド ……………… 63
ウシリイ・クスネツオフ ……… 279
エー・エフ・メーソン …………… 133
エー・イー・ヒンドマーシユ …… 332
エチ・エー・エガートン ……… 48–49, 51
エツチ・ビイ・ドレイク … 318, 321, 324
エッチ・ダブリュ・フォート …… 207
エミール・マーテル …………… 233
エミル・ラングエル …………… 317
エリオット博士 ………………… 153
エルム・ハース博士 …………… 202
オールダス・ハックスレー …… 317, 318
か・ら・し・ま ………………… 302
かずよし ………………………… 176
かな生 …………………………… 35
かはせみ ……………… 249, 252–254
からしま ………………………… 317
からしま生 ……………………… 312
ガルシン ……………………… 136, 138
ギユリキ博士 …………………… 188
キング ………………………… 54, 58
くじら …………………………… 11
クラーク記 ……………………… 286
グリフイス ……………………… 234
くれがし ………………… 27, 35, 40
ゲオルグ・マルゼフ …………… 330, 336
ケニス・ソダー ………………… 225
ケネス・スコット・ラトレット ‥ 184, 192
ゲーリー ………………………… 112
ゲール …………………………… 239
げん坊生 ………………………… 206
コーヴエン ……………………… 184
さよくぼう生 …………………… 29

サルター ‥‥‥‥‥‥‥‥‥ 183–184
シー・ウード・プライス ‥‥‥‥ 301
シー・アール・クート ‥‥‥‥‥ 177
ジー・エス・セール ‥‥‥‥‥‥ 378
シー・エフ・メルピヰル ‥‥‥‥ 326
ジェー・アール・ドラモンド ‥‥ 328
ジエンクス博士 ‥‥‥‥‥‥‥ 126
しぐれ女 ‥‥‥‥‥‥‥‥‥‥ 12
ジヤパン・タイムス ‥‥‥‥ 303, 322
シユミツト毅 ‥‥‥‥‥‥‥‥ 226
ジユルジ・ケンナン ‥‥‥‥‥ 81
ジヨージ・ビーバー・ジヨーンス ‥ 16
ジヨジー・マルヴイン ‥‥‥‥‥ 182
ジヨン・イー・オーチヤート ‥‥ 264
ジヨン・デユヰー ‥‥‥‥‥ 161, 286
しれがし ‥‥‥‥‥‥‥‥‥‥ 22
ジヱー・ビー・ゲール ‥‥‥‥‥ 28
スウエン ‥‥‥‥‥‥‥‥‥‥ 295
スキーターレツ ‥‥‥‥‥‥‥ 188
スミス博士 ‥‥‥‥‥‥‥ 169, 197
ゼー・ビー・ゲール（ドクトル、ヲプ、
　　フヒロソフイ）‥‥‥‥‥ 12–15
セルゲイ・ビオロノフ ‥‥‥‥‥ 272
それがし ‥‥‥‥‥‥‥‥‥‥ 33
ダニエル・スワミドス ‥‥‥‥‥ 187
ターバン卿 ‥‥‥‥‥‥‥‥‥ 176
たーを ‥‥‥‥‥‥‥‥‥‥‥ 219
チヨウヂ・ケナン ‥‥‥‥‥‥‥ 175
チヨジー・ブロンソン・リー ‥ 313, 320
チエホフ ‥‥‥‥‥‥‥‥‥‥ 48
デンネット ‥‥‥‥‥‥‥‥‥ 190
とつほう生 ‥‥‥‥‥‥‥‥‥ 245
ドマンヂユ ‥‥‥‥‥‥‥‥‥ 27
ナサニエル・ベツフア ‥‥‥‥‥ 358
ならた生 ‥‥‥‥‥‥‥‥‥‥ 71
ニコライ教授 ‥‥‥‥‥‥‥‥ 174
ノウス・マウント ‥‥‥‥‥‥ 224
ノーマン・ヒルソン ‥‥‥‥‥‥ 311
バ・テ・マツデン ‥‥‥‥‥‥‥ 251

ハイカラ生 ‥‥‥‥‥‥‥‥‥ 115
はいの ‥‥‥‥‥‥‥‥‥‥‥ 49
パウエル ‥‥‥‥‥‥‥‥‥‥ 175
はくび ‥‥‥‥‥‥‥‥‥‥‥ 53
ハレツト・アベンド ‥‥‥‥‥‥ 316
ハンズ・ルーテル ‥‥‥‥‥ 362–363
ひばり ‥‥‥‥‥‥‥‥‥‥‥ 132
ヒマラヤ山人 ‥‥‥‥ 1–19, 23,
　　25, 35, 50, 67, 69–72, 75, 78, 82–90, 92–95,
　　100–103, 105–107, 112, 114–115, 118, 121,
　　123–124, 126, 128–131, 133–137, 139, 163, 172
ビワ法師 ‥‥‥‥‥‥‥‥ 139, 144
ピー・ダブルユー・ウヰルソン ‥‥ 301
フランク・スミス ‥‥‥‥‥‥‥ 151
プロクマン ‥‥‥‥‥‥‥‥‥ 155
ベーカー ‥‥‥‥‥‥‥‥‥‥ 197
ホクロの人 ‥‥‥‥‥‥ 168, 170–171
ボトリー・ヒロゲ ‥‥‥‥‥‥‥ 178
マウリツツ・エー・ホールグレン ‥‥ 312
マヌウエル・ベレス・ロメロ ‥‥ 119
みすし生 ‥‥‥‥‥‥‥‥‥‥ 43
みなもと ‥‥‥‥‥‥‥‥ 105, 107
みのる ‥‥‥‥‥‥‥‥‥ 221–222
メビー博士 ‥‥‥‥‥‥‥‥‥ 69
やぶ生 ‥‥‥‥‥‥‥‥‥‥ 72, 75
ゆかり女 ‥‥‥‥‥‥‥‥‥ 9, 15
ゆき子 ‥‥‥‥‥‥‥‥‥‥‥ 100
ライアン ‥‥‥‥‥‥‥‥‥‥ 287
ラウントリー ‥‥‥‥‥‥‥‥ 205
らつきい・せぶん生 ‥‥‥‥‥‥ 329
ラーモント ‥‥‥‥‥‥‥‥‥ 112
ランバス ‥‥‥‥‥‥‥‥‥‥ 148
リオン・スマイザー ‥‥‥‥‥‥ 296
ルイージ・ピランデツロ ‥‥‥‥ 313
ルジンデエル ‥‥‥‥‥‥‥‥ 287
レヴアムーア ‥‥‥‥‥‥‥‥ 197
ロイヅ ‥‥‥‥‥‥‥‥‥‥‥ 290
ロジヤー・シヨウ ‥‥‥‥‥‥‥ 318
ローソン ‥‥‥‥‥‥‥‥ 118–119

조선과 만주 총목차 · 인명색인

초판 1쇄 발행일 · 2007년 3월 15일
초판 1쇄 인쇄일 · 2007년 3월 20일

편　저 · 임성모
펴낸이 · 박영희
표　지 · 정지영
편　집 · 정지영
펴낸곳 · 도서출판 어문학사
　　　　132-891 서울특별시 도봉구 쌍문동 525-13
　　　　전화: 02-998-0094 / 팩스: 02-998-2268
　　　　홈페이지: www.amhbook.com
　　　　e-mail: am@amhbook.com
　　　　URL: 어문학사
　　　　등록: 2004년 4월 6일 제7-276호

인지는
저자와의
합의하에
생략함

ISBN 978-89-91956-37-7 93080
정　가 · 48,000원

※ 잘못 만들어진 책은 교환해드립니다.